文明简史
世界|文明|行走|互鉴

重回
1500—1800

西方崛起时代的中国元素

武 斌 著

SPM 南方传媒
岭南古籍出版社
·广州·

图书在版编目（CIP）数据

重回1500—1800：西方崛起时代的中国元素 / 武斌著. —广州：广东岭南古籍出版社，2024.5
（文明简史）
ISBN 978-7-80775-001-7

Ⅰ.①重… Ⅱ.①武… Ⅲ.①文化交流—文化史—研究—中国、欧洲—古代 Ⅳ.①K203

中国国家版本馆CIP数据核字（2024）第075928号

CHONGHUI 1500—1800：XIFANG JUEQI SHIDAI DE ZHONGGUO YUANSU

重回1500—1800：西方崛起时代的中国元素
武　斌　著

出 版 人：肖风华

责任编辑：陈其伟　傅　扬
封面设计：集力书装
责任校对：易建鹏
责任技编：周星奎

出版发行：岭南古籍出版社
地　　址：广州市越秀区恤孤院路12号（邮政编码：510080）
电　　话：（020）87776449（总编室）　（020）87774479（售书热线）
印　　刷：广州市豪威彩色印务有限公司
开　　本：787 mm×1092 mm　1/16
印　　张：43.5　字　数：665千
版　　次：2024年5月第1版
印　　次：2024年5月第1次印刷
定　　价：128.00元

版权所有　翻印必究

如发现印装质量问题，影响阅读，请与出版社（020-87774479）联系调换。

目录
Contents

楔子 / 西方崛起与东西方交往

第一章 1500年之前的西方与中国

一　希罗多德笔下的东方之路　　002
二　亚历山大征服与东方之旅　　005
三　罗马的东方梦：古老的中华通道　　007
四　丝绸之路：古代全球化的摇篮　　014
五　历史的奇迹：战争、和平与文化交融　　017
六　马可·波罗的奇幻中国之旅　　026
七　东方引力：启航新世界的灵感与冒险　　034

第二章 1500—1800年的西方与中国

一　世界史视角下的西方崛起　　048
二　世界贸易中的"中国风"　　051
三　西方中心论下的中西文化交流　　059

第一编 / 中国产品：全球贸易的大宗

第三章 探索者、贸易者与中华之门

一　满刺加：海上丝绸之路的桥头堡　　066
二　葡萄牙旅行者的东方奇遇　　069
三　澳门：东亚的璀璨明珠　　072
四　荷兰：海上的黑马崭露头角　　076
五　海上称霸的英国东印度公司　　083
六　舟舶相继：欧洲国家的跨海征途　　085

| | 七 | 马尼拉大帆船：穿越太平洋的航线 | 087 |
| | 八 | "中国皇后号"的西太平洋之旅 | 095 |

第四章
东方财富：中国的宝物涌向西方

一	千帆竞发：海量的西方赴华商旅	099
二	东方珍宝的滚滚西去	101
三	丝绸贸易的故事	105
四	茶的风华：交易中的王者	108
五	"新英格兰"的茶叶风潮及其深远影响	114
六	通往雪域的馈赠：俄国的茶叶之路	117
七	瓷器：东方的骄傲与西方的迷恋	122

第五章
全球贸易秩序的"东方巨擘"

一	远洋贸易与西欧的社会变革	127
二	全球体系的萌动与扩张	131
三	"世界工厂"的崛起	134
四	外销瓷与西方文化	138
五	白色金矿：涌向中国的白银	141

第二编 / 中国技术：全球交往的"中国力量"

第六章
欧洲对东方科技的渴望

一	四大发明：文艺复兴的东方启迪	148
二	向西流动的东方技艺	150
三	传教士对东方科技的调查	154

第七章
传教士：技术交流的使者

一	传教士的科学素养与科学任务	160
二	"国王的数学家"：中国科学考察团	165
三	英国皇家学会与在华传教士的交流	169

	四	传教士对中国天文学的研究	173
	五	传教士对中国博物学的调查研究	176
	六	传教士对中医药学的研究	181
	七	传教士承担的中国地图测绘	188

第八章
纺织、制瓷和制漆技术的西传

	一	养蚕制丝与丝织技术在拜占庭的初传	194
	二	丝织技术的西方传承	199
	三	欧洲对瓷器制作的误解和真相	204
	四	欧洲制瓷业的兴起	207
	五	漆器工艺在欧洲的传播	212

第九章
造纸与印刷：知识的传播

	一	战火中的技术传播：怛罗斯战役与造纸技术	218
	二	造纸术在欧洲的初传	221
	三	造纸术在欧洲的再次传播	225
	四	纸牌与图印：雕版印刷术在欧洲的盛行	229
	五	欧洲对中国印刷术的认知	234
	六	欧洲活字印刷技术的推广及其中国源流	236
	七	印刷术：书写西方文明的新篇章	241

第十章
火药革命：战争与策略的改变

	一	火药的阿拉伯之旅	245
	二	火药知识在欧洲的传播	250
	三	欧洲对火药与火器的应用	256
	四	火药、火器对欧洲历史的革命性影响	263
	五	火药的崭新时代：科学、战争与文化的交汇	267

第 三 编 / 中国元素：欧洲的新生活

第十一章
迷恋东方："中国风"的流行

一　引领欧洲时尚的中国商品　272
二　中国奇珍的收藏热潮　275
三　西方对中国瓷器的痴迷　279
四　瓷器改变了日常与审美观念　286
五　东方韵味：中国元素融入日常生活　291
六　别具风情的"中国房间"　297
七　戏剧舞台上的"中国故事"　302
八　"中国风"吹过大洋：美洲的中国情结　306
九　俄罗斯的"中国风采"　313

第十二章
"茶叶改变了一切"

一　欧洲对茶叶的初体验　320
二　欧洲的茶文化风潮　323
三　英伦"下午茶"的起源与魅力　328

第十三章
艺术中的东方元素

一　洛可可："中国趣味"的新风格　336
二　风靡欧洲的外销画　338
三　壁纸上的中国风光　343
四　设计的东方秘密：中国元素的融合与革新　346
五　绘画艺术中的东方神韵　350

第十四章
中式园林在欧洲

一　西方早期对中国造园艺术的介绍　357
二　王致诚和蒋友仁信中的中国园林　362
三　钱伯斯对中国造园艺术的研究　366
四　欧洲作家对中国造园艺术的评论　368

五	欧洲贵族的"中国风"园林热潮	372
六	"中国瓷塔":从奇迹到家喻户晓	375
七	筑梦东方:醉人的中国建筑艺术	378

第十五章 东方故事:中国文学的西游

一	《赵氏孤儿》的西译与流传	380
二	伏尔泰与《中国孤儿》	386
三	《好逑传》:关于中国的小型百科全书	390
四	欧洲作家与他们的中国灵感	393
五	哥尔斯密的《世界公民》	400

第四编 / 中国知识:欧洲的中国素描

第十六章 远东的轮廓:欧洲对中国的早期认知

一	倚门而望:初来中国的葡人报道	404
二	平托的东方奇遇	409
三	拉达的出使中国报告	412
四	哈克卢特的"中国印象"	415
五	门多萨与《中华大帝国史》的流传	418
六	16世纪欧洲对中国的认识与解读	423

第十七章 中国形象:传教士眼中的中国

一	传教士笔下的中国印象	433
二	传教士的中国研究	436
三	来自远东的信札:《耶稣会士书简集》	439
四	杜赫德眼中的博大中国:《中华帝国全志》	442
五	东方科学的宝典:《中国杂纂》	446
六	传教士中国知识的贡献	449

第十八章 解读中国：传教士的研究

一　利玛窦：讲述中国的西方使者　452
二　关于中国国情的概述　459
三　卜弥格的东方卷轴：《中国地图册》　463
四　全面介绍中国：中国历史的创作　465
五　白晋笔下的中国皇帝：《康熙皇帝传》　470
六　中国科举与欧洲启蒙　474

第十九章 汉学：欧洲的新学问

一　东西汇流：传教士与欧洲汉学　479
二　欧洲汉学的兴起之路　482
三　基歇尔的东方图鉴：《中国图说》　486
四　墨香漂洋：汉籍在欧洲的流布　489

第二十章 旅行者的东方记述

一　东方旅行笔记　494
二　荷兰使团的华夏记忆　497
三　俄国"窗口"：远东知识的另一条传播路线　502
四　奥斯贝克的《旅行记》　507
五　乔治·安森的《环球航行记》　510
六　马戛尔尼带回的中国印象　514

第五编 / 中国思想：欧洲启蒙的主要思想源泉

第二十一章 "礼仪之争"与思想碰撞

一　利玛窦：在东方和西方之间　524
二　耶稣会传教策略的纷争　530
三　"礼仪之争"的波澜　534
四　"礼仪之争"在欧洲的影响　539

第二十二章	一	利玛窦"发现"了孔子	544
孔子：东方智慧的代表	二	儒学：传教士的必修课	546
	三	儒家经典的西传：传教士的研究与翻译	548
	四	柏应理与《中国哲学家孔子》	554
	五	东方哲思的播种：《中国哲学家孔子》在欧洲	558
	六	孔子与启蒙思想家相遇	561

第二十三章	一	蒙田、笛卡尔与中华文化的接触	564
东方思想的欧洲观照	二	勒瓦耶对孔子思想的介绍	567
	三	马勒伯朗士与中国哲学	570
	四	培尔论中国的无神论	572
	五	维柯对中华文化的解读与评价	576

第二十四章	一、	莱布尼茨与东方文化的精神交流	580
莱布尼茨与中国的启示	二	莱布尼茨：中西文化交流的"桥梁建筑师"	585
	三	莱布尼茨的中国观	587
	四	莱布尼茨与白晋的《易经》通信	590
	五	莱布尼茨眼中的中国哲学	597
	六	莱布尼茨学生们的东方探寻	602

第二十五章	一	伏尔泰对中国的关注与热情	609
伏尔泰与他的中国情缘	二	伏尔泰对中国历史的评述	612
	三	伏尔泰眼中的中国：道德与政治的典范	616
	四	伏尔泰的中国宗教观与信仰宽容	619
	五	师从东方："我们应该做他们的学生"	622

第二十六章 孟德斯鸠对中华帝制的观察与评述	一	孟德斯鸠的中国探寻与对专制主义的批判	625
	二	黄嘉略的影响与孟德斯鸠的学术转变	628
	三	孟德斯鸠笔下的中国	632

第二十七章 魁奈：与孔子的对话	一	魁奈对中国的兴趣与了解	638
	二	开明君主制度的理想化：《中华帝国的专制制度》	643
	三	东方的共鸣者：重农学派与中国经济思想	646
	四	《经济表》：东方启迪下的数学化革命	650

第二十八章 西方大师与中华文化的交锋	一	狄德罗与霍尔巴赫对中国的评价	653
	二	波维尔等人对中华文化的颂赞	657
	三	费奈隆等人对中华文化的批评	659
	四	英国自然神论者的中国知识	663
	五	休谟与斯密对中华文化的看法	667
	六	歌德与孔子思想的接触	672
	七	美国思想家关于中国的知识与想象	677
	八	中国：乌托邦的巨大库藏	680

楔　子

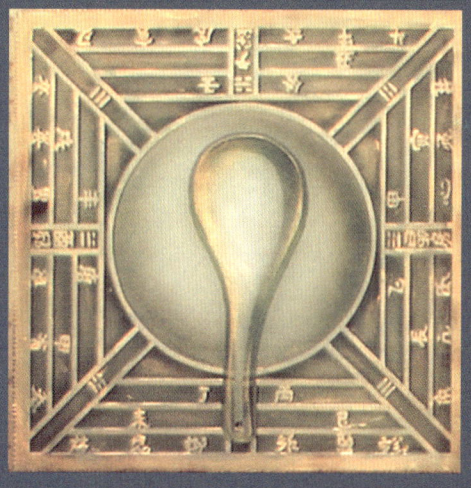

西方崛起与东西方交往

重回 1500—1800：西方崛起时代的中国元素

第一章
1500年之前的西方与中国

一 希罗多德笔下的东方之路

在古希腊时代,地中海边上的希腊城邦与东方的中国远隔山海,遥遥相对。一条穿越时间和空间的丝绸之路,成为将希腊和中国联系起来的纽带。可能是经过斯基泰人的媒介作用,中国丝绸在此时已经运抵希腊城邦。许多考古资料已经证明,早在公元前5世纪,经过丝绸之路,中国丝绸已经越过阿尔泰山,来到了中亚地区。在古希腊女神的雕像中,在绘画和其他雕塑艺术作品中,也隐约地看到中国丝绸的影子。

希罗多德(Herodotus,约前484—前425)在《历史》第四卷中论述过草原之路。希罗多德根据公元前7世纪旅行家普罗康涅斯的阿里斯泰所写的题为《阿里玛斯波伊人》的诗,记载了约有10种独立的民族或部落,并叙述了他们的习俗。

阿里斯泰(Aristaeus)是西方传说中的古希腊旅行家和诗人。他跟随斯基泰商队,从希腊出发,穿越了7个民族和地区,到达阿尔泰山脚下"阿尔及巴埃人"的市场。在那里,他见到了伊塞顿商人(大约是居住在伊犁河流域的塞人),然后跟着伊塞顿商人沿着阿尔泰山南麓继续东游。在天山山口和阿尔泰山山口,北风怒吼,雪花飞舞,山后面是难以逾越的崇山峻岭和沙漠戈壁。他听当地人说,在崇山峻岭的那边,北风之外,是一个温暖的天地,居住着一个幸福宁静的民族,他们就是希佩博雷安人。其家乡一直到大海之滨,那里土地富饶,人民定居务农,海水永不结冰。

希罗多德提到崇山峻岭那边的"北风之外"的人。有的研究者认为,汉族人就是居住在"北风之外",意思是说他们居住在中亚严冬达不到的地方,享受着比较温暖的气候。西方人关于中国的最初知识都与丝绸有关,西方人是通过丝绸知道中国的。在希罗多德时代或之前,西方人对中国丝绸乃至中国已略有所知。所以希罗多德对于东方的论述中或许已暗含中国。

根据希罗多德的记载,公元前7世纪,自今黑海东北隅顿河河口附近,经伏尔加河流域,北越乌拉尔山,自额尔齐斯河而入阿尔泰山、天山两山之间的商路,已为希腊人所探索。就希罗多德提到的几段行程推断,总路程可能要走四五个月以上。

希罗多德深信这条商路的存在,他指出:"直到这些秃头者所居住的地方,这一带土地以及居住在他们这边的民族,我们是知道得很清楚的。因为在斯基泰人当中,有一些人曾到他们那里去过。"希罗多德提到的"秃头"民族(即阿吉帕人),很可能是东方的蒙古人种。现代学者根据希罗多德笔下草原居民驻地的分析,作出如下大致的推测:西从多瑙河,东到巴尔喀什湖,是宽广的草原之路,中间需要越

公元前2世纪希罗多德《历史》残片

过第聂伯河、顿河、伏尔加河、乌拉尔河或乌拉尔山。再往东，与蒙古高原相通。

希罗多德描述的这条草原之路又被学术界称为"斯基泰贸易之路"。广义的斯基泰人活跃在公元前7—前3世纪，相当于中国的春秋战国时期。"斯基泰人"是希腊人对这个古代民族的一种他称，源自希腊语"Skythoi"。在关于斯基泰人的记载中，他们被描摹为北方的彪悍民族，因其强悍的战斗力、特殊的战术、灵活而机敏的马匹，很快在近东地区的军事与政治上取得了主导地位。斯基泰人主要活动在东欧地区，包括黑海以北的顿河和多瑙河之间，他们的一些分支甚至翻过了乌拉尔山，到达西伯利亚。在不断的迁徙中，他们与萨拉逊人、凯尔特人接触，吸取了多种文化包括希腊文化的特点，在征服的土地上建立了自己的国家，在公元前5—前4世纪形成斯基泰王国。在欧亚草原民族迁徙的大背景下，随着斯基泰人的迁徙，形成了一条沟通欧亚大陆东西两端的草原之路。斯基泰人充当了中西方之间交通和交流的媒介，也成了中国丝绸最大的中介商和贩运者。最早的丝绸贸易就是从草原之路开始的。

希罗多德在《历史》中所说的这条东西交通道路，是从西往东，斯基泰商人绕里海、咸海之北，横过中亚，来到阿尔泰山地区。

斯基泰人东来，主要是为了寻找黄金。由于可以骑马，人们可以利用更广大的草场放牧，但生产出的大量马匹或者皮毛会超出有限人群的消费能力，而极端天气或者瘟疫等会导致这些财产大幅缩减。因此，草原社会需要寻找一种安全、便携的一般等价物，黄金无疑是最优的选择。希罗多德说欧洲北部有很多黄金。其实，黄金可能来自阿尔泰山、准噶尔一带。阿尔泰山就是"金山"的意思，据说那里盛产黄金。希罗多德说黄金是被"叫做阿里玛斯披（Arimaspi）的独眼族从格律芬斯（griffins，半鹰半狮的怪物）那里偷来的"。这个神话中可能包含一个事实，即黄金为阿里玛斯披人所有。它通过伊赛多涅斯人之手卖给"秃头者"，斯基泰人再从"秃头者"手里买回去。

斯基泰人用何种物品来交换"秃头者"手中的黄金，史书没有明确记载。有研究者认为斯基泰人向东输出的商品有马饰、地毯和金属制品等。

草原生产的马匹、皮革等可作为商品和农耕社会交换，获得的粮食、奢侈品等又使首领有能力寻找、生产和保护黄金，并同缺少黄金的其他草原地区交换。

斯基泰人在长时期的远程贸易中，与东方文化有所接触并受其影响。从考古材料看，斯基泰早期的马具来源于亚洲，动物风格艺术在欧亚草原西部青铜时代的人群中并不流行，而东部非常流行的鹿石艺术则可能是斯基泰艺术类似形象的源头。

公元前5世纪初的意大利中部伊特鲁里亚艺术品中的斯基泰骑射手

二 亚历山大征服与东方之旅

希腊人早就有向东方发展的想法。一位希腊雄辩家曾说："让我们把战争带给亚洲，把财富带回希腊。"

早在马其顿国王亚历山大（Alexandros，前356—前323）东征以前，希腊人就来过中亚这个地方。据希罗多德记载，大流士一世（Darius I，前550—前486）的时候，波斯人威胁要将叛乱的爱奥尼亚人的女儿们流放到大夏（即巴克特里亚）。大流士一世还将希腊城市昔兰尼和狄迪姆城的居民贬为俘虏流放到大夏。据古罗马历史学家鲁夫斯（Quintus Curtius Rufus，活跃于1世纪）的记载，亚历山大大帝在渡过阿姆河之后到达了一座昔兰尼人居住的城市。尽管在中亚居住多年，这里的居民仍然保留着希腊的风俗。这就说明，早在马其顿军队抵达大夏和粟特之前，即公元前5—前4世纪，这里就已经生活着希腊人了。在阿拉霍西亚、大夏和犍陀罗地区，就发现了不少公元前5世纪的希腊钱币。

公元前334年，亚历山大大帝开始了远征东方的行动，建立了一个地跨欧、亚、非三洲的帝国，其疆域东自费尔干纳盆地及印度河平原，西抵巴尔干半岛，北起黑海、高加索和里海，南达印度洋和非洲北部。亚历山大东征及其帝国的建立，在古代东西方文明交流史上具有划时代的意义。希腊文明首次以前所未有的广度和深度与远在中亚、印度的其他东方文明发生了直接的接触和交融，以希腊文化为主同时含有其他东方文化因素的希腊化文明得以产生。亚历山大的东征，还开辟了东西贸易的通路。他在东方建立的几十座城市，都逐渐发展为商业中心。

4世纪，西方流行着关于亚历山大曾经到过中国的传闻。据说，传闻的作者卡利斯提尼（Callisthenes of Olynthus，约前360—前327）是亚历山大东征的同行者，证据是在一根刻有铭文的廊柱中提到亚历山大的名字。这一传闻以小说的形式风靡一时，被上百次地转抄。但后来人们发现这是一部伪作，其中所谓"亚历山大中国之行"一说亦属无稽之谈，就像人们也曾传说希腊哲学家毕达哥拉斯（Pythagóras ho Sámios，前570—前495）和之后的托马斯·阿奎那（ST. Thomas Aquinas，约1225—1274）的中国之行一样，至少没有充分的证据。不过，亚历山大东征确实几乎叩响了中国的大门。作为东征的主要成就之一，亚历山大帝国的东部疆界已经延伸到中亚地区，尽管与中国还有一段距离，但亚历山大帝国已然成为当时东西方贸易和文化交流的交会路口。

阿里安（Lucius Flavius Arrianus，86或89—146以后或160）在《亚历山大东征记》中记载，亚历山大在苏萨和波斯帕里斯的皇宫里，见到了由绫锦制作的挂幡，这些丝织品无疑是由中国运去的。在马其顿佩拉附近的埃杰，亚历山大为其父王腓力二世（Philip II of Macedon，前382—前336）修建了一座陵墓。人们发现，老马其顿国王的遗骸被包裹在一种绣金的丝绸中。这是在希腊发现的这种原料最古的织物。人们倾向于认为，这很可能是一种中国丝绸。这些丝织品很可能是亚历山大令人从东方送回国内，然后又放在老国王的墓葬中。

亚历山大东征在古代东西文明交流史上具有划时代的意义。中亚的希腊征服者和他们的后裔比他们的前辈更多地了解东方。他们把东方的消息传回欧洲，使留在欧洲本土的同胞对东方的兴趣大增。虽然，随着罗马的东进和各希腊化王国的衰落，希腊化世界到公元元年前后已不复存在，但希腊化文明的遗产仍在各地潜移默化地发挥着作用，与此有关的信息也通过丝绸之路在地中海与中国之间流动，这就为希中两大文明的接触和沟通提供了便利和可能。

亚历山大东征，向西方人打开了亚洲，开辟了进行贸易交流的新道路。位于这一大陆两端的欧洲人和中国人几乎可以面对面地进行对

腓力二世墓穴中发现的丝织胸甲（复原品），前面区域上有用纯丝手工缝制的维尔吉纳皇家太阳徽章，背板的上部弧形部分承载着一块由三朵蓝色玛格丽特花组成的丝绸面板

话和交流了。亚历山大东征所建立的希腊化世界，实际上形成了以西亚为中心，以地中海和中亚、印度为两端的交通体系。

三　罗马的东方梦：古老的中华通道

公元前2世纪中叶以后，罗马人崛起，成为地中海地区的霸主。2世纪，罗马帝国的疆域扩大到最大版图，其领土横跨三大洲，东起美索不达米亚，西至西班牙、不列颠，南达非洲、埃及，北迄莱茵河、多瑙河一线。在将近200年中保持了帝国的霸权，形成所谓"罗马和平"时期。

大陆两端，汉朝和罗马帝国，东西方两大文明交相辉映，它们分别代表着当时世界文明的最辉煌成就。英国历史学家汤因比（Arnold Joseph

2世纪托勒密绘制的世界地图（文艺复兴时期复原品），罗马与中国分居地图的两端

Toynbee，1889—1975）在其《历史研究》一书中进行文明比较研究时提出世界文明发展的两种主要模式，即希腊模式与中国模式。在他看来，古罗马文明是希腊模式高度发展的必然结果，所谓希腊文明亦可称为希腊-罗马文明，而中国的秦汉王朝则是中国模式的开始。

汉朝和罗马帝国两大文明之间由于双方距离遥远，还难以进行直接的交流。但商贸的往来，已经作为间接的渠道在两大帝国之间建立起联系和沟通渠道。罗马帝国在很长时期中是丝绸之路的西端终点，是西运的中国丝绸的主要消费国之一。通过大量精美的中国丝绸和贩运丝绸的商旅，罗马人逐渐得知东方的产丝国家；中国人也间接地知道在遥远的西方有一个可与华夏神州相媲美的大帝国。汉代中国人把罗马当作泰西之国，公元初期的罗马作家也把那个"丝国"赛里斯当作亚细亚极东的国家。东方与西方，中国与罗马在欧亚大陆两端遥遥相望，并且通过丝绸之路和西运的丝绸，建立起早期的贸易关系和文化联系。

在很长时间内，波斯人垄断了丝绸之路上的贸易，在罗马人对丝绸还一无所知的时候，波斯人已经将丝绸广泛用于他们的生活中，其中就包括在卡莱战役中大显神威的丝绸军旗。

在卡莱战役之后不久，罗马人熟悉了这种风情万种的织物。经过波斯人的中介，通过丝绸之路西运的丝绸远达罗马。中国丝绸的大量输入，给罗马世界带来的影响难以估量。丝绸在罗马的风行，正好适应了罗马帝国席卷全社会的奢靡之风。2世纪中叶的鼎盛时期，大约有7500万人生活在罗马的统治下，占全球人口总数的1/4。庞大的帝国，富庶的经济，使罗马社会生活充满了繁荣、浮华和奢靡的气氛。在这一时期，中国丝绸开始流行于罗马帝国，渐渐成为人们日常生活的一部分。这些精致的丝绸不仅迎合了罗马社会对奢侈和时尚的追求，还进一步加剧了当时盛行的挥霍和浮华风气。在这种追求高雅和虚荣的社会氛围中，丝绸迅速获得了极高的人气，并在古罗马社会中迅速流行开来。

当时罗马人只知道丝绸来自遥远的赛里斯，至于它在哪，那里的人们又是怎样的，就只有一些荒诞不经或道听途说的想象和传闻。这就更增添了丝绸的神秘感。在人们心中，丝绸似乎充满了神奇东方的内涵。几乎所有文化都有对于异国情调的想象与向往，当这种想象被寄托在一个具体的事物中时，这个事物就被赋予了超出自身的特殊文化价值。丝绸在罗马便是如此，丝绸成了罗马人对于异邦想象的文化载体。那些激励骆驼队穿越沙漠和大碛，或是驱使商船漂洋过海的动力，也源于这一点：对于美好的外来事物的无尽渴望。

丝绸不仅改变了时尚观念，还赋予了一种新的审美理想。在这种审美里，时尚、豪华与享受紧密相连。因此，丝绸和相关织品很快在罗马社会中流行起来，成为一个文化和时尚的交汇点，影响了罗马人的着装习惯，甚至改变了整个社会的审美取向。

中国丝绸的流行令罗马人对遥远的东方充满向往，然而由于安息帝国对丝绸之路贸易的垄断，罗马人走向东方的通道被阻断。为了冲破安息帝国的阻隔，罗马人从海陆两路探索绕开安息帝国直达中国的通道。《魏略·西戎传》记载："大秦道既从海北陆通，又循海而南，与交趾七郡外夷比。又有水道通益州、永昌。"这里涉及丝绸之路的三条主干线，即陆上丝绸之路、海上丝绸之路以及西南丝绸之路，第三条即由海路抵达印度，然后"通益州永昌"。

在陆路,罗马人从里海直至西伯利亚南部而达天山北部,从那里的游牧部落取得中国丝货。有的人可能还进入中国内地。《后汉书·西域传》记载:永元十二年(100)"于是远国蒙奇、兜勒皆来归服,遣使贡献"。《后汉书·和帝纪》也记载了这件事:"冬十一月,西域蒙奇、兜勒二国遣使内附,赐其王金印紫绶。"有学者认为蒙奇即Macedonia,即"马其顿"的音译,是罗马帝国的一个行省;兜勒为地中海东岸城市推罗(Tyle)的音译,为罗马帝国东方行省的重要港口城市,在今黎巴嫩提尔城。

与《后汉书》的这则记载相呼应,托勒密(Claudius Ptolemy,约90—约170)在《地理学指南》中援引罗马地理学家马利努斯(Marînos ho Týrios,约70—130)的说法,记载了罗马商人到洛阳进行丝绸贸易的经过。有一位名叫马埃斯·蒂蒂安努斯(Maes Titianus)的希腊商人,世代经营赛里斯贸易,他的父亲和他都经常派遣商队前往赛里斯,虽然他本人未到过东方,他的商行却掌握了有关贸易路线的详细资料。按照马利努斯的记载,99年,马埃斯委托代理人组成商队,从马其顿出发,经过达达尼尔海峡、幼发拉底河上游一带,进入安息西境的阿蛮城(今伊朗哈马丹)。沿里海南岸行至安息国都和椟城(今伊朗达姆甘)、亚里(今阿富汗赫拉特)、木鹿城(今属土库曼斯坦马雷),其后进入贵霜境内,到大夏国都监氏城(今阿富汗瓦其拉巴德),再沿喷赤河东行至葱岭最高点休密人居地,然后下山,经瓦罕走廊,进入中国境内。当时正是班超驻守西域,商队被带到班超的营地,

古罗马壁画中身披丝绸的维纳斯,1世纪中期

他们被同意前往洛阳。此后，他们沿塔什库尔干河北行至无雷（今新疆塔什库尔干县境内），在此顺塔什库尔干河转向东行，经德若、西夜至莎车，其后东行至于阗、精绝（今新疆民丰县境内），穿大漠直抵罗布泊西岸的楼兰，再经山国、敦煌，最后在永元十二年（100）十一月到达洛阳。在洛阳，这支罗马商队受到了汉和帝的接见，并赐予"金印紫绶"。这支商团在返回罗马时贩运了大批中国丝绸和其他手工业品。他们回到罗马后，给马埃斯提供了一份报告书，汇报了他们的冒险经历，而马埃斯就此写了一份报告给他的商务伙伴。一些罗马学者读过这份报告书，其中就包括马利努斯。托勒密援引马利努斯的这段记载，并复原了商队行经的路线。

罗马人东来更多的是走海路。东汉永宁元年（120），大秦国幻人随掸国王雍由的使者来到中国。所谓"幻人"，即从事杂技艺术的表演者。秦汉时多有外国幻人来中国进行表演活动的记载。《后汉书》记载："能变化吐火，自支解，易牛马头。又善跳丸，数乃至千。自言我海西人。海西即大秦也，掸国西南通大秦。"这条记载明确说明来的幻人是罗马人，他们从海路到达缅甸，然后随缅甸使团来到中国。

东汉延熹九年（166），有罗马遣使入华一事。这是中西文化交流史上的一个重大事件。大秦使者自日南入华，说明他是由海道经印度、越南而来中国的。日南的卢容浦口，即现在顺化附近的大长沙海口。大秦使者在卢容浦口登岸走陆路而至洛阳，所以引起中国朝廷的重视。其中提到的大秦王安敦，与当年在位的罗马皇帝马可·奥勒留（Marcus Aurelius，121—180）之名相符。他于161年继位，并在165年派罗马大将卡西乌斯（Gaius Avidius Cassius，约130—175）远征安息，一度攻占两河流域的塞琉西城。这种情况说明罗马当时与亚洲关系的密切，《后汉书》所记确有其历史背景。

然而，马可·奥勒留皇帝遣使赴汉一事却不见于罗马记载，如果考虑到卡西乌斯出征安息恰在头一年，遣使赴汉这类重大战略决策，罗马方面不会只字不提。而大秦使节所献象牙、犀角等物，是传统的南亚土产，并无大秦特色，所以《后汉书》说"其所表贡，并无珍异，疑传者过焉"。有研究者认为这次大秦使节并非国家正式派遣，而是大秦商人假托官方名义进行的私人探访。当时马可·奥勒留皇帝正在幼发拉底河两岸发动对安息的战争，通往波斯的商路被阻碍,给从事对东方贸易的叙利亚商人造成很大的损害。他们期待的大宗丝货久久不来,而本地织染的布匹、玻璃饰品、人造宝石亦不能进入中国。在这种情形之下,埃及亚历山大总督派遣一个商务使团,经由印度洋到中国进行商业活动、开辟新航路,并正式向中国皇帝表达了这种愿望。这样说来,也就难以否认他们是正式使节。

不过,无论如何,这些"使节"或商人是有记载的进入中国的第一批西方人。这则关于大秦使节入华的记录,标志着中国和罗马东西两个大国的交往,在当时已有可能达到建立正式官方往来的水平,也标志着横贯东西的海上丝绸之路的最终形成。

与此相映成趣的是,罗马的历史文献中同样有中国使节到罗马的记载,而中国典籍却未见相关文字。罗马史家弗洛鲁斯(Lucius Annaeus Florus,约74—130)在《罗马史要》中记载,在公元前27年和公元前14年,有中国及印度使节不远万里来觐见罗马帝国第一位皇帝奥古斯都。他在此书的《帕提亚人的和平与奥古斯都的加冕礼》一章中说:"我们见到了斯基泰人和萨尔马特人都派遣使者前来与我们媾和。也见到有住在同一天下的赛里斯人和印度人,他们带来的礼物中有宝石、珍珠和训练过的大象。他们特别吹嘘旅途的漫长,历时4年才走到。仅仅从这些人的肤色就可以看出他们来自另一个天地。"①

斯基泰和印度都是与罗马有较多接触的远方民族,弗洛鲁斯把中国人和他们对等看待,也说明了中国在罗马的外交事务中的地位。但在中国的文献中却没有遣使大秦的相应记载。而奥古斯都在位的年代,正值西汉末年衰乱之际,很难有遣使之举。弗洛鲁斯所说的"赛里斯使节",如确有其人,或应类似"安敦使团"那样的中国商人或旅行家。当时两地丝绸贸易十分兴盛,有中国人来到罗马也是很可能的。

葛洪也记载了一段中国人前往大秦的经历。他说在扶南听说,有中国商人想去古奴国,乘风之便,经六十日到了大秦国。这个商人冒称是扶南王的使臣拜见大秦王。葛洪所记中国人前往大秦,没有其他文献佐证,也不知是

---

① [法]戈岱司编,耿昇译:《希腊拉丁作家远东古文献辑录》,中华书局1987年版,第16页。

何年何月，行者何人。但他明确说是中国的商人。正如前文所述，考虑到当时中国与罗马交往的情况，有中国商人前往罗马也是完全可能的。

以"安敦使团"入华为标志，2世纪以后，中国与罗马的直接交往日渐扩大，海上交通贸易更加繁盛。就在"安敦使团"入华60年后，又出现了大秦商人来中国的相关记载。《梁书·诸夷传》记载，这次来的大秦人公开了商人（贾人）的身份，吴主孙权不但接见了他，还派刘咸送其回国，

庞贝城的一幅罗马壁画展示了一位身着丝绸裙的迈那得斯（希腊神话中酒神俄狄浦斯的追随者），1世纪

可见当时中国方面对于与罗马通交的热情。可惜，如同甘英出使大秦中途而返一样，刘咸也在旅途中病故，中国与罗马的正式官方往来又一次半途而废。不过，同年吴国派康泰和朱应出使扶南时，他们的副使到过南印度迦那调州的黄支和歌营，得知乘中国"大舶""船张七帆，时风一月余日，乃入大秦国"。可见当时已有中国商船直航罗马，中国与罗马民间商业往来颇为兴盛。

281年，罗马派使臣出使西晋，经海路来到广州，并至洛阳。这次到达中国的使团可能是卡鲁斯皇帝（Marcus Aurelius Carus，230—283）派遣的。不过也有人倾向于认定这个罗马使团为"非官方"性质。因为在这段时间里，罗马帝国皇位更替频繁，他们都忙于内部斗争，加上在位时间不长，不大可能派出使节远渡重洋前往中国。284年，另一位有记载的罗马使节带着礼物来到中国，他可能是由卡鲁斯皇帝派出的。

正是在罗马时代，中国和欧洲直接交往的商路被打通。通过这些商路，中国和西方之间进行商品和文化的交流。在大量丝绸等中国物产流入罗马的同时，关于遥远东方帝国的文化信息也开始在罗马传播，使罗马人获得了关于中国及其文化的初步知识。

四　丝绸之路：古代全球化的摇篮

现在，人们把沟通东西方交流的大通道统称为"丝绸之路"。

"丝绸之路"这个名称最早是由普鲁士舆地学和地质学家李希霍芬（Ferdinand von Richthofen，1833—1905）提出来的。李希霍芬继承了17、18世纪欧洲大探险时代的传统，从1868年到1872年，先后对中国进行了7次考察，走遍了大半个中国。回国之后，他出版了5卷并带有附图的《中国——亲身旅行的成果和以之为根据的研究》。李希霍芬被称为"最先明了中国地文之伟大科学家"，对近代中国地质学、地理学的产生和发展具有重大影响。

就是在这部著作中，李希霍芬把中亚地理与东西文明交流联系起来，把"从公元前114年到公元127年，中国与河中[①]地区以及中国与印度之间，以丝绸贸易为媒介的这条西域交通路线"称为"Seidenstrassen"，亦即英文的"Silk Road"，中文译名就是"丝绸之路"。

李希霍芬提出的"丝绸之路"是一个具有深远学术影响的概念，它开启了一扇理解中西经贸与文化交流史的大门。斯文·赫定（Sven Hedin，1865—1952）说"丝绸之路"是个"很能说明问题的名称"，充分肯定了这个概念的学术意义和文化价值。这一概念的重大意义，在于廓清了中西交通的大干道，为研究中西文化交流史提供了一个重要的时空线索。同时，以"丝绸"来命名中西交通的主要路线，不但抓住了古代中西贸易之大宗，更突显了中国商品长期在国际贸易中的主导地位。这反映了几千年来中西交通和文化交流的基本事实。因此，有的西方学者说，丝绸之路的历史就是"半部世界

---

① 河中（Transoxiana）指中亚锡尔河和阿姆河流域以及泽拉夫尚河流域，包括今乌兹别克斯坦全境和哈萨克斯坦西南部。

敦煌壁画中的张骞出使西域图

史",就是通过欧亚大陆的大交通、文化大交流讲述的世界文化史。

"丝绸之路"的概念一经提出,立即受到了国际学术界的广泛响应,成为概括中西之间历史关系的最重要框架。

19世纪中叶到20世纪初,英国和俄国在中亚地区展开激烈争夺,史称"大博弈"。两国派遣了大量探险家与间谍深入亚洲腹地,特别是中亚和中国西北地区。随着探险活动的深入,西方探险家们在这里发现了古代中国与西方交往的许多遗址和遗物,用实物证实和说明了丝绸之路的存在和发展,引起了学术界的极大兴趣和关注。这些探险家在自己的著作中介绍这些情况时,广泛地使用了"丝绸之路"这个名称,把古代丝绸贸易所达到的地区都包括在丝绸之路的范围之内。因此,"丝绸之路"逐渐被理解为起始于中国,横贯亚洲腹地,远达欧洲和非洲的庞大商贸路线网络的总称。

随着研究的深入，"丝绸之路"的涵义也在扩大，学术界开始把连接欧亚大陆的北边的草原之路、南边的海上航道称为"草原"和"海上"的丝绸之路。

又有学者把古代从四川、云南经过缅甸通往印度的道路称为"西南丝绸之路"。这条路线也很重要，因为从中国出发，穿越印度次大陆，便可直通阿拉伯海，这里的港口很早就与地中海和波斯湾通航。还有学者把东南沿海地区包括山东半岛的港口通往朝鲜半岛和日本的航道称为"东方海上丝绸之路"，把通过陆路前往朝鲜半岛的交通称为"东北亚丝绸之路"，这样就把朝鲜与日本也囊括在"丝绸之路"的广义概念之内。这样，贯穿欧亚大陆、绵延数千公里的古代丝绸之路，就不只是一条商贸道路，而是一张连接欧亚大陆政治、经济、文化的交流"网络"。我国历史学家耿昇明确指出："丝绸之路实际上是一片交通路线网，从陆路到海洋、从戈壁瀚海到绿洲，途经无数城邦、商品集散地、古代社会的大帝国，来往于这条道路的有士兵与海员、商队与僧侣、朝圣者与游客、学者与技艺家、奴婢和使节、得胜之师和败军之将。这一幅幅历史画卷便形成了意义模糊的'丝绸之路'。"①

在现代学术语境下，"丝绸之路"已经成为一个国际通用的学术名词，其意义远远超越了"路"的地理学范畴，正如联合国教科文组织下的定义那样："丝绸之路是对话之路。"这是东西方文明的对话，是欧亚大陆各个民族文化的对话，更是整个人类历史的对话。

丝绸之路是古代东方和西方为从两端互相走近而开辟的。其中山高路远、艰难险阻，都挡不住人们走向远方的雄心和勇气。而到了16世纪以后，随着大航海时代的来临，欧亚大陆的东西两端有了直接的海上航线，欧洲和中国有了直接的接触。大航海活动在一定意义上说，就是古代世界人们对世界交通探索的继续；大航海时代开辟的航路，就是丝绸之路在全球范围内的延伸和拓展。从此，西方人和东方人直接地面对面了，欧洲各国的商船航行在广袤的大海上，舟帆相继、络绎不绝，把中国瓷器、漆器和许许多多的工艺品以及茶叶等，大批量地运往欧洲，在欧洲大地上引起一阵阵文化激动，

---

① ［法］布尔努瓦著，耿昇译：《丝绸之路》，山东画报出版社2001年版，序言第3页。

掀起了持续一二百年的"中国风",对于近代欧洲文化的发展起到了激发作用。不仅如此,大帆船还在太平洋上开辟了直通的航线,把中国商品运往遥远的美洲大陆,也把"中国风"吹到了那里。有的西方学者说,近代的世界贸易实际上是以中国商品为中心的,而这个时代的跨文化世界贸易的实现,正是因为大航海时代开辟的航路,把古老的丝绸之路延伸到更远的地方。

大航海时代开辟的航路,就是丝绸之路在全球范围内的延伸和拓展。但这是一个具有本质意义的延伸和拓展。人类社会因此发生了一次本质的变革,人类历史因此进入了一个崭新的阶段。到了18世纪工业革命以后,开始把整个世界都联系起来,促使今天的世界进入全球化时代。

五　历史的奇迹:战争、和平与文化交融

13世纪蒙古帝国在中国北方崛起,从根本上颠覆了欧亚大陆的政治与文化格局,也间接地影响了欧洲文明的走向。

在13世纪上半叶,蒙古军队先后发动了三次大规模的西征。

1206年成吉思汗统一蒙古各部落,建立大蒙古国后不久,便把眼光转向更大的外部世界。1218年,成吉思汗率领大军进行了第一次西征。这次西征,灭亡了花剌子模(里海、锡尔河南),讨伐了钦察(里海西、黑海北)和斡罗思(伏尔加河西莫斯科、基辅一带),征服了康国(里海、咸海北),打开了东西交通的大道,为日后世界性蒙古大帝国的建立奠定了基础。成吉思汗在这次西征中使用了中原汉族和西辽的先进军事技术,装备了床弩、火箭和飞火枪等先进攻城武器,蒙古军队所向披靡。成吉思汗在西征过程中大量使用中国发明的火药和火器,也促使了火药和火器制造技术传到西方。

成吉思汗死后,继任大汗的窝阔台继续西征。1235年,拔都和速不台率领25万大军,进行了第二次西征。1242年,传来窝阔台去世的消息,拔都率军向东撤退。蒙古军队的第二次西征以1242年东撤为标志结束,这次西征给欧洲各国以极大的震撼,惊恐地称蒙古人的西征为"上帝之鞭"。

蒙哥于1251年即大汗位后，令其弟旭烈兀率兵西征。这次西征主要方向是西南亚地区，目标是消灭木剌夷国（在今里海南岸的伊朗北部）。1255—1257年，蒙古军队荡平木剌夷之地，并挥师西进，攻陷报达（今巴格达），灭亡享国500多年的黑衣大食。此后旭烈兀又率兵攻陷阿拉伯的圣地麦加，攻占大马士革，其前锋曾渡海收富浪（即今地中海东部的塞浦路斯岛）。正当他计划进军埃及之际，蒙哥伐宋阵亡的消息传来，于是率主力班师。

在近半个世纪中，蒙古帝国以蒙古大漠为中心，通过三次西征，以及对中国内陆地区包括金朝、西夏、南宋王朝的征服，把欧亚大陆的大部分地区都纳入蒙古帝国的版图中，形成了从东到西的庞大的蒙古汗国。"它从西伯利亚冰雪覆盖的冻土地带延伸到印度的酷热平原，从越南的水稻田伸展到匈牙利的麦地，从朝鲜半岛伸展到巴尔干半岛。"[1]蒙古的都城哈剌和林和元朝上都成了当时世界的政治中心和文化中心，中西交通出现了前所未有的盛世，东西文化的接触、碰撞、交流与融合达到了空前的规模。

蒙古人在广袤的欧亚大陆上建立起的大帝国，从东亚的海边一直延伸到欧洲的内陆，跨越了东亚的中国、中亚和西亚的穆斯林以及欧洲的基督教的几大文化世界。经过多次的征战，蒙古帝国将周围诸文明社会整合进一个全新的世界秩序之中。在这片广袤的大陆上呈现了前所未有的"和平"景象。波斯史学家志费尼（Atâ-Malek Juvayni，1226—1283）描述说：成吉思汗"带来了完全的和平、安全与宁静；他实现了极度的繁荣与安宁；道路安全，骚乱减少"。所以，后来的西方学者把14世纪称为"蒙古强权下的和平世纪"。英国历史学家汤因比说："忽必烈的帝国从中国延伸到黑海，在他的统治下，这片广袤的疆域处于前所未有的太平时代。"[2]

这是通过铁与血的征服而实现的和平，是建立在杀戮和废墟上的和平，是"蒙古强权下的和平"。然而，无论如何，和平实现了，民族的疆域被打破了，文化的藩篱被拆除了，贸易的道路通畅了。因此，这就进入了一个中西文化大交流的时代，进入了一个中国走向世界、世界认识中国的时代。

---

[1]［美］杰克·威泽弗德著，温海清、姚建根译：《成吉思汗与今日世界之形成》，重庆出版社2006年版，第6页。

[2]［英］汤因比著，郭小凌等译：《历史研究》，上海人民出版社2000年版，第251页。

拉施特《史集》插图中的蒙古军

唐代安史之乱以后，中国通西域的丝绸之路已不大通畅，到了宋代，特别是南宋时，因西辽、金、西夏的阻隔，中原王朝通西域的丝绸之路交通时有中断。元代对外交通的一个突出成就，就是陆路交通得到恢复和发展，丝绸之路实现空前的大畅通。我国学者德山在《元代交通史》中说："国际陆路交通是成吉思汗祖孙三代三次西征的产物。"第一次西征"为建立横跨欧亚、空前未有的大蒙古国奠定了基础"；第二次西征"建立了蒙古四大汗国之一——钦察汗国"，"开辟了通往中国的国际交通——钦察道"；第三次西征建立了四大汗国之一的伊儿汗国，"开辟了中国通往波斯的国际交通——波斯道"。①

在蒙古帝国的各条交通路线中，随着中西交通大开，草原丝绸之路出

---

① 参见朱耀廷：《蒙元帝国》，人民出版社2010年版，第356页。

现空前活跃的局面，创造了草原丝绸之路最为繁荣的景象。草原丝绸之路既是政令、军令上传下达的重要通道，也是对外进行商贸往来的主要线路。蒙古以上都、大都为中心，设置了帖里干、木怜、纳怜三条主要驿路，构筑了连通漠北至西伯利亚、西经中亚达欧洲、东抵东北、南通中原的发达交通网络。由于哈剌和林地处蒙古高原的腹地，草原丝绸之路的三条主干线大多通过这里向西北经中亚纵向延伸，直至欧洲。

这三条通往欧洲的驿路，构成了草原丝绸之路最为重要的组成部分。阿拉伯、波斯、中亚的商人通过草原丝绸之路往来中国，商队络绎不绝。1271年，意大利旅行家马可·波罗（Marco Polo，1254—1324）及其父亲、叔父从威尼斯出发，进入中亚后，转经丝绸之路的南道进入河西走廊，考察了联系河西走廊与草原丝绸之路驿道上的名城亦集乃路（今内蒙古额济纳旗黑城遗址），又折回，转经河套进入天德（今呼和浩特），踏上草原丝绸之路的南道，于1275年到上都觐见忽必烈。在当时，罗马教廷多次试图与蒙古人接触，并派遣使臣前往蒙古大汗王庭。

为了保护商旅和有利传递信件，成吉思汗在西征时就开辟了官道，窝阔台开始建立"站赤"，即驿站制度，忽必烈则把站赤制度推行到元廷势力所及的一切地方。

元朝的驿站十分发达，无论是设置、管理还是功能、建制，都达到了前所未有的发展水平。据记载，元朝腹地和各行省的驿站共有1400处。在每一驿程上，置一千户，以守卫那些驿站。站赤中有驿令、提领等官。在关会之地，还设置脱脱禾孙，以司辩诘，即盘查往来使臣、防止伪诈。站赤中的各级官吏皆归通政院及中书兵部统一管理。站户有逃亡的，要及时签补，并加以抚恤和赈济。站赤官员要对过往行人进行严格盘查，要根据是否带有文字牌面来决定是否给予马匹。没有牌面的，随便给予马匹，要治罪；有牌面，没给马匹的，也要治罪。虽然规定如此严格，但前来朝贡的使臣，却可以不受限制，"若系军情急速，及送纳颜色、丝线、酒食、米粟、缎匹、鹰隼，但系御用诸物，虽无牌面文字，亦验数应付车牛"。

为了转运贡物，加强对属国的控制，元朝还将驿站设置在各属国境内。《元史·地理志》说："元有天下，薄海内外，人迹所及，皆置驿传，使驿往来，如行国中。"依靠这个发达的站赤制度，元朝的天下，"梯航毕达，海宇会同"，超过以前任何一代。以大都为中心，在四通八达的驿道上，各国使节来往不绝，贩运队商相望于途，呈现空前活跃的局面。马可·波罗、柏朗嘉宾（Giovanni da Pian del Carpine，1180—1252）、鲁布鲁克（Guillaume de Rubrouck，1210或约1220—1270或1293）等人都是通过这条道路从遥远的欧洲进入中国的。驿站不仅是商人、僧侣、使节等各色人往返的歇息之地，而且是输送东西文化的传递站，是文化的辐射地和集散地。

元代的海上交通也十分发达，口岸极其繁华，无论是规模还是数量均远远超过两宋时期。东南沿海的上海、澉浦、庆元、温州、福州、泉州、广州等都是对外贸易的通商口岸。如昆山的刘家港有"万国码头"之称，马玉麟《海舶行送赵克和任市舶提举》一诗极其生动地描绘了"蕃人泊舟"时码头上欢乐和繁忙的情景。当时的刺桐港（今福建泉州）是与埃及的亚历山大港并列的世界两大港口之一。刺桐港船舶相连无边无尽，巨宗货物堆积如山。阿拉伯、波斯与印度等地的香料、药材等舶至中国，以至"来华商贾不绝于途"，而中国的丝绸、瓷器等商品亦漂洋过海，甚至远赴欧洲。

在这个时代，中国与西方的贸易往来比以往任何时候都更加频繁。元朝的统治者们十分重视开展对外贸易。他们取得丝绸之路沿线散乱衰败的商贸城镇，并将其纳入历史上最大的自由贸易区之中。

在欧亚大陆的另一端，欧洲人也在积极地进行着从西方向东方的开拓。从11世纪开始，在近200年的时间里，在教廷的号召和组织下，先后发动了8次十字军东征。其中几次东征与蒙古军队的西征大体处于同一时期，如第四次十字军东征和成吉思汗的第一次西征就大体同时，而第七次十字军东征则是在蒙古军队的第二次西征之后不久。十字军东征不仅为欧洲人揭示了一个广阔的未知世界，还激发了他们的探索和冒险精神。但是，十字军东征并没有达到扩张天主教会势力的目的，反而使西欧诸国四分五裂，这就为蒙古军队的西进提供了有利的时机。

但在另一方面，十字军东征打破了拜占庭和阿拉伯人在东方贸易中的垄断地位，打破了他们筑起的东西方贸易的屏障，冲破了中世纪基督教神学对西方文明的禁锢，使西方人得以发现东方世界，使中华文化与外部世界的交流进一步延伸到地中海以西和以北地区，造成了东西文化交流的新态势。欧洲人的东征，"发现了遥远的中国文化和印度文化，接触到了新的事物"[1]。

这一时期的欧洲正处于中世纪的晚期，早期资本主义和商业正在发展起来。在中世纪的欧洲，地中海的商业贸易占有十分突出的地位。12—14世纪，地中海区域商业出现了空前繁荣的景象，并对欧洲其后的历史进程产生了深刻的影响。西方史学家常把这段商业发展的黄金时代称为"地中海商业革命"。当时的欧洲，特别是在意大利，商业城市正在迅速发展起来，如威尼斯、热那亚等充分利用国际形势的变化，成为国际商埠，成为13世纪欧洲重要的商业中心。意大利的比萨，法国南部的马赛、蒙彼利埃、纳博讷和西班牙的巴塞罗那也在一定程度上参与了东西方贸易。大批进行东西方贸易的香料商、绸缎商们的商业活动沿着陆路与海路迅速扩张，并在黑海、巴尔干、亚历山大、君士坦丁堡、北非海岸地带建立起自己的殖民地和商站。威尼斯人控制了黑海沿岸的对东方贸易，在亚速海的顿河河口建立了塔纳港（今罗斯托夫），作为贩运丝绸和药材的重要基地，塔纳港成为丝绸之路西端的新起点。而热那亚人，凡是他们足迹所到之处，"都再建一个热那亚"，仅在君士坦丁堡就有300多个热那亚商人。他们借助商船和驼队，足迹遍布世界各地，寻找珍贵的香料、珠宝和丝绸。

威尼斯、热那亚及其他海上共和国在13世纪都有着强大的经济活力，而"威尼斯贸易"几乎成了"全球化"的代名词。热那亚人和威尼斯人打破种族和宗教分歧，与多个国家的商人进行贸易，与阿拉伯人、波斯人、土耳其人、蒙古人都建立了合作关系。马可·波罗一家就是这个时代走向东方的威尼斯商人。意大利商人"不仅接触到新的大陆、新的气候和新的物产，而且接触到在远离地中海岸的地方传播的一种不同的文明"[2]。

12—14世纪地中海商业革命的强大推动力是与东方的贸易。德国学者弗兰克（Andre Gunder Frank，1929—2005）指出，当时的世界经济主要是以亚洲为基础的，"威尼斯和热那亚的经济事业和成就也是以亚洲为基础的。这

---

[1] 许倬云：《许倬云说历史：中西文明的对照》，浙江人民出版社2013年版，第135页。
[2] ［英］G.R.波特编，中国社会科学院世界历史研究所组译：《新编剑桥世界近代史》第1卷，中国社会科学出版社1988年版，第65页。

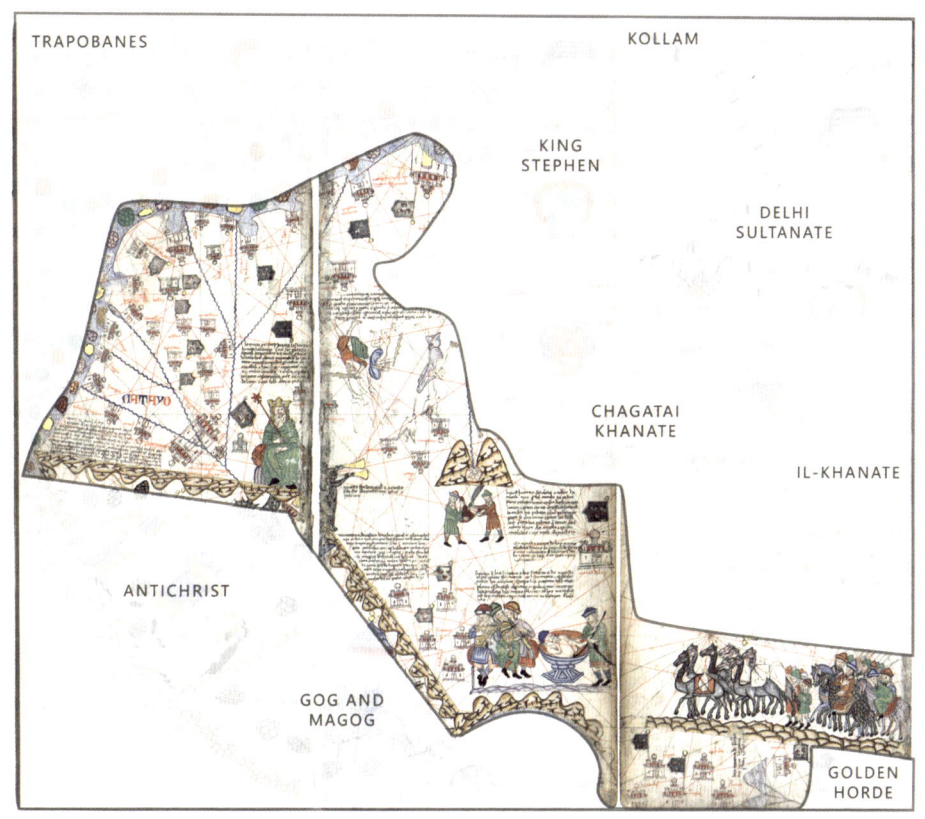

1375年《加泰罗尼亚地图集》所示的大汗帝国（Catayo代表Cathay）。新疆及其商队出现在右下角，而太平洋海岸沿左上角延伸。忽必烈汗坐在宝座上

两个城市通过它们在亚洲的财富和欧洲对财富的需求之间的中介地位获取财富"①。

到东方寻求财富是意大利商人们的梦想和奋斗的目标。他们主要从事奢侈品、香料、纺织品、毛皮、制造业所需要的原料等的交易。来自东方的商品主要有香料、糖、甜酒、药材、颜料、珍珠、宝石、香水、瓷器、丝织品、金银、薄棉纱布与棉布等。这些商品被源源不断地运到波斯湾和红海一带，再经由中东与埃及进入地中海区域城市，由此极大地促成了"地中海商

---

① ［德］贡德·弗兰克著，刘北成译：《白银资本——重视经济全球化中的东方》，四川人民出版社2017年版，第62页。

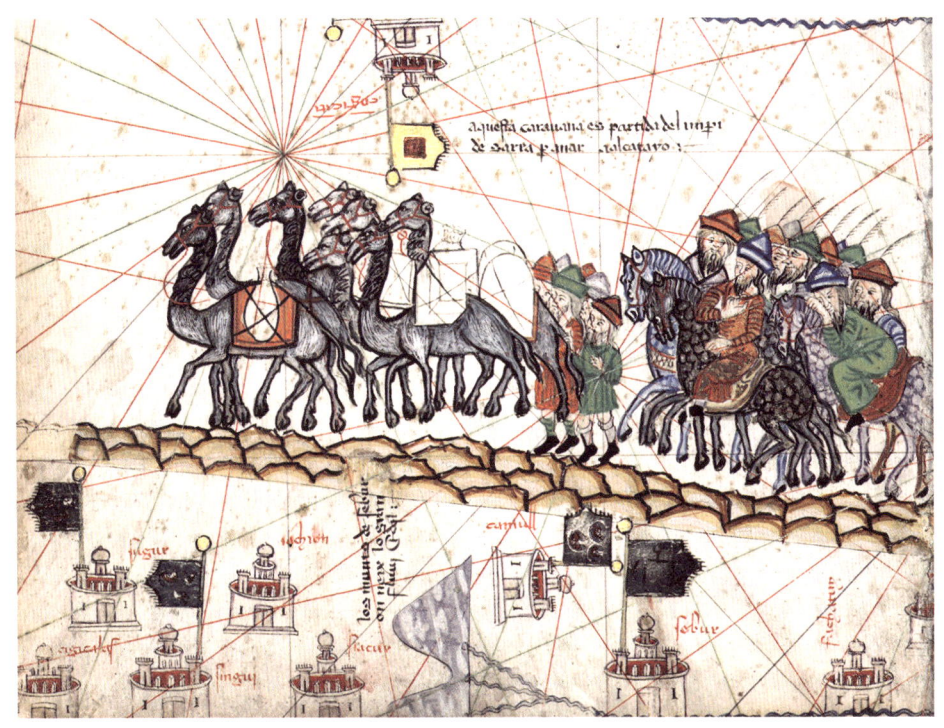

1375年《加泰罗尼亚地图集》中的一张特写图，描绘了马可·波罗在"蒙古和平"时期前往东方的旅行

业革命"的繁荣。在那个时期，东方商品成了欧洲富人阶层重要的消费品，欧洲市场对东方商品存在"普遍的需求"。

在元代，有许多威尼斯、热那亚等地的商人如马可·波罗一家来到中国，这在当时的文献中是有记录的。比如泉州的安德鲁主教（Andrea da Perugia，？—1332）在1326年的信中提到以私人身份出现在中国的拉丁商人，他在信中说到热那亚商人曾提到中国货币；1346年，马黎诺里（Giovanni de' Marignolli，活跃于1338—1353）说他去过泉州，那里的方济各会传教机构经营着一家商业性工厂，还有一座为欧洲商人使用的仓栈；伊本·白图泰（Ibn Baṭūṭah，1304—1369）大约于1336年曾记录在泉州见过热那亚商人；鲁布鲁克去蒙古的时候，是由商人陪伴同行的。在这个时期的有关文献中，随处可以看到欧洲商人的身影，他们活跃在中国的港口甚至大都、杭州等这样的大城市之中。

蒙古人不仅充当了文化交流的媒介和载体，还担当了催生新的文化形式的使命。伴随着各种文化的相遇、交流和碰撞，一种文化要素从一种文明进入另一种文明，并不总是一成不变地被接纳，相反，这种交互往往会引发文化元素的变异或激发新的文化创意。

蒙古帝国时期，中华文化在欧亚大陆上获得了空前的传播。一方面，与中原汉族长期共处的蒙古人，历来受到汉文化的影响和熏染，吸收了汉族的农耕文化元素，并且已经融入他们的日常生活之中。特别是在成吉思汗崛起之后，蒙古人开始进入中原地区，进而建立了统一全中国的元朝，作为统治者的蒙古上层社会进一步接受汉文化。另一方面，经过唐宋时期的繁荣，中华文化的发展达到了新的高度，在文教科技、社会民俗、物质生产等方面都处于世界的领先地位，比如代表中国古代科技文化最高成就的四大发明，就是在这个时期完成完善并且向外传播的。

除了四大发明，在这个中西交通畅通发达的时代里，中华文化的许多元素进入欧洲，产生了不同程度的影响，当中有一些甚至直接参与了欧洲文化发展变迁的历史过程，或者对于这样的发展变迁起到了刺激、启发作用。文艺复兴时期的许多重要事件，比如宗教改革运动、大航海和新航路的发现，如哥伦布（Cristoforo Colombo，1451—1506）发现美洲大陆，等等，都或多或少地与这一时期中华文化的传播和影响有关。

如果说，在古罗马时代，以丝绸为纽带，欧洲人对中国形成了一些模糊的印象，那么，随着蒙古大军横扫欧亚大陆，开创了大交通、大交流的新局面，欧洲人则看到了一个更真实的中国。雷纳·格鲁塞（René Grousset，1885—1952）在《蒙古帝国史》中论述了蒙古的征服对于中西交通和文化传播所发挥的重要作用。他说："蒙古人几乎将亚洲全部联合起来，开辟了洲际的通路，便利了中国和波斯的接触，以及基督教和远东的接触。中国的绘画和波斯的绘画彼此相识并交流。马可·波罗得知了释迦牟尼这个名字，北京有了天主教的总主教。将环绕禁苑的墙垣吹倒，并将树木连根拔起的风暴，却将鲜花的种子从一个花园传播到另一个花园。从蒙古人的传播文化一点说，差不多和罗马人传播文化一样有益。对于世界的贡献，只有好望角的发现和美洲的发现，才能够在这一点上与之比拟。这是一个足称为马可·波罗的世纪。"①

在这一时代，由于这种全面开放的态势，大规模的人员和物资交流，地理空间的开拓，都使欧洲人在思想观念上发生了深刻的变化，而这正是引发文艺复兴运动的思想基础之一。在元代，形成了一个全球文化的新趋势，这个新的全球性文化经过几个世纪的发展，已经成为现代世界文化发展的基础。而在当时，欧洲人就从这个全球文化体系中学到了很多东西。

蒙古帝国时期的中西文化交流，对于欧洲的文艺复兴有着深远的影响。这种交流不仅是物质的交换，更重要的是思想和文化的碰撞与融合。这一切都成了14世纪欧洲革新的重要因素。

六　马可·波罗的奇幻中国之旅

13世纪，地中海是欧洲的两大商业区之一，意大利的威尼斯、热那亚、比萨等城市，是地中海商业区的中心。这些城市联系着西欧和东方的市场，成为东西贸易的枢纽。其中威尼斯的地位尤为重要，它是东方货物运往中欧和北欧的一个吞吐港。马可·波罗的父亲尼哥罗（Niccolò Polo，约1230—约1294）和叔父玛菲（Maffeo Polo，约1230—约1309）都是有名的威尼斯商人，经常奔走于地中海东部地区，甚至远至中国，进行商业活动。

1271年，尼哥罗和玛菲再次启程前往中国，年仅17岁的马可·波罗随父亲和叔父同行，踏上了东方之途，开始了长达24年的漫游东方的行程。

1271年11月，马可·波罗一行由威尼斯启程。他们乘船渡过地中海，到达小亚细亚半岛，经巴格达而到当时商业繁荣的霍尔木兹。马可·波罗在这段行程中感受到旅行的快乐。然而，艰难的旅程还在后面。他们穿越荒无人烟的伊朗高原，继而东行，翻越险峻的帕米尔高原，沿着古老的丝绸之路，经喀什、莎车、和阗，再经敦煌、酒泉、张掖、宁夏等地，经过3年半的跋涉，于1275年夏天抵达了元朝上都。

---

① ［法］雷纳·格鲁塞著，龚钺译：《蒙古帝国史》，商务印书馆1989年版，第278页。

马可·波罗一行抵达上都后，受到忽必烈的接见。马可·波罗年轻聪明，善于学习，很快熟悉东方的风俗和语言，得到忽必烈的器重和信任，留他以客卿身份在朝中供职。这并不奇怪，因为在忽必烈的朝廷里，有很多来自阿拉伯的乃至欧洲的西方人担任各种职务，他们被称为"色目人"。忽必烈的宫殿是一个国际化的朝廷，忽必烈的都城是一个国际化的大都市。

大约在1277年至1280年，马可·波罗离开京城到云南游历访问。他从北京出发，经由河北到山西，过黄河进入关中，逾越秦岭至成都，西行至建昌，并到过西藏，最后渡金沙江，到达云南昆明和

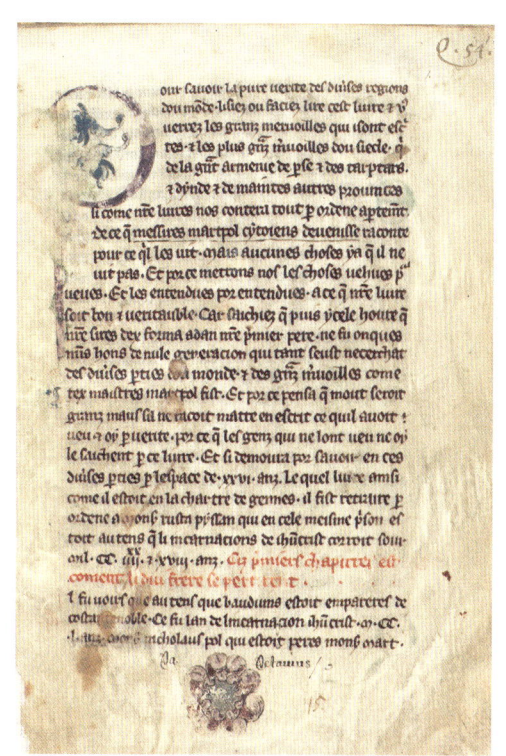

约1350年的《马可·波罗游记》抄本，是该书现存最早抄本之一

大理。此后，马可·波罗又游历了江南一带。他的游记中没有明确的行程记载，却记载了淮安、宝应、高邮、泰州、扬州、南京、苏州、杭州、福州、泉州等南方城市。马可·波罗可能不止一次游览江南。据他自己说，还曾担任了几年杭州城的领导职务。这个说法没有中国文献佐证，但在现在杭州的西湖边上仍伫立着一尊马可·波罗的塑像。

马可·波罗在中国旅居期间，还奉使去过东南亚的一些国家。他的游记里提到的有印度尼西亚、菲律宾、越南和缅甸等国。1292年，马可·波罗奉命护送蒙古公主阔阔真嫁到伊儿汗国，并与父亲、叔父一同离开中国。他们送阔阔真公主到波斯，然后继续西行，于1295年回到故乡威尼斯。

马可·波罗在中国生活了17年，遍游大江南北与长城内外，对中国情况的了解远远超过当时的欧洲人。他回国后向乡人介绍东方见闻，引起人们的极大兴趣。而作为商人，他与其父、叔在中国各地经商多年而成为巨富，

回国时带回大批珍宝,人称"百万马可"。他成为威尼斯的名流,参与城市的公共事务。他在一次与热那亚人的战争中被俘而被关到监狱里。

狱中单调的生活让他闲极无聊,马可·波罗就给大家讲故事。他说他在东方游历多年,见到了许多奇闻逸事、奇风异俗,那里极为富有,遍地黄金,大家听得十分入迷。听众中有一位作家,觉得这些东方的奇异故事很有意思,于是就笔录成书。

这位作家是比萨人鲁思蒂谦诺（Rustichello da Pisa,活跃于13世纪晚期）。鲁思蒂谦诺当时已经是很有名的骑士文学作家,他曾写了阿瑟王和其他骑士的侠义故事,得到英国国王

1477年纽伦堡印本《马可·波罗游记》扉页上的马可·波罗肖像画

爱德华一世的赏识。他用法语写成了一部骑士传集《梅里亚杜斯》,反映了当时人们理想中的骑士精神。他在狱中笔录的这本书,深刻地影响了世界文明的历史。仅凭这本书,他的名字就足以被写进历史。

鲁思蒂谦诺笔录的这本书就是日后闻名于世的《马可·波罗游记》。在热那亚的监狱里,鲁思蒂谦诺得以结识马可·波罗,也是一时的奇遇。可以说,如果没有鲁思蒂谦诺,如果没有这位执着的作家强迫马可·波罗静下心来坐在那里,滔滔不绝地讲述自己的经历,马可·波罗的故事也不会成为广为流传的文字,他的经历最终也只能是那些行走丝绸之路的商人们闲来无事的谈资,就像他同时代无数的商人、旅行家们一样,消失在历史的烟云之中。

文学史专家认为,鲁思蒂谦诺在笔录《马可·波罗游记》时,态度严谨、忠实,《马可·波罗游记》的文字流畅自然,不尚浮华夸张,体现了历史的真实和马可·波罗口述的特点。但是,他也并非仅仅是机械地笔录。事

实上,在鲁思蒂谦诺的笔录中,包含着他对马可·波罗口述的接受、理解和再创造,包含着一位文学家的艺术匠心和风格。在鲁斯蒂谦诺的精心雕琢下,《马可·波罗游记》成为一本风靡欧洲、家喻户晓的书。

马可·波罗用了很大篇幅来描述元朝大都的宏伟和繁荣。元朝的大都即现在的北京,是当时世界上最大的城市之一。马可·波罗称大都为"汗八里"。"汗八里"是突厥语,意为"帝王之城"。他描写汗八里面积广袤,街道布局严整。大都的皇城,宽广各有1英里(约1.6公里),周围有高达10步的城垣环绕,皇城四角建有角楼。宫殿建筑"工巧之极,技术之佳,见之足以娱人心目"。君王临朝听政的大殿,壮丽富赡,光泽灿烂。在宫城与皇城两墙之间还有"一极美草原",种植各种果树,还有许多动物,如鹿、獐、山羊、松鼠等。另外还有一个大湖,景色非常优美。

马可·波罗在游记中还介绍了西安、太原、成都、大理、苏州、杭州等数十个城市,对这些城市的情况,包括山川地形、生物矿产、气候寒暑、工商贸易、宗教信仰、风俗习惯等,都有详略不等的介绍。其中长江中下游地区特别让他印象深刻。他称杭州为"天城",是"世界最富丽名贵之城","所供给之快乐,世界诸城无有及之者,人处其中,自信为置身天堂"。他特别提到了西湖的景色,说城中有一大湖,湖上有许多画舫划艇,大小都有,专为游览娱乐而设。每条船里都备有漂亮的桌椅和其他必需的器皿,驾船之人手持篙子,插入湖底,用力撑船,想往何处,随心所欲。船顶以下及其四壁,悬挂各色画图;两旁有窗户,可以向外眺望,所有湖边的离宫别墅、寺院庙宇、园林山色,尽在目中。他很感叹地说:地上的赏心乐事,没有比泛舟西湖更为快乐的。

除了对这些大都市的描写之外,《马可·波罗游记》中还记述了许多中国的情况,涉及政治、军事、法律、奇闻轶事、风土人情等许多方面。在元朝的制度方面,涉及行省制度、驿站制度和漕运等方面的情况。由于他到处旅行,因此对驿站制度特别在意。他说,全国有驿站1万多个,有驿马20多万匹,有陈设豪华的驿站系统,宫殿1万多座。

马可·波罗以极大的兴趣记录了各个地区的物产、贸易、集市、交通、货币、税收等与商业有关的事物。有人统计,《马可·波罗游记》中关于商务的记录，约占中国部分内容的1/6以上，以至欧洲人曾把它看成东方的"商务指南"。马可·波罗记述了大都贸易之发达，说大都是"商业繁盛之城"，凡是世界上最为稀奇珍贵的东西，都能在这座城市找到，特别是印度的商品，如宝石、珍珠、药材和香料。中国北方各地区和其他各地区，凡有贵重值钱的东西都运到大都来。外国高价珍稀商品及其他商品输入大都城之多，是世界上其他城市所不能相比的。

他不仅记录了扬州、杭州、福州、泉州等商业名城的商务和物产，而且细心观察了途经的中等城市的工商业状况。比如他说到四川成都的蜀锦和云南大理的黄金交换价格，扬州居民"恃工商为活"，开封的绢绸生产，镇江居民"恃工商为活"，"产丝多，以织数种金锦丝绢"，以及苏州、杭州的工商业，福州、泉州的海外贸易等。

马可·波罗对在元朝流行的纸币作了比较详细的介绍。他介绍了印造纸币的机构和货币的质地，说"在此汗八里城中，有大汗之造币局，观其制设，得谓大汗专有方士之点金术"，"此币用树皮作之，树即蚕食其叶作丝之桑树"。将这种树皮做成的纸裁作大小不等的长方形，制成的纸币面值不等，币面上盖有"君主印信"。这些纸币在全国流通，凡州县国土及君主所辖之地莫不通行。大汗国中商人所至之处，用此纸币以给费用，以购商物，以取其售物之售价，竟与纯金无别。

《马可·波罗游记》还介绍了中国的育蚕制丝、制盐造纸、用煤作燃料的技术，乃至做面条的方法；对于宗教、葬俗、饮食、生肖纪年、社会救济等，都有繁简不同的记述。

在《马可·波罗游记》中，对中国有两种称呼，一个是"契丹"，一个是"蛮子"。这是沿用了蒙古人的叫法。柏朗嘉宾、鲁布鲁克、鄂多立克（Odorico da Pordenone，约1286—1331）等人都是采用这样的称呼。元朝统一中国后，把中国北部称为"契丹"，把中国南部称为"蛮子"。在俄语、希腊语和中古英语中，把整个中国称为"契丹"（读音分别为Kitay、Kitala、Cathay），在穆斯林文献中常把中国北部称为契丹（Khita，Khata）。俄语仍然称中国为Китай（契丹），称中国人为китаец（契丹人）。但是，关于契丹的种种传闻传入欧洲后，人们误解"契丹"和"中国"（蛮子）是两个国家，认为在中国之外，遥远的东方还有一个美丽的国家——契丹，甚至在地理位置上认为"中国"在"契丹"以南以东的位置。

《马可·波罗游记》充分地描写了契丹的繁荣昌盛，使契丹这个名字在欧洲不仅耳熟能详，而且成为欧洲人向往和追求的梦想。这种混淆的地理概念一直持续了几个世纪，直至16世纪，欧洲人对东亚大陆的认识还十分混乱：从海路来华者，称中国为"秦"或China；从陆路来华的称中国为"契丹"。

亚伯拉罕·克雷斯克1375年绘制的"加泰罗尼亚语地图"的羊皮面图。在其左部靠近中间的地方，国王是"大汗"，其左部是"汗八里城"

《马可·波罗游记》以其丰富的内容、富有感染力的文笔，给欧洲的知识界开辟了一片新天地，极大地丰富了欧洲人对中国和东方的认识。这部《马可·波罗游记》有"世界第一奇书"的称号，马可·波罗被誉为"中世纪的希罗多德"。

《马可·波罗游记》在完成不久后的14世纪初，就已经有手抄本流传。在《马可·波罗游记》诞生后的头20年，已经存在法意混合语、托斯卡纳语、威尼斯语、德语、拉丁语以及经过改造的法语版本。由于传抄和翻译的广泛，《马可·波罗游记》成为14世纪法国和意大利史诗中有关东方内容的灵感源泉之一。1477年，《马可·波罗游记》的第一个印本——德文译本在德国纽伦堡印行，随后陆续被翻译成多种文字出版。最早的英译本是1579年在伦敦出版的。

不过，当时的欧洲人并没有充分认识《马可·波罗游记》的重要价值。当时欧洲人对于中国乃至东方的了解还是相当有限且模糊的。特别是15世纪以后，奥斯曼帝国兴起，中西交通再次受阻，欧洲人与东方的交往变得更加困难。而马可·波罗所说的一切，对他们来说太陌生、太新奇，甚至说得上不可思议，当中的文化信息远远超过了他们的认知范围，因此当时人们只将《马可·波罗游记》看作是《天方夜谭》一类的奇幻作品，马可·波罗甚至也被同时代人戏称为"讲故事的能手"。在相当长的时间里，《马可·波罗游记》只被看作是一部文学作品，而非真实的历史记录。

《马可·波罗游记》所描述的东方世界在当时备受质疑，人们认为马可·波罗并未真正到访过那些地方，而是基于他人的叙述或故意夸张其经历。他的一些亲友也对此表示怀疑。但凭借书中对东方奇异世界的描述，《马可·波罗游记》还是吸引了众多读者，欧洲人也因为这部作品对远方的中国有了更加清晰的印象。

值得注意的是，在马可·波罗的时代，还有不少欧洲人来到中国并写下他们的游历记录，但由于马可·波罗在中国生活的时间很长，并且广泛游历，出入宫廷又深入社会，因而马可·波罗对中国的了解比他们更深入、更充分，他的记述也比他们更具体、更详细、更富有感染力。因此，可以说，马可·波罗代表了当时欧洲人关于中国的最高认识水平。

马可·波罗是第一个记录其在中国游历经历的欧洲人，为欧洲打开了一个新世界的大门。他的描述引发了欧洲对东方的强烈兴趣。正如后来的哥伦布一样，马可·波罗为欧洲展现了一个前所未知的世界。

中世纪晚期欧洲地理学的发展，在很多方面得益于马可·波罗。例如在1320年马里诺·萨努托（Marin Sanudo il Vecchio，约1270—1343）的世界地图中，新的地理资料多取自《马可·波罗游记》。1375年的《加泰罗尼亚地图集》，更是以《马可·波罗游记》为主要参考书而绘制的，成为中世纪最有科学价值的地图。这个地图打破了宗教谬说和"天圆地方"说，"摆脱了中世纪地图学的幻象，构成了欧洲思想文化史上的一个重要里程碑"[1]。14世纪末，人文主义者多梅尼科·班迪诺（Domenico di Bandino，约1335—1418）编撰的《宇宙记忆之源》也收录了大量来自《马可·波罗游记》的引文，并把马可·波罗说成是"对东方海岸最勤奋的调查研究者"。他认为《马

---

[1] ［英］雷蒙·道森著，常绍民、明毅译：《中国变色龙——对于欧洲中国文明观的分析》，中华书局2006年版，第23页。

1459年《弗拉·毛罗地图》

可·波罗游记》是"涉及东方行省的位置、风俗和环境的赏心悦目的书"。以后的地图也大都以《马可·波罗游记》为据而制作。如1410年的《博尔贾地图》，1442、1448年的《利乐杜斯地图》，1459年的《弗拉·毛罗地图》，1538年的《墨卡托地图》等，大都取材于《马可·波罗游记》。[1]利奥多（Giovanni Leardo，生活于15世纪）宣称，他的地图中包括了很多东亚内地的地形图，"他没有按照马利努斯和托勒密的理论，而是吸收一些较新的报告内容的基础上完成了地图的绘制，尤其是借鉴了《马可·波罗游记》中

---

[1] 余士雄主编：《马可·波罗介绍与研究》，书目文献出版社1983年版，第37—38页。

的一些内容"①。1492年，马丁·毕海姆（Martin Behaim，1459—1507）也是以《马可·波罗游记》为基础，他宣称地球仪表示"整个世界"，即托勒密所描述的那部分地区和促使威尼斯的马可·波罗爵士记录下来的其他世界。

苏联历史学家马吉多维奇（Magidovich Joseph Petrovich，1889—1976）在《世界探险史》中指出："马可·波罗的书在地理大发现的历史上发挥了极大的作用。不仅15—16世纪葡萄牙和西班牙首次探险活动的领导者和组织者使用了在马可·波罗强烈影响下绘制的地图，而且，马可·波罗的书还成了许多著名'天文学家'和航海家——包括哥伦布——手边的必读之物。"②

马可·波罗的中国之行不仅为欧洲提供了一幅前所未有的亚洲地理画卷，更为欧洲心灵铺设了通向亚洲文化的桥梁，成为两个文明交流和相互理解的开端。

有人说马可·波罗用了20年时间认识中国，而欧洲人认识马可·波罗却用了200年。当200年过去，世界历史进入大航海时代，《马可·波罗游记》中展现的中华文明不仅成为激发欧洲大航海探索的强大心理动力，更为他们提供了实际的地理知识与指导，这无疑为他们的航行和探索增添了关键的理论支撑。

七 东方引力：启航新世界的灵感与冒险

随着《马可·波罗游记》在欧洲的传播，有关契丹的传说也变得家喻户晓。东方和中国的财富神话，使欧洲的贵族、商人和冒险家们心驰神往。这就是所谓的"远方契丹的诱惑"。

在马可·波罗时代，欧洲一直与东方有着贸易往来。当时，东西方贸易商路主要有三条：一条是陆路，由中亚沿里海和黑海到达小亚细亚，随后连接到陆上丝绸之路。另外两条是海陆结合路线，一条是先从海道抵红海，然

---

① 引自［美］劳伦斯·贝尔格林著，周侠译：《大旅行家马可·波罗传》，海南出版社2010年版，第294页。
② ［苏］马吉多维奇著，屈瑞译：《世界探险史》，世界知识出版社1988年版，第90页。

后再由陆路至埃及的亚历山大港；另一条是由海道入波斯湾，然后经两河流域到地中海东岸叙利亚一带。这两条路线都接续海上丝绸之路。地中海特别是西地中海的贸易主要由意大利商人把持，而地中海东岸一带的贸易则由阿拉伯商人所垄断。无论是陆上的丝绸之路，还是海上丝绸之路，都因为蒙古人的统治而空前畅旺，往来的商队络绎于途。

但是，到了14世纪后期以后，中西之间传统的贸易路线受到了严重的阻碍。首先是1370年，西察合台的蒙古贵族帖木儿（Tēmōr，1336—1405）夺得了统治地位，成为西察合台的苏丹，以撒马尔罕为都，建立起盛极一时的帖木儿帝国，明朝称之为撒马尔罕国。帖木儿是一位雄心勃勃的有为君主，想仿效成吉思汗建立庞大的军事帝国。在其建国的初期，帖木儿灭掉西边的伊儿汗国，攻打北边的钦察汗国，在中亚迅速崛起，称雄一时，成为除明帝国外蒙古政治遗产的最大继承者。帖木儿帝国的疆域西起幼发拉底河，东至锡尔河和印度德里，北抵高加索，南临波斯湾，成为当时世界上最强大的国家之一，被西方史学界赞为"成吉思汗后蒙古又一伟大征服者"的帝国。帖木儿在中亚建立的帝国，使得传统的中西间丝绸之路交通受到严重阻隔。

继而是发生在1453年的奥斯曼土耳其人攻陷君士坦丁堡，吞并了拜占庭帝国的大部分领土，奥斯曼帝国成为地跨亚、非、欧三洲的大帝国。作为当时世界上最强国之一，奥斯曼帝国的舰队称霸地中海、红海和波斯湾，控制了红海、波斯湾和黑海通往地中海的交通线，向过境商人勒索大量捐税，垄断了欧洲同东方的贸易。当时就有人指出，通过红海的商路的税赋和运输成本提高使得东方商品的购买价格上涨到原来的6倍。

此外，多年以来，阿拉伯人一直垄断着地中海东部、北非和印度洋沿岸之间的贸易。欧洲和东方之间海路和陆路的商贸往来，长期被埃及卡拉米商人和阿拉伯骆驼商队包揽。陆上运输的迟缓、运费的昂贵和缺少安全保障，使得欧洲商人望而却步。

虽然传统的交通贸易路线受到阻隔，但欧洲对东方贸易的依赖和渴望并没有减退。马可·波罗所讲的关于契丹的故事，依然刺激着他们的野心。欧洲各国贵族、商人急切地希望寻找到一条摆脱阿拉伯人和奥斯曼人绕过地中海东部的新航线。

欧洲人对开辟新的东方航线的无比渴求，很大程度上是受马可·波罗时代的旅行家们带来的关于中国知识的启发。"不论是地理大发现还是文艺复兴，其文化动力与灵感都可以追溯到蒙元世纪东方知识的开放。"①我国学者万明指出：在15世纪，"东方的契丹成为财富的象征在西方对于财富的渴求成为真实历史背景时，这一颇具诱惑力的神奇国度，曾唤起西方向东方探寻，从而形成一种延续性的追求，扩张东来由此成为行动"②。

16世纪以后开始的欧洲扩张，最初动力在于东方引力。这种引力不仅源于财富的诱惑，也隐含着对先进文明的向往。正如德国学者弗兰克所说的："正是亚洲的吸引力导致了在1492年哥伦布的航海活动之后，西半球'新'世界的'发现'及其被纳入旧世界的经济和体系中，导致了在1498年瓦斯科·达·伽马的绕非洲航行之后，欧洲与亚洲的关系变得更加紧密。"③

当时一些著名的航海家和探险队的领导者都读过《马可·波罗游记》，从中受到鼓舞和启示，进而被激起对于东方的向往和冒险远游的热情。现实经济利益的驱使，加上马可·波罗所描述的富庶东方的召唤，推动了欧洲人的地理大发现运动。有人说寻找"东方"是欧洲大航海事业的"意志灵魂"，而这种"意志灵魂"正是在《马可·波罗游记》的影响下萌芽、成长的。1502年，《马可·波罗游记》的葡文版本在里斯本出版，出版前言中评价葡萄牙人对中国的认识说："向往东方的全部愿望，都是来自想要前往中国。航向遥远的印度洋，拨旺了对那片叫做中国（Syne Serica）的未知世界的向往，那就是要寻访契丹（Catayo）。"④

从最初的动机来说，大航海时代的来临，就是对海上丝绸之路的新航路的探索，就是要寻找更为便捷的沟通东西方的新航线。大航海正是丝绸之路在新的技术条件下、新的时代要求激励下的延伸和发展。但是，这种延伸和发展与古代丝绸之路的意义和作用有本质上的不同。因为正是大航海时代的

---

① ［美］唐纳德·F.拉赫著，周宁总校译：《欧洲形成中的亚洲》第1卷，周宁："总译序"，人民出版社2013年版。
② 万明：《明代中外关系史论稿》，中国社会科学出版社2011年版，第474页。
③ ［德］贡德·弗兰克著，刘北成译：《白银资本——重视经济全球化中的东方》，四川人民出版社2017年版，第57页。
④ 引自万明：《明代中外关系史论稿》，中国社会科学出版社2011年版，第480页。

来临，把整个世界联系在了一起，实现了不仅仅欧亚大陆，还包括所谓"新世界"的互联互通，从而开始了真正意义上的全球化时代。

意大利人尼科洛·德·孔蒂（Niccolò de'Conti，1395—1469）是马可·波罗之后又一个到印度和远东的重要旅行家。他于1419年离国东行，在亚、非各国旅行25年，曾至印度以东诸地，甚至可能到过中国南部。他在东方经商旅行的时候，正好是中国郑和下西洋的年代。孔蒂在旅行途中遇到过郑和舰队，还曾搭乘其中一艘帆船，随船到达爪哇岛，在那里住了9个月。孔蒂回到威尼斯后，把自己的见闻口述给了当时罗马教皇的秘书布拉西奥里尼（Poggio Bracciolini，1380—1459），布拉西奥里尼用拉丁文记录下来，收于所著《命运变化论》第4卷，为15世纪欧洲人记述亚洲情况的重要著作。也许正是孔蒂对自己在东方游历的介绍，给欧洲人带去东方大航海的信息。

1459年前后，威尼斯修士弗拉·毛罗（Fra Mauro，约1400—1464）制作了一幅巨大的世界地图，他写道自己觉得"印度洋不像是池塘那样，被陆地包围在中间"，因为有那么一艘中国帆船——可能是来自郑和的船队——在1420年穿越了印度洋，并且"向西南方向航行了40天，除了水和风以外，什么也没发现"。[①]毛罗的这段论述的信息来源，很可能得自孔蒂回到威尼斯后所做的介绍。

到了15世纪末，欧洲的大航海时代开始了。其间，欧洲航海家们取得了一系列举世瞩目的成果，但背后的成功并非欧洲独有。这是基于多国、多文化长期的交流与努力，共同推进了人类的航海技术，最终实现了远航七海的梦想。在这段探险历程中，许多非欧洲文明都为欧洲航海家们提供了宝贵的帮助与支持。我们应该认识到，15至16世纪的航海壮举并非欧洲单方面的成就，而是全人类共同的辉煌。

在15世纪，整个欧洲的商人和船员们都在推测和探索去东方的新航路。在这个时代的海上探险活动中，葡萄牙人充当了先锋。葡萄牙位于欧洲的西南角，在14世纪和15世纪上半叶，葡萄牙的船队已经沿着非洲曲折的海岸线走了相当远。

---

① ［英］布赖恩·莱弗里著，邓峰译：《征服海洋——探险、战争、贸易的4000年航海史》，中信出版集团2017年版，第9—10页。

葡萄牙的亨利王子（Infante Dom Henrique，1394—1460）是葡萄牙海上探险的发动者和组织者。亨利王子是葡萄牙国王若昂一世（João I，1357—1433）的第三子，从小学习战略和战术、外交艺术、国家管理、古代和现代的知识，并博览群书。亨利王子相信，非洲是可以绕过去的大陆，在某个地方必定存在着一条尚未被发现的通向印度的海上通道。在亨利王子的有效组织下，葡萄牙集中了当时帆船航海的全部优势力量，具备了南下大西洋探险的基本条件。[①]于是，葡萄牙人沿着非洲西海岸，一路向南。在亨利的悉心经营和其他王室成员持续推动下，葡萄牙成了欧洲的航海中心，建立起了庞大的船队，拥有优秀的造船技术，培养了一大批专业的探险家或航海家。亨利王子于1460年去世，但他为葡萄牙继续向东扩张奠定了坚实的基础。

1471年，葡萄牙人转入几内亚湾之后，绕非洲南端前往印度的航路的可能性开始显现。葡萄牙国王若昂二世（João II，1455—1495）制定了一项新的海上扩张计划，该计划以环绕非洲的航行为目的。1487年，国王派遣葡萄牙航海家巴托罗缪·迪亚士（Bartolomeu Dias，1451—1500）进行了更远的南航。当迪亚士的船队靠近非洲大陆南端时，强大的风暴把船只吹离海岸，滔天巨浪几乎把他们吞没。十几天后，迪亚士掉转船头，先向东，再向北航行，终于在南非的莫塞尔湾靠岸，看到了太阳从他们的右边升起。这时候，他们已经进入了印度洋，绕道非洲南端通往印度的航道实际上已经打通了。

1495年，曼努埃尔一世（Manuel I，1469—1521）继承了葡萄牙王位。他登基后的第一个举措就是继续派遣队伍远征印度，并把全国所有的力量和财富投资到这项远征行动里。在曼努埃尔的主持下，葡萄牙最终发起了一项探险事业，这在后来改写了葡萄牙、西欧及其以外的世界的整个历史。

两年后，也就是在迪亚士发现好望角之后10年，1497年，葡萄牙组建和装备了一支舰队，去探索由葡萄牙起绕过非洲前往印度的海上航道。这支舰队由航海家瓦斯科·达·伽马（Vasco da Gama，约1460-1524）率领。

达·伽马船队沿迪亚士走过的航道航行，在足足航行了将近4个月时间和4500多海里之后，来到了与好望角毗邻的圣赫勒拿湾，看到了一片陆地。

---

① 张国刚：《中西文化关系通史》下册，北京大学出版社2019年版，第440—441页。

达·伽马从里斯本启程前往印度的场景

向前将遇到可怕的暴风袭击,水手们无意继续航行,纷纷要求返回里斯本,而此时达·伽马则执意向前,宣称不找到印度他是绝不会罢休的。圣诞节前夕,达·伽马率领的船队终于闯出了惊涛骇浪的海域,绕过好望角驶进了西印度洋的非洲海岸。

1498年1月,达·伽马船队抵达东非的莫桑比克海域。这是人类历史上第一次有史可查的大西洋直接至印度洋的深度航行,对于传说与财富的憧憬渐渐浮现。继后,船队逆着强大的莫桑比克海流北上,巡回于非洲中部赞比西河河口。这年的3月底,达·伽马的船队在消耗了大量补给品后,按照惯例凿沉了伴随航行的补给船,仅以3艘船只轻装前行。

4月14日,他们在非洲的东岸摸索着航行到了马林迪,马林迪的统治者允许达·伽马在自己的城市建立用于贸易和支持航海的小型要塞,并给他们充足的补给。达·伽马在这里找到了一个阿拉伯领航员给他们指路。这位领航员叫艾哈迈迪·伊本·马吉德(Ahmad ibn Mājid,约1432—约1500)。他出生于阿拉伯半岛阿曼地区,是当时著名的航海学专家。他拥有一幅印度洋西海岸的航海图,并且熟悉四分仪,懂得观测天文。正是在这位经验丰富的领航员的带领下,葡萄牙船队于4月24日从马林迪启航,利用印度洋每年上半年特有的西南季风直奔印度。

1498年5月28日,达·伽马舰队抵达印度西南海岸最大的港口城市卡利卡特,在附近的一个港口抛下了锚。而这个港口正好是半个多世纪以前,郑和船队经过和停泊的地方。在达·伽马抵达卡利卡特的那一刻,"葡萄牙人第一次模糊地看到了印度,标志着世界历史的一个重大时刻。达·伽马结束了欧洲的孤立。大西洋不再是一道屏障,而变成了一条将两分半球连接起来的通衢

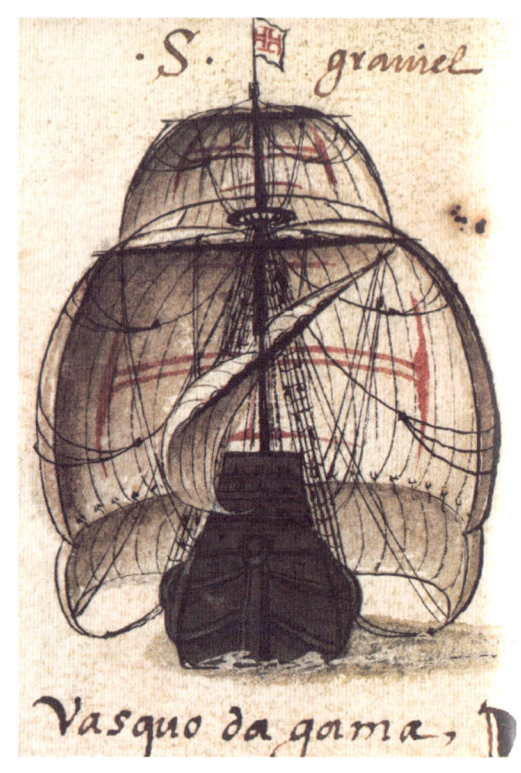

达·伽马的卡拉维尔帆船,16世纪

大道。这是全球汇聚的漫长过程中的一个标志性时刻"①。

欧洲人长久以来渴望找到的"印度"终于被发现了,通往东方的海上新丝路也得到了贯通。这是他们几代人孜孜以求的梦想。

在达·伽马回国仅仅6个月后,葡萄牙又派出了一支庞大的舰队,有13艘船、1200人,向印度进发。在16世纪的最初五年,曼努埃尔一世动员了全国可动用的人力、船只和物资供给,陆续派出了4支舰队,舰队的规模基本是10～20艘船只,一共有81艘船只,其中有的船只参加了不止一次的远航。每支舰队的指挥官在印度停留的时间只有半年左右,并且多次与卡利卡特的扎莫林王国发生军事冲突。但他们逐渐地站稳了脚跟。1505年3月,第一任印度总督德·阿尔梅达(Francisco de Almeida,1450—1510)率领一支由22艘帆船和1500名士兵组成的舰队启程前往印度,选择果阿建筑城堡要塞,并攻占了

---

① [英]罗杰·克劳利著,陆大鹏译:《征服者:葡萄牙帝国的崛起》,社会科学文献出版社2016年版,第83—84页。

印度洋沿岸的科钦等地，初步建立起若干要塞据点。从此以后，葡萄牙的船只就经常取道好望角驶向东方，回去的时候满载香料、丝绸和珠宝等贵重货物。他们还占据了锡兰、苏门答腊、爪哇和马鲁古群岛。1517年他们到了中国广州，1542年进入日本。

数千年来，印度洋一直是世界贸易的十字路口，形成了一系列中心交织的复杂网络，全世界财富的一半以上要通过这一海域运输。葡萄牙把"东航的钥匙"牢牢地掌握在自己手中，成了16世纪最强大的海上王国。他们在印度、印度尼西亚、马达加斯加、非洲及其他地区均设有前哨站，建立起庞大的殖民帝国。在16世纪，共有768艘船从里斯本起航前往东方，平均每年约有8艘船。

埃内斯托·卡萨诺瓦《达·伽马船队到达卡利卡特》

由于新航路的发现，自16世纪初以来，葡萄牙首都里斯本很快成为西欧的海外贸易中心。葡萄牙、西班牙等国的商人、传教士、冒险家麇集于此，从此起航去印度、去东方追求财富的梦想。

当葡萄牙人向东寻找一条绕过非洲到印度去的新航路时，西班牙人则开始了向西的航行。

当时，地圆学说广泛传播，欧洲人已经普遍接受了地球是圆的观念，并且相信海洋绕过欧洲和非洲向印度和中国延伸，但是并没有人想到还有美洲大陆横在中间。那么，渡过大西洋向西直驶，也许可以更容易更迅速地到达东方，正是在这种想法鼓励下，哥伦布实现了发现新大陆这一世界探险史上的壮举。

哥伦布远航的初衷，和这个时代探险活动的主旨一样，就是要找到前往东方的航线。哥伦布在日记中屡次提到他在出发前曾仔细读过《马可·波罗游记》。第一次出航时，哥伦布携带的《马可·波罗游记》和他自己的航海日记都丢失了。目前传世的一本据传是哥伦布出航时阅读的，保存在西班牙的哥伦布纪念馆。书中有哥伦布的264条批注，还有2处记下了批注的日期，分别是第二次出航的1493年和第三次出航的1498年。这些眉批主要以拉丁文写成，夹杂以西班牙文，凸显了最吸引哥伦布注意的段落。他深受马可·波罗书中描写的震撼，也感受到了其中隐藏的商机。凡是书中提到黄金、白银、纯丝买卖、香料、瓷器、红蓝黄宝石、琉璃、醇酒、采珠人的地方，哥伦布就会做记号。

据说，哥伦布为了寻找通往东方最短的航线，曾于1474年请教佛罗伦萨的天文学家和地理学家保罗·托斯堪尼里（Paolo dal Pozzo Toscanelli，1397—1482）。在此之前，佛罗伦萨曾召开过一次宗教大会，来自不同教派的人士济济一堂，谈论着世界各地的消息。这位托斯堪尼里可能同刚刚从东方回来的意大利旅行家孔蒂见过面。他得到一幅地图，上面有一条神秘的北方航路，传说沿着这条航路可以直抵大汗的国土，即马可·波罗所说的契丹与蛮子国、汗八里和行在城。他在这次会议上介绍了这幅地图，并给葡萄牙国王若昂二世的一位顾问寄去了一张海图和一封信。他在信中提出：“从此地前往印度，即香料国度，有一条海路；这条海路的距离比通过几内亚要短。”他的推断是，因为地球是圆球形的，所以无论往东还是往西航行，都可能抵达印度，而向西航行的距离更短。若昂二世国王没有把这近乎"谵妄"的书信和海图当回事。况且在那个时候，也没人把马可·波罗的"百万传奇"当作现实。

当哥伦布向托斯堪尼里请教时，托斯堪尼里把自己这封信的抄件寄给了哥伦布。托斯堪尼里为马可·波罗的亲身游历所吸引，他在这封信中，满怀激情地描述了亚洲，尤其是中国财富的商业潜力。托斯堪尼里在信中还指

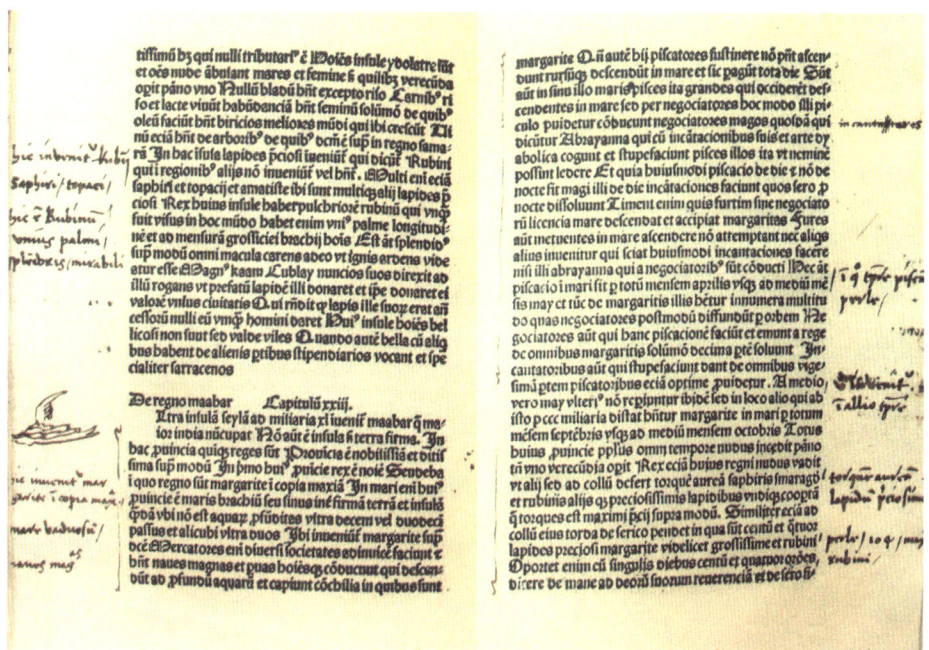

哥伦布在《马可·波罗游记》拉丁文版上的手写笔记

出,横渡大洋到达"香料之国"确实存在着一条最短的道路,这条道路要比葡萄牙人沿非洲两岸航行所要寻找的道路近得多。

在15世纪,谁也不知道如何划分地球表面上的陆地和水域。托斯堪尼里把亚洲从西到东的面积几乎扩大了2倍。他计算,沿陆路从里斯本到达中国东岸的距离大约是地球圆周的2/3。因为他认为,中国的沿岸城市金山(杭州)位于里斯本经线以东230°处。以此推算,他在西方把南欧与中国相分的水域缩为1/3,因此他认为金山位于里斯本经线以西130°处。他确定这个水域的宽度为地球圆周的1/3,就是说,按他的计算,不超过1.2万公里(折合为现今的里程)。

按托斯堪尼里的看法,面向欧洲的日本海岸离中国东海岸约2000公里。这样一来,从里斯本到达日本似乎只需航行不到1万公里。哥伦布根据15世纪一些流传较广的天文和地理书籍,对这种计算方法作了一些"修正",他得出的结论是,前往东亚最合适的航线是经过加那利群岛,似乎从加那利群岛出发向西航行4500~5000公里的路程就可以到达日本。

哥伦布在远航出发之前遇到了一个人。此人在40年前曾向西到达位于西印度群岛东北的马尾藻海,他告诉哥伦布不必害怕。他还曾见到,陆地上的鸟类为了躲避冬天的风暴而向西飞,他遂让船员转向返航。在葡萄牙的群岛上有一些流传的消息,称有来自西方的漂浮物,包括不常见的树木和植物、独木舟和小船、奇异的木雕,甚至还有人的尸体(既不是欧洲人也不是非洲人)。哥伦布写下这样一条笔记:"中国人来到西方。我们已经看到,许多事情值得注意,尤其是在戈尔韦和爱尔兰,一个男人和一个女人坐在两根圆木上,以奇迹般的形式被风暴推着前行。"[1]

1492年8月3日,哥伦布在西班牙国王的支持下,率领3艘船和88名船员出发了。他随身还携带一封西班牙国王给契丹大汗的信。到10月12日,哥伦布经过漫长的航行,终于登上了美洲巴哈马群岛中的一个岛屿。但是,他绝没有想到这里离印度和中国还十分遥远。他相信他发现了就在亚洲海岸边东印度群岛中的一个岛。他把当地的土人称为"印第安人"(即"印度人")。他们从此就一直被称为印第安人。

哥伦布回到西班牙后,向国王汇报他找到了印度群岛。此后他又三次回到美洲,携带了商人和传教士、冒险家和殖民者,并且一直在寻找日本王国、中华帝国、香料群岛和印度。他探索了加勒比海、委内瑞拉和中美洲沿岸,但哥伦布至死还不知道他已发现一块新大陆这一事实。

达·伽马的印度之旅与哥伦布发现"印度"(实际上是发现了美洲)的消息大大地震动了整个西欧,激起了许多人前去探险的愿望。欧洲的15世纪一直到18世纪,被称为"古典航海时代"。

葡萄牙人的海上扩张活动激起了欧洲各国的效仿。在英国,约翰·卡博特(John Cabot,约1450—约1500)向国王提出要进行如同哥伦布向印度航行一样的探险建议。1497年5月,卡博特在布里斯托尔商人们的资助下,离开布里斯托尔港向西航行,绕过爱尔兰的北部海岸一直航行。他到达了一块气候寒冷的不毛之地,他把这块陆地称为迪耶拉·波里玛·维斯塔(意思是"首次看到的陆地")。尽管卡博特在那个地方没有见到人,也没有靠近这片陆

---

[1] [美]林肯·佩恩著,陈建军、罗燚英译:《海洋与文明》,天津人民出版社2017年版,第399页。

地的海岸,但是他认为这是一片有人居住的陆地。于是他掉头返航,回到英国报告说,他也到达了"大汗的国家"。

1498年4月,卡博特又进行了对"中国"的第二次探险。但他在航行途中去世,由他的儿子塞巴斯蒂安·卡博特(Sebastian Cabot,约1474—约1557)领导探险队继续航行。他们到达了北美大陆,并沿着它的东部海岸向西南航行了很远的距离。显然他们是想寻找人口稠密的中国海岸。水手们经常登上海岸,可是他们在那里遇见的不是中国人,而是身穿兽皮的人(北美印第安人)。

欧洲人极其缓慢地渐渐地晓得了"美洲"不是"亚洲"而是一个"新世界"这个惊人的事实。欧洲许多冒险家继续在探索美洲和亚洲之间的航线。西班牙探险者巴尔博亚(Vasco Núñez de Balboa,1475—1519)在1513年通过了巴拿马地峡,并且发现外面是一片宽阔的海洋以后,人们还在梦想几天的船程就可以把船开到中国。1514年,葡萄牙人宣称在南纬40°找到通往"南海"(即太平洋)的"海峡"。直到西班牙航海家麦哲伦(Fernando de Magallanes,1480—1521)的环球航行,才最后消除了这个误解。

1505年,麦哲伦参加了阿尔梅达的远征队,先后在印度、马六甲、印度尼西亚等地进行殖民活动,具有丰富的航海经验。他曾四次绕过好望角,会准确使用航海仪器,他对东方海洋的了解和对航海知识的掌握,在整个葡萄牙除了达·伽马之外,是无人可比的。他从马鲁古群岛以东是一片汪洋大海而推测出,继续往东走将是哥伦布所到过的地区,在美洲和亚洲之间必然有航道可通。

1515年和1516年,麦哲伦拟定了一个从欧洲西行绕过南美,再向西渡过"南海",驶往马鲁古群岛的计划。他确信在大西洋和新发现的南方的海洋之间有一条海峡,他能够找到它并通过它实现环球航行。麦哲伦把这个计划提交给葡萄牙国王曼努埃尔一世。然而,这个计划被葡萄牙国王拒绝了。麦哲伦转而寻求西班牙的支持。1517年,麦哲伦到了西班牙,把西航前往马鲁古群岛的计划呈交给西班牙国王卡洛斯一世(Carlos I de España,1500—1558),获得了支持。

与麦哲伦一同投奔西班牙的,还有他的朋友、学者鲁伊·法莱罗(Rui

Faleiro，15世纪末—1523）。此人虽未上过船，但被认为是天文学和制图学方面的权威。他发明了经度计算法，制作了可能是当时最好的海图和航海仪器，并为麦哲伦后来的事业提供了巨大帮助。

1519年9月20日，麦哲伦率领一支由5艘旧船和265名船员组成的船队，从西班牙塞维利亚城的圣卢卡尔港出发。船队越过大西洋，沿巴西海岸南下。10月21日，船队在南纬52°找到一个海峡。只剩下3艘船的麦哲伦船队，用了28天时间通过了这个海峡，进入了浩瀚无边的"南海"。后来人们把这个海峡叫做"麦哲伦海峡"。麦哲伦船队在"南海"上航行了3个多月，一路上风平浪静，麦哲伦便把"南海"改名为"太平洋"。

1520年3月6日，船队到达马里亚纳群岛。这是欧洲人从未到过也从未提及过的一个群岛。3月16日，船队抵达菲律宾的萨马岛。在这里，当年麦哲伦在马六甲买的一个奴隶、这次随他远航的仆人，听到了自己的母语。麦哲伦意识到，他已到达了12年前他随同达·伽马船队绕过非洲到达的马来语地区。他终于找到了向西航行通向东方的航路，而这是哥伦布、维斯普奇（Amerigo Vespucci，1454—1512）和其他许多探险家所未能找到的。他实际上已经完成了环球航行。

1521年4月27日，麦哲伦在同马克坦岛的土著发生冲突时被杀。麦哲伦死后，船员们分乘剩下的两条船，于11月8日抵达印度尼西亚东北部的马鲁古群岛，也就是欧洲人梦寐以求的"香料群岛"。在这里又留下了一条必须修理的帆船，只有"维多利亚号"横渡印度洋，绕过好望角，于1522年9月6日回到西班牙的圣卢卡尔港。

那是人类第一次环绕世界的航行，并且是整个历史中最伟大的航行之一。以寻访东方、开辟海上丝绸之路新航线为最初动机的海上探险活动，带来了美洲新大陆的发现和新航路的开辟。这对世界历史的发展进程具有决定性的影响。一些现代学者把大航海时代作为早期全球化的开端。从此，整个世界被连成了一片，人类文明超越了地域的限制，开始了世界文化的时代。然而，正是在这一伟大事件的过程中，东方，特别是中国，以丰饶的物产、灿烂的文化、神秘的魅力，还有令人们魂牵梦绕的古老的丝绸之路，成为刺激、激励和推动欧洲人去寻访、去冒险、去开辟新航路、去发现新大陆的感召力量。欧洲人的伟大发现正是在东方魅力的感召下实现的，正是在古老的丝绸之路精神鼓励下实现的，可以说，中国为新航路的发现做出了间接的贡献。

不仅如此，远在欧洲人出现于印度洋之前许多世纪，中国人、印度人、阿拉伯人和马来人在开拓印度洋和太平洋上的航路和航海技术方面已经取得了很大成就。这条航路连接了中国的东海和南海、中南半岛的太平洋西部地区、印度次大陆、波斯湾、阿拉伯半岛，一直延伸到非洲的东岸。这一全新的航路实际上是在数百年的海上丝绸之路经验的基础上的一次新的探索和发展。

至此，随着大航海时代的到来，人类文明交往特别是东西方交往进入了一个崭新的时代。

第二章
1500—1800年的西方与中国

一　世界史视角下的西方崛起

发现新大陆和开辟新航路,是世界历史上最重大的事件之一。一般认为西方的近代化始于1492年哥伦布发现了新大陆。从那时开始,人类进行了空前的向海洋进军的大航海运动,千帆竞发,百舸争流,无数的大帆船穿梭在广袤的海洋上。欧洲人开始疯狂攫取非洲和美洲大陆丰富的物产资源,并将获得的财富用于购买东方的香料、丝绸、瓷器等奢侈品。于是,连接欧亚的一个环球贸易圈,就这样形成了。此后的16—19世纪,西方世界经历着一场全面的、历史性的伟大变革。这场变革的直接结果,就是迥异于中世纪传统,由资本主义推动,生产力高度提升的近代西方文明的诞生。

尽管当时西方的整体发展水平可能仍远远落后于以明朝为代表的其他世界强国,但是在技术、军事、经济金融和国家制度等一些重要的方面,西方崛起的种子已经萌发。世界潮流即将发生剧变,现代性即将破茧而出。

即将到达格林纳达海岸的一艘耶稣会士船的船首，油画，18世纪初

1500—1800年西方的这一转折性变化，不仅对西方文明史，而且对整个人类历史产生巨大的影响。实际上，虽然近代文明是在欧洲萌发的，但资本主义所创造的不是一个地域的文明，而是一个世界性文明。正如马克思和恩格斯所指出的："资产阶级，由于一切生产工具的迅速改进，由于交通的极其便利，把一切民族甚至最野蛮的民族都卷到文明中来了。"[①]从此，过去相对隔绝的各大洲、各民族都在大帆船贸易中连接起来，形成了全球性的贸易体系，世界经济走向全球化，各民族也在普遍的联系中实现了文明的交流和共享。

这是一个激动人心的时代，是人类文明全球性的大变革的时代。从传统社会向现代社会的转型，表面上表现为人均收入、生活水准和技术水平的

---

① 《马克思恩格斯选集》第1卷，人民出版社1972年版，第255页。

持续提高，背后则是经济政治和价值观念的深刻转变，是一个全面转型的过程。

人类历史上的这场剧变为何发生在欧洲？尽管1492年通常被作为西方近代化的起点，但是引发剧变的各种因素的前后连续性是非常明显的。鉴往而知今，洞悉几百年前西方世界兴起，有助于我们更清晰地看见未来的发展，从新视角洞见人类社会发展的规律。

自古罗马时代起，与东方的贸易就是欧洲的重要财富来源。漫长的丝绸之路，承载着大陆两端各民族的交往、交换和交流。世世代代，无数的商队行走在丝绸之路上，促进着各民族的经济发展和文化繁荣。13—14世纪的蒙古帝国时代，更是东西交流大畅通的时代。但是，14世纪后半期，传统的丝绸之路受阻，欧洲人不得不把目光投向无垠的大西洋，去寻找通往东方的新航线。寻访东方正是大航海这篇壮丽史诗的灵魂。

东方的诱惑，是深藏于西方文化心理中的一种历史印象，对神秘东方的想象与向往可以追溯到西方文化的起源，也鼓舞着一代代西方人去寻找和理解东方。受马可·波罗等探险家对东方的描述的启发，16世纪的地理大发现终于拉开了大航海时代的序幕，全球性的交通和贸易体系开始建立，全球化迎来了第一次浪潮。

欧洲人找到了通往东方的新航路，大规模的远洋贸易随之展开。最初，他们的目标是产自印度、东南亚的香料，这是市场广阔、利润巨大的商品。然而，当他们的航线延伸到中国时，他们惊喜地发现了更多、更独特和更高档的商品，精美的丝绸、瑰丽的瓷器和飘香的茶叶，成为他们竞相追逐的目标。这些商品逐渐超过了香料在贸易中的比重，使中国成了远程贸易的最终目的地。出口欧洲的中国商品，不仅仅局限于这"三大商品"，还有各种各样的农副产品、手工制品、艺术品、纺织品和药品等，涵盖日常生活领域的各个方面，甚至火炮、火器等军需品也在其中。

美国学者菲利普·柯丁（Philip Dearmond Curtin，1922—2009）指出："跨文化领域的贸易与交易在人类历史上扮演着一个关键性的角色，抛开军事征服不可估量但略显消极的影响不说，它可能是引起历史变迁的最为重要的外部因素。"①从16世纪初开始的一直持续了3个多世纪的远东贸易,为西欧各国积累了大量的财富,为它们完成资本原始积累、开始现代工业化进程奠定了雄厚的物质基础。

二 世界贸易中的"中国风"

来自遥远中国的各类物产不仅充满异国情调,还新颖奇特,大大地开阔了西方人的眼界,丰富了西方人的知识,也激发了西方人极大的好奇心。因此,在那个时代里,追逐、收藏、使用、品鉴来自中国的器物,成为西方社会普遍流行的时尚。

大量涌入欧洲的中国商品在当时被视为高品质、先进、精致且充满异域风情的象征。这些商品不仅代表了时尚和流行,还是身份和地位的标志。皇室、贵族和上流社会的富裕阶层纷纷收藏这些来自中国的珍品,引领了消费潮流。普通百姓也渴望得到中国的丝绸、瓷器或小饰品,以展现他们的时尚品位。这样,欧洲持续数世纪的"中国风"热潮,成了那个时代的时尚符号。

早在古罗马时代,中国丝绸就在罗马的社会生活中掀起了一股社会风尚,这种追求异域风情和奢侈浮华的风气弥漫于整个社会。可以说,这是中国文化在欧洲引起的第一股"中国风",这股"中国风"以丝绸为主要载体,虽然当时的罗马人还不知道"中国"。

有法国学者说:"自从罗马的贵族夫人们身穿透明罗纱以来,欧洲就已经非常向往中国了。"②

在世界文明的历史中,几次"中国风"曾在不同地区流行,如日本幕府时代的"唐物趣味"以及蒙古帝国时代的波斯的"中国风情"。这些潮流的核心特征在于中华文化通过具体的物质载体——如丝绸、瓷器、漆器和茶

---

① [美]菲利普·D.柯丁著,鲍晨译:《世界历史上的跨文化贸易》,山东画报出版社2009年版,第1页。
② [法]F.B.于格、E.于格著,耿昇译:《海市蜃楼中的帝国——丝绸之路上的人、神与神话》,喀什维吾尔文出版社2004年版,第5页。

叶——进入公众的日常生活。这不仅反映了当地人们对中华文化的向往和对其美学的赞赏,而且通过贸易流动,将这些物品变成了热门的消费品,从而改变了他们的生活方式和审美情趣。这种文化的交融,实际上是源于人们对"异国情调"的中国的浪漫想象。

与之前的几次"中国风"相比,17—18世纪欧洲的"中国风"影响则更为广泛和深入。当时的欧洲家庭里可见到中国瓷器,人们聚会饮用中国茶,穿戴中国丝绸制作的服饰。关于中国的话题成了舆论场的焦点,报纸和杂志都以讨论中国为时髦。

描绘18世纪欧洲上层人士生活的绘画,展现了当时的"中国风"

"18世纪的欧洲以享有中国器物为时尚,它不仅表现在对政府中理性的儒家道德与慈善专制的理想化印象,其中还包括对中国艺术、建筑风格、陶瓷、家具及装饰艺术的狂热追求。"①

遥远的东方,神秘的中国,以其独特的文化和商品,深深地渗透并塑造了欧洲人的生活方式,引领了一种新的文化风尚。

商业的沟通从来就是文化的交流,"贸易总是包含着文化影响的复杂趋势"②。商品的形式无论是以自然形态出现的物产、原料,还是赋予劳动价值

---

① [美]费正清等著,黎鸣等译:《东亚文明:传统与变革》,天津人民出版社1992年版,第247页。
② [美]麦克尼尔著,孙岳等译:《西方的兴起——人类共同体史》,中信出版社2015年版,第174页。

弗朗索瓦·布歇《中国花园》，1742年

和文化要素的人工产品，都会对交易的双方产生文化的影响。自然产品可以丰富和改善人们的生活，同时也在潜移默化中改变着人民的生活习惯；人工产品更是直接传递了不同文明的文化信息，不但会影响人们的生活方式，而且会在更深层次的领域对人们的理念、情感产生重要影响。通过贸易输入的这些外来商品，其作用可以"刺激当地民族去模仿，采用和改变他们所羡慕的"文明，进而"创造他们自己的文明生活方式"。①

法国启蒙思想家孔多塞（Marie Jean Antoine Nicolas de Caritat，1743—1794）指出："商业活动给工业、给航海，并且由于一种必然的链索关系，

① ［美］麦克尼尔著，孙岳等译：《西方的兴起——人类共同体史》，中信出版社2015年版，第174页。

也给所有的科学以及所有的艺术，都装上了新翅膀。"①物质领域的交换和交流，进一步发展成为艺术的、思想的、文化的交流，中华民族创造的精神文化产品也走进了欧洲大陆，成为西方人共同的精神财富，成为"世界的文化"。英国科学史家李约瑟（Joseph Terence Montgomery Needham，1900—1995）指出："在19世纪初期以前，中国对于欧洲的产品简直毫无需要，而相反地，欧洲却派遣了不少的调查团到中国去探求中国传统工艺（如陶瓷、纺织、印染、茶叶、漆器等）的奥秘。"②

中国的产品不仅改变了欧洲人的日常生活方式，也改变了欧洲人的文化观念和审美情趣，中国的艺术风格也广为流行，形成了流行一时的洛可可艺术风格，各种工艺品流行"中国风"的设计图样，甚至房间的装饰都充满了中国情趣。而中国的园林艺术也颇受推崇，出现了所谓的"中-英花园"。

英国学者艾兹赫德（Samuel Adrian M. Adshead，1932—2009）对这个问题有比较深入的论述。他指出，在17—18世纪，"中国在世界历史上的影响达到了顶峰。……中国在世界历史和世界地理上都引人注目，其哲学、花卉和重农思想受到密切的关注，其经验被视为典范。正如法国耶稣会士钱德明神父所言，中国就是'文化界的秘鲁和波托西'"。艾兹赫德还说道："世界历史上任何一个时期都没有像启蒙时期这样，使得中国的商业贸易相对而言如此重要，对中国的兴趣如此之大，中国形象在整个世界上如此有影响。"③

来往于中国和欧洲之间的商船，劈波斩浪，扬帆渡海，不仅交换着两地人民创造的物质文明成果，也架起了中西文化交流的桥梁。随着人员的往来增多和文化信息的广泛传播，两地人民相互认识和了解的愿望也越发强烈起来。

对于欧洲人，大航海时代绕过好望角到达亚洲，是他们首次真正接触

---

① ［法］孔多塞著，何兆武、何冰译：《人类精神进步史表纲要》，生活·读书·新知三联书店1998年版，第107页。
② ［英］李约瑟著，劳陇译：《四海之内》，生活·读书·新知三联书店1987年版，第10页。
③ ［英］艾兹赫德著，姜智芹译：《世界历史中的中国》，上海人民出版社2009年版，第275—276页。

弗朗索瓦·布歇绘挂毯《中国集市》

到这个广大的、之前未知的文明世界。美国学者顾立雅（Herrlee Glessner Creel，1905—1994）指出："东方的发现开阔了欧洲人的视野，正如伏尔泰所生动说明的，它是'一种新的精神的和物质的宇宙'。"

在这样的外部探索过程中，欧洲逐渐拓宽了自己的世界观和文化视野。我们可以从"夜郎自大"的故事中汲取教训。夜郎国由于其地理的隔离和文化的闭塞，导致了它的自大和衰败。可见开放视野和积极学习外部文化的重要性。

1500年以后，航海技术的进步让欧洲人开始真正地接触更广阔的世界，这给他们带来了深刻的文化冲击和启示。与外部世界的交流扩大了人们的视野，也促使他们在本土文化中寻找不足之处，并吸收新的知识和文化来发展自己。历史上，许多重大变革都与外部世界的认知和交流有关。

在16世纪之前，欧洲人对中国所知不多。早在古希腊和古罗马时代，丝绸贸易已经让欧洲人对远在东方的中国产生了一定的兴趣和想象，但他们对中国的认识仍然相当模糊和充满神秘感。直到马可·波罗的游记出版，欧洲人对他所描述的"大契丹"有了一些了解,更多的是有了一些向往和憧憬,尽管这种向往和憧憬的目标仍然是模糊不清的。还有相当多的人只是把马可·波罗的故事当做一个怪诞的传说。随着16世纪大批欧洲人的东来,欧洲关于中国的知识也逐渐丰富起来。起初只是一些旅行家倚门而望,陆续发回了关于中国的初步印象。到了17世纪以后,大批传教士东来,成为中西文化交流的使者。他们进入中国,发现了一个令人向往的、巨大的、统一的帝国。中华帝国对他们的吸引力,不仅展现在财富与风俗上,还有作为一个文明国家的各方面内容,从器物、制度到思想,这一切都令他们惊叹不已。他们通过书信、著作、翻译等方式,把古老的中国文化介绍到西方,向西方人描绘出这个神秘的古老帝国的辉煌画卷。英国学者威尔斯(John E. Wills Jr, 1936—2017)指出:"从利玛窦入华起,耶稣会开始接触到中国文明,这是近代世界史初期全球文化沟通的一件大事。"①艾兹赫德指出:"欧洲和中国是那时两个欣欣向荣的世界,通过广州和恰克图,通过北京的耶稣会士,通过清朝对西亚的征服,两者之间的交往日益增多。"②历史学家许倬云也说:"经过这些天主教教士的中介,中西双方的有识之士,方能避免道听途说的虚妄,对于大洋另一端的世界,掌握较为具体的讯息。"③

经过传教士们持续深入的研究和介绍,到了17世纪末18世纪初,欧洲关于中国的知识已经比较系统且全面了。从地理、历史、行政区划和政治运作,到物产、经济、教育和民间文化,乃至以孔子儒家思想为代表的哲学文化,都得到了详细介绍。

阎宗临指出:"中国的被发现……起源于两种迥然不同而又平行存在的精神。一方面是惟利是图的精神,一种对财富疯狂追求的精神,它推动着人们来到中国沿海;另一方面,是一种企图向全人类传播福音的精神。"④正是

---

① [英]小约翰·威尔斯著,赵辉译:《1688年的全球史》,海南出版社2004年版,第194页。
② [英]艾兹赫德著,姜智芹译:《世界历史中的中国》,上海人民出版社2009年版,第314页。
③ 许倬云:《万古江河——中国历史文化的转折与开展》,上海文艺出版社2006年版,第231页。
④ 阎宗临:《传教士与法国早期汉学》,大象出版社2003年版,第32页。

乌多·凯普勒《从开普到开罗》，英国人手持一面写着"文明"字样的大白旗，向携带写有"野蛮"字样旗帜的土著人前进，充分反映"西方中心主义"的傲慢与偏见

    这两种看似南辕北辙却又相辅相成的精神，塑造了这一时期中西文化交流的基本特点：无数商船穿越浩渺的大海，来到了富饶的中国沿海，进而催生了大规模的物质文化交流；一代又一代传教士们背井离乡，来到遥远而神秘的中华大地，被深厚的文化底蕴所触动，从而形成大规模的精神文化交流。于是，中国与欧洲展开了一场从物质到精神，全方位的文化和思想大交融。

    16—19世纪的中国，正处在古代封建社会发展的最后一个高峰，一切都还显得那么成熟、完备和强大，那么气度恢弘又辉煌灿烂。在这一时期的世界文化总体格局中，无论是就发展的成熟程度还是就创造的文明成果来说，中华文化都明显高于西方文化。英国学者赫德逊（Geoffrey Francis Hudson，1903—1974）指出："在18世纪的一段时期内，中国在巴黎比起欧洲在北京来，在文化上是一个更强大的国家。这是中国古代文化的晚期。18世纪的古老中国伸张出去并且迷惑了它的未来的征服者，给欧洲文化留下了不可磨灭的痕迹。"①艾兹赫德也说:"这时中国在世界历史上的影响达到了顶峰。启蒙时期的中国是世界中的世界,这为她对世界上其他国家产生影响提供了最理想的条件。"②

"在1500—1800年代,中国是一个真正强大的世界大国。当时的欧洲还处在发展的起步阶段,美国则仍是一片美丽的荒原。"③这一时期正是古老的哈布斯堡王朝解体之后近代民族国家建立的时期,不少欧洲思想家对欧洲民族国家四分五裂、治理能力低下且整体实力弱小的现状并不满意,于是把学习的目光对准东方世界尤其是传说中的中国。

李约瑟曾经认为,作为一个彻底的他者,中华文明具有头等的美,只有这种彻底的他者才能产生彻骨之爱和最深切的学习欲望。在欧洲遇到繁荣、发达和宏大的中华文明的时候,足以令他们惊叹不已。史景迁(Jonathan Dermot Spence,1936—2021)说,中国对西方所具有的是一种复杂的魅力,西方被中国迷住了。那些来到中国的耶稣会教士们,在他们的记述和著作中,以高度赞扬的语言称颂中国文化,以浓烈的热情记述、介绍、推行中国文化。那些正在创造新文化的欧洲各国的大师们,都对中国文化充满了热情的赞誉。他们欣赏中国文化、学习中国文化并从中得到启发,获得来自东方的文化动力和创作灵感。

美国学者孟德卫(David Emil Mungello,1943—　)说过一句很经典的话:"要从西方历史中发现西方对中国的敬意,我们必须回到1500—1800年这一时段。"④

所谓西方对中国的发现,不是一种简单的"看见了原来未曾看见过的事物",而是具有一种发现"新的品质"的意义。在"发现中国"之前,这个东方大陆对于许多人来说是神秘的迷雾,除了它的丝绸和瓷器,人们对它

---

① [英]赫德逊著,李申、王遵仲译:《欧洲与中国》,中华书局1995年版,第214页。
② [英]艾兹赫德著,姜智芹译:《世界历史中的中国》,上海人民出版社2009年版,第275—276页。
③ [美]孟德卫著,江文君等译:《1500—1800中西方的伟大相遇》,新星出版社2007年版,第2页。
④ [美]孟德卫著,江文君等译:《1500—1800中西方的伟大相遇》,新星出版社2007年版,第15—16页。

几乎一无所知。然而现在，这个国度不仅仅是地理上的发现，更是一场文明和哲学的启迪。它不仅古老、富饶、文明，还充满了无数不可思议的美妙之处。更重要的是，这个国度呈现了一种"不同凡响"的生活方式。这后一种发现，事实上是一次深刻的灵魂触动：它展示了人类在对待自然、社会、生活以及自我方面还有其他的可能性和选择。这不仅拓宽了人们对文化多样性的认识，也开辟了一种全新的思维空间：一种不同于西方的，独特的文化逻辑和审美。在这里，人们用不同的方式——无论是物质还是精神——来理解和反映世界，营造出一种和谐而富有内涵的生活状态。

所以，伏尔泰（François-Marie Arouet，1694—1778）说："欧洲的王公和商人们发现东方，追求的只是财富，而哲学家在东方发现了一个新的精神和物质的世界。"[①]

从本质上讲，西方对中国的发现，正是对"另一种文化范式"的发现。正是这种发现，让西方在文化上有了一个新的参照系，并从这个参照系中获得刺激、启迪，进而推动了自身文化的发展。

三 西方中心论下的中西文化交流

文化交流首先是不同文化的相遇和接触。这种相遇和接触对双方都会产生一定的影响。我国考古学家李济说："我认为今日或过去所有伟大文明的发生都是由于文化接触的结果。"[②]文化是民族的，也是世界的。这不仅是指各民族文化是世界文化的组成部分，参与了世界文化的创造和发展，也不仅是指各民族文化在不同程度上涵盖了世界文化中普遍性的内容和价值观，进一步讲，各民族文化也吸收了其他民族文化积极和先进的元素，并且整合到自己的文化体系之中，从而让外来文化成为自己的一部分。这一过程赋予民族文化以世界文化、全球文化的意义。

西方文化与东方文化、中国文化的接触，就具有这样的意义，其影响

---

① ［法］伏尔泰著，谢戊申等译：《风俗论》下册，商务印书馆2000年版，第17页。
② 李济著：《中国文明的开始》，江苏教育出版社2005年版，第18页。

之广泛，对西方文明发展的意义之重大，是难以估量的。美国学者艾尔曼（Benjamin A.Elman，1946—　）指出："1600年以后欧洲在全球史中的崛起，以及大英帝国在18世纪的兴起，这一历史进程的很多方面和明清中国直接相关，比如它的文官制度、强大的经济，以及它的茶叶和瓷器产业。"①

在这3个世纪里，巨量的中国商品流入欧洲，丰富了欧洲的物质文化，同时也对当地的审美和风尚产生了深远影响。这场远程贸易不仅改变了欧洲的经济结构，更进一步促进了社会结构的转型。在这一时期，中国的产品、技术、制度、思想引领世界风潮，为全人类服务，中华文明蕴含的价值取向、思想智慧与道德境界，为人类文明的发展做出了重大的贡献。16—19世纪中华文明在西方的大规模传播，对西方文明的激励与启发，深刻地影响着西方社会文化变革。这是人类文明交流互鉴的突出范例，是一段辉煌壮丽和激动人心的历史。但是，这一段历史，这一时期的文明互鉴，却被刻意地回避和遗忘了。

在18世纪后期，欧洲爆发了英国工业革命和法国大革命。经过近3个世纪的社会变革和转型，完成了从农业文明向工业文明的转变，欧洲进入"现代"社会。随着工业革命的兴起和社会变革的实现，随着全球殖民主义步伐的加快，欧洲逐渐赢得文明的优势。这之后，欧洲人兴奋了，他们制造了一个"西方中心"论，一种殖民主义的"世界眼光"。他们忘记了曾经对东方，尤其是对中华文明有过热切的赞美和向往，忘记了那个时候对东方充满激情的仰望。这时候他们说的不再是魅力无穷的东方，而是先进的西方和落后的东方。

19世纪上半叶，西欧社会急速发展使其走在世界前列，也深刻地改变了西方人的观念和态度，包括他们的历史学和社会科学。许多西方人沉醉于"先天优越"的幻觉中，"西方中心论"在思想文化和世界史编纂中的绝对统治地位由此形成。较早提出"西方中心主义"的是英国哲学家密尔（John Stuart Mill，1806—1873），他把世界的统一性"压缩"为欧洲（指西欧）

---

① ［美］艾尔曼：《日本是第二个罗马（小中华）吗？》，复旦大学文史研究院编：《从周边看中国》，中华书局2009年版，第2页。

的统一性,并宣称他只关心人类种族的欧洲部分。德国史学家兰克(Leopold von Ranke,1795—1886)是早期典型的"西方中心主义"者。在他看来,"有些民族完全没有能力谈文化……人类思想只是在伟大的民族(指西欧各国)中历史地产生的"。他不无偏见地说道:"印度和中国根本就没有历史,只有自然史",世界历史就是西方的历史。在他所著的7卷本《世界史》中,西方世界的统一性被视为整个世界历史统一性的实质和主流。在他看来,世界历史的统一性实际上就是由拉丁和条顿民族开创而遍及寰宇的西方文化的统一性。兰克之后,影响最大的"西方中心主义"者是韦伯(Max Weber,1864—1920)。他在《新教伦理与资本主义精神》一书中,把作为理论形态的"西方中心主义"发挥得淋漓尽致。他不仅认为"理性的"资本主义企业和制度只有在西方国家才能产生,而且认为"一系列具有普遍意义和普遍价值"的文化现象都只能在西方国家显现出来。韦伯多方面宣扬欧洲作为独特性与普遍性的统一,成为"最精心致力于欧洲中心论的集大成者"。

西方中心主义也是西方殖民主义政策的基础。英国学者雷蒙·道森(Raymond Stanley Dawson,1923—2003)认为,"英国势力的增长和随着国内工业的发展和海外领土的扩张而产生的优越感",是西方人中国观变化的"一个更为确实的因素"。①这种变化首先是与西方的资本主义和殖民主义的发展有关。在殖民主义膨胀时期,欧洲把包括中国在内的其他地区看作是它们重商主义和扩张主义的附庸。"从历史心理学角度来看,有必要把中国当作是落后的、没有教养的一个低等民族。"②加拿大学者卜正民(Timothy James Brook,1951—)指出:"西方18世纪后期以后,其对中国的描述越趋轻蔑,时正当欧洲在亚洲的殖民力量获得惊人地发展与巩固的时期,同时,欧洲的新机械化产业对原料与市场的需要促使资本主义更有系统地利用亚洲的经济潜力。殖民主义的巩固使得为非欧洲地域书写历史时或是描绘了一个品质上本来就是劣等的过去,或是认为其他地域虽然其封建的过去与欧

---

① [英]雷蒙·道森著,常绍民、明毅译:《中国变色龙——对于欧洲中国文明观的分析》,中华书局2006年版,第167页。
② [德]夏瑞春编,陈爱政等译:《德国思想家论中国》,江苏人民出版社1989年版,第275—276页。

洲情况相类似，但却缺乏像欧洲由封建社会过渡到资本主义社会的能力。在这一知识的体制中，中国表现奇惨。中国多难的衰弱史事被作为欧洲成功现代化的划时代故事的一部分。"①

更重要的是，这种片面性往往是来自一种意识形态的偏见。美国汉学家阿里夫·德里克（Arif Dirlik，1940—2017）指出：这些林林总总的话语，都是"东方主义的再现"，它们都是在"用一种从当代意识中吸取的意象、概念和标准重写中国历史，'西方'思想，包括'东方主义'的'想象地理学'，则都是这个意识的组成部分"。②西方中心主义，是基于西方现代资本主义实践所建构起来的排斥但又将非西方视为欧洲扩张对象的价值观念及意识形态，表现为在生活方式、制度、价值与信仰等方面的优越感乃至于霸权意识。西方中心主义主要是西方资本主义兴起以来的产物，随着殖民扩张及其种族主义的盛行大行其道。

英国学者霍布森（John Montagu Hobson，1962—　）指出："东方主义或欧洲中心论是一种世界观，它声称西方比东方有着固有的优越性。更确切地说，东方主义塑造了一种永恒的优越的西方形象（'自我'），这是相对于虚构的'他者'——对落后和低等的东方的消极界定。"在西方观念里，东方常被视为一个神秘而原始的地方，这种看法是"东方主义"的一部分，并具有一定的文化侵略性。在这样的想象中，东方成了一面镜子，反射出西方自身的文化特质，但这面镜子却往往是扭曲的。这种"编造的东方"不仅被强加到东方社会上，还通过各种制度和文化手段被纳入西方的权力体系，实现了一种语言和文化上的"殖民"。

霍布森还说："在1700至1850年之间，欧洲人按照想象或者说是迫使世界分裂为两个对立的阵营：西方和东方（或是'西方世界和其他'）。在这一新的观念中，西方被想象成优越于东方，这种虚构的贬低东方的观念，被作为理性的西方观念的对立面确立下来。"他还说，这种观点"制造出一种

---

① ［加］卜正民、格力高利·布鲁主编，古伟瀛等译：《中国与历史资本主义——汉学知识的谱系学》，新星出版社2005年版，第8页。
② 引自张剑：《庞德与中国："东方主义"和民族身份的建构》，《中华读书报》2011年3月16日。

'充满活力的西方'与'停滞不变的东方'的永久印象"。①

近几十年来，西方中心论和东方主义"神话"受到了许多学者的批评。斯宾格勒（Oswald Arnold Gottfried Spengler，1880—1936）的《西方的没落》和汤因比的《历史研究》最早对西方中心主义提出了质疑。20世纪50年代以后，全球史观兴起，提出要从全球的视角而不是从某一个国家或地区的视角对世界各地区文明的产生和发展进行考察，如斯塔夫里阿诺斯（Leften Stavros Stavrianos，1913—2004）的《全球通史》、巴勒克拉夫（Geoffrey Barraclough，1908—1984）的《当代史学主要趋势》和麦克尼尔（William Hardy McNeill，1917—2016）的《西方的兴起》等都在这方面进行了探索。

从20世纪90年代开始，一些学者开始重新解释历史，其中重新厘定中国在世界历史中的地位成为一种学术思潮。美国历史学家唐纳德·拉赫（Donald Frederick Lach，1917—2000）的鸿篇巨制《欧洲形成中的亚洲》，详细地讨论了亚洲文明尤其是中华文明对现代西方文明兴起的重要作用。弗兰克在《白银资本——重视经济全球化中的东方》提出，世界体系不是从欧洲向资本主义过渡起始计算的500年，而是5000年，其中在18世纪末工业革命之前，东亚是世界体系的中心。又如彭慕兰（Kenneth Pomeranz，1958— ）的《大分流：欧洲、中国及现代世界经济的发展》认为，1800年以前的世界是一个多元、没有经济中心的世界，西方没有任何明显的、完全为其独有的内生优势，只是到19世纪工业化充分发展后，一个占支配地位的"欧洲中心"才有了实际意义。在反思"西方中心论"的进程中，许多西方史学家正在抛弃"西方中心论"，以客观的态度看待非西方地区，尤其是中国的发展。

西方学者对西方中心主义的批判，不仅仅是出于学术良心，更是对于历史认识的深化，是对以往历史阐释的反思。重回1500—1800年，并非骄傲自满，而是要厘清中华文明为人类服务的这段历史事实，全面揭开被西方遮蔽了的历史事实，还原中西文化交流的真正内涵与历史真相。正如习近平主席2023年10月18日在第三届"一带一路"国际合作高峰论坛开幕式上的主旨演

---

① ［英］约翰·霍布森著，孙建党译：《西方文明的东方起源》，山东画报出版社2009年版，第7—8页。

讲说道:"古丝绸之路之所以名垂青史,靠的不是战马和长矛,而是驼队和善意;不是坚船和利炮,而是宝船和友谊。"回到历史、还原历史的过程,就是要回到当年中西文化交流的盛大景象之中,去感受多彩的中国元素为世界发展所做出的贡献,去感悟中国式的智慧与道德带给人类文明的力量。

第 一 编

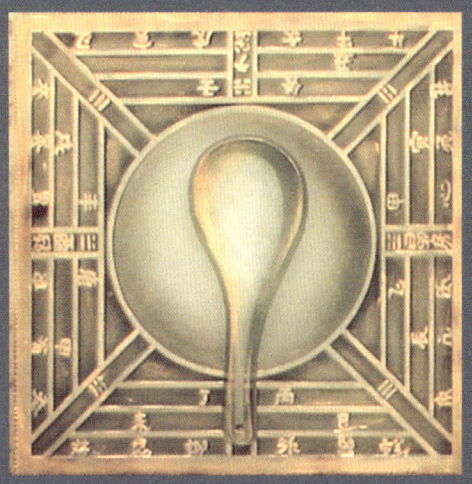

中国产品

全球贸易的大宗

重回 1500—1800：西方崛起时代的中国元素

第三章
探索者、贸易者与中华之门

一　满剌加：海上丝绸之路的桥头堡

　　海上丝绸之路再次畅通，欧洲的大帆船乘风破浪，起航远行。从此，古老的海上丝绸之路转换了航线，改为通过地中海、穿过大西洋并绕过好望角。这样，中国与欧洲，东方与西方，在这条新航线上重新建立联系，碧波万里的海上丝绸之路开启了更为辉煌灿烂的新篇章。

　　探索和发现新航路的目的，是要延续古代的丝绸之路，与东方，尤其是与中国做贸易。新航路是葡萄牙人首先开辟的，最先抵达中国的欧洲人也是葡萄牙人。葡萄牙人利用其坚甲利兵，摧败印度洋上阿拉伯人的商业势力，独霸东方海上。通过新开辟的航线，香料等东方的各种物产，大量流入欧洲。葡萄牙首都里斯本一时成为欧洲的重要商港。

　　在大航海时代葡萄牙与中国的海上交通中，满剌加具有突出的重要性。满剌加以马六甲海峡为中心，地跨马来半岛和苏门答腊岛，是15—16世纪的东西方海上贸易中心，是海上丝绸之路的重要桥头堡。

满剌加原是一个海盗出没和渔民居住的小村。约1400年，被满者伯夷和暹罗藩属北大年驱逐的旧港王子拜里迷苏剌（Parameswara，1344—1414）率追随者到这里定居，满剌加作为港口开始发展，当时满剌加附属于暹罗。永乐七年（1409）郑和第三次下西洋，奉成祖诏敕，赐予拜里迷苏剌银印、冠带、袍服，建碑封城，以提高满剌加的国际地位。同时还给予军事援助，"朝廷又赐予海船，回国守土"，"俾暹罗无侵扰"。郑和又

《明代东西洋航海图》，1566—1620年，绢本彩绘

在满剌加屯驻大军，建立航海贸易基地。明朝的军事存在为满剌加的安全提供了强有力的保证。实际上，满剌加的兴起与郑和下西洋密不可分。

满剌加是明朝在东南亚最重要的朝贡国，它扼守东西方海上交通的要道，在东南亚朝贡贸易体系中处于中心的位置。明朝也十分重视与满剌加的关系。郑和船队几乎每次都航经满剌加，有确切记载的有5次。此外，回程时与满剌加使臣同归的，估计也途经满剌加。

在明朝的扶持和保护下，满剌加迅速兴起，吸引了来自东西方各国的商人，一跃成为东南亚最重要的国际贸易中心和一等强国。1502年9月在里斯本绘制的第一次标明赤道线和热带回归线的一张地图上，有关满剌加的说明如下："这个城市所有的物产，如丁香、芦荟、檀香、安息香、大黄、象牙、名贵宝石、珍珠、麝香、细瓷及其他各种货物，绝大部分从外面进来，从唐

土（terra dos Chins）运来。"16世纪初曾到过满剌加的葡萄牙人杜瓦特·巴博萨（Duarte Barbosa，1480—1521）赞叹道："这个马六甲城是最富的商埠，有最多的批发商，舰船之多，贸易之盛，甲于全球。"① 另一位葡萄牙人多默·皮列士（Tomé Pires，约1465—约1540）则说："谁控制了马六甲，谁就掌握了威尼斯的命脉。"②

法摩沙堡，1511年葡萄牙人攻陷马六甲后建立，号称"东南亚最大和最坚固的堡垒"，曾先后落入荷兰人和英国人手中，于1808年被拆除，现仅存城门

正是在这一时期，满剌加成为世界商人云集的城市、各种商品的交易中心。这些贸易物品不仅仅是商品，也代表着文明的深重意义。来自世界各地的船只停靠在马六甲港口进行交易，这个重要的贸易中心连接了亚洲、非洲和欧洲。满剌加是"一个名副其实的世界文明互动中心，这种繁荣的局面持续了一个世纪，直至西方葡萄牙人东来才被打断"③。

葡萄牙人在印度建立殖民地之后，率先航海来到远东。1508年，葡萄牙国王曼努埃尔一世派遣塞奎拉（Diogo Lopes de Sequeira，1465—1530）率领5艘战舰前往远东探险。塞奎拉于第二年9月11日抵达满剌加，这是葡萄牙人第一次进入中国的朝贡贸易体系范围。1510年，葡萄牙驻印度总督亚伯奎（Afonso de Albuquerque，1453—1515）占领印度果阿，以此作为葡萄牙东方帝国的中心和控制印度洋贸易的据点。1511年7月，亚伯奎率领一支由15艘战

---

① 引自张西平：《交错的文化史——早期传教士汉学研究史稿》，学苑出版社2017年版，第8页。
② 引自［美］林肯·佩恩著，陈建军、罗燚英译：《海洋与文明》，天津人民出版社2017年版，第423页。
③ 万明：《郑和与满剌加——一个世界文明互动中心的和平崛起》，《中国文化研究》2005年春之卷。

船和1600名士兵组成的舰队到满剌加，要求在满剌加城内拨出地皮供他建造炮台。亚伯奎的要求没有得到满剌加苏丹的答复，于是他发起了进攻。8月，葡萄牙人经过激烈的战斗攻陷了满剌加。从此，"满剌加成为葡萄牙人进入中国的钥匙"①。

1511年葡萄牙人占领满剌加是东南亚国际关系中的一件大事，也是海上丝绸之路历史上的一件大事，对东南亚的历史及与中国关系的发展都产生了深远的影响，而葡萄牙人在攻占马六甲这个远东门户的同时，也打开了通往中国南海、进入中国的大门。

葡萄牙人控制了满剌加这一海上丝绸之路的交通要津后，往远东的航道也随之畅通。从此，满剌加成为葡萄牙人及后来其他欧洲殖民者和传教士进入东方的"桥头堡"。正是从葡萄牙人占领满剌加开始，西方势力的冲击与随之而来的西方学术思想的传播，对中国历史造成了深远影响。

二　葡萄牙旅行者的东方奇遇

1509年葡萄牙人第一次远征满剌加"是奉命尽可能发现'秦人'及其贸易"②。他们在这里第一次遇到了中国人。中国人给葡萄牙人的最深印象是，皮肤白皙，彬彬有礼，热情好客，与他们所见到的其他亚洲人迥然不同。从服饰衣着、言谈举止和饮食习惯方面看，葡萄牙人觉得中国人与日耳曼人极其相似。③

1511年葡萄牙人攻占满剌加时，有5艘中国商船停泊港内。葡领印度总督亚伯奎，即葡军占领满剌加的指挥者，留中国商船多住数日，并与中国船长交往，以了解有关中国的情况，预备日后与中国通商。据说亚伯奎对中国商

---

① ［英］崔瑞德、［美］牟复礼编，杨品泉等译：《剑桥中国明代史》下卷，中国社会科学出版社2006年版，第310页。
② ［英］崔瑞德、［美］牟复礼编，杨品泉等译：《剑桥中国明代史》下卷，中国社会科学出版社2006年版，第310页。
③ 黄庆华：《中葡关系史》上册，黄山书社2006年版，第79页。

人十分友好,请他们到船上做客,还送给他们礼物。亚伯奎将在满剌加所见中国商人之种种情形写成报告,并拟就一份葡萄牙与中国通商的计划书,一并呈给葡萄牙国王。葡王决意派遣使者前来中国要求通商。

葡萄牙商人最早来中国者,始于1513年。当时限于中国律例,不许外人入境,故未能登陆,仅在屯门岛上交换商品,第二年返回马六甲。这些商人的行动属于私人性质,不是官方派遣的。他们带回的商品有丝绢、锦缎、麝香、珍珠、瓷器、硫黄、硝石和桐油等,他们还带回了大量第一手有关中国的情报。也是在这一年,有4艘中国商船进入马六甲港口。这是葡萄牙人占领马六甲之后,中国贩海私商第一次到马六甲交易。

1517年,葡领满剌加总督选派多默·皮列士为官方使节,为葡萄牙正式通使中国之始。

皮列士是新航路开辟之后首批到达北京的欧洲人之一。1511年,皮列士从里斯本登船赴印度,其间去过马六甲、爪哇等地。当时的葡领满剌加总督亚伯奎是他的朋友。1517年,当葡王要求向中国派遣使臣时,亚伯奎根据当地葡萄牙人的建议以及他对皮列士的了解,就决定派皮列士担当使臣,由安德拉德(Fernão Peres de Andrade,?—1552)率领8艘武装舰船护送,于1517年8月15日抵达广州屯门港。

阿拉伯人称葡萄牙人为"佛郎机",中国也以佛郎机称葡萄牙。安德拉德的舰队抵达屯门港时,要求进入广州,声称佛郎机国"进贡"。但广州地方当局以查无佛郎机进贡"旧例"为由拒绝。几经交涉,方获得允许,葡萄牙舰队驶入珠江,当行至广州澳口时,"船樯揭以旗帜,并鸣礼炮以示敬"。广州地方长官陈金接见了安德拉德等人,经请示朝廷后,只准许皮列士及随从进入广州怀远驿安置,仍不准通商,只许给葡人贡物代价,让其回国。同时,安德拉德派人回满剌加报告消息,又遣马斯卡列纳斯(Jorge Mascarenhas)率领分舰队去寻找琉球群岛,但因气候恶劣,只到福建漳州,在那里进行贸易后便返航与安德拉德会合。安德拉德率舰队于1517年10月返航回满剌加,皮列士则留在广州,伺机进京入觐皇帝。后来,皮列士买通了明武宗的弄臣江彬,获得进京的允许,于1520年偕翻译火者亚三由广州起程。这时正碰上明武宗因"宸濠之乱"而到南京,所以他们也赶去南京,由

《里斯本和塔古斯河》，1572年。中间是一艘加利恩帆船，还有大帆船、桨帆船、圆形卡拉维尔船和带三角帆的卡拉维尔船，以及其他船只

江彬将火者亚三以使臣的名义引见于武宗。火者亚三冒称是满剌加使者，乃得"侍帝左右"。武宗回北京时，他们也随同前往。但不久武宗逝世，江彬失势，新君明世宗杀了火者亚三，并于1521年将皮列士等人押回广州，投入监狱。有的材料说，皮列士于1524年5月病死狱中。但有的研究者提出，1523年底或1524年初，他在广州被流放到大运河边上的一个小镇，直到1540年前不久在那里去世。

继皮列士出访失败之后，1518年，安德拉德之弟西蒙·安德拉德（Simão d'Andarde，1490—1525）率舰队驶往屯门。西蒙·安德拉德擅自占据屯门岛，建筑棚寨，掠买人口，剽劫行旅，沿海乡村，横遭其祸，引起群情之愤。1521年9月，广东海道副使汪鋐奉命抗击，发生屯门之战，将占据屯门岛的葡萄牙人全部驱逐出境。不久，又发生新会的西草湾之战，葡人仍以失败告终。在1521—1522年，明政府将所有葡萄牙船只逐出广东海岸，并颁发圣旨禁止一切与"番鬼"的贸易。

葡萄牙人不愿意轻易放弃与中国贸易这样有利可图的机会，他们转而到福建和浙江沿海，进行走私贸易。宁波附近的双屿港、大厦门湾南端的浯屿岛和月港等地,成为他们的临时性驻地。

以后,葡萄牙人又乘中国开放海禁之机,在广东海岸的上川岛和浪白澳等地进行走私和贸易活动。上川岛自唐宋以来就是中外海上丝绸之路贸易往来的必经之路。到此时,商贾云集,成为葡萄牙与中国贸易的大集市。

到1553年,葡萄牙人获得了在澳门停留的权利,从此以澳门为据点,展开了对中国的大规模贸易活动。

三 澳门:东亚的璀璨明珠

葡萄牙人在中国首先开辟了通商贸易关系,主要得益于他们取得了在澳门的居住特权,澳门成了他们远东贸易的一个主要据点。在16—20世纪,澳门成为欧洲与中国之间的第一个也是最长久的一个"交接处"。有的学者指出,直到鸦片战争前夕,澳门是当时中国境内唯一的东西文化交流的中心,它在东西方海上交通中的地位,"大致相当于丝绸之路上的敦煌"。

从1513年葡萄牙人初到中国沿海,一直到1553年的这40年间,葡萄牙人在广东、浙江、福建等地进行贸易,大都是在官府巡船顾及不到的沿海偏僻港汊或岛屿上,与中国贩海私商在暗中进行的,属于中国政府明令禁止的走私贸易。随着海禁的逐渐松弛,越来越多的中国私商驾船出海贸易,来华通商的外国人也逐渐增多。其中,葡萄牙人因为路途遥远,而且必须等待季风到来时才能离开中国,所以,他们曾经先后被允许在沿海附近的上川岛、浪白澳和濠镜澳(即澳门)等处搭寮越冬栖息,或与中国商民交易。嘉靖三十二年(1553),葡萄牙少校莱昂内尔·德·索萨(Leonel de Sousa)买通广东海道副使汪柏,得到通商允许,并诡称商船遭遇风暴,借口晾晒货物,以交税为条件,得到准许入居澳门。

嘉靖三十六年(1557)以后,葡萄牙人在澳门私自扩展土地,建筑炮台,设立官署,把澳门当作了他们的殖民地。但澳门实际上是明朝广东地方政府香山县属下一个特殊区域,明朝官员在澳门全面行使主权。这样,就形成了一个中国对外开放的窗口。明至清前期,澳门的特殊历史作用由此应运而生，在中国与欧洲之间建立了一个交点，形成了一条渠道，架起了一座桥梁。从浪白澳到濠镜澳的地点转移，乃是中葡贸易进入新阶段的重要标志。

在此之前即15世纪末16世纪初，澳门已经由一个小渔村发展成为四方商船寄碇的港埠和走私"通番"的据点。葡萄牙人之所以从上川岛转移到浪白澳，又从浪白澳聚集到澳门，原因在于澳门既适合泊船、越冬，又便于走私、贩私和接济。自葡萄牙人占据了澳门以后，来澳门居住的葡萄牙人不断增加，以至于"筑室千区""夷众万人"。1561年，澳门的居民只有500人，到1580年，则增至2万人。"任何来到这里的中国人都会发现街道上充斥着形形色色不同肤色的异国人：欧洲葡萄牙人、印度洋周围各地的奴仆和欧洲人与北美印第安人的混血儿。异国情调的建筑，宗教游行的队伍，教堂的钟声……"①曾经到过澳门的剧作家汤显祖在诗篇中描写到葡国商人"不住田园不树桑，珴珂衣锦下云樯"，葡国少女"花面蛮姬十五强，蔷薇露水拂朝妆"。

葡萄牙殖民者在澳门立足以后，中国与葡萄牙的贸易主要是通过澳门进行。葡萄牙人以澳门为中心，将大量胡椒贩运到广州，也将欧洲毛纺织品和印度的琥珀、珊瑚、象牙、白檀、银块等运到广州，同时从广州购买大批中国丝绢行销南洋和欧洲。葡萄牙人还把澳门当成同印度和日本贸易的中转站，并由此建立起庞大的东方贸易网络。从明末到清嘉庆年间，澳门是海上丝绸之路的一个重要的国际贸易中心，是葡萄牙人从事亚洲至欧洲、亚洲至南美洲的国际贸易的中转站和通往世界各地的海运中心，号称"东方第一商埠"。

澳门商人能够享有其他外商所不能享有的各种特权和豁免权。例如，一艘两百吨级的葡船经过第一次丈量后，缴付白银1800两作为泊税，以后每次抵港只需交此数的1/3。而其他外国商船无论是第一次，还是以后每次都需缴纳白银5400两。对葡商在广州购买的所有商品，其征税额也要比其他外商所缴的低1/3。由于这些特权，从1557年至1640年，葡萄牙人几乎垄断了中国对日本的出口贸易。他们把从广州买到的便宜丝货运到日本卖高价，然后把日

---

① ［英］崔瑞德、［美］牟复礼编，杨品泉等译：《剑桥中国明代史》下卷，中国社会科学出版社2006年版，第323页。

1890年明信片中描绘的澳门

本的银条运到澳门购买运往印度的生丝，从中攫取高额利润。他们在澳门还经营一种从澳门到菲律宾、日本的三角贸易，把中国生丝运到马尼拉换取西班牙银元，然后把银元带到中国购买更多的生丝，再运到日本售卖以获得更大的利润。应日本市场的需求、每年对日输出的中国生丝，其中五六成是葡商从澳门输出的。1578—1638年的60年间，每年从澳门运往日本长崎的中国生丝，为1500～3000担。至于从日本流入澳门的白银，据记载，仅1636年即达235万两。1580—1590年的10年间，从澳门运往印度果阿的生丝，每年约为3000担。1574年至18世纪末的200多年间，从澳门经马尼拉至墨西哥的商品中，中国丝织品和棉织品很快跃居首位，在墨西哥的进口总值中，中国丝绸等占了六成多。

当时在澳门开辟了广州—澳门—果阿—里斯本航线、广州—澳门—日本长崎航线、广州—澳门—马尼拉—阿卡普尔科航线、广州—澳门—东南亚航线等国际贸易航线。这些航线都是跨越万顷波涛的远程贸易航线。通过这些航线，澳门成为全球海洋贸易体系的一个重要枢纽。以广州—澳门—果阿—

里斯本航线为例，每年从事贸易的大帆船队由里斯本启航，满载毛织品、红布、水晶、玻璃制品、英国时钟、葡国酒，前来东方，沿途在各个港口进行贸易活动。到达印度果阿后，再驶向马六甲，大部分货物在那里交换香料、檀香木、暹罗的皮制品，随后由马六甲航向澳门。由于当时的欧洲尚拿不出足以吸引中国人的货物，因此葡萄牙人自欧洲经印度和东南亚，沿途交换各地的土特产品，都是按照中国的需求购置的，以换取中国的丝绸等商品。到达澳门以后，葡萄牙商人到广州购买中国货物，在澳门装船。每年冬季，葡萄牙大帆船从澳门起航，乘东北季风驶向果阿，途经马六甲、暹罗西海岸、缅甸、锡兰等地。到达果阿后，由两条航线返回里斯本：一是向西航行，经印度的官留屿（今马尔代夫群岛的马累岛）、木骨都束（今索马里的摩加迪沙），穿越莫桑比克海峡，绕过好望角，沿非洲海岸到达里斯本；二是沿着阿拉伯半岛，西航至东非海岸的葛得儿风（今索马里瓜得富伊角）、哈甫儿雨（一称哈甫尼，今索马里哈丰角），南下经不剌哇（今索马里布腊瓦）、麻林（今肯尼亚东海岸马林迪）、慢八撒（今肯尼亚蒙巴萨），然后与第一条航线汇合，绕过好望角，回到葡萄牙。这条穿越亚、非、欧三大洲的远洋航线，全程11890海里。

1557年，澳门成为葡萄牙人的贸易据点之后，开辟了澳门到日本长崎航线。澳门的葡萄牙人从广州购买货物贩运到日本长崎，充当了中日贸易的中介。葡萄牙商船一般在每年广州春季"交易会"期间，购到日本市场所需的中国商品，初夏乘西南季风北上长崎。交易完毕，大约在秋天顺着东北季风返回。据统计，崇祯年间每年由澳门运往长崎的中国商品的总价值都在白银100万两以上，其中崇祯十年（1637）为200多万两，有时甚至超过300万两。其中生丝占有很大比重。16世纪下半叶，葡澳每年将1000~1600担生丝输往日本，1610年更高达3000担。有关史料记载，当时由澳门开往长崎的葡萄牙商船，每船约载白丝500~600担。崇祯十年，葡澳输日商品中，中国商品占总值的89%，其中丝货占中国商品总值的91%、全部商品总值的81%。

1600年前后，一艘葡萄牙商船所载的货物，在长崎大部分都以超过100%的利润率销售，如各色丝线在广州每担卖价140两，在长崎每担370~400两；各种绸缎在广州每匹卖价1.1~1.4两，在长崎每匹2.5~3.0两。药材获利最大，如茯苓在广州每担卖价1两，在长崎每担4~5两；甘草在广州每担卖价3两，在长崎每担9~10两。1580—1630年的50年间，澳门到长崎的商船不断增加，1580年为2艘，到1619年则有8艘。这些船的载重量一般在1000吨左右，有的高达1600~2000吨。

通过这几大航线及其相互延伸，以澳门为中心向海外辐射，形成了国际贸易大循环。在这几大航线中，中国内地经澳门运出大量丝绸，海外经澳门运入大量白银，因而是一条名副其实的"丝银之路"。

葡萄牙人以澳门为据点开展的国际贸易，实际上是以中国大陆为依托的，中国商品是澳门国际贸易的支点，可以说澳门是作为中国商品输出世界的辐射地发展起来的。明万历六年（1578），明廷规定在广州定期举行贸易集市，葡萄牙人于是得到每年两次到广州进行直接交易的机会。贸易的利益使澳门吸引了大量的中国商民和工匠。万历年间，澳门还出现了由官方指定专营进出口货物的"三十六行"，它们主要是为外商提供出口商品，并购入进口货物，既是卖主，又是买主，直接参与交换，起到海外贸易的中介作用。

清乾隆二十五年（1760），清政府下令外国商人必须到澳门居留，澳门成为欧洲各国来华外商的居留地。在此以后，澳门成为欧洲各国在华贸易机构设置地。乾隆二十六年（1761），首先是法国和荷兰的公司在澳门设立了办事处，接着是丹麦和瑞典，然后是英国。这样，就打破了葡萄牙人独占澳门特殊权益的局面，澳门成为欧洲各国进入中国的门户。

四 荷兰：海上的黑马崭露头角

16世纪末17世纪初，继葡萄牙人东来之后，又有西班牙、荷兰、英国侵入东南亚。

葡萄牙人在欧亚之间海上贸易的垄断权首先受到来自荷兰的有力挑战。1648年，荷兰共和国最终脱离西班牙而独立。彼时，荷兰人已处于世界领先地位，"海洋贸易的火炬首次传入北欧，并将在那里熊熊燃烧近200年之久"[1]。

葡萄牙人发现新航路已久,但他们严守向东航行的秘密。1503年,曼努埃尔一世发布命令,要求按照惯例销毁航海日志和重要海域的航海图。所以,北欧人关于印度洋及更远地区的信息十分匮乏,并且大都得自传闻。直到1595年,荷兰人范·林斯霍滕(Jan Huygen van Linschoten)出版了《通向印度之旅》一书,荷兰人才有机会了解到去东方的航线。

当时荷兰还在西班牙的控制之下。1581年,范·林斯霍滕获得了去印度任职的机会,成了新任果阿大主教的秘书。此后的十多年里,范·林斯霍滕在果阿一直秘密搜集东方的各种商业情报,搜罗和记载有关印度洋各地气候、水文与风土人情,所涵盖的地域范围,从东非到霍尔木兹岛,再到印度和更东方的马六甲。1595年,他返回荷兰,将搜集的东方情报写成《通向印度之旅》一书,公开发表,提供了关于东方主要港口及其居民、政体和主要商品的详细描述,还详细描述了葡萄牙人此前极力秘藏的好望角航线。

从欧洲出发到东方的好望角航线的详细资料,就此被全欧洲知晓。对于那些一心获取亚洲财富的商人而言,《通向印度之旅》成为一本旅行指南。

也是在1595年,荷兰人第一支以印度洋和东方为目的地的船队起航。他

《通向印度之旅》中1580年的印度果阿街头

---

[1] [美]林肯·佩恩著,陈建军、罗燚英译:《海洋与文明》,天津人民出版社2017年版,第451页。

们突破葡萄牙和西班牙人的封锁，成功地深入到了爪哇。虽然240名船员最后只有1/3的人得以生还，却获得了80000弗罗林（一种于1252—1533年铸造、在欧洲通行的金币）的巨额利润。这在很大程度上就预示着葡萄牙东方霸权的解体。1598年，荷兰人又派出22艘船去东方采集货物。

荷兰航海能力发达，海外贸易发展很快，被称为"四海车夫""世界承运商"，阿姆斯特丹是其商业窗口。17世纪的阿姆斯特丹是欧洲的贸易中心。法国哲学家笛卡尔（René Descartes，1596—1650）说在那里可以找到所有的东西。还有人把它描述成为"世界珍品之都，宇宙交流之城"。荷兰的市民是现代商品经济制度的创造者，他们将银行、证券交易所、信用及有限责任公司有机地统一成一个相互贯通的金融和商业体系。荷兰还有三项资本创新——微小股权、期货、海运保险，积极鼓励远洋商业冒险。这种先进的运作模式帮助荷兰把贸易触角伸得比葡萄牙和西班牙都要长，由此带来了爆炸式的财富增长。

1600年，海军上将雅各布·范·内克（Jacob Corneliszoon van Neck，1564—1638）率领一支舰队起航。他带领两艘船前去考察在中国建立殖民据点的可能性。荷兰人的船只航行进入珠江三角洲，并在澳门靠岸。范·内克派出20人与葡萄牙人进行谈判，葡萄牙人坚决阻止他们与当地官员会晤，以防止他们获得中国的贸易特权。葡萄牙人处决了这些人，仅有三人逃过一劫。

在1598—1602年，已经有几十艘荷兰船只前往东方，它们分属不同的私人公司。1602年3月20日，荷兰将多家私营贸易公司合并为一家国营公司——荷兰东印度公司，结束了远洋航行的无组织状态。国会通过特许状赋予该公司从好望角到麦哲伦海峡之间的贸易垄断权，还有开战、讲和、夺取外国船只、建立殖民地、修筑城堡和铸币等权力，使这家公司成为一种独立力量。1641年，荷兰人攻陷马六甲，使葡萄牙在亚洲的领地分崩离析，1658年又将葡萄牙人逐出斯里兰卡。到17世纪中叶，荷兰的全球商业霸权已经牢固地建立起来。荷兰东印度公司从此一帆风顺地不断发展。鼎盛时，荷兰东印度公司每年输入欧洲1000万~1200万件商品，其股值以每年25%~30%的股息率，从原先的300万弗罗林涨到了1670年的1800万弗罗林。此时，荷兰东印度公司的贸易额占到世界贸易总额的一半。

17世纪中期，荷兰东印度公司组织了三支独立的船队，其中两支分别负责欧洲和亚洲海岸的贸易，第三支则定期作远洋航行，将亚洲和欧洲的市场联系起来。当时，悬挂荷兰三色旗的16000多艘商船游弋在世界的五大洋之上，拥有近17万海员，每年有1000艘船从船坞下水。东印度公司在亚洲海域拥有1万～1.2万人规模的大陆军，40～60艘军舰规模的大海军。大量的财富使得国家武装力量大为增强，荷兰成了让葡萄牙和西班牙都畏惧的海上强国。

当时欧洲各国对中国商品的需求量迅速增长，其中以生丝为最重要。1602年，荷兰人劫掠了葡萄牙的"圣地亚哥号"商船。1603年2月25日，荷兰东印度公司船长希姆斯柯克（Jacob van Heemskerck，1567—1607）在新加坡海峡柔佛港外劫掠了葡萄牙的"圣·凯瑟琳娜号"商船。这艘葡萄牙商船从澳门驶来，正要前往马六甲，其装载的货物中有生丝1200大捆，在荷兰值225万荷盾（于13世纪开始流通的荷兰货币，至2002年逐步被欧元所取代）。8月，这些货物在阿姆斯特丹公开售卖，很快被抢购一空。同年7月底，韦麻郎（Wybrand van Warwijck，1566—1615）率领的船队在澳门岛附近劫掠了一艘开往日本的葡萄牙商船，货物中有生丝2800大捆。

这几次劫掠所获得的高额利润大大刺激了荷兰东印度公司的胃口，他们迫切想打开同中国的贸易，以取得利润高昂的生丝等中国商品。1603年，荷兰东印度公司打算派哈根（Steven van der Hagen，1563—1621）和艾特森（John van Aertsen）率一支由12艘船只组成的船队前往中国，并准备觐见中国皇帝，要求在中国得到自由贸易的权利。但后来因北大年（Patani）的荷兰商人认为不适宜而放弃了这个计划。翌年（1604），麻韦郎从北大年出发，到达澎湖岛，在那里同福建地方官员谈判贸易，但未果。荷兰东印度公司在无法取得同中国直接贸易的情况下，只好设法同邻近中国的国家建立关系，在一些中国商船经常到达的地方，如北大年、万丹、锦石和马鲁古等地同华商进行贸易。北大年是荷兰人获得丝绸和瓷器等货物的主要地方之一。

1595年荷兰人抵达爪哇，1598年在爪哇建立殖民政府。1619年荷兰占领了雅加达，将其改名为巴达维亚，并以该地为殖民总督驻地和荷兰东印度公司的总部。鼎盛时期，荷兰东印度公司的商业和贸易垄断权，向西远至波斯、印度和锡兰（今斯里兰卡），向东延伸到马鲁古群岛，向北抵达中国和日本。巴达维亚成为日益发展的荷兰亚洲殖民帝国的行政中心和东印度群岛的主要贸易中心。荷兰对中国的直接贸易其实是由巴达维亚主持的。在整个18世纪，巴达维亚被誉为"东方的皇后"和"热带的荷兰"。

荷兰殖民者到巴达维亚的初期，土著居民随酋长逃到万丹，巴达维亚几成空城。人口稀少，缺乏粮食供应，没有木材建造船舶和房屋，周边地区是荒凉的沼泽地，罕见村庄人烟，雨季洪水泛滥成灾，还常有老虎、野猪、犀牛等出没，同时四周也面临当地穆斯林王国的敌视和威胁。巴达维亚总督库恩（Jan Pieterszoon Coen，1587—1629）为了充实人口，采取措施大力招徕华人。他用高额工资招引万丹的中国人，对移居到巴达维亚的华商课以轻税，并奖励华侨招引同乡来巴城。中国来的大帆船运来了大量中国移民，中国人一旦获得能够自立的资产，便在巴城安家落户，并与被送到这里做奴隶的巴厘女子通婚。在这种条件下，巴达维亚的华人人口迅速增加。

华人为巴达维亚的经济发展和繁荣发挥了重要的作用。华侨人口不断增长，而在巴城内的华侨多数从事商业活动，从流动小贩到固定摊贩，到零售商和批发商，形成了完整的商业网。华人的商业活动活跃了当地的经济，促进了当地工商业的发展。

巴达维亚建城之初，荷兰殖民者极力鼓励中国商船前去贸易，以获得大量的中国丝绸、瓷器和茶叶等。这些商品运往欧洲市场发售，可获丰厚利润。中国商人把丝织品、瓷器、茶叶、干鲜水果、花锦、白棉布等物品运到巴达维亚，同样可获巨利。1648年2月24日，一艘有200人的中国帆船从厦门来到巴达维亚。1653年2月14日，又一艘有船员百名、来自厦门的海船，装载着日本铜、中国产的生丝及其他杂货，费时17天到达巴达维亚。1657年2月18日，有一艘从厦门来的贸易船到达巴达维亚，载重量约400吨，乘员250人，满载着铜、金丝、铁锅、纸、上等瓷器、茶叶、酒等大量货物。①1655—1683年，清廷实行了严格的"海禁"，荷兰东印度公司与中国通商受阻。直到17世纪末，中国重开海上贸易，双方贸易往来才迅速恢复，1684—1754年，自

---

① ［日］松本章著，李小林译：《清代海外贸易史研究》，天津人民出版社2016年版，第449页。

荷兰与葡萄牙的果阿海战场景

中国来巴达维亚贸易的船只总计有853艘,平均每年11.5艘。到18世纪三四十年代,双方贸易往来达到全盛。

  荷兰人几次欲开展与中国的直接贸易,均未果。1622年,库恩命令雷耶斯佐恩(Kornelis Rayerszoon)率领15艘船只和800名士兵进攻澳门,企图以武力打开中国的大门,遭到惨败。荷兰人在进攻澳门失败后,转而占据了澎湖岛。库恩认为,澎湖是一个最好的战略观察点,如果中国人不愿意同荷兰贸易,那么就在这新取得的基地进攻所有的中国船只,尽可能封锁中国沿海。荷兰殖民者对澎湖岛的侵占和在沿海一带的骚扰,对明代后期私人海外贸易造成严重干扰和破坏。至天启四年(1624),福建巡抚南居益集中150艘战船、4000名士兵,攻占澎湖岛,将荷兰殖民者赶走。但荷兰殖民者被迫撤离澎湖岛后,随即又占据了台湾。他们以台湾为基地,获得生丝、瓷器、糖等中国货物,并加强了与日本的贸易联系,荷兰殖民者占据台湾38年之久,直至1662年郑成功收复台湾。

  荷兰人占据台湾期间,以台湾为贸易据点,荷兰与中国的贸易绝大部分都是由台湾中转。

  清顺治十三年(1656),德·侯叶尔(Pieter de Goyer)和凯塞尔(Jan

澳门妈祖庙，清顺治十二年（1655）荷兰使团进京，在澳门登陆时随团画师所画画作

de Keizer）率领的荷兰使团抵达北京，依照贡国例，请求互市。荷兰使团希望5年一贡，但清政府却准其"八年一次来朝，员役不过百人，令二十人到京，所携货物在馆交易，不得于广东私自货卖"。使团成员纽霍夫（Joan Nieuhof, 1618—1672）将此次中国之行记录下来，出版后因其图文并茂而大受欢迎。

康熙元年（1662）以后，荷兰人被郑成功击败退出台湾后，与清政府的关系更为亲近。1662年，荷兰北方舰队指挥官、前往中国的使团代表博特（Balthasar Bort，1626—1684）率兵船12艘和士兵1200人，协助清军攻打郑成功，同时向清朝请求通商。清廷允许其两年一贡。但康熙五年（1666），清廷取消荷兰两年一贡。荷兰东印度公司又于1667年向中国派出使团，以博特率领荷兰水师有功的理由，向中国请求自由贸易。这个使团由阿姆斯特丹大贵族彼得·范·侯尔恩（Pieter Janse van Hoorn，1619—1682）所率领。但清廷并没有满足他们的要求。

直到1728年，阿姆斯特丹才直接派出商船前往广州，1729年8月抵达澳门,并在广州设立商馆,1730年从广州返回荷兰。这艘商船运回27万荷磅(约29.5万磅)茶叶、570匹丝绸和一些瓷器,售出后获毛利106.4%。荷兰与中国进入短暂的直接通商。但从1735年开始,荷兰对华贸易改为三角贸易,即由巴达维亚当局统一经营对华贸易,荷兰驶出的船只停留巴达维亚,卸下欧洲货物后代以当地产品,然后由巴达维亚当局每年组织三四艘船去广州,回程直返荷兰。

五 海上称霸的英国东印度公司

英国是后起的海上国家。16世纪之前,英国仍是一个纯粹的农业国,不重视发展海上运输业。直到16世纪中期,英国才开始对航海贸易产生兴趣。1651年英国通过了海洋法,表达了英国人要参与大航海的意愿。从16世纪末开始一直到18世纪初,英国人在沿着葡萄牙人开辟的印度航线逐步向东方扩张的过程中,夺取了沿线葡萄牙的一部分海岛,并且控制了好望角至印度的海上贸易。

16世纪末,英国就想与中国建立联系。1565年,在一份给英国女王的备忘录中,指出一条到中国的最北边的道路。1573年,威廉·布尔(William Bourne,1535—1582)出版了《论海上霸权》一书,指出从英国到中国可能有5条通道:取道好望角,为葡萄牙人所垄断;取道麦哲伦海峡,为西班牙人所专有;西北航道,则需要通过北美;东北航道,需通过俄国;北极航道,需通过北极。1576—1578年,弗罗比舍(Martin Frobisher,约1535—1594)在商人洛克(Michael Lok,约1532—约1621)的帮助下,试图找到通往中国和印度的道路,但没有成功。1583年2月,伊丽莎白女王差遣约翰·纽伯雷(John Newbery)携带她给中国皇帝的信函,乘舟东行,信函中要求与中国建立联系,互通有无,但后无消息。1596年,罗伯特·达德利(Robert Dudley,1574—1649)携带同样的公函,派遣本杰明·伍德(Benjiamin Wood)带领两艘舰船东行,后来也没了消息。

英国人对远程贸易寄予很大的希望。1600年英国成立东印度公司,取得

威廉·哈金斯《东印度公司的船只在中国海域》

对东方贸易的垄断权，即欲与中国通商。它在万丹和亚齐设立了商馆，使万丹成为中英贸易的一个中转站。这里每年至少有3～6艘载重300吨的中国帆船来和荷兰人、英国人进行贸易。此后英国东印度公司每年派1～3艘船到亚洲，在南洋与中国商人进行贸易。他们不仅把中国商品运往欧洲，甚至在东方也用中国商品做交易。1611年，英国在印度建立了首个商站。1620年，英船"尤尼康号"在澳门附近被风浪所破，由中国人救起。直到1636年以前，英国人一直没能与中国进行直接贸易。

1635年，葡萄牙印度总督授予了英国东印度公司在葡萄牙远东殖民地贸易的权利，同年租用英国船"伦敦号"到中国运货。这只商船抵达澳门后，船上的英国人不顾葡萄牙人的阻挠，径直上岸与中国人交易。从此英国商船开始了与中国的直接贸易。翌年，英国康汀恩商团派约翰·威德尔（John Weddell，1583—1642）率领舰队前往中国，直驶广州，为地方当局所拒。但英舰炮击虎门炮台，登岸焚烧官署，强行进入广州。中国地方当局"虑启边衅"，而英人目的亦只为通商贸易，于是双方作出让步，再加上广东总兵陈谦接受英人的贿赂，乃让他们进入广州贸易后退走。但此后英船来中国的也不多。1671年，英国人在厦门设立商馆。1684年，有两艘英国商船到达厦门，从厦门买了白丝、绸缎等物载回。同年在广州设立临时商馆。

1689年是中英贸易史上比较重要的一年，这年英国有两艘商船到达厦门，除了购买生丝、绸缎外，还购买了大量白糖。同年还有一艘英国商船正式进入广州黄埔港。此后，英国商船来华日益增多，从1636年算起，到1704年的60多年间，英国商船到广东的有9船次，到厦门的有36船次，到舟山的有5船次，到宁波的有1船次，到福州的有1船次。1715年，英国东印度公司在广州正式设立商馆，以后每年都有商船来华，最多的年份达到10艘。

随着葡萄牙、西班牙和荷兰海上霸权的衰落，英国则迅速扩展，并很快在东方贸易中居于主要地位。1760年前后，英国东印度公司跃居各国对华贸易的首位。以1751年为例，这一年进入黄埔港的英国商船是9艘，而荷兰只有4艘，法国2艘，丹麦和瑞典各1艘。在英国东印度公司成立以后的70年间，英国对东方的出口增加了近12倍。它在中国海上对外贸易中的比重，在18世纪中期已占50%以上，到19世纪初期则进一步达到80%左右。英国东印度公司从对中国出口贸易中获得了巨额利润。1775—1814年的40年间，英国东印度公司共获利2713.5万镑。

六　舟舶相继：欧洲国家的跨海征途

其他欧洲国家，如法国、丹麦、瑞典等国，也有商船开来中国，不过它们的贸易始终不占重要地位。

丹麦在1616年成立东印度公司，一直运营到1844年，对华贸易始终是该公司的主营项目。瑞典东印度公司1731年成立，随即开展对华贸易。其第一艘来华的商船被命名为"费德里克·利丝·苏西亚号"，以此纪念瑞典国王。这艘商船于1732年2月启航，历时7个月到达广州。在广州停靠了4个月后，于1733年11月启航返乡。1731—1806年的70多年间，瑞典东印度公司共有37艘船进行了132次亚洲航行，其中有129次是以广州为目的地。

版画中位于印度的法国总督府和东印度公司

  1643年法国国王路易十四（Louis XIV，1638—1715）登基时，法国尚未积极参与东方贸易。1660年，欧洲各国总共有两万多艘远洋船舶，其中荷兰有1600艘，而法国只有600艘。早在1601年，法国商人马丹·德·维特利（François Martin de Vitré，1575—1631）和彼拉尔·德·拉瓦尔（François Pyrard de Laval，约1578—约1621）曾装备了"乌鸦号"和"新月号"，"以便用东方的特产丰富大众的生活"。法国于1660年组建了垄断中法贸易的"中国公司"，并首次派商船来华，但因中途船遇风暴沉没而使公司倒闭。财政大臣科尔伯（Jean-Baptiste Colbert，1619—1683）主张，应充分利用葡萄牙衰落的机会结束其垄断地位，积极开展对华贸易。1664年，在他的主持下，法国组织东印度公司，先后在印度西部和东海岸建立商馆。路易十四成为东印度公司的股东，还让王后和王子们效仿他。东印度公司还向枢密会议、皇家法院、主要金融部门和城镇推销股权。

  1698年，法国商人儒尔丹（Jourdan de Groussey）组建了自己的中国贸易公司，向法国政府购买了快速三桅帆船"安菲特利特号"，把它派往中国，于1698年3月6日在法国西部港口拉罗谢尔启航。清廷以法船第一次来华，且有船主为法王的使者，对法船应纳关税予以豁免，并允许法国人在广州设立商馆。1701年"安菲特利特号"第二次航行来华。两次从中国运回大量丝绸、瓷器、漆器，一时法国社会风行穿着丝绸，摆设瓷器和漆器。此后，法国便常有不定期船来广州。中法贸易便在17世纪末期正式开始。1713年和1714年，新成立的对华贸易公司共派出3艘船前往中国。在1699—1769年，法国共有57艘船到达中国，1769—1785年有82艘船到达中国。

大批的商船从欧洲远渡重洋，来到中国采购商品，一时间，全世界都卷入这个贸易体系中。数以百计的大帆船开始在南中国海、印度尼西亚群岛和印度洋的各个港口之间穿梭航行，舟舶相继，辐辏相随，络绎不绝。

七　马尼拉大帆船：穿越太平洋的航线

欧洲人开展大航海活动的最初目的是寻找通往东方的新航路，然而在这次探险中有了一个意外的结果，那就是哥伦布发现"新大陆"。新大陆的发现完全是在欧洲人寻访东方的"计划"之外，但这个伟大的"意外"却真正地改变了世界，把美洲大陆与欧亚大陆联系了起来。因此，原本"计划内"的传统海上丝绸之路的延伸和拓展，也进一步向更远的地方延伸，与美洲联系了起来。

自哥伦布发现新大陆和达·伽马开辟通往亚洲的新航路之后，西班牙殖民势力迅速向海外扩张。1494年，在教皇的协调下，葡萄牙和西班牙两国签订《托尔德西里亚斯条约》，裁定了葡萄牙与西班牙的势力范围。规定以经线或其他方式，在佛得角群岛西面370里格处，划出一条从南极到北极的直线，定为两国的势力分界线。线以东所有已发现的和将来发现的一切都属于葡萄牙，线以西则属于西班牙。这样，西班牙主要是向西发展。它在美洲攫取了从墨西哥到南美洲的广大地区，在亚洲据有菲律宾，建立了地跨南北美洲并远至亚洲的海外帝国。至此，南洋群岛的国家已被葡、西、荷殖民势力所瓜分。葡萄牙在西，以印度半岛沿岸各地、苏门答腊岛和印度支那半岛为主；西班牙在东，以菲律宾群岛为主；荷兰在南，以爪哇岛为主。16世纪

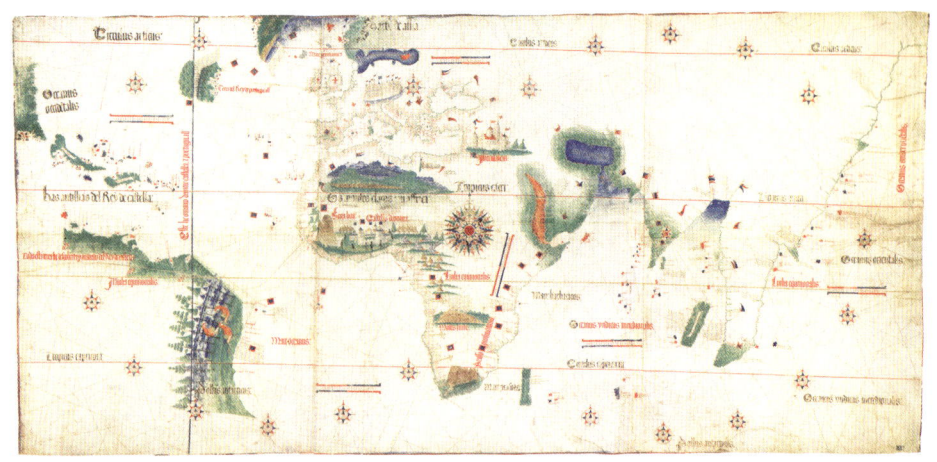

1502年《坎迪诺平面球形图》中记载的《托尔德西里亚斯条约》西葡势力范围界线，也是该界线最早的图形显示

初，西班牙拥有100艘商船，几乎垄断了美洲、欧洲、北非和远东的贸易。

1570年，西班牙人来到马尼拉，建立了一个贸易港。当时马尼拉在摩洛人的统治下，摩洛人控制着东南亚海岛地区的许多贸易港口。西班牙将摩洛人赶出马尼拉，在这里建立了自己的殖民地。

西班牙人抵达菲律宾之初，便急欲打开与中国的商贸联系。西班牙与中国的早期通商，主要是通过中国私商将货物贩运到马尼拉这种间接方式进行的。1575年，西班牙菲律宾总督曾派使者拉达（Martín de Rada，1533—1578）等4人，抵达厦门、泉州、福州等地，欲在福建沿海找一据点与中国通商，为当地官员所拒绝。所以，西班牙的对华贸易，主要是依靠"中国—马尼拉—墨西哥"的"大帆船"贸易，再从墨西哥转运回西班牙，从而形成了横跨太平洋和大西洋两大洋的海上贸易线路。

1573年，即西班牙人占领菲律宾的第四年，西班牙驻菲律宾殖民当局向西班牙国王提议由墨西哥派商船来菲律宾贸易，可以攫取巨利，并增加王室的关税收入。这一年，有2艘马尼拉大帆船驶往墨西哥，在其船货中，有712件中国生丝，22.3万件优质的镀金瓷器和其他瓷器。1574年，又有6艘大帆船从墨西哥到达马尼拉，翌年又有12～15艘，从此开始了长达两个半世纪的马尼拉大帆船贸易。

由于大帆船贸易的开通，西班牙人开辟了一条横跨太平洋的新航线。这条航线的一端在墨西哥太平洋海岸的阿卡普尔科，一端在亚洲的马尼拉。行驶在这条航线上的西班牙船只，绝大多数是西班牙人雇佣中国的工匠在马尼拉利用当地木材建造的，故称"马尼拉大帆船"。这些帆船载重量都在300吨左右，是当时世界上最先进的船只。

马尼拉大帆船贸易的主要商品是中国货物，没有中国丰富的商品供应，马尼拉大帆船贸易就不可能进行，大帆船航线实际上就是中国商品走向世界的海上丝绸之路向美洲的延伸。马尼拉大帆船贸易是中国与美洲贸易和文化联系的主要渠道。

在西班牙人到达菲律宾前，有约300个华人在马尼拉从事丝织品、瓷器的买卖。西班牙在菲律宾建立殖民统治之后，立即与侨居当地的中国商人发生贸易往来，并着手寻找与中国建立直接贸易的门路。长期居住的华人从事务农、打鱼、搬运、缝纫等生计，被西班牙人称为"Sangley"（有学者认为是闽南语"生意"的谐音），没有他们，马尼拉城就无法运行。

1571年，西班牙人营救过一艘在民都洛外海沉没的中国帆船上的水手，并把他们送到安全地点。这些水手回到中国后，宣扬了西班牙人的好处。1572年，一些得救的中国人驾驶一艘满载货物的船来到马尼拉，他们带来了生丝、瓷器等中国商品。1573年，他们再度来临。驶来的第一艘中国货船被派出横渡太平洋前往阿卡普尔科。1574年有6艘、1575年有12艘中国商船到达马尼拉。

马尼拉的西班牙殖民当局积极鼓励中国商船到马尼拉贸易。当时正值明政府在福建海澄月港部分开禁后不久，私人海外贸易船纷纷涌向马尼拉。月港是对菲律宾贸易的主要港口，另外也有部分船只从广州驶往马尼拉。每年12月至次年1月，当西北季风起时，中国的船队便满载丝货和其他贵重物品，从月港或广州出发，经过15～20天，便可抵达马尼拉。当中国船队驶入马尼拉湾时，西班牙哨兵便点燃篝火，通知马尼拉当局中国船队到达的消息。船队靠岸后，港务人员登船检查。中国船队所载货物一经完税和转卖出手后，立即被转装到待航的马尼拉大帆船上。

据记载，西班牙人于1570年到达马尼拉时，有4艘华人商船来航，有华商40人携眷来此侨居。第二年有3艘华舶来马尼拉港、5艘至近邻诸岛贸易。此后来自中国的商船与日俱增。据估计，在16世纪80年代，每年平均20艘；90年代增至每年平均30余艘；至17世纪初期，达到每年平均四五十艘之多。1580—1643年，共有1677艘中国商船到马尼拉交易。马尼拉海关在17世纪上半叶对进港船舶所征收的进口关税中，中国商船每年平均占比80%，最高年份（1641—1642）甚至达到92.06%。

从中国港口前往马尼拉的商船，有少数来自澳门。这些来自澳门的船只不是中国船，而是葡萄牙船。鉴于中菲贸易利润巨大，葡萄牙人也在广州收购中国货物运往马尼拉，或者为中国货主把货物运销马尼拉，称为"澳门—马尼拉贸易"。葡萄牙人企图在马尼拉市场上垄断中国货物的贸易，甚至派出商船横渡大洋，试图建立澳门与阿卡普尔科之间的直接贸易航线，都因遭到西班牙人的坚决反对而未能如愿。明末清初郑成功家族经营台湾期间，也大力发展对马尼拉的贸易。1644—1681年，有91艘中国商船开进马尼拉，其中有40艘直接来自台湾。

马尼拉大帆船

画中18世纪马尼拉涧内的街头，随处可见中国人的身影

    大量的中国商品汇聚到菲律宾，使马尼拉发展成为西太平洋中一个重要的物资聚集地，成为全球贸易体系中一个极其重要的货物聚集地，每年都有葡萄牙、荷兰、英国的商人把印度、印尼甚至波斯的商品拿到这里交换中国商品；还有许多日本商人到马尼拉来采购中国丝绸等货物。由此，马尼拉发展为一个繁荣的国际贸易大港，有"东方威尼斯""东方明珠"之誉。

    与此同时，也有一些中国人到马尼拉定居，专门从事贸易中介及其他工商业。1582年，在马尼拉城内出现了华人聚居区，称为"涧内"（菲律宾语意为"市场"）。1588年，涧内有商铺150间，到1645年，增加至1200间，从事成衣制作、修鞋匠、面包商、木匠、蜡烛匠、糖果铺、茶铺、油漆匠、银匠及其他各种职业，每日贩售鸡、猪肉、鸭、猎禽、野猪、水牛、鱼、面包、蔬菜、其他食品及柴薪，等等。在17世纪，马尼拉有3万华人定居，经营着跨太平洋的中国产品贸易。

    马尼拉大帆船贸易在美洲的到岸港口阿卡普尔科是一个深水良港，并且与墨西哥城有较好的内陆联系。阿卡普尔科原是濒临太平洋的一个小镇，

1598年的人口不过250户。随着马尼拉大帆船贸易的开展，这个小镇逐渐繁荣起来，商人云集，交易兴隆，热闹非凡，成为当时世界上最繁盛的市集之一，由一个普通小镇一跃而为墨西哥的著名港口。每当满载中国货物的马尼拉大帆船到达阿卡普尔科港时，这里都要举行盛大的集市。墨西哥举国上下都要举行庆祝仪式，到处钟鼓齐鸣，人们奔走相告，视为盛大的节日。当地的印第安人、黑人、混血种人和白人商人，来自东方的菲律宾人、中国人、印度水手和莫桑比克的卡菲尔人等，齐聚这个小镇。

集市贸易结束后，商人们从这里把中国的各种货物转运到中美洲的巴拿马，以及南美北部海岸、秘鲁、智利、阿根廷等地。18世纪末，在墨西哥内地各商路上，有7.5万头骡子在驮运从阿卡普尔科进口的中国货物。当地人把从墨西哥城南通向这个太平洋港口的道路，称为"中国之路"；抵岸的马尼拉大帆船则被美洲人亲切地称为"中国之船"。

正是由于这条航道所带来的繁盛，墨西哥当局于1700年在首都墨西哥城设立了一个商业区，取名"巴连"，与马尼拉的华人市场同名，专门经营由中国和其他东亚国家运来的货物。在整个18世纪，这个"巴连"成为墨西哥城商务活动的中心。

在马尼拉大帆船贸易时代，墨西哥不仅成为东西方物质文明的交汇地，而且发展为东西方文化的交流中心。在那个时期到中国的传教士中，特别是西班牙的传教士，有不少是经过墨西哥辗转来到中国或者到亚洲的。在他们返回欧洲的时候，也有人要经过墨西哥停留。这样的人员往来，就使墨西哥成了一个交换信息的地方。他们从东方带回了有关中国及其他亚洲国家的历史、文化、政治体制、宗教信仰、民族习俗乃至山川形势、地理位置等方面的信息，甚至有一些中国的书籍也被带到墨西哥。墨西哥的一些修道院逐渐成为研究东方文明的学术中心。后来，当一些传教士经墨西哥前往中国或亚洲其他国家时，在这里就获得了相当多的有关东方的知识。比如较早进入中国并撰文介绍中国的传教士拉达，在到亚洲之前就曾在墨西哥从事传教活动达五六年。而在拉达去世后，他搜集的中国图书有一部分辗转传入墨西哥。写出了《中华大帝国史》这部名著的门多萨（Juan González de Mendoza，1540—1618），也曾在墨西哥逗留，实际上这部名著大部分是在墨西哥完成研究工作的。

有的史学家评论说,马尼拉是中国与美洲之间海上丝绸之路的中转站,马尼拉大帆船其实就是运输中国货的大帆船。从中国到马尼拉再到墨西哥,在太平洋海域构建了一个全球的贸易网络,形成了早期太平洋海域的固定交通航线。这个时代太平洋的全球经济、全球贸易,实际上是以中国的商品为中心的,中国实际上参与并且主导了这个全球化过程。

往来于墨西哥和菲律宾之间的大帆船,通常在6月份由马尼拉出发,经过五六个月的航行,到达阿卡普尔科。从阿卡普尔科返航马尼拉,按照1633年的法律规定,最迟不能超过翌年的12月。大帆船离开阿卡普尔科,西向航行,渡太平洋,在关岛停下来,补充水和食品,经圣贝纳迪诺海峡而达马尼拉。

西班牙殖民者经营这种大帆船贸易所获得的利润非常大,有资料说这种大帆船贸易为西班牙人提供了100%～300%的巨大利润。据马尼拉总督1609年的报告,西班牙人对中国贸易很感兴趣,因为他们回程可获利10倍。在1620年以1艘200吨的大帆船从菲律宾载运生丝到墨西哥,每年可盈利200万比索。墨西哥和秘鲁等地的商人纷纷涌去马尼拉贩运中国货物。从马尼拉向西属美洲运送中国货物成为马尼拉商人的"主要谋生之道"。"在16世纪70年代到80年代期间,迅速增长的中国与西班牙的太平洋贸易成为整个西方世界商人和政府谈论的热点和羡慕的对象。"[1]

"中国—菲律宾—墨西哥航线"的大帆船贸易,除了连接中国与美洲之外,还通过美洲延伸到西班牙。运到墨西哥的中国商品,除在当地的销售以外,有一部分又经过墨西哥运往西班牙。西班牙每年派两支船队从西班牙塞维利亚港出发驶往墨西哥,每支船队有20～50艘商船,并派2～6艘战舰护航。它们把在墨西哥装载的中国商品运回西班牙。这样,中国—菲律宾—墨西哥航线就延伸成为中国—菲律宾—墨西哥—西班牙多边贸易航线。这是跨越两大洋的贸易线路,是当时世界贸易中线路最长的一条航线。中国拥有空前发达的商品经济,能为世界市场提供充裕的商品;而西班牙握有大量的贵

---

[1] [英]崔瑞德、[美]牟复礼编,杨品泉等译:《剑桥中国明代史》下卷,中国社会科学出版社2006年版,第371页。

克里斯托瓦尔·德·比利亚尔潘多《墨西哥城主广场的景观》，1695年。巴连市场位于右下方

金属，可作为世界市场当中的交换手段。因此中国—菲律宾—墨西哥—西班牙多边贸易航线又成为推动世界市场迅速发展的"中轴线"。

大帆船运到墨西哥的中国商品，经由墨西哥—西班牙航线运抵塞维利亚，再由这里分散到西班牙内地销售，从而进入欧洲市场。而这些进口的中国商品大部分被运往梅迪纳德尔坎波的国际市场，再次分销到欧洲各地。梅迪纳德尔坎波在14世纪就发展成为一个国际闻名的大集市，吸引着来自欧洲各国的商人，并形成了从梅迪纳德尔坎波经毕尔巴鄂直达荷兰的国际商道。中国商品进入梅迪纳德尔坎波市场，使这个地方进一步活跃起来。

到18世纪中期以后，西班牙商船直接抵达菲律宾进行贸易活动，而不再经过墨西哥，由此形成了"中国—菲律宾—西班牙"大三角贸易。

八 "中国皇后号"的西太平洋之旅

在美国独立以前的殖民地时代,北美地区与中国就存在着间接的贸易往来,西洋参通过英国东印度公司的商船运销中国,中国茶叶也在远隔重洋的北美市场上享有盛誉。但是,当时在北美人们对中国的了解和印象是相当模糊的。美国独立后,1776—1781年,在英国探险家库克(James Cook,1728—1779)最后一次太平洋探险航行中,随船有两名美国海员雷亚德(John Ledyard,1751—1789)和戈尔(John Gore,约1730—1790)到过广州。这是现有记载中最早从美国来到中国的美国人。1782年自英国返美后,雷亚德出版了《库克船长最后一次太平洋航行日志》,首次向美国人介绍了他在广州的见闻,特别指出在那里进行贸易可能获得的商业利益。他说,中国的皇亲国戚们,从头到脚都穿戴着价值昂贵的毛皮,无比奢华。在美国西北海岸用6便士购得的一件海獭皮,在广州可卖到100美元。但当时没有人相信他讲的话,都嘲笑他"幻想太多"。

虽然他的叙述被许多人视为海外奇谈,但一定也在某种程度上激发了人们的好奇心。关于中国的神秘传说及诱人的中国商品,对北美商人有着巨大的吸引力。18世纪50年代,富兰克林(Benjamin Franklin,1706—1790)和费城富商威廉·艾伦(William Allen,1704—1780)派出"阿尔戈号"商船通航拉布拉多海岸,期望从加拿大找到通往中国的航路。经1751年、1753年和1754年3次冒险航行,探查西北航线的计划都没有成功。

美国独立伊始,经济状况十分困难。人们开始考虑与中国贸易的可能性,以便通过与中国的贸易摆脱经济困境。1783年12月,波士顿商人集资装备了一艘名为"哈里特号"的商船,满载西洋参前往中国,在好望角与英国东印度公司的商船相遇。由于英国人的阻挠和对风险的惧怕,美国人以1磅西洋参换2磅茶叶的价格与英国人达成交易,中止了去中国的航行。

第二年,费城巨商罗伯特·摩里斯(Robert Morris,1734—1806)和丹尼尔·帕克(Daniel Parker)联络其他几位商人,计划远航中国。摩里斯是当时

雷蒙·马西《中国皇后号抵达黄埔》，1784年

美国相当有影响的人物，美国独立战争爆发后，他一度独揽了华盛顿军队中所有的军火事宜，官至美国大陆会议财政部总监，组建北美第一家私人商业银行——北美银行，负责筹集款项。他也是在美国《独立宣言》上的签名者之一。他们集资了12万美元，购置并装备了"中国皇后号"，由约翰·格林（John Green，1736—1796）任船长。这艘非常精巧的木制帆船，配有各种新式航海设备，承载着莫里斯和投资商的巨大希望和对中国的无限幻想。船上装载473担西洋参、2600张毛皮（主要是海狸皮）、1270匹羽纱、26担胡椒、476担铅、300多担棉花、12桶酒（葡萄酒、白兰地、朗姆酒）、50吨木材以及大约2万枚西班牙银币。"中国皇后号"于1784年2月22日启航，这一天正巧是华盛顿总统的生日。

"中国皇后号"穿行大西洋，绕过好望角，行程1.13万海里，历时188天，于1784年8月28日抵广州黄埔港。进港时，"中国皇后号"鸣礼炮13响（代表当时美国的13个州），其他停泊于港内的各国商船也鸣炮回礼。4个月后，"中国皇后号"的货物全部脱手，1784年12月27日，它满载中国货物，其中包括红茶2460担、绿茶562担、瓷器962担和大量丝织品、象牙扇、梳妆盒、手工艺品等，驶离广州，于次年5月11日抵达纽约。

"中国皇后号"在美国航海史上开创了一个极为重要和影响深远的篇章。它打通了美国与中国之间直接贸易的渠道，也燃起了美国商人开拓东方市场、追逐巨额利润的强烈愿望。美国国会对首航中国所取得的成就给予高度赞扬，并给予全体船员崇高的荣誉。纽约的报纸详尽地报道了这次航行的经过，称这次航行是"美国商业史上的一个里程碑"。从新英格兰到纽约和费城，"人们到处都在谈论着与中国的贸易"，"每一个沿海小村落，只要有一艘能载5个人的小帆船，就计划着到广州去"。一时出现了"中国热"。由于英国封锁，美国人很难买到来自海外的货物，因而早早就有人等在码头，来抢购这批盼望已久的中国货。就连华盛顿总统也派人抢购了302件瓷器及精美象牙扇等，这些物品仍有部分保留在美国宾州博物馆和华盛顿故居内。当"中国皇后号"第二次开赴中国时，在起锚前收到华盛顿总统开的一份订单，要求为他的夫人采购中国的"白色大瓷盘、白色小瓷碗和好看的薄棉布"。

"中国皇后号"的第一次航行利润达到3万多美元，获利为投资额的25%。由于航程远，船的吨位小，"中国皇后号"此行盈利不算多，但此次航行实现了中美之间的直接交往。因此，此次航行以其特殊的意义载入了中美两国交往的史册。

由于"中国皇后号"与中国的直接贸易起到了突破禁运的作用，它的策划人莫里斯从中获得巨大利益的同时，也一跃成为美国联邦政府第一任财政部部长。美国政府决定，由莫里斯负责对华贸易，以解决当时的经济困境。与此同时，美国政府制定了种种优惠政策，鼓励和保护美国商人直接与中国贸易。自1784年以后，美国的重要港口，如纽约、波士顿、撒冷、费城、普洛维登斯等都有直达船驶赴广州贸易，直航广州的对华贸易圈逐渐形成。许多美国公司也在广州建立了分公司或派出了代理人，对华贸易迅速发展。大批美国商船进出广州港口，把丝绸、茶叶、土布、瓷器等中国货物运往美国。

到1792年，美国已成为中国的第二大贸易伙伴，仅次于英国，超过荷兰、法国、丹麦和瑞典。19世纪前期，中美贸易额占中国对外贸易额的21%左右，仅次于英国而居第二位。美国将中国列为它的第四位贸易伙伴，对华贸易仅次于对英、法和古巴的贸易。

对华贸易促进了美国东海岸商港在19世纪初期的繁荣，并且是刺激它向太平洋岸拓殖的主要因素。一个有趣的现象是，一位美国学者曾在一本研究美国地名的著作中提到，在美国的23个州里，都有以"广州"命名的城镇或乡村。美国的第一个"广州"出现在1789年，这是马萨诸塞州东部诺福克的广州镇。俄亥俄州东北部的广州市，是美国最大的"广州"。

第四章
东方财富：中国的宝物涌向西方

一 千帆竞发：海量的西方赴华商旅

自从达·伽马发现了绕过好望角抵达印度的航路，从16世纪初开始，到19世纪初，在整整3个世纪的时间里，欧洲各国，起先是葡萄牙、西班牙，继而是荷兰和英国，还有瑞典、丹麦、法国、德国、奥地利，纷纷派出大批商船奔赴东方。一时间千帆竞发，舟舶相继。

这些商船并不都是来中国的。在16世纪，欧洲人追逐的主要货物是黄金和香料，采购的香料占据了进口商品的最大份额。罗马人很早就迷恋食用香料，12世纪的西方人已经对东方的香料趋之若鹜，"香料"一词在当时包括各种各样的东方物产。16世纪欧洲最重要的进口商品就是东南亚的香料，特别是胡椒，还有肉桂、丁香、肉豆蔻和生姜。所以，来到东方的欧洲商船，有相当大的部分是以印度和东南亚地区为目的地。此外，还有许多商船从事转口贸易，在马六甲、马尼拉和雅加达等地装载运到那里的中国商品。到了

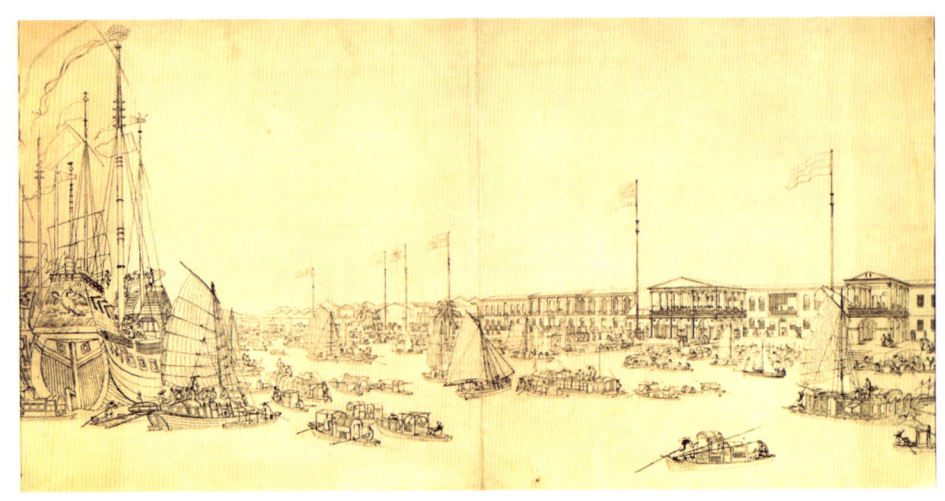

威廉·丹尼尔《广州的欧洲商馆》，约1785年

17世纪中期以后，香料在欧洲的市场已经饱和，需求量大幅度下降，而欧洲人则在中国发现了更多、更好的商品，于是中国成为欧洲贸易的重点。进入18世纪，这一趋势更加明显，胡椒的比例下降到7%以下的低水平，而进口量突飞猛进的商品则当数茶叶，这构成了18世纪远东贸易的一大特色。

16—19世纪的东西方贸易，实际上是以欧洲市场对中国商品的单方面巨大需求为特征的。

自从葡萄牙人首先登陆中国以后，特别是葡萄牙人在澳门建立商贸据点之后，就有大批欧洲商船，18世纪以后还有美国的商船，直接航行到中国，以中国的广州、厦门等港口城市为目的地。麦克尼尔指出："在上亿的中国人中增加的新财富开始跨越海洋（很大一部分也沿着商队的路线）外流，并且给与市场有关的活动增添了新的活力和领域。数十艘、数百艘，也许数千艘航船开始在日本海、南中国海、印度尼西亚群岛和印度洋的各个港口之间穿梭航行。"①

那么，在这3个世纪中，到底有多少西方的商船来到中国呢？这实际上是一个没有办法确切统计的数字。我们只能通过一些片段的史料来估计。

---

① 引自［英］崔瑞德、［美］牟复礼编，杨品泉等译：《剑桥中国明代史》下卷，中国社会科学出版社2006年版，第354页。

据记载，1669年，在广州停泊的荷兰船舶共有190艘，停留在广州的荷兰商人、水手和士兵等约1万人。从康熙二十四年到乾隆二十二年（1685—1757）的72年间，到中国贸易的欧、美商船有312艘；而乾隆二十三年至道光十八年（1758—1838）的80年间，到粤海关贸易的商船共5107艘，平均每年近64艘。其中，以英国的商船最多，乾隆五十四年（1789）为58艘，占外国商船总数的67%；道光六年（1826）为85艘，占外国商船总数的82%；道光十三年（1833）为107艘，占外国商船总数的80%。这些商船的吨位都不小，有些甚至可以称为巨舶。例如康熙三十八年至六十一年（1699—1722）到广州的英国货船，最小者为140吨，最大者达到480吨，一般者也达到300吨，多数为410吨。

从乾隆五十四年（1789）九月至乾隆五十五年（1790）广州十三行贸易征收税钞的清单，可知英国东印度公司船19只，英国东印度公司旗下从事印度与中国地方贸易的港脚船①37只，美国船14只，荷兰船5只，丹麦船1只，法国船1只，合计77只。

18世纪后期，美国也加入大航海的队伍中来。有一个统计说，1784—1812年的20多年间，有400艘美国商船进入广州港。而1784—1833年的50年间的美国来华船数达1040艘，是英国来华船数的一半，超过了欧洲其他国家来华船只总数的4倍。1833—1841年的8年间来华的商船总数为231艘，平均每年22艘以上。其中有的年份还超过40艘。

二 东方珍宝的滚滚西去

这么多的欧洲商船，乘风破浪，踏海扬波，最后云集在中国的港口。它们都是冲着中国的商品而来。它们是海上丝绸之路的"搬运工"。那时候，中国丰饶的、数量巨大的商品支撑着整个中西贸易网络。广州十三行是当时世界上最大的贸易集散地之一。

---

① 港脚船是指往来于中国、印度之间进行贸易的私商所拥有的中印贸易货船。

画中为广州十三行的各国商馆

中国输出的商品门类齐全，不仅数量巨大，而且品种繁多。除了一定数量的农副产品和初级工业原料产品外，大部分是具有高度工艺水平的手工业产品，包括丝绸、棉、麻、毛纺织品、服装衣物、食品香料、家具漆器、珠宝首饰、生活日用品、工艺美术品和中草药等，以及火炮、火器等军需品。尤其值得注意的是，土茯苓和大黄这两种中国知名的药材，在这一时期的贸易中特别受欢迎。丝绸、瓷器、茶叶畅销数个世纪，风行欧洲各国，号称中国的"三大贸易"，是这一时期全球贸易体系中的突出内容。到底有多少种类、多少数量的中国商品，已经无法统计，下面仅举几个例子，就可以一窥其壮观的场面。

1592年，从葡属亚速尔群岛出发的一艘西班牙大帆船"圣母号"，被英国舰队劫持到英国普利茅斯港。当年9月，英国地理学家理查德·哈克卢特（Richard Hakluyt，1552—1616）把从船上卸下来的东方货物记录下来："船上装载的货品（珠宝除外，因为珠宝太贵重了，他们不会让我们看到）主要有香料、药材、丝绸、白棉布、被褥、地毯和颜料等。香料有胡椒粉、丁香、肉豆蔻皮、肉豆蔻核仁、新鲜的生姜；药材有贝加明延令草、乳香、良姜、mirabolans、芦荟、zocotrina、指甲花等；丝绸有缎子、塔夫绸、里子绸、仿金线织物、半成品的中国丝绸、细丝绸、白色斜纹丝绸、卷曲的cypresse。棉布有白色宽幅的，有精细浆水的，有棕色的等，也有带盖的和有菱形花纹的毛巾，薄绸和棉布的被褥，与土耳其毛毯类似的毯子，还有不知

油画《静物写生》，画中有中国织锦和瓷器

哪儿来的珍珠、麝香植物、麝香猫、龙涎香。其余货物……如象牙、中国瓷器、可可核、兽皮、如黑玉般的黑檀木、床架、奇怪的树皮纤维的织物、手工艺品。"①

再举18世纪初年法国"安菲特利特号"的例子。1698年，"安菲特利特号"首航中国，1700年8月3日返回法国。这是第一艘航行到中国的法国商船。1700年10月4日起，"安菲特利特号"上的商品在南特公开销售。据《优雅信使报》1700年9月号发表的销售公告显示，其中的商品有：大批的红铜和黄铜器皿；共计8000匹的布帛，包括绢、绮、普通罗和皱纹罗、缎画、重皱织物、哔叽、平纹布、针织棉等；中国的漆器、刺绣和绘画；17箱瓷器，包括瓷瓶、瓷碗、瓷盒、瓷壶、大小瓷盘、瓷等或瓷茶具、瓷酒瓶、平底瓷杯、带把瓷杯、瓷糖罐、瓷盐罐、壁炉瓷器配套物、其他各种细瓷产品；17

---

① 引自袁宣萍：《十七至十八世纪欧洲的中国风设计》，文物出版社2006年版，第37页。

箱漆器，其中有4箱各自内装有3件小漆匣和带堆金花卉图案的文房四宝，另外9箱中装有各种各样的漆桌；14箱酒具；21箱漆画和人物花卉画等；30箱中国屏风；4箱叶状屏风；3箱尚未安装好的纸屏风；455根手杖、大批纸张、12条挂毯、绣花缎、11条丝巾、6卷绘画、38件麻织品。《优雅信使报》还告诉读者，人们可以在许多箱中发现种类和质量相同而数量各有所异的商品。

奥斯贝克（Pehr Osbeck，1723—1805）在1750—1752年作为瑞典东印度公司商船上的随船牧师来到广州，他在《中国和东印度群岛旅行记》中记载了他所在的这条商船搭载的货物清单，其中有：4000匹丝绸，5300匹黄布，5000磅生丝，4000磅土茯苓，2165磅珍珠母，1万磅西米，4170磅大黄，9000磅有色纸（墙纸），6325磅用于捆东西的藤竹，约500箱瓷器，6吨烧酒，以及各种漆器、纽扣等。除了这些货物外，大宗的还是茶叶，总计有100多万磅。

从16世纪开始，这样往返于欧洲与中国的商船络绎不绝，每一艘商船都是满载而归。由此，我们可知运往欧洲的中国商品数量之巨大。

再看看通过马尼拉大帆船输出的中国商品。通过大帆船运到美洲的商品大部分都转运到欧洲。中国通过大帆船贸易航路输往美洲的货物，包括中国特产、工艺品和日用品等，品种繁多。如1570—1760年，从中国运往菲律宾的商品达一百五六十种之多，总价值折合白银2.25亿两。

据1574年出版的有关马尼拉的文献记载："华商运来的货物有些是杂碎

威勒姆·卡尔夫《银器与中国瓷器》，1660年

的零星日用品,其中有菲律宾摩尔人常用的中国大陶瓮,此外尚有粗瓷、铜铁杂器。另有精细瓷器以及丝织品,乃以供应官员者。"他们还"带来各种货样,俾便探知售价,例如水银、火药、肉桂、丁香、糖、铁、锡、铜、生丝、丝织品、面粉等货品,都是别国商人未曾用过,而且也未运售过的。他们更运来耶稣受难的造像,以及模仿精巧的座椅……中国商人晓得带来什么货物在菲岛做买卖"[1]。

1596—1598年任马尼拉总督的西班牙史学家德摩加(Antonio de Morga Sánchez Garay,1559—1636)在其著作《菲律宾群岛志》中记载了从中国前往马尼拉的大型帆船的数量,"一般每年30艘,有时达40艘","这些船满载着商品"。他还记载了一份中国商人携往马尼拉的货单。他感叹说,中国商人提供了"说不完也写不完的各种稀罕东西"。

中国的货品运抵马尼拉后,除供应菲律宾市场的消费外,大量的生丝、丝织品、瓷器、珠宝、玉器等则由马尼拉大帆船沿着太平洋上的航路,运往美洲。从16世纪中期至19世纪初的250年间,满载中国货品的马尼拉大帆船在太平洋上络绎不绝。

三 丝绸贸易的故事

中国输出的商品,数量巨大,品种繁多,涉及原材料等初级产品,更有许多经过深加工的日常生活用品,还有相当数量的具有高附加值的艺术品和奢侈品。其中最为大宗的是丝绸、茶叶和瓷器。

在古代,丝绸就是中国大宗的外贸商品。远在古希腊、古罗马时代,就有中国丝绸传到那里,并且在古罗马引起了时尚风潮。这种热潮并没有随着罗马帝国的崩溃而烟消云散。在中世纪的时候,欧洲并没有减少对丝绸的进口,相反,欧洲各国继承了罗马时代追求丝绸作为豪华奢侈品的遗风。

16世纪以后,中国丝绸继续销往东南亚、日本等地,而对欧洲的出口,

---

[1] [美]菲律·乔治:《西班牙与漳州初期通商》,《南洋问题资料论丛》1957年第4期。

则由于葡萄牙、西班牙、荷兰的商船直航,而直接销售到欧洲市场,不再通过陆路和海路上的各种中间商环节。所以,这个时期开始的持续3个世纪的中欧直航贸易,输入欧洲的丝绸总量大大超过了以往的任何时代。到广州的外国商船,丝货是采购的大宗货物之一。

运往欧洲的中国丝绸数量是巨大的。澳门是西方人的主要贸易基地,澳门输出的商品种类繁多,有生丝、丝线、面纱、花边、花缎、线绢等。当时的外国资料记载:葡人在澳门、广州之贸易输出品以绢为大宗,每年由葡人输出之绢约5300箱。每箱装繻缎100卷,薄织物150卷。1608年,澳门输往马尼拉的货物总值有20万比索,其中丝织物19万比索,占总值的95%。1619年以后,葡萄牙人几乎垄断了从广州经澳门到马尼拉的丝货贸易,1619—1631年,葡萄牙人从澳门贩运生丝和绸缎到菲律宾的年贸易额达150万比索。出口到马尼拉的生丝,集中在马尼拉城的东北角、人们称为"生丝市场"的地方进行交易。

据有关资料统计,在1580—1590年的10年间,从广州经澳门每年运往印度果阿的丝货为3000担,1636年达到6000担。还有一份资料说,1698—1722年,从广州输往欧美的生丝为1833担,1740—1779年,增加到19200担,增加10倍。1780—1790年为27128担,又增加41%;1820—1829年更增至51622担,又增加90%。这些生丝,主要来自江南太湖流域的丝绸业市镇,如南浔镇、震泽镇等地,在国际市场上称为"湖丝"或"辑里丝"。

从中国方面的记载来看,也可以得知当时丝绸出口的数量之巨。乾隆二十四年(1759),两广总督李侍尧在《奏请将本年洋商已买丝货准其出口折》中说:"惟外洋各国夷船到粤,贩运出口货物,均以丝货为重。每年贩卖湖丝并绸缎等货,自二万余斤至三十二三万斤不等。统计所买丝货,一岁之中,价值七八十万两,或百余万两;至少之年,亦买价至三十余万两之多。其货均系江浙等省商民贩运来粤,卖于各行商,转售外夷,载运回国。"乾隆二十九年(1764),两广总督苏昌等奏《为请准粤省出洋船只酌令配带丝斤事折》说,每年准许英国商人"每船准带土丝五千斤,二蚕湖丝三千斤。嗣又仰蒙惠泽,准其配带绸缎二千斤"。乾隆年间,平均每年出口生丝和绸缎20万~30万斤,道光十年(1830),仅广州出口的生丝就达到

70.53万斤，其中南京丝33.73万斤，广东丝36.8万斤。

中国丝绸以其价廉、特殊工艺质量和装饰魅力在欧洲市场竞争。这项贸易获得巨额利润，法国东印度公司1691年的售贸册表明，在东方以32000镑购得的丝绸以97000镑售出。萨凡利（Jacques Savary des Brûlons，1657—1716）在他的《商业综合辞典》中说："中国浙江省是全世界最大的产丝区。其产量被认为相当于欧亚两洲（其他地区）的总和。人们谈到这里的丝绸制造量，似乎难以令人置信。购买者所得利润至少可达百分之一百。甚至法国丝绸工业所得到的保护关税，也未能阻止昂贵的中国丝绸涌入法国，它以其美丽迷人而适合了法国贵族社会的需要。"①萨凡利还说，如果欧洲人直接向南京订购，免去中间人及印度商人从中牟利，实际获利可以达到200%。1772年，雷纳尔（Guillaume Thomas François Raynal，1713—1796）指出："前世纪，欧洲人从中国输入的丝绢为量甚少（即与18世纪不断增加的输入来比较），我们满足于当时所用的黑色和有颜色的肩巾；近40年，尤其是近25年的时尚，好用白色的和彩色鲜明的肩巾，造成了越来越大的对中国产品的需要。每年的消费额最近已达8万条，其中法国就占了四分之一。1776年输入又大量增加，仅英格兰公司一家就输入了104000条。这里所讲法

清代外销黄缎地彩绣双头鹰花鸟纹幔帐

---

① 引自［英］赫德逊著，王遵仲等译：《欧洲和中国》，中华书局1995年版，第235—236页。

国销售的情形,也就是欧洲一般的情况。此时,巴黎已经成为欧洲时髦的中心。"①

中国丝绸的大量涌入,给欧洲的丝绸产业造成很大冲击。在英国,中国丝绸的大量进口使英国丝织业面临倒闭的危险,英国于1701年竟因此而禁止了丝绸的进口。在法国也出现了同样的情况。法国从17世纪80年代开始限制或禁止中国丝绸进口,以扶植法国丝织工业。1691年,又有禁止输入丝绢的法令。但是,这些法令似乎并没有得到认真的执行。这种情况在西班牙经营的美洲大帆船贸易中也出现过。所以,来自中国精美的丝绸制品仍然通过各种渠道,包括走私的渠道,源源不断地输入欧洲各国和美洲。

四 茶的风华:交易中的王者

在欧洲人开展的东方贸易中,前期以获得南亚、东南亚的香料为主。到了17世纪中期以后,中国商品逐渐上升到主导地位,其中茶叶成为最大宗,成为各国客商竞相追逐的目标。18世纪,包括英国、荷兰在内的所有欧洲公司前来亚洲,虽然也采购其他商品,不过它们最主要的目的都是中国的茶叶。茶叶使得18世纪欧洲人的亚洲贸易成了一个以"中国贸易"为重心的基本格局。而且,"茶叶贸易注定要对后来的'中国风'产生至关重要的影响。因为它激励着商人远游中国大地,并在19世纪从那里带回来现在每一个欧洲花园里都常见的、富有异国风情的植物,还有关于那个国家令人叹息的、细致且详尽的报道"②。

据统计,在欧洲各国东印度公司的贸易中,17世纪茶叶的进口额仅占整体的1%,但在1720年前后突然增长到10%,1747年达到20%,1760年更增长

---

① 引自[德]利奇温著,朱杰勤译:《十八世纪中国与欧洲文化的接触》,商务印书馆1962年版,第31页。
② [英]休·昂纳著,刘爱英、秦红译:《中国风——遗失在西方800年的中国元素》,北京大学出版社2017年版,第63页。

《中国图说》中"茶"的插图

到40%以上。①

1596年,荷兰人开始在爪哇开展贸易,大约在1606年,第一批茶叶运到荷兰。这被认为是茶叶第一次作为商品进口到欧洲。荷兰汉学家居斯塔夫·施莱格尔(Gustaaf Schlegel,1840—1903)在《茶第一次引进荷兰》中指出,根据海牙国家档案馆提供的材料,在1650—1651年的海运货物提单中提到,日本的茶以"Thia"的名称进口到阿姆斯特丹。

档案里还有一封东印度公司的17个主管写给殖民地总督的信,日期是1637年1月2日,信中称:"因为茶开始被一些人所接受,我们所有的船舰都期待着某些中国的茶叶能和日本的一样好销。"据此,人们认为,在

---

① [日]浅田实著,顾姗姗译:《东印度公司——巨额商业资本之兴衰》,社会科学文献出版社2016年版,第90页。

1637年，茶叶已经被大规模地进口了。①荷兰东印度公司的档案里还有一封信，是该公司的职员威克汉（R.Wickham）于1615年6月27日在日本写给在澳门的同僚伊顿（Eaton）的，他在信中要"一包最醇正的茶叶"。这是荷兰有关茶的最早记录。

在整个17世纪和18世纪初，荷兰是欧洲国家中最大的茶叶贩运国和茶叶经销商，几乎独占长达80年之久的茶叶贸易。在初期，荷兰

《踩茶图》，图片后半部有应邀与老板同桌的欧洲人，18世纪

东印度公司通过前往巴达维亚的中国帆船进行茶叶贸易，每年获利10万～50万荷盾。在荷兰占领印尼以前，中国与印尼就有十分密切的贸易关系。葡萄牙占领马六甲后，东南亚的贸易中心从马六甲转至巴达维亚。每年中国帆船运载陶瓷、丝绸、茶叶等物品到巴达维亚交换胡椒、香料等土产。17世纪20—30年代，平均每年到达巴达维亚的中国帆船有5艘。1683年清朝解除海禁后，中国帆船到达东南亚的数量明显增加，荷兰人除从巴达维亚进口中国茶叶外，还通过波斯进口部分中国茶叶。1651—1652年，阿姆斯特丹举办茶叶拍卖活动，使茶叶成为独立商品。阿姆斯特丹也因此成为欧洲的茶叶供应中心。阿姆斯特丹的茶叶交易一直十分活跃，1714年拍卖的茶叶有36766磅。

荷兰从中国进口的茶叶，除满足本国的消费外，还贩卖至欧洲其他国家和北美殖民地。1666年，英国贵族奥索里伯爵（Thomas Butler，1634—1680）和阿灵顿伯爵（Henry Bennet，1618—1685）从阿姆斯特丹带一批茶

---

① ［法］亨利·柯蒂埃著，唐玉清译：《18世纪法国视野里的中国》，上海书店出版社2006年版，第19—20页。

叶到伦敦变卖，获得可观的利润。当时阿姆斯特丹每磅茶叶售价为3先令4便士，而伦敦则高达2英镑18先令4便士。荷兰人彼得·施托伊弗桑特（Peter Stuyvesant，约1610—1672）把第一批中国茶叶运到北美殖民地新阿姆斯特丹（即后来的纽约）的荷兰人定居点，当地居民成了爱喝茶的人，消费茶叶量甚至超过了整个英格兰。至17世纪末，荷兰的茶叶贸易规模已较大，1685年荷兰东印度公司董事会在给荷印总督的指示中，要求供应2万磅新鲜上等茶叶。进入18世纪，中荷茶叶贸易的规模进一步扩大。1715年，荷兰东印度公司董事会要荷印当局订购6万~7万磅茶叶，次年又要求增加到10万磅，到1719年，荷兰的订茶量达20万磅。

1727年10月，荷兰东印度公司董事会决定派船直接到中国买茶，中荷茶叶贸易由中国—巴达维亚—荷兰的间接贸易形式改为中国—荷兰的直接贸易形式。1728年12月初，东印度公司的"科斯霍恩号"直航广州，1730年返航时，共运回茶叶27万磅、丝绸570匹及陶瓷等物，总值27万~28万荷盾。货物脱手后，扣除各种费用，往返净得利润32.5万荷盾。1731—1734年，荷兰派

版画中从东方运来茶叶的船只在英国伦敦的码头卸载的场景

出11艘商船前往广州，共购买茶叶135担，价值1743945荷盾，占全部货值的73.9%。1734年以后，荷兰东印度公司的茶叶贸易有所起伏，但仍然是对华贸易的最重要商品。18世纪20—90年代，茶叶贸易在荷中直接贸易中始终占据绝对重要的地位，茶叶占荷兰东印度公司输入中国商品的70%～80%，有时超过85%。

茶叶贸易是一项利润极为丰厚的买卖。1729年，荷兰在广州购买茶叶的总值是242420荷盾，在荷兰售卖后获利113261荷盾，利润率达47%。1733年，荷兰在广州购买价值336881荷盾的茶叶，到荷兰后卖得988510荷盾，获利651629荷盾，利润率高达193%。

欧洲饮茶风在18世纪已很盛行。茶叶贸易的巨大利润吸引欧洲国家竞相加入茶叶贸易的行列。英国东印度公司从18世纪开始支配了世界的茶叶贸易，英国人茶叶消费的普及正是东印度公司业务拓展的结果。

在17世纪，英国的茶叶进口量还不大。1664年，英国东印度公司下了第一笔关于茶叶的订单，从爪哇运回100磅中国茶叶。而到了1678年，增长到4713磅，以后逐年大幅度增长：1685年为12070磅，1690年为38390磅，1699年下降到13082磅，1721年为1241629磅，到了1750年则上升到4727992磅。在18世纪70年代，英国每年的合法茶叶消费量是400万～500万磅，而每年走私茶叶的总量是400万～750万磅。

在1790—1800年这10年间，荷兰、丹麦、瑞典、法国等国从中国进口的茶叶总量为38506646磅。但是，就其地位和重要性而言，没有一家东印度公司可以和英国东印度公司相抗衡。1717年，英国东印度公司指示每艘船要尽其所能地装载茶叶。1722年，英国东印度公司从中国进口的茶叶已占总货值的56%。在1790—1800年这10年间，英国东印度公司从中国进口的茶叶总量为288826616磅。英国东印度公司完全依靠茶叶得到迅速发展。在它的全盛时期，它掌握着中国茶叶贸易的专卖权，操纵着茶叶买卖，限制茶叶输入英国的数量，控制着茶叶的价格，垄断了茶叶的国际市场。英国东印度公司不仅造就了世界上最大的茶叶专卖制度，还是茶叶宣传的早期推动者，其宣传成果促使了英国的饮料偏好发生了转变，茶在一段时间内超越了咖啡，成为英国人的首选饮料。

当时除了英国东印度公司外，还有一些欧洲国家的东印度公司从事茶叶贸易，比如法国、丹麦也派船到亚洲收购茶叶。专门运输茶叶的船队逐渐建立起来，数量越来越多的茶叶箱在设有"东印度公司码头"的"世界各大港口卸货：里斯本、洛里昂、伦敦、奥斯坦德、阿姆斯特丹、哥德堡，有时还有热那亚和里窝那"①。有一份资料显示，1766年起，广州输出的茶叶按如下分配：英国船600万磅，荷兰船450万磅，法国船210万磅，其他国家船240万磅，合计1500万磅，约6800吨。还有一份资料显示：1700年欧洲人从中国进口茶叶9万磅，1800年增至4500万磅，100年间增加了近500倍。

通过茶叶贸易，东印度公司及后来的各大商行赚取了巨额利润，英国政府也从中获得了巨额税收。与其他中国商品相比，茶叶的利润最大。如荷兰东印度公司在茶叶的交易中能赚取100%～120%的净利润。在1722—1728年广州茶叶经爪哇的间接贸易中，其毛利只有93%。而在1735—1758年，由于商船直驶广州，原始价仅为83175荷盾的茶叶，运销欧洲后，可卖到294622荷盾，利润率为254%，而且一直持续了20多年。1760—1784年，茶叶利润率下降到90.40%，荷兰东印度公司用2128182荷盾采购的茶叶，在欧洲市场的售价达到4052170荷盾。②茶叶进口税成为英国财政收入很重要的一部分。在东印度公司垄断的最后几年，茶叶带给英国国库的税收平均每年达到330万镑，占国库总收入的1/10左右。因此，茶叶被称为"绿色黄金"，茶叶贸易"开始了欧洲贸易史的新篇章"。

茶叶为西方贸易商带来了巨额利润，以至历史学家普里查德（Earl H. Pritchard，1907—1995）说："茶叶是上帝，在它面前其他东西都可以牺牲。"从1717年开始，在英国对清朝的贸易中，"茶叶已经开始代替丝成为贸易中的主要货品"。罗伯特·贺曼逊指出："喝茶的习惯在欧洲流行开来，尤其是英国人成为这一日用品的大消费群体。跟大多数的政府一样，英国政府不断地寻找新的税收来源，于是对进口的茶叶收取很高的关税。随着买进的量不断增大，税收也在升高。这种情况下，出现了很多走私茶叶的黑

---

① ［法］布罗代尔著，施康强、顾良译：《15至18世纪的物质文明、经济和资本主义》第1卷，生活·读书·新知三联书店1992年版，第295页。
② 耿昇：《中法文化交流史》，云南人民出版社2013年版，第346页。

市。当黑夜来临时,一队走私船横穿过英吉利海峡驶向英格兰南部沿岸的一些小渔港,其中大部分是来自荷兰的船。"①

罗伯特·贺曼逊还指出,瑞典东印度公司在18世纪七八十年代,"茶叶是最主要的交易货物。从广州运往哥德堡的货物中有80%都是茶叶。运载回来的货物与以往一样在公司大楼里进行拍卖,然后再出口,主要是那些正处于战争中的欧洲国家,还有很大一部分被运至北美"②。在18世纪上半叶,欧洲各国对华贸易形成了以茶叶为大宗进口商品的结构,反映了18世纪欧亚通商的主要特点,人们将这一世纪称为欧亚贸易的"茶叶世纪"。夏庞蒂埃·科西尼(Joseph-François Charpentier de Cossigny de Palma,1736—1809)在《广州行纪》中说:"正是茶叶将欧洲船队引向了中国,装满其船舱的其他商品仅被作为拼盘的配料。"③

进口到各东印度公司所在国的茶叶,并非仅限于在各国本土的消费,还要流通到西北欧国家乃至它们在美洲的殖民地,因此,在有的城市里,形成了一定规模的国际茶叶市场。伦敦是全世界最大的茶叶消费与专卖市场,从1679年开始举行茶叶拍卖,直到1998年6月29日最后一次拍卖,伦敦的茶叶拍卖市场共计存在了319年。

五 "新英格兰"的茶叶风潮及其深远影响

英国东印度公司大批量从事中国茶叶贸易,除了供应国内消费外,还转运到北美殖民地。到了18世纪前期,茶叶在北美殖民地的消费量也非常大,饮茶之风普及到广大城镇和乡村。1711年的《旁观者》杂志里有一段话说:"我们要特别向所有起居有常的家庭推荐我的想法:每天早上留出一小时给

---

① [瑞典]罗伯特·贺曼逊著,赵晓玫译:《伟大的中国探险:一个远东贸易的故事》,广东人民出版社2006年版,第97页。
② [瑞典]罗伯特·贺曼逊著,赵晓玫译:《伟大的中国探险:一个远东贸易的故事》,广东人民出版社2006年版,第98页。
③ 引自耿昇:《中法文化交流史》,云南人民出版社2013年版,第346页。

茶、面包和黄油；并且为他们着想，热切建议把这份刊物当作茶点的一部分，让人按时备好。"①

茶叶在北美最大的社会影响是著名的"波士顿倾茶事件"。

18世纪60年代，英国增加对北美殖民地征税。1765年的《印花税法》和1767年的《唐森德条例》等法案导致北美殖民地居民的强烈不满。他们开始宣传一种主张：既然他们在国会没有代表，就没有义务缴税。波士顿商人约翰·汉考克（John Hancock，1737—1793）等领导当地人抵制英国政府所经营的来自英属东印度公司的中国茶叶，同时走私自己弄来的茶叶以逃避关税，致使东印度公司的茶叶销量一落千丈。当时人们饮用的走私茶占消费量的9/10。1773年，英国政府为倾销东印度公司的积存茶叶，通过《茶税法》。该法令给予东印度公司到北美殖民地销售积压茶叶的专利权，免缴高额的进口关税，只征收轻微的茶税。该法令明令禁止殖民地贩卖"私茶"。东印度公司因此垄断了北美殖民地的茶叶运销，其输入的茶叶价格较"私茶"便宜50%。便宜的价格打压了本土的茶叶销售，而导致很多的走私者和本地种植的茶叶商人无法生存。茶叶价格被操纵，北美生产出来的茶叶销售受影响。另外北美人民认为东印度公司是英国扶植的，假如他们饮用东印度公司的茶叶，就等于他们还继续受英国殖民者的压迫、剥削，被迫接受英国对殖民地征税和制定法律。该法令引起了北美殖民地人民的极大愤怒。

1773年11月，有7艘大型商船前往殖民地，4艘开往波士顿，其他3艘分别前往纽约、查尔斯顿和费城，纽约和费城两地的茶商拒绝接货，这两艘商船不得不返回英国。1773年11月28日，东印度公司的茶叶商船"达特茅斯号"在波士顿格里芬码头卸下除茶叶以外的其他货物。1773年12月16日，波士顿8000多人举行集会抗议。抗议活动是由殖民地的民间反抗组织"自由之子"领导的，他们反对英国政府在殖民地征税并借此控制殖民地政府，反对英国东印度公司利用法令垄断北美的茶叶进口贸易。但亲英派总督哈钦森（Thomas Hutchinson，1711—1780）仍坚持拒绝遣返英国东印度公司的茶船。当天晚上，在塞缪尔·亚当斯（Samuel Adams，1722—1803）和约

---

① 引自［日］冈仓天心、九鬼周造著，江川澜、杨光译：《茶之书·"粹"的构造》，上海人民出版社2011年版，第11页。

铜版画中描绘波士顿港茶叶被毁的情景

翰·汉考克的领导下，60名"自由之子"成员化装成印第安人上了茶船，将东印度公司3条船上的342箱茶叶全部倾倒入海。一位当事者说："波士顿港今晚成了一个大茶壶！"亚当斯在日记中写道："毁坏茶叶的行动是如此的大胆、果断、坚定、勇敢、不屈，它一定有非常重大的意义……我不得不视为一个历史上值得纪念的事件。"①

对于这一著名的"波士顿倾茶事件"，《马萨诸塞时报》生动地描述道："这些人在抛弃'达特茅斯号'船上的茶叶后，又登上布鲁斯和考菲船长的船，不到3个小时，便将船上所有的茶叶共计342箱完全毁坏，并扔到海里，动作相当迅速。涨潮时，水面上漂满了破碎的箱子和茶叶。自城市的南部一直延绵到多彻斯特湾，还有一部分被冲上岸。"②

"波士顿倾茶事件"给英国东印度公司造成巨大的财产损失。英国政府

---

① 引自［美］威廉·J.本内特著，刘军译：《美国通史——一部重要的保守主义视野的美国历史》上卷，江西人民出版社2009年版，第61页。
② 引自［英］威廉·乌克斯著，侬佳、刘涛、姜海蒂译：《茶叶全书》，东方出版社2011年版，第65页。

认为这是对殖民当局正常统治的恶意挑衅。1774年3月，英国议会通过了惩罚性的法令，即《波士顿港口法》《马萨诸塞政府法》《司法法》和《驻营法》。这四项法令通称为"强制法令"，其颁布激起了殖民地人民的联合反抗，直接促成了第一届大陆会议的召开，并由此引发了美国独立战争。美国学者迪·阿沃德评论说："最初的起因是对于过去繁荣的回忆，而最近的则是图谋延续一种让英、美商人都感到厌恶的茶叶专卖制。英国政府为取悦东印度公司而不惜断送了一个大帝国。"①

"波士顿倾茶事件"改写了北美殖民地的历史，但是却没有改变人们对于饮茶的喜好。1784年美国商船"中国皇后号"经由纽约开往广州，开始中美的茶叶直接贸易，这年美国进口的茶叶为3022担。此后中国茶叶源源不断地运往美国。到1800年，增至28489担。1804—1828年，每年往来于中美之间的商船运出大量的茶叶。19世纪中期，美国率先设计建造了三桅快速帆船，1845年750吨级的"彩虹号"首航至中国，载运茶叶等中国物产，缩短茶叶海运时间，引起西欧各国的瞩目，竞相发展快速帆船，进一步引起茶叶海上运输之竞赛，大幅缩短新茶海运时间。

六　通往雪域的馈赠：俄国的茶叶之路

茶叶最早是在17世纪初传到俄国的。1616年，哥萨克什长彼得罗夫在卡尔梅克汗廷初尝到茶叶，对这种"无以名状的叶子"十分惊异。1638年，一名叫瓦西里·斯特拉科夫的大使受命前往卡尔梅克拜见可汗，并带去珍贵的貂皮作为晋见礼。可汗收下礼物，向沙皇回赠了200袋中国茶叶。当时沙皇使者对茶叶一无所知，不愿接受，后经劝说才勉强接受。他将茶叶带回了圣彼得堡，沙皇命仆人沏茶请近臣们品尝，意外的是，众人一致认为入口有奇香。从此，俄国人开始了其漫长的饮茶史。1675年，俄国使臣尼果赖觐见康熙帝，康熙帝赐给他4匣茶叶，并请他转赠沙皇8匣茶叶。

---

① 引自[英]威廉·乌克斯著，侬佳、刘涛、姜海蒂译：《茶叶全书》，东方出版社2011年版，第93页。

中俄之间的茶叶贸易是从17世纪后半期开始的。茶叶的贩运是通过商队来进行的，所以被称为"商队茶"。在近代欧洲的茶叶市场上，俄国的商队茶要比海运国家有更强的竞争力。马克思注意到商队茶的这种特殊性，他指出，在恰克图卖给俄国人的茶叶，"其中大部分是上等货，即在大陆消费者中间享有盛誉的所谓商队茶，不同于由海上进口的次等货"。他还说道："俄国人自己独享内地陆路贸易，成了他们没有可能参加海上贸易的一种补偿。"①法国学者玛扎海里（Aly Mazaheri，1914—1991）指出："我们可以说在19世纪时有两种茶叶：经英国人之手的'印度茶'和茶叶之路上的茶。它们各有自己的主顾。大陆人习惯于北方的茶，丝毫不喜欢在大吉岭和锡兰加工炮制的茶叶，它们没有大陆人所习惯的那种真正的茶叶特征，没有香味，尤其是没有茶味。莫斯科人没有试图把茶叶引进其国内以使之风土顺化，而是仍忠于原有的中国产品。他们甚至创造了带有加热装置的茶炊，它在莫斯科人中如同在伊斯兰教徒中一样都象征着'灶'或'家'。"②

在17世纪后半期，托博尔斯克市场上已经有了少量的茶叶供应。1674年，在莫斯科有商店开始经营茶叶，价格比较贵，消费者都是富裕人家。1689年订立《尼布楚条约》后，中俄之间的边关贸易日趋活跃，中国茶经过尼布楚进入俄国的数量也有所增长。如1698年，俄国客商加·罗·尼基丁采购了价值32000卢布的中国货，内有茶叶5普特（每普特重16.38公斤）7俄磅，每普特按莫斯科市价为20～25卢布。

中国向俄国输出茶叶主要是通过恰克图市场进行的。从恰克图到北京是中俄之间最便捷的商路。恰克图原是中国境内的一个边境小埠，由于中俄在这里进行贸易，所以又称为"买卖城"。清雍正五年（1727），中俄在这里签订了《恰克图条约》。条约规定中俄以该城为界，旧市街归俄国，清朝则另建新街，由此形成了中俄两个"恰克图"。条约还规定，准许俄国商人贸易，人数不得超过200人，每3年可进北京一次。雍正七年（1729），理藩院派遣官员一人常驻恰克图，监理中俄贸易。从雍正五年到光绪七年（1727—

---

① 《马克思恩格斯选集》第2卷，人民出版社1972年版，第9—10页。
② ［法］阿里·玛扎海里著，耿昇译：《丝绸之路——中国-波斯文化交流史》，中华书局1993年版，第10页。

1881）的154年间，恰克图一直是中国最重要的对俄通商口岸。

在当时，茶叶是中俄贸易的大宗。1744年，在恰克图的双边贸易额约为30万卢布，1760年上升为110万卢布，1780年为800万卢布，到19世纪中期已达1600万卢布。据俄国文献资料统计，1758—1760年俄商在恰克图市场上的贸易额，占俄国与亚洲各国贸易额的67%，其中仅1760年，沙皇政府在恰克图征收的关税就占全国总关税的24%。马克思在《俄国的对华贸易》一文中指出："这种在一年一度的集市上进行的贸易，由十二个中间人经管，其中六个是俄国人，六个是中国人；他们在恰克图会商，由于贸易完全是以货易货，还要决定双方所应提供交换的商品比例。中国人方面提供的主要商品是茶叶，俄国人方面提供的是棉织品和毛织品。"[1]俄商以毛皮换取中国茶叶，开创了"彼以皮来，我以茶往"的贸易传统。除了茶叶外，中国还向俄国出口丝绸、棉布、水果、瓷器、大米、蜡烛、大黄、姜、麝香等，而俄国向中国出口毛皮、纺织品、成衣、生革、皮革、牛等货品。茶叶贸易使俄商大获其利。俄商"在恰克图以1磅2卢布的茶价，转运至圣彼得堡，以3卢布的价钱卖掉，赚利五成"。1839年，俄商在恰克图购买价值700万卢布的茶叶，当年运到下诺夫哥罗德市场上收入1800万卢布。恰克图市场茶叶贸易历时200余年的繁荣，产生了巨大的带动效应。

中俄之间的恰克图茶叶贸易很大一部分是由晋商经营的。清人何秋涛《朔方备乘》卷三十七说："其内地商民至恰克图贸易者，强半皆山西人，由张家口贩运烟茶、缎布、杂货，易换各色皮张、毡片等物。"清人松筠在《绥服纪略》中就有记载："所有恰克图贸易商民皆晋省人，由张家口贩运烟、茶、缎、布、杂货，前往易换各色皮张毡片等物。"历史上的晋商不仅对中国茶叶的生产、运销作出了贡献，而且对中国茶文化在海内外的传播发挥了积极的作用。恰克图的茶叶分成商号茶、家族商贸茶和山西商贸茶3种商品。经营恰克图贸易商号的都是山西大族。恰克图从雍正年间辟为国际商埠后，到道光时已有茶庄100家左右，皆为晋商经营，其中著名的晋商商号有大德玉、大升玉、大泉玉、锦泰亨、锦泉涌等。在早期来恰克图从事茶叶贸易

---

[1]《马克思恩格斯全集》第12卷，人民出版社1962年版，第167页。

油画《品茶一刻》

的晋商中，榆次常万达可谓功勋卓著。他在咸丰五年（1855）来到恰克图，将其所有资产投入茶庄中，茶叶销路极好，获利巨大，同时赢得了俄商的信任。几年内常家就将茶庄开到了俄国腹地莫斯科、托木斯克等地，商号有兴盛辅记、美玉德记、合裕安记、万盛隆记等。后来的祁县渠家在恰克图开设的长裕川等茶庄也非常出名。同治七年（1868），山海关税务司马福臣到恰克图考察买卖城商号，他说自道光二十四年至咸丰二年（1844—1852）为贸易最盛之时，当时办茶大字号约40家，均系张家口上埠者，这些商号都已获得重利。

恰克图的贸易是季节性贸易。每年冬末春初，是恰克图的旺季。"大笔生意通常从二月初开始，有时延续两个月，有时一个月，甚至两个星期就圆满成交了。"①在开市期间,恰克图十分热闹,不同文化的交流达成了某种难以想象的沟通。在这里可以听到俄国腔的汉语、中文腔的俄语,还有蒙古调的俄语和汉语,或者俄调和汉调的蒙古语,各种语言在此进行"无障碍"的交流。19世纪初,清朝明文规定在恰克图做贸易的男丁必须学习俄语。几乎所有的店铺都有商人们自己编的所谓俄汉方言手抄词典。"恰克图所有的居民都是用这种奇怪的方言同中国人谈话。"②这种和谐的交流甚至从语言上升到了社会层面。

乾隆二十年(1755)之后,恰克图市场日渐繁荣,大批晋商涌向恰克图,茶叶贸易额也是逐年增长。据俄国学者阿·科尔萨克(Aleksamdr Korsak,1832—1874)的研究,中国输出的茶叶,1755—1762年的年平均数量从11000普特到13000普特。1768—1785年的年平均数量约29000普特。到18世纪末,茶叶的进货量开始呈现大幅度增长。③苏联学者米·约·斯拉德科夫斯基(Mikhail Iosifovich Sladkovsky,1906—1985)指出,1801—1830年,经由恰克图的茶叶进口量差不多增加了一倍。④据统计,嘉庆五年(1800),由恰克图销往俄国的茶叶达279900俄磅,合近23万斤。道光以后,贸易数额又大增。从道光十七年到十九年(1837—1839),每年销往俄国的茶叶平均为8071880俄磅,合660多万斤,几乎全是晋商经销。咸丰初年,中俄茶叶贸易额仍然保持着良好的势头,每年销往俄国的茶叶达15万箱,有900多万斤。1838年,俄商在恰克图向晋商王宗乔、旺盛隆、达兴发等30余家商号采购花茶33744箱(每箱净重75俄磅),花砖茶4724箱(每箱净重90俄磅),普通花茶12679箱,茉莉花茶32000箱,先后共购买茶叶83147箱,按平均每箱80俄磅计,当年输入中国茶叶6651760俄磅。美国经济学家雷麦(Charles Frederick

---

① [俄]瓦西里·帕尔申著,北京第二外国语学院俄语编译组译:《外贝加尔边区纪行》,商务印书馆1976年版,第48—49页。
② [俄]斯卡奇科夫著,柳若梅译:《俄罗斯汉学史》,社会科学文献出版社2011年版,第152页。
③ [俄]阿·科尔萨克著,米镇波译:《俄中商贸关系史述》,中国社会科学出版社2010年版,第198页。
④ [苏]米·约·斯拉德科夫斯基著,宿丰林译:《俄国各民族与中国贸易经济关系史(1917年以前)》,中国社会科学出版社2008年版,第232页。

Remer，1889—1972）在《外国人在华投资》一书指出，19世纪初的"恰克图茶叶贸易使当地俄商发了大财"，当时恰克图互市的中俄贸易额达1000万美元，中国商人输入的主要货物是茶叶。松筠在《绥服纪略》中也指出，山西商人以茶叶为恰克图贸易的大宗商品，茶叶是经张家口、归化城（呼和浩特）通过蒙古草原驮运到恰克图的，茶叶是俄国人最能获利的输入品。一直到19世纪50年代初，贸易额仍保持上升势头。恰克图每年交易额在1000万美元以上，占中国进出口总值的15%～20%。

这样，就在中俄之间形成了一条国际商道，即"茶叶之路"。"茶叶之路"的运输途径为：武夷山茶运到张家口后，从张家口经归化、库伦（乌兰巴托）到恰克图。进入恰克图市场后，在这里经过第二次交易，过秋明、奥伦堡、罗斯托夫，抵达莫斯科。反过来，俄国借此向中国输出西伯利亚地区的特产和工艺品。在"茶叶之路"上，驼队是运输的主力。归化城的骆驼总量在最高峰时曾达到16万峰。

由于茶叶的价值高，俄国人甚至把砖茶作为货币来使用。在外贝加尔地区，茶叶是人们的日常生活必需消费品，当地人出卖货物时，宁可要砖茶而不要钱，因为他们相信，在任何地方都能以砖茶代替钱使用。

七 瓷器：东方的骄傲与西方的迷恋

中国瓷器大量销往欧洲，是从16世纪初由葡萄牙人开始的。瓷器在世界各地都有着广泛的市场需求，因而具有巨大的利润空间，这种巨大的商业利润激发着人们不辞劳苦、不畏风险，去从事贩运瓷器的远程贸易活动。正如美国学者罗伯特·芬雷（Robert Finlay，1940— ）所指出的，因为瓷器之故，"激发了一股商业冒险活动的兴起，无论规模、数量，都是近世以前的世界从所未见"[1]。在接下来的3个世纪中，中国瓷器销售到欧洲的数量达到3亿件之巨，另外还有巨量的瓷器销往东亚及东南亚各地。300年间，中国瓷

---

[1] ［美］罗伯特·芬雷著，郑明萱译：《青花瓷的故事》，台湾猫头鹰出版公司2011年版，第21页。

器外销欧亚每年合计高达300万件。"瓷器行销各地数量之巨，遍布之广，已足以首度并充分证明：一种世界级、永续性的文化接触已然形成，甚至可以说，所谓真正的'全球性文化'首次登场了。"①

葡萄牙从16世纪初开始从事东方贸易的时候，瓷器在中葡贸易中占有极其重要的地位，同时也成为欧洲社会最珍贵的礼物。叶喆民指出："1498年以后，西方一些国家到东方来寻找'黄金'的最好方法就是贩运瓷器。在此之前中国瓷器输出最远不过波斯湾、地中海，而今则经过大西洋遍及全欧洲了。"②

叶喆民说到的这个时间点"1498年"，正是葡萄牙航海家达·伽马绕过好望角，开辟了欧洲通往亚洲的航线，葡萄牙的商船就开始了通往东方的航行。葡萄牙国家档案里提到中国瓷器的，是在1499年。这份档案显示，达·伽马抵达印度的卡利卡特，当地的国王赠给他"一个装有50袋麝香的瓷罐，6个像饮酒用的大口杯一样的大瓷碗……还有6个深腹的瓷壶，每个可以容纳15升水"③。达·伽马回国时，他带回来东方物产，并将一些瓷器献给了葡萄牙国王曼努埃尔一世。

早在16世纪初抵达中国之前，葡萄牙人就已经固定在印度转口装船，一次运载瓷器就高达6万件。从那时起，中国瓷器就率先进入葡萄牙和西班牙的皇室宫廷，并成批地进入欧洲市场。"据估计，早在16世纪30年代，每年有4万至6万件中国瓷器从亚洲运到里斯本。到了40年代末，据说里斯本的上层人物已身着中国丝服、品尝着中国茶，按照葡萄牙图式专门订购明朝瓷器了。"④

从唐宋以来，上川岛就是中外海上贸易往来的必经之路。在澳门开埠以前，葡萄牙人主要是在上川岛开展瓷器贸易。1557年葡萄牙人占领澳门后，这里成为葡萄牙远东贸易的前哨。

葡萄牙人一直享有直接向欧洲贩卖瓷器的高额利润，其利润高达

---

① ［美］罗伯特·芬雷著，郑明萱译：《青花瓷的故事》，台湾猫头鹰出版公司2011年版，第21页。
② 叶喆民：《中国陶瓷史》，生活·读书·新知三联书店2006年版，第525页。
③ 引自万明：《明代青花瓷的展开：以时空为视点》，《历史研究》2012年第5期。
④ ［英］崔瑞德、［美］牟复礼编，杨品泉等译：《剑桥中国明代史》下卷，中国社会科学出版社2006年版，第375页。

100%～200%。葡萄牙率先开始与中国进行瓷器贸易，把精美的中国瓷器运销欧洲后，很快在欧洲各国掀起了追求中国瓷器的热潮。欧洲人狂热地赞美中国瓷器，把购买、搜集中国瓷器说成像是去"寻求黄金"一样。西班牙、荷兰、法国、英国、丹麦等国纷纷建立东方贸易公司，派出大型商船，来中国进行瓷器贸易。

1584年，荷兰皇宫可能通过葡萄牙或西班牙向中国订购了96000件瓷器。1602年2月，荷兰人在海上劫掠了一艘葡萄牙帆船"圣地亚哥号"，将船上的28筐瓷盘碟和14筐瓷碗作为战利品带回荷兰。1603年，荷兰人又掳掠了装载瓷器返欧的葡萄牙大帆船"圣·凯瑟琳娜号"，运到阿姆斯特丹拍卖。据说这批瓷器数量有10万件，60多吨，荷兰人获利近600万荷盾。法王亨利四世（Henri IV，1553—1610）在这次拍卖中购买了一套质量精良的餐具，英王詹姆士一世（James I，1566—1625）也买了一些瓷器。

同时，荷兰东印度公司开始定期从中国贩回瓷器。现在发现的荷兰东印度公司向景德镇订购瓷器的一份订单，是1608年交给马来半岛商人的，订单上非常详细地指明了所要的品种、器皿、尺寸，而且都是按照欧洲人的日常生活所需要的样式专门为欧洲人烧制的。1610年，荷兰商舶"带箭红狮号"到达广州，运载瓷器9227件回荷兰；1612年运往荷兰的瓷器有38641件；1614年，"海尔德兰号"运载瓷器69057件。而到1636年，运往荷兰的瓷器达259380件，1637年达21万件，1639年更达36.6万件。

1624年荷兰侵占台湾岛以前，荷兰东印度公

外销的清广彩人物纹盘

司主要是在万丹、北大年和中国沿海一带采购瓷器；1624年以后，在台湾赤崁设立瓷器采购起运中心，仅1638年，台湾库存瓷器备货即达89万件。1635年，荷兰驻台湾总督向阿姆斯特丹公司汇报订购中国瓷器的报告，说他交给中国商人采购大盘、大碗、瓶、冷饮器、大罐、大杯、盐盆、小杯、芥末瓶、宽边扁盘、带水罐面盆的订单，往往附上用木旋成的模型，并在纸上画上各种纹样和中国字。1647年，有20万件瓷器以走私的方式经台湾转运到巴达维亚。据鲍特里（M. Beardeley）估计，1604年至1656年，荷兰进口300多万件瓷器。而荷兰学者佛尔克（Tys Volker）的《瓷器与荷兰东印度公司》根据荷兰东印度公司在巴达维亚的日记、在日本平户和出岛的记录以及其他同时代的第一手材料，估计在1602—1682年这80年间，有1600万件中国瓷器由荷兰东印度公司的商舶运载到荷兰和世界各地。在17世纪，荷兰东印度公司运出的中国瓷器，有一部分运回本国和欧洲各国，还有一部分转运到东南亚各国以及日本等。1729年、1731年和1734年来华的船只采购瓷器数量分别在21万件、44万件和87万件以上。1730—1789年，荷兰东印度公司购入中国瓷器总计超过4269万件。

1700年，英国商船"马克列菲尔德号"首次驶入广州港装运瓷器。1710年，一艘英国商船装载了40吨、约合50万件瓷器。1715年，清政府允许英国在广州设立贸易机构，从此英国开始大量输入中国瓷器，到1774年英国就有52家专门从事与中国贸易的商号。据有关文献记载，1721年，有4艘英国商船各装载了21万件瓷器。1722年，英国东印度公司收到的订购中国瓷器的信函达几万份。这一年运到英国的瓷器有40万件，多数是在中国定制标有族徽的餐具和茶具。1735年，英国商船"格拉富图号"和"哈雷逊号"分别从广州和厦门返航，运载了24万件瓷器。1760—1764年，英国公司从广州输出的瓷器年平均价值超过6万两白银，占其总货值的7.6%。1765—1779年，达到八九万两。1785年以后迅速增长至每年30万两左右，1820—1824年增至每年40万两。

1698年3月6日，法国商船"安菲特利特号"从法国西海岸的拉罗谢尔港起航，第二年年初到达广州，8月3日回到法国。船上装载了以江西景德镇瓷器为主的瓷器160箱。法国东印度公司为这次远航成功在报纸上刊登了醒目的广告，说这批瓷器有咖啡壶、盛放调味品的盒、花瓶、水罐、各种大小的盘、碟、茶杯、酒杯及理发师用的脸盆等"上等的瓷器"，估计有数万件之多。仅两个月内，这批瓷器便销售一空。1703年，"安菲特利特号"再度远航广州，又运回瓷器140箱。当时的中国漆器在法国被称为"安菲特利特"。此后，法国派遣不少商舶远航到中国，进口数量巨大的瓷器。

瑞典东印度公司的"费德里克·利丝·苏西亚号"1732年2月首航，在广州停靠了4个月。据估计，瑞典在1750年至1775年就进口了1100万件瓷器。在瑞典东印度公司经营远东贸易的84年间（1731—1815），从广州进口的瓷器共有5000万件。在18世纪，欧洲其他国家也相继建立了东印度公司，如丹麦、奥地利，都参与中国瓷器贸易。

第五章
全球贸易秩序的"东方巨擘"

一 远洋贸易与西欧的社会变革

16—19世纪是西欧资本主义开始兴起的时期,或称前工业革命时期。持续了3个多世纪的东方贸易,特别是与印度和中国的贸易,为欧洲带来了大量商品和财富,为欧洲经济的复苏和增长做出了贡献。在此期间,通过远程贸易积累的财富,对欧洲的经济发展产生了积极影响。这些积累的财富为资本主义的兴起提供了一定的物质基础。所以,马克思说:"资本主义时期只是从16世纪开始。"①

布罗代尔(Fernand Paul Achille Braudel,1902—1985)认为,在工业成为资本主义的理想活动场所之前,远程贸易以其高不确定、高利润率和集中

---

① [德]马克思著,郭大力、王亚南译:《资本论》第1卷,人民出版社1963年版,第790页。

性等特点，成为资本主义"自己的家"。因此，正是香料、胡椒、咖啡、茶叶等在人类经济生活中显得微不足道的"小"东西，为欧洲资本主义、全球贸易和经济体系的早期发展提供了动力。中国生产的茶叶、瓷器、丝绸等商品，也成为这一发展进程中的重要组成部分，共同书写了近代西方文明的历史。①

西欧各国的海外商业贸易活动，是资本主义原始积累的重要形式。远程贸易积累的巨额财富为资本主义的形成创造了物质基础，是资本积累的主要源泉。马克思指出："美洲金银产地的发现，土著居民的剿灭、奴役和他们在矿坑中的活埋，对东印度开始进行的征服和劫掠，把非洲变成一个商业性黑人猎夺场所的转化：这一切都标志着资本主义生产时代的曙光。这些牧歌式的过程，也就是原始积累的主要的要素。"②

弗兰克的《白银资本——重视经济全球化中的东方》为解释欧洲崛起提供了新视角。世界体系学者一般都认为，世界体系存在一个周期性的脉搏，即一个包含上升和下降两个阶段的循环周期，一般称为康德拉捷夫周期。弗兰克认为，"欧洲不是靠自身的经济力量而兴起的"。在一个包括全球的世界体系中，当作为中心的亚洲处于康德拉捷夫周期的下降阶段时，作为边缘的欧洲则利用亚洲政治经济衰落的时机而兴起。通过地理大发现，欧洲获得了美洲的金银，"亚洲在世界经济中的支配性地位中谋取好处。欧洲从亚洲的背上往上爬，然后暂时站到了亚洲的肩膀上"③。正是世界体系的周期性运动和地理大发现给欧洲带来的有利因素，使欧洲得以胜出。

远程贸易带来的巨量财富孕育了资本主义和资产阶级的兴起。以荷兰为例，一群富裕的资本家支配巨额贸易，发展产业，组织商会，控制着殖民地公司。他们以阿姆斯特丹银行为后盾，使阿姆斯特丹成为当时世界重要的金融中心。荷兰成为商业和金融资本主义的典范。"荷兰在1648年已经达到商业繁荣的顶点。它'在东印度的贸易上，在欧洲东南部和西北部间的商业上，几乎实

---

① ［法］布罗代尔著，顾良、施康强译：《15—18世纪的物质文明、经济和资本主义》第2卷，生活·读书·新知三联书店1993年版，第669页。
② ［德］马克思著，郭大力、王亚南译：《资本论》第1卷，人民出版社1963年版，第828页。
③ ［德］贡德·弗兰克著，刘北成译：《白银资本——重视经济全球化中的东方》，四川人民出版社2017年版，第6页。

行垄断的占有。它的渔业、海运业、工厂手工业,都远远胜过任何别一国家。共和国所有的资本,比欧洲其他各国全体所有的资本也许还要更多。'"①

在英国,海外贸易是支撑当时经济发展的主导产业。英国从1760年前后步入工业革命进程,迎接工业化时代的到来。此前的一百年则是海外贸易迅猛发展的时代,史称"商业革命"的时代。这个时代的跨国贸易,尤其是与欧洲以外的其他大陆之间的国际贸易,以突飞猛进的势头不断发展与壮大。英国商业革命从1660年持续到1760年,横跨了一个世纪。在这期间,东印度公司的贸易规模也稳步扩大,贸易额的增长率以2.3%的速度逐年提高。在1671—1681年,公司的红利总额达到了总利润的240%,年平均比例为21.8%。1682—1691年,公司又分出了总利润的450%,年平均比例大约为17世纪70年代的两倍,高达45%。②

于是,"英国迎来了整体上经济上扬时代。这一时期,一方面,工业革命尚未启动,生产力还处于资本主义化之前的家庭手工业阶段;另一方面,贸易活动已经具有相当大的规模,肩负着牵引当时整个英国经济发展的重任"③。在大规模的海外贸易的带动下,英国在17世纪出现了经济蓬勃发展的景象。"新建的房屋在城市和乡间不断涌现,造船业走向兴旺,农业改革也一帆风顺。这一时代虽然爆发了与荷兰间的战争,伦敦发生了大面积火灾,还出现了黑死病的流行,但总体而言,是一个人民生活水平不断提高、物质繁荣的时代。根据当时的统计,1665—1688年,英国国民的收入上升了8%,整个国家的财富更是增长了23%。""进入18世纪初叶后,凭借着全国贸易和商业的强劲势头,伦敦成为欧洲资本主义世界的商业中心,并大有超越17世纪的商业中心阿姆斯特丹的趋势。"④

---

① [德]马克思著,郭大力、王亚南译:《资本论》第1卷,人民出版社1963年版,第381页。
② [日]浅田实著,顾姗姗译:《东印度公司——巨额商业资本之兴衰》,社会科学文献出版社2016年版,第59、62页。
③ [日]浅田实著,顾姗姗译:《东印度公司——巨额商业资本之兴衰》,社会科学文献出版社2016年版,第95页。
④ [日]浅田实著,顾姗姗译:《东印度公司——巨额商业资本之兴衰》,社会科学文献出版社2016年版,第57、95—96页。

巨大资本的流入，即使不能说是英国工业革命的全部资本，至少也促进了英国对新工业革命的投资，尤其是在蒸汽机和纺织技术方面的投资。这也就证明了远洋贸易对于工业革命的重要意义。

与东方的远程贸易，还改变了欧洲的经济结构，恩格斯曾经指出："伟大的地理发现以及随之而来的殖民地的开拓使销售市场扩大了许多倍，并且加速了手工业向工场手工业的转化。"① 在这时，还出现了新的贸易形式。东方商品的大规模输入欧洲，促进了欧洲国家与城市之间的贸易关系，形成了以港口城市为节点的欧洲贸易网络，造就了一系列新兴的贸易港口城市，如里斯本、阿姆斯特丹、哥本哈根等。

但自16世纪中叶以后，欧洲开始出现经济衰退的征兆。从美洲掠夺的贵金属大量流入欧洲，持续了100多年的时间，造成银价下跌和物价上涨。西方学者把这历史时期物价、地租和工资等经济指数的激变以及由此引起的社会震荡称为"价格革命"。

价格革命是由于美洲廉价金银流入欧洲而引起的欧洲金银贬值，物价上涨。16世纪以前的数百年内，西欧的物价除了由于战争或歉收等原因发生短时的波动外，一直是稳定的。而在1551—1600年价格革命的高峰阶段，大量金银等贵金属输入欧洲，而欧洲的工业生产水平有限，各项物资并未增加，加上人口增加，以致工业品、农产品产量不足，物价尤其是粮食价格急剧上涨，各类商品极端匮乏。在一个世纪里，西班牙的物价上升了大约4倍。1450—1750年，英格兰的总价格指数从100上涨到600。在法国，1500—1592年，价格增长了10倍。它们传统的经济关系受到了严重的冲击。因为价格运动的长期性和持续性，这段时间也成为经济史研究中的一个"长时段"，被年鉴学派史学家称作"漫长的16世纪"，原因之一就是价格上涨从15世纪中期时就已开始，一直延续到17世纪初的通货膨胀和经济衰退时期。

贸易发展迅速，推动了货币经济的发展，使市场上的货币流通异常活跃，供应量大大多于以前，为价格的高涨提供了条件。从1550年到1587年，英国各港口的船运量增长了4倍。煤炭的运输从1561年的8671吨增长到1586

---

① 《马克思恩格斯全集》第20卷，人民出版社1971年版，第298页。

年的18685吨，同期铁的进口也增长了192%。从1550年之后，贸易量就以3%~4%的速度增长。

价格革命是资本原始积累的重要因素之一，它加速了西欧封建制度的解体和资本主义关系的发展。价格革命促进了欧洲国家阶级关系的变化。由于价格革命的影响，受到严重损害的有两部分人。一部分是按传统方式收取定额货币地租的封建地主，他们的实际收入因货币贬值而减少；另一部分人是城乡的雇佣工人，由于他们处于被雇佣的地位，而国家为保护雇主的利益，一再颁布限制提高工资的法令，致使工资的增长幅度赶不上物价的上涨幅度。在价格革命中获利最大的是商品生产的经营者，即手工工场主、资本主义农场主、按资本主义方式经营农牧场的新贵族，还有缴纳定额货币地租的富裕佃农。他们既能够更廉价地购买劳动力，又有大量产品待价而沽。

同时，对英法等国家来说，价格革命还有另一个作用，即初步理顺了从自然经济向商品经济转变时期的价格体系。因此，在英、法等国内经济体系能够较顺利地进行资本主义改造的国家里，价格革命有力地加速了封建制度的衰落和资本主义的兴起，促进了商品经济的发展。

二　全球体系的萌动与扩张

近代西方社会的变革是从大航海时代开始的。新航路的发现，大规模的国际贸易，还把整个世界连成了一片，建立了世界性的贸易体系，开始了最初的全球化进程。马克思、恩格斯指出："由于开拓了世界市场，使一切国家的生产和消费都成为世界性的了。……过去那种地方的和民族的自给自足和闭关自守状态，被各民族的各方面的互相往来和各方面的相互依赖所代替了。物质的生产是如此，精神的生产也是如此。各民族的精神产品成了公共的财产。民族的片面性和局限性日益成为不可能，于是由许多种民族的和地方的文学形成了一种世界的文学。"[①]

[①]《马克思恩格斯选集》第1卷，人民出版社1972年版，第254—255页。

马克思、恩格斯的这一论述对于我们理解明清之际的中西关系特别重要。这一段论述首先说明在这个时期形成了一个"世界市场"，由于这个世界市场的出现，打破了各个地区和各个民族之间的封闭状态，"生产和消费都成了世界性的了"。另一方面，"精神的生产也是如此"。"各民族的精神产品成了公共财产"，也就出现了世界性的文学和文化。这些论述实际上进一步说明了全球化进程的两个特点，一个是在物质生产和消费的领域、一个是在精神文化和文明的领域的全球性交流和融合。在我们讨论的这一时期的中国和西方的关系中，前一个方面是通过欧洲国家的远东贸易来实现的，后一个方面主要是通过以耶稣会士为代表来华传教士们的活动来实现的。通过这两个方面，东方与西方，中国与欧洲，进行着全面的、大规模的和直接的交流和对话。在这一节里，我们先讨论在物质产品方面的交流是如何实现的。

由地理大发现而引起的商人资本发展的大革命，从根本上改变了原先的世界贸易格局。它不仅开辟了大西洋航路，而且突破了历来相对独立而又平行发展的4个航海地区的界限，将波罗的海、北海、地中海、印度洋和西太平洋等贸易区串联起来，形成了统一的世界市场，即全球贸易体系。另一方面，从15世纪末至16世纪初，伴随地理大发现而发生的商业激变，为欧洲工农业生产带来一片生机。英国地理学家麦金德（Halford John Mackinder，1861—1947）认为，地理大发现改变了欧亚关系，使人类进入了一个新的时代。地理大发现的"主要的政治效果是把欧洲与亚洲的关系颠倒过来，因为在中世纪时，欧洲被关在南面不可逾越的沙漠、西边无边莫测的大洋，和北面、东北面冰封的森林覆盖的荒原之间，而东面和东南面又经常受到骑马和骑骆驼民族的优势机动性的威胁。欧洲出现在世界上，它能到达的海域和沿海陆地增加了30倍以上，它的势力包围着至今一直在威胁它本身生存的欧亚陆上强国"①。

许多西方学者都认为，从地理大发现到工业革命的时代，已经是经济全球化的时代。美国社会学家沃勒斯坦（Immanuel Wallerstein，1930—2019）

---

① ［英］麦金德著，林尔蔚、陈江译：《历史地理的枢纽》，商务印书馆1985年版，第58页。

在20世纪70年代提出了"世界体系理论",认为尽管在16世纪之前存在着许多帝国,而且在各个帝国之间也存在着远距离贸易,但世界体系作为一个历史体系却起源于16世纪欧洲资本主义世界经济的形成。16世纪之后形成了全球经济体系,这种看法是符合历史事实的,也成为人们普遍的共识。这种观点也是近些年兴起的全球史观的基础。

不过,1989年,美国社会学家阿布·卢格霍得(Janet Lila Abu-Lughod,1928—2013)对以欧洲中心主义为基础的世界体系论提出批评。她认为,欧洲是"一个暴发户,处于亚洲兴旺发达的事业的边缘",因此"无法足够早地开创这段历史,反而导致了……对西方的兴起的因果做出一种掐头去尾和歪曲的解释"。[①]她认为早在11世纪之后就存在一个世界体系,这个体系将亚洲和中东的农业帝国和欧洲独立的城市连成一个体系。英国学者霍布森也认为,全球化在地理大发现之前就已经存在。他甚至认为,全球贸易的大规模扩张发生在公元600年后。阿拉伯世界、中国以及南亚的繁荣、商业化,就像一个巨大的风箱煽起了新兴的全球经济的火焰。"全球经济的重要意义并不在于它维持的贸易类型或数量,而在于它提供了一个现成的传输渠道,由此使东方更加先进的'资源组合'(如思想、制度和技术)传播到了西方。这些全球性流动最终导致了世界上大多数社会发生了根本性变革。"[②]

但是,从地理大发现以来形成的世界体系终究和历史上的世界体系有所不同。1500年以后的全球经济,是真正意义上的现代全球经济,是现代意义上的全球化。沃勒斯坦提出的"世界体系",是一种以欧洲中心主义为精神内核和价值取向的世界体系。在西方学术界,这种欧洲中心主义可以说是根深蒂固的。但近年来,欧洲中心主义备受质疑。质疑的关键问题,不是有没有世界体系,而是这种世界体系的中心在什么地方。比如霍布森认为:"1800年之前世界经济的主要角色绝不是欧洲,它只是在落后了差不多15世纪后,于19世纪才最终赶上来。"甚至"直到19世纪,东方一直保持着对西

[①] 引自[德]贡德·弗兰克著,刘北成译:《白银资本——重视经济全球化中的东方》,四川人民出版社2017年版,第60页。
[②] [英]约翰·霍布森著,孙建党译:《西方文明的东方起源》,山东画报出版社2009年版,第31页。

方的优势"。①

德国学者弗兰克则对以欧洲为中心的世界体系论提出了系统的挑战。他认为,从一种全球视野来看,在近代早期的大部分历史中,占据舞台中心的不是欧洲,而是亚洲。②1500—1800年的经济全球化中的东方,是世界经济的中心。这个时代是亚洲的时代。他指出,在18世纪以前,甚至地理大发现之前,已经存在着作为一个整体的世界经济体系或"全球经济",只不过当时在全球经济发展中居"中心"地位的是亚洲,特别是中国和印度。而欧洲则居于这个体系的边缘地位。他强调指出:"如果说在1800年以前有些地区在世界经济中占据支配地位,那么这些地区都在亚洲。如果说有一个经济体在世界经济及其'中心'等级体系中占有'中心'的位置和角色,那么这个经济体就是中国。"③

弗兰克说,在18世纪中期以前,西方只不过是在"亚洲经济列车上买了一个三等厢座位,然后包租了整整一个车厢,只是在19世纪才设法取代了亚洲在火车头的位置"④。

三 "世界工厂"的崛起

16—19世纪的世界贸易体系,是以欧洲和中国为主要两极的,以欧洲各国主导的远东贸易为主要内容。这一巨大的全球贸易的引擎主要是中国和印度。各国纷纷建立东印度公司,大批的商船从欧洲远渡重洋,来到中国采购商品,并由此延伸到经过澳门到日本长崎、经过马尼拉到墨西哥的商船航线

---

① [英]约翰·霍布森著,孙建党译:《西方文明的东方起源》,山东画报出版社2009年版,第67页。
② [德]贡德·弗兰克著,刘北成译:《白银资本——重视经济全球化中的东方》,四川人民出版社2017年版,第22页。
③ [德]贡德·弗兰克著,刘北成译:《白银资本——重视经济全球化中的东方》,四川人民出版社2017年版,第6页。
④ [德]贡德·弗兰克著,刘北成译:《白银资本——重视经济全球化中的东方》,四川人民出版社2017年版,第39页。

以及东南亚、印度洋的航线。一时间，全世界都卷入这个贸易体系中，辐辏相随，络绎不绝。英国学者约翰·霍布森指出："在16世纪上半叶，中国商人遍布具有商业战略地位的南中国海各个地区，从印度支那、马来亚、暹罗以及苏门答腊、帝汶岛到菲律宾的整个弧形岛屿圈。直到19世纪，他们都主导着这一贸易网络，而且，他们还向西、向东扩展贸易。"①

在16—19世纪的全球贸易体系中，中国商品处于支配的地位，这首先是因为这个时代的中国在全球经济中的领先地位和巨大的生产能力。用一位历史学家的话说，在15世纪，中国仍然是世界上最大的经济强国。它拥有可能超过1亿的人口、生产能力极强的农业部门、庞大而复杂的贸易网络、在生产手段和产品质量的几乎每一方面都超过亚欧大陆其他地区的手工业。例如，15世纪初一位欧洲外交官在访问了中亚著名的政治和商业中心撒马尔罕后，把他在那里所见到的中国商品描述为"所有（进口到该城市的）物品中最奢华和最珍贵的……因为震旦（Cathay，即中国）的工匠被誉为技艺超群，比其他任何国家的工匠手艺高超得多"②。

以法国为例，在18世纪，农业和手工业与中国相比都处于相当的落后状态。当时的中国农业生产率远远高于法国，中国有"一人食力可养十人"的记录。③当时的法国财政大臣贝尔丹（Henri Léonard Jean Baptiste Bertin，1720—1792）就曾说过："在中国，耕地的投入与产出在1∶15到1∶20之间，而法国的一般耕地，这个比率只有1比4.5。"④而与英国相比，18世纪末随马戛尔尼使团来华的巴罗（John Barrow，1764—1848）估计，中国的粮食收获率远远高出英国。

就中国所占世界制造业的份额来说，瑞士经济史学家保罗·拜罗克（Paul Bairoch，1930—1999）提出的数据显示，1750年西方的贡献约占23%，而东方（包括日本）占了约77%。即使晚到1830年，东方的制造业产

---

① [英]约翰·霍布森著，孙建党译：《西方文明的东方起源》，山东画报出版社2009年版，第58—59页。
② [英]崔瑞德、[美]牟复礼编，杨品泉等译：《剑桥中国明代史》下卷，中国社会科学出版社2006年版，第357页。
③ 萧一山：《清代通史》第2卷，商务印书馆1927年版，第522页。
④ 引自许明龙：《欧洲18世纪中国热》，外语教学与研究出版社2007年版，第5页。

威廉·丹尼尔《1805年广州商馆景色》

量仍是西方的两倍,只是到了1850年后者才超越了前者。到1750年为止,中国占据世界制造业产量的33%,中国所占的相对份额几乎比当时的西方高出50%。只是到了1830年,西方超过了中国。到1750年,中国在世界制造业产量中的比重是英国的1600%,1800年这一比率是670%,1830年是215%。晚至1860年,英国才最终和中国并驾齐驱。①

20世纪90年代,经济合作与发展组织的经济学家安古斯·麦迪森(Angus Maddison,1926—2010)认为,在欧洲工业革命完成以前,中国和欧洲是世界上最大的两个经济体。他运用实际购买力的计算方法,对中国从汉代以来的GDP作了计算,得出以下结论:1700年,整个欧洲的GDP和中国的GDP差不多相等。此后,从1700年到1820年,中国4倍于欧洲的经济增长,中国的GDP在世界GDP中所占的比重从23.1%提高到32.4%,年增长率0.85%;而整

---

① [英]约翰·霍布森著,孙建党译:《西方文明的东方起源》,山东画报出版社2009年版,第69—70页。

个欧洲的GDP在世界GDP中所占的比重仅从23.3%提高到26.6%，年增长率0.21%。因此，直到鸦片战争前不久，中国经济不仅在绝对规模上，而且在增长幅度上，都雄居世界各大经济地区之首。①

在他之前，美国政治学家保罗·肯尼迪（Paul Michael Kennedy, 1945—　）就做过一个估计：清乾隆十五年（1750），中国的工业产值是法国的8.2倍，是英国的17.3倍。在1830年，中国的工业产值是英国的3倍，法国的5.7倍。一直到第二次鸦片战争，英国的工业产值才刚刚赶上中国，而法国仅为中国的40%。

早在18世纪中期，英国经济学家亚当·斯密（Adam Smith, 1723—1790）就说过，当时的中国比欧洲任何地区都富有。据有的西方学者估计，按照1960年的美元计算，1800年，中国的人均收入为228美元，高于英国和法国，它们的人均收入为150～200美元。欧洲人的生活水平远低于中国。

中国社会生产力水平高于同一时代的欧洲，而中国的商品在世界市场上也表现出强劲的竞争力。这归根结底反映了东西方在生产发展水平上的差距。由于社会生产力的发达，劳动生产率高，商品的价格就相对低廉。物美价廉是中国商品的强大优势。16世纪来华的欧洲人就对中国商品的价格低廉有深刻的印象。西班牙传教士拉达在他的中国行纪中说，中国市场上的肉类、蔬菜、水果的价格是那么便宜，觉得几乎是"分文不取"一样。利玛窦也说到这种感受："他们产品所要的价钱，大约是我们在西方所付同类产品的三分之一或四分之一。"②中国商品的低廉价格在国际市场上显得十分突出，无论是在菲律宾，还是在美洲和欧洲的市场上，与欧洲和其他地区的商品相比，中国的商品都具有明显的价格优势。欧洲的商人对中国商品趋之若鹜，无非是因为中国商品品种多、质量好、价格低廉。

从16世纪初开始的一直持续了3个多世纪的远东贸易，为西欧各国积累了大量的财富，为它们完成资本原始积累、开启现代工业化进程奠定了雄厚的

---

① 李伯重：《江南的早期工业化（1550—1850）》，社会科学文献出版社2000年版，第15—16页。
② [意]利玛窦、[法]金尼阁著，何高济、王遵仲、李申译，何兆武校：《利玛窦中国札记》，中华书局1983年版，第14页。

物质基础。而作为这种贸易的另一端，主要是中国，之所以能够支撑着这样持久和大量的贸易，主要在于中国强大的社会生产力。中国为这个时期的全球贸易贡献了巨大的物质财富。瓷器、丝绸和茶叶这三大中国物产，以及其他

风景画中广州十三行码头搬运货物上船的场景

珍贵的中国工艺品，是这一时期全球贸易体系中的突出内容。瓷器、丝绸和茶叶在这一时期欧洲生活方式和艺术风格的变化中扮演了重要的角色。

在这样大规模的国际贸易中，中国成为当时的"世界工厂"，源源不断地为"世界市场"，为遥远的欧洲各国生产着他们翘首以待的精美的物质产品。

四　外销瓷与西方文化

在16—19世纪的中欧贸易中，瓷器是出口的大宗商品之一。瓷器外销数量越来越大，中国也出现了以生产外销瓷为主的瓷器窑厂。

明代以前，生产外销瓷的窑厂集中在东南沿海各地，到了明代，景德镇一枝独秀，成为主要的外销瓷生产基地。到明嘉靖元年（1522），景德镇的窑口达到900多座，陶工达到10万多人，此后有"四时雷电镇"之称，形成"工匠来八方，器成天下走"的局面。

从16世纪开始，欧洲各国商船直接到中国港口进行瓷器贸易，直接进入世界性的贸易网络，参与西方现代资本主义商业的历史发展进程中，使中国的外销瓷进入新的阶段，达到了前所未有的高峰。在欧洲人大量采购中国瓷器的过程中，又对瓷器的生产提出了进一步的要求，他们希望瓷器的造型、

纹饰风格和内容能够按照自己的意愿去设计，通过提供欧洲流行的器皿造型、纹样使景德镇生产的日用陶瓷更符合欧洲人的审美习惯和要求。后来，有些艺术家、画家直接参与瓷器的图样设计，委托东印度公司到中国来定做。瑞典东印度公司还拥有自己的设计师，专门为自己的公司在中国定制瓷器设计图稿。西方人所喜欢的金银器、玻璃器和陶瓷的造型与式样，很多都直接被景德镇的陶工所采用。

针对欧洲市场，景德镇的陶工们制作了一批图案性、装饰性强的青花瓷器，除了传统的花鸟、瑞兽及人物等纹饰图案外，还常见有西方国家的族徽、文字、罗盘、经书、喷水图及风景画，边饰开光或镂雕，内绘枝花或硕果。造型有深壁花口大碗、壶、折沿花口盘等。这些瓷器制作得非常精细，胎体薄而讲究，令欧洲人非常喜欢。这种按照西洋风格装饰的瓷器被称为"克拉克瓷"。克拉克瓷的特点是宽边，青花瓷为多，在盘、碗的口沿绘分格及圆形开光的山水、人物、花卉、果实等。克拉克瓷的生产可分万历至清初和康熙两个时期，前者为开光的青花瓷，后者则胎薄。关于"克拉克瓷"名称的来历，据说在1603年，荷兰东印度公司在海上劫掠了葡萄牙商船"圣·凯瑟琳娜号"，船上装有大量来自中国的青花瓷器。当时，荷兰人把葡萄牙远航东方的货船称作"克拉克"帆船。当时的欧洲人不明瓷器的产地，便把这种瓷器命名为"克拉克瓷"。在江西广昌万历元年（1573）墓葬出土的开光青花瓷盘，被认为是在中国本土发现最早的克拉克瓷。

为了适应大规模外销的需要，往往是把在景德镇烧好的素净瓷器运往广州，在广州由熟练工人在订货商的指导下，准确地绘制欧洲订货人所需要的纹饰。在外销瓷大规模发展的时候，在外销瓷的主要港口广州发展起来瓷器艺术的一个新品种，即"广彩"。

"广彩"是广州"织金彩瓷"的简称，是广州工匠将景德镇的白瓷按照西方人的审美习惯加彩烘烧而成。那时广东商人从景德镇运来瓷坯，采用江西粉彩技艺仿照西洋彩画的方法加以彩绘，再焙烧而成。后来广彩艺人继承明代彩瓷的艺术特色，吸收西洋画法，绘上具有岭南地方特色的图案，逐渐形成独特的岭南艺术风格，并将许多图案固定下来，成为广彩的传统花款，例如花篮、龙凤、彩蝶、金鱼、古装人物等。最常用的构图是用花边图案围出若干形状各异的空格，在空格内绘以花卉、物景和人物。也有不设圈格，进行满花彩绘，表现一花多姿、百花齐放的画图。

广彩始于明代的广州三彩，到清代发展为五彩，并在乾隆年间逐步形成独特的艺术风格。19世纪初，广彩开始仿照中国缎锦纹样作瓷器装饰，此技法被称为"织地"，后用金水织地，发展为"织金地"且普遍用于各种瓷器，成为广彩花色的一种基础，形成了近代广彩"织金彩瓷"的特点。自从采用金色装饰后，色彩更加灿烂艳丽，织金满地，金碧辉煌，逐渐形成了广彩"堆金积玉"的独特风格。广彩产品亦分为艺术瓷和日用瓷两大类。艺术瓷的彩绘技法以国画画法为主，讲究技巧，笔工精湛，内容多为人物花卉，亦有外国油画的西方风景、人物和故事。日用瓷包括碗、碟、壶、盅等，加彩方法简单、豪放、富于民间装饰风味。广彩的生产规模很大。清乾隆三十三年（1768），有一位美国旅行者到广州参观广彩的窑厂，他描述说："在一间长厅里，约300人正忙着描绘瓷器上的图案，并润饰各种装饰，有老年职工，也有六七岁的童工，这种工厂当时竟有100多个。"[①]

英国哲学家约翰·洛克的外甥彼得·金恩勋爵1727年定制的纹章瓷茶壶

---

① 引自方李莉：《中国陶瓷》，五洲传播出版社2005年版，第120页。

还有一种情况，就是从景德镇直接进口素烧瓷器到欧洲，然后在荷兰、法国、意大利、英国等地填彩绘画，这样订货人甚至就可以亲自到现场监督画工绘制。

从16世纪上半叶开始，还出现了一种特殊的外销瓷"纹章瓷"。定制纹章瓷的客户群约有三种：一是拥有专属纹章图案的个别客户，二是没有专属纹章图案的个别客户，三是拥有类纹章图案的团体或组织。现存里斯本梅德罗斯和阿尔梅达之家博物馆中印有曼努埃尔一世纹章的青花执壶，正是中国最早为西欧特殊订货制造的外销瓷。正德、嘉靖年间，这类订货一直未断，都经葡萄牙贩往欧洲。目前所知最早订购纹章瓷的记录，是曾任英国上议院议员并以奢华著称的威廉·塔尔博特（William Talbot，1710—1782）主教定制的青花八方瓷盘。很快地，其他神职人员纷纷起而效仿，通过东印度公司向中国定制这些价格昂贵而精美无比的瓷器。如约克大主教兰斯洛特·布莱克本（Lancelot Blackburne，1658—1743）的杯盘组。据统计，在18世纪，中国销往欧洲市场的纹章瓷约60万件，约有300个欧洲家族到中国定制纹章瓷。现存的纹章瓷图案仅英国的就有至少6000种，其所有者包括牧师、官员、贵族、商人、公司和社会团体。现存的一些纹章瓷订货单还保存着原始的设计图和船运记录，这些记录告诉我们这些图案的传递过程和开支情况，彩色纹章瓷的订货价格要高于青花纹章瓷。

五　白色金矿：涌向中国的白银

在这一时期的中西贸易中，中国输出商品的种类、数量、品质及重要性远远超过了欧洲各国的商品，中国长期处于有利的出超地位。中国是当时世界上最大的经济体，其输出的产品门类齐全，品种繁多，而且畅销不衰，其中除了一定数量的农副产品和初级工业原料产品外，大部分是具有高度工艺水平的手工业产品，包括丝绸、棉、麻、毛纺织品，瓷器、陶器、铁器、木器等日用品，以及火炮、火器等军需品。

而欧洲各国输出到中国的商品，多为自然产品、农副产品和初级工业原料,并且其中大部分是从东南亚、印度等地转运过来的,直接来自欧洲的商品并不多。在17世纪中叶以前,还不是科学引导技术的发展,而往往是基于现有的文献和记录来启迪创新。因此,尽管欧洲在造船、钟表、玻璃及呢绒生产等方面有己之所长,但在世界市场上有广大需求的产品,如纺织品、金属产品和农产品等方面,则远远落后于中国。英国政府曾经要求,英国出口产品至少要占东印度公司出口总值的10%,然而即使这样少量的出口产品,该公司都难以找到市场,它们大部分最远只能出口到西亚。布罗代尔说,西方与远东的贸易一直有逆差。"就西方与中国的贸易而言,这一逆差维持到19世纪20年代。这是一种经久不息的结构性流失,贵金属通过地中海东岸地区,通过好望角航路,甚至穿过太平洋,自动流向远东。"①

1621年,有一位葡萄牙商人写了一篇关于白银的文章,他说:"它在全世界到处流荡,直至流到中国。它留在那里,好像到了它的天然中心。"②这种情况在古罗马时代也遇到过。当时中国的丝绸在罗马风靡一时,大受欢迎,但博物学家普林尼(Gaius Plinius Secundus,23或24—79)就指出了丝绸作为最高级的奢侈品使罗马金银大量外流,造成类似今日外货入超的严重影响。

丝绸价格昂贵且又大量进口,当时的丝绸贸易已达到极大的金额,以致造成罗马黄金大量外流。近代历史学家中有人以为罗马帝国的灭亡实由于贪购中国丝绸以致金银大量外流所致。瑞典学者罗伯特·贺曼逊指出:罗马人"面临着进退两难的局面。他们除了奴隶和葡萄酒外没有什么可以用来交易织物和香料。印度和中国的商人对于葡萄酒和奴隶没有兴趣,所以罗马人在化妆品、织物和香料上浪费了大量的黄金。那时一些有学识的观察者认为罗马人对于奢饰的渴望和他们的女人们的各种要求将会毁灭他们的文明"③。

---

① [法]布罗代尔著,施康强、顾良译:《15—18世纪的物质文明、经济和资本主义》第2卷,生活·读书·新知三联书店1993年版,第548页。
② 引自[德]贡德·弗兰克著,刘北成译:《白银资本——重视经济全球化中的东方》,四川人民出版社2017年版,第133页。
③ [瑞典]罗伯特·贺曼逊著,赵晓玫译:《伟大的中国探险:一个远东贸易的故事》,广东人民出版社2006年版,第2页。

欧洲各国不得不在与中国的贸易中用白银作为支付手段。①《剑桥中国明代史》指出，15世纪50年代到60年代，中欧的白银生产急剧增长。15世纪的最后几年，政府的造币厂遍及整个欧洲。"这些发展对于中国明代经济十分重要，原因有两个：第一，新开采的欧洲白银（和铜）有助于刺激和维持欧亚大陆西部的经济活动，再度容许欧洲和中东的上流社会满足他们对'东方奢侈品'的渴求。至迟到15世纪90年代，通过在地中海和中东贸易区购买胡椒粉、香料、丝绸、棉花，以及至少那些今天在伊斯坦布尔、德黑兰、巴格达、开罗发现的中国15世纪后期的瓷器，大量的欧洲白银再度流出。""第二，15世纪后期和16世纪早期欧洲白银产量的增加对中国经济的重要性在于，因为它有助于'航海大发现'能获得经费支持，而'航海大发现'导致了新大陆矿藏财富的发现。"②

马克思曾在《资本论》中指出，当商品日益突破地方的限制，货币形式也就日益转到那些贵金属身上。中国当时发生的情况，恰好证明了这一点。马克思在《中国革命与欧洲革命》一文中更明确提到，在1830年以前，当中国人在对外贸易上经常是出超的时候，白银是不断地从印度、不列颠和美国向中国输出的。

美洲是白银的最大产地，美洲的白银大量输入中国。美洲白银生产集中于两个地区，即上秘鲁（今玻利维亚）和新西班牙（今墨西哥）。从16世纪70年代到17世纪30年代，秘鲁所产白银占西属美洲输出白银总量的65%。1581—1600年，仅是上秘鲁的波托西银矿每年就生产白银254吨，约占全世界产量的60%。18世纪初以后，墨西哥成为世界最大的白银产地。1803年，墨西哥所产白银占全美洲的67%。从18世纪以后，80%～90%的美洲白银都由西班牙的"银船"运往欧洲。由于欧亚贸易的迅速扩大，从美洲输往欧洲的白银大部分又转输到东方。据学者估算：美洲白银产量迅速增长，16世纪总产量17000吨，17世纪总产量42000吨，18世纪总产量74000吨。在17世纪和18世纪中美洲生产的白银大约有70%输入欧洲，其中40%又转送到亚洲。但是也

---

① 万明：《明代青花瓷的展开：以时空为视点》，《历史研究》2012年第5期。
② ［英］崔瑞德、［美］牟复礼编，杨品泉等译：《剑桥中国明代史》下卷，中国社会科学出版社2006年版，第368-369页。

有学者提示，没有输入欧洲的白银的大部分没有留在美洲，而是从太平洋运往亚洲。从16世纪中期至17世纪中期的晚明时代，流入中国的白银数量，弗兰克根据前人研究成果综合如下：美洲生产的白银30000吨，日本生产的白银8000吨，两者合计38000吨，最终流入中国的白银7000或10000吨。因此在那100年间，中国通过"丝银贸易"获得了世界白银产量的1/4～1/3。①

根据经济史权威的估计，从1493年到1800年，世界白银产量的85%和黄金产量的70%来自拉丁美洲。美洲白银的产量在16世纪约17000吨，到17世纪约42000吨，其中31000吨运抵欧洲。欧洲又将40%即约12000吨运往亚洲，其中有4000～5000吨是直接由荷兰东印度公司和英国东印度公司运送的。另外有6000吨运往波罗的海地区和黎凡特，其中一部分留在当地，其余部分继续向东到达亚洲。美洲白银在18世纪的产量约74000吨，其中52000吨运抵欧洲，欧洲又将40%即约20000吨运往亚洲。另外，留在美洲本土的白银中约有3000吨横渡太平洋经马尼拉运抵中国。如果再加上日本和其他地区生产的白银，全球白银产量的一半最终运抵亚洲，尤其是中国和印度。②

最早与中国进行贸易的葡萄牙，最初多是实物交易，从1582年以后，便由实物转向白银，包括葡萄牙商船向中方交纳的税项，也以白银计。1619—1631年，澳门—马尼拉交易进入鼎盛时期，每年从马尼拉流入澳门的白银，价值135万比索。葡萄牙人除在其东方的"三角贸易"中，把大量日本白银输入中国外，还每年将一定数量的本土白银，从里斯本运到澳门，购买中国货物流入中国。有学者据有关档案论述说："在16世纪80年代时，葡萄牙人每年大约要用船向远东运去100万西班牙杜卡特"，约合28750公斤，约为明制770500两。葡萄牙有档案直接证实这一说法，档案记载1601年，有3艘葡萄牙船驶往澳门，其中一艘沉没于广东沿海，损失了30万葡萄牙银币。若以此计算，这3艘葡萄牙船所载白银总数为90万银币，约27500公斤。我国学者王裕巽通过对国内外史料的分析，认为从1567年到1644年这段时间，从海外流入明朝的白银总数大约3.3亿两，具体数字为：从西班牙海外贸易大约得到8775

---

① 樊树志：《"全球化"视野下的晚明》，《复旦学报》（社科版）2003年第1期。
② 陈燕谷：《重构全球主义的世界图景》，[德]贡德·弗兰克著，刘北成译：《白银资本——重视经济全球化中的东方》序一，四川人民出版社2017年版，第6页。

万两，从日本贸易得到2亿两，从葡萄牙贸易得到4276万两。

由于欧洲商品难以与价廉物美的中国货竞争，西班牙人、葡萄牙人和后来加入对华贸易的荷兰人、英国人都不得不用硬币购买中国商品。自阿卡普尔科返航马尼拉的大商帆运载的主要是用以购买中国货物的白银。西属美洲流往马尼拉的白银开始每年约100万比索，后来达200万～300万比索，有时甚至超过400万比索。1602年，墨西哥的官员禀告西班牙国王，每年从阿卡普尔科用船运往菲律宾的白银通常为500万比索（相当于143750公斤白银），但在1597年，运往马尼拉的白银总数达到了1200万比索（相当于34.5万公斤白银）的惊人数额。[①] 有些外国学者则估计美洲白银总产量的1/3～1/2都流入了中国。[②] 此外，还有部分输入欧洲的美洲白银通过贸易转运澳门，然后流入中国内地。舒茨（William Lytle Schurz，1886—1962）在《马尼拉大商帆》中记载，西班牙人多次抱怨"中国商人把从新西班牙运来的白银几乎全部运走了"[③]。仅1631年，由菲律宾输入澳门的白银就达1400万两，大约相当于永乐元年至宣德九年（1403—1434）大明王朝30年鼎盛期内中国官银矿总产量的2.1倍，是万历年间明朝国库岁入的3.8倍。1593年和1595年，西班牙国王三次颁发敕令，规定每年从墨西哥运抵菲律宾的白银以50万比索为限，企图遏制美洲白银流入中国。但这种违背经济规律的敕令成为一纸空文，甚至菲律宾殖民地总督本人也公然违反敕令，携带大量美洲白银进入菲律宾。

美洲白银流入中国数量之大，一度使欧洲贵金属输入量锐减。与1591—1600年相比，1641—1650年美洲黄金输入欧洲数量减少92%，白银减少61%，这一减少与中国—美洲贸易扩大有关。[④] 由于美洲白银通过菲律宾大量流入中国，17世纪上半期某些西班牙人竟建议放弃菲律宾殖民地。

---

① ［英］崔瑞德、［美］牟复礼编，杨品泉等译：《剑桥中国明代史》下卷，中国社会科学出版社2006年版，第373页。
② 沙丁、杨典求等：《中国和拉丁美洲关系简史》，河南人民出版社1986年版，第70页；
　［英］崔瑞德、［美］牟复礼编，杨品泉等译：《剑桥中国明代史》下卷，中国社会科学出版社2006年版，第665页。
③ 引自何芳川：《澳门与葡萄牙大商帆》，北京大学出版社1996年版，第68页。
④ ［美］汉密尔顿：《美洲财富与西班牙的价格革命（1501—1650）》，引自张铠：《晚明中国市场与世界市场》，《中国史研究》1988年第3期，第3—15页。

  日本也是流入中国的海外白银的另一个主要来源地。日本不仅用白银购买中国货物，而且用白银交换中国钱币。17世纪末，日本的银产量占世界的1/4。日本白银流入中国，年代早于美洲白银，流入途径有民间走私贸易和葡萄牙人开展的转口贸易两条。明嘉靖年间，正当中国白银需求日增之际，中日走私贸易已经使不少日本白银流入中国。这时，葡萄牙人乘虚而入，利用中日两国给予的优惠待遇，在中日贸易中发挥了较大作用。嘉靖三十二年（1553），葡萄牙人入据澳门后就主动招引日本人赴广东方面贸易，最终建立了以澳门和长崎为轴心的葡日贸易网络。我国学者全汉升、李龙华估计，16世纪最后25年间，日本生产的白银半数外流，其中大部分为葡萄牙商人运走，每年数量达50万~60万两；到17世纪前30年，每年运出100多万两，有时高达200万~300万两。葡萄牙历史学家在17世纪初估计葡萄牙大商帆每年从日本输出的白银价值超过100万金币。[1]据日本学者新井白石调查，仅庆长六年至正保四年（即明万历二十九年至清顺治四年，1601—1647）的47年间，日本白银输出总量即达7480余万两，大半输入中国。[2]据日本学者矢野和新井的估计，晚明日本流出的白银应在25000万西元以上，这些白银绝大多数通过各种途径流入中国，其中大部分应是用来支付丝绸货值。[3]日本白银外流中国数量之大，使日本政府为之不安。为减少白银外流，日本政府于1689、1715年两度颁布法令，限制中国赴日商船数量和贸易额。

  布罗代尔认为，贵金属流向中国，对于中国经济的运转是至关重要的。明中叶以后，大量白银的输入，逐渐成为主要货币。随着白银货币化步伐的加快，白银渗透到社会的每一个角落，深入人们的日常生活。隆庆时期确立了以银为主、银钱并行的货币流通制度，这是中国封建社会晚期货币流通制度定型的标志。万历九年（1581），张居正进行历史性的财政税收制度改革，在全国全面推行"一条鞭法"，赋税、徭役统一折银缴纳，标志着中国货币财政制度最终确立。"一条鞭法"的全面推行，表明明朝中央政府正式承认了白银的本位货币地位。

---

[1] 引自何芳川：《澳门与葡萄牙大商帆》，北京大学出版社1996年版，第55页。
[2] 《梁方仲经济史论文集》，中华书局1989年版，第176页。
[3] 庄国土：《16—18世纪白银流入中国数量估算》，《中国钱币》1995年第3期。

第 二 编

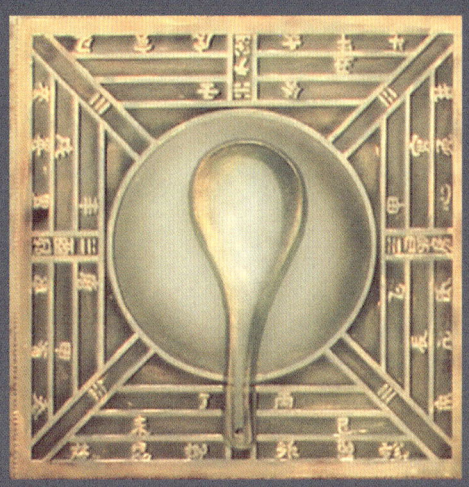

中国技术
全球交往的"中国力量"

重回 1500—1800：西方崛起时代的中国元素

第六章
欧洲对东方科技的渴望

一 四大发明：文艺复兴的东方启迪

在16世纪之前，中国的许多技术发明就已经传到欧洲，并且在以后的社会生活中发挥了重大作用，促进了欧洲文明的进步和发展。比如四大发明中的造纸术、印刷术、指南针和火药火器技术，都已经通过不同的渠道先后传播到欧洲。李约瑟提到一个"成串传播"的概念，指的是几项重要的发明或发现几乎同时向西方传播的时代。他所指的就是火药和火器、造纸术和印刷术等，还有其他中国的产品和创造物。[①]造纸、印刷、火药和火器等技术各自带来了科技革命，当欧洲人将它们融会贯通后，就产生出整体大于部分之和的效果，展现出了更为深远的力量。

---

① ［英］李约瑟著，刘晓燕译：《中国科学技术史》第5卷第7分册，科学出版社、上海古籍出版社2005年版，第493—494页。

四大发明通过各自的渠道和路线陆续传播到欧洲。它们的传播和接受，本来是各自独立进行的，互相之间并没有必然的联系。但是，它们传播到欧洲的时间却大致在同一时期，即蒙古人通过三次西征而建立起地跨欧亚大陆的超级大帝国的时代，这是中西文化大交流的时代，也是欧洲发生文艺复兴运动的前夜。正是在这样一个文化接触的汇合点上，四大发明发挥的作用和影响远远超出了其单纯的技术范畴，成为推动文艺复兴运动重要的外来力量。

插图中描绘的文艺复兴时期欧洲的木制印刷机，1568年

西方文化发展史上具有划时代意义的文艺复兴运动，从一开始就受到四大发明及与此相关的其他中国文化因素的刺激和推动，并以此为技术前提。四大发明的传入，激发了西方文化系统内部的活跃因素，从而使西方文化的历史大变革成为可能。恩格斯曾经指出："大量的发明以及东方发明的输入，它们不仅使希腊文学的输入和传播、海上探险以及资产阶级宗教改革真正成为可能，并且使它们的活动范围大大扩展，进展大为迅速。"①李约瑟也指出："诸如火药的发明，纸、印刷术和磁罗盘的发明，还有许多其他方面……在中国完成的发明和技术发现，改变了西方文明的发展进程，并因而也确实改变了整个世界的发展进程。"②早在17世纪初，英国哲学家弗兰西斯·培根（Fransic Bacon，1561—1626）就曾充分肯定了印刷术、火药和指南针等发明的重大意义，虽然他和当时的人们一样，还不知道这些伟大的技术

---

① 《马克思恩格斯全集》第20卷，人民出版社1971年版，第530页。
② 潘吉星主编：《李约瑟文集》，辽宁科学技术出版社1986年版，第36—37页。

成果来源于中国。他说:"我们还该注意到发明的力量、效能和后果。这几点是再明显不过地表现在古人所不知、较近才发现而起源却还暧昧不彰的三种发明上,那就是印刷、火药和磁石。这三种发明已经在世界范围内把事物的全部面貌和情况都改变了:第一种是在学术方面,第二种是在战事方面,第三种是在航海方面;并由此又引起难以数计的变化来;竟至任何帝国、任何教派、任何星辰对人类事务的力量和影响都仿佛无过于这些机械性的发现了。"①

中国的四大发明不仅为文艺复兴提供了技术支持,而且成为促进资本主义产生和现代人类精神解放、科学文化昌明的强大的力量。总的来说,变成科学复兴的手段,变成对精神发展创造必要前提的最强大的杠杆。

马克思在《经济学手稿(1861—1863)》中还说,这些发明"预告资产阶级社会的到来"②。因此,四大发明的伟大历史意义和文化意义受到人们的普遍认可和高度评价。可以说,在现代西方文明的形成过程中,四大发明可能是东方的最大贡献。

二 向西流动的东方技艺

在16世纪以前,传入欧洲的中国技术发明并不仅仅是四大发明,还有其他一些农业和手工业技术发明也陆续传到欧洲。这些发明和发现对于改变欧洲人的生活都有一定的影响。威泽弗德指出:"欧洲人生活的每个方面——科技、战争、衣着、商业、饮食、艺术、文学和音乐——都由于蒙古人的影响,而在文艺复兴时期发生了改变。除新的战争方式、新机器和新食物发生改变外,甚至在日常生活最世俗的方面也得到改变,例如,欧洲人转而改穿蒙古织物,穿短裤和短上衣,而不是束腰外衣和长袍,用草原式的琴弓去演奏他们的乐器,而不用手指去弹拨,并使用新风格进行绘画。欧洲人甚至捡拾起蒙古人的惊叹词'呼累'(hurray),当成一种虚张声势和互相鼓励的热

---

① [英]培根著,许宝骙译:《新工具》,商务印书馆1984年版,第103页。
② 《马克思恩格斯全集》第47卷,人民出版社1979年版,第427页。

情喊叫。……（欧洲人）急切地吸收新知识，穿上新衣服，聆听新音乐，品尝新食物，几乎每个方面都享受着快速提高的生活水平。"[1]

许多西方学者注意到这一时期从中国传入欧洲的马蹄铁、马具（胸带和套包子）和多桅帆船，说这是"东方世界给予天主教欧洲的三份厚礼，以致打开了商业革命的道路"。在当时的东西贸易中，交通的畅达是最重要的前提条件。布罗代尔就曾指出，纵横交错的道路网和林立的城市构成地中海的统一性和共同的人文特征。陆路交通主要是依靠马匹和马车运送货物。从中国内陆一直延伸到欧洲的、横跨欧亚大陆的丝绸之路，以及欧洲自己的商路，跨山越岭，道路崎岖，如不钉上马蹄铁，马匹无法长途跋涉。欧洲原来驾驭牲畜的套具只有"牛轭"一种，使用牛轭的马匹只能拖动500磅重的货物，相当于拖动一辆仅坐两个人的小车。有了从中国传来的胸带和套包子这些高效马具，马就可以用上胸和双肩的力量，马的拉力一下提高了4倍，从而解决了马匹陆路长途运输和马拉犁这些难题。在造船技术方面，中国的一些传统技术也逐渐被欧洲人所采用。在1350年以前，地中海船只只有单桅船，受到中国的多桅船的启发，到1500年以后开始出现三桅或四桅船。李约瑟曾特别提出，在1375年的《加泰罗尼亚地图集》中已经画有三艘中国的多桅帆船。

在《光明之城》一书中，有关于中国造船和航海技术的记载，其中写了作者在泉州看到的景象："中国的商船也是人们能够想象出来的最大的船只，有的有6层桅杆，4层甲板，12张大帆，可以装载1000多人。这些船不仅拥有精确得近乎奇迹般的航线图，而且，它们还拥有几何学家以及那些懂得星象的人，还有那些熟练运用天然磁石的人，通过它，他们可以找到通往陆上世界尽头的路，对于他们的天赋，愿上帝受到赞美。"[2]《光明之城》的手稿写于13世纪晚期，作者说他是在泉州看到这种景象的，虽然这部手稿当时没有发表，但来到中国的绝不仅仅作者一人，还会有许多人注意到这样的情

---

[1] ［美］杰克·威泽弗德著，温海清、姚建根译：《成吉思汗与今日世界之形成》，重庆出版社2009年版，第13、286页。
[2] ［意］雅各·德安科纳著，杨民等译：《光明之城》，上海人民出版社1999年版，第152页。

况，他们也会把这些知识传回欧洲。

中国发明的算盘也是在这一时期传入欧洲的。"这种算盘传入欧洲以后，在发明了复式簿记法的意大利商业界与金融界得到了广泛的应用。在算盘传入欧洲其他地区以后，商品与货币的会计速度得到提升，流通速度得到极大改善，商业得到了极大发展。对于当时的欧洲人来说，算盘所具有的划时代意义远远大于电子计算器对于现代的意义。"[1]

生产方式的进步同样体现在农业，18世纪欧洲所经历的农业技术革命最终引起了一场经济与产业的革命。这场革命以农具的改革、轮作方式的改进以及家畜的圈养等为主要推动力。尤其是曲面铁壁犁、种子条播机、种耕机的采用，让农业技术在中世纪以后发生了质的飞跃。传统的农业生产方式是牛耕犁具，中世纪欧洲主要是用重犁，它由笨重的底座、沉重的木轮、宽大的木犁壁以及犁刀、犁柄、犁抓、犁铧、犁箭、犁尾等部分组成。这种犁除了笨重以外，在结构上也很不合理，因为它不像中国的犁那样，犁壁与犁铧之间相互衔接，紧密贴合。这种犁的犁壁、犁刀与犁铧之间的缝隙非常大，犁地时泥土、杂草夹塞其间，犁地之人不得不隔几分钟就让牲畜停下来，然后用棍子清理掉缝隙之间的泥土和杂草。这种结构上的缺陷，也导致它产生的阻力非常大，通常需要4到8头牛才能够拉动。早期很多专家认为犁田效率低下是由于欧洲泥土板结，黏性强，其实主要原因还是犁具设计不合理。

中国的犁在汉代已经基本定型，主要由犁铧、犁壁、犁辕、犁梢、犁床、犁横、犁箭等部分组成，唐代把长辕改为曲辕，并且装上了可以转动的犁盘。和欧洲的重犁相比，中国的犁没有沉重的木轮和木犁壁，小巧的曲面铁犁壁兼具切割杂草和翻卷泥土的功能，能起到欧洲重犁犁刀和木犁犁壁的作用。中国犁边缘锋利，刃面光洁，与顶部的犁铧严密贴合，不留缝隙，犁地、切割和翻垄等可以一并完成。中国犁比欧洲重犁小巧轻便，在耕作过程中不会像欧洲那样需要4头牛甚至8头牛，中国犁具只需要2头牛甚至1头牛就可以完成。无论是土壤黏性比较大的江南地区，还是干涸的陕北地区，开荒和耕作都非常适用。18世纪，中国犁技术传入荷兰，荷兰的旅行家在爪哇发

---

[1] ［韩］黄台渊、金钟禄著，卢珍译：《孔夫子与欧洲思想启蒙》，人民日报出版社2020年版，第15页。

现中国犁，之后把这种犁带回荷兰，才有了新式荷兰犁。在中国犁技术传入欧洲之前，欧洲农业一直处于停滞的状态。

李约瑟认为，就技术的影响而言，在文艺复兴之时和之前，中国占据着支配地位。世界受中国古代和欧洲中世纪顽强的手工业者之赐，远远大于受亚历山大时代的技工和能言善辩的神学家之赐。李约瑟还列出了中国几十项创造发明与欧洲最初

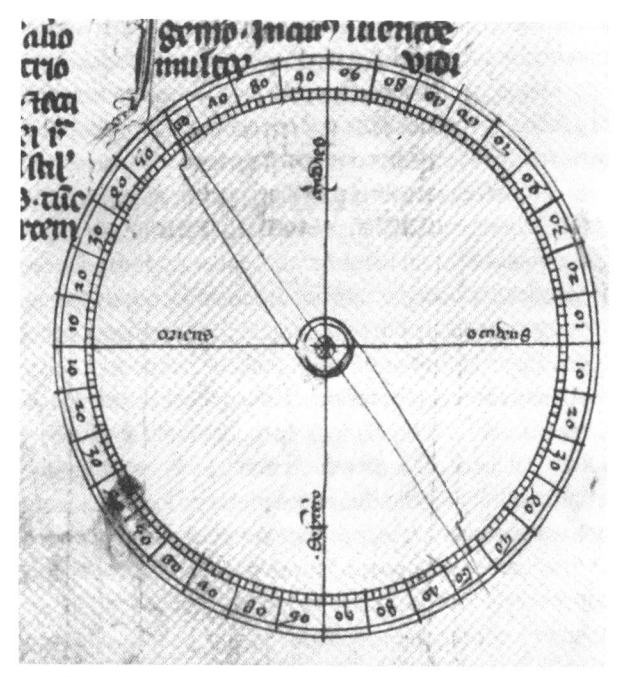

彼得鲁斯·佩雷格林纳斯·德·马里库尔特《关于磁石的书信》手抄本里的转动指南针草图，14世纪

采用它们之间的时间差。大多数时间差长达10~15个世纪，少数为3~6个世纪。火炮和金属活字印刷技术的时间差最短，也有1个世纪。

由于这些来自东方的技术对欧洲人生活的重要影响，在16世纪以后陆续来到中国的欧洲人，都对中国的技术发明抱有很大的兴趣，"中国人通常被认为是世界上最有技能的工匠"[1]。中国"被欧洲人认为是依然存在的最古老的国家，是先进高超工艺的中心，是重要技术发明的故乡"[2]。在他们的记述中，往往对这些技术发明着以浓墨重彩。如门多萨在《中华大帝国史》中就介绍了中国的火炮和船舶技术，还提到了中国使用的龙骨水车。他对中国印刷术的介绍尤为详细，并对印刷术这种令人惊叹的发明的重要性做了热情的说明。《利玛窦中国札记》及其他传教士们写的著作，都有许多关于中国科

---

[1] ［美］唐纳德·F.拉赫著，周宁总校译：《欧洲形成中的亚洲》第1卷第2分册，人民出版社2013年版，第410页。
[2] ［美］唐纳德·F.拉赫著，周宁总校译：《欧洲形成中的亚洲》第2卷第2分册，人民出版社2013年版，第313页。

学技术的介绍。而欧洲的学术界也一直对中国的科技给予很大的关注。

三 传教士对东方科技的调查

17世纪以后，有大批传教士来华，他们都是当时欧洲的饱学之士，是那个时代欧洲知识分子的代表。在那个时代，他们是认识和了解中国的主要群体。他们撰写的大量有关中国的书信和著作，成为欧洲社会了解中国的主要文本。他们是欧洲关于中国知识的意见领袖，人们对于他们提供的信息抱有很大的期待。

1681年，在中国生活多年的耶稣会传教士柏应理（Philippe Couplet，1623—1693）受耶稣会中国传教会南怀仁（Ferdinand Verbiest，1623—1688）的委派，回罗马向教皇汇报中国传教工作的状况和一些请求。1684年9月，柏应理赴凡尔赛宫晋见法王路易十四，向他陈述派遣传教士去中国的必要性，说明此举不仅有利于传教，而且对从中国获得科学知识也大有益处。

法国科学院按照首席大臣卢福瓦侯爵（François Michel Le Tellier de Louvois，1641—1691）的指示，列了一张包括35个有关中国问题的清单给柏应理，向他请教答案。这个清单可能是汇总了科学院院士们的意见而形成的，每个院士把自己想到的或感兴趣的问题提出来。这个清单涉及的内容包罗万象，体现了他们通过调查了解外部世界的迫切愿望。清单涵盖的范围甚广，包括中国的历史、科学、植物、饮料、鸟类、家禽、武器、军队、节日、织物、瓷器、运输、建筑、矿产、妇女、奴隶、法律、刑罚制度、宗教、长城、要塞、国税、气候、地理和澳门的情况。内容涉及中国历史地理、法律宗教、军队武器、工艺科学、植物动物等。

从这份清单可以看出，当时的法国科学院院士对中国的事情已经有了一些了解，但在许多方面还不甚了了，所以迫切需要比较详细的调查资料，以便对这些问题有一个更明确的认识。另一方面，也反映出他们对中国的广泛兴趣。

这份科学调查清单由柏应理于1692年带到中国，成为当时在华耶稣会士进行科学调查活动的重要纲要。此后，许多耶稣会士的科学研究活动，都是按照这份清单来进行的。在以后出版的杜赫德（Jean-Baptiste Du Halde，1674—1743）《中华帝国全志》中，有许多材料都是针对这份清单作出的回答。

到了18世纪，了解中国科技方面的知识，仍然是欧洲学术界关注的重点。杜尔阁（Anne Robert Jacques Turgot，1727—1781）委托两位来自中国的青年教徒进行科学调查，给他们列出的问题清单，突出反映了18世纪欧洲人的科学兴趣。

杜尔阁是重农学派的主要代表人物之一，曾在1774—1776年担任法国宫廷的财政大臣，曾按照重农学派的思想，推进法国的经济改革。他深受魁奈（François Quesnay，1694—1774）思想的影响，并在此基础上有所发挥，按马克思的评价，杜尔阁的理论体系使"重农主义体系发展到最高峰"。杜尔阁的思想与中国文化有着直接的关系，他与两位中国青年的交往和友谊是这一时期中法文化交流的一个重要事件。

这两位中国青年是高类思（Louis Ko，1733—1780）和杨德望（Étienne Yang，1734—1787），他们都是北京人，父母都是基督教徒。他们曾在北京教会学校读书，师从法国传教士蒋友仁（Michel Benoist，1715—1774）。1751年7月，他们被派往法国留学，入拉夫雷士的皇家学院学习，1760年赴巴黎，在法国政府的资助下继续研究神学。1763年5月，他们完成了学业，晋升为司铎，具备了回国传教的资格。1764年1月，两人向国务大臣贝尔丹提出申请，要求准予他们搭乘法国东印度公司的船只回国。

贝尔丹是路易十五时代（1710—1774）与中国交流的推动者之一。贝尔丹认为，发现中国对于法国和整个欧洲都至关重要，他希望通过借鉴中国的榜样来治理法国。当时，路易十五为法国七年战争的失败感到忧心，贝尔丹建议应该遵行"中国精神"。他认为依循中国精神，就是应该将法国人对于政府的态度变成像中国臣民一样的顺服、忠诚。他极力想效法中国乾隆朝这个辉煌而开明专制的政治气氛，以德行治国。他认为法国波旁王朝只要按照这个目标前进，就可以改变战争失败后的颓势。"此外，贝尔丹已猜测到，透过那个瓷人、古董和风景如画的中国，透过由仰慕其众多人口的耶稣会士们提供的那个伦理的中国，还应通过自发地或应法国学者们要求而研究探讨真正的中国，要系统地涉及远东的整个科学和技术。但如何实现这样一项计划呢？他清楚地懂得法国早期的中国学家们误解了中国人的精神状态，需要由大量调查来纠正，而这种调查又需要在科学的指导下，不是由欧洲人，而是由中国人自己从事。"①

所以，当高类思、杨德望向贝尔丹提出回国请求后，贝尔丹认为这是一个难得的机会，可以通过这两位中国青年，增进法国人对中国的了解。为此，他向国王作了报告，提出挽留高类思和杨德望。

高类思和杨德望接受了贝尔丹的挽留，推迟了回国日期。1764年6月，他们首先到凡尔赛宫觐见王后，然后依据贝尔丹的安排，学习制图和有关电的知识，并进行实验，还跟从几位教授研究物理学、化学、博物学，学习西洋绘画与铜版雕刻术。其间，他们受到皇家科学院院士布里松（Mathurin Jacques Brisson，1732—1806）和卡代（Louis Claude Cadet de Gassicourt，1731—1796）的科学训练。高类思和杨德望很快学会了如何解释自然现象，化学操作技术特别灵巧，博得了两位院士的赞赏。他们在巴黎参观了一些有代表性的工场，然后到里昂参观。在里昂期间，贝尔丹委托启蒙哲学家比埃尔·波维尔（Pierre Poivre，1719—1786）接待这两位中国青年。波维尔是杜尔阁的好友，曾到过中国，对中国和中国文化有一定的了解。波维尔安排高类思和杨德望参观了纺织厂和染房，送给他们不少工业品的样品，又带他们参观了一家耶稣会学校的图书馆，给他们看了传教士冯秉正（Joseph-Anne-Marie de Moyriac de Mailla，1669—1748）的《中国通史》手稿本。波维尔还给贝尔丹写信，建议给两位中国青年讲授一些有关染色化学的知识。考察结束后，高类思和杨德望按照贝尔丹的要求，撰写了详细的考察报告。

高类思和杨德望撰写报告十分认真，据说直到登船前才最后改定交给贝尔丹。在这段时间里，贝尔丹多次与他们交谈，询问他感兴趣的中国问题。贝尔丹给他们写了一封22页的长信，详述希望他们二人回国后向他提供有关中国的各种信息。他提出要了解的这些信息分为三类：第一类称作"公

---

① ［法］伯德莱著，耿昇译：《清宫洋画家》，山东画报出版社2002年版，第191页。

法"，实际上是涉及历史、政治和宗教问题；第二类称作"私法"，实际上是询问中国的法律对于个人与社会两者关系的处理原则；第三类是一些有关技术和工艺的问题，如服饰、房屋、日用器物等。贝尔丹要求他们在回答这些问题时，尽量附寄有关实物，使法国人能够比较准确地把握文字所表达的意义。在巴黎期间，高、杨二人还参加过重农学派每周一次的聚会，受到魁奈及其朋友们的接待，并常常被各界邀请去讲演。在法国人眼里，他们不是正在学习的留学生，而是专家学者。有人就把高类思称为当时法国"科学界的一位重要人物"，认为"魁奈一定从那里学得许多具体的东西"。

杜尔阁与这两位中国青年的交往最为瞩目。当时的法国经济学家一般都认为中国是开明政治的策源地，希望这两位中国青年能够让他们的欧洲东道国不断地了解中国的内部情况。杜尔阁极力劝说政府借助两人的作用，来实现与中国互相交换科学和工艺技术资料。杜尔阁"以一种更为现实和更为科学的态度来对待中国。事实上，杜尔阁在他那个时代……坚持法国政府应当获得有关那个遥远国度的可靠而真实的资料，因为当时关于这个国家一直流传着如此之多的迷雾般的美妙说法"①。他起草了《给两位中国人关于研究中国问题的指示》，列出了52个问题的调查提纲，这就是杜尔阁的《中国问题集》，拟让他们回国后在研究本国经济制度的基础上予以回答，以帮助法国思想家全面系统而真实地掌握中国的经济情况。"他的努力产生了效果，因为自此以后，欧洲在获取有关中国的资料方面，采取了更加注重事实的态度。"②

在《中国问题集》中，最重要的是第一部分的30个问题，都是涉及经济和政治制度方面的问题，这对于当时的法国思想界，尤其是重农学派十分重要。

从杜尔阁提出的这些问题来看，他对传入欧洲的有关中国的知识相当熟悉，所提的问题都很详细和具有针对性。杜尔阁所提出的问题及作出的分析

---

① ［美］马弗里克：《〈中华帝国的专制制度〉英译本绪论》，［法］魁奈著，谈敏译：《中华帝国的专制制度》，商务印书馆1992年版，第2页。
② ［美］马弗里克：《〈中华帝国的专制制度〉英译本绪论》，［法］魁奈著，谈敏译：《中华帝国的专制制度》，商务印书馆1992年版，第3页。

与他所掌握的中国经济知识有着不同程度的联系，或者是希望从中国的实践中得到解释，或者是受中国情况的启发而予以发挥，或者是直接从中国古代文化中汲取营养。杜尔阁的这些问题"代表了保证得到一份关于中国经济的详细、准确描述的一次理智尝试，并试图证明中国不只是让一个著名的哲学家圈子和实务家圈子感到有兴趣而已。他们中的许多人都是改革的倡导者，他们频繁参考来自中国的信息以支持他们的论据"①。

为了让高类思和杨德望能够系统地了解重农学派的理论和学说，指导他们全面回答他所提出的问题，杜尔阁还特意写了《关于财富的形成和分配的考察》一书，以提纲挈领的方式，系统阐述并发展了重农学派的理论主张。

这部著作在经济学史上享有很高的声誉。其英译本的序言指出，这部著作对重农学派的基本概念作了"最扼要、最明晰的表达"，特别是"它使亚当·斯密想到了许多他本人永不会想到的问题，同时还给他提供了他本人永不会想到的词汇"②。还有人指出，这部著作不仅以引人入胜的形式，叙述了重农学派的共同理论，而且在人类科学史上向前跨出了一步，因为杜尔阁已将经济学从法学中完全分离出来，是"社会经济学的第一部科学论著"。熊彼特（Joseph Alois Schumpeter，1883—1950）认为，"它已经提出了一套完整的经济理论体系"，"杜尔阁的理论骨架，即使不谈它比《国富论》在时间上领先，也显然比《国富论》的理论骨架更胜一筹"。

有研究者说，杜尔阁的《关于财富的形成和分配的考察》一书，"蒙受中国的影响最深"。杜尔阁一再强调他的这部著作是为两位中国学生而写的。他在给友人的一封信中说："我已为我向你提过的那两位中国学生拟好了几个问题；为了使他们能够明白这些问题的目的和意义起见，我又在这些问题前面写了一篇关于社会的各种劳动和财富的分配的简略分析。"③杜尔阁对中国的兴趣和了解的愿望，竟催生出法国启蒙运动的一部名著，堪称

---

① 引自张国刚、吴莉苇：《启蒙时代欧洲的中国观——一个历史的巡礼与反思》，上海古籍出版社2006年版，第185页。
② ［法］杜尔阁著，南开大学经济系经济学说史教研组译：《关于财富的形成和分配的考察》，商务印书馆1981年版，英译本序第14页。
③ ［法］杜尔阁著，南开大学经济系经济学说史教研组译：《关于财富的形成和分配的考察》，商务印书馆1981年版，第94—95页。

中西文化交流史上的一则佳话。而在7年后，亚当·斯密出版的名著《国富论》，一定程度上受到了杜尔阁这部著作的启发。

　　高类思和杨德望于1765年1月离开巴黎，1766年2月回到北京。为了资助他们的调查，法国国王路易十五赠给他们1200里弗尔（即磅或法磅，法国古代货币单位）年金。他们按照贝尔丹和杜尔阁的要求，利用这笔资金，进行了相当详细的调查工作，并定期将调查结果寄往法国。他们每年还给贝尔丹寄去大量物品，其中包括阿胶等74种药材，每种物品都附有详细的说明。杨德望还向贝尔丹介绍李时珍的《本草纲目》，以及煤炭在中国的使用情况，提供了有关中国政府设立义仓赈济灾民的资料。高、杨二人合作撰写《论古代中国》一书，主要叙述了中国文学和科学的起源与发展，介绍《论语》《大学》《中庸》《易经》《诗经》《孝经》《左传》《周礼》《礼记》等古代经典，介绍司马迁、班固、司马光等人的史书，以及中国的起源和尧舜禹时代的地理、政治、习惯、人口、学术、宗教等。高类思与传教士韩国英（Pierre-Martial Cibot，1727—1780）合作完成论文《埃及人与中国人的研究》。这两篇论述分别在巴黎出版的《北京耶稣会士中国论集》发表。他们还协助在华耶稣会士汇编《北京教士报告》。

　　重农学派与当时来华的耶稣会传教士也有许多联系。耶稣会士根据重农学派对中国农业和农艺学研究的要求，将他们收集的丰富资料寄往法国。传教士重点研究了中国的水稻、桑树和茶叶的栽培，又根据贝尔丹的要求，考察了中国农具和储存粮食的方法，连同菜籽送往法国。钱德明（Jean Joseph Marie Amiot，1718—1793）写了《中国乾隆帝和鞑靼权贵的农业观》一书，1770年在巴黎发表，1779年又往法国寄送中国农业资料。

第七章
传教士：技术交流的使者

一 传教士的科学素养与科学任务

在16世纪，与欧洲的东方扩张相伴随的，是天主教在海外的传教活动。正如汤因比所说，殖民主义具有向海外传播宗教信仰的狂热。一方面是天主教内生性的发展需要，另一方面是外部客观物质条件的成熟，共同促成了天主教海外传播的启动和发展。从16世纪末利玛窦来华开始，到18世纪，在两个世纪里，以耶稣会为主，还有其他教会组织，派遣了上千名传教士到中国开展传教活动。同时，他们也积极进行文化交流，向中国介绍西方的科技、文化和艺术，向欧洲介绍中国的科学技术、风俗文化，成为当时中国与欧洲文化交流的主要桥梁。

传教士们来华传教，一个重要的背景是在欧洲兴起的宗教改革运动。作为维护罗马教廷权威的势力，耶稣会的海外传教活动是与新教的改革相对抗的"反宗教改革运动"的组成部分。与此同时，还有欧洲社会文化的大变动和科学文化的复兴。起源于14世纪的意大利，到了15世纪末和16世纪波及整个西欧的文艺复兴运动，作为一场反对封建专制主义、反对基督教神学权威的影响广泛的思想文化运动，它培育了一大批宣传进步思想的先锋和文化巨匠，促进了欧洲文化、科学和哲学的繁荣，为近代西方文学艺术、自然科学和哲学的形成和发展开辟了道路。17世纪以后，随着近代自然科学的发展、世界交往的扩大以及社会生活领域变革的扩大，人们的视野不断扩大，人们的世界图景也发生了重大变化。到18世纪中期，以法国为中心展开的启蒙运动，对中世纪天主教神学体系进行了彻底的打击和批判，并且全面地论证了近代资产阶级的社会理想和政治理想，成为政治变革的思想先导。与此同时，欧洲的文学、绘画、建筑、音乐等艺术形式及日常生活领域都发生了重大的变化和发展。

从世界历史的宏观角度来看，利玛窦等人来华传教，就是处在这样一个欧洲历史转折的大背景之中。在首批传教士们来华之际，文艺复兴运动已经接近尾声。换句话说，这些传教士充分地享受了文艺复兴运动的文化和科学成果。[①]利玛窦等早期来华传教士也承载着文艺复兴以来的科学文化发展的成果。而18世纪来华的那些传教士，如法国的宋君荣（Antoine Gaubil，1689—1759）、钱德明等人，则是直接生活于启蒙运动的时代了，其中有些人还与启蒙运动的思想家和学者们有着直接的联系。

在欧洲中世纪时代，教会是唯一的学术和文化中心，古代的文化典籍和文化传统大部分都保留在教会和教会开办的学校里，那个时代的著名学者都是天主教的神学家和科学家。宗教改革后发展起来的耶稣会士更是聚集了一大批优秀的知识分子。这一时期来华的耶稣会传教士几乎每个人都是学有专长的专家学者。

耶稣会与其他旧式修会的不同点之一，在于强调教育的重要意义。1599年，耶稣会公布《教育法令》，详细规定学级编制、学校设备、课程内容和教学方法。耶稣会十分重视培养老师，实施系统的师资训练，对师资的要求作出严格的规定。这个法令在以后3个世纪中，成为世界各地耶稣会教育的

---

① 孙尚扬、[比]钟鸣旦：《1840年前的中国基督教》，学苑出版社2004年版，第134页。

最高准则。1551年,罗耀拉(Ignatius de Loyola,1491—1556)创办的罗马学院,成为耶稣会最重要的培训中心,也是世界上最领先的科学研究中心之一。

耶稣会的新式制度和教育很快吸引了欧洲各国青年中的精英到它的学校学习。学生想进入耶稣会,就得经历一个非常严格的选拔和训练过程。耶稣会士掌握了古代和近代的学问,在经院哲学的技能方面具有良好的基础,他们很快成了欧洲最有才能的人,所以耶稣会士们自称属于"知识阶层"。耶稣会也能根据不同情况向其成员分派各种各样的重要工作。由于他们的家庭和教育背景优越,耶稣会学校的毕业生常常在政治界和知识界拥有很高的地位。西方哲学史上著名的哲学家如笛卡尔、伏尔泰、狄德罗(Denis Diderot,1713—1784)等人,早年都曾在耶稣会的学校学习。

另一方面,耶稣会在向海外派遣传教人员的时候经过严格挑选。早期来华的利玛窦等人,都是当时的饱学之士。17世纪末和18世纪来华的法国耶稣会士,如洪若翰、白晋等人,因为本身就带有科学研究的任务,所以在科学修养上都具有很高的水平,每个人都有自己专长的研究领域。对于耶稣会士们的学识修养,中国的知识阶层也给予充分的肯定。

耶稣会士们的文化修养和科学修养,是他们在来华后进行人文历史和科学研究的基础,也是他们实现自己的传教使命和文化使命的必备条件。

耶稣会士在中国的活动一直为欧洲学术界所关注,他们与欧洲的学术界保持着密切的联系。如邓玉函(Johann Schreck,1576—1630)、汤若望(Johann Adam Schall von Bell,1591—1666)、罗雅谷(Giacomo Rho,1593—1638)都是意大利近代科学兴隆时期最著名的科学社团猞猁之眼科学院的成员。邓玉函还曾在猞猁之眼科学院与伽利略(Galileo Galilei,1564—1642)共事多年,而汤若望至少亲自聆听过伽利略的学术报告。邓玉函还曾与开普勒(Johannes Kepler,1571—1630)保持通信联系。

到了18世纪,在华传教士与欧洲学术界的联系就更紧密了。从17世纪末开始,清朝和俄国之间的陆上贸易之路已经开通,这为在华耶稣会士提供了方便。通过俄国定期到北京的商队,耶稣会士把一些信件、书籍和物品交给商队,由他们转交俄国、法国的科学家。这种陆路上的交流,在18世纪比

法国吉美博物馆藏书中的插图。插图上半部的3位外国传教士从左到右分别是利玛窦、汤若望、南怀仁

海上的交流要频繁、快捷得多。当时由俄国圣彼得堡到法国巴黎的信件，快的时候，只要一个月就可到达。一些英国船在中国沿海贸易时也带回一些信件。在华耶稣会士的大量通信和观测报告就是通过这些途径传回欧洲的。

  后面还要说到，法国传教士白晋（Joachim Bouvet，1656—1730）、洪若翰（Jean de Fontaney，1743—1710）等人是以"国王的数学家"的身份前来中国的。他们都带着法国皇家科学院交代的科学考察任务，与皇家科学院及其学者们保持着密切的联系，他们中有些人还兼任各研究院院士或通讯院士。比如洪若翰、白晋、刘应（Claude de Visdelou，1656—1737）列席法国皇家科学院；宋君荣于1739年被推为俄国圣彼得堡研究院常任研究员，1749年被推为伦敦皇家学会联合会会员，1751年被选为巴黎皇家科学院通讯院士和法兰西铭文与美文学术院通讯院士；汤执中（Pierre Nicolas d'Incarville，1706—1757）于1749年谢绝了伦敦皇家学会外国会员之名，但不久被选为巴黎科学院通讯院士；钱德明为法兰西铭文与美文学术院通讯院士；韩国英为圣彼得堡研究院通讯院士；徐懋德（Andreas Pereira，1689—1743）于1736年为圣彼得堡研究院院士；卢若望（João de Loureiro，1710或1717—1791）于1781年在里斯本当选为科学院院士，同时还是伦敦皇家学会会员。作为这些研究机构的成员，他们有责任向研究机构提交自己的研究成果，保持经常性的联系。这些传教士在欧洲学术界都是很受关注和欢迎的人，都与欧洲学术界人士保持长期的通信联系，在他们返回欧洲期间，更是与学术界的人士频繁接触交往，开展多方面的学术活动。

在这一时期，各个领域的专家学者思想家们争先恐后地与耶稣会士建立交往和联系，是欧洲学术界的一个值得特别注意的现象。启蒙运动时期的思想家们，如马勒伯朗士（Nicolas Malebranche，1638—1715）、莱布尼茨（Gottfried Wilhelm von Leibniz，1646—1716）、伏尔泰、孟德斯鸠（Montesquieu，1689—1755）等，与耶稣会士或其他传教士建立了个人的友谊，保持了长时期的通信联系。他们的许多重要著作，或是应传教士的邀请而写作，比如马勒伯朗士的著作，或是吸收了传教士提供的大量资料，或是受到传教士的洞见启发。

法国汉学的奠基人之一弗雷莱（Nicolas Fréret，1688—1749）在1731—1739年与宋君荣、巴多明（Dominique Parrenin，1665—1741）、马若瑟（Joseph-Henri Marie de Prémare，1666—1736）、郭中传（Jean-Alexis de Gollet，1664—1741）、雷孝思（Jean-Baptiste Régis，1663—1737）、冯秉正等人都有过书信往来。傅尔蒙（Étienne Fourmont，1683—1745）与马若瑟在1725—1733年有过不下10次的书信往来。有人称弗雷莱"拥有一个没有到过中国的欧洲人所能拥有的全部有关中国的知识"，这些知识相当程度上得益于他与传教士们的交往。法国物理学家和天文学家德·梅兰（Jean-Jacques d'Ortous de Mairan，1678—1771）曾担任过法国科学院的院长和常任秘书，1728—1740年，与巴多明交换过许多信件，探讨中国的科技问题和中国的历史、政治制度和中国人的起源等。贝尔丹在1765—1792年与北京的耶稣会士们有几百封的"文学书信"往来。所谓"文学书信"，其实是避免让外界有太多的政治意识形态方面的联想的说辞。与贝尔丹有通信联系的有钱德明、晁俊秀（François Bourgeois，1723—1792）、汪达洪（Jean-Matthieu de Ventavon，1733—1787）、梁栋材（Jean-Baptiste-Joseph de Grammont，1736—1812）、贺清泰（Louis Antoine Poirot，1735—1813）、潘廷章（Giuseppe Panzi，1734—1812）、蒋友仁、罗广祥（Nicolas-Joseph Raux，1754—1801）等人。贝尔丹通过这些书信，得以了解乾隆朝的政治、经济、社会和文化等方面的管理制度。他收集的这些书信对于法国18世纪后期的启蒙运动，有很大的贡献。

俄国的科学界也曾与在华传教士有密切的通信联系。1734年，俄国圣彼得堡科学院起草了一份致北京传教士们的调查提纲，调查范围包括中国的植物（特别提及中国可以入药的植物）、动物、食物，中国人常见的疾病、疾病预防方法（例如种痘）和特定疾病（如天花）等。

二 "国王的数学家"：中国科学考察团

在17世纪末和18世纪来华的耶稣会士中，最有影响的是由法国政府派遣的传教团。当时来华的法国传教士中，有不少人是法国科学院的成员，因而有"一个真正的科学教会"之称。

17世纪晚期，耶稣会中国会长南怀仁看到了中国教区人才凋零的趋势，为了扩大天主教的影响，推动传教活动的进一步发展，于1678年8月15日上书罗马教廷，希望增派耶稣会士来华。

南怀仁的这封信于1681年到达巴黎，被广泛传阅，同年《优雅信使报》杂志刊登了节选，次年又被全文出版发行，在欧洲引起了广泛关注。南怀仁的这封信引起了法国国王路易十四以及法国朝野的重视。路易十四读过这封信后，"就决定采取一个能够提升自己在教会眼中的声望，同时能有机会在中国建立贸易基地的举措"。

当时，正值法国科学事业蓬勃发展之时。1666年，在法国财政大臣科尔伯的支持下，创立了法国皇家科学院，以推动法国科学事业的迅速发展。此后，法国皇家科学院在世界各地开展了大规模的科学考察活动。但是，派往东方的考察却遇到了困难。

在这种情况下，南怀仁的信件就成了法国人所期待的一个天赐良机。巴黎天文台的台长，也是科学院创始人之一的卡西尼（Jean-Dominique Cassini，1625—1712）向科尔伯建议，派人去东方进行天文观测，当时的耶稣会士都具有广博的科学知识，科尔伯主张派遣耶稣会士去执行这项计划。于是，他向路易十四提出了向中国派遣传教士的计划。路易十四为了扩大海外影响，增进海外贸易，也很想与远东建立直接的联系，以与已在中国设有传教团的葡萄牙相抗衡，所以科尔伯的计划深得国王的赞赏。他们决定挑选"精通数学并擅长舆地工作，还要能掌握中国最基本的艺术和科学知识的优秀传教士"，最后派了6名耶稣会士赴中国执行传教和科研的双重任务。这6人是：洪若翰、张诚（Jean-François Gerbillon，1654—1707）、白晋、李明（Louis Le Comte，1655—1728）、刘应、塔查尔（Guy Tachard，1648—1712）。

他们都来自巴黎耶稣会最有名的学校克莱蒙中学，洪若翰是这个使团的领队和组织者。他具有很高的科学素养，来华前即因擅长天文观测而享誉法国。

不幸的是，科尔伯不久就病逝了，这个计划暂时耽搁起来。

1684年，在华传教的比利时传教士柏应理受南怀仁派遣从中国返回欧洲，在巴黎作短暂停留期间，路易十四在凡尔赛宫接待了他。柏应理向路易十四陈述了派传教士去中国的种种好处，并介绍了传教士在中国受到的种种礼遇。在这种情况下，路易十四决定将派传教士去中国的计划马上付诸实施，并决定从他的私人金库中出资，提供路费让他们踏上东去的征途。1685年1月28日，路易十四下诏书，授予6位耶稣会士"国王数学家"的称号，要以"国王的观察员与数学家"的身份去中国。

1685年3月3日，6名"国王数学家"从法国的布雷斯特港启程，驶向中国。他们携带着科学院赠送的大量科学仪器，包括当时欧洲最先进的天文仪器和一些数学仪器，还有路易十四给中国皇帝准备的丰厚礼物，装满了大大小小30个箱子。这6名传教士除塔查尔在途经暹罗时，被暹罗国王留下传教外，其余5人经过种种周折，于1687年7月23日到达浙江宁波。1688年2月7

日，洪若翰一行到达北京，而当年邀请他们来华的南怀仁神父在10天之前已去世。3月31日，康熙帝召见了他们一行，并将张诚、白晋留在宫廷服务。

这个科学考察团虽然并非法国国王派遣的出使中国的使团，但在事实上起到使路易十四与康熙帝沟通的作用，可以视作路易十四与康熙帝的一种间接交往。

这些传教士在中国期间始终与法国皇家科学院的院士们和法国学术界保持密切的联系，为科学院收集来自中国的各方面的知识和信息。他们在华的工作是作为法国科学工作的一部分，也是科学院的世界考察计划的一部分。1692年7月3日，在法国科学院的会议上，科学院院士、耶稣会士让·加鲁瓦（Jean Gallois，1632—1707）在汇报中谈及传教士们的工作时说："从某种意义上说，（他们的著作）就是科学院的成果，因为他们所做的考察都是在科学院的协同下，依据科学院给他们指示进行的。"①

他们以科学院为依托，把它的指示看作是他们科学工作的方针，并试图为科学院在东方建立一所"中国科学院"分院。在1687年1月给皇家科学院的信中，洪若翰汇报了他们的科学分工：洪若翰负责中国天文学史和地理学史、天体观测，以与巴黎天文台所做的天文观测相比较；刘应负责中国通史、汉字与汉语的起源；白晋负责动植物的自然史和中国医学的研究；李明负责艺术史和工艺史；张诚负责中国的现状、警察、官府和当地风俗，矿物和物理学（指医学）的其他部分，即指白晋研究以外的部分。之后，科学院指定了一些院士与在华的耶稣会士通信，并任命一些耶稣会士为科学院的通讯院士。

同年11月，洪若翰给巴黎天文台台长卡西尼写信，希望寄来更多的天文仪器。洪若翰还要求寄来在科学院观测基础上刻印的法国地图，以了解各地经度的观测结果。为了能为巴黎天文台服务，洪若翰认为必须在北京装有同样的天文仪器，来装备北京的天文台。他希望科学院能够提供一些新仪器、新方法。

康熙三十二年（1693），康熙帝为招徕更多的法国耶稣会士，任命白晋

---

① 引自［法］蓝莉著，许明龙译：《请中国作证——杜赫德的〈中华帝国全志〉》，商务印书馆2015年版，第151页。

为特使出使法国。白晋于1697年3月抵达布雷斯特，5月回到巴黎。白晋觐见路易十四，获取其对传教区进一步的财政和人力支持，亦即派遣更多的耶稣会士去中国并支付年薪，路易十四同时授权白晋花一万法郎为康熙帝准备礼物。白晋很快招募了愿意来华的13位法国耶稣会士。1698年3月6日，白晋和13名法国耶稣会士中的8名一起乘坐"安菲特利特号"返回中国。

与白晋同行的8位传教士是：雷孝思、利圣学（Jean-Charles de Broissia，1660—1704）、翟敬臣（Charles Dolzé，1663—约1701）、南光国（Louis Pernon，1663—1702）、马若瑟、巴多明、颜理伯（Philibert Geneix，1667—1699）、卫嘉禄（Charles de Belleville，1657—1730）。

在此之前，白晋已经安排另外几名耶稣会士先期离开，傅圣泽（Jean-François Foucquet，1665—1741）和卜嘉（Gabriel Barborier，1663—1727）于1698年1月乘"拉泽兰号"离开布雷斯特，并在路易港（即今毛里求斯首都）换上了"拉邦号"舰船，与已经在该船上的其他3名耶稣会士会合。他们到印度停泊时，又有两名法国耶稣会士结伴来中国。这样，白晋此行共带来了15名耶稣会士，于1699年到达北京。

1699年，康熙帝派遣洪若翰作为公使返回法国，答谢路易十四通过白晋带来的礼物和人员，同时招募赴华的科学家与艺术家传教士。1700年1月26日，洪若翰在广州登船，携带康熙帝赠予路易十四的丝织品、瓷器和茶饼等大批礼物，同年8月到达法国。他在法国招募了8位传教士，分别是：杜德美（Pierre Jartoux，1669—1720）、汤尚贤（Pierre Vincent de Tartre，1669—1724）、龚当信（Cyrile Constantin，1670—1732）、沙守信（Emeric Langlois de Chavagnac，1670—1717）、戈维里（Pierre de Goville，1668—1758）、顾铎泽（Etienne-Joseph Le Couteulx，1667—1731）、卜文气（Louis Porquet，1671—1752）、方记金（Jérôme Franchi，1667—1718）。他们于1701年乘"安菲特利特号"前往中国，同年9月9日抵达广州。

这些随白晋和洪若翰来到中国的传教士，以及后来来到中国的法国传教士们，和洪若翰、白晋等人一样，大多是长于精密科学的学者，如数学家、天文学家、自然史学家、地理学家、地图学家、生物学家、医生等，还有语言学家、哲学家、史学家等人文科学学者。他们在中国进行的科学活动，主要包括天文、气象观测、地理考察,以及动物、植物、药物、矿物、中医的研究。在《耶稣会士书信集》中,有许多他们介绍的这些新奇有趣的知识,向欧洲提供了一个引人入胜的奇特世界。①

在传教士来华的两百年历史里,法国的传教士,尤其是法国耶稣会的传教士,在研究中国科学方面取得了丰富的成果,对欧洲学术界产生了深远的影响。这些传教士不仅促进了欧洲汉学的兴起,而且对西方科学产生了重要的推动作用。法国的科学家们对于他们的研究成果给予了高度的评价。与此同时,他们与中国学者建立了广泛的联系,为西方科学技术和文化艺术在中国的进一步传播做出了很大贡献。

三 英国皇家学会与在华传教士的交流

英国皇家学会创建于1660年,1663年确定了正式名称是"为改善自然知识的伦敦皇家学会",强调了自然科学为皇家学会发展的主要方向。1667年,首任皇家学会秘书奥顿堡(Henry Oldenburg,约1618—1677)就曾表示,想通过传教士为皇家学会寻求世界范围内的通讯制度。

皇家学会建立之初,就对中国抱有浓厚的兴趣。波义耳(Robert Boyle,1627—1691)是英国皇家学会的创建人之一,他对中国的事物很感兴趣。早在17世纪60年代,他就阅读了卫匡国(Martino Martini,1614—1661)的《中国新图》,后来又接触了曾德昭(又名谢务禄,Alvaro Semedo,1585—1658)的《大中国志》、卜弥格的《中国植物志》、法国皇家图书馆馆员特维诺(Melchisédech Thévenot,约1620—1692)的《航海志》和法国耶稣会士的著作。波义耳认为中国是最为繁荣富庶的文明古国,他从一位到过中国并用意大利文写过中国史的旅行家及其他提到中国的作者那里得知,中国人口众多,富有创造性,长期处于高度繁荣状态,比其他民族更重视和奖励知识分子,但他认为中国人对修辞学重视不够。他对中国的看法大多停留于对耶

---

① 韩琦:《中国科学技术的西传及其影响》,河北人民出版社1999年版,第31页。

古画中的科举考试场景

沈福宗像

稣会士观点的转述,而没有过多的评论。他所说的"奖励知识分子",应该是指科举制。

波义耳对中国医学也很感兴趣。他认为中国作为文明大国,一定有大量自己的医书。当时耶稣会士还没有把西方的医术带到中国,因此他希望能得到中医著作,为欧洲医学提供借鉴。他对中国的脉诊、气象和温度测量也颇感兴趣。中国人对上天的敬畏,星占在中国社会生活中的地位和在宫廷中扮演的重要角色,也令他十分着迷。早年波义耳曾在东印度公司任职,1671年他通过荷兰东印度公司得到一本南明时的《大明中兴永历二十五年大统历》,1672年把它送给牛津大学博德利图书馆。这本带有波义耳签名的历书,现在仍保存在那里。1687年7月26日,汉学家海德(Thomas Hyde,1636—1703)在给波义耳的信中向他推荐了当时在牛津协助自己工作的中国青年沈福宗(Michael Alphonsius Shen Fu-Tsung, 1657—1692),并谈到沈福宗给中文书籍做编目工作,其中有些是关于孔子的书,但大多数是医书。波义耳通过海德的介绍,见到了沈福宗。遗憾的是他们的谈话内容没有留下文献记录。

英国皇家学会的秘书们,特别是斯隆（Hans Sloane,1660—1753）、莫蒂默（Cromwell Mortimer,1702—1752）、伯奇（Thomas Birch,1705—1766）3位秘书,在沟通英国皇家学会与在华耶稣会士们的联系方面发挥了重要作用。

从1690年至1741年,斯隆在皇家学会服务长达51年,担任秘书也有9年,1727年牛顿（Isaac Newton,1642—1727）去世后,他接任皇家学会主席。在他撰写和收集的大量档案中,有许多内容涉及中国科学和技术,特别有趣的是详细描述了中国染布或丝织品的工艺过程。斯隆精于植物学和医学,他和皇家学会会员坎宁安（James Cunningham,1667—1709）保持书信往来,后者曾以英国船队医生的身份被派到中国舟山工作数年,收集了大量的植物种子。

在18世纪初,斯隆甚至想和法国在华耶稣会士刘应讨论中国历史问题。从洪若翰和莱布尼茨的通信可看出,斯隆和洪若翰有过接触,洪若翰从中国回到法国,乘的是英国船只,途经伦敦,曾参加了英国皇家学会的会议。1719年,康熙《皇舆全览图》完工,意大利耶稣会士、宫廷画师马国贤（Matteo Ripa,1682—1726）以铜版印制了44幅地图,并将雕刻铜版技术传授给中国人,但康熙帝不同意把地图送给耶稣会士。1724年,马国贤返回欧洲,在伦敦停留时,将从中国带来的东西,包括《皇舆全览图》献给了国王乔治一世（George I,1660—1727）。

莫蒂默曾做过斯隆的助手,1730年起担任秘书一职,并负责《哲学汇刊》的编辑工作。从18世纪30年代起,莫蒂默和在华耶稣会士戴进贤（Ignaz Kögler,1680—1746）、徐懋德等人开始了书信来往。1727—1731年,戴进贤、徐懋德发布了在北京的日月食、木卫食的观测报告,他们的观测成果常为欧洲的天文学家所引用。莫蒂默在1746年2月给北京的耶稣会士科学家写信,并寄给了《哲学汇刊》,还要求北京的耶稣会士能够和皇家学会保持通信联系。1748年11月9日,宋君荣给他回了信,把皇家学会交给耶稣会士的观测任务看作是一种极高的荣誉。1749年刘松龄（Ferdinand Augustin Hallerstein,1703—1774）收到了《哲学汇刊》。作为报答,他在1750年9月18日给莫蒂默写信,并送去在中国出版的中文对数表与《历象考成后编》中借鉴开普勒和牛顿的理论编纂的日躔月离表,对傅作霖(Félix da Rocha,1713—1781)受乾隆帝之命测绘西北部地图之事做了介绍,并答应地图绘成后送给皇家学会。

刘松龄在华期间还亲自在北京南堂设立了观象台,进行了大量的天象观测,由于仪器不够精确,故请皇家学会将英国制造的测微计带到广州。大约在1750年,莫蒂默写信给宋君荣等人,代表皇家学会邀请耶稣会士宋君荣、刘松龄和汤执中担任英国皇家学会的外国会员。

1751年末,莫蒂默由伯奇代替。伯奇是皇家学会的秘书,也是大英博物馆最初的理事之一。他和在华耶稣会士来往密切,保持了莫蒂默时的一些做法,继续向耶稣会士赠送《哲学汇刊》,并为北京的耶稣会士寻求带有测微计的望远镜。《哲学汇刊》自1666年到1774年共发表关于中国的文章34篇,内容包括中国的史地、天文资料等,其中多为日月食和木卫食,彗星、水星经过太阳的报告。木卫食的观测有助于帮助确定经度,从而为绘制地图提供精确数据。彗星的观测对计算轨道也有帮助。据我国学者韩琦在英国的调查,在英国皇家学会现存的有关中国的档案中,天文观测报告占有较大的分量,包括1727年至1731年钦天监监正戴进贤、徐懋德在北京的日月食、木卫食的观测报告。此外还有耶稣会士宋君荣、刘松龄、汤执中、傅圣泽等人的信件和手稿。①皇家学会图书馆还保存了1771年7月17日至1774年12月31日广州的气象观测报告,长达50多页,每天观测3次,包含气压、温度、风向等内容,这份观测报告对研究中国气候的演变有重要价值。

从17世纪60年代起至18世纪下半叶,在华耶稣会士在钦天监任职的有许多天文学家,如戴进贤、刘松龄、徐懋德、宋君荣、鲍友管(Anton Gogeisl,1701—1771)等,他们不仅在中国进行了大量的天文观测工作,他们的许多观测报告也是欧洲学术界关注的焦点。这些耶稣会士的贡献及其与皇家学会之间的学术交流,为两地的天文研究搭建了重要的桥梁,对推动科学交流和发展产生了深远的影响。

---

① 韩琦:《17—18世纪欧洲和中国的科学关系——以英国皇家学会和在华耶稣会士的交流为例》,《自然辩证法通讯》1997年第3期。

四 传教士对中国天文学的研究

中国是世界上天文学发展最早的国家之一，早在4000多年前就有了可考的文字星象记录。传教士们注意到中国天文学的这些成果，利玛窦在一定程度上对中国的天文学持有批评的态度，同时他介绍了北京和南京的观象台及其运行的情况。他说："他们在这里安装了金属铸就的天文仪器或者器械，其规模和设计的精美远远超过曾在欧洲所曾看到和知道的任何这类东西。这些仪器虽然经受了近250年的雨、雪和天气变化的考验，却丝毫无损于它原有的光彩。"①曾德昭在《大中国志》中也曾提到中国北京和南京的观象台，并介绍了观象台的仪器及其使用情况。

邓玉函和汤若望等晚明来华的耶稣会士，直接参与了《崇祯历书》的编纂工作，他们注意研究中国的天文历法，对古代天象记录进行了分析。汤若望著《古今交食考》，特别提到了中国的日月食记录。后辈耶稣会士在研究日月食时，还时常提到此书的成果。1689年7月，莱布尼茨在罗马与耶稣会士闵明我（Philippe Marie Grimaldi，1637—1712）相见，讨论了许多问题。闵明我曾经作为南怀仁的助手在钦天监工作，在与莱布尼茨相见后回到中国，被任命为钦天监监正，接替刚去世的南怀仁的岗位。闵明我向莱布尼茨介绍了中国人观测、研究天体的一些情况，他认为中国人由于带有功利的目的，天文观测只能相信一半，并指出在传统和欧洲天文计算之间有差别时，中国人仍相信传统。在莱布尼茨给闵明我的调查清单中，也包含着许多天文学的内容。

在较晚些时候来华的法国传教士中，有一些人担负着政府委托的考察中国科学技术状况的使命。研究中国的科学成了他们的主要任务，而传教则退而居其次。在17世纪末，李明就曾向欧洲介绍过中国的天文学。他在参观过北京观象台后，引用另一位耶稣会传教士的话说："这些铜制机器已经制造

---

① ［意］利玛窦、［法］金尼阁著，何高济、王遵仲、李申译，何兆武校：《利玛窦中国札记》，中华书局1983年版，第353页。

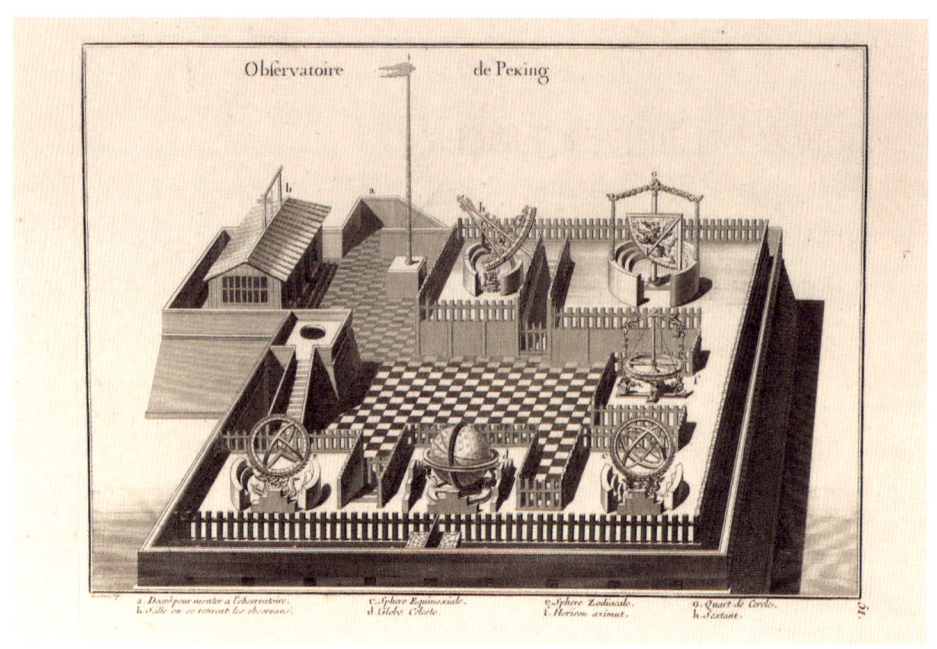

观象台图。《中国近事报道》插图

七百年了,在这个硕大城楼平台上也存放了几个世纪,可其式样仍显明亮清晰,就像是刚铸造的一样。无论是存放地点的宏伟,还是机器设计制造的精美,远非欧洲人所能比……总之,中国以此显示了他们的全部科学和富庶,这足可让那些无此等设计制造能力的其他民族感到羞愧。"①

他描述了在观象台上中国天文学家辛勤地、仔细地观测天象和星体变动的情况。他说:"可能正是这对古代的迷恋和对古老习俗的热爱,才使中国人那么醉心于他们的天文观测。因为他们中有人随时都在观测,但是,他们很少利用观测的结果,这真是令人惊奇。4000年来,他们一直细心研究星宿的运动,他们应该对之有深刻的认识。……中国人并不停止他们的观测;每夜有5位数学家在我谈到的塔楼上工作,他们不停地观察天空。"②但是李明认为,中国人的天文学的成就并不大,因为在他看来中国历法并不准确,也

---

① 曹增友:《传教士与中国科学》,宗教文化出版社1999年版,第76页。
② [法]李明著,郭强、龙云、李伟译:《中国近事报道(1687—1692)》,大象出版社2004年版,第82页。

不能准确预报日食。

在来华的传教士当中，宋君荣对中国天文学史进行研究并作出了全面的阐释。在来华之前，宋君荣已在神学、哲学、天文学、地理学等方面有很深的造诣，还曾在巴黎天文台受过严格的训练，是法国许多一流科学机构的成员，有"耶稣会中最博学的"教士之称。他于1722年来华，重点研究中国古代史和中国科技史。他著作颇丰，被誉为"18世纪最伟大的汉学家"。他在中国精心研究天文学，从事天象观测，并与中国学者切磋琢磨，是当时欧洲人中唯一一位对中国古代天文学展开真正研究的学者。他把天文学与中国古代史结合起来，发表了许多天文学史论著，不仅在上古史研究方面达到了很高的造诣，在天文学起源的研究、观测记录的整理等方面也取得了杰出的成就。他关于中国天文学史的研究成果，他在北京进行的长达36年的天文观测的报告，经常为法国天文学家所应用。

正是宋君荣对中国古代天文学史的大量研究，改变了欧洲学界对中国古代史和天文学史的看法。李约瑟说："考虑到重重困难，一个像宋君荣那样的人竟会了解得那么多，应该说是使人颇为惊异的。"[1]安田朴（René Ernest Joseph Eugène Étiemble，1909—2002）认为，宋君荣可称作法国汉学的真正创始人，他对中国天文学史的研究至今仍有重要的参考价值。

比利时籍耶稣会士安多（Antoine Thomas，1644—1709）对中国的天文学研究也有所贡献。安多1682年入华，先后在清宫中出任钦天监监副和监正。他在1686年根据满文文献编制了中国14个地区的日食表，同年还编制了汉满文的《行星运行表》。南怀仁去世以后，他负责审定中国历书，并为此从事大量的天文观察，从而将中国的天文历法知识传到了欧洲。他还首次全面而详细地测绘了北京及其近郊地区的平面图和城墙图，然后将这些资料寄给法国。

---

[1]［英］李约瑟著，鲍国宝译：《中国科学技术史》第4卷第1分册，科学出版社1975年版，第6—7页。

五　传教士对中国博物学的调查研究

在西方的博物学研究中，有关植物的调查与研究是一个重要的方面，在17至19世纪，吸引了从科学界、政府机构、海贸公司到殖民地官员的广大兴趣和支持。来华的传教士们对中国丰富的物产和自然资源十分关注，特别是对中国的植物学、动物学都有许多比较深入的调查和研究。在《利玛窦中国札记》中，就有一部分对中国植物资源和动物资源的概括性介绍。曾德昭的《大中国志》中曾经介绍过龙眼、荔枝等中国南方特有的水果。他们对这方面的介绍往往是作为介绍中国国情的一部分，所以他们的工作涉及纯植物学、园艺、农业等方面。

在早期来华的传教士中，卜弥格最早开始了对中国植物学的研究。他的《中国植物志》是欧洲出版的第一部关于远东和东南亚大自然的著作。这部著作于1656年在维也纳出版。"它对中国植物（和动物）的介绍和其中的插图，确实是欧洲将近一百年来人们所知道的仅有的一份资料，而且它的涉及面很广。后来一些热衷于编撰普及读物的人曾多次翻印过它，还有一些到过中国也了解中国的学者……也利用过这份资料。"①张西平认为："卜弥格的《中国植物志》开启了传教士汉学研究的新方向，并为以后的法国来华耶稣会士对中国自然状况的调查和研究奠定了基础。"②

在《中国植物志》中，他对所调查的动植物都做了描述性的介绍，记述了21种植物和8种动物，并论述了它们的用途。该书秉承了中欧早期博物学共同的视觉表现传统，采用图例的方式来辅助文字描述。这一传统被认为是一种科学交流的媒介，可以向读者传达一种比语言描述更为直观、精确的印

---

① ［波兰］爱德华·卡伊丹斯基著，张振辉译：《中国的使臣卜弥格》，大象出版社2001年版，第203—204页。
② 张西平：《中西文化交流的使者，波兰汉学的奠基人：卜弥格》，载张振辉、张西平译：《卜弥格文集——中西文化交流与中医西传》，华东师范大学出版社2013年版，第42页。

象。卜弥格手绘了27幅彩色图例，每幅图用拉丁字母从A到Z进行排序。卜弥格的写作体例为先附图鉴，勾勒整个植物或动物的形象，图上横排标注拉丁文术语，图旁竖排标注中文术语和西文注音，然后再对其特性进行书面说明。比如，在介绍生姜时，左页是一幅彩图，注明了"生姜"的拉丁文、中文名字及西文注音，右页对这种植物习性详加解说。这些实用的记载大大促进了西方人对中国植物的认识。出于医生的家学传统，他格外关注植物在医学上的应用，重点说明其药用价值。比如提到槟榔、腰果有

卜弥格在《中国植物志》中绘制的荔枝

健胃的作用；某种椰子果是治疗心脏疾病的良药；芭蕉干治咳嗽；葡萄用于辅助退烧；荔枝和龙眼的果核碾成粉末泡水可养生保健；芒果的核吃下去能杀死肚子里的蛔虫，还能止腹泻；番石榴果实止腹泻，叶子治热病；茯苓能治梅毒，消血栓，防止中风；胡椒利尿、明目，还能和其他一些物品合用治疗咳嗽、呕吐，还能消肿、祛痰，等等。

虽然之前利玛窦和曾德昭等传教士的著作中已零星提及中国独有的植物，但内容较为简略，多是一笔带过；只有卜弥格的《中国植物志》可称得上是西方世界第一部介绍中国植物的专著，内容写实，解说科学，插图兼具美学效果和科学性，在欧洲出版后引起了很大反响。书中对中国南方水果、香料、动物的介绍及插图，是西方对中国动植物认知的第一步，成为17世纪欧洲了解东方博物知识的一手资料，后来欧洲很多关于植物学的研究著作都引用了他的材料。

卜弥格对博物学的关注和研究为来华传教士起到了引领和铺垫作用，指引了一个新的汉学研究方向。在他的影响下，后期来华耶稣会士也撰写了许

獏。出自由晁俊秀神父寄入法国的一部中国动物画册

多涉及中国博物知识的论著，绘制了远东自然物种图谱，并积极采集植物标本和种子。

耶稣会士关于中国植物的研究著作很多。邓玉函著有《印度的普林尼》一书，共18卷，是在中国的植物学家和艺术家们的合作下写成的，是一部重要的自然史著作。卫匡国的《中国新图》对各省草木都有介绍，特别是对人参介绍得比较详细。李明的《中国近事报道》有关于种植茶叶和几个省区种植烟草的记载。他还记述了葡萄牙人将柑橘从中国带回本国栽培。1714年，利国安（Giovanni Laureati，1666—1727）在一封长信中详细地介绍了他所了解的中国植物和动物，这封信实际上就是一篇关于中国植物学和动物学的论文。他在信中介绍了中国的谷物、蔬菜、水果、树木、竹子等植物，介绍了羊、马、蛇，以及各种鸟类和鱼类。由于利国安曾在中国的许多地方旅行，因此他对中国动植物资源的了解和调查比较全面和深入。巴多明在1723年给法国科学院的书信中，也有关于中国植物的介绍。1736年殷弘绪（Francois Xavier d'Entrecolles，1664—1741）写给杜赫德神父的一封长信，也可以看作一篇关于中国植物学的学术论文。正是他向欧洲介绍了柠檬、佛手和其他许多种植物。

汤执中来华前曾是植物学家阿特林·徐西欧（Adrien Henri de Jussieu，1797—1853）的学生，并担任法国科学院通讯院士。他对蓝属植物和靛青染色术极有研究，现在普遍盛开于西欧的翠菊，最初是汤执中由中国寄到巴黎皇家花园的。他撰写的论文《植物志》发表在《法国植物学会杂志》上。他还是西方最早研究中国柞蚕的，著有《蚕的饲养》，附有23幅彩色插图。汤执中曾将收集到的大量标本和4000幅中国动植物图版寄给巴黎的徐西欧，一度收藏于法国自然历史博物馆，不幸的是这些图板后来都散失了。巴黎徐西欧科学博物馆尚藏有汤执中所绘的72幅植物图。他撰写的《北京植物及其自然史中其他物品的字母顺序排列目录》，收入260种植物，后来在莫斯科出版。汤执中还撰写了一部《中国植物小辞典》。

韩国英被方豪称为"18世纪在华耶稣会之大生物学家"[①]，他曾研究过中国的地质、矿物、化学和动植物。他积极开展植物学田野调查，采集大量植物样本并制作标本，方便欧洲人士直观了解中国的药材、植株、种子等自然资源。1760年他到北京后，在京城周边地区做过植物标本的采样工作，把采摘的地黄种子寄到圣彼得堡，这批种子的发芽生长情况为后来德国植物学家约瑟夫·格尔特纳（Joseph Gärtner，1732—1791）的植物学观察记录提供了直接帮助，留下了珍贵的一手资料。1780年，韩国英将几册专门制作的植物标本寄回法国，均标注中文名称，共计293种植物，其中144种采集于澳门，149种采集于内地。韩国英在田野考察基础上，利用一手素材积极编撰中国植物志。他著有《中国的植物、花卉和树木》。该书成书于1772年，主要以北京紫禁城御花园中生长的植物为蓝本，多为中国本地独有的植物，也包括部分药用植物。该书原本被中国皇帝收藏，副本寄回了法国。书中绘制了大量植物图谱，前面是韩国英写的一份关于详细研究中国植物的导言。

韩国英还介绍了中国园艺师的一些技术。韩国英明确指出他的植物图转引自唐代的《本草》。韩国英还致力于中国植物的普及介绍。他发表在《中国杂纂》上的63篇文章中，有41篇涉及博物学方面，其中有15篇论述中国各类植物，涵盖了草部、谷部、菜部、果部和木部几大类。行文体例一般为先

[①] 方豪：《中西交通史》下卷，上海人民出版社2008年版，第556页。

详述其外形、种类、产地、生长情况、栽培或采集方法,然后介绍其经济或药用价值,有时还兼及民风民俗和文化意义,为当时的法国政府与一般大众了解中国自然科学和物种现状提供了丰富的信息。

韩国英在介绍中国植物时,多以观赏类花卉、经济类或药用类植物为主,从植物外形、用途到种植条件均详加说明。韩国英在文章中具体介绍了栽种的注意事项,称在北京圆明园各处都种植芍药,如假山、小径的旁边,但最佳位置应选种在小山丘下,避免风吹。韩国英在文章中也提到扬州盛产芍药,他曾专门考察过,认为该地水土非常适合种植这种花卉。他还介绍说扬州城每年都会为皇帝进献芍药,传教士们对从如此遥远之地进贡鲜花给皇帝表示非常震惊。

耶稣会士还进一步对那些欧洲人不认识或不熟悉的植物进行研究,主动采集植物标本,并将植物或其种子寄往欧洲,试图进行风土驯化和繁殖,从

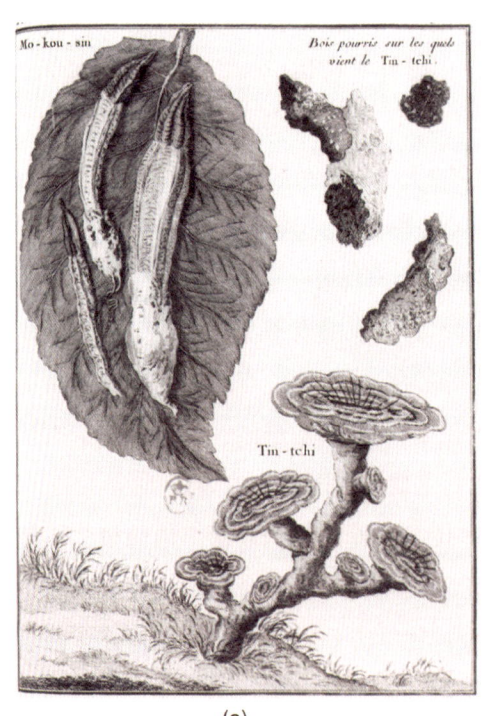
(a)

(b)

韩国英绘制的蘑菇蕈和灵芝。(a)发表于《中国杂纂》;(b)出自法国国家图书馆,中国第5504号文献

而丰富当地的植物品种。韩国英非常关注那些宜于在欧洲引种的中国物种，尤为重视各类植物的食用价值和经济价值。韩国英比较过中法的棉花作物，并详述了草棉种植的土壤、播种、施肥等方法，声称研究和实践目的是论证可以在法国北部种植这种作物，以增加法国棉花产量。他也专门介绍过中国白菜的种类、种植和储存方法，极力推荐将这一农作物引入欧洲，并将一瓶保存完好的白菜种子随报告寄回法国，希望尽快开始引种和培植。他还记录过一种和桑树非常相似的树种，称其播种成活率高，受气候影响较小，果实可食用，树皮不仅可以制衣，更重要的还是造纸业的优质原材料，因此推荐将此树引入法国。

在动物学方面，邓玉函的《印度的普林尼》介绍了中国的动物学知识。尚若翰（Jean-Gaspard Chanseaume，1711—1755）详细描述了有关介壳虫的生物学及其寄生物的产品——植物蜡，并且介绍了这种蜡的用途。宋君荣的著作中画有许多中国鱼类的图画。1772年，某位不知名的传教士绘制并向法国寄去了中国娃娃鱼（大鲵）的图片。在法国自然史博物馆图片收藏部和巴黎国家图书馆有许多有关中国飞鸟和哺乳动物的图片，这些都是那时传教士们绘制并寄回巴黎的。他们介绍的中国动物还有鲤鱼、彩项雉鸡、银白色雉鸡、鸬鹚等，以及享有盛名的中国金鱼。

六 传教士对中医药学的研究

中国的医药学也是传教士们最先注意到的科学领域。在对中医的研究方面，卜弥格是最早且最有成就的人之一。1643年卜弥格来到中国后，便开始注意到中国的医学，并开展了相关的研究。他在手稿《中国事务概述》中，就对有关脉诊治病方法的具体问题进行了研究。卜弥格写过一部关于脉诊治病的著作《医学的钥匙》。手稿交给柏应理寄往欧洲出版。但柏应理在中途把这份手稿交给一位荷兰商人，这位荷兰商人又把它寄到了巴达维亚（今雅加达），巴达维亚的荷兰东印度总督约翰·梅耶特瑟伊克（Joan Maetsuycker，1606—1678）获得了这部手稿，将他交给了荷兰医生克莱叶

(Andreas Cleyer,1634—1697或1698)。

克莱叶是当时巴达维亚的首席医生。1682年,克莱叶将手稿寄给了德国汉学家门采尔(Christian Mentzel,1622—1701),在门采尔的帮助下以《中医指南》为题在法兰克福出版。《中医指南》所署的作者名字是克莱叶,没有标上卜弥格是本书的作者。但是这个版本的内容不完整,缺少了原稿的一个重要部分,出版后反响不佳。

在此之前的1671年,一个不知名的法国出版商出版了没有署名的《中医的秘密》一书。据法国汉学家雷慕莎(Jean-Pierre Abel-Rémusat,1788—1832)研究,这部《中医的秘密》就是卜弥格的作品。后来,这本《中医的秘密》被翻译成意大利文出版。

1686年后,即《中医指南》出版后4年,门采尔在纽伦堡科学年鉴上发表了《医学的钥匙》,并明确指出这本书的真正作者是卜弥格。这本书的全名是《耶稣会在中国的传教士卜弥格认识中国脉诊理论的一把医学的钥匙》(简称《医学的钥匙》)。

卜弥格还有另外一部关于中医的著作《中医处方大全》,以"四味和五气的理论"对中药进行论述,介绍了一些药物的一般属性。这是中国的中草药第一次被大规模地介绍到欧洲。"《中医处方大全》中列举了将近400种中国动植物和矿物的名字,这在当时出版的任何一部关于中国的著作中都是没有的。"[1]

卜弥格的《医学的钥匙》和《中医处方大全》传到欧洲之后,产生了很大影响。波兰汉学家爱德华·卡伊丹斯基(Edward Kajdański,1925—2020)指出:"17世纪最后的20年是欧洲对中国的医药最感兴趣的时候,这无疑是因为《中医处方大全》那个时候出版了好几次。这种情况的出现,是完全可以理解的,因为东印度公司热衷于把他们能够卖出高价的高级商品从中国运到欧洲,在这些商品中,就有享有盛名的'神奇的'中国药。这样,在欧洲已经普及的茶不仅是一种饮料,而且成了一种万能的药物。在其他药物中,

---

[1] [波兰]爱德华·卡伊丹斯基著,张振辉译:《中国的使臣卜弥格》,大象出版社2001年版,第278页。

人们特别感兴趣的是人参。"①

17世纪末，英国医生弗洛伊尔（John Floyer，1649—1734）将卜弥格关于中医脉学的译述转译成英文，连同他自己的著述合为《医生诊脉表》一书，于1707年在伦敦出版。弗洛伊尔对卜弥格的研究极为重视，公开声称自己已经懂得了卜弥格介绍的所有中国医学的原则。

弗洛伊尔不仅对卜弥格的中医理论进行了深入的研究和阐述，而且致力于中药的应用和推广。他认为，卜弥格介绍的中国药，至少有一些草药、动物药和矿物药，欧洲的医生是可以用的。他建议欧洲的医生吸取中国医生用药柜的经验，称之为"英国医生的小药柜"，也就是小药房。这种小药房里很大一部分药都是从中国进口的，其中有大黄、人参根、茯苓和茶叶等药材配制的药。

卜弥格的研究成果对法国汉学家雷慕莎也有很大影响。雷慕莎读到了卜弥格的《中国植物志》，遂开始学习汉语，1805年他完成的博士论文《论中国人的舌苔诊病》，也是根据卜弥格《医学的钥匙》中有关论述写成的。两年后，雷慕莎成为法兰西学院汉语和满语专业的第一任教授。而这一职位的设立，一般被认为是法国乃至国际汉学正式确立的标志。

在来华传教士中，除了卜弥格这样的专业研究者之外，还有许多人对中国的医药学很感兴趣。他们的研究涉及望舌苔、脉学、性病、法医、传染病、药物、外科、养生、神功、动物磁力、针灸等领域。利玛窦分析了中西医体制上的差异："这里没有教授医学的公立学校。每个想要学医的人都由一个精通此道的人来传授。在两京（南京、北京）都可通过考试来取得医学学位。然而，这只是一种形式，并没有什么好处。有学位的人行医并不比没有学位的更有权威或更受人尊敬，因为任何人都允许给病人治病，不管他是否精于医道。"②利玛窦不是专业医生，但察觉到了读书做官传统造成的轻视

---

① ［波兰］爱德华·卡伊丹斯基：《关于卜弥格中医著作的说明》，载张振辉、张西平译：《卜弥格文集——中西文化交流与中医西传》，华东师范大学出版社2013年版，第77—78页。
② ［意］利玛窦、［法］金尼阁著，何高济、王遵仲、李申译，何兆武校：《利玛窦中国札记》，中华书局1983年版，第34页。

医学的社会心理对中国医生的专业训练和专业精神的消极影响。

1621年来华的传教士邓玉函是第一位到中国的耶稣会医生。他向身边的中国人指出其祖国瑞士也是用草药治病，但不同的是他们"草木不以质咀，而蒸取其露"。

在许多传教士的书信和著作中，都提到人参，

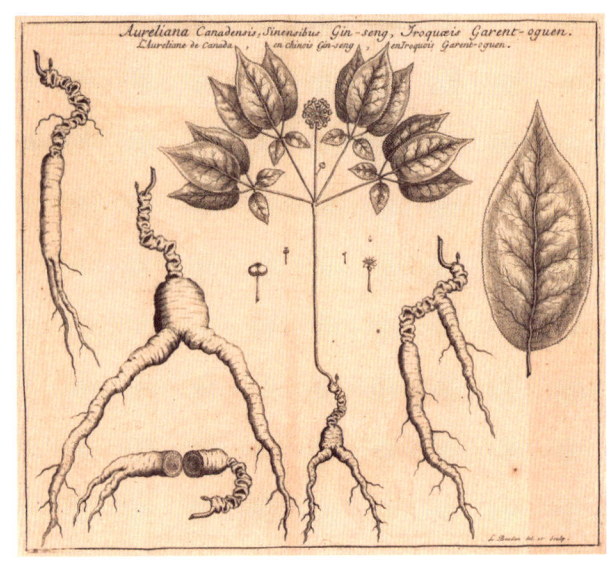

传教士所绘人参图

而且对人参的功效都有比较详细的论述，看来他们十分重视这种中药材。杜德美在一封信中详细地描述了人参的形态、药性、生长环境、分布区域和功效等。1711年，他把这封信发往法国，被收入《耶稣会士通信集》，1713年又被转载在英国皇家学会《哲学汇刊》上，引起了欧洲科学家的极大兴趣。

杜德美曾在长白山一带朝鲜边境附近一个村子里见到过人参，他说村子里有人去山里挖了4株完整的人参，放在篮子里给他们看。杜德美依照原样画下了形状图。他还考察了人参的生长环境，认为它位于北纬39°与47°之间、东经10°与20°之间。他由此推断，中国可能不一定是人参的唯一产地，和长白山地理纬度相近、环境相似的加拿大魁北克一带可能也出产人参。

"这里有绵延不绝的山脉，山上和四周的密林使人难以进入。人参就生长在山坡上和密林中；溪涧旁、峭壁边、树下和杂草丛中皆可见其踪影。……这一切使我认为，若世界上还有某个国家生长此种植物，这个国家恐怕主要是加拿大，因为据在那里生活过的人们所述，那里的森林、山脉与此地的颇为相似。"① 时隔4年，这一推断竟然得到了证实，而且西洋参的发现地正好在魁北克，发现者约瑟夫-弗朗索瓦·拉菲托（Joseph-François Lafitau, 1681—

---

① [法]杜赫德编，郑德弟译：《耶稣会士中国书简集——中国回忆录》第2卷，大象出版社2001年版，第52页。

1746）正是在读了杜德美的信后受到启发的。

李明介绍了中国的脉诊医术，说中国人获得了对于脉搏的独特的认识，这使他们在世界上享有盛名。"4000多年前，黄帝写过有关的论著，从那时开始，中国的医生就把这一科学看成是整个医学的基础。"①冯秉正《中国通史》中有多处论到中医。其中第12卷第7章是专门论述中医的，第4章论述了中药，提到了大黄、冬虫夏草、三七、人参、茯苓、阿胶和地黄等。

殷弘绪对中国的医药学十分重视和推崇，他说道："我有机会翻阅了不多的医书，我相信如果能把这些书籍翻译成我们的语言，欧洲的医生们对他们有关各种疾病的诊断、症状描述、药物及其品性的介绍一定会很满意的。虽然人们还不知道他们通过何种手段得到这么多知识，他们始终如一的悠久历史也让人们尊重这些知识。当秦始皇下令焚书时，医书不在焚毁之列。人们认为中国的Esculape比希腊的Esculape（医药神）早几个世纪，甚至比希腊本身还早。"②殷弘绪节译了康熙三十六年（1697）出版的《长生》一书，还节译了《本草纲目》《濒湖脉学》，以及种痘、人参、茶叶等方面的中国医学和药学著作。

巴多明在华期间与中国医生多有接触并向他们请教，他研究过《本草纲目》等中国医药典籍。他在给法国科学院的一封信中介绍流行的几种中药，如冬虫夏草、三七、大黄、当归、阿胶等，详细地介绍了各种药物的出产地、形态、性能、功效及服用方法。他还把这几种药物的样品寄回法国，除大黄外，另4种都是首次传入欧洲。法国科学院于1726年举行一次报告会，专门讨论这几种药物。

巴多明认为中医根据长期实践经验，在治疗方面效果显著，但在理论方面不如西方，原因是受儒家思想的影响，把人体视为"受之父母"，神圣不可侵犯，以致人体解剖学十分落后，医学研究也因之受到阻碍。在巴多明看来，中国医生的本领是很高明的，但他们的理论知识贫乏，能治好病但说

---

① ［法］李明著，郭强、龙云、李伟译：《中国近事报道（1687—1692）》，大象出版社2004年版，第195页。
② ［法］杜赫德编，朱静译：《耶稣会士中国书简集——中国回忆录》第3卷，大象出版社2001年版，第219页。

不出什么道理。钱德明也有这样的看法，他认为"中国医生的治疗富有成效"，但"在医学理论方面落后"。他们的这个看法后为伏尔泰所接受。伏尔泰说：中国医生在实践上相当成功，但在医学理论方面则仍属于无知和错误。

钱德明对中国的医学有一定的研究，积极向欧洲人介绍中国的医学成就。他说，自"中国的第一个医生"神农开创医学基业，中国人在这方面不间断地经营了4000多年，中国在医学上的成就和经验足以成为他国发展自己医学事业的借鉴和指南。钱德明曾在1784年写的一封信中介绍了脉学的含义，中国医生是怎么切脉的，是怎么通过脉象的不同表现进行病情诊断的。他还介绍了中国古籍对心脏血液循环等人体生理现象的记载，他说中国早在2000多年前就提出了血液循环的说法，并发现了血流的速度。

杜赫德的《中华帝国全志》第三卷是中医专辑，收有《脉经》《脉诀》《本草纲目》《神农本草经》《名医别录》《医药汇录》等部分内容的译文。此卷卷首有一张中医诊脉图和一篇关于中国医术的文章，同时还介绍了许多中医处方。其中的《脉诀》是一篇节录中国医书《图注脉诀辨真》和李时珍《本草纲目》相关内容的文章。杜赫德采用的《本草纲目》是传教士刘应翻译的，在翻译时，他对每种药的疗效和制备加进了自己的分析研究。不过这个译本并不是全文翻译，而是这部著作的大纲。

中国针灸学被介绍到欧洲，很可能与传教士有直接关系。卜弥格在《医学的钥匙》中介绍了中国的针灸疗法，钱德明也曾提到过针灸。李明在《中国近事报道》中讲述了火针疗法。巴多明在几次通信中都曾提到针灸疗法，介绍了磁铁、银针在医疗上的应用。1676年，德国和英国分别有关于灸术的书出版，前者的作者为格尔福修（Bernhard Wilhelm Geilfusius），后者为巴斯切夫（Herman Busschof，约1620—1674）。1683年，荷兰医生赖尼（Willem ten Rhijne，1647或1649—1700）在伦敦出版了一本《论关节炎》的书，书中有一节为应用针刺治疗关节炎的内容，是介绍中国针灸术到欧洲的早期文献之一。同年，格荷马（Jan Abraham von Gehema，1647—1715）在汉堡也出版了《应用中国灸术治疗痛风》一书，其中谈到中国的灸术是当时治疗痛风最优良、迅速、安全和合适的方法。1684年，布兰库特（S. Blankaurt）在阿姆斯特丹出版了《痛风专论》一书，也介绍了中国的针灸术治疗风湿病的效果。此后中国的针灸术又流传到意大利、西班牙、瑞典和比利时等国。

与此同时，很多传教士都注意研究中国的药学，并且有很多这方面的论述。李明曾向欧洲寄送过400多种中国草药标本的绘图。传教士们对于中医药学的介绍在欧洲引起关注。19世纪的科学家达尔文（Charles Robert Darwin, 1809—1882）在《人类的由来》一书中，就引用了耶稣会士们翻译的《本草纲目》的部分内容，他用金鱼颜色形成的资料来说明动物有人工选择的问题。在《动物与植物在家养下的变异》一书中，提到"上一世纪耶稣会士出版的那部主要是辑自中国古代百科全书的伟大著作"，即指《本草纲目》。据统计，在达尔文的著作中，提到中国医学和植物学的资料多达104处。

传教士们介绍的中医药学，对欧洲的医学发展也产生了一定的影响。"在17和18世纪时，欧洲医学应向中医学习很多东西。这种思想状态一直持续到19世纪。……西医中轮番出现的不少急需解决的问题都在中医中解决了。例如，治疗性病、通过脉搏来诊断和预报疾病、种痘、艾灸、动物磁力疗法、针灸和药物。"①

殷弘绪对关于中国"种痘术"的介绍同样引起欧洲瞩目。

天花是一种古老而极为凶险的传染病，据说，17世纪仅在欧洲，就有4000万人被天花病毒夺去了生命。仅在1719年的一次天花流行

中医正在把脉，克莱尔《中医指南》书名页插图，1682年

---

① ［法］伯德莱著，耿昇译：《清宫洋画家》，山东画报出版社2002年版，第206页。

中，巴黎就死亡14000人。此病大约在1世纪传入中国，因战争而由俘虏带来，故名"虏疮"。15世纪以后，由于中西之间人员往来频繁，天花在中国广泛流行。

清初，中国发明了人痘接种术，开创了人类预防天花的新纪元。种痘法很快远传海外，1700年英国的医学家就对中国的人痘接种术有所了解。当时英国驻土耳其的大使夫人蒙塔古（Mary Wortley Montagu，1689—1762）在君士坦丁堡看到当地人为孩子种痘以预防天花，效果很好，颇为感动。由于她的兄弟死于天花，她自己也曾感染此病，因此，她决定给她的儿子接种人痘。1717年在大使馆外科医生的照顾下，她的儿子接种了人痘。1718年6月蒙塔古夫人返英后，又大力提倡种痘。从此，人痘接种术在英国流传起来。随后，欧洲其他国家也试行接种人痘。

1726年5月，殷弘绪从北京给杜赫德神父写了一封长信，此时正是种痘法刚刚传入欧洲不久。他在信中注意到欧洲流行的种痘法与中国的联系，他说，从君士坦丁堡传到英国的种痘法在中国已经流行一个世纪了。他在信中详细地介绍了种痘法的3种处方与每种处方的实施方法及注意事项。

除了殷弘绪之外，钱德明、韩国英、巴多明等人都涉猎过中国的人痘接种术。另外，中国青年教徒杨德望和高类思在给法国贝尔丹寄的材料中，也有关于这方面的内容。1772年10月30日，贝尔丹在给他们的信中说道："使我惊奇的是，天花接种在10世纪的中国就出现了。这种病在中国造成的危害比在欧洲还严重。"

殷弘绪等人对中国种痘术的介绍，在欧洲引起人们的高度重视。因为天花的流行曾夺取了千千万万人的生命，防治天花是当时医学上的一大难题。而种痘术在欧洲的传播，是18世纪欧洲人的一个热点话题。伏尔泰就曾对中国的种痘法给予赞扬。

七 传教士承担的中国地图测绘

康熙年间，清廷组织过一次大规模的地图测绘，西方传教士在这次测绘中起了重要的作用。这次全国范围的大地测量，可以说是法国皇家科学院世界科学考察活动的一部分。

中国古代的地图测绘有古老的历史和杰出的成就。中国以往也有所谓的"华夷图""天下图""广舆图""天下舆图"，但在利玛窦将西方地图技术输入中国之前，中国人的世界地理知识仍停留在中古水平上，绘制的地图都是平面图，计算里程不能够精确地反映地球表面的曲率。传教士们带来了投影法，并通过天文观测来确定经纬度，从而使得地图的精确性大大提高。康熙帝对此十分重视，令传教士收集西方的地图，购置测量的仪器，并亲自学习测算的方法。康熙帝在西征厄鲁特、南巡江南、视察东北的旅行中，常令传教士随行，测量各地的地形、距离与经纬度。

法国传教士巴多明在宫中任康熙帝的外交顾问。他认为过去所绘的中国地图，杜撰成分太大，应该重新实测绘画。在中俄尼布楚谈判时，徐日升（Tomás Pereira，1645—1708）、张诚两位传教士，携有详明的地图，使康熙帝深知地图的重要性。张、徐两位传教士随康熙帝出巡数次，每到一处随时随地测定经纬度。康熙帝命有学识技能的欧洲传教士负责重新实测绘画。这一工作由与巴多明同来中国的传教士雷孝思主持，参加测绘的有雷孝思、白晋、冯秉正、杜德美、费隐（Xavier Ehrenbert Fridelli，1673—1743）、山遥瞻（Guillaume Bonjour，1670—1714）、汤尚贤、麦大成（Jean Francisco Cardoso，1676—1723）、德玛诺（Romanus Hinderer，1669—1744）、张诚10人。

康熙四十七年（1708），雷孝思、白晋、杜德美3人奉谕测绘万里长城的位置，以及附近河道。康熙帝对他们的工作十分赞赏，于是测绘成员中又增加了费隐。他们越过长城，测绘了满洲西部、奉天和朝鲜北部的地区，同时还绘制了图们江与鸭绿江的地图，以及北纬40°至45°之间的区域。

雷孝思等人于次年1月10日回京，所绘地图长15尺多，康熙帝颇为嘉许。此后康熙帝又令测绘北直隶各地，康熙四十八年十一月十日（1709年12月10日）开始，于次年五月二十九日（1710年6月25日）完成。康熙帝见所绘地图非常精密，很是高兴。康熙四十九年（1710）又派雷孝思、费隐、杜德美3人前往黑龙江一带绘图；康熙五十年（1711），雷孝思与麦大成奉命前往山东；杜德美、费隐、白晋及山遥瞻测绘长城西部，即晋、陕、甘等省，直抵哈密。康熙五十一年（1712），雷孝思与冯秉正、德玛诺3人一起绘制河南、江南、浙江、福建地图；康熙五十二年（1713），汤尚贤、麦大成二人绘制江西、广东、广西地图，费隐、山遥瞻二人绘制云南、四川地图；康熙五十三年（1714），雷孝思和冯秉正、德玛诺一起测绘了台湾西部地图。山遥瞻因劳累过度且受到瘴气的侵袭，不幸在云南边境孟定病逝；康熙五十四年（1715）雷孝思前往云南，以完成山遥瞻的未竟之业。从云南归来，费隐也病倒了，雷孝思又代替他测绘贵州地

《中国图像》的卷首插画，汤若望（左）与利玛窦（右）正在展示地图

图，并奉命完成了湖广地图的测绘。随后又派在蒙养斋向欧洲学士学习数学的两位喇嘛，前往西宁、拉萨等地测绘。朝鲜的地图则得自于朝鲜宫廷。

完成实地测量后，康熙五十七年（1718）将实测的结果汇总，将各人所绘部分统一由雷孝思、杜德美和费隐审定，最终将满洲、朝鲜、西藏及各省汇集成全国总图，总共32幅，名为《皇舆全览图》，且各省皆有分图。绘制采用梯形投影法，比例尺为1∶1400000。这是我国运用近代的科学方法，经过实地测量而绘制的第一幅详细的全国地图，这是我国地图绘制史上的鸿篇巨制。

雷孝思等传教士们为《皇舆全览图》的完成付出了巨大的劳动，其间的艰难困苦不难想象。这次测绘工作采用了当时世界上最先进的经纬度测绘方法。测定纬度主要依靠天文测量，采用太阳午正高弧定纬度法，在冬至日测太阳的垂角来推算纬度，纬度以北极星出地高度为标准；测定经度，则用月

食观察的方法,即在不同地点观察月食的时差来计算经度,经度以北京为中线,分为东经和西经。为了统一里程的计数,规定以工部营造尺为标准,5尺为步,360步为里,凡纬度一度合200里。杜赫德主编的《中华帝国全志》第四卷卷末收录了参加测绘的法国传教士冯秉正提供的641个实测纬度及依图推算的东西偏度。当时欧洲尚未举行过如此大规模的测量,且雷孝思与杜德美通过发现经度长度上下不同,证实地球是扁圆形的,是对世界地理学的一大贡献。1710年,雷孝思等在东北地区测量北纬41°到北纬47°的长度时发现,"无论他们在测量中如何小心翼翼,各度之间总有近30秒的差距"。"当他们将47度与其他各度比较时,发现差距竟达258尺。至此,传教士们认为每度经纬长度肯定是不等的。"对于这一发现,雷孝思等这样理解:"几何学家还没有发现这一现象,仅有一些设想地球是扁球体的人作过推测。"然而事实上,这是世界上首次通过实地测量而获得地球为椭圆体的实证资料。

康熙《皇舆全览图》的完成,在中国地图史、地理学史上,具有极其重要的意义。首先,它是中国第一次在实测经纬度基础上绘制的地图,给后来的中国地图发展以深刻影响。由于进行了全国631个重要点的经纬度控制测量,新绘的《皇舆全览图》具有相当高的准确性,成为以后多种中国地图的蓝本。其次,它第一次采取以经纬度分幅的方法,这在中国地图绘制史上具有开创意义。这幅地图也是当时世界上最大的地图。

《皇舆全览图》在康熙五十八年(1719)就有了手绘本,共32幅。后由马国贤带到欧洲,制成铜版41幅。康熙六十年(1721)的木刻版,仍为32幅。雍正四年(1726)收入《古今图书集成》,分为216幅图。

乾隆二十年(1755),清廷取得了平定准噶尔战争的胜利。当年六月,乾隆帝下谕:"西师奏凯,大兵直抵伊犁,准噶尔诸部尽入版图,其星辰分野、日月出入,昼夜节气时刻,宜载入《时宪书》,颁赐正朔。其山川道里,应详细相度,载入《皇舆全图》,以昭中外一统之盛。左都御史何国宗素谙测量,着带同五官正明安图,并同副都统富德,带西洋人二名前往各处,测其北极高度,东西偏度,及一切形胜,悉心考订,绘图呈览。所有坤舆全图及应需仪器,俱着酌量带往。"

乾隆帝所说的二名西洋人,可能是葡萄牙传教士傅作霖和高慎思(Joseph

d'Esphina，1722—1788）。他们都是在钦天监任职。为了测绘好地图，乾隆帝对他们不吝封赏。此次测绘从巴里坤分南北两路进行，北路沿天山北麓至伊犁，南路进入吐鲁番盆地。

乾隆二十四年（1759），清廷平定回部，控制了南疆的局势，完成了统一新疆、安定西陲的大业，乾隆帝再次派测绘人员进入新疆。此时，传教士刘松龄任钦天监监正，"被举测绘新近征服西域一带地图。松龄辞，举傅作霖、高慎思二人以自代"。因此，傅作霖、高慎思又一次踏上了赴新疆测绘的征程。经过中西人士近两年的努力，此次测绘工作圆满结束，于乾隆二十六年（1761）绘成《西域图志》。在此之前，清廷还派人赴西藏重新实测，绘制了新的西藏地图。通过这次测量获得了全国版图内的经纬度网点734点的成果，并取得1711处经纬度值，从而完成了康熙朝未能完成的精确大地测绘。这就为《乾隆内府舆图》的编制提供了条件。

《乾隆内府舆图》，又称《乾隆皇舆全图》，在傅作霖、高慎思等人测绘的基础上，最后由法国传教士蒋友仁总编。《乾隆内府舆图》在康熙地图的基础上订正补充，并参考中西文献扩大了范围。其所用经纬网、投影和比例尺仍本康熙图，但内容较前图更为丰富详密，且修订了西藏部分的错误。它涉及的范围远较康熙《皇舆全览图》广大。它的比例尺约为1：1400000，卷幅比康熙《皇舆全览图》大一倍多，图中各要素也增加了许多，内容更加详细。此图通过北京的子午线不标为零度，而是"东一和西一"，其范围"南至琼海，北至俄罗斯北海，东至东海，西至地中海，西南至五印度南海，合为一图，纵横数丈，而剖分为十三排，合若干叶，每叶著明经纬度数，盖本康熙图，而制极其精，推极其广，从古地图未有能及此者也"，即北达北纬80°，西至西经90°左右的地方，包括了北冰洋、印度洋、波罗的海、地中海与红海之间的广大地区，是一幅名副其实的亚洲地图。图宽12尺半，高六尺半。乾隆二十六年，由蒋友仁负责制成铜版104块，以纬度5°为一排，共13排，称"乾隆十三排"，进呈乾隆帝。

《乾隆内府舆图》不仅被认为是一幅奠定了今天疆域版图的中国全图，同时也是当时世界上最早、最完整的亚洲大陆全图，其覆盖面积远远超过康熙图。与康熙《皇舆全览图》一样，《乾隆内府舆图》也是以实测成果为制图依据，并采用经纬度绘制的，因而内容相当详细准确，为后人留下了18世纪宝贵的地理资料。《乾隆内府舆图》的流传比康熙《皇舆全览图》要广，对我国地图绘制的影响也更大，成为后世编绘全国性地图的主要依据。清政府后来所绘制的一些重要地图，如道光十二年（1832）的《皇朝一统舆地全图》，同治二年（1863）的《大清一统舆图》都是在它的基础上改进而成的。

蒋友仁还在乾隆二十五年（1760）绘制了《坤舆全图》，在是年八月乾隆帝50岁寿诞之前呈献，以祝贺圣寿。此后又历经七年之久，重绘《坤舆全图》，于乾隆三十二年（1767）成图。他参考了中外绘制的世界地图和中国地图，采用球状投影法，将东西两半球绘于一幅绢本上。东半球绘入亚洲、欧洲、非洲、大洋洲，西半球绘上美洲。东西两半球的四周绘有天文图19幅，浑天仪一架，于图幅的上下左右，填注长短图说36处，所用图例达17种之多。《坤舆全图》用橙黄、蓝、青、绿、红五色标划区域，例如，中国着橙黄色，日本、印度涂绿色，意大利、法国上蓝色，亚乌里国画青色，野地、世巴土国绘红色等，国界清晰，领土主权明确。此图涵盖了自16世纪至18世纪50年代的东西方地理调查和地理大发现的各项重要成果，内容十分丰富，是当时最新的世界地图，堪称中国和世界制图史上集大成之杰作。

《坤舆全图》的图四周配有各种天文图和文字说明，即《坤舆图说稿》，重点介绍了日心说，并介绍了开普勒行星运动三大定律和最新的欧洲天文学新成果。

蒋友仁还有《坤舆全图绘意》2卷，卷一包括论地体形象、论浑天仪、地平圈、经纬度、论诸曜隐见并昼夜长短四季轮流之故；卷二论宇内诸曜之序次。

第八章
纺织、制瓷和制漆技术的西传

一 养蚕制丝与丝织技术在拜占庭的初传

早在古罗马时代，中国的丝绸就传到欧洲，并且流行了几百年。东罗马帝国时期，仍然承继了这一风尚。但是，罗马人始终不知道丝绸生产的秘密，也不知道它到底来自何方。罗马与中国的丝绸贸易一直被波斯人所控制和垄断。528年，东罗马与波斯之间发生战事，使中国丝绸运销欧洲暂时受阻。从经济的角度看，这场战争主要的原因恰恰就是对丝绸贸易控制权的争夺。这场战争使波斯中断了丝绸贸易，拜占庭丝织业陷于危机。

531年前后，查士丁尼皇帝（Justinianus I，482—565）利用控制红海北部的有利条件，劝诱其在红海地区的盟友埃塞俄比亚人前往锡兰购买丝绸。当时的锡兰是印度洋海上丝绸贸易的一个中心。埃塞俄比亚人接受了请求，却未能实现诺言。有研究者认为，原因可能是埃塞俄比亚人已与波斯人在东方贸易上达成默契，即埃塞俄比亚人垄断香料贸易，而由波斯垄断丝绸贸易，双方都不愿为拜占庭帝国的利益卷入两败俱伤的竞争，锡兰人可能也不愿破坏已与波斯建立起来的商业关系。查士丁尼皇帝计划的失败，使拜占庭在叙利亚（提尔和贝鲁特两地）的丝织业受到严重影响。为了防止波斯丝商提高丝价，查士丁尼命令加强对生丝的垄断，由政府商务官在固定边界交易点上从波斯人手中购买生丝，以保证政府优先得到生丝，同时避免丝商争购造成波斯人抬价。他还禁止私人丝织者以每磅8个金币以上的价格出售丝织品。这个价格低于私商从波斯人手中的购买价，大量私商因这一规定而破产。540年，第二次波斯战争爆发，生丝贸易停止，政府所存生丝又不敷用，为了保证政府作坊的供应，查士丁尼宣布接受私人丝织场为国有，将生丝和丝织品的买卖全部变为国家垄断。拜占庭丝织业陷于萧条，提尔、贝鲁特两地大批的丝业工人失业，造成严重危机，东罗马不得不放弃限制办法。

从此以后，东罗马决定努力寻求自己生产蚕丝的办法，以摆脱受制于波斯的被动地位。"面对城市里没有丝绸的可怕前景，拜占庭的天才们应运而出，解决了这个重大的经济难题。他们的办法是把蚕卵从喀什葛尔偷运出来，把养蚕技术引进欧洲。"①

养蚕制丝技术传入欧洲是一个一波三折的故事。普罗柯比（Procopius，约500—565）的《哥特战纪》记载，552年，有几位印度僧侣向东罗马皇帝查士丁尼建议在他的国家里自行产丝，并把蚕卵带到拜占庭，教会东罗马人饲养蚕。

另据拜占庭史学家泰奥法纳（Théophane de Byzance，750—817）所述，蚕卵是一位波斯人传入拜占庭的。这位波斯人来自赛里斯，他把蚕卵藏在竹杖中离开赛里斯，并将之一直携至拜占庭，在那里孵化成蚕。泰奥法纳还说，查士丁尼曾向突厥人传授过有关蚕虫的诞生和丝茧的工序，突厥人对此感到惊讶不已。

从上述普罗柯比和泰奥法纳的记载中可以得知，是印度人或波斯人在6世纪将蚕卵和养蚕技术直接从中国传至拜占庭的。不管是印度人还是波斯人，赫德逊说他们"正如同普罗米修斯从天上偷来了火种那样"②。于是，拜占庭

---

① [英]赫德逊著，王遵仲等译：《欧洲和中国》，中华书局1995年版，第77页。
② [英]赫德逊著，王遵仲等译：《欧洲和中国》，中华书局1995年版，第95页。

继波斯之后开始养蚕缫丝，并且首次使用西方生长的蚕所吐的丝做纺织丝绸的原料了。"至于经过长途跋涉引进到桑叶富足的新天地的家蚕，它并没有因思念祖先而憔悴，而是服从命令不断繁衍生息并尽职地以它那种卑微方式在劳动着，为人类创造财富，体现艺术家们的憧憬，为教会的荣耀和王公贵族服务。"①美国历史学家海斯（Carlton Joseph Huntley Hayes，1882—1964）等说："这些蚕卵比起和它们等重的黄金更有价值，因为它们意味着丝绸业在小亚细亚和欧洲的开始。"②法国汉学家布尔努瓦（Lucette Boulnois，1931—2009）也指出："地中海沿岸的气候适宜养桑业，桑种在那里正常而茁壮地成长。由于拜占庭政府有了桑蚕，各种能工巧匠也不乏其人，所以它手中就真正掌握了一张巨型王牌。从此，它既可以用自己的丝绸来争夺西方市场，还可以挫败波斯人的竞争，又可以为国库积累大量资金以支付讨伐蒙昧民族战争的费用。"③而由于查士丁尼在东罗马帝国推动养蚕业的发展，所以他被称为"丝绸皇帝"，人们认为是他把养蚕、种桑、缫丝机织绸技术引进了拜占庭，并使东罗马帝国依靠丝绸生产发了财。中国的养蚕制丝技术从此传播到欧洲和阿拉伯地区。

插图描绘了景教僧侣把带回的蚕卵交到查士丁尼皇帝手中

当时传到拜占庭的，不仅是蚕种，还包括养蚕缫丝技术、丝织技术及相关的设备。在查士丁尼皇帝的推动下，拜占庭的养蚕业在叙利亚发展起来，

---

① ［英］赫德逊著，王遵仲等译：《欧洲和中国》，中华书局1995年版，第95页。
② ［美］海斯等著，中央民族学院编译室译：《世界史》上册，生活·读书·新知三联书店1975年版，第315页。
③ ［法］布尔努瓦著，耿昇译：《丝绸之路》，山东画报出版社2001年版，第156页。

绘有动物献祭图案的拜占庭丝绸布料，7—8世纪 图中动物被带给站在柱子上的两个人物（疑为希腊神话中的卡斯托尔耳和波鲁克斯）

那里长期以来便集中了许多原来加工来自中国的丝绸和生丝的纺织厂家，到6世纪末，本地生产的蚕丝似乎能够满足这些厂家对原料的需求了。9—10世纪，拜占庭的丝绸生产达到极盛。君士坦丁堡不仅是世界性的丝绸贸易市场，也是重要的丝织业重镇，生产和出售的织物包括猩红呢料、五色丝绒和各种高档丝绸。"在拜占庭，丝绸属于一种皇家的垄断产品，与它有关的一切都受条例的制约：职业、被称为'闺房'的国家织造（因为主要是女子于其中工作），当然还有海关。负责监控的官吏们被美誉为'飞钱'账和'便换'账。随着市场以及国家织造的整个系统、对价格和优惠价的控制，拜占庭发现了中国的官僚体制和统制经济。"[1]

拜占庭宫廷的丝绸纺织作坊，称作"闺房"，因为其中使用许多妇女来从事这项工作。"闺房"是一种非常封闭的行会，不仅非常难以加入，而且

---

[1] ［法］F.B.于格、E.于格著，耿昇译：《海市蜃楼中的帝国——丝绸之路上的人、神与神话》，喀什维吾尔文出版社2004年版，第76页。

一旦加入后，难以从中摆脱出来。皇帝的圣旨明文规定，收留"闺房"专业工人者，要受到多种惩罚。在严密的监督下，一盎司丝也不会被从皇家的作坊里偷带出来。首批的"闺房"丝绸作坊是在君士坦丁堡建立的，亚历山大城和迦太基纳也都仿效，纷纷建立这种作坊。这类作坊完全是为了生产宫廷的必需品，其价格由宫廷决定。在埃及安蒂诺埃的一座墓葬里发掘出了一块丝绸残片，这是至今人们所知道的在罗马帝国领土上制造出来的最古老的丝绸，它们很可能是出自这些"闺房"的作坊。当时的拜占庭人已经学会了纺织华丽的丝绸锦缎，用金线和丝线互相交织。有的研究者提到，有一种混合有极其细小的羽毛的绝妙织物，其技术可能是直接从中国引入的，也可能是通过波斯媒介传过来的。这种昂贵的织物就叫做"羽毛布"。

到了7世纪，当时的世界，东起日本，西到欧洲，西南到印度，均有丝绸生产，空间分布很广，基本上奠定了今天蚕丝产区的格局。而从中国开始发明养蚕制丝和织造丝绸，到这个时候已经有将近4000年的历史。法国学者F. B. 于格（François-Bernard Huyghe，1951—2022）和E·于格（Edith Huyghe，1954—2014）指出："丝绸的秘密，肯定是人类保守得最好的秘密之一。在公元前第3个千年纪神话皇帝们时代的中国最早养蚕人，与在西方创建养蚕业的时代之间，已经有近4000年的光阴流逝了。""这种始终都很珍贵的秘密，一旦越出中国国界，也是能以令人瞠目的缓慢速度传播。西方生产丝绸的时间，在拜占庭是公元6世纪，在伊斯兰时期的西班牙是9世纪，西西里的养蚕业是十字军东征的结果（12世纪）。为了使它在'西西里的晚钟'时代越过梅西纳（Messine）海峡并传到意大利，还必须再增加一个世纪。无论如何，这一切一共用了4个千年纪。4个千年纪，才使三大秘诀变得使人完全可以掌握了。这三大秘诀是：一种信息——存在着一种叫做桑蚕的昆虫，其茧产丝；一种动物，蚕虫本身；一种技术，全套的养蚕术。这种信息往往又是技术人员的事。"①

---

① ［法］F.B.于格、E.于格著，耿昇译：《海市蜃楼中的帝国——丝绸之路上的人、神与神话》，喀什维吾尔文出版社2004年版，第7、67—68页。

二　丝织技术的西方传承

随着阿拉伯人把养蚕制丝技术传到了西班牙，10世纪西班牙的养蚕业和丝织业开始兴盛起来。西班牙的丝织业承袭了中国的一些传统技艺，又有所创新，在丝绸图案的设计上更是独树一帜。西班牙丝织匠人专攻几何图案，织造出一种带有浓郁"摩尔人"风格的织物，享誉四方。其中有一种称为"西格拉同"的丝织品在欧洲非常有名。西班牙的养蚕业和丝织业在16世纪以前一直很兴旺，是西班牙三大支柱产业之一。

12世纪养蚕制丝技术传到西西里。1146年，西西里国王俘获了一批拜占庭的希腊工匠，他们拥有蚕桑技术，于是就在西西里开始了丝绸的生产。1189年，有一位旅行家这样描述西西里巴勒莫的纺织作坊："我不应该闭口不谈那些声名赫赫的作坊，那里纺出了一条条颜色斑斓的丝线，然后再通过几道纺织工序，便把这些丝线续接起来。在那里，红色丝绸火焰般地闪烁夺目，绿色丝绸美观而惬人。生产那种带有五彩缤纷边饰的丝绸，既要求心灵手巧的劳动，也需要大量原料，其售价之高足以使人望洋兴叹！人们还会在这些作坊里发现其他颜色和式样的装饰品。在这种丝绸中，金丝与蚕丝交织混纺在一起，宝石的光芒更加烘托和美化了那些名目浩繁的图案……有时候人们也使用一些整块的宝石作装饰，或者是把宝石打眼之后用细线串起来，并用高度的艺术性巧加排列，使人们看起来恰如一幅巧夺天工的图画。"[1]

后来蚕桑业由西西里传播到意大利和欧洲其他地方，就此丝织业在欧洲长期建立起来，而意大利成了欧洲蚕丝的主要产地。其中心在卢卡。[2]13—14世纪，威尼斯的丝绸工业已经相当发达，以模仿东方丝绸为主，几乎可以乱真。到15世纪，威尼斯的丝绸业达到顶峰。养蚕制丝业的发展，对意大利各

---

[1] 引自[法]布尔努瓦著，耿昇译：《丝绸之路》，山东画报出版社2001年版，第219—220页。
[2] [英]福布斯主编，安忠义译：《西亚、欧洲古代工艺技术研究》，中国人民大学出版社2008年版，第132页。

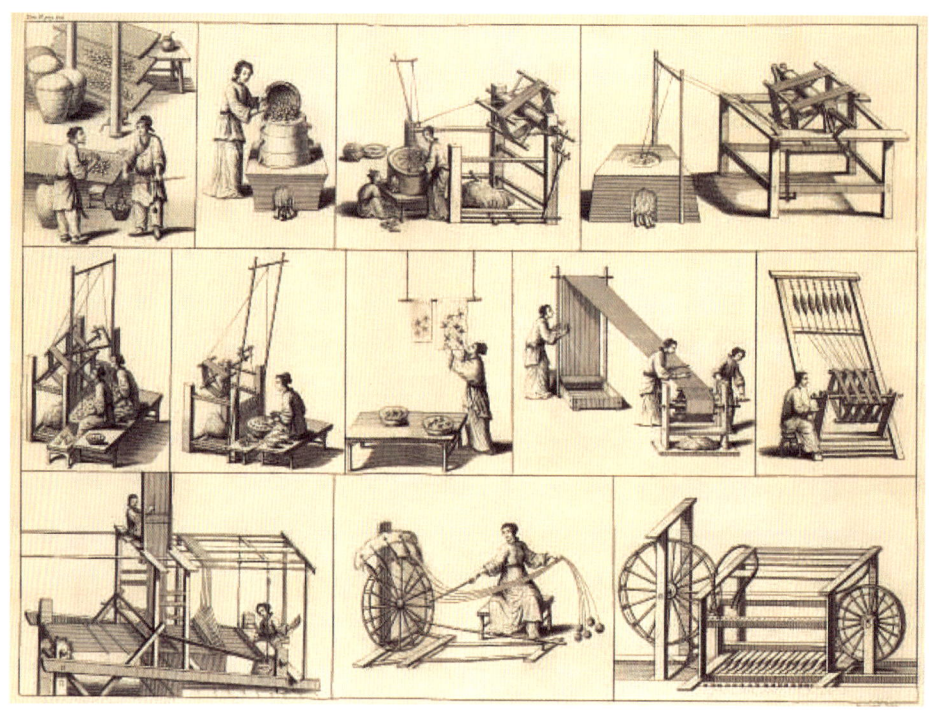

1735年法文版《中华帝国全志》第2卷有关中国丝绸生产的插图

城市经济的巨大发展做出了不小的贡献。布罗代尔指出:"丝织业在一百多年里带动了意大利的最后一次繁荣,接着又在欧洲遍地开花。"①

从14世纪起,意大利人就在法国从事丝绸贸易,里昂是当时规模最大的国际丝绸市场。1450年,里昂获准垄断整个法国的丝绸贸易。1466年,路易十一(Louis XI,1423—1483)下令在里昂建立从事丝绸生产的皇家手工作坊,主要从事进口原料的加工。后来里昂的工场搬迁到图尔。16世纪前期,意大利人杜尔克(Étienne Turquet,约1495—约1560)和纳利兹(Barthélemy Naris)获得弗朗索瓦一世(François Ier,1494—1547)的诏令,在里昂设立了丝织工厂。他们从热那亚招聘丝绸工人来里昂定居,享受免征一切税赋的特权。1537年,里昂市政府从国王那里申请到了丝绸生产特权,杜尔克和纳利兹又在里昂建立了丝绸工厂商业联合会。由此丝织业在法国也开始发展起

---

① [法]布罗代尔著,施康强、顾良译:《15—18世纪的物质文明、经济和资本主义》第2卷,生活·读书·新知三联书店1993年版,第174页。

来。17—18世纪，法国的丝织业居欧洲之冠。以里昂为中心，法国丝织业的技工和艺术家都集中在这个城市中。

在17—18世纪，法国的来华传教士仍然十分关注中国的纺织技术及其发展。明末徐光启的《农政全书》中有6卷的篇幅，详细介绍了栽桑、养蚕、纺织的方法，并刊载了许多插图。18世纪初，这部著作引起了耶稣会士们的兴趣。杜赫德的《中华帝国全志》对养蚕技术和丝绸业的详细介绍，就采用了《农政全书》的部分内容。传教士们还进行了中国纺织技术的深入调查，绘制了大量的织机图寄回法国。这些

法国挂毯《中国皇帝》，中间白胡子的是汤若望，身穿中国长袍，胸前戴有官吏标志，正在向皇帝解释天文学

纺织图谱包括棉、麻纺织，有出棉籽、织布、织麻夏布等图。更多的是丝绸织机，包括织云龙缎、花带、罗斗纱、香云纱、大花缎、大花边、灯笼纱、熨绒、栏杆、边带、素绫、花素锦等各种织物所需的织机，种类繁多。①

英国的丝织业发展得很快，并且在欧洲的纺织业中占有重要地位。丝绸织匠出身的托马斯·德洛尼（Thomas Deloney，1543—1600）在成为作家之后，从未放弃对他以前从事的丝织业的自豪感。他写过许多歌谣和小册子，其中散文故事《纽伯利的杰克》写一个织布工人发家致富的经过。在这本书中，表现了"对本行业的工匠自往昔以来就有的高度崇敬和信赖"。恩格斯在一份报告中提到19世纪上半叶英国的蚕丝加工和丝绸织造业的发展情况，指出："英国人在蚕丝加工方面也获得了同样的成绩。他们从南欧和亚洲取

---

① 韩琦：《中国科学技术的西传及其影响》，河北人民出版社1999年版，第164页。

得已经纺好的原料，而最主要的工作就是捻成细线。在1824年以前，生丝的高额关税（每磅4先令）大大限制了英国丝纺织业的发展，英国丝纺织业的市场仅仅限于本国及其殖民地……后来，进口关税降低到一个便士，工厂的数目就立刻大量地增加了。……在1827年这一部门中所生产的就比以前任何时候都多了，因为英国人在技术方面的技巧和经验保证了他们的捻线机优越于他们竞争者的拙劣机械。1835年，大不列颠共有捻丝厂263个，工人共计3万人，这些工厂大部分集中在柴郡（麦克尔士菲尔德、康格尔顿及其附近地区）、曼彻斯特和索美塞特郡。此外，还有许多从事废茧加工的工厂；用废茧制成一种特别的丝（纺丝），英国人甚至用它来供给巴黎和里昂的织绸厂。用这种方法加工的丝主要是在苏格兰（佩斯理等地）和伦敦（在斯比脱菲尔兹），同时也在曼彻斯特和另外一些地方织成绸子。"[1]

除了桑蚕技术，缫丝和丝织提花技术也对欧洲的纺织技术产生了重大影响。纺织手工业是中世纪欧洲最重要的工业之一。据考证，中国纺织工具如缫丝车、纺车、踏脚织机及其生产技术传入欧洲最主要的时期是在宋元之间。在13世纪之前，欧洲的纺纱工具主要是纺锤和捻杆，这些工具只适合纺织亚麻线，构造简陋，使用效率非常低。13世纪出现用来纺织羊毛的纺车，16世纪萨克森改造出脚踏纺车，这种纺车也仅限于几个纺锤。

织物的染色技术也由中国传到欧洲，有人说这是自有发明以来"最微妙的一种"技术。它把各色印于经线之上，把多种颜色混合起来，产生赏心悦目的色调和深浅匀称的效果。在1689年莱布尼茨向闵明我提出的问题清单中，就提到染色问题，询问是否有不褪色的染色方法。1730年以后，里昂的让·雷维尔（Jean Revel，1684—1751）发明了一种新的工艺，可以将不同颜色的丝线以某种方式混合，创造出过渡色，像绘画一样在织物上表现阴影的效果和光线的细微差别，从而使法国的丝绸设计有了新的突破，出现了大量风景人物图案。1736年，传教士殷弘绪在给杜赫德的信中也谈到中国人使用的黄色染料，提到染匠在使用染料时比较注重水质。传教士们还介绍了靛蓝的制备，提到中国人长期以来已知道染料制备的方法，在公元前就已经懂得

---

[1]《马克思恩格斯全集》第2卷，人民出版社1959年版，第290—291页。

从植物中提取靛蓝。钱德明曾写过文章,介绍中国提取蓝色染料和从槐花中提取黄色染料的方法。① 此外,中国传入的新颜料,也显著地丰富了洛可可时代的调色板。

19世纪,欧洲的蚕桑技术已有一定发展,但因防治疾病的经验不足等引起了生丝的大量减产。1837年,法国汉学家儒莲(Stanislas Julien,1797或1799—1873)把《授时通考》中的"蚕桑篇"、《天工开物·乃服》中的蚕桑部分译成了法文,并以《蚕桑辑要》的书名刊印。两本中国古籍中记载了一整套关于养蚕、防治蚕病的完整经验,为欧洲蚕业提供了极大的帮助,因此马上就轰动了整个欧洲,当年就译成了意大利文和德文,分别在都灵、斯图加特和杜宾根出版,第二年又转译成了英文和俄文。达尔文阅读了儒莲的这本译著,称之为"权威性著作",在他那本著名的进化论专著《物种起源》中把中国养蚕技术的有关内容作为人工选择、生物进化的一个重要例证。

法国里昂出产的仿中国锦缎

---

① 韩琦:《中国科学技术的西传及其影响》,河北人民出版社1999年版,第165页。

三　欧洲对瓷器制作的误解和真相

早在《马可·波罗游记》中就已有对中国制瓷技术的介绍。但是，马可·波罗的记述还过于简略，语焉不详，并且瓷器在当时还属稀罕之物，所以并没有引起充分的重视。这种制作技术在当时的欧洲还鲜为人知。《论世界的知识》重新提及马可·波罗的看法，其中写道："泥土在制成容器前要放40年，以使其成熟。父亲准备泥土而由儿子来完成，并制作出各种容器。"文章还认为如果瓷器破了，"它需要用山羊奶煮沸泥土来修理"。葡萄牙人杜瓦特·巴博萨曾长期生活在印度，他对亚洲包括对中国的了解远远超出同时代的欧洲人，但他在1516年完成的《东方纪事》手稿说到瓷器的制作，则坚持说：中国人"在这块土地上生产大批的瓷器，瓷器在所有地方都是大商品。制作瓷器要把海螺和鸡蛋壳磨成粉末，加蛋清及其他原料揉成一团，放在地下藏一段时间。这种泥团被当做遗产和财富，因为到时间后可以做成各种各样的普通或精美的瓷器。瓷器胎做好后再上釉、绘画"[1]。培根在《新工具》中也认为，天然物质若埋入土中可改变其性质，并特别引用中国人的"瓷土做法，就是为此目的的。据说他们把这类物质大量埋入地下，长达四五十年，当作一种人造矿藏传供子孙之用"。可见，直至此时欧洲人对瓷器的制造仍然知之甚少。

16世纪，葡萄牙传教士克路士（Gaspar da Cruz，1520—1570）也曾介绍过中国制瓷技术，或许对欧洲人有所启发。他在1569年出版的介绍《中国志》中，专门介绍了中国生产瓷器的原料和制作方法。但是，克路士的介绍还是十分简单，语焉不详，读到的人也不甚了了。门多萨根据克路士的记述，在《中华大帝国史》中也记载了有关瓷器制作的方法。

17世纪，随着传教士进入中国内地，对于瓷器的制作已经有了一些比较深入的了解。曾德昭就介绍说：瓷器只产于江西省的一个城市，"因此中

---

[1] 澳门《文化杂志》编：《16和17世纪伊比利亚文学视野里的中国景观》，大象出版社2003年版，第14页。

国使用的,以及传遍全世界的,都来自此地。虽然他们使用的泥土来源于另一个地方,但他们只用当地的水,以保证产品达到完美程度,因为如用其他的水制作,产品缺少那种绚丽光彩。这种产品不如外间传说之神秘,其生产的物质、方式方法,并无什么秘密;它完全用泥土制作,但质佳而洁。其制作的时间和方法与我们生产的陶器相同,不过他们做得更认真和细致。瓷器着蓝色,用的是蓝靛,当地很丰富,也有红色的,而(供皇帝用的)是黄色"①。曾德昭的这个记述不再有那些神秘甚至荒诞的说法,而是出于实际的观察,比较接近瓷器生产的真实情况。李明在《中国近事报道》中对瓷器的制作过程有十分详细的介绍,其中说到瓷器的成形、上釉、图案、不同的造型和用途,等等。他针对当时流行的一些关于制瓷材料的神秘说法,详细描述了瓷器的烧制过程,并宣称自己所说的"就是欧洲长期以来一直寻求的瓷器的奥秘"。

真正对中国制瓷技术和工艺的西传起到直接作用的是法国传教士殷弘绪。殷弘绪在江西设立了一座教堂,于1699—1719年的20年间,一直在此传教。在此期间,他曾多次在景德镇了解瓷器生产情况。1712年,他写信给耶稣会中国和印度传教会巡阅使奥里(Louis-François Orry,1671—1726),报告有关景德镇和瓷器生产的情况。他除了到窑厂现场观察外,还听取当地许多教友的介绍,其中有从事瓷器生产的,也有做瓷器生意的。此外,他还阅读了有关瓷器的中国古代文献。殷弘绪的报告书简《中国陶瓷见闻录》刊登在《耶稣会传教士写作的珍贵书简集》第12期上。他首先介绍了对景德镇这座城市的印象:"景德镇拥有一万八千户人家","各处升腾起的火焰和烟云首先可让人看到景德镇的纵深范围和轮廓。入夜,真好像看到了一个到处着火的大城市,或是有许多通风口的大火炉。也许正是这种群山环抱的地形适合于瓷器的制作"。②接着他详细介绍了瓷器的生产工艺情况,他表示:"我仅向您介绍它的配料,它的准备工作,它的品种及各自的制作方法,给瓷器带来光泽的釉及瓷器的质地,装饰瓷器的色彩及上色工艺,它的烧烤及温控

---

① [葡]曾德昭著,何高济译:《大中国志》,上海古籍出版社1998年版,第14—15页。
② [法]杜赫德编,郑德弟译:《耶稣会士中国书简集——中国回忆录》第2卷,大象出版社2001年版,第89—90页。

措施等。"①殷弘绪在《中国陶瓷见闻录》中，生动、具体地介绍了景德镇的人口、城镇、物价、地理、治安等情况与胎土、釉料、成形、彩绘、色料、匣钵制造、装器入窑、烧成等瓷器生产制作情况，使欧洲人第一次读到有关神秘的景德镇及其瓷器制作技术的真实的第一手材料。关于制造瓷器的重要原料高岭土的知识，也是由殷弘绪第一次介绍到欧洲的。他在书简中这样记述："瓷器的原料是两种土，一种叫胚胎子土，另一种叫高岭土。后一种土中布满了发光的小颗粒；前一种只是白色的，摸起来很细腻。""精细的瓷器正因为高岭土才这般坚实：它犹如瓷器的肋骨。"②

殷弘绪的《中国陶瓷见闻录》发表后，在欧洲引起很大反响，欧洲的瓷器制造商和匠师们纷纷托人来信询问更详细的技术细节。当时，法国、荷兰、意大利、英国等国有不少仿造中国瓷器的陶瓷工场，这些工场在生产中都遇到了一系列技术上的疑难问题。1720年，殷弘绪从江西升调到北京。为了回答欧洲制瓷业人士提出的问题，他于1721年底再度来到景德镇，对当地的瓷业生产情况作了为时一个多月的考察和研究。在深入调查的基础上，他写成了《中国陶瓷见闻录补遗》，对景德镇制瓷技法作了更为具体的介绍。这篇报告刊登在《耶稣会传教士写作的珍贵书简集》第16期上。殷弘绪这两篇关于中国瓷器生产技术的考察报告，对当时欧洲正在蓬勃发展的陶瓷工场来说，是极为宝贵的技术资料。③

殷弘绪的报告书简又称《饶州书简》，为西方世界首度提供了瓷器及制瓷技术和生产的既正确又全面的报道。这份资料后来收入杜赫德编的《中华帝国全志》。1738年，《中华帝国全志》法文原著被译成英文。殷弘绪的报告又被同时代作家波斯特尔斯威特（Malachy Postlethwayt，1707—1767）编

---

① ［法］杜赫德编，郑德弟译：《耶稣会士中国书简集——中国回忆录》第2卷，大象出版社2001年版，第91页。
② ［法］杜赫德编，郑德弟译：《耶稣会士中国书简集——中国回忆录》第2卷，大象出版社2001年版，第91—92、93页。
③ 1986年，中国江西陶瓷公司派员访问法国瓷城里摩日时，法国库达美窑炉公司总经理特地赠予一本内有殷弘绪描述景德镇制瓷技艺信件摘要的法文版《里摩日瓷史》给中国来访者，并说："270年前，殷弘绪把基督教传到景德镇，同时，又把景德镇的制瓷技艺带回到法国，他既是宗教的传播者，又是瓷器的传播者。"

入《寰宇商贸字典》，这部字典广受查考使用。若干年后，英国人韦奇伍德（Josiah Wedgwood，1730—1795）把殷弘绪报告的部分文字抄进自己的笔记本。曾任伦敦皇家学会主席长达42年的班克斯爵士（Joseph Banks，1743—1820）在读了《中华帝国全志》中殷弘绪的报告后，要求韦奇伍德务必派一名陶匠好手前往景德镇探寻制瓷秘方。班克斯也建议某位正要出发赴华的使节，不妨带上"几名有知识的瓷匠和茶匠，可获取大量有用的知识，价值无可限量"。

1856年，法国汉学家儒莲出版了一部有关制作中国瓷器的指南，书的标题为《中国瓷器的制造及其历史》。这使得在1个世纪以前由殷弘绪神父带回法国的有关这方面的知识得到更新，并且运用到塞弗尔的制瓷手工业工场中去。

四　欧洲制瓷业的兴起

欧洲最早开始试图揭开瓷器制造的奥秘，并进行制瓷试验的国家是意大利。据说早在1470年，威尼斯人安东尼奥（Antonio di San Simeone）就用博洛尼亚的黏土制出了一批类似瓷器的东西。16世纪初，另一位威尼斯人伦纳德·佩灵格（Leonardo Peringer）试图用玻璃制造方法来制作瓷器。不过，这些实验只是仿制瓷器。

佛罗伦萨在弗朗西斯科一世·德·美第奇（Francesco I de' Medici，1541—1587）大公爵统治时代，建立了一个陶器工场，试行仿造中国硬胎瓷器，并生产了据说是在欧洲制成的第一批原始瓷器，这是一种有玻璃质的石胎瓷器，被称为"美第奇瓷"。最后他们制成一种类似威尼斯人制品的陶器，在素釉或淡青釉上涂以深蓝色。这种有色陶器与当时流行的中国瓷器颇为相似。

葡萄牙是最早大规模进口中国瓷器的国家，也很早就开始仿制中国瓷器。在16世纪末，葡萄牙已经仿制出一种彩陶器。到1619年，在里斯本已经建立了中国风格的瓷器仿制工业，而且已有充足数量的产品满足国内外市场。1619年，菲利普三世（Felipe III de España，1578—1621）访问里斯本时，里斯本大街上建了许多拱门，其中之一就是由陶工装饰的。这个拱门上绘有一个陶工，他左手持一个陶轮，右手握着一件里斯本仿制的中国瓷器。靠近这个人物的地方，写着这样一首诗：在这里，崇高的君主统治者，给你们提供来自国外的艺术。这是在卢西塔尼生产的，也就是之前来自中国的贵重物品。在同一拱门上，另一幅画显示出一个港口图景，从印度回来的一艘克拉克船正在卸载东方瓷器，同时，本地生产的瓷器正装上外国船只，将驶往外国。①

1584年，荷兰的陶器匠师们通过东印度公司，直接从中国采购白色釉料和青花颜料，仿造中国青花瓷器生产获得成功。在17世纪，德尔费特（荷兰城市）借鉴佛罗伦萨的有色陶器制法，以生产专门模仿中国青花瓷器的白釉蓝彩陶器而闻名。中国瓷器的纹样，如龙、凤、麒麟、虎、蝴蝶、蝙蝠等动物纹样，梅兰竹菊、荷花、岁寒三友、牡丹、芭蕉等植物纹样，山水园林、风俗故事、仕女婴戏、刀马人物等风景人物纹样，以及云纹、水波纹等，都出现在德尔费特的釉陶产品上。德尔费特生产的瓷器行销欧洲，受到热烈欢迎。当时，欧洲人把这种白釉蓝彩陶器直接称为"德尔费特"，一直沿袭至今。

当中国的壁纸在欧洲流行之时，在1630年，德尔费特开始生产模仿中国糊墙纸的建筑装饰陶砖，适应了欧洲各国帝王大兴土木、修建宏伟华丽的宫殿的需要。这种建筑装饰陶砖大约也受了"南京瓷塔"的启发，把整个画面分割为36块（横行4块，竖列9块），上面绘有长尾鸟（中国凤凰的变形）、梅花、牡丹、狮子等图案，充满了中国艺术的情调，然后拼凑、组合为整体，粘贴在墙面上。此外，还描绘柳树、小桥流水、亭台楼阁等中国青花瓷器上的图画。②

在欧洲瓷器发展的历史上，德国的炼金师波特格尔（Johann Friedrich Böttger，1682—1719）是一个十分重要的人物，他在制瓷技术方面取得了决定性的成功。波特格尔的实验不仅引起了莱布尼茨的注意，而且传到了普鲁

---

① 万明：《明代青花瓷的展开：以时空为视点》，《历史研究》2012年第5期，第61页。
② 朱培初：《明清陶瓷和世界文化的交流》，轻工出版社1984年版，第55—56页。

"中国风"德尔贵特仿青花彩陶砖，17世纪晚期

士国王弗里德里希一世（Friedrich I，1657—1713）的耳中，要求其参与解决财政危机。波特格尔受到警告，于1707年逃到萨克森，受到萨克森选帝侯奥古斯都一世（Kurfürst Friedrich August I，1670—1733）的保护，开始试制瓷器。1708年，波特格尔制造出一种红色瓷器，1709年制成无釉的硬质瓷器和有釉的瓷器，烧制出欧洲第一件"真正的瓷器"，成为欧洲硬瓷生产的开端。对此，奥古斯都一世十分兴奋，他在德累斯顿每个教堂的门上都贴出了告示，自豪地宣称萨克森艺术家已经能够制造真正的瓷器了。1710年，王室在迈森建立了一所瓷厂，任命波特格尔为瓷厂的"管理人"，出产彩瓷。1713年，迈森的瓷器工场烧制出高品质的白瓷，再一次轰动欧洲。

1714年，第一批迈森瓷器在莱比锡博览会上展出，自此声名大噪，生意兴隆，瓷器业不久就成为萨克森最重要的工业部门。到1733年，迈森的瓷器工场已经拥有700名员工，成为最大的收入来源之一。七年战争时期（1756—1763），普鲁士国王弗里德里希二世（Friedrich II，1712—1786）占领萨克森，就利用迈森的瓷器作为清偿战争债款的物品。当时他赠送一个瓷鼻烟壶给卡玛斯女伯爵（Sophe Caroline von Camas，1686—1766）作为礼物，在随附的信中说："亲爱的小母亲，我给你一件小小的礼物，使你将常常记起我——我在这里为世界各处订造瓷器——真的，这种脆薄易破的物质是我现在仅存的财富了。我们现在穷得像乞丐一样，我希望凡接受我这些礼物的人，都当这些礼物作硬币一样；我们现在只有光荣、宝剑和瓷器。"[①]弗里德里希二世从迈森瓷场的获利和普鲁士财政的困难受到启发和激励，他从商人哥茨可夫斯基（Johann Ernst Gotzkowsky，1710—1775）那里以22.5万塔勒尔买下他的瓷场，后来成为著名的"王家瓷器工场"。

波特格尔参与创办的迈森瓷场在发展欧洲的陶瓷工艺中起了重要的作用，而且至今它仍然是世界上最著名的瓷场之一。迈森瓷场生产的瓷器，从器形来说，大多采用中国模式，例如迈森瓷的"蒜头模式"同中国瓷的"石榴模式"多少存在着影响关系。至于花纹装饰，则效仿中国在白瓷上作人物花卉鸟兽的浮雕，乃至用金色绘制中国人物，称为"金色的中国人"，颇为新奇有趣。瓷器上绘作龙形，也是中国的传统装饰。维也纳出身的画师哈洛尔德（Johann Gregorius Höroldt，1696—1775）为迈森瓷器装饰艺术的发展做出了很大贡献。哈洛尔德最拿手的，是用极为富丽的色彩，如红色、蓝色、土耳其青、明亮的黄色等，在瓷器上绘画充满异国情调的中国风景人物，流光溢彩，美艳动人。雕塑家坎德勒（Johann Joachim Kändler，1706—1775）设计制作了一系列中国人物雕塑，其中以布袋和尚和变形的宝塔造型最有特点。迈森的瓷器色彩艳丽，造型独特，精雕细刻，表现出了德国工艺家非常高超的艺术水平。

1719年，在维也纳陶瓷业大亨杜帕基（Claudius Innocentius du Paquier，1670—1751）的促成下，迈森瓷场的工艺师和画匠凡格尔（Hunger）与斯特茨埃尔（Stolzel）前往维也纳，帮助杜帕基创办维也纳瓷场，这是继迈森瓷场之后欧洲的第二家瓷器场。1720年，凡格尔去了威尼斯，向意大利人介绍了制瓷的信息和技术。此后，他又到丹麦和俄国圣彼得堡，帮助那里开办瓷场。此后，欧洲的制瓷业很快发展起来。在德国，除了迈森瓷场外，慕尼黑

[①] 引自［德］利奇温著，朱杰勤译：《18世纪中国与欧洲文化的接触》，商务印书馆1962年版，第25页。

附近的宁芬堡、柏林、福斯特、路德维格斯堡等地的瓷场都很著名。欧洲其他国家如西班牙、荷兰、奥地利、法国、英国、意大利、俄国等,也都纷纷建立瓷场,生产瓷器。

法国的制瓷业起步比较晚。17世纪下半叶,法国的陶工模仿中国瓷器,生产出仿中国青花的蓝白陶,后来也生产出彩陶。除了釉陶外,法国的软瓷在17世纪末发展起来,到18世纪已经比较成熟。但硬瓷的生产则要比德国晚。

仿中式彩陶盘,17世纪晚期吕内维尔制造

1756年,蓬巴杜夫人(Madame de Pompadour,1721—1764)在塞弗尔建起了瓷器作坊,1761年改为"皇家塞夫勒瓷场",成功烧制出真正的硬瓷。为了与早期生产的软瓷相区别,塞夫勒生产的新瓷器被称为"皇家塞夫勒瓷"。法国瓷器以造型优美、装饰高雅而享誉欧洲,其中国风的设计更是无与伦比。

英国制瓷业也起步较晚。18世纪末,英国的瓷工斯波德(Josiah Spode,1733—1797)将动物骨灰与高岭土混合,发明了所谓的"骨瓷",使英国在瓷器发展史上写下浓重的一笔。

这些欧洲的瓷器制造工场无论是在工艺还是在造型艺术上,都是以仿制中国瓷器为主。"从16世纪起,欧洲瓷器的发展史实际上就是一部既在装饰图案又在物质方面模仿中国瓷器而做出努力的历史。"①

"这个时候,欧人制造品大量采用中国的饰纹,又进而仿效中国的款

---

① [法]安田朴著,耿昇译:《中国文化西传欧洲史》,商务印书馆2000年版,第523页。

美第奇瓷器朝圣者双系壶，约1580年佛罗伦萨制造

式。瓷器本是被认为中国所独创，其仿效中国画法，也是很自然的。"[①]有的时候还在未上釉的器物底部刻上假冒的中国标志"底款"，来冒充精美绝伦的中国上等瓷器。

五　漆器工艺在欧洲的传播

漆器是中国古代重要的化学工艺和艺术创新。最早的漆器出现在新石器时代，到商周时期漆器已经用彩色漆和雕刻装饰。战国时期漆器种类和装饰技法大幅发展，广泛应用于各种日用品和艺术品。汉代，漆器工艺达到顶峰，其生产规模和技艺都有显著提升。

虽然不能确定漆家具到达欧洲的确切时间，但一份16世纪奥地利安布拉斯城的财物清单已然列出了东方漆家具。最早将漆家具运至欧洲的是葡萄牙

[①] ［德］利奇温著，朱杰勤译：《18世纪中国与欧洲文化的接触》，商务印书馆1962年版，第23页。

人。在17世纪的欧洲，中国漆器属于罕见之物。1689年，髹漆的中国家具被用作皇家的开奖物品，可知其名贵。但到了17世纪末，漆器开始大量输入欧洲。中国外销到欧洲的家具以漆木家具为主，多采用黑漆描金的装饰手法，式样大到橱柜、桌椅、屏风，小到扇子、针线盒、工具箱等，无所不包。这些家具和漆器是展现中国彩绘装饰艺术的主要形式之一。多数家具的木胎事先由订购地做好，再船运至广州，广州漆匠髹漆彩绘后再返运回订购地。广州制作的漆器独占鳌头，成为主要出口商品之一，在欧美各地所见的漆器大多来自广州。

  漆器家具输入欧洲，立即受到广泛的欢迎。在荷兰、意大利、英国、法国都出现了购藏中国漆家具的热潮。法国路易十四时代的凡尔赛宫和托里阿诺宫中都采用了整套的中国漆制家具。据"皇宫家具总目录"记载，凡尔赛宫中的漆器家具有"一只中国橱柜，带有两扇门，门上画有在空中飞翔的四只鸟，两只兔子和中国式的房屋；一只中国橱柜，带有两扇门，一扇门上画有空中有四脚的怪物，另一扇门上画有一块岩石"。还有几只柜子，"涂以中国清漆，画有岩石和中国式的房屋，还有鹿、马、鸭子等动物"。1708年记录的凡尔赛宫的家具清单里，记载有一套中国漆器屏风。它们是由"十二扇精致的漆木折叠饰板组成的，都以绿色漆及金片衬底，以五彩缤纷的色彩画有花卉、梯田、树木，并以黑漆涂边，再在边饰中画有不同颜色的花瓶，并配有银色的小鸟和金龙，都是雕绘的。高为六英尺十英寸，背面是黑漆"。

  1703年，法国商船从中国运回了大批漆器，引起全国性的轰动。饰有镶嵌螺钿的中国家具大受欢迎，比较常见的有屏风、橱柜等，当时甚至称为"安菲特利特中国漆器"。据说法国作家赛维涅夫人（Marie de Rabutin-Chantal，1626—1696）在一个用作书桌的嵌螺钿漆器五斗橱上，写出了数十封给女儿的信。这张书桌上面装饰着她的盾形纹章和花朵彩饰，是用一种不同寻常的风格漆制作而成的，显然是特意在满足法国人对异国情调的追求。葡萄牙科英布拉大学的图书馆也采用了漆绘装饰的墙面。在当时商业或财产目录上有关东亚进口货品的记载，其中有许多中国漆器的名目。

  中国漆器家具传入欧洲后，在荷兰、意大利、英国、法国等国家都出现了中国漆器家具的仿制品。17世纪初，欧洲就开始有了仿制中国家具的记载。1600年在巴黎上演的一出戏剧《阴阳人之岛》中，剧中的人物提出，要按照中国样式打造一件橱柜，"用了中式风格来装饰，绘有各种飞禽走兽"。这可能是欧洲人模仿中国漆器制造出来的最早的柜子。稍后，法国王后玛丽·德·美第奇（Marie de Médicis，1575—1642）雇用了一个名叫艾蒂安·萨热（Etienne Sager）的技术高超的制柜匠，"采用同一个国家（中国）的风格，用漆胶和黄金饰品打造柜子、箱子、镶板、教堂用的装饰、串珠饰以及其他一些中国商品上的小物件"①。

在17世纪初期，英国也在制作此类仿品。1614年，北安普敦第一任伯爵亨利·霍华德（Henry Howard，1540—1614）去世时，一份"财产及家用物什"清单显示，他拥有真正的以及仿制的东方家具。他那"置于架子上、镀金的中国柜子"和他那"绣有鸟的中国垫子"很可能就来自东方。但还有"大大的、四四方方的陶瓷工作台及用黑色亮漆和黄金做的架子"，"一对采用了奢华的红铜色、蓝色和白色花朵浮雕陶瓷工艺的深红色天鹅绒座椅"，"架在一个大小合适的台子上、采用黄金及各种颜料、饰有昆虫和蠕虫的用陶瓷工艺制成的小桌"，"采用了陶瓷工艺、饰有黑色及银色枝条、床头上饰有银质北安普敦伯爵盾形纹章的户外床架"，则肯定是欧洲的产品。

在17世纪初期，丹麦、荷兰也出现了仿制的漆器。哥本哈根的玫瑰宫里有一个房间，就是在大约1616年用"真漆"嵌板装饰的。此处的嵌板涂的是深绿色的漆，图案用金黄色勾勒出来，这些嵌板都镶在仿玳瑁的框架中。在荷兰，漆器制作技术发展得很快，制作的产品光彩熠熠，黑色的背景衬托着精美的装饰，如中国风格的景致、树木、花瓶和鸟儿。有人甚至认为，可能有日本的漆匠被请到荷兰训练当地的工匠。1612年，荷兰家具师威廉·基克（William Kick）应一位将军的要求，打造过一件仿制的中国橱柜，与另一件进口的中国橱柜相配套，作为送给奥斯曼苏丹的礼物。18世纪初，葡萄牙的漆匠开发出一项精致的真漆工艺，不但将其用于家具和房间的嵌板，而且还

---

① 引自［英］休·昂纳著，刘爱英、秦红译：《中国风——遗失在西方800年的中国元素》，北京大学出版社2017年版，第54页。

用于神龛和管风琴箱。

但是，当时人们还不知道中国漆的配方和制漆工艺。据说中国的制漆技艺是由奥古斯丁修会传教士奥斯塔希乌斯（Eustachius）最早传入欧洲的。但此说尚待考证。17世纪中叶，一些欧洲科学家开始用实验分析方法研究中国生漆的成分。1660年，英国皇家学会曾讨论过中国的漆器工艺。1700年，英国皇家学会的《哲学汇刊》曾发表了一篇关于中国漆的文章。在1690—1700年，意大利科学家、耶稣会士伯纳尼（Filippo Bonanni，1638—1723）写了一份关于中国漆器的详细材料，后来整理成为学术报告，于1720年发表。他的研究利用了耶稣会士们掌握的有关中国漆的材料，认为漆来源于一种树，它只生长于亚洲，不可能移植到欧洲。而且漆是有毒的，不便于海上长途贩运，所以欧洲不可能复制中国的漆，而必须寻找其他的替代品。杜赫德的《中华帝国通志》以"中国的漆"为题，对漆器的产地（江西、四川）、漆

漆器室，1695年之前

树的生长、采漆的季节和时间、漆的性质和制备方法进行了详细的介绍。传教士汤执中也对漆进行了详细的研究,他谈到了漆树的生长环境、植株的大小、漆的提取、保存和用途以及不同地区产的漆,还附有11幅插图,说明漆的采集和漆器制作的各个工序。

由于中国的漆树不适宜在欧洲的土地上种植,漆液也不方便输往欧洲,故欧洲人在移植中国漆树和运输中国漆的努力失败后便专心在本土涂料的发展方面做文章。后来,欧洲人找到了一种中国漆的替代品,就是树胶漆或虫漆。虫胶又名紫胶,是寄生在某些树种上的紫胶虫所分泌的一种天然动物性树脂,颜色紫红。紫胶在采集后经过加工,溶解在酒精里,就可以制成虫漆。从16世纪晚期开始,欧洲就开始利用树胶漆或虫漆仿制中国的漆器。到17世纪初,根据当时的文献记载,阿姆斯特丹、纽伦堡、奥格斯堡等地都已经有了漆器生产,荷兰还出现了漆器的行会。1688年,约翰·斯塔克(John Stalker)和乔治·帕克(George Parker)的《髹漆论丛》在荷兰阿姆斯特丹出版,公布了漆的配方,指导人们如何从事漆艺,并提供中国风格的装饰图案,对欧洲漆绘工艺产生过重要影响。

17世纪末到18世纪,法国的漆器业居于欧洲之首,巴黎有好几位高级木器细木工生产用中国风格装饰的家具。1692年出版的一本巴黎城市指南记载,"朗格洛瓦先生一家仿制中国家具极佳……额萨尔一家仿制中式浮雕。小朗格洛瓦先生擅长各种中式图案和装饰"①。在法国的工匠中,马丁一家最为著名。罗伯特·马丁(Robert Martin)仿照中国漆艺发明了"马丁漆",为王室装饰凡尔赛宫的室内与家具。他在制漆技艺方面取得卓越的成就,曾受到伏尔泰的热情赞扬。蓬巴杜夫人对中国时尚十分热心,其沙龙中经常聚集许多人高谈中国风尚。她特别喜爱马丁一家仿造中国及日本样式的花鸟漆器,曾订购大批这样漆器家具,装饰她所居住的蓓拉浮宫。法国漆器以蓝、红、绿和金色为主,室内立柜式样仿照中国风格,以牡丹花鸟、中国妇女、中式栏杆、房舍等装饰图案。据记载,在她的大量收藏品中,有中国的漆器柜橱、梳妆台、家具、屏风等工艺品,其收藏之多令人叹为观止。她去世

---

① 引自[英]休·昂纳著,刘爱英、秦红译:《中国风——遗失在西方800年的中国元素》,北京大学出版社2017年版,第74页。

后，拍卖行曾花了长达8个月时间才把其收藏品处理完。在她的影响下，国王路易十五在宫殿里开辟多个专门陈设东方艺术品的"中国房间"，其中心位置往往是中国漆器家具或挂屏，其他贵族阶层虽没有如此雄厚的财力，但也少不了跟风效仿宫廷风格。

18世纪，英国人把漆器的制作当做是一门艺术。当时英国上层社会的妇女以学绘漆为时尚，绘漆成为女子学校的一门美工课。家具制造商也纷纷仿造中国漆器家具的图案和色彩，打造中国式家具。17世纪晚期，英国的家具以豪华的装饰和出色的髹漆著称。家具的样式有写字台、立式时钟、椅子、桌子、镜子等，这些产品在中国都找不到原型，但在装饰图案上则都是中国风格的。家具设计师齐本达尔（Thomas Chippendale，1718—1779）和海普尔华特（George Hepplewhite，1727—1786）设计制作的橱、台、椅子，完全模仿中国，采用上等福建漆，雕刻龙、塔、佛像、花草。齐本达尔引进福建漆檀木椅，后来又模仿中国竹节家具，设计屏风尤其雅致。齐本达尔在1754年出版了一本《绅士与橱柜制造者指南》，副标题是"哥特式、中国式和现代式常用家具中最优雅与实用之图例"。书中有160幅桌、椅、橱柜等中国风格家具的图案。这本书成为当时许多工匠的蓝本，他们制作的这类家具被称为"齐本达尔中国式"。

德国最有名的漆器工匠是赫拉德·达格利（Gerhard Dagly，1653—1714），他在1687年被勃兰登堡选帝侯任命为官方商会艺术家。他的作品在宫廷里极受欢迎。他的学生马丁·施内尔（Martin Schnell，约1675—约1740）更有名气，最有名气的作品是漆画的托盘。

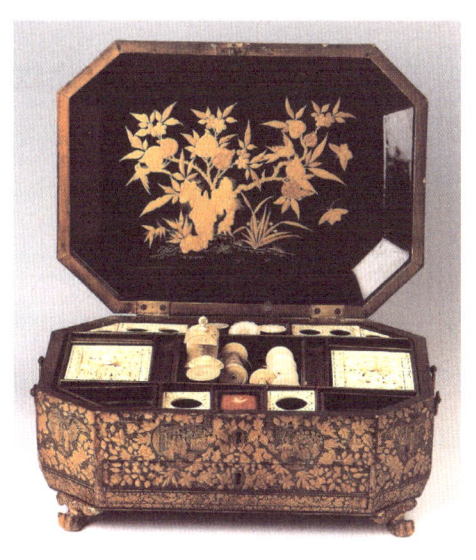

外销的红彩描金花卉人物黑漆象牙雕针线盒

第九章
造纸与印刷：知识的传播

一　战火中的技术传播：怛罗斯战役与造纸技术

造纸术是中国古代的四大发明之一，是中国古代科学技术文明的一项辉煌成就。在纸未发明以前，人们使用过各种各样的书写材料。中国古代先后使用过龟甲、兽骨、金石、竹简、木牍、缣帛等材料书写纪事。在国外，古印度人曾用桦皮和棕榈树叶、埃及人用纸草、欧洲人用羊皮做书写材料，如此等等。造纸术的发明，是人类书写纪事材料的一次伟大革命，使人类在此之前使用过的各种书写纪事材料都退出了文明活动的舞台。

在世界科技史上，一般都把公元105年（东汉元兴元年），即蔡伦正式向汉和帝奏明发明了纸的那一年，作为纸发明的年份。但是，纸的发明也和历史上的大部分发明一样，有一个逐渐发展的过程。在蔡伦造纸以前，纸的发明大概已经走过了它的胚胎和萌芽阶段，而在蔡伦那个时代才发展成熟起来。蔡伦的贡献，为人们提供了廉价优质、适于书写的纸张，从而使纸张的应用得到普及和推广，并引起了书写材料的历史性变革。

现在的一般研究者都把唐天宝十年（751）作为中国造纸术西传的正式年份。这一年七月，唐朝与大食在中亚地区发生战事，即著名的怛罗斯战役。

怛罗斯战役是当时两大帝国唐朝和阿拉伯阿拔斯王朝（黑衣大食）之间的一场大战，是一场在世界史上有着重要影响的重大战役。

当时唐军在西域的统帅是高仙芝。高仙芝是唐朝著名的边将，被玄宗任命为安西四镇节度使，因其英勇善战，在西域获得了极大的声誉，被吐蕃和大食誉为"山地之王"。天宝十年四月十日，高仙芝率军从安西出发，翻过帕米尔高原（葱岭），越过沙漠，一路长驱直入，经过三个月的长途跋涉，深入大食境内700余里，在同年七月十四日到达了大食人控制下的怛罗斯城（今哈萨克斯坦江布尔）。双方在怛罗斯河两岸（今奥里·阿塔附近）展开了一场大决战。惨烈的战斗持续了整整5天，英勇善战的高仙芝却因盟军背叛腹背受敌，两万人的安西精锐部队几乎全军覆没，只有千余人得以生还。但唐军也重创了阿拉伯部队，杀敌7万余人。慑于唐军所表现出的惊人战斗力，阿拉伯人并没有乘胜追击。而中国由于几年后爆发安史之乱国力大损，也只能放弃在中亚与阿拉伯的争夺。怛罗斯之战过后，唐朝无力染指帕米尔高原以西之地，许多自汉代以来就已载入中国史籍并为中央王朝羁縻的古国落入阿拉伯人手中。整个中亚的历史进程被彻底改变了。

然而，这场战役对于中华文化的西传，特别是造纸术向西方的传播，起到了至关重要的作用。

1887年，奥地利阿拉伯学家卡拉巴塞克（Joseph von Karabacek，1845—1918）最先把怛罗斯战役与造纸术的西传联系起来。被阿拉伯人所俘的唐军兵士中，有一些是造纸工匠，这些工匠把造纸法传入撒马尔罕，在那里建立了一座造纸工场，成为阿拉伯帝国造纸业的开山始祖。9世纪上半叶，一位名叫塔米姆·本·巴赫尔（Tamīm ibn Baḥr）的阿拉伯作家，留下了一篇《回鹘行纪》，其中记述了821年前后的情况。他引述了另一位阿拉伯作家阿卜勒·法德勒·瓦斯吉尔迪（Abul Fadlal Vāsjirdī）的话说："穆斯林虏获甚丰，虏来的一些人的孩子们就是现在在撒马尔罕制造上好纸张、各种武器、各种工具的人。"据英国伊朗学家米诺尔斯基（Vladimir Fyodorovich

Minorsky，1877—1966）考证，阿卜勒·法德勒·瓦斯吉尔迪所说的这批俘虏的孩子们，就是怛罗斯战役中被俘唐军的子弟。这段记载是目前所知最早提及中国工匠在撒马尔罕造纸、造武器、造工具的史料。

在怛罗斯战役中被俘的杜环是唐代史学家杜佑的族侄，后来辗转归国。在他的回忆录中，也曾提及中国工匠传授阿拉伯人造纸的史实。

撒马尔罕在唐时称为康国，700年为大食将军屈底波

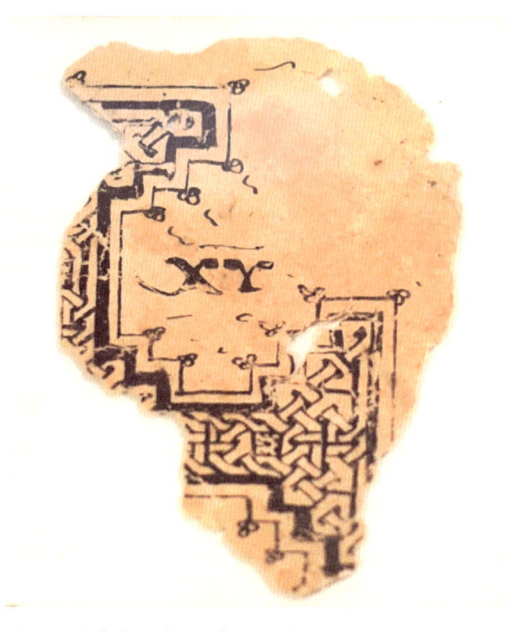

埃及的科普特语《圣经》纸页残片，8世纪或更晚的伊斯兰时期

（Qutayba ibn Muslim，669—715）率兵占领，成为阿拉伯帝国的东方重镇。撒马尔罕有丰富的大麻和亚麻植物，加上灌渠中充足的水源，为造纸业提供了自然资源。撒马尔罕的造纸业一经建立，因为有技术熟练的中国工匠操作，所造纸张十分精良，成为远近闻名的商品。直到11世纪初，"撒马尔罕纸"仍在阿拉伯世界中保持很高的地位。

在撒马尔罕的造纸业发展起来后不久，在阿拉伯世界又涌现出几处造纸业基地。794年，在呼罗珊总督巴尔马基特（Al-Fadl ibn Yahya al-Barmaki，766—808）的赞助下，在哈里发的首都巴格达建立了新的造纸工场。当时的巴格达是伊斯兰教的宗教和文化中心，是世界上最富庶繁荣的城市之一。巴格达纸场的主要技术力量是由撒马尔罕纸场提供的，据说其中就有中国工匠。纸场投产后，哈里发哈仑·拉希德（Harun al-Rashid，约763—809）的宰相贾法尔（Jàfar ibn Yahya，767—803）便明令政府公文正式采用纸张，以代替耗资巨大的羊皮纸。由于纸的需求急剧上升，9世纪在西亚地区陆续出现了两个新的造纸工场。先是在阿拉伯半岛东南的帖哈麦建立纸场，不久又在大马士革设立了一座规模宏大的纸场。在几百年间大马士革是向欧洲供应纸

张的主要产地,所以欧洲一般称纸为"大马士革纸"。叙利亚的另一城镇班毕城也以制纸著称,欧洲人也曾把纸称为"班毕纸"。

在当时,非洲北部也在阿拉伯帝国的统治之下,所以纸和造纸术在中亚和西亚地区传播的同时,自然也很快传播到埃及。在900年前后,在今埃及的开罗地区已经建立了造纸工场。据12世纪的一份史料记载,11世纪初以来,由于埃及纸场扩大了纸的生产,尼罗河沿岸的牧民(贝都因人)和农民(苏拉伊姆族)纷纷挖掘古墓,从木乃伊身上剥取布条,卖给纸场作为原料。可见当时造纸业对原料的需求十分紧迫。另外,那时中国的纸也从海上运销波斯湾。法蒂玛王朝和宋朝海上交通往来频繁,1008年和宋朝正式建交,使两国的关系大为密切,中国的纸直接从海上运到埃及。[①]

大约在11世纪的下半叶或1100年,造纸术传到北非的摩洛哥,摩洛哥的非斯城成为当时另外一个造纸业集中的中心。

二 造纸术在欧洲的初传

中国的造纸术是通过阿拉伯人传入欧洲的。大约在9世纪,阿拉伯人造的纸就传到了欧洲。按照传统的说法,纸进入欧洲,是由北非的法蒂玛人的传播,经过摩洛哥,在10世纪中叶通过科尔多瓦传入倭马亚王朝统治下的安达卢斯,后又在法国广泛采用。但另有一则史料说,西班牙科尔多瓦王朝的开创者阿卜杜勒·拉曼(Abd al-Rahman I,733—788)已用石印复制公文,分送各部门。阿卜杜勒·拉曼在叙利亚摆脱了阿拔斯家族的追捕,经过马格里布(即西北非洲一带)逃到西班牙,重新建立了一个王朝,他在叙利亚大约已知道撒马尔罕生产的纸。在他的统治时期,设法从西亚弄到纸张,这样纸便流入了欧洲。[②]但是大宗的纸从阿拉伯世界传入欧洲,还是在大马士革造纸工场建立以后。在几百年的时间里,大马士革一直是向欧洲输出纸张的中心。

8世纪,西班牙被纳入阿拉伯帝国的势力范围,阿拉伯文化也随之传入

---

① 沈福伟:《中国与非洲——中非关系二千年》,中华书局1990年版,第516—517页。
② 沈福伟:《中西文化交流史》,上海人民出版社1985年版,第332—333页。

西班牙。因此，西班牙是第一个用纸书写的欧洲国家，也是第一个使造纸业得以发展和繁荣的欧洲国家。西班牙的造纸技术是由北非的摩洛哥传入的。1086—1121年，北非的阿尔摩拉维德人入侵西班牙，连续进行了30多年的战争。西班牙的造纸工场便是在这一段时间内由阿尔摩拉维德人建立起来的。这种纸也畅销地中海各地。据说在圣多明各发现的一份10世纪的写本，是欧洲最早出现的纸张标本。它由长纤维的亚麻破布制成，淀粉施胶，纸质很重，与阿拉伯纸相似。[1]西班牙的第一家纸厂设在以产亚麻著称的萨蒂瓦。

西班牙是欧洲最早发展起造纸业的国家。纸的传播和广泛应用，促进了科尔多瓦文化的繁荣。当时的科尔多瓦是可与巴格达、君士坦丁堡相媲美的文化中心。科尔多瓦拥有70所图书馆，其中尤以土伦多的图书馆规模最大，搜罗宏富。1058年西班牙基督教徒占领土伦多后，这里就成了欧洲人前往游学、吸收先进的阿拉伯文化科学知识的地方。纸的大量生产更推动了西班牙翻译古典遗产的热潮，许多重要的阿拉伯学术著作与古犹太、古希腊的重要著作在11、12世纪被译成西欧知识界通行的拉丁文。这项翻译事业规模宏大，意义深远。它在希腊古典文化和欧洲近代科学之间建起了一座桥梁[2]，对近代欧洲文化的发展发挥了积极的作用，为日后的文艺复兴运动奠定了基础。

纸从阿拉伯传入欧洲的第二条路线，是从北非埃及境内的造纸工场经由地中海的西西里岛输入欧洲。1109年，西西里国王罗吉尔一世（Ruggero I di Sicilia，约1031—1101）颁发了一道写在色纸上的法令，用阿拉伯文和拉丁文书写，这是欧洲现存最早纪年的纸本文书。40多年后，纸从西西里传入热那亚，在热那亚档案馆保存的纸抄本中，有一部分的年代是1154年。但是，这些纸很可能是从阿拉伯国家输入的，而不是当地生产的。欧洲基督教国家建立的第一座造纸工场，是1189年在比利牛斯山北麓的赫洛尔城附近兴建的。不过，在这座工场里，造纸技术仍是由穆斯林工匠操作和传授，它的产量也不大，所以在此后的一个世纪里，欧洲所需要的纸大体上仍由大马士革和西

---

[1] ［英］李约瑟、［美］钱存训著，刘祖慰译：《中国科学技术史》第5卷第1分册，科学出版社、上海古籍出版社1990年版，第265页。
[2] 沈福伟：《中西文化交流史》，上海人民出版社1985年版，第334—335页。

班牙两地穆斯林的造纸工场供应。造纸技术在欧洲的推广起初并不顺利。虽然西西里王国早已用上了阿拉伯纸张，却很久不能在意大利国土上推广开来。1221年，统治意大利的腓特烈二世（Fridericus II，1194—1250）根据教皇的旨意下令禁止用纸书写公文，以抵制来自伊斯兰国家的纸的进口。但是，纸的实际需要并未因此下降。十字军东征以后，地中海东部造纸工场向欧洲的输出有增无减，直到意大利的造纸业发展起来。

意大利最早的造纸工场于1268—1276年在蒙第法诺创办，所造的纸品质优良，光滑厚重且不洇水，适应欧洲人使用鹅毛管的西式笔和溶液墨汁的传统书写习惯，很受欧洲知识界欢迎。从此以后，意大利的造纸业便蓬勃发展起来，在意大利的其他城市如博洛尼亚、奇维达莱、帕多瓦、热那亚等地都开设了造纸工场。在14世纪初，意大利纸在产量和质量上都超过了西班牙和大马士革，成为向欧洲供应纸张的主要来源。

法国的纸可能是经由邻近的西班牙输入的。13世纪起，法国开始使用西班牙纸，但法国则从14世纪开始造纸。1348年在特鲁瓦附近开设了一家纸厂，1354—1388年，还在埃松、圣皮埃尔、圣克卢、特瓦勒设立纸厂。然而也有一种传说是，让·蒙戈尔费埃（Jean Montgolfier）在第二次十字军东征时被土耳其人俘获，被迫在一家纸厂内劳动，他于1157年从那里逃回欧洲。据说他的孙子们在法国中部奥弗涅省安贝尔镇开设了几家纸厂，在14世纪中叶这里也确实成了重要的造纸业中心。①

德国13世纪初开始用纸，但大部分纸张是从意大利输入的。14世纪德国用纸量迅速增长，促进了意大利造纸业的发展。特别是14世纪末叶雕版印刷传入欧洲以后，意大利纸用来印制纸牌和彩绘图像，数量十分可观。据说德国南部的科隆和美因兹在1320年都已设有造纸工场。欧洲早期印刷中心之一的纽伦堡，在1391年也设立了造纸工场，其创办人是乌尔曼·施特罗梅尔（Ulman Stromer，1329—1407）。雕版印刷也在这时与造纸业一起出现于纽伦堡。

施特罗梅尔创办造纸工场，据说是受到意大利人的启发。1390年，他在

---

① ［英］李约瑟、［美］钱存训著，刘祖慰译：《中国科学技术史》第5卷第1分册，科学出版社、上海古籍出版社1990年版，第267页。

意大利米兰看到了造纸生产的情况，并遇到了几位意大利造纸工人。他带着这几位造纸工匠回到纽伦堡，开办了一家造纸工场。此后，德国工人从那几位意大利人那里学到了造纸的全套技术。施特罗梅尔因为造纸而大获其利，后来成为纽伦堡的议员。纽伦堡也因造纸而闻名，不久就成为德国的印刷业中心。此后，德国的其他地方也出现了造纸工场，如克姆尼茨、拉芬斯堡、奥格斯堡、斯特拉斯堡、吕贝克、瓦尔藤费尔斯、肯普滕等地都成了产纸的地区。1493年，纽伦堡人谢德尔（Hartmann Schedel，1440—1514）用拉丁文编写出版了《方舆便览》，描写各地的风光。书中有施特罗梅尔纸场的示意图。这是欧洲文献中最早一幅描写造纸场的木刻图。

1568年，美因河畔法兰克福出版了一本插图的著作，题为《对具有各种贵贱、僧俗身份和不同技能、手艺与行业的世人百态之真实描述》。这本书中的木刻画描绘了不同行业的人物形象，同时配有一首诗。书中的第18图是描写造纸工的，所配的诗写道：破布携入纸场中，激水转动水车忙。切扯破布为碎片，纸料遇水成纸浆。抄工荡帘捞湿纸，速将湿纸毡上放。压榨除去多余水，挂起干燥待包装。造出雪白平滑纸，人人爱用不夸张。①

从以上的叙述可以看出，虽然在8世纪末欧洲就已经开始使用纸，但纸和造纸术在欧洲的传播并不是一帆风顺的，它经过了好几百年的时间才成为普遍采用的书写材料。

由于当时的欧洲科学文化还比较落后，识字的人太少，纸张的使用在很长一个时期里是很有限的。在14世纪初，纸在欧洲还是比较稀少的，除了西班牙以外，只有意大利有两三家纸场，产量也不高。14世纪是纸和造纸术在欧洲的传播取得显著进展的一个世纪。到14世纪末，意大利、法国、西班牙和德国南部都有了纸的生产，除了少数贵族外，纸大致已经代替羊皮纸成为通行的书写材料。从15世纪起，造纸术以德国为中心，向东西传播。波兰的克拉科夫在1491年建立造纸工场，奥地利的维也纳在1498年也开始了造纸。英国从14世纪起才用纸作书写材料，到1511年才建起第一家纸场。英国最早的这家纸场是由伦敦布商泰特（John Tate，约1448—1507）在伦敦北部的哈

---

① 引自潘吉星：《中国古代四大发明——源流、外传及其世界影响》，中国科技大学出版社2002年版，第389—390页。

福德建立的。到17世纪末，英国已经有了百多家纸场。俄国大约在1576年在莫斯科建立造纸工场，丹麦和挪威的造纸工场则更晚一些，分别始建于1635年和1690年。在17世纪，欧洲各国大都已采用中国式的手工生产和设备造纸了。

造纸业是欧洲中世纪最重要的工业之一。纸的广泛传播和普遍使用，对欧洲科学文化的发展起到了相当大的作用。特别是对近代欧洲科学的繁荣和文化的进步，对知识的传播和理性主义的兴起，乃至对欧洲走出中世纪的蒙昧主义迷雾，开辟近代文明的新的历史纪元，都发挥了直接或间接的影响。

三 造纸术在欧洲的再次传播

大约在9世纪纸就传入了欧洲，12世纪起欧洲开始生产纸，到15世纪，纸的应用已得到普及。但是，在纸已传入欧洲几百年后，欧洲人对中国人造纸和使用纸的情况似乎毫无所知。只是从13世纪初，欧洲旅行者来到东方才看到了中国的纸币，虽然使他们感兴趣的主要是钱而不是纸。事实上，纸币是中国纸的西传，包括传播到伊朗、阿拉伯地区的另外一种形式。直到文艺复兴时期，历史学家波利多·弗吉尔（Polydorus Vergilius，约1470—1555）在其研究发明创造的专著中，只说纸是用麻布制造的，却没有说是谁和在何处发明的。[1]

16世纪后期，纸已经在欧洲普及，这时的旅行者写的有关的中国著作不再谈论纸币了，而是讨论造纸原料和纸的广泛用途。葡萄牙多明我会修士克路士曾于1556年到中国短期访问。他在1569年出版了《中国志》，其中介绍了中国的造纸。他还提到纸在各种场合下的用途，例如用来盖印证明身份，一张由当局签发的纸，就可以封住宅门和城门。谈到节日用纸时，他说大门口扎上显赫的纸牌楼，架子上悬挂着精巧的纸糊人物、神像或彩车，用蜡烛和灯笼照明。然后他又谈到葬仪用纸，解释如何把纸画的仕女挂在绳索

---

[1] [英]李约瑟、[美]钱存训著，刘祖慰译：《中国科学技术史》第5卷第1分册，科学出版社、上海古籍出版社1990年版，第261页。

上以帮助死者升入天堂，并且焚烧纸画偶像和纸剪的各种花样作为献给神的祭品。①西班牙奥斯丁会修士拉达曾经两次到过中国。他在《记大明的中国事情》中说到中国的纸："谈到他们的纸，他们说是用茎的内心制成。它很薄，你不易在上面书写，因为墨要浸透。他们把墨制成小条出售，用水润湿后拿去写字。他们用小毛刷当笔用。"②拉达回到欧洲时，带回了不少中国书籍。拉达带回欧洲的这批中国书籍，在纸张和印刷方面都会给欧洲人深刻的印象。1581年，蒙田（Michel de Montaigne，1533—1592）到罗马旅行，曾造访梵蒂冈图书馆，他看到"一部从中国来的书，文字怪异，纸张材料比我们的柔软和透明得多；因为它容易透墨，只在一面书写，纸页都是双层的，在中间对折，叠在一起。他们认为这是用一种树皮膜做的"③。

直到17—18世纪，欧洲对中国的纸及其在中国的早期发明才知道得多一些。当时，大批传教士东来，在中西文化之间架起新的交流桥梁，他们通过多种形式向欧洲介绍中国文化和丰饶的物产。传教士的论述虽然都过于简略，在细节上也有一些不够准确的地方，但是他们都正确地指出了中国造纸术的古老历史，肯定了这一伟大发明在中华文化中的历史渊源。

在18世纪，欧洲为了提高造纸技术，必须求援于中国。1764年，法国经济学家杜尔阁向在法国学习的中国青年高类思、杨德望提出要求，希望他们返国后能向他介绍中国科技文化的一些详细情况。在杜尔阁列的问题清单中，就包括弄清中国造纸的工艺流程。在18世纪中叶，法国仍然没有掌握中国早在几百年前就已掌握的造纸技术。而这些问题都是当时法国和其他欧洲国家造纸业急切需要解决的，希望从中国取得借鉴。1766年，高类思和杨德望回国后，购买了杜尔阁希望得到的中国抄纸帘、各种造纸原料及纸样，连同技术说明材料，通过商船寄到法国。

1843年，巴尔扎克（Honoré de Balzac，1799—1850）发表了长篇小说

---

① ［英］C.R.博克舍编注，何高济译：《十六世纪中国南部行纪》，中华书局1990年版，第85、100、102页。
② ［英］C.R.博克舍编注，何高济译：《十六世纪中国南部行纪》，中华书局1990年版，第210页。
③ ［法］米歇尔·德·蒙田著，马振骋译：《蒙田意大利之旅》，上海书店出版社2011年版，第113页。

《幻灭》，其中讲到一位热衷于研究造纸术的青年。这位青年名叫大卫·塞夏特（David Séchard），他的奋斗目标是试图用破布以外的其他原料造纸，并将施胶剂配入纸浆以代替成纸后逐张施胶的老方法。大卫在读过一本中国的书后，深受启发，他以中国纸为仿制对象，在中国技术思想的影响下，以草类、芦苇为原料造纸，又试用浆内施胶，终于获得了成功。据潘吉星考证，这位法国青年读过的中国书应该是宋应星的《天工开物》。

蒋友仁《中国艺术、技术与文化图说》中的中国纸店

在乾隆年间，法国在华传教士蒋友仁请中国画家画了一套造竹纸工艺过程的工笔设色组画《造竹纸系列图》，共24幅。画稿完成后，蒋友仁寄给法国的友人、巴黎建筑师德拉图尔（Louis François Delatour，1727—1807）。这套组画不断地被欧洲人临摹，广为传播。1815年，巴黎出版的《中国艺术、技术与文化图说》公布了《造竹纸系列图》中的13幅。这套系列画对欧洲人了解中国的造纸技术有很重要的作用。

造纸业在欧洲发展起来以后，所造的纸张不仅满足欧洲知识界的需要，而且开始向美洲出口。由于西班牙的传播，1575年在墨西哥建造了美洲最早的造纸工场。接着，1690年在美国费城开始造纸。美国科学家本杰明·富兰克林早年当过印刷工，对美洲造纸业的发展和改进造纸法也很感兴趣。1788年，富兰克林在美国哲学学会的会议上宣读了一篇论文，题目为《论中国人造大幅单面平滑纸的方法》。他在论文中批评欧洲把小张纸粘在一起并用玛瑙或火石砑光以生产大纸张的办法，手续繁杂，重复无谓的劳动，浪费工料和工时。与此相反，中国人的方法显得极为简便而有效。他描述中国用两名抄纸工抄制20尺长、6尺阔大幅纸张的方法，纸抄出后放在平而斜的火墙上烘干，纸面极为光滑。

1791年的法国铜版画，描绘法国一纸厂的内景

他希望人们摆脱欧洲传统技术的影响，按中国人的方式造大幅单面平滑施胶纸。

造纸术的发明及其在世界的传播，对人类文明具有重大的意义。在纸发明以前的书写材料限制了文化的普及，读书写字是少数人的事情，因而也就限制了文明发展的步伐。

值得注意的一个现象是，在欧洲，造纸术和印刷术几乎是同时传播过去的。实际上，造纸术和印刷术是一个相互关联的发明。没有纸，印刷术几乎没有可能谈起。因为说到印刷，就是指在纸上的印刷。在纸上的印刷，就出现了现代意义上的书籍。在此之前，书籍的概念至少是手抄本。手抄本的繁重劳动和高昂价格使其推广十分困难。但是，在中国，纸被发明以后，仍然在纸上手抄了好几百年，然后才出现了印刷术和印本书。有人说，造纸术传播到欧洲延后了几百年，是由于中国人技术保密。事实并非如此，最主要的原因是地理的阻隔，以及一个需求的迫切程度的问题。当时欧洲文化的发展水平还没有形成改变书写材料的迫切要求。而到了13世纪以后，这种需要出现了，造纸术和印刷术就随之传入了。而在此基础上，大量印本书的出现，大大促进了欧洲人的读写生活的变化，促进了宗教改革和新思想、新科学的传播，因而出现了文艺复兴时代。

四　纸牌与图印：雕版印刷术在欧洲的盛行

印刷术是中国古代最伟大的发明之一，是中华民族贡献给人类文明的珍贵的礼物。在中国历史上，雕版印刷术和活字印刷术的发明和发展，使人类科学文化知识的传播获得了一种崭新的形式，即印刷物。印刷术的发明，大大提高了书籍的复制速度，有力地推动了科学文化知识的广泛传播和普及，对人类生活的各个领域的进步和发展都发生了重大影响。因此，印刷术被誉为"文明之母""人类文明史上的一个里程碑"。印刷术被发明不久，就传播到海外各地，获得了广泛的推广和应用，在世界各国的文化发展史上，在整个世界文明的发展历程中，都发挥了巨大的推动作用。

中国印刷技术的发展，主要包括两个时代不同又互相联系的阶段：一个是雕版印刷技术的阶段，另一个是活字印刷技术的阶段。这是两项同样具有重大意义的发明。而这两项伟大的发明，都是中华民族的伟大创举。中国人发明的印刷术，从雕版印刷到活字印刷，逐步得到完善和发展，技术日臻成熟精致。和中国的许多伟大发明一样，印刷术发明以后，陆续传播到海外，对世界文明的进步和发展产生了重大影响。

潘吉星指出："与欧洲近邻的伊儿汗国1249年以印刷技术印发纸币，汗国的波斯学者拉施特（Rashīd al-Dīn Ṭabīb，1247—1318）于1311年还在《史集》中对印刷技术作了描述，汗国在

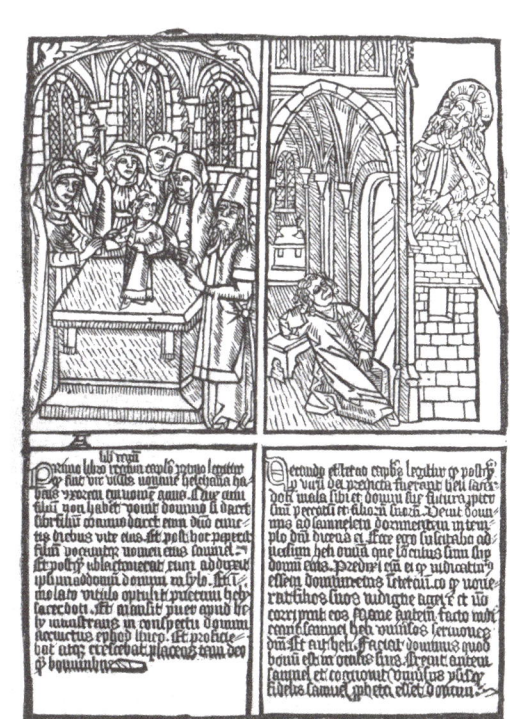

上图下文的欧洲雕版印刷物

合赞汗（Ghazan Khan，1271—1304）在位时（1295—1304）印刷术得到进一步发展，而且在1300—1350年将技术扩散到埃及。在欧洲周边的西亚和北非都有了印刷活动，对欧洲人来说，获得印刷品和有关技术的信息并不困难。另一方面，由于蒙古军队在13世纪的西征，重新打开了一度阻塞的欧亚大陆丝绸之路，为东西方技术、经济交流和人员往来创造了条件。从元大都到罗马、巴黎等欧洲城市之间畅行无阻，中国与欧洲有了更直接的往来，欧洲人可以直接从中国引进印刷技术。"[1]潘吉星的这段论述，基本上概括了中国印刷术向欧洲传播的可能性和主要通道。实际上，在这个时候，印刷术的西传是势在必行的。

纸币是欧洲人所接触的最早的印刷形式。欧洲人通过纸币，不仅了解到作为新型书写材料的植物纤维纸，而且得知了雕版印刷术这一中国人的伟大发明。欧洲人了解纸币，不仅是通过大不里士，更主要的是受到在元帝国中西交通大开之际，许多东来的使节、商人和教士直接接触到中国发行的纸币及其在经济商业活动的影响。

中国是世界上最早使用纸币的国家。中国最早的纸币，是北宋初年的"交子"。元代纸币盛行，市场上除银元宝外，几乎都是纸币。元世祖中统元年（1260）发行"中统元宝交钞"，以白银为本位，面额则同铜钱单位，不限地区和年月流通使用。到至元二十二年（1285），通过一系列措施，"中统元宝交钞"成为全国唯一法定的货币。至元二十四年（1287）又发行"至元通行宝钞"，作为主要纸币流通。元朝中央政府还设立诸路宝钞都提举司，完善管理制度，使元代成为纸币发展的高峰时期。[2]

纸币的神奇，不仅在于体现了造纸与印刷术的完美结合，而且体现了符号与物质之间隐秘的对应关系。元代许多来华的西方人士都对纸币产生兴趣，并作过报道和介绍。其中最早向欧洲介绍纸币的是传教士鲁布鲁克。他回到法国后，于1255年曾提到中国人用纸币作商业贸易。

---

[1] 潘吉星：《中国古代四大发明——源流、外传及世界影响》，中国科技大学出版社2002年版，第429页。
[2] 阴法鲁、许树安主编：《中国古代文化史》第3册，北京大学出版社1991年版，第38—42页。

鲁布鲁克说:"中国普通的钱币是用棉纸做成,像手掌一样大小,上面印有一些线条和记号,像蒙哥汗印章的样子……至于在俄罗斯人中通用的钱币,是用上有彩色记号的小片皮块做成的。"① 在此之前,欧洲人可能根本没有听说过用纸作为交易媒介的事。马可·波罗对纸币的作用作了更详细和直接的观察。他简要地介绍了桑树皮制纸的情况,并详尽地叙述了纸币的制造过程、流通系统、在交易中的使用及破旧纸币的更换等情况。

大约在1340年,佛罗伦萨人的银行雇员裴哥罗梯(Francesco Balducci Pegolotti,约1280—1347)从很多远离家乡从事远距离贸易的商人那里了解到一些亚洲的情况,他把自己的所见所闻写成一本书,为那些从亚速海上的塔纳港到中国旅行的商人提供参考。裴哥罗梯的这本书专门提到纸币。在裴哥罗梯的介绍中,中国的纸币已经被描述得十分详细了,可能他本人就见过这种纸币。

除了纸币外,纸牌也是欧洲所知道的最早的雕版印刷品之一。纸牌也是由中国发明的,据传说最早是汉将军韩信发明了纸牌游戏,起初叫"金叶子格""叶格""叶子戏",后来又称为"马吊"。唐代中期,叶子青撰写了《叶子格》一书,详细记载了叶子戏的玩法,说明当时的纸牌游戏已经比较成熟了。实际上,纸牌也是中国最早的雕版印刷品之一。纸牌在宋以后普遍流行,在南宋的杭州已有专门出售纸牌的铺子。

元代中西交通大开之际,纸牌传到了欧洲。它可能是通过阿拉伯人,也可能是来华的欧洲人直接从中国带回去的。15世纪意大利人柯维卢苏(Giovanni Covelluzo)曾根据他祖先的记事,提到"纸牌的游戏在1379年传入维特波。这种牌戏来自萨拉森国家,那里叫'纳布'(naib)"②。意大利文的"naib"是借自阿拉伯文,因此有许多研究者认为纸牌是经阿拉伯人传去的。但是,17世纪意大利人柴尼(Valère Zani)则主张纸牌是直接由中国而非经阿拉伯传入的。他说:"我在巴黎时,僧正特勒逊(abbé Tressan)给我看一幅中国纸牌,告诉我有位威尼斯人第一个把纸牌由中国传入威尼斯,并说

---

① 引自[美]卡特著,吴泽炎译:《中国印刷的发明和它的西传》,商务印书馆1957年版,第97页。
② 引自沈福伟:《中西文化交流史》,上海人民出版社1985年版,第343页。

该城是欧洲第一个知有纸牌的地方。"①这里说到的威尼斯人很可能是指马可·波罗。比较多的说法是，1292年马可·波罗离开中国时，把包括纸牌在内的许多中国物品带回威尼斯，立刻引起了人们的兴趣，很快在民间流传开。

纸牌在14世纪末叶已经开始在欧洲流行。到1397年，纸牌游戏在巴黎已经十分风行，以致巴黎市长不得不下令禁止工人在工作日斗牌及从事其他某些游戏。1404年伦格里宗教会议决议禁止教士斗牌。1423年，圣

《圣克利斯朵夫像》，1423年

伯纳德（Bernardinus Senensis，1380—1444）站在罗马圣彼得教堂的台阶上对公众发表了一篇著名的反对斗牌的演说，结果听众们纷纷把他们所有的纸牌拿到广场上付之一炬。这些情况都说明当时纸牌的流行程度。

在欧洲流行纸牌不久，就出现了印刷纸牌的行业。15世纪初，印刷纸牌已经成为一项重要的产业。在奥格斯堡和纽伦堡的市府记录中，1418—1438年曾经5次提到纸牌制造人，他们大概也就是印制纸牌的人。大约与此同时，在德国乌尔姆城的记录中，有把纸牌装在桶内用船运往西西里和意大利的情况。而威尼斯则是当时欧洲印刷纸牌的中心之一。

纸牌是欧洲出现得最早的雕版印刷品，对欧洲雕版印刷业的发展起到了重要的推动作用。在14世纪末15世纪初，欧洲的雕版印刷业已经发展起来

---

① 引自［美］卡特著，吴泽炎译：《中国印刷术的发明和它的西传》，商务印书馆1957年版，第166页。

了。几乎在纸牌大量流行的同时，也出现了其他雕版印刷品。现存最早的欧洲雕版印刷品是印制于1423年的《圣克利斯朵夫像》。那个时候留存到现在的图像印刷品有几百幅，但绝大多数都没有注明年代。所以这幅画并不一定是最早的，只是因为它在注明年代的少数作品中是最早的，很可能在此之前雕版印刷已经流行了一个时期。欧洲的雕版印刷物最初出现在今天德国的南部和威尼斯，1400—1450年逐步普及于中欧大部分地区。它们以宗教为主题，都是圣徒画像和《圣经》故事。拉丁文字说明则刻印在画像之下，或者刻成回旋卷状从画面上主要人物的口中发出。后来则由印制宗教画像发展到印刷书籍。在15世纪中叶，威尼斯就已经成为欧洲印刷业的中心。1481—1500年新设立的印刷所，如雨后春笋般涌现，有100多处，出版书籍多，质量也很不错。据有关文献记载，1485—1499年威尼斯出版商帕格尼尼（Paganino Paganini，约1450—1538）曾印刷过一本阿拉伯文的《古兰经》，这是欧洲最早的阿拉伯文印刷物。后来，意大利、德国、荷兰先后成为欧洲雕版印刷的早期基地。

欧洲早期的雕版书籍与中国的雕版书籍很相似，所用的印刷方法和制作工艺也基本相同。据美国印刷史家特文尼（Theodore Low De Vinne，1828—1914）的研究，欧洲人也是先将文稿或画稿用笔写绘在纸上，将纸上的墨迹用米浆固定在板材上形成反体。刻工顺着板材纹理持刀向自己方向刻，每版刻出两页，版心有中缝。刻好后，将纸铺在涂有墨汁的版面上，以刷子擦拭，单面印刷。最后将印纸沿中缝对折，使有字的一面朝外，成为书口。将折边对齐，在另一边穿孔，以线装订成册。这些与中国的雕版印刷方法几乎没有什么不同。

可见，欧洲早期木刻本在版面形制、刻版、上墨、刷印及装订等各工序操作上，完全是按照中国技术方法进行的，因而具有元代线装书的面孔，只是文字横行，而不是竖行。[①]由此可以看出中国与欧洲在印刷技术上的前后相承的关系。"在欧洲雕版印刷的肇端中，中国的影响实为最后的决定的因

---

① 潘吉星：《中国古代四大发明——源流、外传及世界影响》，中国科技大学出版社2002年版，第434—435页。

素。"①19世纪英国学者罗伯特·柯松（Robert Curzon，1810—1873）曾经指出，欧洲雕版书籍几乎在一切方面都和中国的模式完全相像。

五 欧洲对中国印刷术的认知

在欧洲出现雕版印刷之时，欧洲人并不清楚它与中国的关系，而以自己发现了号称"神圣艺术"的印刷术颇为自得。直到16世纪，意大利历史学家保罗·吉奥维奥（Paolo Giovio，1483—1552）首先提到中国的印刷术，他说，印刷术发明于中国并通过俄国传入欧洲。他在1546年出版于威尼斯的《当代史》中写道："当地（广州）有印刷工，按照与我们同样的方法把历史和礼仪书籍印刷在长幅纸张上，然后朝里折成方叶。教皇利奥（Leo）曾经恩准我看到过一本这样的书。此书是葡萄牙国王和一头象一起进献给教皇的。从这件事中使我确信，早在葡萄牙人去印度以前，像它这样对知识做出无比贡献的印本书籍就已经通过西徐亚人和俄国人传到欧洲了。"②

16世纪末年，法国人文主义思想家蒙田曾在教廷图书馆见有一册汉文书籍（或许与保罗·吉奥维奥提到的是同一本书）。他在其《论说集》中惊异地说："我们对自己发明的大炮和印刷叹为奇迹，殊不知，其他民族，远在世界另一边的中国一千年前便已使用。"③

在16、17世纪，西方有不少商人、传教士东来，较多地了解到中国的历史文物，对中国的印刷事业作了进一步的报道。1556年访问过中国的葡萄牙修士克路士是第一个指出中国不仅印书最早而且印刷画面和插图也最早的欧洲人。西班牙修士拉达在其报告《出使福建记》及《记大明的中国事情》中谈到了中国的印刷术，并把一些中国书籍带回了西班牙。他在《出使福建

---

① ［法］卡特著，吴泽炎译：《中国印刷术的发明和它的西传》，商务印书馆1957年版，第180页。
② 引自［英］李约瑟、［美］钱存训著，刘祖慰译：《中国科学技术史》第5卷第1分册，科学出版社、上海古籍出版社1990年版，第280页。
③ 潘丽珍等译：《蒙田随笔全集》下卷，译林出版社1996年版，第144页。

记》中说，他在福州曾与一位中国官员（总督）谈话，这位总督"很惊讶地得知我们也有印刷，而且用印刷出书，跟他们的一般，因为他们在我们之前许多世纪已有印刷术了"①。拉达从这位总督那里"得到各种出版的学术书籍，既有占星学也有天文学的，还有相术、手相术、算学、法律、医学、剑术，各种游戏，及谈他们神的"②。拉达从中国带回的书籍中有8种地方志，他发现这些地方志中有关于金银等贵重金属的记载。1577年，西班牙人埃斯卡兰特（Bernardino de Escalante，约1537—约1605）在《远航记》中也提到两本中国的书。

门多萨于1585年出版的《中华大帝国史》中，介绍了拉达神父从中国获得的一批中国图书，有一章的标题是"这个国家的印刷术远早于欧洲"。在这一章中，门多萨论述了印刷术的发明在欧洲是开始于1458年，是德意志人约翰·古腾堡（Johannes Gutenberg，1397—1468）完成的，并由此传到意大利。

门多萨对于印刷术的介绍和评价在当时的欧洲很有影响，比如前面提到蒙田对于印刷术的评价，就直接受到门多萨看法的影响。钱锺书认为，英国哲学家培根、荷兰人范·林斯霍滕的《通向印度之旅》及雷利爵士（Walter Raleigh，约1552—1618）的《世界史》，他们使用的材料均取自门多萨的著作。③

到了17—18世纪，随着欧洲人对中国了解的增多，关于中国的知识的日益丰富，人们对于雕版印刷术的来源已经很清楚了。那个时代来华的传教士有许多人都曾提到中国的印刷术，肯定古腾堡的发明源自中国的启发。传教士们的报道是欧洲人关于中国知识的主要信息来源，所以他们对中国印刷术的介绍在欧洲很有影响，并且逐渐成为大家公认的常识。

---

① ［西］拉达：《出使福建记》，［英］博克舍编注，何高济译：《十六世纪中国南部行纪》，中华书局1990年版，第180页。
② ［西］拉达：《记大明的中国事情》，［英］博克舍编注，何高济译：《十六世纪中国南部行纪》，中华书局1990年版，第210页。
③ 韩琦：《中国科学技术的西传及其影响》，河北人民出版社1999年版，第7页。

六　欧洲活字印刷技术的推广及其中国源流

由于欧洲各国使用的都是拼音文字，雕版印刷并不适合，所以欧洲的雕版印刷事业并没有像在中国和东亚各国那样获得充分发展。相反，欧洲人一般只把活字印刷的发明，算作印刷术的开始时期，而只把雕版印刷作为准备期间的一个重要步骤而已。在他们看来，活字印刷的发明才是印刷术的发明。这种看法肯定是片面的、偏颇的，不仅不符合雕版印刷曾在世界文明史上发挥了巨大作用的历史事实，也不符合欧洲印刷技术发展史的基本史实。但是，这种看法从侧面反映出活字印刷对于西方文明发展具有更重要的意义。产生这种看法还有一个原因，就是雕版印刷在欧洲历史上独立存在的时间并不长。在雕版印刷术传入欧洲半个多世纪以后，欧洲人就开始应用活字印刷了。

欧洲早期的活字印刷大约出现于15世纪上半期。有一位生于威尼斯西北的费尔特雷镇的名叫帕姆菲洛·卡斯塔尔迪（Panfilo Castaldi，约1398—约1490）的意大利雕刻家，据说他在看过马可·波罗带回的中国书籍（一说是几块印刷汉文书籍的木板）后曾经从事过活字印刷。他于1426年在威尼斯印过一些折页，据说还保存在费尔特雷镇的档案中。伦巴第地区在1868年塑造了一座雕像，纪念卡斯塔尔迪把活字印刷术介绍引入欧洲。有人认为卡斯塔尔迪所见到的书籍或木板，不是马可·波罗自己带回的，而是在马可·波罗回国半个世纪以后回到意大利的许多无名旅行者之一从中国带回来的。

荷兰人劳伦斯·扬松·科斯特（Laurens Janszoon Coster，约1370—1443）于1430年用活字印刷过一本宗教手册，但字迹并不清晰。当时可能还有一些人进行过活字印刷的试验。荷兰哈伦城（Haarlem）医生阿德里安·尤尼乌斯（Hadrianus Junius，1511—1575）曾经介绍说，扬松曾以大号木活字印过《拉丁文法》和《幼学启蒙》等书。据说扬松在制木活字同时，还曾以铅、锡试验过活字。因而，荷兰也自称是欧洲最早发展活字印刷的国家。

在德国出生的银匠普罗科普·瓦尔德福格尔（Prokop Waldvogel，1367—

1444)也曾在活字印刷方面进行过尝试。他在布拉格居住期间,已经获得了有关东方铸字印书的技术信息。因为布拉格是中国丝绸运到欧洲的一个主要终点,有许多到过东方的商人行旅在此逗留,东方的印书技术的消息在这里已有传播。后来有关金属活字的技术信息又从布拉格传到纽伦堡、斯特拉斯堡和美因茨等地。瓦尔德福格尔后来迁居阿维尼翁,他在1441—1444年发展了一种生产书籍的"假写技术"。所谓"假写技术",就是指不用手

扬·吕肯《书籍印刷匠》,1695年

写,而以字块拼合,印出像手写的文字。他用的材料有铁字、钢字、锡字和木字,亦即金属活字印刷。

对于欧洲印刷史有重大意义的是德国人古腾堡的活字印刷术。古腾堡早年从事过雕版印刷工作。他的活字印刷是在1450年发明的。1448年,他在美因茨向富商约翰·福斯特(Johannes Fust,1400—1466)贷款,以所开发的技术和设备作为抵押,进行金属活字印刷试验。他以铅、锑、锡合金制成欧洲拼音文字的活字,并制造了活字印刷机。1450年,他铸出大号金属活字,印刷了《二十六行圣经》。1454年,他印刷了教皇尼古拉五世(Nicolaus PP. V,1397—1455)颁发的赎罪券。1455年,他印刷了小号字拉丁文《四十二行圣经》,即著名的《古腾堡圣经》。这是古腾堡技术生涯的突出成就。这部《圣经》的版面为30.5厘米×40.6厘米,每版面两页,双面印刷,共1289页,分2册装订。每版四边有花草图案,版框内植字,为集木版与活字版于一体的珍本。1455年,古腾堡与福斯特的合同期满,古腾堡无力还债,福斯特于是收回了印刷厂,继续雇佣原有的技师和工人经营,出版了不少书,还对活字字体、版面设计及铸字进行了改进。1459年,古腾堡在美因茨的城市法律顾问资助下,备齐了新的印刷设施,印出了《圣经释义辞典》。

在古腾堡活字印刷术及其印刷机在欧洲问世后不久，15世纪中期直至15世纪末，在意大利、法国、荷兰、匈牙利、西班牙、英国、丹麦、瑞典等国先后出现了德国的印刷者按照古腾堡技术创建的印刷所，全欧洲共有250家之多。有的印刷所在古腾堡的印刷技术基础上作了创新和改进。①这种新的印刷技术受到了广泛的欢迎，出版书籍很快成为每一个大城市的光荣和有利的生意。比如在法国，"印刷术之所以在文化史中占据重要地位，主要是由于这一技术的推广。

自1470年巴黎人纪尧姆·菲谢（Guillaume Fichet，1433—1480或1490）安装使用第一台印刷机至16世纪初，社会发生了惊人的变化。在40多座城市至少各拥有一家印刷作坊。它们的数量比地理分布更有意义，因为，至少在该世纪最初的二十几年里，小印刷工场可以根据市场需求，比如修道院、主教或文人等的订单随时迁往各地。那个时期，大大小小的印刷厂继续发展着，同时，另一个趋势日益明朗化：以几家初具工业化规模、依托于商业资本的大企业为龙头的印刷业中心已经基本形成"②。1739年，墨西哥城创建了美洲第一家印刷厂，1854年秘鲁也兴办了印刷厂。

16世纪，活字印刷术得到进一步的发展和广泛的应用。16世纪初，阿尔都斯·马努提乌斯（Aldus Pius Manutius，1449—1515）在威尼斯经营家阿尔丁印刷所，印刷的希腊和拉丁古典文学名著的精美版本，到现在还被认为是印刷艺术上的杰作。③实际上，马努提乌斯在发展人文主义文化方面起了很大的作用。文艺复兴时代那些很有影响的古希腊哲学和科学著作，包括亚里士多德等人的作品，几乎是在他的印刷所里首先印制的。同时代许多著名的人文主义者都是他的朋友，经常在他的印刷所聚会，提出印刷古典著作的建议。在那个时代，"印刷术使人文主义欧洲化"。"印刷工厂和书店也是人文主义运动的中心，这既因为那里是图书（包括他们的知识产品）出版和发

---

① 杜美：《德国文化史》，北京大学出版社1990年版，第51—52页。
② ［法］让-皮埃尔·里乌、让·弗朗索瓦·西里内利主编，杨剑等译：《法国文化史》第2卷，华东师范大学出版社2006年版，第79页。
③ ［美］海斯等著，中央民族学院研究室译：《世界史》中册，生活·读书·新知三联书店1975年版，第608页。

1797年法国的版画,表现印刷的流程:拣选活字(上右)、涂墨并转动螺旋调节杆进行压印(上中)、从印刷机上揭下纸(上左),将印好的页面悬挂晾干(顶部)

行的地方,也因为那里是交流的场所。"①

意大利人文主义思想家埃拉斯谟(Desiderius Erasmus Roterodamus,1466—1536)把活字印刷术说成是世界上一切伟大发明中最伟大的发明。那么,在古腾堡发明的活字印刷术与中国的印刷术之间有什么样的联系呢?西方学者一般对欧洲的雕版印刷术来源于中国都持肯定的结论,但对活字印刷术与中国的关系,却有不同的说法。有的人认为,欧洲的活字印刷术是一种独立的发明,与中国没有必然的联系。还有的人主张,现在还没有发现充足的证据来证实中国的活字印刷与欧洲的活字印刷有直接的关系,但也不能就断然否定两者的关系,最好的办法是暂时不下结论。也有一些人曾肯定中国

---

① [法]费雷德里克·巴比耶著,刘阳等译:《书籍的历史》,广西师范大学出版社2005年版,第141页。

《古腾堡圣经》

活字印刷对古腾堡发明的直接影响。例如前引门多萨关于中国的著作,就指出古腾堡曾受到过阿拉伯商人带来的中国书籍的影响,并以此作为他的发明的最初基础。另有一则传说,说古腾堡的妻子出身于威尼斯的孔塔里尼家族,因此古腾堡也和卡斯塔尔迪一样,见到过某些旅行者带回威尼斯的中国印刷雕版,这使他受到启发,才发明了活字印刷。瑞士神学家奥多尔·布赫曼(Theodor Buchmann,1500—1564)认为,欧洲活字最初是以木制成。他说:"最初人们将文字刻在全页大的木板上。但用这种方法相当费工,而且制作费用较高。于是人们便做出木活字,将其逐个拼连起来"①。

法国学者格斯曼(Pierre Gusman,1862—1941)对于解释中国活字印刷的向外传播,又提出了两种可能性:一是活字印刷通过俄国传入欧洲,据说古腾堡在留住布拉格期间学会了这种方法;二是由一群亚美尼亚人传入欧

---

① 引自潘吉星:《中国古代四大发明——源流、外传及世界影响》,中国科技大学出版社2002年版,第435—436页。

洲，据说他们以前和维吾尔人有过接触，以后曾住在荷兰，当时正是哈尔兰姆进尝试行活字印刷的时候。中国的活字印刷术在很早的时候就传到了西北边疆，在敦煌曾经发现过元代维吾尔文的木活字。也许古维吾尔文的木刻单字对欧洲活字印刷的起源曾有过启发作用。传播这种木活字的或者是那些往来于欧亚之间的传教士、商人和旅行家。他们将这些木活字带到欧洲，从而启发了欧洲人对活字印刷的尝试。

至于间接的影响，中国的作用则是确凿的和显而易见的。任何新的发明都需要一定的技术前提和条件。那么，中国发明的纸，是印刷发明的基础；而由中国传入欧洲的纸牌、雕版画、大量的中国印本，还有当时关于中国印刷术的各种报道，无疑都对欧洲人使用活字印刷术起到推动刺激的作用。

总之，中国发明的印刷术，包括雕版印刷和活字印刷，通过艰苦的努力，完成了西传的漫长历程。它的西传，直接启发和促进了欧洲印刷业的产生和发展；而印刷技术在欧洲的推广和应用，则在近代文明的进程中发挥了巨大的作用。

七　印刷术：书写西方文明的新篇章

印刷术在欧洲出现不久，便受到社会各界的普遍欢迎和高度重视。最初的印刷品都是宗教宣传品，宗教界对印刷术的推广和应用十分欢迎，因为他们感觉到这种发明对于宗教信仰的传播是十分有益的。特别是在那些不识字的群众中布教，那些表现圣徒和《圣经》故事的雕版画起了很大的作用。

然而，任何发明都可能是一把双刃剑。印刷术的应用价值为宗教界人士所称道，但是与此同时，它也是促进宗教改革甚至是激发与宗教精神相对立的科学和理性主义精神的重要力量。实际上，欧洲印刷事业的发轫与宗教改革有密切的联系。在近代欧洲的宗教改革运动中，印刷术确实起到了相当重要的作用。正是印刷技术的发展和推广应用，使新教运动的观点能够以小册子、传单和宣言的形式广泛流传。在宗教改革中发挥了巨大作用的纲领性文件、马丁·路德的《九十五条论纲》由于印刷厂的赶印，2周内就传遍德国，

4周内传遍全欧洲。当时人们形容《九十五条论纲》的传播犹如天使传达基督福音那样快。

印刷术的发明根本上改变了图书的流通方式和人们的阅读方式，使阅读不再是少数人的特权，而变成了一种可以大众共享的文化形态。对于文明的发展史来说，这是一个具有重大意义的变化。"活字印刷术从根本上改变了图书生产的条件及图书的物质形态，同样也改变了其适应环境"，"印刷术发明最基本的影响在于它带来了书价的降低和书的相对平凡化"①。在纸和印刷术发明之前，中国使用的书写材料竹简和锦帛，欧洲人使用的羊皮纸，价格都十分昂贵。即使在纸发明以后，书籍的复制主要是靠手抄，不仅费时费工，费用高昂，而且还会出现不可避免的讹误。这些情况为书籍乃至文化的普及带来相当大的障碍。印刷术的推广和使用，彻底改变了书籍的存在形态，同时也出现了一个书籍大发展的时期，因而也就出现了一个文化大繁荣、大进步的时期。法国学者费雷德里克·巴比耶（Frédéric Barbier，1952—2023）指出："在15世纪80年代，由于印刷书的出现，手写书大多被弃之一旁；随后，在16世纪初，印刷书最终摆脱了手写书的具体形式的束缚，公众的增加导致了图书种类越来越丰富、文本的新的分布方式和此后可能进入的另一个层次的阅读。"②

印刷术普及，书籍的成本随之下降，读书的人也迅速地增加起来。有许多统计数字表明，在印刷术推广之后不久，欧洲各国出版的不仅仅是宗教方面的书籍，还包括科学技术、文学艺术的书籍，都成倍成倍地迅速增长，印刷、出版及书籍的销售成为一个新兴的有利可图的大产业。据统计，从1450年至1500年，欧洲大约有27000部作品印刷刊行。这表明出版与阅读的数量均急剧增长并趋于多样化，在两代人的时间内达到了空前的规模。在印刷术的推动下，可供阅读的书籍越来越多，更多的读者得以选择自己想读的书，并私下按照自己的标准加以品评和阐释。而且，印刷术通过机械手段将同一作

---

① ［法］费雷德里克·巴比耶著，刘阳等译：《书籍的历史》，广西师范大学出版社2005年版，第132页。
② ［法］费雷德里克·巴比耶著，刘阳等译：《书籍的历史》，广西师范大学出版社2005年版，第118页。

品不计其数地复制，可以使数百上千读者同时拥有同一部作品，书籍的内容成为公有领域，社会获取知识的途径因而由有限转变为无限。这是史无前例的人与书籍关系的急剧转变，文化传播的广度和深度也因此极大地提高了。

在古典文化复兴的过程中，造纸术和印刷术的传入，提供了强有力的武器和推动力量，刺激并推动了欧洲自由讨论风气的形成和文化知识的广泛普及。由于书籍带来的文化知识的广泛传播，欧洲人的精神进入了一个新的境界，学术中心由修道院转到各地的大学，而在大学中聚集了各种新的思想，进行着科学的研究与探索，孕育了崭新的近代文明。英国历史学家韦尔斯（Herbert George Wells，1866—1946）说，对人类社会各种事物的自由探讨和坦白陈述的精神，即思想自由和良心自由的精神，在这一时期逐渐形成，并发扬光大。这种精神在书籍印成以前虽已开始萌生，"但把它们从朦胧状态中解放出来的却是印刷术"①。

印刷术的应用，把学术、教育从基督教修道院中解放出来，使学术中心由修道院转移到了各地的大学。学术文化不再被修道院垄断，促进了教育的大发展和知识的世俗化，由此出现了中世纪后期文化、科技、艺术发展的高潮，迎来了文艺复兴的新时代。而到了18世纪启蒙运动时代，文艺复兴时期人文主义著作印本再次引起人们的广泛兴趣，以至法国大革命将古腾堡褒奖为第一位在欧洲传播"启蒙之光"的匠人，而将印刷术当作各民族的"自由火炬"。

孔多塞曾精辟地论述了印刷术对于人类文明的影响和贡献，并指出这种贡献大致表现在三个方面：（1）使用印刷术可以花费很少而无限地增加同一部著作的印数，这种读书的便利，增加了进行教育的意愿和手段。（2）印刷术是把对人们的教育从一切政治的和宗教的枷锁下解放出来的强有力的工具。（3）印刷术的发明几乎恰好与其他两件大事的时间相吻合，这就是土耳其人攻占君士坦丁堡与欧洲对美洲大陆和亚洲航线的新发现。前者因为希腊文人来到意大利避难，使希腊的古文献大量完整地印刷出来。过去根据断简残篇而产生对古希腊的崇拜，而今在全面的著作中寻找真谛，并敢于评判

---

① ［英］韦尔斯著，吴文藻等译：《世界史纲——生物和人类的简明史》，人民出版社1982年版，第816页。

和反驳它。这已经是开始摆脱旧思想的羁绊。后者拓宽了欧洲的宇宙边界，开辟了未知的土地，人们更加认识自己居住的地球，并且通过商业活动给工业、航海、科学和艺术，装上了飞跃的"新翅膀"。

印刷术的发明和广泛应用对近代西方历史文化的影响是多方面的，甚至可以看作是近代西方历史的一个重要的转折点。印刷术的广泛应用促进了欧洲的现代化，对政治、社会和文化等方面产生了激烈而深远的影响，使它成为一种社会变革的媒体和力量。1831年，雨果（Victor Marie Hugo，1802—1885）在《巴黎圣母院》中曾预言印刷术将在后世毁灭教会。

如果从工业生产的角度来看纸和印刷事业的发展，那么，我们还要注意到这个生产背后的商业动机和市场需求。所有的科学发明，真正能够广泛普及并且深入人们的日常生活之中，主要得益于商业行为的推动。在中国历史上，正是从唐后期雕版印刷的推广，开始形成了早期的图书市场，宋代是雕版印刷业的黄金时代，也是图书贸易的黄金时代。以后元明历代，图书贸易蓬勃发展，许多雕版印刷中心城市也是图书贸易中心，甚至还发展成为国际贸易，比如大量中国典籍的印本书流传到朝鲜和日本，都是以商业为载体，作为商品贩售到那里的。

还要特别指出的是，纸和印刷术在欧洲传播正值其从中世纪转向文艺复兴。在这一时期，欧洲正寻求文化的觉醒和创新。印刷术的传入恰逢其时，因此迅速被接受和普及，并产生了巨大的影响。

第十章
火药革命：战争与策略的改变

一 火药的阿拉伯之旅

火药和火器制造技术，是中国古代科学技术发展的一项重要成果，李约瑟甚至把火药和火器的发明说成是"中古时期中国社会最伟大的成就之一"。中国的火药和火器制造技术发明之后，陆续传播到海外各国，对各国的文明和历史发展，乃至对世界历史的演变和发展都发生了重大影响。即使在现代社会生活中，它也仍然发挥着十分重要的作用。火药和火器制造技术的发明，是中华民族的勇敢精神、创造精神和文化智慧的结晶，是中国人对世界文明的伟大贡献之一。

阿拉伯世界在中国火药和火器技术的西传过程中起到了桥梁作用。阿拉伯是火药和火器西传的第一站，经过这一站而后才传到欧洲。火药和火器传入阿拉伯世界主要经由两条路线。一条路线是在南宋时期从中国东南沿海经过海路直接传入埃及，一条路线是在元代蒙古军队西征时经过陆路传入阿拉伯国家。

南宋时期，中国与阿拉伯的海路交通十分发达，来往商船不断。当时通往阿拉伯的中国商船都备有自卫武器，船上有弓箭手、盾手和发射火箭的射手多人。据有关史料记载，船上武器在贸易结束后需呈请官库保管，下次开航时再予发放。阿拉伯人很有可能通过海上贸易渠道得知中国火药和火器的知识。另一方面，当时也有许多阿拉伯人到中国经商旅行或侨居，他们也可能在中国看到过节日焰火，接触过火药和火器，并把这些见闻传播回去。例如有许多埃及人和摩洛哥人就在中国亲眼看到过临安城里风行的"流星"或"花火"。再例如，1161年宋金采石之战中宋军使用"霹雳炮"时，据记录在场的就有阿拉伯水手。

13世纪，蒙古军队发动了几次大规模西征，直接在西亚战场上使用各种火器。据波斯史学家拉施特记载，1258年2月蒙古军在郭侃率领下攻占阿拔斯王朝首都巴格达时，使用了"将火药筒绑在枪头上的武器"，即火箭。从1234年蒙古灭金后，开封府等地库存火药、火器尽为蒙古军所有，守军中的火箭手、工匠等立即编入蒙古军之中。后来历次西征时，这些火箭手也随大军西进，并在阿拉伯地区驻扎。1258年伊儿汗国建立以后，中西交通顺畅，

元代使用火药武器场景图

往来人员络绎不绝，那里的不少阿拉伯人懂得火药和火器技术，有的还被派到中国内地在军队中服役。①

阿拉伯文献中最早提到中国火药知识的是药物学家伊本·白塔尔（Ibn al-Baytar，1197—1248）著于1240年的《医方汇编》。白塔尔曾在埃及、希腊和小亚细亚一带旅行，对阿拉伯、波斯、印度和东方药物比较熟悉。在这部书的"巴鲁得"条目下说："这是埃及老医生所称的'中国雪'，西方（马格里布和安达卢西）普通人和医生都叫'巴鲁得'，称作'焰硝花'。"②这里的"巴鲁得"一词在当时就是指硝。阿拉伯人把硝称作"巴鲁得""中国雪""焰硝花"。阿拉伯人因为硝石来自中国，所以又取名为"中国雪"。当时侨居在中国的阿拉伯人对中国的烟火感到十分新奇，并将中国这一发明称为"焰硝花"。

阿拉伯学者库图比（Yūsuf ibn Ismā'il al-Kutubi，大约生于1311年）将白塔尔的《医方汇编》加以缩编，改称《行医须知》，其中对硝石有较白塔尔更详细的记述。

在13世纪下半叶阿拉伯有一部著名的兵书，是阿拉伯军事家哈桑（Al-Hassan al-Rammāh Najm al-Dīn al-Ahdab，1265—1295）在1285—1295年所著的《马术和军械》。这部著作中详述了各种火器、烟火、火药配方和硝石提纯技术等方面的问题，书中广泛引用了中国资料。关于硝石的提纯，哈桑指出用草木灰溶液处理（使溶解的钙盐和镁盐沉淀析出），用再结晶的方法使硝石母液纯化。哈桑在书中还叙述了火箭、火毯、烟火等，药料成分中包括硝石、硫黄和木炭，还有树脂、亚麻籽油及某些金属装填物。

在哈桑的书中，"契丹花"是通常所说的"花火"，《武林旧事》中的"流星"，元明人的"起火"；"中国铁"是金代"飞火枪"中的铁滓末；"鸡豆"也叫"山离豆""山红豆"，在"花火"中就有；"契丹火枪"和《武林旧事》中的"起轮"是一样的。这些火药配方和《武经总要》中的毒药烟球火药法、蒺藜火球火药法、火炮火药法都很相似。哈桑还在书中提到

---

① 潘吉星：《中国古代四大发明——源流、外传及世界影响》，中国科技大学出版社2002年版，第457页。
② 引自沈福伟：《中国与非洲——中非关系二千年》，中华书局1990年版，第534页。

了一种火罐,为陶质,或以玻璃、纸或金属制成,内实以火药,外覆以硫黄、沥青、蜡、焦油、石脑油等。将火罐抛出,能起到炸弹的作用,类似中国宋金时使用的震天雷。

从以上介绍的古代阿拉伯文献的有关记载可以得知,早在12世纪下半叶阿拉伯人就已经接触到中国的烟火、火药和火器的有关知识或信息。13世纪,随着蒙古大军的西进,阿拉伯人已经掌握了制造火药和火器的有关技术。

硝石是宋元时期的出口商品,其中包括对阿拉伯国家的出口。硝在阿拉伯国家起初用于医药和炼丹术,之后也被应用于玻璃制造业。大约在13世纪初,硝开始用来制造火药。在西班牙人米海尔·卡西利(Miguel Casiri de Gartia,1710—1791)在1760—1770年主编的《阿拉伯西班牙遗书》中,根据1249年的一种阿拉伯文抄本,叙述埃及阿尤布王朝国务大臣奥姆莱(al-Amraes)主持了初次使用火药的试验。他们使用的火药方子可能就是半个世纪后哈桑在《马术和军械》中列举的"契丹花"的配方。按照这个配方,用硝10、硫黄2、木炭3.25、中国铁4,便可使"契丹花"燃烧。这是一个地道的中国配方。① 由此可知埃及和阿拉伯的火药技术与中国的渊源关系。

大概在阿拉伯人研制火药之后不久,便将其应用于作战。在第七次十字军东征期间(1248—1254),阿拉伯人使用了含硝的"烟火剂",用带长尾羽翼的箭,射向敌阵,其威力远大于不含硝的"希腊火",只见飞行的箭如火龙经空,似闪电疾飞,火光照耀,变黑夜为白昼,欧洲十字军终于被击退。② 美国火箭史学家布劳恩(Wernher von Braun,1912—1977)在引述这段史实后指出:这种有趣的装置是把火药筒固定在杆上,还装有尾翼,火焰从小孔中喷出。他认为这是欧洲第一次遭遇到这种火箭的袭击。③ 阿拉伯人伊本·卡尔顿(Ibn Khaldūn,1332—1406)在1354年著的《奇物录》中记载,北非的苏丹阿卜·优素福(Abû Yûsuf,约1212—1286)在1274年的锡尔马

---

① 沈福伟:《中国和非洲——中非关系二千年》,中华书局1990年版,第535—536页。
② 王兆春:《中国兵器史》,军事科学出版社1991年版,第44页。
③ [美]布劳恩:《火箭学和空间旅行史》,引自潘吉星:《中国火箭技术史稿》,科学出版社1987年版,第122页。

萨战役中，使用了具有爆炸性的火器，内装火药，火药的成分中还有铁滓。鉴于火药火器在战争中的巨大威力，阿拉伯人大量用于军事装备，取代了传统的火攻武器"希腊火"。在哈桑的《马术和军械》一书中介绍了一种"契丹火枪"，枪头叫"契丹火箭"。这是采用金人的飞火枪，用火箭作为燃烧体。14世纪初的另一部阿拉伯兵书《为阿拉而战》也载有陆战时用的火枪和水战时用的火箭，都叫"契丹火箭"。这是在一根长形的契丹火箭上，"安上长而尖的头，以备水战"。在交战中，箭发敌船，"箭头嵌入船板，便燃烧以致无法扑救"。这两种"契丹火箭"，前一种是陆战时手中的火枪，后一种是水战时由管形火器发射的火箭，这种火箭已类似突火枪中的子窠。①

大约在13世纪末至14世纪初，统治中东地区的马穆鲁克人将蒙古人传去的火筒和突火枪加以改制，发展成一种叫做"马达法"的管形射击火器。"马达法"一词在现代阿拉伯语通称"火器"。关于"马达法"的形制，在14世纪初希姆·埃丁·穆罕默德（Schems-eddin Mohammed）的兵书上有所记载，主要有两种：一种是用一个木制短筒，装置火药，在筒口安上石球，点燃火药就冲击石球。另一种筒身较长，先装火药，然后

阿拉伯手稿插图，描绘火药箭（左侧）、烟花（中间）和"马达法"（右侧），1320—1350年

阿拉伯手稿插图，显示左侧士兵持有火管，右侧为火油瓶或炸弹和"马达法"，中间的骑士持有火药筒，1320—1350年

---

① 沈福伟：《中西文化交流史》，上海人民出版社1985年版，第356页。

安上铁栓，再在筒口装箭，火药点燃后，由铁栓推动铁箭射击。日本火器史研究者有马成甫指出：阿拉伯人的火器"马达法"，同中国金军所用的飞火枪、南宋创制的突火枪，同属管形火器系列。

大约在14世纪初"马达法"已用于战事。据伊本·叶海亚（Ṣāliḥ Ibn Yaḥyā，？—1436）的《贝鲁特编年史》记载，1342年席赫布苏丹（Shihāb ad-Dīn Aḥmad，1316—1344）被围于卡拉克时，用5座抛石机和许多"马达法"守御。据伊本·伊亚斯（Ibn Iyās，1448—1522）的记述，1352年大马士革总督曾以"马达法"加强城防。另外，乌玛里（Ibn Faḍl Allāh al-'Umarī，1301—1349）在1340年完成的一部著作中提到一种使用弹药的焰硝炮，这种火器有使用火药的子弹，和宋人突火枪发射子窠相似。

14世纪70年代，埃及已经铸造出金属管形火器。百科全书家奎尔盖希迪（Al-Qalqashandī，1355或1356—1418）在亚历山大里亚见到过这种筒形火炮。①马穆鲁克苏丹纳赛尔·阿布·萨达特·穆罕默德（Al-Nāṣir Nāṣir al-Dīn Muḥammad ibn Qāytbāy，1482—1498）时使用的黑奴，也装备了火炮和火枪。而马穆鲁克最后被使用新式长程火器的奥斯曼土耳其人打败。奥斯曼苏丹赛里姆一世（Selim I，1470—1520）征服马穆鲁克时，士兵装备有火铳和火炮。

二 火药知识在欧洲的传播

古代欧洲文献中最早的火药知识全都来自阿拉伯国家。13世纪下半叶，欧洲人将一种有关火攻战术的阿拉伯兵书翻译成拉丁文，取名《制敌燃烧火攻书》。这本书长期被托名为希腊人马可（Marcus Graecus）所作，直到19世纪才揭示出原著是13世纪中叶阿拉伯无名氏所作。这是流传到欧洲的最早一本讲火攻法的书。

《制敌燃烧火攻书》所记载的有关火药和火器的配方及制作技术，反

---

① 引自沈福伟：《中国和非洲——中非关系二千年》，中华书局1990年版，第538—539页。

映了当时阿拉伯人的知识水平，而根据后人对文本的分析，这些知识和技术大都可以从中文文本中找到其源头。不仅如此，这部著作的意义还在于，它大概是欧洲人最早接触到的有关火药和火器的技术资料。另外还有阿尔·拉齐的《八十八自然实验法》的阿拉伯文写本，记载了许多与《制敌燃烧火攻书》相同的配方，也由欧洲人译成拉丁文。

欧洲人不仅从阿拉伯的文献中获得有关火药和火器的知识，而且在与阿拉伯人的战争中认识到火药火器的威力和在战争中的重要性。在13世纪中期的第七次十字军东征中，阿拉伯人曾使用了含硝的"烟火剂"来抗击欧洲十字军，而欧洲十字军在1270年的第八次东征时也使用了这种含硝的"烟火剂"。1290年的阿卡战役中，马穆鲁克人使用92座抛石机不停地攻击阿卡城，抛石机不但抛投巨石，也发射火球、火瓶和火罐，终于使法兰克人不得不从这座亚洲大陆的最后堡垒撤走，宣告了十字军的彻底失败。14世纪，火药和各种火器，包括管形射击火器，已广泛用于阿拉伯军事装备，并在同欧洲人的战事中多次使用。1325年，西班牙卡斯提尔（Reino de Castilla）反抗阿拉伯人的统治，阿拉伯人用抛石机发射火球攻击巴沙城，显示了巨大的威力。1342年，摩洛哥人用大炮保卫阿尔赫西拉斯（今直布罗陀最大城市），抗拒阿方索九世（Afonso IV de Portugal，1291—1357）的侵略，使葡萄牙人遭受重大伤亡。欧洲与阿拉伯的这些军事冲突中，促进了欧洲人学习和掌握使用、制造火药和火器。

阿拉伯是中国火药火器技术的西传之"桥"，但也不排除从中国直接传播到欧洲的可能性。因为蒙古军队的几次西征，直抵欧洲腹地，在作战中广泛使用了火药和火器。例如在蒙古军队第二次西征，1237年攻占莫斯科时，蒙古军队使用了火炮。1241年4月，在波兰境内莱格尼查附近的华尔斯达脱平原上，蒙古军队两万人与日耳曼十字军团、条顿骑士团及波兰联军3万人大会战，蒙古军队使用了宋金两朝发明的"中国龙喷火筒"，还有球状爆炸武器，结果大获全胜。波兰史学家德鲁果茨（Jan Długosz，1415—1480）在《波兰史》中记述了1241年莱格尼查战役中蒙古军队使用火龙箭的情景。这时的教堂墙壁上也画着蒙古兵发射火龙箭图样。1640年，波兰根据文字记录和教堂壁画制造了一种火箭装置，并声称文艺复兴时期使用的火箭跟蒙古兵火龙箭是一样的，火药喷管作为飞行动力，火箭杆上绑着飞行稳定器。①蒙古军队在欧洲战场上使用这些神奇的火器，必定给欧洲人以深刻的印象。另外，元代中西交通畅通，有不少欧洲人到过中国，也有中国人到过欧洲，他们也可能成为火药火器技术西传的媒介。

英国科学家罗吉尔·培根（Roger Bacon，1214—1294）对他那个时代东方和西方的文化和科学有着广泛的了解。他在巴黎游学时，与出使中国归来的传教士鲁布鲁克相识，从鲁布鲁克那里获知许多有关中国的知识和消息。鲁布鲁克是在马可·波罗时期到过蒙古访问的少数几位欧洲人之一。培根也有可能从鲁布鲁克那里了解到有关中国使用火药和火器的情况。李约瑟曾经指出："罗吉尔·培根约自公元1267年曾多次提到火药，根据他的描述，我们可以假定，他拥有的大概是曾经在蒙古宫廷里服务过的修道士们赠送给他的一盒中国爆竹。"②"这也许是有关火药及其威力的知识传播到西方世界的最早渠道。"③

罗吉尔·培根在他的《大著作》和《书信集》等著作中多次提到硝石、火药和火药爆炸的情况。他记述说："某些发明物使人听起来毛骨悚然，如将其在夜间很熟练地突然点放起来，无论城市和军队都将无法抵挡。没有任何雷声能与其巨响相比。某些这类东西看上去是如此可怕，以致连乌云中的闪电都相形见绌。想来盖迪安（Gideon Jerubbaal）④也应该把类似这种发明物用在米迪尼特人的兵营。""我们通过世界上许多地方制成的儿童玩具，看到这类东西的标本，它们像人的拇指那样大。将这种小东西点燃，靠着称为硝石的盐的力量，产生如此可怕的巨响，以致我们看到它超过强雷的响声，而闪出的光超过最大闪电的光亮。"⑤

罗吉尔·培根在这里所说的"拇指大的儿童玩具"可能是指爆仗或纸

---

① 潘吉星：《中国火药史》上册，远东出版社2016年版，第329页。
② 潘吉星主编：《李约瑟文集》，辽宁科学技术出版社1986年版，第608页。
③ ［英］李约瑟著，刘晓燕译：《中国科学技术史》第5卷第7分册，科学出版社、上海古籍出版社2005年版，第37、38页。
④ 盖迪安是《圣经·士师记》中记载的犹太人的首领，他曾率领300人打败阿拉伯部落米迪尼特人，并从其压迫下解救了他的人民。
⑤ 引自潘吉星：《中国火箭技术史稿》，科学出版社1987年版，第135—136页。

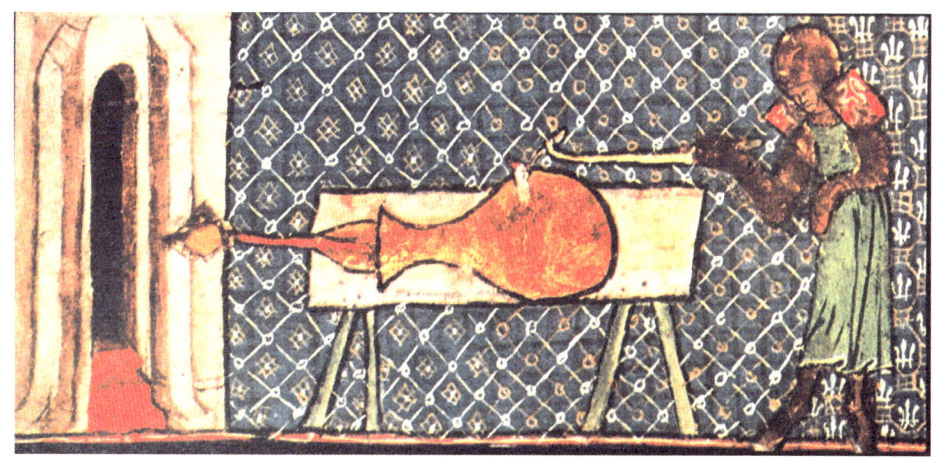

最早描绘欧洲大炮的作品,沃尔特·德·米勒米特《论王者的高贵、智慧与谨慎》,1326年

炮一类的民间娱乐品。那么,在罗吉尔·培根所生活的那个时代,中国的烟火、爆仗已作为娱乐品输入西方。如前引李约瑟的推测,培根手里就有这种从中国来的火药制品。培根曾把他获得的关于硝石、火药和爆仗之类的知识反复写进他的著作里。例如在他写的《炼金术和人工嬗变中矿物的性质简述》一文中还提到硝石提纯技术。这种用再结晶法提纯硝石的技术,与中国古代的方法是一致的。

经院哲学家大阿尔伯特(Albertus Magnus,约1200—1280)也曾谈到过火药。他在《世界奇妙事物》中写道:"飞火。取1磅硫磺、2磅柳炭和6磅硝石,将此三物在大理石上仔细粉碎。然后按你所需之量放入纸筒中,以制飞火或响雷。制飞火的筒应长而细,装满药。制响雷的筒应短而粗,装一半的药。"①

大阿尔伯特的上述记载实际上直接取自阿拉伯兵书《制敌燃烧火攻书》的第13方。他在《世界奇妙事物》中还转录了这部兵书的其他段落。可见大阿尔伯特对这部兵书是很熟悉的,他的有关火药的知识也直接来源于阿拉伯文献。前面已经提到过,阿拉伯人有关火药和火器的知识则直接来源于中国。

---

① 引自潘吉星:《中国火箭技术史稿》,科学出版社1987年版,第138页。

关于火药和火器的发明与中国的关系，门多萨在《中华大帝国史》中，有一小节的标题是《中国先于欧洲许多年就发明并使用了火炮》。他在其中强调，中国"自古就有了火炮，火炮是中国发明的"。

利玛窦也曾以自己的亲身体会介绍过中国的火药。他说，硝石这种东西在中国很多，但并不广泛用于制备黑色火药，因为中国人并不精于使用枪炮，很少用之于作战。然而，"硝石却大量用于制造焰火，供群众性娱乐或节日时燃放。中国人非常喜欢这类表演，并把它当作他们一切庆祝活动的主要节目。他们制作焰火的技术实在出色，几乎没有一样东西他们不能用焰火巧妙地加以模仿。他们尤其擅长再现战争场面以及制作转动的火球、火树、水果等等，在焰火上面，他们似乎花多少钱也在所不惜"①。利玛窦还说，他曾在南京目睹了为庆祝元月而举行的焰火会，他估计在这种场合消耗的火药足够维持一场相当规模的战争达数年之久。

1667年，德国汉学家基歇尔（Athanasius Kircher，1602—1680）在《中国图说》中说到火药发明的中国起源。到17世纪末，关于火药火器的发明起源于中国的观念已经在欧洲广为接受了。

1685年，艾萨克·福修斯（Isaac Vossius，1618—1689）的《各种观察的著作》中收入了两篇有关火药与中国关系的文章，即《中国的技术与科学》和《欧洲以前的军用火药的起源与发展》。他认为，"硝石粉末以及大小火炮"通常被认为是基督徒的发明，实际上早在16世纪之前中国人就已精通了，而精工制作的枪炮在那里至少可以追溯到8个世纪之前。欧洲人尽管在军事技术方面优于中国，但是说到将火药用于战争，他们却略逊一筹。至于将火药用于烟火娱乐，中国人的确无与伦比，他们能随心所欲地使火焰呈现五彩缤纷的色彩和千姿百态的形状。不仅如此，还可以在天空中用光绘出整幅的图画。"欧洲人在所有战争中用掉的火药也没有中国人在这些欢乐壮观的场面中慷慨耗费的火药多。"他断言："我们在文艺和科学上的一切成就不是归功于希腊人就是归功于中国人。"他还指出："欧洲人用以攻陷城池，摧毁壁垒，拒敌于堡塞之外的那些神奇的抛射物，没有哪一样不是中国人在

---

① ［意］利玛窦、［法］金尼阁著，何高济、王遵仲、李申译，何兆武校：《利玛窦中国札记》，中华书局1983年版，第19页。

多年以前制造过的,尽管他们更偏爱非战争技艺,在这方面无与匹敌。"①

到了18世纪,由于中国与欧洲的往来更多了,到过中国的人,特别是那些传教士,在中国居住的时间比较长,与各方面的中国人有比较广泛的接触,对中国文化有了更多的和更深入的了解。比如对火药、火器的发明和使用,他们知道得就更全面和准确了。18世纪来华的耶稣会传教士宋君荣、冯秉正和钱德明等人,都曾强调过中国是火药和火器的发源地。钱德明于1772年出版

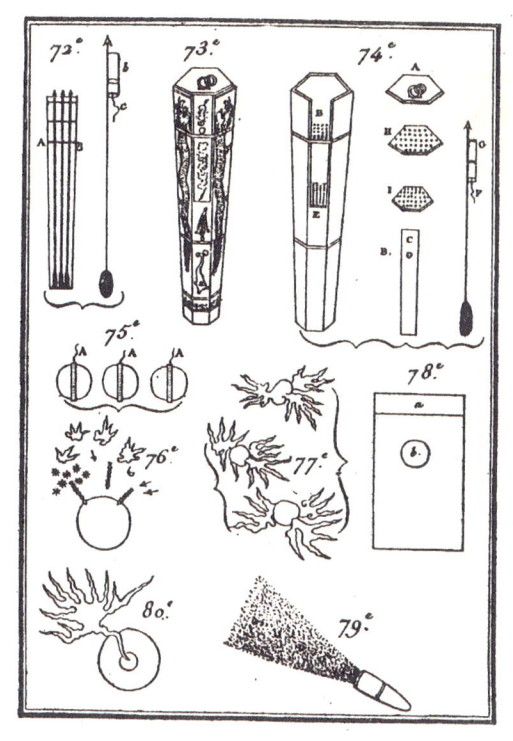

钱德明《中国兵法论》记载的《武备志》中的火器图

了《中国兵法论》一书,除较全面地介绍了中国火器史上的重要著作《武备志》的内容,还介绍了中国各种火药,包括火箭火药、火炮火药和五色火药的配制方法。在火器中,他谈到喷火筒、天火球、地雷、无敌竹将军,还有单飞火箭、一窝蜂火箭和神机箭等,并转载了《武备志》中的火器插图。

1719年7月,约翰·贝尔(John Bell,1691—1780)作为俄国沙皇派往中国使团的医生前往中国,他后来在游记中记载了有关火药的内容。约翰·贝尔在其游记中还写道,在中国的大年三十和正月初一,使团成员目睹了极为壮观的宫廷烟火,这使他们赞叹不已。贝尔说,他曾出席并观看过欧洲最好的艺人举行的烟火表演,而在这里看到的烟火,远远超过他毕生中见过的任何一种。

---

① 引自[英]李约瑟著,刘晓燕译:《中国科学技术史》第5卷第7分册,科学出版社、上海古籍出版社2005年版,第41—42页。

三 欧洲对火药与火器的应用

火药和火器的知识和技术经阿拉伯人传入欧洲后，迅速得到推广和应用。大约在14世纪上半期，欧洲就已经开始制造火器并在实战中应用。现存欧洲最早的火器图形，是在牛津礼拜堂发现的一幅1326年的瓶形火炮图画，瓶口插一支箭，后有武士正用钳子夹着一块烧红的铁条点燃引线，箭头正对城堡大门准备发射。这幅画所画的火炮被历史学家称为"花瓶火炮"。花瓶火炮所发射的不是炮弹，依然是箭头。这份档案是1326年伦敦主教为英国国王爱德华三世（Edward III，1312—1377）加冕时的加冕词，关于火炮的图画画在加冕词的下方。在霍开姆（Holkham）发现的一份1326年的档案中，也有一幅类似的瓶形火炮的图画。这类瓶形火炮与中国宋金时期铁火炮的形状十分相似。意大利一处中古时期的教堂有1345年和1364年的壁画；1345年画

马歇尔·德·奥弗涅的插图中描绘1429年奥尔良之围战役中的炮兵，1493年

的是水战中用手铳射击；1364年画的是堡垒内外的战士都用手铳，堡垒外有一尊竹节形火铳，尾部无竹节，火门在尾部，铳口安有石球，有人正在点燃药线。形制和英国的"提拉尔"一样，尾部没有竹节，说明它出于和手铳同源的"马达法"。①

欧洲最早的枪炮，基本上可以确定为1325年左右。意大利是欧洲最早制造和使用火器的国家。1326年，意大利人便掌握了火器的技术秘密，佛罗伦萨下令制造铁炮和炮弹，欧洲开始造出第一批金属管形火器。文艺复兴时期的诗人彼特拉克（Francesco Petrarca，1304—1374）在1358年定稿

欧洲野战炮，约1450年

的《秘密》中提到火器："敌人举起排炮，于墙边挖出战壕，城楼已摇摇欲坠……"②另有一份材料说："1364年，意大利佩鲁贾军火库有一份清单记着500门炮，一庹长，可持手中，非常漂亮，能射穿任何盔甲。"③ 意大利史学家穆拉托里（Ludovico Antonio Muratori，1672—1750）根据意大利古史资料提出，1379—1380年热那亚人和威尼斯人为争夺海上贸易而发生战争，他们在基奥贾岛上的要塞附近发生了一场激烈的争夺战，在这次战役中发射了火

---

① 沈福伟：《中西文化交流史》，上海人民出版社1985年版，第359页。
② ［意］彼特拉克著，方匡国译：《秘密》，广西师范大学出版社2008年版，第73页。
③ ［美］杰弗里·帕克著，傅景川等译：《剑桥插图战争史》，山东画报出版社2004年版，第103页。

箭。西方火器史家都认为基奥贾战役中使用的火箭是西方制造火箭的可靠的早期记载。

1479年11月，教皇组织的反佛罗伦萨和美第奇家族同盟军带着大炮包围科勒城。达·芬奇（Leonardo da Vinci，1452—1519）没有参与战争，不过美第奇家族可能就军事和城防工程征求过他的意见，达·芬奇手稿第一次出现了大炮。1482年，为了跻身高层赢得宫廷订单，达·芬奇给米兰大公写了一封自荐信，说自己能设计各种武器。1487年，达·芬奇正式进入米兰宫廷，为米兰大教堂制作木质多角圆顶。他的手稿清单列有数学、测量、比例、大炮、碉堡、运河各事。手稿记录了他的各种兴趣，包括火器研究、新型臼炮研究、机械和建筑研究。

与火器相关的烟火制造技术，在欧洲也是首先出现于意大利。佛罗伦萨人和锡耶纳人都善于制造烟火。意大利许多地方都定期表演大型烟火。毕林古乔（Vannoccio Biringuccio，1480—1539）所著的《炉火术》一书反映了意大利的烟火技术。此书有一卷专门讲述烟火制造，包括火药、火炮、火箭和各种娱乐烟火。例如，毕林古乔描述了能送出六七个"火蛇"或其他火箭的武器，有些类似中国的"七筒箭"。

另外还有两部古代著作反映了意大利人的火药火器知识和技术。一个是军事工程师方丹纳（Giovanni Fontana，约1395—约1455）所著《兵器录》一书，其中提到了阿拉伯、波斯和马穆鲁克人的武器与火箭在水战中的应用；还介绍了"人造鸟"内装纵火剂，张开两翼飞向敌方，类似中国古代兵书中介绍的"神火飞鸦"。方丹纳还谈到喷射车，借反作用原理将四轮车推向前方。另一个是军事工程师瓦尔图里奥（Roberto Valturio，1405—1475）的《兵书十二卷》。这部书中谈到了硝石的提纯、火药、炸弹、烟火、飞火等，也是关于火药和火器的早期著作。

英国也是比较早使用和制造火炮的欧洲国家。1342年，英国的德比伯爵（Henry of Grosmont，约1310—1361）和索尔兹伯里伯爵（William Montagu，1301—1344）参加了阿尔赫西拉斯战役，向摩洛哥学习使用大炮。1345年，英法克雷西之战，英国使用了铁炮24尊、火药60磅，炮手曾接到国王送来的2尊铁炮、8磅火药、200枚铅弹。1345年，英国又制造100件莱巴杜火器，已粗具三眼铳或四眼铳的雏形。两年之后，1347年，英国又仿造"马达法"，制造一种提拉尔火炮。① 到了1377年，英格兰军队用140发炮弹射穿了奥德雷克的城墙。于是，火药通过火炮，改变了战争模式，进而改变了历史。英国诗人乔叟（Geoffrey Chaucer，约1340—1400）提到过火炮："号角响处，双方叫嚷，开始射击……隆隆炮声一起爆发，好生可怕，大石块从枪端窜落……在那枪林弹雨之中，王后和她的紫帆船也一样招架不住……"②

16世纪后半期，由火药制成的烟火在英国盛行起来。1572年，英国女王伊丽莎白一世（Elizabeth I，1533—1603）巡视沃里克附近的坦普尔场，沃里克伯爵（Ambrose Dudley，约1530—1590）兼炮兵总监，用烟火、爆仗欢迎女王。从这以后，英国文献多次提到用火箭庆祝重要事件。1635年，约翰·白宾顿（John Babington，活跃于1603—1635）在《烟火术》一书中描述了火箭制造技术，并附以插图。1647年，奈森尼尔·尼（Nathaniel Nye，活跃于1624—1647）出版了《炮术》一书，有一节题为《论军用和娱乐用烟火》，专门叙述如何制造各种烟火装置，列举了许多同时代的火箭图，并介绍了使用火箭的方法。

法国大约是在14世纪开始使用火器。据拉克邦（Jean Léon Lacabane，1798—1884）《论火药及14世纪传入法国考》中说，在法国中世纪的一份档案里记载着这样一件事：1338年7月英法交战，一位叫Guillaume du Moulin

欧洲的早期火器，通过热铁棒点燃，从架子上发射，来自《战争防御》，约1405年

---

① 沈福伟：《中西文化交流史》，上海人民出版社1985年版，第359页。
② ［英］乔叟著，方重译：《乔叟文集》上卷，上海译文出版社1979年版，第282页。

的法国将军从另一位Thomas Fougues将军手里得到了一个"铁罐子"、一磅硝和半磅"活硫黄"。文中对"铁罐子"的描述，与中国1221年金人攻打南宋蕲州的铁火炮（震天雷）十分相似。法国编年史家弗卢瓦萨（Jean Froissart，约1337—约1410）在写于1360年的《法、英、苏格兰和西班牙编年史》中提到了管式发火火箭。据有关文献记载，法国在1429年将火箭用于保卫奥尔良的战役。1449年，在蓬奥代梅战役中再次使用火箭。1449年5月至1450年8月，法国国王查理七世（Charles VII，1403—1461）用大炮结束"百年战争"，解放70余座城堡，英军除加莱港外，被彻底逐出欧洲大陆。在历史上，百年战争以其将火药用于战争而著名。

1449年，佛兰德斯为法国勃艮第公爵菲利普三世（Philippe III de Bourgogne，1396—1467）铸造了一门重炮。这门大炮长15英尺，重6吨，100个人才抬得起来，每天移动3英里，有效射程2英里，炮弹重330磅。这门大炮在1457年赠给苏格兰国王詹姆斯二世（James II of Scotland，1430—1460），使用了大约100年，1540年以后用来发射礼炮，1681年炮筒炸裂，至今仍然保留在爱丁堡城堡。①

法国作家拉伯雷（François Rabelais，1483或1494—1553）在《巨人传》对火药枪炮有以下记载："亲自指挥装炮，竖立中军大旗，装运大量军火、弹药……大司马杜克狄庸为炮兵司令，拨发给他大钢炮九百一十四门，其中有单膛炮、双膛炮、蜥蜴炮、蛇形炮、蝮蛇炮、小蝮蛇炮、石弹巨炮、老鹰炮、野战炮等巨型火器。"②

1561年，巴黎出版了《论火炮和烟火》一书，其中提到如何制造3.5英尺和4英尺长的大火箭。在巴夫鲁特（Daniel Pavelourt）1597年写的《法国火炮简述》和汉兹莱特（Jean Appier Hanzelet，1596—1647）1630年写的《烟火术》中也有类似的记载。另外，汉兹莱特还写过《军事器械和军用与娱乐用烟火大全》一书，其中谈到水战用的火球、毒药火球、火枪、纵火箭和火箭。18世纪初，弗里采尔（Amédée-François Frezier，1682—1773）的《娱乐

---

① ［美］玛丽莲·斯托克斯塔德著，林盛译：《中世纪的城堡》，上海社会科学院出版社2013年版，第105页。
② ［法］拉伯雷著，鲍文蔚译：《巨人传》，人民文学出版社1983年版，第85页。

表演用烟火大全》,描写了各种彩色烟火、水中燃烧的烟火,尤其详细叙述了各种火箭装置,包括重复飞行的火箭。此书在推动法国烟火制造方面起过不小的作用。[1]

德国也在14世纪上半期开始制造火器。1340年,德国奥格斯堡设有火药厂;1348年,法兰克福财政账单上已有可以发射箭镞的长形红铜铳。1849年,考古工作者在坦奈堡遗址发掘出一支大约制作于14世纪80年代的小型手持枪,口径长1.7厘米,全长33厘米,膛长27厘米,重1.24千克。它同明代凤阳府在洪武十年(1377)制造的手铳极其相似。两者相比,除大小稍有差异外,其基本结构完全相同。有人认为这两种火铳是同一母型的双生铳。坦奈堡手持枪或者是对中国元明时期铜手铳的仿制,或是对阿拉伯"马达法"的仿制和改进。[2]

在文献方面,最早带有插图的手稿大约在1395年,内载一份火药配方,有制作、提纯和测试硝石的方法,并带有粗陋的彩色枪炮插图。约在1405年,德意志军事工程师康拉德·凯泽尔(Konrad Kyeser,1366—1405)的《战争防御》一书,也谈到了火箭、枪炮和一些奇异的火药配方,反映了当时德国人对火药火器知识和技术的认识水平。书中的火药配方引自《制敌燃烧火攻书》,火药成分除硝、硫、炭外,还有砒霜、雄黄和石灰,与中国的火药方相同。他提到的"飞龙"是用绳子绑在火药筒上,"飞龙"药料成分中也含有油质物。书中介绍的"飞鸟"则类似中国的"神火飞鸦"。凯泽尔还指出,装有较多火药的火箭,必须在火药筒下留一孔,以便迅速燃烧。他还知道火箭的发射是由于喷出气体。火药筒是由羊皮做的,因为当时德国还没有生产足够的纸。

德国的"慕尼黑手稿197"也有关于火器的记载。手稿包括一位军事工程师、匿名的胡斯派信徒用德文写的笔记,和一位意大利人塔柯拉(Taccola或Mariano di Jacopo,1382—约1453)用拉丁文写的笔记。手稿中涉及一些日期,如1427、1438、1441年,载有火药的配方,并结合插图描述了一些枪炮。德国还有一部16世纪关于火箭的重要手稿,是一位叫康拉德·哈斯

---

[1] 潘吉星:《中国火箭技术史稿》,科学出版社1987年版,第142—143页。
[2] 王兆春:《中国火器史》,军事科学出版社1991年版,第450—451页。

（Conrad Haas，1509—1576）的人所作。哈斯曾于1529—1569年担任锡比乌（在今罗马尼亚境内）炮兵兵工厂的厂长，这部手稿就是在这期间完成的。其中描述了他和当地工匠制造火箭的情况，有多幅插图，有的火箭在形制上与中国火箭很相似。另外，哈斯手稿中还描述了多级火箭，包括二级和三级火箭，体现了当时德国火箭技术的最新成就。①

大约16世纪，印度已经掌握了火器制作技术，并用于装备军队。1565年的塔利科塔战役中，毗奢耶那伽罗王朝的军队曾使用火箭作战。在莫卧儿王朝初期阿克拜尔（Akbar，1542—1605）在位期间，印度军用火箭得到进一步改进并大量生产。1572年，阿克拜尔率军出征古吉拉特时，也曾使用火箭作为攻击武器。从16世纪末到17世纪，军用火箭的应用已遍及印度各地，几乎各邦国都把火药火器用于军队装备和实际作战。到18世纪，印度的火器又有了进一步的发展。当时英国和法国的军队相继入侵印度，屡遭印度军队用火箭抵抗和袭击。例如1750年，法国帕蒂西耶侯爵（Charles-Joseph Patissier，1718或1720—1785）率领的小股部队在南印度遭到火箭袭击。1753年，英国劳伦斯（Lawrence）少校的军队也遭遇印度火箭的袭击。1757年，西孟加拉的普拉西人使用火箭与英军作战。特别是印度西南方的迈索尔国在1766年已拥有1200人组成的火箭营。1780年迈索尔苏丹海达阿里（Haidarālī，1722—1782）领军与英军作战，发射数百枚火箭，使英军遭遇惨败。后来迈索尔国的火箭营又扩大到5000人。在1792年塞尔加帕坦战役中，火箭营发挥了重大作用。参加这一战役的英国军官贝雷（Colonel Bayly）在日记中写道："我们被火箭这家伙弄得很苦恼"，只要一动就有危险。"两万敌军不停地射来火箭和步枪。……每闪现出蓝光都伴随一阵火箭的袭来。其中某些穿入脊梁前，而从脊背射出，引起死伤，而经常绑在火箭上的20或30英尺长的竹竿又引起可怕的创伤"。

在印度作战期间，英国军队看到了火器在战事中的巨大威力，从而促进了英国火器的研制和发展。而英军在印度缴获的火箭等火器，为英国开展火箭的研制提供了实际的技术资料。英国发明家康格里夫（William Congreve，

---

① 潘吉星：《中国火箭技术史稿》，科学出版社1987年版，第143—144页。

1772—1828）在研制火箭时，直接借鉴了从印度带来的火箭样品。在中国发明的火药和火器技术西传的过程中，印度和阿拉伯一样，起到了媒介和桥梁的作用。①

四 火药、火器对欧洲历史的革命性影响

大约在14世纪上半期，中国发明的火药和火器技术已经在欧洲广泛传播，并很快得到推广，应用于军队装备和各种战事。当时，欧洲正处于历史大变革的前夜。火药和火器的传入，对于这场历史大变革起到了重要的推动作用，从而对世界历史进程起到了重要的推动作用。火药恰恰是中世纪向现代转变的重要信号。

美国历史学家海斯（Carlton Joseph Huntley Hayes，1882—1964）等人合著的《世界史》中曾概述了火药和火器的这一世界历史意义，他们指出："枪炮的应用招致了封建制度的毁灭，因为封建城堡不能抵御炮弹；封建骑士虽然穿着光亮的盔甲和横着长矛，却不是步行的带着滑膛枪的普通人的对手。当火药时代开始的时候，骑士制度和骑士精神的时代就终止了。随着火药和火器的采用以及国家收入的增加，国王们开始雇佣兵士，维持常备军，并且以枪炮把他们装备起来。大炮是笨重的，滑膛枪是粗糙的燧火枪，然而它们比起叉、矛、剑和箭却有效得多了。一旦一个国王有了火器装备的军队，他就能征服难以控制的封建领主，压服暴动的老百姓，或者对附近的王侯们进行有效的战争。从此他就占有了专制政体的重要工具，许多欧洲的国王们就使用这些武器和这种军队去扩大他们的领土和加强他们的权势。"②

对于火药和火器西传的重大历史意义，恩格斯作了更为精湛的概括："在14世纪初，火药从阿拉伯人那里传入西欧，它使整个作战方法发生了变革。……火器一开始就是城市和以城市为依靠的新兴君主政体反对封建贵族

---

① 潘吉星：《中国火箭技术史稿》，科学出版社1987年版，第149—156页。
② ［美］海斯等著，中央民族学院研究室译：《世界史》中册，生活·读书·新知三联书店1975年版，第610—611页。

英王亨利八世的战舰"玛丽·罗斯号"装载了大量的大炮,1945年

的武器。以前一直攻不破的贵族城堡的石墙抵不住市民的大炮;市民的枪弹射穿了骑士的盔甲,贵族的统治跟身披铠甲的贵族骑兵队同归于尽了。"①

恩格斯还指出:"但是火药和火器的采用决不是一种暴力行为,而是一种工业的,也就是经济的进步。不管工业是以生产什么东西或破坏什么东西为目的,工业总是工业。火器的采用不仅对作战方法本身,而且对统治和奴役的政治关系起了变革的作用。"②恩格斯在这里指出的火药和火器的意义,就不仅仅是在军事装备上的改进和作战方式的改变,而且深入社会文化的层次,着重指出它对于经济进步的意义,推动了社会生产力的发展,同时也成为引起社会变革的一个契机。军事的变化、经济的发展,以及社会政治关系的变革,都是在这一时代的欧洲具有重大历史意义的转变。从中国传去的火

---

① 《马克思恩格斯选集》第3卷,人民出版社1974年版,第207页。
② 《马克思恩格斯选集》第3卷,人民出版社1974年版,第207页。

药和火器对摧毁欧洲封建制度起到了重要作用,从而给欧洲历史和文明的发展进程以极大的推动。

在探索新航路和大航海时期,欧洲人也把火器带到非洲沿海地区和三大洋其他地区。15世纪起,葡萄牙的管型射击火器有了很快的发展,并且广泛用于军队装备。海外殖民扩张过程中,火器也成了一种得力的工具。"欧洲火炮的质量在15世纪已经超过亚洲,配备火炮的船一半是战舰,一半是商船,于是海战的关键不再是撞击敌舰和登上敌舰,而是以舷侧炮轰击敌船。"① 比如达·伽马首次航行时,与印度船队相遇。葡萄牙的3艘大帆船、5艘小船和10艘其他船只都装备有火炮。每艘小船有30名船员,下甲板4门重炮,上甲板6门轻炮,船头船尾10门小炮。大帆船有侧舷炮12门,船头船尾2门小炮、8门轻炮和许多更小的炮(可能是指火枪、火铳)。他们从印度船队中间驶过,侧舷炮一起开火。驶过以后,又折回来,再次开炮。印度船队都是小炮,破坏力严重不足。印度船队沉了好几艘,人员伤亡也大,最后溃散而去。② "1500年以后,欧洲船只不仅在上层甲板和船楼上架炮,也在船身开炮门。在威力十足的大炮和三桅船帮助下,葡萄牙人和西班牙人接连完成绕行几内亚湾、考察巴西海岸、折过好望角、横渡大西洋和穿越麦哲伦海峡进而环绕全球的航海壮举。"③

1857年,英国作家巴克尔(Henry Thomas Buckle,1821—1862)在其著作中指出,火药和火器的主要影响是使战争职业化。火药技术十分复杂,不易掌握,不可避免地造成军队中的职业分工,最终造成常规军队的建立。在欧洲中世纪那种每个男人都是潜在士兵的情况便不复存在。以战争为业的人在人口中的比例下降,更多的人转而从事和平的艺术事业、技术工作,或受雇就业。另外,"由于热衷于战争的人数目减少,尚武精神也有所收敛"。这样,便造成了巴克尔所称的"中间知识阶级"的崛起。"在此之前,欧洲人的智慧不是消磨于战争就是消磨于神学,而现在他们有了一条中间道路可

---

① 张国刚:《中西文化关系通史》下册,北京大学出版社2019年版,第439页。
② [美]杰弗里·帕克著,傅景川等译:《剑桥插图战争史》,山东画报出版社2004年版,第121—122页。
③ 张国刚:《中西文化关系通史》下册,北京大学出版社2019年版,第439页。

奥尔沙战役中的火炮（右下角）和战斗场景

走，创造出那些伟大的学科，而现代文明的发祥正应归功于它们。"[1]瑞士学者布克哈特（Jacob Christoph Burckhardt，1818—1897）论述了火药火器的使用对于军事变革的重要影响。他指出，随着火器的逐步改善，战略战术相应地发生了一系列变化：在当时的欧洲，"战略和战术的发展却受到了军事服役性质和服役期限的阻碍，也受到了贵族们野心的阻碍；他们在敌人面前争论孰先孰后的问题，就像克雷西和莫佩提乌斯那样大的战役，就只是由于缺乏纪律而招致失败。相反地，意大利是第一个采取雇佣兵制度的国家，这要求一种完全不同的组织；而火器的最早采用也有助于使战争成为平民的职

---

[1] ［英］李约瑟著，刘晓燕译：《中国科学技术史》第5卷第7分册，科学出版社、上海古籍出版社2005年版，第13页。

欧洲使用火器的战争中挖掘地壕工事图，17世纪

业，这不仅因为最坚固的城堡也不能抵御轰击，而且也因为属于贵族以外的另一个阶级的工程师，枪炮铸造师和炮手们的技术当时在战役中占有最重要的地位"[①]。

五　火药的崭新时代：科学、战争与文化的交汇

　　火药发明的重大意义和直接影响主要表现在战争方面。这一点与我们在论述造纸术的发明情况有些相似。造纸术的发明，纸张的广泛应用，取代了原来使用的书写材料，改变了人们的书写方式。这是造纸术的根本性作用。当时，纸的用途不仅仅在这一方面，它在人们日常生活的许多方面都有其使用价值。火药的情况也是这样，火药的用途不仅仅是用于火器的制造和战场上的应用。火药的发明和应用，对于近代科学的进步与发展，也有着重要的

---

① ［瑞士］雅各布·布克哈特著，何新译：《意大利文艺复兴时期的文化》，商务印书馆1996年版，第96页。

意义。

对火药爆炸现象的分析和研究,导致人类发现了氧,并由此为全部现代化学奠定了一个新的起点。

炮弹在空中的运动(弹道学)促进了动力学的新研究。"在火器发明以后,取得关于抛射体弹道的精确知识就变得重要了。"[1]英国科学家贝尔纳(John Desmond Bernal,1901—1971)说:"在大炮出现以前,根本不可能有现代力学。随着大炮的采用,人们第一次同亚里士多德的观念决裂了。那时,布里丹(Jean Buridan,1292—1363)以为,一个抛射体具有一种新的力量,反之亦然。一些炮手和数学家把这一见解进一步加以发展。这些人中包括了两个最伟大的科学家列奥纳多·达·芬奇和伽利略。"[2]荷兰科技史作家杨·狄克斯特霍伊斯(Eduard Jan Dijksterhuis,1892—1965)也认为:"火炮导致对抛射体轨道和其他弹道学问题的研究,这种研究又促进了万有引力、碰撞和其他与力学有关问题的研究,这些问题的解决远远超出了仅为战争服务的范围……"[3]

对于火炮动力学的研究影响了许多大科学家。伽利略在他的著作《关于托勒密和哥白尼两大世界体系的对话》和《关于两门新科学的对话》里面大量提到大炮、炮弹、火药。开普勒的书信和著作提到抛射体、大炮、炮弹、火药、爆炸达49次之多。牛顿做过火药试验,研究过炮弹运动和力学定律,牛顿在《自然哲学的数学原理》里计算过空气阻力对炮弹轨道的影响。

爆炸本身所具有的力和炮弹从炮膛里排出,证明了有一些天然力,特别是火,其力量是可供使用的,而这一点激励了蒸汽发动机的发展。在蒸汽机处于全盛期之前,惠更斯(Christiaan Huygens,1629—1695)和帕潘(Denis Papin,1647—1713)在17世纪晚期曾试图制出成功的火药发动机。惠更斯是荷兰数学家、物理学家、天文学家,被牛顿誉为"当代最伟大的几

---

[1] [德]弗·约·斯特劳斯著,上海国际问题资料编辑组译:《挑战与应战——一个欧洲纲领》,上海人民出版社1976年版,第190—191页。

[2] [英]贝尔纳著,陈体芳译:《科学的社会功能》,商务印书馆1986年版,第243页。

[3] [荷兰]R.J.弗伯斯、E.J.狄克斯特霍伊斯著,刘珺珺等译:《科学技术史》,求实出版社1985年版,第110页。

何学家"。他曾和帕斯卡讨论"加农炮中稀薄水分的压力"问题。1666年,惠更斯设计火药气缸实验。火药缸底起爆,冲击波推动活塞跳起,挤出缸内空气,形成真空,大气压力把活塞压至缸底,活塞另一端连着的重物被提起。帕潘是法国物理学家,曾先后给惠更斯和波义耳当过助手,跟着两位大师级前辈学到了火药燃烧实验、蒸汽实验、真空和大气压力、机械制造等多种知识。帕潘考虑用水蒸气代替火药:高温加热,汽化以后冷却,水蒸气冷凝为水,气缸处于真空,大气压力将活塞压至底部,完成做功。1680—1690年,帕潘制造了第一台实验室蒸汽机模型。1690年他发表的论文《一种获取廉价大动力的新方法》,为实用蒸汽机奠定理论基础。1698年,英国人托马斯·萨弗里(Thomas Savery,1650—1715)根据丹尼斯·帕潘的原理,发明了第一代蒸汽机。布罗代尔指出:"随着蒸汽机等出现,西方的一切都加速发展,好像受到魔力的推动一样。但这种魔力是事先经过酝酿和准备的。套用一位历史学家的话说:先有进化(即缓慢前进),然后才有革命(即加速前进)。两种运动是互相联系的。"①

欧洲大修城堡是从11世纪开始的,主要材料先是木头,后来改成石头。城堡要求高大坚固,既能承受抛石机的撞击力,又能抵御木头楼车等高空攻城设备。大炮出现以后,为了抵御炮弹,筑城术开始变革:一是降低高度,垂直墙体改成坡面墙体,外堆土砂,炮弹射到土里没有什么破坏力;二是增加厚度,布置炮台,利用大炮攻敌,于是诞生了棱堡和由诸多棱堡组成的星形要塞。马基雅维利(Niccolò di Bernardo dei Machiavelli,1469—1527)就认为,大炮推翻了欧洲使用将近千年的防御工程体系,抵挡火炮威力的关键技术是改造要塞围墙:降低围墙高度,增加围墙厚度,改变布局结构,就能长达数月或数年挡住装备精良的进攻者。改造围墙主要有两项设计:一是增筑有角棱堡,二是深挖内外壕沟。有角棱堡就像一枚大箭头,颈部两侧配置大炮,既可以多方位轰击敌人,也可以互相保护侧翼。如果是一座五角形要塞,那么五个角都向外伸出一个棱堡。

英国化学家约翰·梅奥(John Mayow,1641—1679)在《医用物理学五

---

① [法]布罗代尔著,施康强、顾良译:《15—18世纪的物质文明、经济和资本主义》第2卷,生活·读书·新知三联书店1993年版,第440页。

论》中感叹道:"好像是命中注定,硝石,那种奇妙的盐,竟在哲学上造出了战争那般大的噪音,让整个世界都充满了它的轰隆声。"

那从战场上的火炮声返回的历史的回声,是文化的回声,是文化震响,它开辟了人类新的文化纪元。

第 三 编

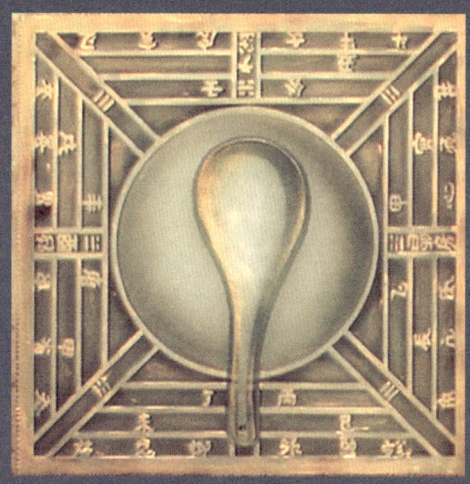

中 国 元 素

欧 洲 的 新 生 活

重回 1500—1800：西方崛起时代的中国元素

第十一章
迷恋东方："中国风"的流行

一 引领欧洲时尚的中国商品

德国史学家阿诺德·赫林（Arnold Hermann Ludwig Heeren，1760—1842）也指出东西方贸易给欧洲社会生活带来的巨大影响，他称："世界贸易体系影响越来越大……因此一个必然结果就是殖民地越来越重要……尤其是咖啡、糖、茶，在欧洲生活中越来越普及。这些商品的重要影响不仅在政治上，也表现在社会生活的结构上，影响不可估量。且不说贸易给整个国家带来的巨额资本与政府的高额税收，仅欧洲各首都的那些咖啡店，作为政治、商业、文化的交流中心或策源地，影响就非同小可。总之，没有这些产品，茶、咖啡、糖，西欧国家的文化与社会，就不是现在这个样子。"[①]

在大航海的浪潮中，无数的大帆船穿梭往返，行驶在海上丝绸之路，

---

① 引自周宁：《鸦片帝国》，学苑出版社2004年版，第23页。

将巨量的中国商品运往欧洲。这时运到欧洲的中国商品,不仅数量巨大,而且种类繁多,除了丝绸、瓷器、茶叶这"三大物产"之外,还有服装衣物、食品香料、家具漆器、珠宝首饰、生活日用品、工艺美术品、药品和中草药等,几乎涵盖了日常生活领域的各个方面。这些商品都是具有古老传统的产品或手工艺品,凝聚着数千年的文化积淀,既体现着复杂的工艺技术,又具有丰富的文化内涵。

来自遥远中国的、充满异国情调的、新颖奇特的各类物产,大大地开阔了欧洲人的眼界,丰富了他们的知识,满足了他们极大的好奇心。这也让"各阶层的欧洲人看到了实例:其数量和品种之多样,都是他们前所未闻的"①。"中国商品像是拨开了蒙在欧洲人艺术和审美之眼的一层雾障,像是为欧洲人指引出生活的快乐之门,因此大受欢迎。"②所以,在那个时代里,痴迷地追逐新奇的中国物品,在生活的各个领域、各个方面拥有、收藏、使用、品评鉴赏中国的东西,成为社会普遍流行的时尚。

在当时的欧洲社会,人们以拥有中国物品为时尚和荣耀,中国物品是高雅与先进的象征。皇室、贵族以及上流社会的富人阶层,大量搜罗来自中国的东西,引领社会的消费时尚。即使是普通百姓,也希望拥有一两件中国丝绸的服装、几件中国瓷器和漆器,甚至是一把扇子、一件小饰品等,以跟上社会的潮流。

在巴黎、伦敦等许多城市里,都有专门出售中国商品的商店或店铺。葡萄牙是最早开展东方贸易的,由于中国瓷器和其他物品的输入,葡萄牙首都里斯本很快成为欧洲专门销售中国古董和手工艺品的中心,不少专门经营中国瓷器和手工艺品的商店也蓬勃兴起。一位法国商人在1503年写道:在里斯本"可以看到驶向东印度的葡萄牙舰船带回的瑰宝和其他各种货物"③。里斯本的新商业街是海外奢侈品贸易的主要枢纽,在16世纪成为欧洲最为典雅的

---

① [美]唐纳德·F.拉赫著,周宁总校译:《欧洲形成中的亚洲》第2卷第1分册,人民出版社2013年版,第5页。
② 张国刚、吴莉苇:《启蒙时代欧洲的中国观———一个历史的巡礼与反思》,上海古籍出版社2006年版,第353页。
③ 引自[美]唐纳德·F.拉赫著,周宁总校译:《欧洲形成中的亚洲》第2卷第1分册,人民出版社2013年版,第412页。

商业街区。在这里可以选购来自东方的瓷器、珠宝、金银器皿、木器和纺织品。1580年，这个街区上已经有6家专门出售中国瓷器的商店。此外，还有许多出售中国商品的售货亭和货摊。新商业街上的布料商人囤积了多种多样和价格各异的丝绸、丝绒、锦缎和塔夫绸。

17世纪初，在巴黎就有一些专门从事贩卖中国商品的商人和店铺。1610年11月24日，当时是王储的路易十三（Louis XIII，1601—1643）的日记记载："被带到一画廊及一商店，在那里有中国文物。"一星期后的12月1日，又记载："八时被带往画廊，进入一商人房间，这商人拿出中国商品。"[①]"瓷器、漆器、丝绸等这类当时被称为'中国货'的贸易在17和18世纪时非常繁荣兴旺。17世纪末，大家在巴黎共计算到近一打'中国货'的商贾。"[②]巴黎的圣日耳曼大街和圣罗兰大街的大型集市上，有大量的中国瓷器和古玩在出售。路易十四的首席大臣马扎林主教（Jules Mazarin，1602—1661）的中国收藏部分来自圣日耳曼集市。所以，在当时买到和拥有中国的物品并不很难。

英国也很早就设立了专卖中国商品的商店。据说在1609年，伦敦就有了第一家瓷器店。英国作家笛福（Daniel Defoe，1660—1731）在1724年写道："如果没有茶器贸易的显著涨势，茶、咖啡和巧克力也不可能有如此大的消耗量；由此，我们看到城市里出现了许多专售名贵茶器的高雅商店。"[③]据1774年的《伦敦指南》记载，在伦敦至少有这种专门出售瓷器、漆器和其他中国工艺品的商号52家。这些商家兼有商贾和艺术家的双重身份，他们根据顾客和市场的需要，设计造型和装饰图案，委托东印度公司的商人带到中国制造他们需要的瓷器等艺术品。到18世纪英国的乔治时代，即使是在偏僻的乡村杂货店里，也能买到东方缎带等一些时髦的奢侈品。

在那个年代里，品种多样、制作精美、丰富多彩的中国商品走进了欧

---

① 周功鑫：《法国路易十四时期中国风尚的兴起与发展》，台北故宫博物院：《两岸故宫第三届学术研讨会：十七、十八世纪（1662—1722）中西文化交流》，第6页。
② ［法］安田朴著，耿昇译：《中国文化西传欧洲史》，商务印书馆2000年版，第525页。
③ 引自［英］简·佩蒂格鲁著，绍立荣译：《茶设计》，山东画报出版社2013年版，第76页。

红衣主教马扎林收藏的明代中国玉杯

洲人的日常生活,丰富了他们的生活内容,提高了他们的生活品质,改变了他们的审美趣味,甚至在一定程度上改变着他们的生活方式和生活态度。因此,这些中国商品成为一种时尚、时髦,成为一种风向标,同时也成为个人的品位、地位和身份的象征符号。不仅如此,他们也通过这些看得见、摸得着而且每天就在生活周围存在的东西,获得了一定有关中国的知识,甚至激发了他们对于中国的想象。

二 中国奇珍的收藏热潮

  传入欧洲的中国物品,除了通过商业渠道进入欧洲人日常生活之外,还有少量由到过东方的传教士、旅行家等带回去的礼品。这些传教士和旅行家有的在中国居住多年,还有一些人虽然没有到过中国,但在东方活动,比如在菲律宾、印度、日本等地传教或旅行,也会收集到不少来自中国的器物。

1980年，西班牙奥古斯丁修道会建立了一座"东方博物馆"，将该会曾在东方传教活动的传教士们400年间带回西班牙的中国物品和菲律宾艺术品展出。这些展品中的绝大多数都是中国的文物，有周代青铜器、汉代铜镜、唐俑、宋瓷、明清山水画卷等。此外还有许多民间风俗、民间信仰的文物，如老子的雕像、八仙和玉皇大帝的画像、观音菩萨的泥塑等，牧童回乡、河畔停舟、雅士抚琴、文人挥毫、福禄寿合欢等题材的画卷，还有皇帝的龙袍、官服、印章、刺绣，等等。除了奥古斯丁修道会之外，其他修道会的传教士们所带回的中国物品分别珍藏在各地的教堂或修道院中。

在那个时代的欧洲，收藏是一种社会风尚，而收藏的重点，主要是来自东方的奇珍异物。欧洲富人热衷于搜集中国的瓷器和漆器，许多贵族和社会名流都在家里专门开辟了"中国工艺品陈列室"。在法国，"国王和他的大臣们都是中国的和其他地域的东方物件热情的收藏家——刺绣的丝绸幔帐、真漆柜子、金丝细工饰品……以及青花陶瓷瓶"。法国"宫廷受到了那阵中国热的严重影响……始终都存在一种对富丽堂皇、异国情调的渴望，而这在东方的物件中得到了满足"[①]。

荷兰收藏家伯纳德·帕卢达努斯（Bernardus Paludanus，1550—1633）共拥有87只收藏柜，藏品范围很广，有地理学、植物学、动物学等方面的标本，也有各种人工制品，如瓷器、漆器、服装等工艺品，这些东西大部分来自中国和印度、日本。

许多皇室、贵族以及上流社会的人都有收藏中国物品的雅好，或多或少也要收集一些中国的工艺品，以显示自己的文化和时尚品位。17世纪初开始，法国国王亨利四世从东方购进了许多瓷器和纺织品，还从中国购买了大量的生丝，在里昂创办皇家丝织工场，以满足宫廷的需要。亨利四世的王后玛丽·德·美第奇指示廷臣为她提供中国式的漆釉书桌和柜橱，还特许一名经营中国商品的商人出入卢浮宫。路易十三的首席大臣黎塞留主教（Armand Jean du Plessis de Richelieu，1585—1642）是雅好艺术的收藏家，曾在他的官邸里展示他丰富的收藏，包括中国漆的屏风、漆床及400多件中国瓷器。

[①] ［英］休·昂纳著，刘爱英、秦红译：《中国风——遗失在西方800年的中国元素》，北京大学出版社2017年版，第69页。

红衣主教马扎林收藏的中式漆器箱

红衣主教马扎林的中国文物收藏也十分丰富,他1649年的收藏清册摘要记载:"两件中国方式制的箱柜,黑底上满饰螺钿。4件瓷瓶及丝绣的中国床罩。"1653年的收藏清册记载:"一系列中国家具、织品、中国纱,15件中国锦缎以及10件完整的巴黎制的中国式哔叽。"1658年,路易十四的堂姐蒙邦斯耶夫人(Anne-Marie-Louise d'Orléans,1627—1693)访问马扎林的府邸,她在《回忆录》中说:"他领着两位王后(法国王后和英国王后)和我,走进一条长廊,那里面摆满了应有尽有的宝石、首饰、家具、绸缎……所有中国来最美妙的工艺品……我敢肯定法国从来没有人见过这样精湛的工艺珍品,比博览会的展品还要丰富多彩。"[①]法国王后奥地利的安娜(Anne d'Autriche,1601—1666)也拥有一架12扇的屏风,一面是皮革,一面是丝绸。

西班牙国王菲利普二世(Felipe II de España,1527—1598)的藏品清单有2万多件物品,包括3000多件瓷器。列入清单的还有中国画、乐器和漆盒。例

[①] 引自严建强:《"中国热"的法国特征及其解释》,中国中外关系史学会编:《中西初识二编》,大象出版社2002年版,第4页。

如一个条目写道："裱在纸上的3幅精美帆布彩画描绘了中国鸟。"哈布斯堡斐迪南大公（Franz Ferdinand von Österreich-Este，1863—1914）在巨大的珍品陈列室里摆着18个大柜子，14号柜子中存放着瓷器和珍珠饰品，共有241件中国瓷器，其中大部分是明代青花瓷。

英国作家约翰·伊夫林（John Evelyn，1620—1706）在日记中记载了他在一些贵族家里看到的来自中国的东西。1682年7月，他拜访了自己的一位名为伯恩博士的邻居。伊夫林记录说："他的宅邸就是所有典雅之物（尤其是印度的）陈列室。大厅里是用日本屏风做的设计，而没有护墙板……这些屏风上的风景表现的是中国的生活方式，还有中国乡村。"[①]1683年，在朴次茅斯公爵夫人（Louise Renée de Penancoët de Kérouaille，1649—1734）的家里，他看到了日本的柜子和屏风。1684年6月22日，伊夫林在日记中写道："一名叫汤生的耶稣会士"让他看了一些"由日本及中国耶稣会士寄来的珍品"，这是由英国东印度公司转运到巴黎的货物，暂在伦敦停留。伊夫林说，他这辈子还没见过类似的东西，在他的珍品清单中，"最醒目的是巨大的犀牛角以及金碧辉煌的背心。那背心以金线编织刺绣，颜色鲜活，既优雅又活泼，欧洲压根儿见不到。还有一条镶着各式珍贵宝石的腰带和锐利到不能碰的匕首，刀刃的金属光泽也不是我们常见的，偏淡偏青。至于扇子，倒像是此地女士们惯用的样式，只是大得多，有个雕琢精美的长柄，扇面上则布满了汉字。"

伊夫林说，这些物品几乎让人误以为直接来自弗兰西斯·培根的乌托邦小说《新大西岛》，其中又以闪亮的黄色羊皮纸为最。这些珍奇而雅致的物品之外，还有另一批神秘而又邪门的物品："画有山水风景、神像、圣人、毒蛇的印刷品，造型恐怖邪门，都是他们膜拜的对象；还有人物和乡村，画在玻璃般透明的棉布上，相当罕见；另外就是花卉、树木、野兽、飞鸟等，精细自然地画在丝般的材质上。至于各式各样的药剂，根本不是我们的药师和医生所能调配。特别是其中一种药，印刷术称为'拉泰各迪'，样子像菌

---

① 引自［英］休·昂纳著，刘爱英、秦红译：《中国风——遗失在西方800年的中国元素》，北京大学出版社2017年版，第90页。

菇,却有金属般的重量,看起来又像某种物质的凝结体。"①

1693年,伊夫林还在玛丽王后(Mary II of England,1662—1694)的宫殿里,见到稀有的箱子和珍贵的瓷器,还有镜子、架子、立轴、半浮雕的东西和人像。安妮女王(Anne,Queen of Great Britain,1665—1714)的陈设中也有大量来自东方的物品,有两三百个瓷制杯子、瓶子、盘子等。

到了18世纪,这种风潮仍然持续不衰。法国大臣贝尔丹是一个中国物品的迷恋者,有一个完整的陈列馆,这个陈列馆就在他位于巴黎林荫大道的府邸中。他通过各种渠道搜集的中国物品,包括中国素描画、绘画和艺术品等,成为他的珍异品陈列馆中最富有特色的部分,其中还珍藏着钱德明神父从中国为他收集来的各种中国乐器。这个珍异品陈列馆向所有学者开放,变成了一座真正的中国博物馆。

法国贵族肖恩公爵(Duc de Chaulnes),是一个文学艺术的热情资助者,拥有关于自然历史、古代文化和中国古玩的大量收藏,据说这些藏品装满了他府邸的好几个房间。这位贵族的中国物品收藏是极为丰富的,有服饰衣帽、首饰,有瓷器、漆器、象牙、木器等材质的工艺品,有家庭用品如床、家具、茶壶、刀具、衣帽架、灯笼等,有游戏器具和图书等,甚至还有北京地图、绘画作品,可谓蔚为大观,令人目不暇接。

三 西方对中国瓷器的痴迷

据英国学者裕尔(Henry Yule,1820—1889)所说,唐代的景教士曾把中国的瓷器带到欧洲去。他在《古代中国闻见录》中说道:"晚近英人拉耶德(Austen Henry Layard,1817—1894)在曲儿忒斯坦(在卓支亚之南)丛山,叶绿谷内,探访聂派古教堂一所。见屋顶悬挂中国古代磁碗甚多,满积尘垢。守屋者告之云,为古代聂派教士携自中国者。吾意此亦必唐代景教僧

---

① 引自[美]史景迁著,阮树梅译:《大汗之国——西方眼中的中国》,广西师范大学出版社2013年版,第87页。

所为者。"①景教是唐代初年传入中国,到唐武宗时被禁绝,自此以后即行绝迹,所以这些瓷器应该是唐代的。

从文献方面来说,《马可·波罗游记》是最早向欧洲介绍瓷器的。马可·波罗在游记中说,泉州城附近有个生产瓷器的"迪云州",即德化。这个城市"制造碗及瓷器,既多且美。除此港外,他港皆不制此物,购价甚贱",但他没有亲自到达这个城市。他还描述了制造瓷器的方法。这是欧洲人关于中国瓷器制作方法的最早记载。

马可·波罗的描述,不仅是欧洲有关瓷器制造工艺的最早报道,而且也是欧洲文献中最早使用"瓷器"这个词的例证。据说马可·波罗回国时还曾把在中国购买的瓷器带回威尼斯。不过,在马可·波罗之前有少量的中国瓷器传到欧洲,也不是没有可能。英国瓷器史专家简·迪维斯(Jan Divis,1928—2000)指出:"中世纪期间,中国瓷器很少进入欧洲。……但是,这并不是说欧洲人完全不知道中国瓷器,因为当时除零星出现的商业瓷制品外,中国瓷器还常常夹杂在官方使节带回的礼品中。十字军在他们的战场圣地见到了这种瓷器,而且它肯定是迷人的战利品。出自这个时期的几件瓷器,仍然保存在欧洲。中国古瓷受到高度珍视的事实,能从后来把瓷制品安放在珍贵金属制品上面的风尚中体现出来,如安放宋朝青瓷碗大概用了1450克银子。这件器皿现藏德国卡塞尔国立博物馆。牛津大学珍藏的一件大概属于大主教瓦哈姆(William Warham,约1450—1532)的中国瓷碗,安置此碗的托座花了大约1530克银子。"②

直到15世纪,瓷器在欧洲还是极其稀有的珍品。通常是从东方统治者那里获得的外交礼物,或者在极少见的情况下是由旅行者从东方带回来的。上面这段引文提到的现藏德国卡塞尔国立博物馆的青瓷碗,上有德国黑森家族卡泽伦博格伯爵(Grafschaft Katzenelnbogen)的纹章图案,是现存欧洲最早有年代的中国瓷器。这个碗是典型的中国青瓷,大约来自龙泉窑,产于14世纪末或15世纪初。它可能是由卡泽伦博格伯爵在1433—1434年去圣地朝圣

---

① 张星烺编注:《中西交通史料汇编》第1册,中华书局2003年版,第226—227页。
② [英]简·迪维斯著,熊寥译:《欧洲瓷器史》,浙江美术学院出版社1991年版,第7页。

漳州窑瓷器

时带回来的，可能是在以色列北部海法湾的港口阿卡买的这件瓷器。几百年来黑森家族珍如拱璧，代代相传。上文提到的瓦哈姆赠给牛津大学的瓷碗，被称为"瓦哈姆杯"，是有弘治年号的青瓷碗。还有宣德青白瓷碗一对，是1506年卡斯提尔王菲利普一世（Felipe I de Castilla，1478—1506）在航行时被暴风吹到英国韦茅斯，送给约翰·特伦查爵士（John Trenchard，1649—1695）的。当时一件瓷器的价值，按达米·德·戈斯（Damião de Góis，1502—1574）的说法，等于7个奴隶。① 收藏于都柏林爱尔兰国家博物馆的盖涅雷斯-方特希尔瓶，是元代青白瓷，带有比较浅的青白釉色，高28.3厘米，制作年代约为1320—1340年，在1381年到达欧洲。根据各种铭文、纹章的证据及底座的风格，这个瓶子被确定是在1381年被匈牙利国王路易一世（I. Lajos magyar király，1326—1382）送给了刚刚登上那不勒斯王位的西西里国王查理三世（Carlo III di Napoli，1345—1386）。

---

① 沈福伟：《中西文化交流史》，上海人民出版社1985年版，第456页。

从16世纪初开始，葡萄牙等欧洲人陆续来到东方开展贸易，有一些人进入中国内地，对中国瓷器陆续有新的介绍和报道。16世纪后半期到过中国的葡萄牙旅行家平托（Fernão Mendes Pinto，约1509—1583）在其《游记》中写道：中国的高官宅邸里有"难以计数的精陶细瓷。在他们眼里，这些瓷器犹如宝石般珍贵，不能流出王国。这不仅是因为当地人比我们更看重这些东西，而且朝廷明令禁止向外国人出售，违者将被处以极刑。但萨塔马斯的波斯人不受此限，他们被称为萨菲人，他们或特权可以非常昂贵的价格购得少许瓷器"①。

瓷器传到欧洲后，引起了狂热的追捧，特别是在宫廷王室贵族社会中，出现了一大批瓷器爱好者。作为非西方文化的艺术品，中国古陶瓷在世界上获得的广泛认同和青睐是独一无二的，它的价值和品位已经可以比肩于西方任何一个门类的艺术品，以及西方历史上那些声名显赫的艺术大师的作品。特别是在17—18世纪，收藏和展示东方瓷器，成为欧洲王室和贵族奢华生活的重要形式。有人说，雄积瓷器，一如宫殿和貂袍，其实是在宣示所有者的实力和气势。瓷器成为各国王室相互仿效、彼此较劲的身价通货。

达·伽马在完成东方航行之后，将一件从亚洲带回来的中国瓷器作为礼物送给葡萄牙国王曼努埃尔一世。曼努埃尔一世是东方文物的狂热爱好者。在他的财产目录中记载的物品，有的被确定为来自摩洛哥、土耳其、波斯、印度和中国，其中包括"4件外部带有银饰和柳条的中国瓷器"。1512年，他送给里斯本的哲罗姆修道院12件瓷器和一套20件的瓷器。一年以后，他又送给妻子卡斯蒂里的玛丽王后（Maria of Aragon，1482—1517）一套瓷器。从1511年2月到1514年4月，里斯本印度库房的香料司库若奥·达萨（João de Sá，？—1529）记录皇家库房一共进了692件瓷器和数千件稀有的东方物品。

在葡萄牙的桑托斯宫有一个"瓷器屋顶"，天花板上覆盖着260余件青花瓷盘，大多是16—17世纪的克拉克瓷。桑托斯宫从1501年开始是葡萄牙国王曼努埃尔一世的住所，1589年以后属于兰卡斯特雷家族所有。这个青花瓷装饰的天花板是17世纪后25年建造的，上面的瓷器曾是国王曼努埃尔一世的收

---

① ［葡］费尔南·门德斯·平托著，王锁英译：《葡萄牙人在华见闻录》，海南出版社、三环出版社1998年版，第142页。

藏。瓷器史专家约翰·卡斯维尔（John Carswell）指出："桑托斯宫的收藏提供了一个从16世纪以后到达葡萄牙的令人惊奇的瓷器目录。"①在里斯本的阿纳斯塔西奥·贡萨尔维斯博物馆，收藏有379件主要是16—17世纪的中国青花瓷。

西班牙国王卡洛斯一世曾通过从事东方贸易的商人向中国订购了印有王族徽记和花押字的瓷器，纹章瓷由此在欧洲盛行起来。西班牙国王菲利普二世非常喜爱中国瓷器并长期采购。菲利普二世去世时，已拥有全欧洲最多的中国瓷器。据一份1598年的清单，总数共达3000件瓷器，多数为餐具，包括上菜盘、水酒瓶、酱汁碗、大口罐等。

在比利时的安特卫普，由于和葡萄牙的贸易联系，瓷器也变得十分流行。在哈布斯堡尼德兰总督、奥地利的玛格丽特（Margarete von Österreich，1480—1530）的财产中拥有不少于23件陶瓷，有一些还带有银或镀银的底座。其中有一件美丽的带盖的白瓷，周围画满了人物。瓷器也开始出现在油画中，一件曾经被归为贝尔纳·凡奥利（Bernard van Orley，1487或1491—1541）的《受胎告知》，作于16世纪20年代，在前景就呈现了一个瓷器罐子。画家阿尔布雷希特·杜勒（Albrecht Dürer，1471—1528）1520—1521年曾居住在安特卫普，他的朋友、葡萄牙代理商若奥·布兰道（João Brandão）送给他3件瓷器。布拉班特省和安特卫普的财务总管洛仑兹·斯特尔克（Lorenz Sterck）也赠给他"一个象牙哨和一件非常美丽的瓷器"。杜勒显然受到中国明代青花瓷的影响，这在他的一些画作中表现出来。

意大利艺术家们也把中国的或中国样式的瓷器表现在他们的作品里，最早的例证似乎出现在来自维罗纳的弗朗切斯科·本纳里奥（Francesco Benaglio，约1432—1492）的作品中。在一件创作于1460—1470年的圣母子绘画中可以看到一只莲蓬状的碗，并带有一种可以在15世纪初期的中国瓷器中见到的简单的青花装饰。安德烈·曼泰尼亚（Andrea Mantegna，约1431—1506）在他的《博士来拜》中描绘了一件青花瓷来强调三位国王的东方起

---

① ［英］约翰·卡斯维尔：《蓝与白：世界范围的中国瓷器》，引自万明：《异军突起：16—17世纪的漳州青花瓷》，《中国中外关系史学会第八届会员代表大会暨"历史上中外文化的和谐与共生"学术研讨会论文集》，第21页。

源。第一次对陶瓷的准确描绘,可以在一幅由乔万尼·贝利尼(Giovanni Bellini,约1430—1516)创作的巨大的作品中看到。那就是《诸神的盛宴》,作于1514年,画面里有两个青花碗和一个带有镀银托架的盘子。碗是明代15世纪晚期和16世纪早期最典型的器物。在碗外侧的双层口沿之间,是由六朵莲花组成的饰带,内部有由五朵牡丹在一个起伏的花茎上组成的图案,边上是较小的繁盛的花和叶子。这种碗被广泛出口到东南亚和中东地区,并被葡萄牙人带到欧洲。有的学者考证,画中瓷器的实物可能是属于1498—1508年马穆鲁克王室的外交礼品。画家是应痴迷中国瓷器的阿方索一世公爵(Alfonso d'Este,1476—1534)请求而创作的。16世纪的许多欧洲画家,都

乔凡尼·贝利尼和提香《诸神的盛宴》,位于画面后排中心位置的女神和男神手上和头上的是中国明代样式的瓷器

喜欢在自己的作品的背景中画几件中国瓷器，有的画家还在作品中画上几个汉字。

在荷兰，收藏瓷器也是很受王室贵族追捧的风潮。荷兰国王威廉四世的王后玛丽莲·露易丝（Marie Luise von Hessen-Kassel，1688—1765）就是一个狂热的瓷器爱好者。1730年，玛丽莲王后移居荷兰北部城市吕伐登，住在普林西霍夫宫殿。晚年的玛丽莲王后开始大规模收藏东方的瓷器，并设想将普林西霍夫宫殿建成荷兰最大的远东瓷器博物馆。1731年，吕伐登普林西霍夫博物馆正式成立，来自中国和日本的精美瓷器被源源不断地送到博物馆。1765年玛丽莲王后去世前，普林西霍夫博物馆已经拥有上千件中国瓷器。

德国德累斯顿的茨温格尔宫是欧洲最大的瓷器艺术博物馆，其前身是费里德里希·奥古斯都一世（Kurfürst Friedrich August I，1670—1733）的茨温格尔宫瓷器走廊。奥古斯都一世是罗马帝国萨克森选帝侯，也称"奥古斯都大力王"，1697年担任波兰国王。1715年前后，他开始系统收藏中国瓷器。1717年，他得知北部普鲁士国王弗里德里希·威廉一世（Friedrich Wilhelm I，1688—1740）收藏了一批体量巨大的中国青花瓷。奥古斯都一世决定以波兰·萨克森部队的一个兵团（约600名龙骑兵）来换取弗里德里希·威廉一世的151件大型青花瓷。这批瓷器后来被称为"近卫花瓷"或"龙骑兵瓷"，也有人称之为"萨克森国王的血罐"。这一年，他还将自己的波兰行宫改造成为"瓷器宫殿"，把来自中国、日本的瓷器和刚刚问世的德国迈森瓷器一同展示出来。1727年，奥古斯都一世在易北河畔建造"日本宫"，将他的部分瓷器精品转至此处，用于装饰富丽堂皇的"瓷器塔"。

奥古斯都一世通过多种渠道来满足他的收藏。有国与国之间的购买，也有大臣们的呈送，更多的是在莱比锡城购买的。当地的瓷器商人从荷兰购得中国瓷器，再转手卖给奥古斯都一世。当时最著名的瓷器商人是伊丽莎白·巴斯塔切夫人（Madame Elisabeth Bassetouche），茨温格尔宫中的瓷器走廊装饰的很多花瓶组合都是由她代为购买的。之后，她一度居住在德累斯顿，成为国王身边的瓷器顾问。在奥古斯都一世收藏的顶峰时期，茨温格尔宫共有东方瓷器24100件，其中中国瓷器约17000件，日本瓷器和朝鲜瓷器

7100件。①

对中国瓷器的爱好和收藏不仅在上层社会的皇室和贵族之间流行，这种风气也流传到民间。英国作家乔纳森·斯威夫特（Jonathan Swift，1667—1745）说，他有一段时间爱上了瓷器，简直像是疯了，不管它多么贵重。1712年，英国的《旁观者》杂志发表了一位瓷器店服务员的来信，谈到了一位古瓷爱好者。来信说：那位女子每天都要到他的店里光顾两三次，一会儿说要买屏风，服务员就把屏风搬出来让她看；一会儿又说要买茶和

茨温格尔宫中的"龙骑兵瓷瓶"

一套茶杯、盘子和钵子，服务员又去把这些东西搬出来，让她看看摸摸。到后来她又说不买了。她走后，服务员把散落一地的货物整理上架，还没整理完，她又回来了。

四　瓷器改变了日常与审美观念

中国瓷器传到欧洲以后，受到广泛而热烈的欢迎。但是，"在17世纪中瓷器仍被视为一种新奇的珍玩之时，只有少数大宫廷，才有比较大量瓷器的陈列，但等到快至新世纪之时，也许由于瓷器大量地供给，也许由于个人趣味的要求，瓷器逐渐成为普通家庭用品，特别是在热饮（包括饮茶）成为社

---

① 黄忠杰：《从皇宫到博物馆——解读奥古斯都大力王收藏的中国瓷器》，《紫禁城》2012年第4期。

会流行风尚以后"①。精美绝伦的各种瓷器，深入社会的各个阶层，走进人们的日常生活，给欧洲人的日常生活增添了不少情趣。

据说，在14世纪的法国上层社会，餐具还是金、木、陶制器皿并用。16世纪，瓷器开始进入欧洲，但属于稀罕之物。1607年，法国王太子用一只瓷碗喝肉汤，已经是很了不起的事情，因为当时只有国王和贵族才买得起瓷器。直到18世纪，东印度公司向欧洲输入了大量的瓷器，欧洲人才开始以瓷器代替金银器为餐具。法国国王路易十五也大力提倡，下令将宫廷中所用的金银餐具熔化，充作他用，而以瓷器代替，自此上行下效。大量瓷器的引进改变了人们的餐桌。把餐具和饮具由贵重和笨重的银器变为精美轻便的瓷器，从而改变了人们的就餐方式乃至整个生活方式。法国学者雅克·布罗斯（Jacques Brosse，1922—2008）指出："如果说瓷器在16和17世纪时仅仅是由珠宝商们出售的那些用黄金或镀金铜镶嵌的珍异物，如路易十六用一个配有金把手的中国大瓷杯喝清汤，那么18世纪所有那些拥有如此手段的人，则都希望拥有这些非常适宜饮热汤（其实已传播开了）、中国茶、阿拉伯半岛咖啡和墨西哥巧克力的餐具。当时变得非常流行的是定制全套餐具，欧洲为此提供了样品。"②

法国学者丹尼尔·罗什（Daniel Roche，1935—2023）在其所著《启蒙运动中的法国》一书中，讲到当时大量进口中国瓷器对法国社会各阶层审美心理和社会心态的影响。丹尼尔·罗什还提到，在法国，瓷器已经深入人们的日常生活，成为人们日常生活中不可缺少的组成部分。

瓷器在日常生活领域的广泛影响，不仅仅局限在餐桌，不仅仅是改变了人们的餐具、茶具等日常使用品，还作为居室的陈设、装饰，美化着人们的生活环境。瓷器成为比较富裕人家的必需品，尤其是在饮茶的时候，非此不足以表示其为时髦人物。

当时欧洲上流社会，都以设置"瓷器室"、陈列中国瓷器为时尚。如

---

① ［德］利奇温著，朱杰勤译：《十八世纪中国与欧洲文化的接触》，商务印书馆1962年版，第21页。
② ［法］雅克·布罗斯著，耿昇译：《发现中国》，山东画报出版社2002年版，第44—45页。

路易十四有专门收藏瓷器的凡尔赛镜厅，还特地建筑了"瓷宫"。波兰国王约翰三世（Jan III Sobieski, 1629—1696）在维拉努哈宫侧殿有专门陈列瓷器的"中国厅"。勃兰登堡大选帝侯费里德里希·威廉（Friedrich Wilhelm, der Großer Kurfürst, 1620—1688）的夫人露易丝·亨利埃蒂（Luise Henriette von Oranien, 1627—1667）在柏林南部的奥拉宁堡宫殿，设有带护壁板的大厅，专门陈列她在1652—1667年收集的中国瓷器。他们的儿子费里德里希（Friedrich I, 1657—1713）在夏洛滕堡为其妻子索菲·夏洛特（Sophie Charlotte von Hannover, 1668—1705）建造的宫殿中，也设有瓷器厅，陈列了中国瓷器400余件。以瓷器装饰房间的风尚，由欧洲大陆传到英国。玛丽二世（Mary II of England, 1662—1694）在荷兰居住时，曾购买了大量的瓷器装饰房间。1687年，瑞典建筑师尼科迪莫斯·特辛（Nicodemus Tessin den yngre, 1654—1728）访问了她在海牙附近的乡间别墅赫斯拉蒂克，据这位建筑师记载，其客厅里"陈列着大量的中国瓷器、绘画等。天花板镶嵌着镜子，给人一种广阔的透视感。壁炉架上摆满了珍贵的瓷器，陈列在一起，如此协调，好像一件支撑着另一件"。玛丽二世与其丈夫威廉三世继承了英国王位之后，把这种时尚带到了英国宫廷。根据18世纪20年代出版的《大不列颠岛游记》记载，汉普顿宫陈列着大量精美的中国瓷器，这些瓷器在别的地方从来未见过。室内的陈列柜、壁炉上摆满了瓷器，有的一直摆放到天花板那样高。就是宫中的长廊，也随处摆放着瓷器。在这个时候，欧洲还涌现了一批室内装饰设计大师，从事"瓷器室"的设计。其中最有名的，是荷兰建筑师丹尼尔·马洛特（Daniel Marot, 1661—1752），他是法国人，1685年流亡到荷兰，后来跟随威廉三世（William III of England, 1650—1702）到了英国，参与了汉普顿宫"瓷器室"的设计。

到18世纪初，这种以瓷器装饰房间的风尚，从上层社会传到了民间。许多普通家庭也把中国瓷器作为家庭居室的重要陈设。亚当·斯密就曾提到，他在爱丁堡和巴黎的人家中看到大量炫耀白色的中国瓷器。而瑞典人凭自己的想象在家里布置了一个"中国厨房"，厨房的墙壁和餐桌都是用中国瓷器装饰的，他们称之为"瓷器厨房"。

出口到欧洲的瓷器，无论是在器型还是在所出窑口方面，种类都很多。

耶稣会传教士李明在1699年论中国的著作中,把瓷器分为三种:第一种为黄色;第二种灰色而有裂纹的瓷器,他本人认为这种是最好的;第三种是普通欧洲人喜欢的多彩瓷器。他认为欧洲商人毫无鉴别地大量购入多彩瓷器,"欧洲人已不再是和优美的艺人打交道了,而且由于对此道的无知,使中国人供应什么,他们便要什么"①。实际上,

柏林夏洛滕堡的"瓷器室"

这种在白瓷上直接装饰釉上彩纹样的彩瓷,包括专门为向西方出口而生产的广彩瓷器,由于其丰富的装饰和绘画而最受欧洲人欢迎,出口量最多,并且对欧洲人的审美观念和艺术风格发生了重大影响,从而对近代欧洲艺术的洛可可风格起到了刺激、启发和推波助澜的作用。明清时期的外销瓷大部分是以中国传统纹样装饰,装饰的主题、题材和形式都是中国传统的,以传统人物、山水、鸟兽、花草、典故、传说、乡俗、物产等为主题,内容相当丰富,体现了中国传统瓷绘装饰艺术的特色和中国文化中深厚的人文精神,几乎展现了一部有关中国的百科全书。在照相技法尚未问世的18世纪,西方国家对中国形象的了解,是通过写实的绘画作品,而瓷器则是更为主要的信息来源。这些充满异国情调的东方图画,让欧洲人领会到另外一种审美情趣,

---

① 引自[德]利奇温著,朱杰勤译:《十八世纪中国与欧洲文化的接触》,商务印书馆1962年版,第21页。

油画中巴黎的中国瓷器店

一时间成为追捧的对象,以至于在欧洲形成了持续一个多世纪的"中国风"和洛可可艺术风格。

温雅清脆的中国瓷器不仅为洛可可艺术提供了新的物质材料,而且象征了洛可可时代特有的光彩、色调、纤美,象征了这一时代特有的情调。西方学者哈克尼(Louise Wallace Hackney)在《西洋美术所受中国之影响》一文中也指出:"瓷器之入欧,即中国对于西方文化最大贡献之一也。……瓷器入欧,物离乡贵,历数世纪,惟珍如古玩,而不以寻常用具视之也……至18世纪始变为日常用品,东印度公司第一次输入巨量之次品瓷器,而西方世界日用生活遂告革命,其提倡最有力者则为路易十五世,他命将法国所有之银器熔化以为别用,而以瓷器代之,上下风从,一时极盛。"①

---

① 朱杰勤译:《中外关系史译丛》,海洋出版社1984年版,第136页。

五　东方韵味：中国元素融入日常生活

17、18世纪欧洲日常生活中，"中国风"的影响随处可见，无论是广告、书籍插图、舞台布景还是演员化妆，都充分展现了这一风尚的魅力和新奇。例如中国折扇在17、18的世纪法国特别流行，法国宫廷贵妇不论冬夏，都手持中国式绢制聚头扇，即折叠扇，以代替16世纪流行的羽毛扇。英国诗人约翰·盖伊（John Gay，1685—1732）在一首诗中说到流传到英国的中国扇子。他说，扇子上有各种人物，其中有女子，有的细眉细眼，莲步姗姗，有的吹笛击钹，自得其乐；有老者踞座而餐，神态俨然；也有彩车上的兵勇，好像是七颠八倒。"东方文物的时尚差不多在欧洲每一地方都流行开来。毫不夸张地说，要是哪一个王宫或大公府邸没有一个陈列着闪闪发光的青花盘子、瓶和壶的柜子的话，那它绝不会被认为是完美无缺的。"①

16世纪以后，中国丝绸一直是大航海贸易的主要出口商品。近代运往欧洲的中国丝绸数量是巨大的。欧洲对于中国丝绸的需求远远超过以前的时代，服装、地毯、挂毯、窗帘、床罩等各种丝织品一起输入欧洲。中国丝织品因其明亮的色彩、异国情调的纹样和相对低廉的价格，受到欧洲上层社会妇女们的追捧，成为她们的主要服饰之一，并成为某种社会身份的标志。莎士比亚（William Shakespeare，1564—1616）在《驯悍记》中写道："室内的帷幕都是用古代的锦绣制成，象牙的箱子里满是金币；杉木的橱里堆垒着锦毡绣帐、绸缎绫罗、美衣华服，珍珠镶嵌的绒垫、金线织成的流苏以及铜锡用具……"

在路易十四时代的法国，宫廷男女服饰都以刺绣、折裥、蝴蝶结装饰，有些贵妇人的高跟鞋面也是以中国丝绸、织锦为面料，上面绣有各种精美的图案。16世纪末，贵族男女都喜爱黑色花纹的丝织衣料。达官贵人喜欢以轻便带扣的鞋子或骑士长靴搭配一件潇洒的短外套、手套和一顶紧压在剪短的

---

① ［英］休·昂纳著，刘爱英、秦红译：《中国风——遗失在西方800年的中国元素》，北京大学出版社2017年版，第61页。

头发上的丝帽。伦敦的贵妇人以中国丝绸服装为时髦。这些服装往往绣着象征吉祥如意的麒麟、龙凤等图案，古典华贵，深得贵妇们的欢心。1664年，约翰·伊夫林发现了一些从中国经巴黎运到伦敦的精美绣品："华丽的马甲是用黄金般的布料缝制、刺绣而成的，但其色彩极其生动，就其华丽和生动程度来看，在欧洲我们没有什么东西可与之相媲美……在一种衣袖丝绸上绣着精美的花、树木、兽、鸟。"①有些妇女喜欢穿着中国刺绣的服装，披着中国刺绣的披肩、围巾，口袋里装着有中国刺绣的手帕，甚至请中国刺绣工匠绣制丝绸名片。中国丝绸有一个独特的地方，即行走时衣裙摩擦会发出轻轻的丝鸣。在当时欧洲的社交场合，这种丝鸣声是上流社会妇女展示魅力的一个重要手段。

意大利壁画《中国官员出行》，18世纪

1697年，传教士白晋回到法国，赠送给王室一部画册《中国现况》，其中有许多中国皇室贵族和官员的便装和盛装画像，这些服装后来成为法国上流社会竞相模仿的样式。

18世纪，维也纳时尚男装的重要组成部分是无袖锦缎背心或丝织胸衣，法国宫廷服装少不了丝绸、天鹅绒和锦缎。直到大革命前，法国上流社会人士一直爱穿丝织的外套、马甲和裤子。

18世纪中期以后，中国的丝绸披肩风靡欧洲，色彩以白色和艳色为主，

---

① 引自［英］休·昂纳著，刘爱英、秦红译：《中国风——遗失在西方800年的中国元素》，北京大学出版社2017年版，第101页。

每年进口量高达8万多条，其中法国就占了1/4的份额。在西班牙还流行一种被称为"马尼拉大披肩"的丝巾，是经过"马尼拉大帆船"贸易然后经过墨西哥转运到西班牙的。这种丝巾是当时妇女们用来增加魅力的重要服饰，流行一时。这些马尼拉大披肩原产地是广州，所以应该称为"广州大披肩"。在这些丝巾上，往往都绘有穿着中国民间服装的人物形象，有具有浓郁中国特色的花园、院落、居室等图案，还有"武松打虎"等中国历史故事的图案。

18世纪晚期，中国的手绘丝织品成为欧洲社会最为流行的样式。到1673年，渐趋"平民化"，已经有了印花丝织品，以代替高价的手绘丝织品。《优雅信使报》说："最近又有了印成的材料，几乎同手绘的一样美丽；最初的印花品只供给作为花边装饰之用。他们又做印成的绸，但今人多用缎来代替它。它非常美妙，使人一眼难以辨认究竟是绘制的还是印花的。"鉴于这种绘制或印花的丝织品的消费越来越广，法国的一些丝织厂纷纷仿效，专造各款绘花或印花的丝织品，再加上中国的商标，以满足人们的嗜好。

中国折扇在17、18世纪的法国特别流行。这些扇子都是从广州出口的。据记载，1822年广州十三行一带有5000余家专营外销商品的店铺，约有25个匠人专门从事外销工艺品的生产和制作，涉及漆器、银器、瓷器、纺织、绘画、雕刻等各个行业，这些工匠都不同程度地加入制扇业的行列，因此广州外销扇是一种集合多种精细工艺于一体的精美的工艺品。

饲养孔雀、金鱼也成为"中国风"的一部分。蓬巴杜夫人最先获得来自中国的金鱼，不久饲养金鱼之风便在巴黎和维也纳流传，此后就流传于整个欧洲。

还有许多象牙雕刻艺术品被传入欧洲。广州是象牙贸易和牙雕制作中心，广州制作的牙球和微缩船艇，是雕刻艺术中的精华之作。当时，欧洲人士到访广州时，都会买上一件名贵的牙雕作为馈赠亲朋好友的礼物。来自中国的精致、小巧的工艺品也很流行，既可以点缀装饰自己的宅邸，也可以作为馈赠亲友的礼品，显示自己高雅的品位和情趣。

在巴黎，一度出现了许多称为"中国"的社交场所。有一家"中国咖啡室"，有两位穿中国服装的女招待，另有一个真正的中国仆人，招待接送顾

荷兰的"中国风"家具，18世纪

客。空想共产主义者巴贝夫（François-Noël Babeuf，1760—1797）和他的朋友曾以这家咖啡室为大本营。1761年，巴黎的罗伦区开设了一家"中国舞场"，在场内可以看到中国的陈设和彩灯，以及当时很普遍的中国烟火。另外，还有所谓"中国浴室"，采用中国、波斯及土耳其等东方式风格建筑。

欧洲人把中国情调引进到他们的娱乐游戏中。中国服装舞会和化装舞会首先在巴黎、维也纳出现，后来又在其他宫廷举行。舞会上最早出现中国人装扮的是1655年，不久后戴着锥形帽、垂着八字胡的中国人形象成为舞会的基本造型之一。在1685年凡尔赛宫举办的一次假面舞会上，路易十四的弟弟勃艮第公爵（Philippe d'Orléans，1640—1701）一晚上便换了好几套装扮，最后出场时，他穿上一身中国显贵的装束，变成了一个"中国人"，给人留下深刻的印象。这种娱乐在18世纪变得非常风行，甚至法兰西学院的学生也经常携带化装舞会面具。1700年元旦，法国宫廷采用中国节日庆祝形式来迎接18世纪的第一个新年，参加者身着中国式丝绸刺绣服装，皇家乐队用笙、笛、锣等中国乐器演奏音乐，似乎已经象征了这个世纪的情调。18世纪的假面舞会中心威尼斯曾于1716年在一艘船上安排了一个中国式招待会，船被装扮成中国式平底船，船舱里挤满了携带阳伞的戏装人物、音乐家和舞蹈家。

1684年，比利时耶稣会士柏应理携中国青年沈福宗访问巴黎，为当时的"中国热"再添波澜。沈福宗是南京人，他的父亲是基教徒，他本人曾跟随柏应理学习拉丁文。1681年，柏应理受耶稣会派遣，前往罗马向教廷陈述"礼仪问题"，25岁的沈福宗与之同行。1684年，他们到了巴黎。9月26日，路易十四设晚宴招待柏应理和沈福宗，请沈福宗用汉语诵读祷告词，请他表演用筷子进餐。路易十四在饭后请他们一起观赏了喷泉表演。他们一行还参观了圣王路易宫，并在那展出了中国丝画艺术。

中国人来到巴黎的消息受到朝野普遍关注。在柏应理和沈福宗下榻的耶稣会馆，来访者络绎不绝。沈福宗向客人们展示了多幅画在绸子上的孔子、老子、康熙、徐光启、释迦牟尼等人的画像与中国的文房四宝，介绍了毛笔的使用方法。谈到中国的语言文字，他说中文大约有8000个字，需要多年才能学会并记牢这些字；汉字的书写习惯是从上到下、从右到左；汉语的同一个音有不同声调，所以抑扬顿挫，听起来非常悦耳。他以"bo"为例介绍，这个音至少有11个不同意义，诸如：玻、波、伯、博、薄等。

巴黎的一份杂志对他们的行迹作了生动的报道，特别对沈福宗的衣着服饰和举止言谈感兴趣。这篇文章说：第二天，在国王吃饭的时候，他们被邀请去参加一次特别的会见。他们一到，国王就命令自己身边的人腾出地方，让柏应理和沈福宗到他的桌边太子和太子妃坐的位置。国王开始和柏应理攀谈，问柏应理是否曾经看到过喷泉。柏应理说他没有看到过也不应该受到这样的礼遇。但是国王却说他们应该看一看，并命令当柏应理一行到花园参观的时候，所有的喷泉都要打开。这是国王给予柏应理的最大荣誉，因为喷泉只在接待高贵的使节或者王公贵族的时候才打开。国王让沈福宗在众人面前用中文朗诵了基督教主祷文圣母颂等。在此之前的一天，太子妃曾见过沈福宗用他习惯的小象牙筷子吃饭的情景。所以她请求国王可以再看看沈福宗是如何吃饭的，国王很快就叫了一份用金盘装的食品来，沈福宗站在国王身边的桌子前表演了用筷子吃东西。之后柏应理一行去了花园，欣赏了喷泉表演。①

---

① 张西平：《欧洲早期汉学史——中西文化交流与西方汉学的兴起》，中华书局2009年版，第423—424页。

在沈福宗访法期间，巴黎学者除了进行文字报道以外，还绘制了沈福宗的肖像画。此画现藏于法国国家图书馆的版画部，作者应是9月26日宴会上的法国宫廷画家。

大约在17世纪初，按照东方特别是中国的模式制作的轿子被引入欧洲。1644年出版的一本书中就提到了轿子。法国剧作家莫里哀（Molière，1622—1673）在他的几种喜剧中，特别是在1659年的《可笑的女才子》中也提到中国的轿子。欧洲各国还仿中国创设"轿制度"，按形式和颜色区别乘轿者的等级。法国路易十四时期，贵族官吏出行乘轿，轿顶围被的质料和颜色，按等级严格规定，轿身都以漆绘，流行牡丹、芍药等中国花卉图案，乘轿的多是贵族妇女。法国轿子与中国不同的是，抬轿的人不用肩荷，而是以手举，法语称作"抬椅"。在维也纳，规定"病人、奴婢仆役、犹太人等不得乘轿"。1727年，维也纳按等级轿列出巡大典，皇帝乘特别华丽装饰的轿子，走在前列，接着是宫廷和枢密院的轿子，洋洋大观。18世纪初德国出现"乘轿热"。科隆大主教克莱门斯·奥古斯特（Clemens August von Bayern，1700—1761）必须乘轿子才赴其辖区。在洛可可全盛时代，轿子已经遍及德国每一小公国的最僻远的地区。

18世纪中期以后，这种肩抬的轿子逐渐为轿车所取代。法国人首先在轿子下部装上轮子，由马牵曳，形成后来的马车。早期马车车厢式样同中国轿子式样基本一样，同时轿车的车厢也都采用漆绘，描绘上各种"中国风"吉祥图案。

这是一个"以中国为时髦之风气的鼎盛时代"。这种追求"中国趣味"的风尚，弥漫于大街小巷，成为人们街谈巷议的时髦话题。那时候出版了许多有关中国的书籍，其中有旅行家的游记和报道，传教士们的书信、报告、著作和翻译的中国文献，欧洲的专家学者、作家撰写的有关中国的评论，还有一些作家剧作家以中国为题材或由头撰写的剧本或小说等文学作品。这些书籍都广为流传。总之，关于"中国"，是当时出版界和新闻界的热门题材，有关中国的一切，是报刊专栏作家们热衷的选题。比如创刊于1717年的英国《旁观者》报，就曾连续刊登一系列有关中国的文章，内容涉及瓷器、茶叶、长城、园林艺术、孝道、封赠制度等诸多方面。翻阅一下18世纪那些日益大众化的小报和期刊，就会为英国人对中国的兴趣和了解感到吃惊。"欧洲已经完全被神州迷住了，以至于这种作品越来越受欢迎，吊足了读者的胃口而绝没有吃腻的感觉。这些书的作者们传播开的东方的故事，因为有时也很难准确，所以也是一样引人入胜。而他们的插图画家，则为欧洲的工匠们提供了一条了解东方图案的新的渠道。"①

六 别具风情的"中国房间"

从17世纪后期开始，在贵族和上流社会人士的宅邸中流行按照中国的风格进行装修，或者保留一间所谓"中国房间"。这种"中国房间"，有专门摆放和收藏瓷器的"瓷屋"，或用漆绘木板装饰的"漆屋"，还有的就是按照他们想象的中国风格，进行装饰和装修：地上铺中国地毯，墙上贴中国壁纸，挂中国画，陈设中国家具，摆设中国的瓷器、漆器和其他工艺品。这种住宅的装饰风格流行一时。

最早出现的内部装饰主要为"中国趣味"的建筑是1670—1671年为凡尔赛王宫建的特里亚农宫。1669年，路易十四命令法国建筑师路易·勒·沃（Louis Le Vau，1612—1670）在凡尔赛西边的特里亚农兴建一座小型城堡。这座宫殿是仿造纽霍夫的"南京瓷塔"的插图设计的，被称为"瓷宫"。这是一组单层建筑，有一大四小五组房间，坐落在花园当中。这座建筑的外观并没有所谓"中国风"特色，但在内部装饰上大量采用中国设计手法。屋檐下挂着青白两色是兽形饰物，外墙贴满瓷砖，客厅的墙上贴满白色大理石，上面饰有蓝色的花纹，地面和墙裙均用瓷片贴面。室内装饰也力求体现中国风格，全部摆设中国家具。

特里亚农宫建成以后，被认为是神秘中国的象征，法国贵族们纷纷效仿，很快在法国各地出现了许多类似的宫堡和别墅。有人指出："中国风从宫廷吹起，经城市向乡村扩展。早在1673年，即在特里亚农瓷宫完工仅两

---

① ［英］休·昂纳著，刘爱英、秦红译：《中国风——遗失在西方800年的中国元素》，北京大学出版社2017年版，第61页。

爱德华·盖特纳《柏林皇宫中的中国房间》，1850年

年，《优雅信使报》就报道，国王的廷臣对国王的情趣上行下效，甚至资产阶级都将自己的花园和住宅改建成逍遥宫。数十年内，这种时尚风行至德国和欧洲其他地方。"[1] "在它的引领下，在欧洲的每一个角落，从皇后岛到巴勒莫，从辛特拉到察尔斯科−泽洛，都出现了一大批中式宝塔、网格样式的茶馆、亭子和'儒家式的'庙宇。"[2]

1753年，瑞典国王阿道夫·弗里德里克（Adolf Fredrik，1710—1771）为他的王后露维莎·欧瑞卡建造了一座"中国宫"，作为王后33岁的礼物。这年7月，露维莎王后在写给母亲的信中，描述了她收到这份生日礼物的情景："我突然惊讶地看见了一个真正的仙境，按照国王陛下的命令，建成了一个

---

[1] 引自严建强：《"中国热"的法国特征及其解释》，中国中外关系史学会编：《中西初识二编》，大象出版社2002年版，第5页。
[2] [英]休·昂纳著，刘爱英、秦红译：《中国风——遗失在西方800年的中国元素》，北京大学出版社2017年版，第66页。

荷兰的漆屏屋

我从未见过有如此美丽的中国宫。卫士们都穿着中国服装,两个陛下的随从官员装扮成中国武官。卫士们在做着中国兵操。我的长子站在中国宫门口,穿着中国王子的服装,旁边是穿着中国文职官员服装的侍从们。王子向我读了一首诗,并递给我一串钥匙。如果说从外面看使人惊讶的话,进入宫室后,也同样使人惊奇。……正厅是以一种极其高雅的印度风格布置的,在厅的四个角落,放着四个巨大的瓷花瓶。在其他的屋子里,有着古老的日本漆器柜子、覆盖着印度布料的沙发,所有这些都精美极了。里面一间卧室,床和四壁都蒙上了印度布料,装饰有最精美的瓷器;宝塔、花瓶和鸟。一个日本漆器抽屉柜中放着各种新奇的东西,其中有中国刺绣。在两翼的侧室放上桌子,一边是德累斯顿式的,一边是中国式的。在我欣赏了这一切以后,陛下传令开始表演中国芭蕾舞……"①

这座"中国宫"很典型地反映了17世纪末期欧洲"中国房间"的基本特

---

① 引自李明:《瑞典"中国宫"的形成及其风格》,《国际汉学》,大象出版社1999年版,第162—163页。

征，即各种异国情调和欧洲风味混为一体。

据说，在1697年的英国，"从最高贵的时髦青年到最卑微的厨娘，除了印度来的织物，没有什么东西被认为真正适合用来打扮他们！除了印度屏风、壁柜、床或者幔帐，也没有什么适合用来装饰他们的卧室。除了瓷器和真漆器皿，也没有什么适合用来装饰他们的壁橱"①。

德国最早的"中国房间"是1705年美因茨大主教弗朗斯·冯·顺博恩（Lothar Franz von Schönborn，1655—1729）修建的新府邸中的房间。房间里凸显中国情趣的是一套真漆嵌板，外框是雕刻的水果垂花饰，天花板是巴洛克风格的，绘画和粉刷都显得凝重。巴伐利亚选帝侯马克斯·艾玛努埃尔（Maximilian II Emanuel，1662—1726）在他的夏宫建了一座塔堡，外部差不多是古典风格，但内部大厅和台阶则使用蓝白相间的瓷砖和绘画做装饰。楼上有两个"中国风"的房间，一个小壁柜，壁柜上铺着中国壁纸，还有一个客厅，衬以红黑相间的日本漆嵌板。

装饰这种"中国房间"的风气在18世纪欧洲大为流行。笔者曾经参观过法兰克福的歌德故居。这所故居是歌德父母的老房子，在二楼有一间主厅，名字叫"北京厅"，厅中陈设着中国式的描金红漆家具、蓄着八字长须的彩色小瓷人，墙上挂的也是印有中国图案的蜡染壁被。在同一层楼的音乐室里，摆着一架仿照中国家具风格制作的古老风琴，琴盖上绘有一幅典型的中国风景画，山水、杨柳、宝塔、垂钓者，一派中国乡村的静谧气氛。看来歌德的父母也是中国风格的热烈爱好者，歌德就是在这样的家庭气氛中成长的。

笔者还在巴黎参观过雨果的故居，也有一间充满中国情调的"中国房间"。这间以中国瓷器、书画及漆木家具等布置的中国风格浓郁的房间，是雨果为他的情人朱丽叶·德鲁埃（Juliette Drouet，1806—1883）设计的"中国厅"。1863年，雨果在海外流亡地根西岛为朱丽叶新居亲自设计和布置了卧室和客厅。1903年建立雨果故居纪念馆时，把朱丽叶在根西岛的原物搬来，原封不动地重新组成了这间"中国厅"。据说这里的绘画和雕刻，也大

---

① ［英］休·昂纳著，刘爱英、秦红译：《中国风——遗失在西方800年的中国元素》，北京大学出版社2017年版，第100页。

维也纳美泉宫的"中国厅"

多出自雨果本人的手笔。朱丽叶在给雨果的一封信中写道:"这里充满你神奇的艺术思想,就像一座圣洁的殿堂,令我肃然起敬。我特别欣赏曼妙的卧室装潢,那简直就像一首真正的中国诗歌。"有趣的是,这些绘画和雕刻,乃至整个房间的装饰,乍一看很有中国味道,仔细地看却又不很像"中国"。雨果并没有到过中国,但他和那个时代的许多文人学士一样,对遥远的中华文明怀有浓厚的兴趣,强烈地受到流行欧洲大陆的"中国风"的感染。他所创作的,是他心中想象的"中国",是他的头脑中编织的"中国"。

维也纳美泉宫中有几间"中国房间"。美泉宫的内部装饰时期正值"中国热"传到欧洲宫廷。当时的奥地利女皇玛丽亚·特蕾莎不惜重金,用许多价值连城的中国艺术品来布置美泉宫。其中最著名的"蓝厅",又叫"蓝色中国沙龙",因中国蓝白色瓷器而得名。在当时,中国瓷器特别贵重,所以是用230块白底蓝色的绘画模仿陶瓷的风韵挂在墙上。1918年11月3日,就是在"蓝色中国沙龙"里,年轻的卡尔皇帝(Karl I,1887—1922)签署了第一次世界大战的停战诏书,哈布斯堡王朝开始解体。另外,宫中还有一个"圆形中国厅"和一个"椭圆形中国厅"。这两个小厅里的墙壁上镶嵌着大小不等的中国漆画,镀金边框的支柱上托放着中国的青花瓷瓶。这两个厅的装饰,是18世纪欧洲宫廷装潢最典型的代表作。女皇玛丽亚·特雷莎经常在这两个小"中国厅"里会见大臣,商讨国务。据说女皇非常喜爱中国文化,甚至曾和亲友一起,在金碧辉煌的宫廷里上演中国传统大戏。

七 戏剧舞台上的"中国故事"

欧洲人的"中国趣味"表现在他们日常生活的许多方面,不仅在娱乐活动中引进了中国的神秘情调,而且在舞台剧中引进了所谓"中国人"和"中国故事"的题材。

在巴黎建有一座中国娱乐剧院,演出中国题材的舞台剧。中国的笑话甚至也被采用到歌剧和喜剧之中,特别是小剧场和"意大利喜剧班"采用最多。1692年,这个戏班在御前第一次演出了雷格那德(Jean-François Regnard,1655—1709)和杜夫累尼(Charles Dufresny,1648—1724)所作《中国人》的五幕喜剧。这部戏的剧情是:主人公奥克塔夫爱上了一名叫伊萨贝尔的姑娘,但他得知

喜剧《中国人》版画,1741年

另有3个竞争对手,其中一位是中国博士。为了赢得爱情,他略施小计,让他的仆人阿勒甘(Arlequin)先后假冒3位竞争者前去求婚,在不明真相的未来岳父面前出尽洋相,最后自己从容登场,稳操胜券。阿勒甘是18世纪法国流行的意大利喜剧中的一个著名丑角。他扮演的中国博士从一个中国橱柜中走出来,极尽吹嘘自己是一个修辞学家、哲学家、逻辑学家、音乐家、天文学家,然后把橱柜打开,将一件件来自中国的时髦的东西展示出来。一队小提琴师奏起东方音乐……在阿勒甘的协助下,奥克塔夫大功告成。此时身为"中国博士"的阿勒甘竟然高唱道:"我特地从刚果来到此地,呵呵呵。"

1723年,内斯托剧团在圣日耳曼演出了一部"两幕独白的中国戏剧",名为《小丑、水狗、医士与塔》。全剧以北京皇宫外为布景,主要人物有中国的皇帝、公主、喜欢公主的仆人、阁老(官名)、大臣、日本王子和他的丑角侍从等。在这个滑稽剧的末了,公主和王子跪在皇帝的面前,中国皇帝用夹杂中法文的对白说:"饶恕你们了,起来吧,大家尽情地享乐吧,尽情地跳舞吧。"于是人们遵命跳起舞来,随而闭幕。1729年,这个剧团又在圣罗伦演出三幕的《中国公主》,亦以北京城为布景。剧中扮演的角色洋洋大观,包括了亚洲各地的人物,其中有中国皇帝、戴亚曼提那公主、巴斯塔王子、努累丁王子、威沙婆尔的嗣君,还有一个被认为曾任中国宰相的科拉斯。

当时流行的喜剧和歌剧还可以举下列几种:《中国人》,独幕喜剧,内有诗歌;《回来的中国人》,抒情剧,1753年第一次在巴黎歌剧院演出;《法国的斯文华人》,独幕剧,仿《回来的中国人》,于1754年在巴黎演出。此外还有《中国人及突厥人的舞蹈》(1755)、《鞑靼人》(1755)、喜剧《意外相逢》(1764)、喜剧《中国老妇人》(1765)、芭蕾舞剧《中国令节》(1775)、歌剧《金囡囡》(1779)等。①

在英国也出现了中国题材的戏剧作品。早在莎士比亚的戏剧里,就有好几次提到中国与中国人。1686年,弗朗西斯·法恩爵士(Francis Fane,? —1691)写作剧本《牺牲》。在这个剧本中,有亚细亚、巴比伦、南京、北

---

① [德]利奇温著,朱杰勤译:《十八世纪中国与欧洲文化的接触》,商务印书馆1962年版,第139页。

京、杭州等地名，有铁木尔、中国皇子、火药和印刷术的发明者等人物。这个剧本一直没有上演。英国作家塞特尔（Elkanah Settle，1648—1724）写有一部悲喜剧《中国之征服》，于1675年上演。剧本主要讲的是17世纪中期满族人入主中原的故事。人物有李自成、吴三桂、崇祯帝、顺治帝等，这部戏有两个互相联系的情节线索：一是讲复仇，清帝的父亲被汉人杀害，死后有灵，出现了好几次闹鬼。于是，清帝与吴三桂统兵入关，以报不共戴天之仇。二是讲爱情，清帝的儿子顺治曾在中原居住，并爱上了一个汉族女子。清兵入关时，这个女子率领一支娘子军与清军激战，还曾与顺治打了一仗。但是，爱情高于一切，她终于向清军投降。后来，顺治做了皇帝，她也成为皇后。

关于清兵入关的题材在当时颇为时髦，1697年，英国的罗伯特·霍华德（Robert Howard，1626—1698）爵士也写了一部《鞑靼人征服中国》的剧本，并请剧作家德莱顿（John Dryden，1631—1700）改编。德莱顿在给他的儿子的信中说到了这件事："我回到伦敦后想把罗伯特·霍华德的一部剧本修改一下。这个剧本他写好久才交到我手里，剧名《鞑靼人征服中国》。修改起来，要花费我6个月的工作，或可得100英镑的报酬。"①但是这个改编的计划最后没有完成。

还有一出歌剧，叫做《仙后》，是改编莎士比亚的《仲夏夜之梦》而成。这个剧本发表于1692年，据说也是塞特尔所作。最后一幕以一个中国花园为背景，并有一对中国恋人唱歌。这一幕的舞台指导这样写道："灯光渐渐暗了，只有一个进口处有人跳舞。于是音乐响了，台上灯光突然明亮起来，出现了一座中国花园的透明的景色。那里的建筑、树木、花草、果品、飞禽、走兽都和我们这里的大不一样。尽头处是一道拱门，从拱门一直望去可以看到别的拱门，那里有隐蔽的凉亭，一排树木伸展到视线的尽头。上面还有一座花园，一步一步上去，通到屋顶。花园两边有雅致的凉亭，有各色各样的树木，无数鸟雀在空中飞舞，平台上有一个喷泉，吐出的水落在一个

---

① 引自葛桂录：《中英文学关系编年史》，上海三联书店2004年版，第25页。

弗朗索瓦·布歇的《中国舞蹈》,据说画中的服装和舞台设计的灵感来源于《中国令节》

大盘子里。"①

1755年,先后在英国和法国上演了歌舞杂剧《中国令节》,当时也有人把它叫做"大型芭蕾舞"。这部戏的作者是瑞士人让·乔治·努瓦尔(Jean-Georges Noverre,1727—1810),在当时被称为"舞蹈中的莎士比亚"。这部戏在法国演出时,获得很大成功,既华丽,又新奇,引起观众的极大兴趣,据说有"万人空巷"之盛况。《中国令节》在英国上演时也很受欢迎。

这类"中国题材"的剧本在18世纪时层见迭出。不过剧中的"中国故事"与真实的中国并无多少关系,而是出自欧洲人对异国情调的向往和想象。所以,中国文化对欧洲舞台剧的影响并不像在绘画、园林建筑等方面的影响那么突出。然而,"当时虽然没有产生伟大的作品,但这些简单而自然的喜剧,与几乎独占17世纪舞台的古典派悲剧的严肃的风格形成对照,培养

---

① 引自范存忠:《中国文化在启蒙时期的英国》,上海外语教育出版社1991年版,第106页。

了观众对变化的爱好,从而使直到这时只能在小说里发泄的表示喜怒哀乐的想象出现在舞台上"①。

八 "中国风"吹过大洋:美洲的中国情结

17、18世纪,欧洲出现了追求和模仿中国情趣和艺术风格的"中国风"。美洲作为欧洲各国的殖民地,"中国风"也通过欧洲文化间接地渗透到美洲殖民地上层社会。由大帆船贸易开始的中国与美洲的联系和交流,首先使中国与美洲在器物层次上发生文化接触。大帆船贸易运往美洲的最主要的货物就是中国的生丝和丝绸,瓷器也是销往美洲的大宗商品。墨西哥城不仅是中国商品的主要消费城市,而且有许多中国商品从墨西哥城转运到拉丁美洲的许多地方。辗转巴拿马、瓜亚基尔、波哥大、布宜诺斯艾利斯、卡塔赫纳等地的中国商品,被当地贵族阶层热烈追捧。在秘鲁首都利马最繁华的

运到阿卡普尔科的中国商品

---

① [德]利奇温著,朱杰勤译:《十八世纪中国与欧洲文化的接触》,商务印书馆1962年版,第60页。

商业街上，大商号有40余家，资本有的在百万比索以上，他们经销的大宗商品就是来自阿卡普尔科的中国商品。利马的商店里陈列着中国瓷器，从智利到巴拿马，到处都有出售中国丝绸，人们对东方货品的喜爱远胜对西班牙的产品。西属美洲的贵族以身穿华贵的中国丝绸为荣："为了打扮的光彩夺目，他们毫不吝惜白银和宝石，穿着金线织成的衣服和中国最精美的丝绸。"不仅是贵族，而且在17世纪初，"男男女女，穿丝多于穿棉"。①

中国瓷器大量销往远隔大洋的美洲大陆，始于16世纪中期开始的西班牙大帆船贸易。1573年从马尼拉驶往阿卡普尔科的两艘大帆船中，载有中国瓷器22300件，这是最早的记载。此后瓷器源源不断销往墨西哥。据日本学者三杉隆敏在《海上丝绸之路》一书中介绍，1968—1970年，墨西哥城在修建地铁时出土了291片中国瓷器残片，其中有明代嘉靖至万历年间的青花瓷与五彩，包括桃形"寿"字青花瓷器碎片，莲塘水禽与长颈凤凰，还有底足书"富贵佳器""万福攸同"的瓷器碎片。

这些远销的中国瓷器价格十分昂贵，在初入美洲时，购买瓷器往往要用同等重量的白银。在墨西哥的殖民贵族以拥有中国瓷器的数量作为衡量其财富与文明教养的标志之一。18世纪后期，有些贵族还专程到广州大量订制绘有家族纹章或勋章图案的成套茶具和餐具。很多教堂专门珍藏中国瓷器，当做贵重的财产。由于瓷器极为贵重，人们连瓷器的碎片也舍不得丢弃，用瓷片装饰庭院或花园中的蹊径。在圣安赫尔，至今还留有一处镶嵌着瓷片的喷泉的遗迹。在同一宅院中的壁龛上，点缀着瓷盘，两边的立柱上镶嵌着瓷碗。在当时这是一种十分豪华的装饰。贵族们还都特别珍爱来自中国福建的一种"瓷狮"，它雄踞在四方形的底座上，昂首举目，血口獠牙，鬃毛高耸，尾巴直立，造型十分威武。这种瓷狮象征着西班牙王室的尊严和权威，许多贵族家庭都把瓷狮摆放在最醒目的地方，以表达他们对西班牙王室的忠诚。

中国瓷器的大量输入，还对墨西哥的制瓷业产生重要影响。墨西哥的制瓷业从造型、图案到釉彩的运用，都以模仿中国瓷器为时尚。在18世纪末，墨西哥中部城市普埃布拉竟有40多家仿造中国瓷器的制瓷工场，成为美洲闻

---

① 引自万明：《明代中外关系史论稿》，中国社会科学出版社2011年版，第552页。

名的制瓷业中心。

中国瓷器在巴西也大受欢迎。巴西曾是葡萄牙殖民地。16世纪初，在巴西的葡萄牙殖民贵族中已有人使用中国瓷器。1599年，玛利亚·贡萨维尔斯（Maria Gonçalves）的家用器皿中，购自印度和马六甲的3件中国瓷器价值达250瑞斯（巴西货币单位）。到17世纪，巴西的上层社会家庭已广泛使用昂贵的中国瓷器，用于装饰房间，也充当赌注，甚至有时用来作偿付金，当部分现金使用。有一座教堂甚至用中国瓷器来装饰钟楼塔尖。那时在殖民地社会上层圈子里，使用中国产品成为一种时尚，"中国瓷器对于显示巴西贵族餐桌上的豪华是不可或缺的"①。到18世纪末，由于受到精美绝伦的中国瓷器的刺激，有人开始在里约热内卢生产粗瓷和模仿生产中国漆。在一些贵族家庭的财物清单中，可以找到有关中国瓷器拥有的记录。

在中国与美洲的贸易往来中，与丝绸、瓷器等大宗货物输往美洲的同时，中国实用工艺美术的技法与风格也随之传播。特别是品种繁多的瓷器上绘饰各种花纹图案、中国风景、历史故事，最能反映民族风尚与审美观念，是传播东方古典情趣的媒介。因此，在这一时期的拉丁美洲，也和欧洲一样流行洛可可风格，追求豪华和富丽堂皇的效果，崇尚色彩的艳丽、飘逸和线条的流畅与奔放。

此外，各种中国制作的家庭工艺品和日用小商品，如折扇、画屏、漆器、梳子等都曾大量运往美洲，并对当地的装饰艺术产生重要影响。和欧洲一样，许多家庭在室内装饰方面模仿中国风格，墙壁上贴中国的壁纸，悬挂中国的山水画，室内摆放屏风、瓷器、精雕漆柜、镂花硬木家具，使用丝绸绣花台布和窗帘。这些都是美洲殖民地上层社会家庭为显示东方情调而常有的摆设。在一些建筑内部的结构和装饰风格上也受到中国建筑文化的影响。

在生活用品方面，也以中国商品为流行时尚。1767年，"圣卡洛斯号"大帆船驶往阿卡普尔科，船上的水手随身携带了8万把妇女用的梳子到墨西哥卖。由中国的轿子演变而来的欧洲轿式马车，在美洲也很流行。1625年，一位英国人到墨西哥城，据他记述城内约有15000辆马车。这些马车装饰得十分

---

① 官龙耀：《在全球旋风中的澳门与拉丁美洲》，载张宝宇主编：《澳门桥通向拉丁美洲》，澳门亚太拉美关系促进会2006年版，第24页。

意大利绘有中国人物活动场景的丝质嵌板，18世纪60年代

豪华，"车厢上镶嵌着金银饰物并披挂着中国丝绸"。"每天傍晚5点钟，大道上就排着有钱的妇人们的马车。她们穿着中国的丝绸。在她们面前走过的是一群骑士的行列。"①

到了18世纪末，随着大帆船贸易的终止和欧洲中国热的消退，在拉丁美洲流行的"中国风"也悄然消退了。但是，当年流行的"中国风"在拉丁美洲的历史文化中留下了不可磨灭的印记和深远的影响。直到现在，墨西哥

---

① ［墨西哥］派克斯著，瞿菊农译：《墨西哥史》，生活·读书·新知三联书店1957年版，第99页。

国家历史博物馆中,依然保存着大帆船贸易时期运去的不少中国瓷花瓶和嵌象牙的家具等遗珍。墨西哥城大教堂中的瓜达卢佩圣母会堂里的木雕,也有不少是经由这条航道所运去的中国雕刻家的作品。西班牙学者莫利纳指出:"直到今天在西班牙人的情感中,往昔马尼拉大帆船或者说中国大帆船的形象仍栩栩如生,无论在西班牙或是在美洲,很少有哪个家庭中根本没有保留任何祖先购买的遥远异地的物品作为一种菲薄的纪念。"①

在北美,早在与中国直接通商之前,就有许多中国商品通过英国东印度公司运到北美大陆,饮茶的习惯也在北美殖民地居民中流行起来,中国的瓷器,包括茶具、餐具等日用器皿和装饰用品都在13个州的家庭中普及了。善于吸水的南京布(江南土布)也是非常流行的商品,当地的男人喜欢用这种布做裤子,或者做被褥。

1784年,"中国皇后号"首航中国时,曾在广州购置了962担瓷器。1786年它再度远航中国,返航时又运载了大量瓷器,包括青花瓷器、瓷塑观音像、瓷宝塔等。以后陆续来中国的美国商船,都把大量中国瓷器运销美国。在18世纪末,中国瓷器占美国商船运载货物量的15%,到19世纪初,增加到24%。中国出口到美国的瓷器装饰图案起初和法国18世纪所使用的中国瓷器相似,在上面描绘蝴蝶、花卉、柳树、亭台楼阁、鸟禽等图案,底色一般为蓝色或白色。后来,在瓷器的边缘上装饰金星、蓝色甚至乌贼黑色,成为独特的风格。18世纪后期,收藏中国瓷器在美国成为一种时尚,社会上有很多富豪、学者、名流等都精心搜集中国的瓷器。

"中国皇后号"的山茂召(Samuel Shaw,1754—1794)后来被美国政府任命为第一任驻广州领事,他在广州经营茶叶和瓷器的生意,订购了许多瓷器运往美国,其中包括许多纹章瓷。美国的纹章瓷在雄鹰图案上添加了覆盖的云层和冲破云层的万道阳光,这一纹章刻印在许多的瓷杯、盘、碟、罐上。美国军人组织辛辛那提协会就通过山茂召订购过带有美国国徽和辛辛那提徽章的纹章瓷。纹章瓷还有纽约州、宾夕法尼亚州的州徽,以美国独立战争为题材的瓷画。有一件18世纪末的瓷碟,上面印有华盛顿总统的

---

① [西] 莫利纳:《18世纪的总督辖区》,引自张铠:《中国与西班牙关系史》,大象出版社2003年版,第152页。

乔治·华盛顿的辛辛那提协会订购的中国瓷器,大约制作于1784—1785年,中间画有华盛顿砍樱桃树的图案,周边伴有代表美国的鹰徽

纹章,周边有"Fitzhugh"(早期中国出口瓷器上的四格式装饰图案被称为"Fitzhugh",其名称源于一套蓝白色瓷器,约于1780年由英国人托马斯·菲茨休订购)字样。还有美国国会收藏的周边有15个圆圈,中间有15个州名的瓷盘,以及许多人像瓷画和绘有建筑物、帆船图像的瓷器。美国一些著名的企业、保险公司、医院、富豪家族等都从广州订购中国的瓷器,并在上面描绘或铭写自己的姓名、名称等以作纪念。有些美国商人还要求订制绘有美国船舶、雄鹰纹章、华盛顿肖像等装饰和图案,以适应美国市场的需求。

1768年,以费城为中心的美国科学界人士发起了促进对中国工艺、园艺作物和生活艺术的研究热潮。美国哲学学会出版的人种学刊物,期望减少不同文化和种族之间的差异,但直到此刻,许多美国上层人物对中国的知识还是不甚了了。因为当时主要是开展贸易活动,美国商人来去匆匆,常年居住在澳门、广州地区者极少,还受到语言等各方面的限制;甚至广州领事向国务院的报告,42年间也只有寥寥一册手写短信,而且内容基本上限于商务。据说美国总统华盛顿直到1785年才知道中国人不是白种人,并感到大为惊诧。1771年,《美国哲学学会学报》第1卷上发表了查理·汤姆森(Charles Thomson,1729—1824)写的发刊词,热情洋溢地要求北美知识界研究引进中国物产的实际问题。汤姆森认为费城与北京的纬度相同,气候和蔬菜也都相仿，因此他主张进口中国的样品，采纳中国的技术，在美国发展棉花、茶叶，建立丝织业和瓷器制造业。他认为宾夕法尼亚州也能制造出像进口的中国瓷器一样精致的瓷器。富兰克林认为，不仅中国的德行政治值得学习，而且中国的农业成就也堪称北美的典范。

富兰克林一度非常努力地在殖民地提倡发展养蚕业，认为丝绸不但让中国人有衣可穿，而且还可以用来出口，繁荣自己国家的经济。富兰克林对他的同事宣称，如果人们觉得种小麦没有意思，那么他们应当考虑养蚕和制作丝绸，生产麻布和丝绸对于美国内陆来说再合适不过。他引用中国为例表示，中国丝绸业的发达使得这个国家人人都可以用丝绸来做衣服穿，同时他们还可以把多余的丝绸用来出口，而后来这些丝绸便传遍了印度和欧洲等地。

杰斐逊（Thomas Jefferson，1743—1826）在得知中国的某些旱稻品种在欧洲生长得非常不错时，竭力从欧洲的朋友那里获取这些旱稻的种子，他希望将这些旱稻移植到南卡罗来纳的种植园里，这样可以解决水稻带来的许多问题。乔治·华盛顿一度非常努力地在自己的花园里种植来自中国的花草，希望它们能够在北美的土壤中繁衍开来。

随着中美之间航线的开通，美国的商船直航中国，许多有关中国的知识也在美国流行开，中国文化艺术风格在美国也有所流传。来到中国的商人、海员等，都曾把一些中国艺术品带回美国。

1796年，曾经当过荷兰东印度公司代办的荷兰人范罢览（Andreas Everardus van Braam Houckgeest，1739—1801）定居美国费城。他曾于1790—1795年在中国工作，赴美时带来了2000幅中国绘画和大量的中国家具以及其他艺术品。他在费城郊外建造了一座中国风格的住宅，把收集的中国古玩布置在房间里，形成了浓厚的成东方情调，命名为"中国退隐园"，楼上是一座宝塔，里面装有包括17个中国人物塑像的立体布景。当时费城的名流们常是他的座上客，以领略东方艺术情调。他还于1797年出版了《荷属东印度公司使臣朝觐中国皇帝实录》，这是在美洲出版的第一本关于中国的书。19世纪初，美国也受到欧洲流行的"中国风"的影响，一些富商和博物馆开始收藏中国古典艺术品、民间艺术品、瓷器和丝织品等物，甚至还举行过中国画展览。

富兰克林对中国的长城也很有研究。在1754年至1763年殖民地对抗北美印第安人和他们的法国盟友的战争中，身处宾夕法尼亚州的富兰克林力主修建一座类似于中国长城的城墙，来保护殖民地的居民。虽然这座"长城"没有被保存下来，但这座城墙对法国人和印第安人构成了巨大的障碍，令他们无法进入殖民地核心区域。而纽约等地的商人效仿中国的运河系统在纽约和奥本尼之间建立了自己的运河，直到今天这条运河对纽约经济的影响仍清晰可见。

自18世纪初开始，中国的建筑和家具风格在北美逐渐流行开来，人们视这些来自遥远的中华帝国的设计为流行时尚。其特点便是在顶部拥有像宝塔一样的曲线，刻上龙的图案，以及两边的"耳朵"往上翘起。杰斐逊是最早推崇中国设计风格的人之一。杰弗逊在修建自己的花园时，对采用中国的园林设计风格表现出了非常大的兴趣。他最终在花园的屋顶、门廊和过道的栏杆中采用了许多中国元素。杰弗逊晚年曾一度考虑修建一座有中国式屋顶的建筑，以及几座中国式亭子。他在1771年的笔记中明确表示，他希望修建一座方形的"中国庙宇"。费城的富商约翰·拉铁默的住宅里也完全按照中国风格布置，墙壁上贴着中国壁纸，张挂着丝织帷幕，摆放着中国的瓷器和家具，客厅里悬挂着一幅表现广州大火的油画。

九　俄罗斯的"中国风采"

俄罗斯与西欧各国保持着密切的联系，席卷西欧的"中国风"也吹到了俄罗斯，在俄罗斯上层社会以及更广泛的人们生活中引起一阵阵波澜。

大量来自欧洲的中国作品在俄罗斯翻译出版并大量发行。18世纪的俄国知识界大力翻译和介绍了有关中国文化的法、英、德文的著述，譬如涅恰耶夫翻译了伏尔泰的著名剧作《中国孤儿》，剧作家冯维辛（Denis Ivanovich Fonvizin，1745—1792）将德文本《大学》译成俄文。还比如1711年出版的《中国花园》，分别于1773、1777、1785年三次出版的《中国哲人，或生存之道》，分别于1780和1782年两度出版的《波特主教全球行纪》，1783—1784年翻译出版的《全球通史》，1784年翻译出版的《亚洲或中国、日本、波斯和蒙古现状》，1786—1788年翻译出版的《中国人的科学、艺术、道德、习俗札记》，1774—1777年翻译出版的《中华帝国全志》，1788年翻译出版的《鞑靼战记》《中国哲学家孔子》，1789年翻译出版的《中华帝国历史地理》，1789年翻译出版的《中国国家管理》，1790年翻译出版的《中国人怎样制造瓷器、怎样养蚕》，1790年翻译出版的《孔子的一生》等。这些译文的出版，成为俄国的中国信息的主要来源。这些作品中的内容，或者记录作者亲身经历见闻，或者出自欧洲文人笔下，大都文笔优美，故事生动，成为18世纪俄国的畅销书。18世纪俄国共出版了有关中国的书籍和论文120种，其中有100种来自翻译欧洲的作品。有的作品发行数量很大，甚至有的不止一个译本流传。

与中国贸易的发展也促成了"中国风"的流行。自从《尼布楚条约》和《恰克图条约》之后，俄国与中国的贸易有很大的发展。与此同时，在法国时尚风潮的影响下，俄罗斯上层也开始收集漆器、瓷器。由于当时的中俄贸易是在国家垄断下进行的，来自中国的商品首先由皇室贵族挑选，成为他们收藏的对象。后来，价格便宜的瓷罐从中国和西欧大量涌入俄国，成为俄国普通人生活的必需品。俄国政府为了在国内生产瓷器，在来华商队中安排专人学习中国制瓷技术。随着瓷器在本地的生产，价格下降了，瓷器餐具也摆到普通百姓的餐桌上。俄国人尤其喜欢中国的棉布，俄国革命家拉吉舍夫（Alexander Nikolayevich Radishchev，1749—1802）写道："富裕人每天都穿中国棉布衣服，其他人在节庆时穿。"《恰克图条约》签订后，双边的贸易有了很大的发展。1762年，在叶卡捷琳娜二世（Catherine II，1729—1796）取消对华贸易垄断后，大量的中国商品占领俄罗斯市场，激起俄国人对中国商品和艺术的向往和追求。

彼得一世（Peter I，1672—1725）在荷兰学习、考察时就很喜欢中国瓷器和漆器。回俄后，他在皇宫按照中国风格布置了两个中国房间"东厅"和"西厅"。宫内摆设各种中国物品，连墙上都绘有中国风情的图画，还在夏宫绿色办公室的玻璃柜中陈设了中国的艺术品。彼得一世在1714年以私人收

俄罗斯彼得宫的"中国厅",18世纪60年代末

藏为基础,在圣彼得堡建立了一所珍宝馆和陛下图书馆。他多次派特使朗格(Lorenz Lange,约1690—1752)来中国,将搜罗到的各种中国书画及中国皇帝的赠品运回俄国。彼得一世还通过商队为莫斯科大药房从中国定制了专用的药罐,这种特殊器皿现在俄罗斯几个博物馆都有收藏。他还为自己定制了一套紫砂茶具。皇帝的近臣如缅希科夫(Alexander Danilovich Menshikov,1673—1729)、戈洛文(Fyodor Alexeyevich Golovin,1650—1706)、沙菲罗夫(Peter Pavlovich Shafirov,1670—1739)、阿普拉斯金(Fyodor Matveyevich Apraksin,1661—1728)等都藏有中国的文物。在彼得一世统治时期,"中国风格"已经成为俄国艺术的时尚。后来珍宝馆和陛下图书馆的藏品都并入了圣彼得堡皇家科学院,使科学院成为最早具备汉学研究条件的地方。

女皇叶卡捷琳娜二世热衷于谈论中国的古老文化,表示要效法中国皇帝,实行"开明"政治。她在与伏尔泰的通信中对中国的社会制度赞赏不已。叶卡捷琳娜酷爱来自遥远中国的瓷器、丝绸、漆器、玉雕、牙雕,乃至工艺屏风、折扇、灯笼、茶叶、山水画等。从1764年开始,叶卡捷琳娜下令

圣彼得堡夏宫的"中国村"

在圣彼得堡建造博物馆，广泛收集世界各国文物，其中有许多是当时"中国风"的产物。叶卡捷琳娜还用俄文创作了一部小说《费维王子的故事》，于1783年出版，书中讲述了一位中国贤明皇帝教育太子成长的故事。蔡鸿生指出，在叶卡捷琳娜时代，"在俄国贵族中间，也像法国贵族一样，出现了一股'中国热'：物质文化方面，崇尚中国的建筑风格（如亭子、拱桥）和室内摆设（如花瓶、屏风）；精神文化方面，则宣扬儒家的政治理想和道德标准，鼓励有关孔孟之道的译述事业"①。

导演夏尔勒（Charles-Louis Didelot，1767—1837）取材中国故事创作了大型芭蕾舞剧《美女与妖怪》，于1819年在圣彼得堡隆重上演。20岁的普希金（Alexander Pushkin，1799—1837）曾饶有兴致地在剧场观看了这场令他终生难忘的演出。19世纪是俄国文化全面发展的时期，对于中华文化兴趣尤为

---

① 蔡鸿生：《俄罗斯馆纪事》（增订本），中华书局2006年版，第79页。

热烈，涉及的方面也越来越广泛，与中国相关的问题越来越多地受到俄国社会的关注。

喜爱和模仿中国庭园与建筑之风也从西欧吹到俄国。1744年，俄国人为圣彼得堡斯莫尔尼宫设计了一个模型。这个模型首先使人触目的，就是门前的大塔，从它的一座浮屠的侧影中，表现出意大利巴拉亭式和中国式的奇异结合。这个模型受中国的影响，大围墙上有许多中国式角亭。另外，彼得大帝曾邀请中国建筑师到俄国。

18世纪40—50年代，在圣彼得堡郊外的沙皇村为沙皇伊丽莎白一世修建了夏宫。在夏宫中，有一小片建筑，称为"中国村"，是叶卡捷琳娜女皇于1782年建的。这组建筑群有19栋房子，占地约400平方米，以浅黄色和深绿色为主色。主体建筑是灯塔状的八角形观象台，四周绕着各式小屋。所有建筑都用口含铁链的龙作为装饰。据说女皇身边的建筑师没有人到过中国，他们只得凭想象修建了部分建筑，再请英国人来做参谋。这位英国人提出增建神兽和龙等中国元素，可惜建筑师想当然地采用了欧洲的有翅膀的"恶龙"形象。在"中国村"外围的小河对岸，有一座中式的楼亭，是俄国皇室举行假面舞会的地方。不远处还有一座中国龙桥，走过去就是中国剧院。这座中西合璧的建筑始建于1778年，剧院中陈设着瓷器和家具，都是从中国引进的珍品。夏宫的花园里的中国剧院、中国式的小桥和楼台亭阁等建筑物一直保留至今。

曾在中国俄罗斯馆的传教士和留学生们，对于当时的"中国风"也起到推波助澜的作用。汉学家列昂季耶夫（Aleksey Leontyevich Leontyev，1716—1786）与启蒙思想家诺维科夫（Nikolay Novikov，1744—1818）携手合作，通过在后者主办的《饶舌者》杂志上发表宣扬儒家治国思想的译文《中国哲学家程子给皇帝的劝告》和《雍正帝传子遗诏》，来影射叶卡捷琳娜二世"开明专制"时期的种种社会弊端。这两篇文章是列昂季耶夫直接由中文翻译的。他依照俄国政府命令翻译的《大清会典》被叶卡捷琳娜二世认为是一部强调君主至上和贵族特权的法典，有助于俄国的专制统治。18世纪以后，除了传教士团之外，还有一些俄国人陆续到中国来。"俄罗斯报刊上登载了这些游记，后来又专门出版了旅行杂志、日记，含有大量历史知识资料的新闻日记、特写、政论文章、评论和述评的书；中国之行还产生了不少文学作品、畅销书籍；描写作者看见的或想象的关于中国和中国人民生活的长篇小说、中篇小说、短篇小说。""除了政治事件和日常生活的异国情调外，深深吸引俄罗斯思想家和艺术家的还有中国的精神生活、信仰、哲学和诗学的起源和发展，艺术和日常生活的美学，以及除了火药、印刷术、指南针（好几百年来人们已经习惯于将这些与中国人民的科学、智力发展相提并论）等之外，在生活的方方面面的历史性的创造。"①

《身穿中国官服的比丘林》，亚历山大·奥尔洛夫斯基的石刻画，1828年

19世纪初反拿破仑战争胜利之后，无论是俄国当权者，还是俄国民众都改变了对欧洲的看法，民族自信心增强，甚至对18世纪以来大量来自西方的美化中国的观点产生了怀疑，希望借助本国汉学家的著作了解中国的真实面貌。在新的时代背景之下，比丘林的著作相继出版，在俄国社会引起一定反响。比丘林（Nikita Yakovlevich Bichurin，1777—1853）是俄国汉学史上与国内思想文化界关系最为密切的汉学家，他的著作更以前所未有的丰富信息对驱散19世纪前期弥漫于俄国社会的关于中国的混乱认识发挥了重要作用。

比丘林回国后，广泛交游，结识并影响了很多俄国社会文化、政治、艺术界的精英人士。他在出版首部汉学著作的第二年（1829）便成为公共图书馆的荣誉馆员，从此与克雷洛夫（Ivan Andreyevich Krylov，1769—1844）等作家相识，经常参加奥多耶夫斯基（Vladimir Fyodorovich Odoyevsky，1803—1869）家的星期六聚会，与更多的文化界名人建立了友谊，如诗人普希金、批评家别林斯基（Vissarion Belinsky，1811—1844）、历史学家波利伏伊

---

① ［俄］罗曼年科主编，朱达秋译：《临近又遥远的世界——俄罗斯作家笔下的中国》，北京大学出版社2011年版，"编者前言"第1—2页。

（Nikolai Polevoy，1796—1846）、作家奥多耶夫斯基、十二月党人别斯杜热夫（Alexander Bestuzhev，1797—1837）等。俄国的报刊上常出现比丘林关于中国的文章，文化人士聚集的沙龙里也常听到比丘林关于中国这个神秘的东方古国的介绍。

1848年，比丘林出版了《中国及其居民、道德、习俗、教育》一书，肯定中国文化的独特性，认为中国具有与全人类、全世界各民族的相通之处，同时也拥有完全不同于欧洲各国的优秀特质。比丘林在书中介绍中国国家管理机构的结构和活动、立法和司法程序、教育机构的特点、粮食供给状况，以及中国人的社会生活和家庭生活。俄国的知识界对比丘林这部著作表现出了极高的兴趣。比丘林向俄国知识精英介绍和传播中国文化，增进了他们对中国和中国文化的了解。正是由于比丘林，19世纪俄国文化精英如普希金等开始关注中国。在比丘林汉学著作的影响下，奥多耶夫斯基创作了幻想小说《4338年》，思考在遥远的未来中俄成为世界上最先进最发达国家后之间的关系。他笔下的主人公是一位来自北京的在俄国从事科学研究的中国学者。他的构思与比丘林将中国现实理想化的倾向不无关系。比丘林将自己的著作《厄鲁特人或卡尔梅克人历史概述（15世纪迄今）》送给普希金，促成了诗人在《普加乔夫起义》中对卡尔梅克人进行了成功的描写。

第十二章
"茶叶改变了一切"

一 欧洲对茶叶的初体验

唐代,中国茶叶传播至西亚阿拉伯地区。回纥人用马匹来交换茶叶,在供自己饮用的同时,又将部分茶叶贩卖至阿拉伯国家及土耳其。

早在中世纪到中国的西方旅行者们,就已经注意到在中国普遍流行的饮茶习俗。9世纪下半叶10世纪初,一位托名苏莱曼(Solaïman)的作者写作的《中国印度见闻录》中提到中国人的饮茶习俗,他说道:"国王本人的主要收入是全国的盐税以及泡开水喝的一种干草税。在各个城市里,这种干草叶售价都很高,中国人称这种草叶叫'茶'。此种干草叶比苜蓿的叶子还多,也略比它香,稍有苦味,用开水冲喝,治百病。盐税和这种植物税就是国王的全部财富。"①

---

① 穆根来等译:《中国印度见闻录》,中华书局1983年版,第17页。

在阿拉伯-伊斯兰文献中，阿拉伯科学家比鲁尼在1030年完成的《印度志》中有茶叶的记载。大陆西北的乌尔都语约在10世纪已有"茶"字，语言学家认为它是从波斯语借入的。因此，有可能在10—11世纪，茶叶传播到吐蕃，并传到高昌、于阗和七河地区，再经过于阗或西藏传入印度、波斯。从14世纪到17世纪初，经由陆路，中国茶叶在中亚、波斯、印度西北部和阿拉伯地区得到了初步的传播，而正是经过阿拉伯人，茶叶的信息首次传到了欧洲。

鲁洛夫·库茨二世《喝茶的荷兰人》，约1680年

在欧洲，最早提到茶叶的是1559年在威尼斯出版的一本名叫《航海与旅行》的书。这本书的作者乔万尼·巴蒂斯塔·赖麦锡（Giovanni Battista Ramusio，1485—1557）曾与许多旅行家有过交往，其中有一个叫哈吉·穆罕默德（Haji Mahomed）的波斯商人，他告诉赖麦锡有关"Chai Catai"（中国茶）的故事。相传最初关于茶叶的知识，就是由他传入欧洲的。英国汉学家裕尔认为巴蒂斯塔·赖麦锡的《航海与旅行》是最早记载中国茶叶的欧洲文献。

1565年，葡萄牙传教士路易斯·德·阿尔梅达（Luis de Almeida，1525—1583）从日本寄回国内的信件中提到日本人非常喜欢一种药草——茶。这是关于茶叶的信息第二次传到欧洲。

1569年，曾经到过中国旅行的葡萄牙传教士克路士在《中国志》中讲到中国人以茶待客的习俗，他说："如果有几人造访某个体面人家，那习惯的做法是向客人献上一种他们称为茶的热水，装在瓷杯里，放在一个精致的盘上（有多少人就有多少杯），那是带红色的，药味很重，他们常饮用，是一种略带苦味的草调制而成。他们通常用它来招待所有受尊敬的人，不管是不是熟人，他们也好多次请我喝它。"①

西班牙传教士拉达在《记大明的中国事情》也说到在中国喝茶的经历："有人来访时，行过礼和入座后，一名家仆捧着一个盘子，放许多杯热水，和就座的人一般多。这水是用一种略带苦味的草煮的，留一点末在水里。他们吃末喝热水。尽管我们开始不怎么在意那种煮开的水，我们仍然很快习惯喝它，而且渐渐喜欢它，因为它始终是拜问时待客的头一件东西。"②

1588年，意大利作家吉奥瓦尼·玛菲（Giovanni Pietro Maffei，1533—1603）的《游印书札选篇》中，引证了同一年在罗马出版的《印度史》上关于茶叶的故事的记载。

1590年，意大利作家乔瓦尼·波特罗（Giovanni Botero，约1544—1617）提出，中国人用茶代替酒作日常饮料，它不仅使中国人身体健康，还使他们不至于因无节制喝酒而引起邪恶举动，而意大利人或欧洲人正属于喝酒闹事的人。③

在这一时期欧洲人有关茶叶的介绍中，首先注意到的是中国人及日本人的这种生活习惯，其中包括饮茶的方式和以茶待客的生活习俗，同时也注意到饮茶时所使用的茶具和其他器具的精美实用，总之还是作为一种"异国情调"、一种"东方风情"来介绍的，这与这一时期欧洲人关于中国其他方面的报道和介绍的基本情况是一样的。

这些早期到中国或日本来的欧洲人，亲见中国人或日本人的饮茶习惯，并且也亲自品尝过香茗的味道，印象十分深刻。但还没有想到把这种神奇的饮料带回去，让自己的同胞一起欣赏品尝。这种情况最后由一位荷兰人改变了。1595年，荷兰航海家范·林斯霍滕出版了《通向印度之旅》一书，其中

---

① ［葡］克路士：《中国志》，［英］博克舍编注，何高济译：《16世纪中国南部行纪》，中华书局1990年版，第98页。
② ［西］拉达：《记大明的中国事情》，［英］博克舍编注，何高济译：《16世纪中国南部行纪》，中华书局1990年版，第203页。
③ 参见张国刚：《中西文化关系通史》下卷，北京大学出版社2009年版，第748页。

描述了位于东方的一个辽阔的葡萄牙殖民帝国,提供了详细的地图,并介绍了那里各种令人惊奇的东西。其中有一种在中国和日本称为"朝那"的东西。《通向印度之旅》是荷兰文献中最早提到茶叶的。据说正是这本书最早激发了人们将茶叶运输到欧洲的想法。

《通向印度之旅》引起了荷兰人对于饮茶这种奇异的东方习俗的浓厚兴趣,于是,他们乘商船来到东方,第一次把茶叶带回到欧洲,由此揭开了近代欧美国家持续3个多世纪的大规模茶叶贸易的序幕。

二 欧洲的茶文化风潮

持续了3个多世纪的茶叶贸易,把数量巨大的中国茶叶运抵欧洲,为那些从事这种远程贸易的欧洲各国东印度公司及其他商人创造了超额的巨大利润,积累了前所未有的财富。正如布罗代尔所说的那样,茶叶贸易成为资本主义"自己的家",为近代资本主义的发展奠定了雄厚的基础。但是,从事这种远程贸易,首先需要在中国有巨大的货源,同时还要有广泛的市场需求,即茶叶要成为深入欧洲人日常生活中一种普遍的消费品。这就是说,近代西方大规模的茶叶贸易,是以在欧洲人中普遍流行饮茶为基础的。饮茶,不仅仅是消费一种饮料,而且成为一种生活方式,成为一种普遍流行和接受的民间文化。从这个意义上说,近代西方大规模的茶叶贸易,正是中华文化传播的一种特殊方式和渠道。但是,正如布罗代尔所说的:"茶传入欧洲的过程既漫长又艰难;必须输入茶叶、茶壶、瓷质茶杯,然后引入对这一异国饮料的嗜好。"[1]布罗代尔还说:"事实上,任何文明都需要奢侈的食品和一系列带刺激性的'兴奋剂'。12和13世纪迷上了香料和胡椒;16世纪出现烧酒;然后是茶、咖啡……"[2]

---

[1] [法]布罗代尔著,施康强、顾良译:《15至18世纪的物质文明、经济和资本主义》第1卷,生活·读书·新知三联书店1992年版,第291页。
[2] [法]布罗代尔著,施康强、顾良译:《15至18世纪的物质文明、经济和资本主义》第1卷,生活·读书·新知三联书店1992年版,第306页。

在欧洲最早开始饮茶的是荷兰人，时间大约是在17世纪初。茶叶在欧洲最初不是被当作饮料，而是被视为药物放在药店出售，药师会在茶叶中加上珍贵药材，例如糖、姜、香料，成为当时的成药。茶的价格也相当昂贵。如1684年阿姆斯特丹每磅茶叶的价格高达80荷盾，一般人是消费不起的。饮茶的荷兰人主要是来往东方的商人、水手及达官贵人，几乎每个富贵之家都有自己的茶厅。到17世纪后半期，茶叶已经成为荷兰食品杂货店中的商品，有钱人或是穷人，都可以随时买得到，也买得起，因而流行起来了。很多人家专辟茶室品茗啜茶，将此当作一种高尚的消遣。

同时，人们对饮茶是否有益争论不休，不少博物学家、医生、教会人士卷入争论，意见尖锐对立。1641年，荷兰医学家尼古拉斯·杜尔（Nicolaes Tulp，1593—1674）出版了《医学观察》一书，其中涉及对于茶叶的论述，这是最早从医学的角度来赞扬茶叶的著作。荷兰自然科学家威廉·瑞恩的《茶的植物学方面的观察》一文，从植物学的角度对茶叶进行了研究。

巴达维亚的医生及自然科学家贾克布·邦迪尔斯（Jacobus Bontius，1592—1631）是在欧洲大力宣传推广茶叶的第一人。荷兰莱顿大学教授科内利乌斯·博特科伊（Cornelius Bontekoe，1647—1685）也力排众议，写了《茶、咖啡和巧克力》一文，推崇饮茶的好处。1658年在荷兰出版的纽霍夫的《荷兰东印度公司出使中国记》，也有对中国人饮茶习俗的介绍。纽霍夫还首次描绘了清朝官员是如何饮茶的。这些官员款待了使团，后者饮茶方式与中国人完全不同："在晚宴开始时，桌上端来几壶茶，他们向使节敬茶，以示欢迎。这种饮料是用茶树的叶片制成的，其方式如下：将半把茶叶放到洁净的水中，然后将水煮沸，直至壶中的三分之一的水被烧干后，又往壶中放进大约四分之一的热牛奶，再加点盐，然后他们就尽自己耐热本事，饮用这壶烫嘴的浓茶。"①

在欧洲茶文化最初的150年间，茶叶被视为一种极为稀缺和昂贵的奢侈品，仅是高官贵族的日常生活的重要组成部分。1682年，荷兰的玛丽女王为了"一瓶一磅重的茶叶"支付了80个金币和6个碎币。在英国开始出现饮茶

---

① 引自［英］吴芳思著，方永德等译：《中国的魅力——趋之若鹜的西方作家与收藏家》，东方出版中心2009年版，第53页。

文化的最初40多年，即1658—1700年，茶叶的价格相当昂贵，通常是每磅16到50先令之间。当时一个仆人一年的工资约6英镑，相比之下茶叶显得异常奢侈。1660年的一篇文章说，茶叶售价达到120先令每磅。到了18世纪初，价格相对理性一些，每磅红茶价格在16先令到

乔治·莫兰《饮茶花园》，18世纪90年代

30先令之间，绿茶的价格为14先令到20先令。到了1800年，茶叶的平均价格约为100年前的一半。

荷兰开始流行饮茶之后不久，这种饮料就传到了邻国。茶叶"这一新饮料1635或1636年在法国出现，不过还远没有被社会普遍接受。1648年有人为了取得行医资格提出一篇关于茶叶的论文，因此吃足了苦头"①。这篇关于茶叶论文的作者叫莫里斯特（Morisset），他宣称茶叶具有精神上的兴奋刺激作用。当时法国人对于茶叶还不了解，不少人对这篇宣扬茶叶好处的文章大加攻击。有一位叫吉·帕坦（G.Patin）的人在写于1648年3月10日的一封信里说："下周四，我们这里有一篇论文要答辩，很多人抱怨做得不好。它的结论是：因此，中国茶可以让人感觉舒适。……我想这个人写这篇论文并不真的研究茶这种植物，而只是为了向我们的总理大人献媚而已，对这种'药'的夸赞就是来自这个官员。而对于他们所吹嘘的好处，没有人敢发誓保证，事实上，人们不能确定它有任何有益的效果。"但是，也有人反驳这种攻击。有一位叫阿尔弗雷德·富兰克林（Alfred Franklin）的人在写于1648年3月22日的一封信中说："不应当把吉·帕坦的讽刺看得很严肃，他是所有革新尤其是医药方面创新的反对者。他所贬低的那篇论文以'茶能让人感觉舒

---

① ［法］布罗代尔著，施康强、顾良译：《15至18世纪的物质文明、经济和资本主义》第1卷，生活·读书·新知三联书店1992年版，第294页。

适吗？'为题更好。……根据帕坦所写，茶早已为巴黎人所赏识，到1648年3月，就剩下如何保存的问题了。"①

上文提到的"总理大人"，实即法国宫廷的首席大臣马扎林主教。据说，"马扎林喝茶是为了想让自己免受痛风之苦"②。1650年，马扎林开始养成了饮茶的习惯，饮茶才在法国变得流行起来。路易十四从1665年开始喝茶，他也以为喝茶有助于缓解痛风的病情，更有趣的是，他听说中国人和日本人从来不曾罹患心脏病。路易十四时代的史学家、法国书简作家的代表人物德·塞维涅夫人编辑了一份《茶的缪斯》月刊，她在作品中也经常提到喝茶。

塞维涅夫人还说，有一个法国的妇女，叫做萨博拉尔女侯爵（Marguerite Hessein de La Sablière，约1640—1693），发明了一种新的喝茶方法，就是在茶里面加上牛奶。法国的医生们对茶叶更是欣喜若狂，因为他们认为茶叶中含有一些可能的医药成分。1657年，有位法国科学家称赞茶叶为"神圣之草本植物"。到了1685年，杜福尔（Philippe Sylvestre Dufour，1622—约1687）出版了《关于咖啡、茶与巧克力的新奇论文》，这是在法国最早论述有关茶叶的书籍之一。书中称赞茶叶是医治头痛及帮助消化的妙叶，它甚至可以被当做处方笺来开。18世纪，饮茶在巴黎已经变得很时髦。杜·德芳夫人（Madame du Deffand，1696—1780）曾在一封信中说："从这个时期起，我就喜欢茶叶了，所有人都欣赏茶壶。"作家让利斯夫人（Félicité de Genlis，1746—1830）也写道："他每天连续饮茶，自认为具有洛克（John Locke，1632—1704）或牛顿的智力。"③

几经宣传和实践，激发了法国人对中国茶的向往和追求，使饮茶从王室贵族和有闲阶层中，逐渐普及到民间，成为人们日常生活和社交不可或缺的一部分。有人评论说，中国茶叶在巴黎所受的欢迎程度，就好比西班

---

① ［法］亨利·柯蒂埃著，唐玉清译：《18世纪法国视野里的中国》，上海书店出版社2006年版，第21—23页。
② ［法］亨利·柯蒂埃著，唐玉清译：《18世纪法国视野里的中国》，上海书店出版社2006年版，第23页。
③ 引自［法］安田朴著，耿昇译：《中国文化西传欧洲史》，商务印书馆2000年版，第522页。

牙人爱好巧克力的情况一样。1685年，阿夫朗什（Avranches）的主教皮耶尔·丹尼尔·胡埃（Pierre Daniel Huet，1630—1721）写了一首拉丁文诗，长58节，诗名为《可爱的茶》，描述了他对茶的喜爱。法

英国韦奇伍德瓷厂生产的茶具，约1785年

国作家皮耶尔·佩蒂（Pierre Petit，1617—1787）也发表了一首长诗，有560节，诗名为《中国茶》。18世纪20年代，法国让维埃神父（Janvier）写了一首《茶颂》，诗中写道：只要在巴黎城的人都喜欢茶，我的名字到处都会受到颂扬。①

虽然饮茶在法国不像英国那么风靡，但仍然成为人们日常生活的组成部分。在法国人家的物品中，有"茶叶盒、茶罐、茶碗，瓷质的、金属的、紫铜的、马口铁的、价值可达100至200利弗尔银质的茶壶，在富裕人家还可以找到瓷质或彩釉陶质茶具；他们还会效仿英国上层阶级毫不犹豫花重金置办整套茶具，这是一种炫耀其财富、夸耀自己追寻时尚、突出年轻人重要性的方式"②。

18世纪中期狄德罗主编的《百科全书》收录了一篇路易·德·若古（Louis de Jaucourt，1704—1779）写的题为《茶》的文章。这篇文章介绍了茶叶种植的特点、中国人和日本人种植茶叶的方法，讨论了如何饮茶及饮茶的保健功效。若古提出，最好把茶当作药物而不是令人愉悦的饮料。他还提到茶能使人上瘾，每年欧洲茶叶消耗1000万磅的事实就足以说明这一点。

1854年，亨利（Henri Mariage）和爱德华（Édouard Mariage）在巴黎创建了"玛丽亚热兄弟"茶馆。20世纪头10年，最早的茶馆相继出现在巴黎、

---

① 引自［法］安田朴著，耿昇译：《中国文化西传欧洲史》，商务印书馆2000年版，第521页。
② ［法］丹尼尔·罗什著，杨亚平等译：《启蒙运动中的法国》，华东师范大学出版社2011年版，第588页。

外省的某些城市及英吉利海峡的海滩。

英国之所以成为整个欧洲当中茶文化最为流行的国家，某种程度上要归功于英国东印度公司，他们控制了全球茶叶贸易的形势，从中获取了空前的高额利润。也正是因为东印度公司的大力宣传和推广，饮茶习俗在英国广泛流行开来，甚至创造了"下午茶"这种独特的英国茶文化。

三　英伦"下午茶"的起源与魅力

英国记载茶叶最早的文献，是1598年发表的一篇从荷兰文译成英文的文章，即范·林斯霍滕的《通向印度之旅》，文章中介绍了范·林斯霍滕在旅途中喝茶的情形。英国人关于茶叶的较早的一份记录是英国东印度公司驻日本平户岛的代表威克汉（Richard Wickham）致该公司澳门经理人伊顿（Eaton）的一封信，这封信是1615年6月27日寄出的。大致内容是恳请伊顿给他寄一把精美的茶壶。

英国流行饮茶与国王查理二世的王后凯瑟琳（Catalina Enriqueta de Braganza，1638—1705）有很大关系。凯瑟琳是西班牙国王胡安四世的女儿，1662年，她嫁给了查理二世。在她带来的嫁妆中，有一箱茶叶。她使饮茶成为英国宫廷的时尚，在宫廷里举行茶会，不久饮茶习惯又从宫廷传播到了整个英国上流社会。据说凯瑟琳王后与查理二世经常一起品茶。之后的玛丽二世女王和安妮女王也都喜欢喝茶。据说玛丽二世女王备有各种茶具。诗人亚历山大·蒲柏（Alexander Pope，1688—1744）说，女王陛下常在肯辛顿宫内闲坐饮茶。

1682年，约翰·张伯伦（John Chamberlayne，1668—1723）出版了《咖啡、巧克力、茶叶和烟草的自然历史》一书，其中特别提到茶叶的提神作用。1686年，托马斯·波威（Thomas Povey，1613或1614—1705）将一篇赞美茶叶的中文文章译成英文，在英国社会流传。

17世纪后期以后，饮茶习俗已经在英国社会各阶层中普遍流行了。英国最早的茶叶零售是在咖啡馆里进行的。1657年，在伦敦的交易巷，有一家咖

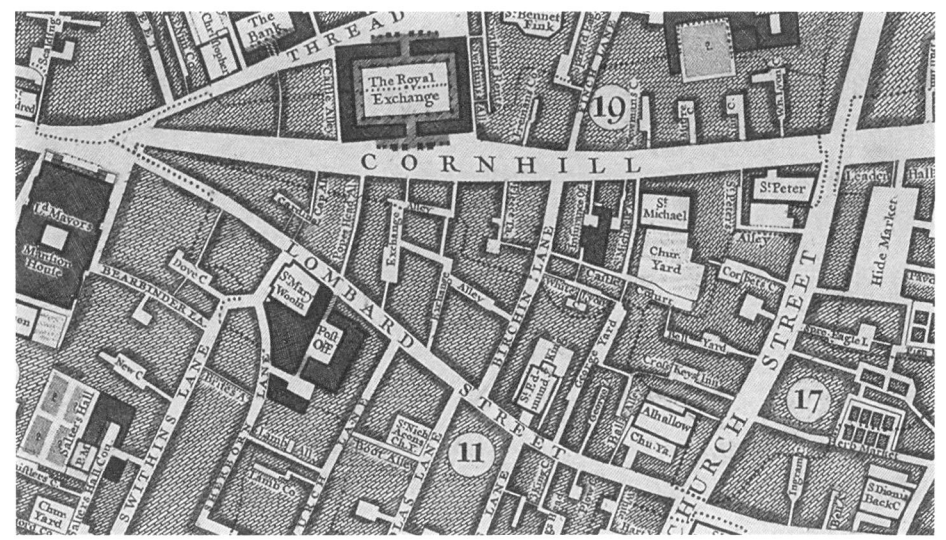

伦敦地图中的交易巷，18世纪

啡馆开始卖茶叶，这是英国首次公开出售茶叶。店主是当时著名的贸易商和烟商，他以茶叶及冲泡的方式出售。首次卖茶的招贴海报和价目表，现仍保存在伦敦博物馆中。这份招贴海报上写着："茶叶效用卓著，故以智慧及古国文明之国家，无不高价出售。此种饮料即为一般人所欣赏，故凡屡次旅行该处之各国名人，以各种实验与经历所得，无不劝导其国人采用。其最主要之效用，在于质地温和，冬夏咸宜，饮之有益卫生，保持健康，颇有延年益寿之功。"①

这个海报突出强调茶叶的保健功能，可以说是英国第一份"茶叶宣言"。之后不久，伦敦陆续有一些咖啡馆开始经营茶叶零售业务和提供饮茶服务。苏丹王妃咖啡馆是首先给顾客提供饮茶服务的。1658年9月23日在伦敦《政治快报》上刊登的一则广告："为所有医师所认可的极佳的中国饮品。中国人称之茶，而其他国家的人则称之Tay或者Tee。位于伦敦皇家交易所附近的斯维汀斯-润茨街上的'苏丹王妃'咖啡馆有售。"②

---

① 引自林瑞萱：《中日韩英四国茶道》，中华书局2008年版，第180页。
② 引自［英］罗伊·莫克塞姆著，毕小青译：《茶：嗜好、开拓与帝国》，生活·读书·新知三联书店2010年版，第17页。

英国作家和政治家、海军大臣塞缪尔·佩皮斯（Samuel Pepys，1633—1703）在1666年9月25日的日记中写道："我要了一杯茶，那是我以前没有饮用过的中国饮料。"①佩皮斯可能是在茶店里享用的这杯茶。

而到了18世纪，伦敦的咖啡馆实际上成了茶馆。据说在1700年，伦敦就有超过500家的咖啡店卖茶。而在18世纪上半叶，伦敦大约有2500家咖啡馆卖茶和提供饮茶服务。1706年，在伦敦出现了首家红茶专卖店汤姆咖啡馆。除此之外，伦敦的药房也贩卖茶叶作为治疗伤风感冒的新药，玻璃行、绸缎店、陶瓷商、杂货店也都开始卖茶。到了18世纪中叶出现了茶叶专卖店。1783年，英国共有33778个获得许可的茶叶经销商。1801年，共有62055个茶叶经销商。也就是说，在英国每174个人就有一个茶叶经销商。

英国在18世纪后半期迎来了茶叶成为大众消费的时代，茶叶成为英国全民共饮的大众饮料。1772—1780年，英国及其属地每年至少消耗茶叶1333.8万磅，1791—1793年英国人每年人均消费茶叶1.66磅。"茶叶让中国进入到了欧洲的中心。更具体而言，英国家庭，当然还有跟饮茶有关的全套工具（壶、盆、杯和茶叶罐），都受到了中国风的强烈影响。"②

饮茶习俗的形成也带动了中国瓷器的流行。当饮茶成为一种时尚，饮茶所用的瓷器也就成了一种时尚的必需品。当时的一位英国作家描绘说，中国的瓷制茶具成了"每一位时髦女士的必须之收藏"。18世纪后半叶，一位法国作家到英国旅行，他写道："饮茶之风在整个英国大地颇为盛行……贵族之家借茶壶、茶杯等茶具展示他们的财富及地位，因为他们所使用的茶具精美绝伦，属于上等佳品。"③19世纪中叶一位英国作家写茶叶带动了茶具的流行，他说："是茶这种友善的植物拉近了我们与茶壶之间的距离，为什么有那么多的女士为之动容，这就是原因！好一个'烟斗'，好一个令人精神矍铄的'热嘴唇'！采茶是大自然对采茶女的一种恩赐：静神凝思，一幅幅围

---

① 引自张国刚：《中西文化关系通史》下卷，北京大学出版社2009年版，第747页。
② ［英］休·昂纳著，刘爱英、秦红译：《中国风——遗失在西方800年的中国元素》，北京大学出版社2017年版，第63页。
③ 引自［英］简·佩蒂格鲁著，邵立荣译：《茶设计》，山东画报出版社2013年版，第41页。

壶而坐、品茗赏茶的画面浮现于脑海。"①

"下午茶"的出现更促进了人们在茶具上的追求和爱好。无论是穷人还是富人，他们都想要至少一套精美的瓷器茶具。19世纪末出版的一本关于礼仪的书《美好形式》说："茶是用来给客人到访时准备的。一小套下午茶茶具要放在小桌上，并且摆上充足的卷状面包、黄油以及松饼和蛋糕……女主人可以站在桌旁或者后面来倒茶。如果一位绅士在场，他有义务为女士递茶。如果没有，那么家中的女孩应该负起这个责任。"②

饮茶在17世纪后期到18世纪成为英国上层贵族和文人学子们中流行的雅好。蒙塔古夫人是当时社交界贵妇名媛中的首要人物，她说：因为饮茶，社交活动更有生气了，年老的变得年轻，年轻的更年轻了。蒙塔古夫人写信给她的亲戚，请她们给她购买两磅上好的走私茶，带到伦敦来。她说她只要付了钱，就可以心安理得地喝走私茶了。像艾迪生（Joseph Addison，1672—1719）和斯蒂尔（Richard Steele，1672—1729）这些沉湎于饮茶的才子们时常流连于茶馆之中。艾迪生曾在他主办

威廉·何加斯《斯特罗德一家》，1738年

---

① 引自［英］简·佩蒂格鲁著，邵立荣译：《茶设计》，山东画报出版社2013年版，第25页。
② 引自［英］简·佩蒂格鲁著，邵立荣译：《茶设计》，山东画报出版社2013年版，第198页。

的《旁观者》报上撰文说，时髦女子在上午10点至11点之间要喝一杯武夷山茶，到了晚上10点至11点之间，又坐在茶桌旁了。他在另一篇文章中还说，老茶客能分辨各种名茶；如果有两种茶叶合在一起，他在品尝时也能分辨，并能说出合在一起的是哪两种茶。

但是，也有一些人对饮茶进行攻击，力求阻止人们喝茶。甚至有人撰写文章，列举饮茶的"几大罪状"。1756年，有个叫汉威（Jonas Hanway，1712—1786）的人发表了一篇《茶说》对流行于英国各个阶层的饮茶之风大加抨击。汉威是作家和旅行家，《茶说》是他出版的第65本书。他在书中说：武夷茶、惜春茶、龙井茶之类，都阻碍生产的发展，把国家弄穷了。同时，对健康有害，特别是对妇女们的天生丽质有破坏作用。又说，没精打采、消化不良、懒怠、忧郁之类，都与饮茶有关。因此他提倡戒茶，并由妇女做起。他建议，树立铜像或石像，把戒茶的妇女领导人的名字刻在上面，以资鼓励。

汉威的这篇《茶说》轰动一时，也受到人们的反驳。英国学者萨缪尔·约翰逊（Samuel Johnson，1709—1784）在《文学杂志》上发表文章，逐条驳斥汉威的奇谈怪论。他在文章的末尾说，自己就是一个"顽固而厚颜的饮茶者"，"数年以来，只用此可爱之植物汁液，以减少食量，水壶中永热不冷，用茶可以娱乐晚间，用茶可以慰藉深夜，更用茶以欢迎朝晨"。[①]据说约翰逊爱好饮茶是出了名的，一次一位女士连续给他倒了16杯茶，最后那位女士问他是否需要换用一个小盆，他回答说："女士，所有的女士都问过我这个问题，她们只是为了给自己消除麻烦而已，却不能为我提供方便。"作家哥尔斯密（Oliver Goldsmith，1728—1774）也在报刊上发表文章批驳汉威，说饮茶毕竟不是饮烈性酒，不用大惊小怪。一位牧师写道："感谢上帝赐我茶叶，若无茶叶，世界不知将若何！余生逢此有茶叶时代，深以为荣也。"诗人邓肯·坎贝尔（Duncan Campbell）于1735年写了一首《茶诗》，道出了茶叶对于上层社会妇女的重要性。

到了19世纪初，英国浪漫诗人拜伦（George Gordon Byron，1788—

[①] 引自林瑞萱：《中日韩英四国茶道》，中华书局2008年版，第176页。

1842）在他著名的长诗《唐璜》里，也热情地提及中国的茶。

不仅文人们如此，在英国，"无论是在家里还是在家外，茶叶都已成为英国人生活方式的一部分"①。饮茶成为英国社会中根深蒂固的生活习惯，已经不仅仅是上层社会的雅好，而且成为普通百姓的日常生活的一部分。"全城的人都最喜爱喝红茶，不论人们是穿的衣衫褴褛还是光鲜艳丽，都喜欢这美味的饮品，不管他们的阶层差异，他们都会因为生活中有红茶而幸福快乐。"②在城市的工人家庭里也是一样。18世纪90年代，弗里德里克·莫顿·伊登（Frederick Morton Eden，1766—1809）为写一本名为《穷人的状况》的书而对英国各地开展了实地调查。他详细记录了全国各地穷人的饮食状况。从他的记录中可以看出，很多穷人都定期购买茶叶和食糖。一个典型的体力劳动者和他的家人每星期要购买2盎司茶叶，再加上购买用于加入茶中的食糖，这两项费用占了家庭收入的5%~10%。相比之下，肉的支出为12%，啤酒的支出仅为2.5%，茶叶、面包和奶酪构成日常饮食的核心部分。对收入非常有限的劳动阶层来说，"面包+茶叶"就成为他们非常理想的食谱。到了18世纪末，对于整个英国人民——不管是富人还是穷人——来说，茶叶已经成为他们生活的重要部分。大卫·戴维斯（David Davies，1742—1819）1795年在《农工状况考察》中说："在恶劣的天气与艰苦的生活条件下，麦芽酒昂贵，牛奶又喝不起，唯一能为他们软化干面包得以下咽的就是茶……茶不是造成贫穷的原因，而是贫穷的结果。"《英国饮食500年》一书指出，在18世纪英国的米德塞克斯郡和萨里郡，如果在用餐时间，一脚踏进穷人家的村屋，就会发现，茶不分早晚是唯一的饮料，而且总是在晚餐时大量饮用。据英国学者统计，1801—1803年，平均每个英国人每年消费茶叶2磅。另有学者的统计数字比这还要高。有人估计，18世纪末，"最穷的英国人每年消费5~6磅茶叶"。恩格斯在《英国工人阶级状况》中描述19世纪初英国工人的饮食状况，其中说到他们的饮茶习惯："一般都喝点淡茶，茶里

---

① ［英］罗伊·莫克塞姆著，毕小青译：《茶：嗜好、开拓与帝国》，生活·读书·新知三联书店2010年版，第189页。
② 引自［英］简·佩蒂格鲁著，邵立荣译：《茶设计》，山东画报出版社2013年版，第122页。

面有时放一点糖、牛奶或烧酒。在英国,甚至在爱尔兰,茶被看作一种极其重要的和必不可少的饮料,就像咖啡在我们德国一样。喝不起茶的,总是极端贫苦的人家。"①

由于维多利亚时代英国工业的发展,在工厂工作的产业工人成为劳动力主力军。当时,矿物能源和机器的作用远未像现在这样重要,工人的体力劳动在工厂或矿山生产中仍起着重要的作用,工作极为繁重。只有让工人集中精力且保持充沛的体力,才能提高产量,保证安全。这时就需要一种提神解乏、价廉物美的食品,茶叶加面包恰恰符合这一需要。所以,当时英国工厂都有短暂的"下午茶"时间,工人们利用"下午茶"时间返回家中,喝一点热茶,吃一点母亲或妻子做的面点,然后再返回工厂做工。中国茶叶的适时到来,正好适应了英国工业化生产的需求,并大大促进了英国工业的发展。人类学家悉尼·明茨(Sidney Mintz,1922—2015)指出:"英国工人饮用热茶是一个具有划时代意义的历史事件,因为它预示着整个社会的转变以及经济与社会基础的重建。"在他看来,随着工业社会的到来,人类的命运发生了前所未有的根本转变,其中茶叶无疑扮演了一个非常重要的角色。甚至可以说,如果没有茶叶,已然的历史进程可能会是另外一副样子。麦克法兰(Alan Macfarlane,1941—)指出:"一杯甘甜温热的茶可以让人心情舒畅,重新恢复精力。在以人力为中心的工业化时代,一杯美好的茶已经成为人们工作的重要推动力,它的重要性犹如非人力机械时代的蒸汽机。"

在英国,饮茶的形式也有很多变化,逐渐地与英国人的口味相适合。17世纪中叶,进口的大多是绿茶;到18世纪末,红茶的销量超过了绿茶。英国人从一开始就养成了在茶中加糖的习惯,很可能是受印度人的饮茶习惯所影响。饮茶的流行还逐渐改变了英国人的生活方式和习惯,比如正是因为茶叶的流行,促使人们使用瓷器茶具,因而又进一步推动瓷器茶具、餐具等的流行。另外,英国历史上的许多新鲜事物的出现都与茶叶有关。比如在英国媒体(当时主要是报纸)上出现的第一个广告就是关于茶叶的,此后广告成为市场经济的一个不可缺少的要素。

---

① 《马克思恩格斯全集》第2卷,人民出版社1957年版,第356页。

在英国还发展出"下午茶"这种特有的茶文化。17世纪，英国上流社会的早餐都很丰盛，午餐较为简便，而社交晚餐则一直到晚上8时左右才开始，人们便习惯在下午4时左右吃些点心、喝杯茶。而品茶也成为人们待客的一种重要形式，且发展出茶会这种社交形式。英国学者简·佩蒂格鲁（Jane Pettigrew）描述这种茶会说："坐于茶壶旁的女主人恰如一位女王，高贵典雅，恰如17世纪的布拉干萨王朝的凯瑟琳一样，每当她向朋友介绍新香草时，必然会坐在茶桌旁，尽显饮茶风趣。出席茶会的客人必先等房中的女主人倒好茶并先喝下一小碗茶以表敬意后才能饮茶。"①

女伯爵安娜·玛丽亚（Anna Maria Russell，1783—1857）每天下午都会差遣女仆为她准备一壶红茶和点心，她觉得这种感觉真好，便邀请友人共享。很快，"下午茶"便在英国上流社会流行起来。"下午茶"成为维多利亚时代社会生活的重要组成部分。这个时期是英国中产阶级崛起的时期，他们想通过模仿上层社会的活动来显示自己的富有，所以中产阶级的女士像贵族一样饮用"下午茶"。

英国贵族赋予茶以优雅的形象及丰富华美的品饮方式，"下午茶"更被视为社交的入门、时尚的象征，是英国人招待朋友、开办沙龙的最佳形式。特别是对于女士来说，更是她们日常生活中不可缺少的部分。在每天的这段时间里，她们可以打探各种消息和小道传闻，互相展示新款帽子和连衣裙。同时出现了专门为参加"下午茶"活动而设计的"茶礼服"。

"下午茶"的发展也受到了英国传统文化的影响，在以严谨的礼仪要求著称的英国，"下午茶"逐渐产生了各式各样的礼节要求与习惯，并成为英国上流社会中每日必不可少的环节之一。英国学者艾伦·麦克法兰在其专著《绿金：茶叶帝国》中指出，英国"下午茶"发展成一种类似日本茶道的仪式，并成为本民族的生活习惯和文化不可分割的一部分。他认为，对茶叶的礼赞怎么高也不过分，甚至可以说"茶叶改变了一切"。

---

① ［英］简·佩蒂格鲁著，邵立荣译：《茶设计》，山东画报出版社2013年版，第42页。

第十三章
艺术中的东方元素

一 洛可可："中国趣味"的新风格

中国商品的异域情调、中国工艺美术的神秘意蕴，以及全社会风行的"中国趣味"，共同塑造了欧洲的艺术风格，这种风格被称为"洛可可风格"。

在17世纪末18世纪初，欧洲艺术领域的主导风格是巴洛克风格，此时正值路易十四时代，又叫"路易十四风格"。而17世纪后期，正是欧洲人为中国的物品和艺术所迷狂的时期，与当时欧洲艺术领域的巴洛克风格正好重叠。巴洛克艺术虽然源自古典风格，但它华丽的装饰感、昂贵的材质、奢华的氛围，与那个时期人们对中国的想象是基本合拍的。中国外销瓷器上的釉色和华丽的装饰，比大理石更为光洁的中国漆家具，奢华的中国锦缎和刺绣上色彩的丰富变化，甚至外销艺术品昂贵的价格，有关东方旅行神奇而又冒险的经历，都符合这个时代的总体精神。

但是，中国艺术风格对于欧洲的影响，更表现在对洛可可风格的形成起到的促进和推动作用。这种风格，模仿中国文化、艺术中的柔美梦幻色彩，表现在许多生活层面上：壁纸、柳条盘子、壁炉台、木头檐口、格子框架、家具、亭子、宝塔，以及最重要的园艺。

"洛可可"一词源于法语"rocaille"，意为假山石或装饰用的贝壳。洛可可风格是18世纪风行于欧洲的一种艺术上的解放运动。洛可可风格的特点是轻飘活泼，线条丰富，色调灰淡，光怪陆离，重自然逸趣而不尚雕琢，与欧洲以前流行的严谨匀称的古典风格完全不同。"这种艺术像是一道明亮、清澈的光，给人一种悠然自得的感觉。"①

洛可可风格不仅是一种艺术形式的特殊风格，而且是一种审美观念，一种社会情调。龚古尔兄弟（Frères Goncourt）指出："戏剧、书籍、绘画、雕塑、住宅，一切都屈服于娱乐的品位，一切都出现颓废的优雅、漂亮，在历史上这一时期的氛围中，代表了法国式的诱惑与魅力。这是它的本质、它的才华、道德和生活方式。"②

作为欧洲文化史上一个重要的阶段，洛可可时代处处弥漫着中国文化的优雅情调，是中西文化交流史上别具风味的一章。洛可可艺术与中国古代艺术风格之间具有一种神奇的契合，它实际上就是一种"中国味的新风格"。"东方艺术文化里最让欧洲人陶醉的就是瓷器、丝绸、漆器了。它们明亮、清澈，又散发着高贵颜色的特点一下子就抓住了欧洲人的审美，而洛可可艺术正是在接受中国风色彩的基础上诞生的。'启蒙主义'的意思是用'亮光'照亮朦胧的人类精神与黑暗的世界，而洛可可艺术把启蒙主义与幻想完美地糅合在了一起。"③

在当时欧洲人的心目中，中国是一个遥远、神秘、开明、温和、文质彬彬、道德高尚的"文化中国"。而大量流入欧洲社会的中国美术工艺品，更

---

① ［韩］黄台渊、金钟禄著，卢珍译：《孔夫子与欧洲思想启蒙》，人民日报出版社2020年版，第28页。
② 引自袁宣萍：《17至18世纪欧洲的中国风设计》，文物出版社2006年版，第109页。
③ ［韩］黄台渊、金钟禄著，卢珍译：《孔夫子与欧洲思想启蒙》，人民日报出版社2020年版，第29页。

是激起人们对那个遥远帝国的想象与神往。实际上,在当时流入欧洲的中国商品中,有很大一部分具有很鲜明的艺术性质,这些商品有许多是以生活日用品的形式出现的,深入人们的日常生活之中,就使这种艺术性质渗透到大众文化领域,因而具有广

《东方物件图》,约1725—1730年

泛的群众性。瓷器、绸缎、漆器、屏风、壁纸、绘画、雕刻所具备的艺术性质,使得它们格外引人注目。这是因为,中国外销艺术品精美的工艺和别致的造型,以及全然不同于西方传统的装饰纹样,为欧洲提供了异国情调的审美体验与想象空间。大部分没有到过中国的欧洲人,正是通过这些外销艺术品认识中国,并感知中国文化的。

但是,这种所谓"中国风格"实际上是一种"西方风格",是欧洲对"中国风格"的想象性诠释。虽然欧洲人初期对中国艺术的接纳充满模仿,但他们很快就在其启发下进行新的创造。

二 风靡欧洲的外销画

随着大帆船舟舶相继,有许多欧洲人,包括船员、商人、旅行家、冒险家来到了中国。而自乾隆时期"一口通商"后,大批的欧洲商人、船员等来到广州。许多广州艺术家按西方人士的喜好,采用西方的绘画技巧和风格,将港口风景、市井生活、风土人情、轮船、刑罚、花卉、动植物等体现东方风情的各类题材,描绘在纸本、油画布、玻璃、象牙、通草等各种材料上,让来广州贸易的西方人士带回本国,馈赠亲朋好友。这类画被现代学者称为

"外销画"或"贸易画"。

18世纪早期广州口岸的外销画主要为纸本绘画和彩色木版画。纸本绘画被西方人称作"悬挂纸画"。这些纸画的内容多是表现中国的自然风光、风土人情和日常生活等,特别是富裕人家快乐闲适的生活。另外,表现农民和城市手工业者生产活动的作品也比较常见,如耕织、采茶、养蚕,以及家具、瓷器生产等。《十竹斋笺谱》《芥子园画传》等大量木版书籍也由传教士带回欧洲。

外销画具有突出的商业性,画家和画作都带有明显的广州口岸的烙印,从创作形式到创作风格和题材,都体现了中西合璧的色彩,是中式洋画的一种体现。一方面,外销画大量吸收了西方绘画的技巧和风格,以适应欧洲人的审美心理;另一方面,在题材上充分表现中国的风光和风土人情,以满足欧洲人对东方异国情调的趣味和审美期待。据说,"差不多每个英国人回欧洲时,都会购买一幅广州风景画回国"。在那个时候,以中国本土风景和人物为题材的玻璃画、通草画的需求量极大,这种"贸易画"在摄影技术流行之前,深受西方人士的喜爱,成了他们了解东方风情的最佳媒介。外销画成为欧洲人认识中国的一种图像形式。而这些外销画中的人物形象、风景风俗、花卉植物等,又常被欧洲的艺术家用到他们的工艺美术设计中。

当时在广州出现了专门绘制外销画的职业画家。他们制作的外销画涉及西方各种绘画形式,其中有油画、水彩画、水粉画、玻璃画和通草画等。外销的油画,主要是描绘中外商人肖像、港口船舶画,以及临摹的西方印刷图案,题材广泛,绘制规模比较大。

在外销画中,玻璃画十分珍贵。玻璃画的工艺来自海外,而且制作难,其特色是画家把图案以相反的方向描绘在玻璃背面,西方称为"玻璃上的绘画"。此技巧在18世纪传到中东、西非的塞内加尔、印度、东南亚、日本和中国。玻璃画的基本材料是玻璃、木制镜框,颜色以油彩为主,兼有水粉、水彩,总体上偏向于工艺性质。外观摆置必须有镜框等工艺辅助,经常组合安装在各类家具中,工艺装潢十分讲究。还有的是作为挂屏,挂在房间的墙壁上。18世纪中叶,英格兰对以中国本土风景和人物为题材的玻璃画需求极大。玻璃画画面优美,主要内容是用鲜艳的色彩在玻璃上描绘中国风景,有时添上休闲人物。画面上方空白处则是镜面，整个玻璃镜面用镜框镶好。这样的玻璃画以其颜色艳丽、做工精良和富于异国情调而在欧洲大受欢迎。玻璃画的题材非常广泛，反映中国人社会生活的方方面面。现藏于荷兰莱顿国家民族学博物馆的19幅玻璃画，是1785—1790年绘制的，其内容有广州珠江沿岸商馆区风光、广州黄埔锚地、珠江荷兰炮台风景、中国花园、中国家庭生活情景、盂兰盆会、龙舟赛、拜见官员、宫廷宴会、打猎、下围棋、婚礼情景、觐见皇帝、皇家花园、皇帝春耕仪式、收割庄稼、制作瓷器、种植茶叶、纺织丝绸等。18世纪80年代，大量西方版画图案被带到广州，被画家复制在玻璃镜上，这种内容逐渐成为玻璃画的主要创作题材。

通草水彩画，因笔法相当细腻精致，题材繁多，内容丰富，写实性强，色彩异常亮丽，加上价格便宜，在19世纪盛极一时，为来访广州的西方人士所钟爱。他们购买这类画回国，作转售或馈赠亲朋之用。长期以来，人们将这类画误认为"米纸画"，后来广州市博物馆通过田野考察，将这类画正名为"通草水彩画"。通草水彩画可以说是广州人对中国绘画艺术的一大发明创造。

水彩画的题材十分广泛。1796年，美籍荷兰人范罢览从广州将一批水彩画带到美国。这批画大约1700张，分成38卷，包括多个主题，如港口、风景画、广州及其附近风光、贸易情景、船舶、鸟类、昆虫、海关面貌、商人肖像，以及航海图和地图等，集中体现了18世纪广州外销水彩画的绘制题材。

在清代广州出产的外销画中，有一类作品数量庞大，与广州对外贸易息息相关，这就是中国外销商品的制作过程图，包括外销瓷器、丝绸、茶叶及其他中国物产的制作，是外销画的独特品种。这些题材反复出现在外销画中，是18、19世纪最受西方人欢迎的外销画。描绘这些主题的画作，通常成批量生产，以水彩画的形式上市，每套从12张到数十张，甚至上百张不等。每张图绘制一个工序，也有少数以油画的形式绘制，在一幅画上描绘多个生产程序。如现藏于美国马萨诸塞州赛伦皮博迪·埃塞克斯博物馆的一幅瓷器生产过程图，130厘米×190厘米；一幅茶叶制作过程图，19.7厘米×182.2厘米。这两幅画是在巨幅的画面上描绘出瓷器和茶叶的整个生产和销售的过程。

关联昌《庭呱画室》

外销画作为当时来广州的欧美人士最喜欢的纪念品，销售的数量巨大，流传到欧洲和美国各地，现在许多博物馆都有收藏。由此可知从事外销画绘制的画家或画师也是一个很庞大的人群。广州艺术品店铺一般开设在广州的同文街（即新中国街）和靖远街（即旧中国街）。1768年到访广州的威廉·希克（William Hickey，1749—1830）记载了十三行附近有各色工匠："玻璃画工、制扇工匠、象牙工匠、漆器匠、室石匠及各种各样的手艺人。"外销画的画室和店铺也都设在这一带。

当时的外销画画家，现在可知具体姓名的不多，在已知的画家名字中，多数也只是知道其姓。有的外销画上有签名，标明画的作者，一般都写成后缀"qua"或"呱"。有的研究认为，"qua"是汉字"官"的对音，意为先生，是对人的一种尊称。19世纪，广州从事对外贸易的行商和散商都习惯以"某某呱"自称。

外销画主要是面向欧美市场，受到消费者的欢迎，也引起了画家和其他工艺美术艺术家们的重视，成为当时流行的"中国风"设计的重要参考。18

世纪末外销画家浦呱画室出产的作品在欧洲被制成版画印刷出版。1804年，伦敦出版商米勒（William Miller，1769—1844）用英、法两种文字印刷出版了一套由戴德利（John Dadley，1767—1817）制作的有关18世纪末中国街头商贩的图册，题为《中国服装：60幅附有英、法文说明的版画》。这套图册的原型是英国人马逊（George Henry Mason，1770—1851）在广州购买的浦呱画室的产品。图册的说明中写道："这些是关于中国人各种习惯和职业的正确图画……在朋友坚持下，这些十年来没有公开展示过的私人藏品终于出版了。这些精确的图画一定会带给人们对那个遥远国度的各种生活习惯和技术的新的认识和乐趣。"

英国东印度公司也收藏了大量的外销画。1805年，英国东印度公司在广州订购了一批"各种各样的事物"的图画，这些画都是水彩画或水粉画，描绘的主题包括神像、庙宇、船舶、广州官员的家庭室内情景，包括家具和装饰品。1846年康纳（Julia Corner，1798—1875）的著作《中国和印度史》在

外销画《制茶图》，1795年

英国出版，其中有大量插图，都是以中国外销画为原本制作的，并注明"英国东印度公司的藏品"。英国布莱顿的皇家建筑内部，很多中国式图案是由克雷斯（Frederick Crace，1779—1859）和他的助手在1800—1820年绘制的，也从东印度公司所藏的外销画中获得了许多题材。另外，英国画家托马斯·阿姆（Thomas Allom，1804—1872）在许多外销画的基础上重新绘制，于1843—1847年在伦敦出版《图说中国》4卷，有128幅插图，被认为是当时欧洲人能够得到的最详细、最丰富的中国图画的出版物。

三 壁纸上的中国风光

在这个时期，还有一种中国美术形式流传到欧洲，就是绘有中国图案和艺术风格的壁纸。这些让西方人魂牵梦萦的中国壁纸，是依照西方审美习惯创作的，与中国绘画本身的趣味相融合。英国学者艾米尔·德·布鲁因（Emile de Bruijn）指出："中国'壁纸'通过动物、植物、人和建筑等细节描绘出了一个真实可信的世界，但同时它又展现了超越时空而存在的想象法视觉空间，散发着精致且异域的特点，对西方观者具有不可抵抗的诱惑力。中国壁纸描绘一个想象的境界，中国的精神空间。"

中国的壁纸在欧洲的传播与流行，是一个很奇特的现象。因为中国传统的民居，虽然也有用纸裱糊墙面的情况，但一般是用木板或石灰泥墙分隔，以素净为美，习惯在厅堂的墙壁上悬挂立轴绘画与对联，民间常见的是贴上年画。那么，怎么会有"中国壁纸"一说呢？有的学者推测，可能是卷轴画或民间年画这类纸本绘画被不明就里的欧洲商人购买后，直接贴到了墙上，其浓郁的东方情调引起人们的强烈兴趣，并正好与欧洲正在兴起的壁纸时尚相吻合，所以欧洲的商人到中国大批量地采购壁纸，直至这时才开始生产这种外销产品。因此可以说，壁纸是一门应外销要求而兴起的艺术手工业。

壁纸是16世纪由法国传教士从中国带到欧洲的，后来又由西班牙、荷兰商人经广州采购运回欧洲。

中国外销的壁纸大多是成套的，一般每套有25张，每张大约有12英尺

（365厘米）长，3至4英尺（91至122厘米）宽，拼起来就可以在墙面上组成一组连续的画面。画面的题材主要有两类：第一类为"花树与鸟"的题材，这类题材的壁纸外销数量最大，画面清新自然，风格优雅。其主题纹样是一株或几株花树，其枝干幼细，撑满整幅画面。树枝上鲜花盛开，美丽的鸟和蝴蝶绕树飞舞。整幅画面衬以浅色的底子，特别明快。"花树与鸟"的基本样式也有变化，或配以假山、池塘、盆景、栏杆等，或将竹子、芭蕉等植物陪衬在花树间，或在树上挂鸟笼子，或在树下点缀一些猴子、孔雀、中国人物，以集中表现中国情调。第二类为人物风景题材，主要表现中国人的日常生活场面，如游园、过节、宴乐、家居、打猎等，反映中国平安逸乐的生活景象。当不需要使用这些墙纸时，人们就会把这些画裁剪成小块，镶在镜框里，或者贴在家具表面。

17世纪以后，中国手绘套印的色彩绚丽，由花鸟、山水、人物起居画而构成的壁纸，风靡了欧洲。1693年，英国有一份论述玛丽女王所拥有的中国和印度珍品柜、屏风和挂纸的资料，提到了中国的壁纸。所谓挂纸大约就是中国手印的彩纸。这一年的《伦敦年报》上有这样一个广告："耐用的墙纸，上面有5个印度人物（实际上是中国人），每张12英尺长，2英尺宽。"17世纪末的一位作家在报刊上写文章说，中国壁纸在豪宅中极为流行，这些房子里挂满了最华丽的中国和印度纸，上面满绘成千个根本不存在的、想象出来的人物、鸟兽、鱼虫的形象。大约在1772年，约翰·麦基（John Macky）形容旺斯特德宫"用中国壁纸装饰得异常华丽，壁纸上画着他平生从未见到过的最生动的中国人物和花鸟"。有些简直惟妙惟肖，不禁令人觉得"只要仔细研究这些壁纸，就无需再研究中国的一切了。植物之中，有一种在中国和爪哇都很普通的竹子，其形象比我看到过的培植出来最美的植物还要婆娑多姿"。伦敦顾资银行的客厅至今还保存着英使马戛尔尼出使中国后带回的花壁纸，上面绘有302个各不相同的栩栩如生的人物，表现了中国人的生产和生活情景，体现了中国极高的工艺美术。

和其他中国的工艺品如瓷器、漆器等一样，壁纸传到欧洲后，也引起了欧洲人的仿制。在仿制过程中，他们力图把握这种异域的风格，并"赋给中国艺术的主题以一种新颖的幻想的价值"，使社会生活里的中国趣味表现得

英国制的中国景物壁纸

更为充分。最早开始仿制中国壁纸的是法国人,其中法国工匠巴比雍仿制中国壁纸十分成功。他可能是受到在此之前的德国人实验的启发。他曾说过,在1638年,在德国魏玛和法兰克福已经流行一种制造方法,生产出一种上面有花鸟图案的金银色纸,以代替高价的皮革悬挂物。17世纪30年代法国和英国工匠分别造出糊墙用的所谓"毛面纸",曾受到从中国进口的彩色纸的启发。1746年,英国人造出了2米长的印纸木版。1754年,杰克逊(John Baptist Jackson,1701—1780)设在巴特西的工厂,在印刷发明方面有了很大的改进，开始大规模制造印有传统图案的壁纸，纸上点缀着中国传统的山水画。这种壁纸在英国行销很广。在19世纪中叶开始用机器印制壁纸之前，欧洲各国的壁纸生产一直是按照中国的方式，以小幅为单位，用铜版或木刻一张接一张连续拼印的。

英国壁花纸业还向中国订购彩印木刻，运到英国后拼板印成壁花纸出售。1734年出版了一本用新法制造壁花纸的书，1754年1月8日英国的一份晚报登载的制纸业广告宣称："这些创制的壁花纸，它的秀丽、雅致，远胜以前生产的纸，价廉而物美。它和中国手绘的最美丽、精致的花纸一般无二。"尽管英国已经能制造壁纸，但1766年，他们仍从厦门进口精美的中国壁纸。

四　设计的东方秘密：中国元素的融合与革新

当欧洲热衷于中国文化时，中国的手工艺品和工艺美术尤为受欢迎。瓷器、漆器、家具、轿子、壁纸、丝绸和刺绣等传入欧洲，不仅丰富了他们的日常生活，还带入了一种神秘的艺术风格，深刻影响了欧洲人的审美和艺术追求。欧洲的作品中也开始大量地模仿中国纹样或者被称为"中国风格"的设计。

流传到欧洲的中国瓷器对洛可可艺术风格的形成有重要影响。在中国制瓷技术的影响下，欧洲各国相继办起瓷器工场，它们大都模仿中国瓷器，描绘亭台楼阁、小桥流水、菊花柳树等独特的中国艺术风格的图案。温雅清脆的中国瓷器不仅为洛可可艺术提供了新的物质材料，而且象征了洛可可时代特有的光彩、色调、线条，象征了这一时代特有的情调。

欧洲各国的丝织业都模仿中国的丝织技术和纹样图案，特别是法国生产的丝绸丝质柔软，并且大量采用中国的纹饰图案，丝绸和瓷器的设计融合了明显的中国风格和图案，成了当时"中国风"设计的核心。有观点认为，中华文化对洛可可风格的主要贡献不仅仅在于文字，而更在于瓷器的精致和丝绸的光泽。这种美感反映了18世纪欧洲对于一个理想化的愉悦生活的追求。

浓郁而精美的东方风格丝织刺绣产品大量传入欧洲，立刻成为皇室贵族和上层社会妇女的爱好之一，并出现许多模仿和仿制的工场。在法国丝织业中心里昂，卑尔蒙德（Jean Pillement，1728—1808）以中国刺绣图案为范本，设计了许多奇妙的花卉图案，对里昂刺绣术起到很大推动作用。丹尼尔·马洛特的刺绣图案将螺纹、格子及逼真的小花大胆地配合起来，同中国的意匠十分相像。画家布歇（François Boucher，1703—1770）等人也常为刺绣品提供图样。17世纪初，法国宫廷刺绣匠师瓦尔利特等人创建了刺绣公会，专门向宫廷刺绣师提供具有东方风格的刺绣图案和样式。上流社会的妇女把掌握刺绣工艺当作她们的必修课之一，认为这才是有教养的表现。17世纪末，中国刺绣绷圈传入法国，普通家庭主妇可以用这种技术自制家用的枕袋、靠垫、台布、垫布等。

据说路易十四和他的女儿都对刺绣这种手艺感兴趣，有时父亲还为女儿亲自挑选美丽的图案。在路易十四的财产目录中，与中国绣品并列的，常常提到"中国式"或"中国品"等字样，稍后又特别提到绣花绸绢。18世纪，路易十五的情妇蓬巴杜夫人用绷圈绣制丝绸工艺品，使绷圈刺绣不仅具有实用价值，而且具有艺术价值。

壁毯也是这一时期表现中国趣味的一种艺术形式。这主要表现在壁毯的图案设计上。有一件制作于17世纪末的英国的壁毯，原件现藏于美国耶鲁大学。这个壁毯共有4幅，主题分别是"音乐会""公主梳妆""进餐""坐轿"。其中"进餐"表现皇帝和皇后坐在帐篷里进餐，前景有人垂钓，底子的颜色是深暗的，画面上的人物很小，着装是中国的、印度的和欧洲的风格的混合，人物活动就在一个个浮岛上展开：人们在岛上钓鱼、散步、上树采果子、聊天、坐车等，配以中国式建筑，异国情调的棕榈树和奇异的植物、与东方有关的禽鸟和神秘的动物等，构成一幅幅神奇的画面。"坐轿"的画面是一位王子坐在一顶加盖的轿子上，有两个随从抬着，几位女子等候王子的到来。

巴黎的戈贝林是专为皇室和贵族制作挂毯的工场，它的产品大量采用中国绘画和图案，例如"皇帝上朝""皇后品茶""夜宴""采茶"等。宝塔、亭榭、仕女、花鸟、鹦鹉、猴子、拖着辫子的官员等，都是挂毯上常用的图案。挂毯上还时常出现这样的中国场景：一个学者在埋头读书，两个仆人跪在他的身后等候吩咐，远处的宝塔隐约可见；园中亭下，丫鬟张伞为女主人遮阳，女仆跪着向女主人献花，远处是海边，礁石旁有几个渔夫影影绰绰地在捕鱼。

法国博韦壁毯厂是1664年建立的，不仅生产专供王室的产品，也供应其他顾客。1732年的一份文件中说："该作坊中最美观的图案之一是中

博韦壁毯厂生产的壁毯《皇帝上朝》

国图案，由于它被如此频繁使用而现在几乎从中再辨认不出什么东西了。"这些壁毯实际上是欧洲人根据中国人的内容而在造型艺术领域制作的第一批作品。18世纪20—30年代，生产了一套10幅以中国皇帝为主题的大型系列壁毯，有"皇帝的接见""皇帝出行""天文学家""夜宴""摘凤梨""采茶""打猎归来""皇帝登舟""皇后登舟""皇后品茶"等，展现了一系列宏伟的中国皇帝的生活场面。

1752年，画家布歇为博韦壁毯厂制作了许多挂毯的画板，其中有一套包括9幅画的挂毯，这9幅画分别是"中国皇帝的召见""中国皇帝的宴请""中国婚礼""中国捕猎""中国捕鱼""中国舞蹈""中国市场""中国风俗""中国园林"。据说，这套挂毯是布歇参照传教士王致诚（Jean-Denis Attiret，1702—1768）寄给巴黎的《圆明园四十景图》设计的。1764年，法国国王路易十五将根据这份画稿设计织造的挂毯赠送给了乾隆帝。乾隆帝对这套壁毯十分欣赏，赞不绝口，在圆明园中开辟了专门的房间来收藏。可惜在英法联军火烧圆明园的时候，这套挂毯被毁。

当时流行极广的中国设计风格对法国各地方的艺术学校很有影响。这种

学校多为皇家宫廷用具设计图案，欧洲各国也陆续出版了一些图案集，供各类产品设计参考。这些图案有的是从中国外销艺术品和欧洲人的中国游记插图中吸取灵感，再加上自己的创意而绘制的。

法国雕刻家于基埃（Gabriel Huquier，1695—1772）刊印的《六百瓶谱》《中国花卉翎毛图汇》《中国图案入门》《中国

博韦壁毯厂生产的壁毯《天文学家》

式灯罩缝纫法》。18世纪中叶，培雷（François Bellay，活跃于1740—1750）请于基埃作了一系列的绘画，命名为《壁画图案及为爱好装饰术者而作的想象画》。

1735年，弗莱斯（Jean-Antoine Fraisse，1680—1739）在巴黎出版了一本《中国绘画集》，副标题是"根据波斯、印度、中国及日本的原作印刷"。其中包括53幅铜版画，原是他为尚缇伊工场所做的设计参考图样。

画家比肖（Pierre-Joseph Buc'hoz，1731—1807）绘制了100幅彩色版画，画的是100种中国植物，最后汇集成《中国和欧洲种植的最漂亮、最珍贵的花集萃》出版。作者宣称这本书适用于自然科学家、花匠、画家、制图者以及瓷器、珐琅、丝绸、羊毛和棉布作坊的管理者，还有其他艺术家。

布歇搜集了于基埃所绘的中国人像、英格拉姆（John Ingram，活跃于1721—1763）所绘的人像、阿凡林（Pierre-Alexcundre Aveline，1702—1762）所绘的四元素和中国人像及于基埃设计的绣帷图案，编为《各类中国

人物图案汇编》一书出版。1784年，雅克·夏尔东（Jacques Charton）画了12本《国外的花、水果、珊瑚和贝壳》。

在德国，装饰雕刻家迪克（Paul Decker II，1685—1742）印行《异品》一书，其中有漆器火炉奁、鼻烟壶和茶盘等的中国化图案。绘瓷家夏劳（Harold）刊行了有中国人像的图版。恩格布达（Engelbreot）亦曾雕有中国景物。

这类书籍，不胜枚举。它们在当时都流传很广，为在欧洲推广和传播中国绘画艺术发挥了重要作用。巴黎附近的茹伊昂若萨斯在18世纪末和19世纪初以用木刻的"型版"生产印花棉布著称，工厂厂主肯普夫（Christophe-Philippe Oberkampf，1738—1815）选中了图案设计师尚普（Guillaume Vincent Champs）设计的一幅"中国风"印花图案，工厂生意迅速拓展。据说这幅作品的来源，是1680年前后在苏州地区刻印的两幅牡丹图的组合。

五　绘画艺术中的东方神韵

早在文艺复兴时期，中国艺术就对欧洲的艺术产生了一定的影响。朱谦之指出："在绘画和美术工艺上面，文艺复兴亦确曾受了中国的影响。如16世纪时，意大利……佛罗伦萨等地便有人仿制中国的青瓷器，这即是一例。"[1]

在15世纪，商人们将中国的绘画和带有插图的书籍、瓷器、丝绸和漆器带到了君士坦丁堡。可以推断，居住在意大利商业聚居区的西方艺术家也像同时代的土耳其微型画家一样见识和研习过这些中国艺术品。"对文艺复兴时期绘画的研究表明，在当时的作品中频繁出现了东方人物和产品，并引进了一些只能理解为从中国艺术中剪接而来的类型和风格不甚明显的元素。"[2]

---

[1] 朱谦之：《中国哲学对欧洲的影响》，上海人民出版社2006年版，第51页。
[2] ［美］唐纳德·F.拉赫著，周宁总校译：《欧洲形成中的亚洲》第2卷第1分册，人民出版社2013年版，第77页。

安田朴曾经指出，通过蒙古的征服和中国文化的西传，在文艺复兴时代，中国的绘画艺术对欧洲产生了一定的影响。例如意大利画家马尔蒂尼（Simone Martini，约1284—1344）于1328年作壁画《基多里西奥·达·福格利安诺》，在构图方面显然受到了中国横幅画卷的影响。这幅壁画的景物布置很有中国画风，旌旗营帐在山边仅露一角，栅栏成波状排列，营垒取空中鸟瞰的画面形式，等等，都具有中国绘画特色。另一意大利画家洛伦采提（Ambrogio Lorenzetti，约1290—1348）画有一幅表现城乡风光的大型壁画，画幅左边画城市内亭台楼阁、百业繁荣、歌舞升平之景，图中央以一道城墙隔开，画幅右边展现田野风光、农耕收获、山川林木等，在布局和画意方面颇似中国的《清明上河图》。安田朴指出，中国艺术曾经对洛伦采提等人的锡耶纳艺术派别的形成有过一定的影响。他指出："元代艺术和甚至是宋代艺术通过旅行家与方济各会士们对14世纪的欧洲艺术、尤其是对锡耶纳绘画的复兴远距离地施加了影响。""在造型艺术领域，似乎是一种具有选择性的相似性、一种'先定和谐'使得文艺复兴时代的意大利毫无困难地吸收了向它揭示的这种中国艺术。"①

达·芬奇的名画《蒙娜丽莎》，其背景之山水酷似中国山水画中常见的泉石景物。达·芬奇对东方艺术一直有很大兴趣，他曾购买过古罗马普林尼、斯特拉波（Strabo，前64或前63—约21）的著作，还读过曼德维尔的游记，对其中有关亚洲习俗的描述颇有感触，写下大量笔记。通过曼德维尔的游记，他了解到在印度（实为中国）的某些地区，人们雕刻了木质的偶像，然后将其碾碎成粉末撒在食物上。他发现，长指甲被印度人（实为中国人）推崇为高贵和有风度，特别是熏香和染过的指甲。

马蒂亚斯·格吕内瓦尔德（Matthias Grünewald，约1470—1528）的《圣安东尼的诱惑》中山石的敷毫，亦大有华风。威泽弗德概括这一时期中国美术对于文艺复兴艺术的影响时说："意大利文艺复兴时期的艺术和蒙古帝国之间的关系是不可否认的。欧洲艺术家从蒙古引进的中国、波斯艺术中借鉴题材和手法。艺术家们把蒙古人置于各种基督教绘画中，突出他们与众不同

---

① ［法］安田朴著，耿昇译：《中国文化西传欧洲史》，商务印书馆2000年版，第165、161页。

的服装、头饰和大弓。中国的素描画经过蒙古的商业活动而流行,以这种风格描绘的马,开始出现在欧洲艺术品中。这些画面表明,欧洲人在描绘多石峭壁和树木时受到亚洲风格的巨大影响。欧洲艺术,在整个中世纪都是平面化和线性化的,如今它成为一种混合物,既非严格意义上的欧洲风格,也不是严格意义上的亚洲风格:这种以深刻、明亮、纺织和骏马为主要特色的艺术,最终成为闻名远扬的文艺复兴艺术。"①

李约瑟也提到这个问题,他说:"中国文化对中世纪后期的欧洲艺术和文艺复兴也有显著影响,特别是在意大利,因为马可·波罗曾回到那里。亚洲人物画的特色和画面的风格,在这一时期对托斯坎的绘画发生过影响。亚洲的美术品也传入了欧洲。教皇死后,也像一千年前巴尔米拉的贵族死后一样,穿着中国丝绸衣服殡殓。"②

克里斯托夫·休特"中国风"装饰画,约1735年

在洛可可时代,中华文化对欧洲的绘画艺术产生了进一步的影响。大量

---

① [美]杰克·威泽弗德著,温海清、姚建根译:《成吉思汗与今日世界之形成》,重庆出版社2009年版,第289—290页。
② [英]李约瑟著,袁翰青译:《中国科学技术史》第1卷,科学出版社、上海古籍出版社1990年版,第172页。

传入的工艺美术品令欧洲人产生了对"中国趣味"的浓厚兴趣。同时,中国的山水画和人物画也被引入欧洲,为画家们提供了直接的艺术借鉴。因此,与收藏中国瓷器和漆器一样,中国画也成了欧洲人热衷的收藏品。当时的人们被中国画的独特氛围和奇特形式所吸引,并从中重新发现了他们之前在瓷器和丝绸上所喜爱的美感。

接受中国绘画艺术影响而突出表现洛可可风格,最杰出的是法国画家让·安托万·华托(Jean Antoine Watteau,1684—1721)。华托是法国绘画艺术史中一位很重要的人物,正是他使法国绘画摆脱了刻板的巴洛克风格,而开启了洛可可画风。在技术上,华托在许多方面借鉴了中国画法,给风景画注入了一种独特的生气。他以山水烘托人物,把山水作为背景或壁画。他善用半透明而细腻的颜料作画,喜爱玫瑰色、天蓝色、紫藤色和金黄色的调子。这些色调和构图所呈现出来的画面,有一种非常和谐的效果。特别是他描绘的风景,重峰叠嶂、流云黯淡,展现了一种淡雅而朦胧的意境。

华托最著名的作品《西泰尔岛的巡礼》描绘在一座小丘上,盛装的贵族

让·安托万·华托《西泰尔岛的巡礼》,1717年

男女坐在枝叶茂盛的树木和花环簇拥的维纳斯像下面，另几个已经步下小丘走向岸边。那儿有金色的船只和快乐的小爱神们在等待他们。远处，在朦胧的烟雾中显现出那个幸福之国的岛屿的轮廓。一对对恋人渴望到达那儿，以领略爱情的真正幸福。这些沉湎于爱情的人们，融合于山石树木大气之中，给人以无限亲切悠然之感。这幅画的山水背景，与宋代山水画相似。形状奇怪的山峰和中国的山水也十分相像。华托喜欢用单色山水，作为画的背景，这正是中国山水画最显著的特点之一。华托还画过不少中国景物和人物画，但都是凭想象画成，画中的境界反映了他幻想中的东方。

在法国画家中，具有中国情调的还有贝伦（Jean Bérain père，1640—1711）、基洛（Claude Gillot，1673—1722）、卑尔蒙德、布歇等人。卑尔蒙德是波兰国王的首席画家，他曾印行一套和华托风格很相近的雕版画，题名《中国茅舍》，在小小敞开的茅舍之下，有中国人，有古怪的柏树，婀娜的蔓草，有代表人们所熟悉的中国桥梁的一二弧形物，亦有杂花，完全是一派中国田园风光。1755—1760年，他先后在伦敦和巴黎出版的画集有：《中国儿童游戏汇编》《中国阳伞集萃》《中国小阳伞》《关于6个中式小船的集子》《12幅中国车船》《中国之书》等画像。1771—1773年，他将上述画集汇集成《中国花卉、装饰、边饰、人物和主题图画集》出版。这个集子对丝织工场、印花棉布工场和挂毯设计工场都很有参考价值。"中国风"的画、室内装饰和观景楼等的构思和制图都是由他自己完成，并亲自用蚀刻法雕刻，另有一部分由其他画家完成。他设计的中国风格的图案传遍欧洲，在细木镶嵌、漆绘、壁纸、瓷器、珐琅鼻烟壶、陶砖、纺织品上，处处可见他的影子。

布歇是法兰西学院院长，国王的首席画家，戈贝林皇家作坊的艺术总监。他早年十分崇拜华托，曾把华托留下的多种素描刻成版画，出版了《千姿百态》画册。布歇继承了华托的优雅传统，吸取中国画的螺旋形构图和漂浮意象，使他的一些绘画具有明显的中国特色。他曾为蓬巴杜夫人画过肖像画，为她设计女服和装饰品，他设计的图案成为当时出入宫廷的贵妇们所效法的榜样。布歇富有装饰的才能，他的绘画也都具有装饰的要素，如《爱之目》《牧歌》等。他以擅长花鸟著称，也画过一幅山水画。他创作的《中国

布歇《中国皇帝上朝》，1770年

皇帝上朝》《中国捕鱼风光》《中国花园》和《中国集市》这4件油画，画面上出现了大量写实的中国物品，比如中国的青花瓷、花篮、团扇、中国伞等，画中的人物装束很像是戏装，与当时的清朝装束相差比较远，但中国特色还是很明显。其中《中国捕鱼风光》，上有蔚蓝的晴天，下有一两座中国建筑物，其前有一老人垂钓，旁有一妇人作观水之状，有一小童持伞荫蔽老人，深得中国画之神韵。贵族们争相收购这些画，买不到的，便把那些以这4幅画为蓝本的挂毯抢购一空。

中国绘画艺术对英国水彩画的发展有着直接的影响。英国画家亚历山大·科仁斯（Alexander Cozens，1717—1786）和约翰·科仁斯（John Robert Cozens，1752—1797）父子，是首先以水彩作风景画的欧洲画家。他们作设色山水时，常以中国墨打稿。这一技法在浪漫主义时期及其后成为一种普遍的艺术表现形式，是受到中国传统绘画技法的强烈影响的。据英国史家记载，在水彩画发展初期，很多画家用中国墨。

风景画大师威廉·透纳（Joseph Mallord William Turner，1775—1851）也曾试用中国墨。他一生创作了几百幅油画、几千幅水彩画和速写，给英国艺坛带来了巨大的活力。他运用最丰富的色彩来表达光与空气的效果，形成了明暗对比鲜明的格调，散发出诗般韵味。他的水彩风景画颜色十分单纯，但具有丰富的色彩感。《失事船沉没以后》是他最完美的作品之一，表现出他在色彩和水彩技法上的高度造诣。《凯威莱城堡》的整个画面，色彩缤纷，虚实交错；光和色的变化，使画面显出深远的空间感，给人以无限高远、辽阔、清新而庄严的意境。他的名作《意大利的纳米湖》，是以单纯的墨色为主来表现景色的空气感，颇有中国画味道。

第十四章
中式园林在欧洲

一　西方早期对中国造园艺术的介绍

中国传统园林和建筑艺术是中华传统文化的重要组成部分，是中国文化精神最为直接、形象和生动的展示。中国的园林艺术在中国传统哲学思想和文化艺术的影响下，形成了特有的风貌，在世界园林史上独树一帜，是世界两大造园体系中东方造园体系的代表。中国园林的主旨是表现大自然的天然山水景色，表现和追求自然美。它长于情景交融的意境表现，运用写意的手法，创造出自然、宁静、淡泊、幽深的境界。人们可以在这样一个人为创造的自然环境中，或游或居，怡然自得，享受林泉之乐，表现一种人与自然和谐统一的宇宙观。与这种"自然式园林"不同，近代欧洲的造园体系是"几何规则园林"。它在总体布局上有强烈的对称轴线，道路多是直线，形成矩形或放射形交叉，草坪和花圃被分划成各种几何形状，处处显示出人对自然的控制与改造，显示人的力量。东西方两大造园体系各自根植于自己的民族文化土壤之中，绽开出神采各异、风姿不同的人类智慧之花，从而使世界园林呈现出丰富多彩、绚丽夺目的景象。

中国的"自然式园林"与欧洲的"几何规则园林"，这两种造园体系各有千秋，形成了强烈的反差和对比。中国的建筑艺术也与欧洲的建筑艺术截然不同，中国皇宫的富丽堂皇、南方民居的典雅清秀、庙宇塔寺的庄严肃穆，都明显具有东方文化的特点。那么，在这样的背景下最先来到中国的欧洲人，看到与他们习惯的园林式样完全不同的中国园林，看到与他们习惯的建筑样式完全不同的中国建筑，一定会留下十分深刻的印象和产生强烈的视觉冲击。所以，在近代早期来华的传教士、商人等，都对中国园林和造园艺术以及中国建筑风格做了程度不同的介绍。

最早向西方介绍中国园林艺术的大概是马可·波罗。在他的游记中，提到了在杭州见到过的南宋园林。马可·波罗说杭州有南宋的宫殿，"是为世界最大之宫，周围广有十里，环以具有雉堞之高墙，内有世界最美丽而最堪娱乐之园囿，世界良果充满其中，并有喷泉及湖沼，湖中充满鱼类。中央有最壮丽之宫室，计有大而美之殿二十所，其中最大者，多人可以会食。……灿烂华丽，至堪娱目"①。

16世纪早期来华的葡萄牙传教士克路士在《中国志》中也写到他所见的广西一个王府的园林。他写道："在官邸内，他有幽美的大花园，果树很多，还有大池塘，养着大量的鱼，既供观赏又供家里食用。他的家里栽种各式各样的小花，石竹和芳草的花坛，还有野树林，里面养着鹿和野猪，以及其他禽兽。"②

利玛窦曾多次提到中国的建筑和园林。1582年，利玛窦协助范礼安（Alessandro Valignano，1539—1606）撰写《圣方济各·沙勿略传》中的《论中国的奇迹》，曾提及皇宫和御花园。利玛窦曾几次到过南京，说南京"到处都是殿、庙、塔、桥，欧洲简直没有能超过它们的类似建筑"。1615年《利玛窦中国札记》出版，书中多处提到王府花园。利玛窦在南京期间曾

---

① [法]沙海昂注，冯承钧译：《马可波罗行纪》，中华书局2004年版，第573—574页。
② [葡]克路士：《中国志》，[英]博克舍编注，何高济译：《16世纪中国南部行纪》，中华书局1990年版，第76页。

马国贤《西岭晨霞》，1711—1713年

到一位贵族家里做客，"在全城最华贵的花园里受到接待。他参观花园中许多赏心悦目的事物，看到了一座色彩斑斓未经雕琢的大理石假山。假山里面开凿了一座奇异的山洞，内有接待室、大厅、台阶、鱼池、树木和许多别的胜景。……洞穴设计得像一座迷宫，更加增添了它的魅力"[①]。据《利玛窦中国札记》的中文译者研究，利玛窦参观的这个花园是明代开国功臣徐达的瞻园。瞻园号称"江南四大名园"之一，以欧阳修诗"瞻望玉堂，如在天上"之意命名。瞻园布局典雅精致，陡峭峻拔的假山，闻名遐迩的太湖石，清幽

---

① ［意］利玛窦、［法］金尼阁著，何高济、王遵仲、李申译，何兆武校：《利玛窦中国札记》，中华书局1983年版，第286、357页。

素雅的楼榭亭台，深院回廊，奇峰叠嶂，小桥流水，四季花香。吴敬梓在《儒林外史》中曾对瞻园进行了绘声绘色的描绘。当年利玛窦走进这如诗如画的庭院，一定会留下深刻的印象。

其后，传教士卫匡国的《中国新图》、安文思（Gabriel de Magalhães，1610—1677）的《中国新史》等关于中国的著作中有相当篇幅描述了中国园林。《中国新图》写到了紫禁城的花园："有一条河引进皇宫，可以行舟，它在宫里分成许多小叉，既可交通，也可游乐，它们随着一些小山而曲折，小山在河的两侧，全由人工堆成。中国人堆山的奇技发展到极其精细的水平，山上按照特殊的规则种着树木和花卉；有人在花园里见到过非常奇特的假山。"① 《中国新史》对北京的皇宫、庙宇、衙署和街市等都有详细的介绍，特别是对景山的描写，十分引人入胜。出了皇宫的大门，"不远之处，有一个大花园，皇帝在那里饲养动物包括熊、野猪、老虎等等，它们都在大而漂亮的笼子里。这个园内有五个相当高的土丘，中间一个最高，其余四个较低，东边两个，西边两个，四面均匀倾斜……丘顶遍布树木，种植极为整齐，每棵树都种在一个圆形或方形的台座内。那里还挖了几个洞给家兔和野兔栖身，这几座小丘上兔子很多。这里还有大量的鹿、羊和树上常有的野鸟家禽"。北面"是一片稠密的树林，树林尽头，连接公园的墙，有三座娱乐室，由于台阶和高台互相连接，显得格外协调。这是真正的皇家建筑，结构精美……"②

1689年，法国传教士张诚和葡萄牙传教士徐日升参观了北京的畅春园。他们对此留下深刻的印象。他们记述说：康熙帝的住所附近，"是全园最美丽可喜的，虽然它既不豪华，也不壮观。它在两个大池中间，一个在南，一个在北。两个池子周围几乎全是人工的小丘，是用挖池子的土堆起来的。小丘上种满了杏树、桃树和其他这类的树；当这些树绿叶成荫的时候，它们造成了很足以舒心开怀的景色"。"在北边池子的北岸，紧靠着水，有一溜小廊子，它的景色很美。"在康熙帝的另一处住所，"那儿一切都很朴素，但自有一种中国式的雅洁。离宫和花园之美，在于非常雅洁，在于有一些很奇

---

① 引自林梅村：《尚蒂伊的中国花园》，《紫禁城》2011年第5期，第56页。
② ［葡］安文思著，何高济译：《中国新史》，大象出版社2004年版，第150页。

广州外销画《园林景色》

特的石块,它们好像是在最荒凉的沙漠里见到的那种;但他们更加喜爱小小的书斋、小小的花圃,花圃周围是绿篱,它们形成小小的过道——这是这个民族的天才"。[1]

1724年,意大利传教士马国贤把铜版画《避暑山庄三十六景图》带回英国伦敦,使中国园林图像资料第一次传入西方,标志着西方人对中国园林的了解进入图像时代。这"三十六景图"的原作是清代画家沈嵛奉康熙帝之命所绘的《御制避暑山庄图》,康熙五十一年(1712),版刻名手朱圭、梅裕风以该画稿为底本,雕刻成木版画《御制避暑山庄三十六景图》。次年,马国贤又以木版"御制图"为蓝本,主持印制了铜版画《御制避暑山庄三十六景诗图》,同于木版的格式,在36幅铜版画另一侧,由名臣王曾期所书诸景点记述和康熙题诗。马国贤将这些铜版画带到英国,起先收藏在伯灵顿伯爵(Richard Boyle,1694—1753)家中的图书馆,现存于大英图书馆。有研究者推测,马国贤在伦敦时,曾经向英国人介绍过中国园林,并与古罗马的贺拉斯(Quintus Horatius Flaccus,前65—前27)和西塞罗(Marcus Tullius Cicero,前106—前43)的牧歌式理想做了比较。他还可能比较过法国画家

---

[1] 引自陈志华:《中国造园艺术在欧洲的影响》,山东画报出版社2006年版,第29页。

克洛德·洛兰（Claude Lorrain，1600—1682）的罗马郊区风景画和中国的山水画，在这些画中见到了中国园林中典型的"精巧的野趣"。所以，人们认为，马国贤的伦敦之行，对英国乃至欧洲的园林艺术产生了极大的影响，"它完全可以标志着英国园林风格发展中的基点"，推动了英国以及欧洲园林设计的革命，为中国园林艺术的西传起到了重要的作用。1751年，牛津大学诗学教授斯宾塞（Joseph Spence，1699—1768）在给朋友的一封信中写道："我最近看了关于中国皇帝一所大园林的36幅版画，整个花园里没有一行整齐的树，他们看起来比我们最棒的作不规则式园林设计的人都强，就像威廉国王时期传来的荷兰式园林强过于我们的那样。"斯宾塞还说，园林里光照之处应该多于阴影，"使整个园林看上去高高兴兴，而不是忧忧郁郁的。在这方面，中国人看来也比我们的游艺场建造者高明多了。他们不在近景中安置封闭的、浓密的丛林，而把它们放在远处的小山丘上"。①

二　王致诚和蒋友仁信中的中国园林

传教士王致诚对中国的园林和建筑风格抱有新的观感。王致诚在1743年给在巴黎的朋友达索（M. d'Assaut）写了一封长信，其中详细描述了他称为"园中之园"即圆明园的美丽景色。王致诚本人是一位画家，清乾隆三年（1738）来中国，受召供奉内廷，学中国绘画技法，参酌中西画法，形成新体画风，号称清廷"四洋画家"之一，乾隆十九年（1754）奉命至承德避暑山庄为蒙古族厄鲁特部首领作油画肖像，乾隆二十三年（1758）作紫光阁武功图中《阿尔楚尔之战》图。

在当时来华传教士中，王致诚介绍中国园林的书信是最全面也是影响最大的一份文献。他写道："所有的山岭都覆盖着树木，尤其是花卉，它们很普遍。这是一个真正的人间天堂。人工运河如同我们那里一样，两岸由方石砌成笔直的堤岸，但它们都是非常简朴的粗石，并夹杂着岩石块，有的向

---

① 引自陈志华：《中国造园艺术在欧洲的影响》，山东画报出版社2006年版，第169—170页。

前凸起，有的向后凹缩。它们是以非常艺术的方式排列起来的，人们可以说这是大自然那鬼斧神工的杰作。河渠有时宽敞，有时又狭窄；它于此蜿蜒逶迤，有时又调头拐大弯，它们就如同是真正被丘陵和山岩推动一般。河岸上种满鲜花，它们在石堆和假山口绽放，在那里也显得如同是大自然的造化。每个季节都有独特的鲜花。除了河渠之外，到处都是甬道，或者更应该说是羊肠小道，它们都用小石子铺成，从一个山谷通向另一个山谷。这些羊肠小道也是蜿蜒着向前延伸，有时沿着河畔前进，有时又远离河岸而通向他方。到达一个山谷时，人家便会发现楼舍。所有的门面都会有廊柱和窗户，被镀金、绘画和涂漆装饰的雕梁画栋……屋顶上覆盖着琉璃瓦，分别呈天蓝色、金黄色、翠绿色和淡紫色，它们的混合与搭配形成了一种赏心悦目的风格与千变万化的图案……再没有比这一切更像仙女们的神话宫殿了。"①

在王致诚看来，中国的园林建筑给人一种画意的感觉。他指出了中国园林的无比丰富性，充满了胜境幽处、意想不到的变化，充满了浪漫情趣，山重水复，木老石古。他认为中国人在园林建筑方面的创作是作为景物的一部分而提出的，是对自然美景的补充。对于这种美景，王致诚觉得无法描摹，"只有用眼睛看，才能领略它的真实内容"。他对中西美学思想的对比有生动深刻的分析，他以一个艺术家的敏感体悟到了中国园林重要的美学原则：师法自然，重自然意趣而不尚人工雕琢。他指出：人们希望"到处都呈现一种美的无序，一种反对称。一切都是围绕着这条原则运行的：人们希望表现的是一个质朴而又自然的别墅，而不是一个符合所有对称和比例的一切准则的井然有序的宫殿群"。在这里，"这一切都优雅别致，安排得如此巧夺天工，以至于使人永远不能一眼看穿其全部美感"。②

1747年，王致诚的这封信收入杜赫德编的《中华帝国全志》，引起很大轰动，1749年被译成英文出版。1752年又以《中国第一园林特写》的书名再度在英国出版，译者是英国作家斯宾塞。斯宾塞在1747年的著作《波利默蒂

---

① ［法］杜赫德编，耿昇译：《耶稣会士中国书简集——中国回忆录》第4卷，大象出版社2005年版，第289—290页。
② ［法］杜赫德编，耿昇译：《耶稣会士中国书简集——中国回忆录》第4卷，大象出版社2005年版，第296—297页。

斯》中说，诗歌和绘画是有密切联系的艺术，而中国园林是绘画、诗歌和建筑艺术相结合的典范。斯宾塞的这个译本很受重视，许多报刊登载了这篇译文的摘要，如《伦敦画报》《每月新闻报》《苏格兰画报》等。有一家杂志评论说："诗歌或传奇中，甚至神话中，也没有什么东西能和这种千变万化的建筑相比拟。"①关于王致诚书简的影响，法国学者乔治·洛埃尔（George Robert Loehr Jr, 1892—1974）指出："在迷恋中国工艺品和崇拜中国的高潮中，出现了王致诚的书简。所以在欧洲追求英国—中国式园林的热潮中，必须在其构成中划出不规则的小路、蜿蜒小溪、湖泊及其小岛、湖礁、瀑布等。我们很容易发现，这种不规则和不对称状态和洛可可式的装饰完全相符。"②法国学者安田朴也说，王致诚的书简"在欧洲掀起了一种引人入胜的好奇"③。

王致诚的这封信在欧洲流传很广，他笔下的圆明园成为欧洲人心目中的时尚园林和梦幻仙境，同时也引起了欧洲园林建筑家的极大兴趣，他们要求看到更详细的素描。1744年，中国宫廷画家唐岱、沈源、冷枚等完成了《圆明园四十景图》。这套图是根据乾隆帝的旨意，历经11年绘制而成的。所谓"四十景"，是指圆明园内独成格局的40处园林风景群，一个景就是一座"园中园"或园林建筑群。《圆明园四十景图》为绢本彩绘，每幅图附有汪由敦所书乾隆题诗，右图左诗，每幅图的绢心为64厘米×65厘米，连装池绫边为83厘米×75厘米，是目前世界上最长的绢制彩色工笔画。这套工笔彩画精品，成为后人领略圆明园盛期风貌的最直观最形象的珍贵史料，也为中国造园和绘画艺苑留下一朵奇葩。后来，王致诚应友人之邀，将《圆明园四十景图》的副本寄到巴黎。不过，王致诚所寄出的副本可能不是彩绘图的副本，而应该是"四十景图"的另一个版本，即奉旨校刊乾隆《御制圆明园

---

① 引自范存忠：《中国文化在启蒙时期的英国》，上海外语教育出版社1991年版，第90页。
② ［法］乔治·洛埃尔：《入华耶稣会士与中国园林风靡欧洲》，［法］安田朴、谢和耐等著，耿昇译：《明清间入华耶稣会士和中西文化交流》，巴蜀书社1993年版，第303页。
③ ［法］安田朴著，耿昇译：《中国文化西传欧洲史》，商务印书馆2000年版，第527页。

四十景诗》的附图，为墨线白描图。这个副本寄到巴黎后，受到重视。《圆明园四十景图》彩绘绢本一直作为珍宝收藏在圆明园。1860年，英法联军火烧圆明园时，这套珍贵的彩绘图被法人掠走，献给了法国国王拿破仑三世（Napoléon III，1808—1873）。该画原件现保存在巴黎国家图书馆。

1767年，法国传教士蒋友仁在给巴黎的巴比雍（Papillon d'Auteroche）神父信中，对中国皇家园林做了比较详细的介绍。蒋友仁是艺术家，他于1744年到中国，1747年被乾隆帝委派参加修造圆明园属园——长春园的西洋楼建筑群，主要负责人工喷泉的设计及施工指导。当年，第一个大水法"谐奇趣"即告完成。此后，他又指导续建了蓄水楼、养雀笼、黄花阵、海晏堂、远瀛观等多处水法工程。全部工程于1759年结束，前后长达12年。这些人工喷泉中，比较有名的是海晏堂前的"十二牲像喷水池"，即著名的"十二兽首"。所以，蒋友仁对中国的皇家园林有更多的了解和体验。他在这封信中向他的朋友描述圆明园的美丽景色。他说："所有的花园被蜿蜒于假山间的溪流分开，溪流时而从岩石上流过，形成瀑布，时而汇入低谷，形成一些水池，根据它们的大小，取名'湖'或'海'。溪岸不很规则，水池边有傍岸的石头，但与我们刻意平整的石块全然不同，那样的石块已失去天然的情趣。这里傍岸的石头显得有点粗糙，被牢牢地安放在桩基上。工人有时要花费很多的时间来建造，但他们做的只是为了使石块更不平整，以增加它们的野趣。在小溪边，这些石块铺设成如此模样，以至在若干个地方形成了非常适宜登船的阶梯，人们可以由此下船去泛舟。在假山上，人们时而将石头磨光成一眼望不到边的岸石，时而将石头有意放置成要掉下来砸在行人头上的样子，尽管石头是安置得非常牢靠的。有时石头也垒成山洞，山洞在山下蜿蜒穿行，将你带到一座座美丽的宫殿。在岩石间，就如小溪两边和山上一样，人们安排了一些看上去非常自然的山洞，山洞中有时长出大树，有时长出灌木，当季节来临，到处覆盖着各种鲜花。在其他一些地方，人们也能看到不同的植物和花卉，人们根据季节的变化不断将之更新。"[①]

蒋友仁的这封信也被收入《中华帝国全志》。在蒋友仁之后不久，传教

---

① ［法］杜赫德编，吕一民等译：《耶稣会士中国书简集——中国回忆录》第5卷，大象出版社2005年版，第133—134页。

士韩国英写过一篇《论中国园林》的论文,介绍了从古代直到清朝的中国造园史,详细论述了中国的造园艺术的基本原则和技法。他特别指出,设计营造皇家宫苑的中国建筑师或园艺师,往往富于艺术家、哲学家的修养。而他引用一位哲匠刘舟关于园林选址意向的叙述,清晰显示了美学情趣:"他们首先追求的是空气新鲜,朝向良好。土地肥沃,浅冈长阜,平坂深壑,澄湖急湍,都要搭配得好;他们希望北面有一座山可以挡风,夏季招来凉意,有泉脉下注,天际远景有个悦目的收束……"

三 钱伯斯对中国造园艺术的研究

在向欧洲介绍中国园林艺术方面,除了上述传教士们的介绍和推崇外,英国建筑家威廉·钱伯斯(William Chambers,1726—1796)起到很大作用。

钱伯斯曾在一条瑞典东印度公司的商船上任货物经理,游历了包括中国在内的许多国家。1742—1744年,他到了广州,工作之余收集了一批有关中国建筑、园林、服饰和其他艺术的资料。他对中国的园林很有兴趣,曾向一位叫李嘉的中国画家请教过中国的造园艺术。1748年他再次到中国考察,描画了许多中国建筑、家具、服饰的式样,特别是对中国建筑做了大量的速写。后来,他脱离了航海生活,先到巴黎,后到意大利学习建筑。1755年,钱伯斯回到英国,担任威尔士亲王的绘画教师。

钱伯斯对中国建筑和造园艺术进行了深入的研究,于1757年出版了《中国建筑、家具、服饰、器物的设计》一书,介绍各种中国的建筑物,有大量相当精确的插图。同年5月,他在《绅士杂志》上发表了论文《中国园林的布局艺术》。钱伯斯的研究在当时就产生了相当大的影响。据说钱伯斯在完成《民用建筑研究》一书后,曾将手稿请著名学者萨缪尔·约翰逊审阅,约翰逊读后十分赞赏。约翰逊在为这本书写的序言说:"中国学术、政策和艺术已经受到无限的颂扬,这表明了新颖的事物有多么巨大的吸引力,而尊敬又如何容易变为钦佩。我完全不希望被说成是中国人优越性的夸大者。……不过我们必须承认,他们是一个突出而独特的民族,因为他们独处一方,同所有文明各国是隔绝的，而在没有先例可资借鉴的情况下形成了自己的风格，改造了自己的各种艺术。"①

钱伯斯的这本书风行欧洲，成为中国风尚的范本。1772年，他出版了《东方园艺概论》一书，对中国园林艺术大加称誉。同年，又出版了增订版，请在伦敦居住的中国雕塑家谭纪华加了许多注释和解说，以增加其说服力。

钱伯斯在著作中阐述了他的基本造园理念，他认为真正动人的园林应该源于自然，但要高于自然，要通过人的创造力来改造自然，使其成为适于人们休闲娱乐之处。他认为古典主义的花园过于雕琢，过于不自然，而所谓自然景致花园又不加选择和品鉴，枯燥粗俗。最好的是"明智地调和艺术与自然，取双方的长处，这才是一种比较完美的花园"。这种花园，就是中国式的花园。他说："任何真正中国的东西至少都有它独创的优点，中国人极少或从不照搬或模仿别国的发明。"他还指出，中国人"虽然处处师法自然，但并不摒除人为，相反地有时加入很多劳力。他们说：自然不过是供给我们工作对象，如花草木石，不同的安排会有不同的情趣"，"中国人的园林布局是杰出的，他们在那上面表现出来的趣味，是英国长期追求而没有达到的"。②

钱伯斯介绍了中国造园的具体方法，包括结合四季的变化，每天清晨、中午、黄昏不同时段的变化，不同功能的变化的设计，用不同的尺度和色调变化来造成空间的深远效果，等等。钱伯斯还非常重视色彩在园林中的独特作用，并将这种理论运用到实践中去。

钱伯斯对于中国建筑和造园艺术的研究，产生了很大的影响，他所建造的邱园成为欧洲流行的"中国风"在园林建设上的一个样板。他的《中国建筑、家具、服饰、器物的设计》，也成为造园家们必备的参考书。可以说，钱伯斯在英国乃至欧洲的造园史上创造了一个时代。

---

① 引自范存忠：《中国文化在启蒙时期的英国》，上海外语教育出版社1991年版，第93—94页。
② 引自陈志华：《中国造园艺术在欧洲的影响》，山东画报出版社2006年版，第62页。

四 欧洲作家对中国造园艺术的评论

从17世纪上半期开始，经过传教士和商人、旅行家的介绍，以及钱伯斯等人的研究，加上许多中国的工艺品如瓷器、漆器、外销画等都有建筑和园林的图案，欧洲人对中国的园林和建筑艺术有了比较多的了解。实际上，欧洲人是在当时关于中国的知识的总体联系中了解中国造园艺术的。在洛可可风格弥漫整个艺术领域的氛围下，许多文人学者都以谈论中国园林为时尚的话题。他们对"中国风"的园林设计起着比建筑师更大的作用。

一方面，政治家、哲学家们试图将造园艺术作为他们所鼓吹的社会制度与政治主张的具体体现，画家、诗人们则把园林作为艺术载体和描绘对象。另一方面，诗人、画家、哲学家、政治家不断地提出新的造园观念与美学思想，推动着造园艺术的不断发展演变。中国造园艺术在欧洲的影响，其实是17—18世纪欧洲人对中国的哲学、文学、艺术、政治理想、伦理道德发生全面兴趣的一个表现。

英国学者威廉·坦普尔（William Temple，1628—1699）在1685年写了《论伊壁鸠鲁的花园》一文，全面论述了欧洲流行的各种造园艺术，其中赞扬中国的造园艺术，说"中国的花园如同大自然的一个单元"，它的布局的均衡性是隐而不现的。他说："我们的建筑和园林之美主要靠一定的比例、对称和统一，我们的园中树木都互相陪衬，排列得整整齐齐，行间距离相同。中国人瞧不上这种办法，他们说，一个会数数到一百的孩子，就能把树一排一排种得很直，一棵连一棵，要什么距离就什么距离。而他们最用心的地方，在于把园林布置得极美极动人，但一般却不易看出各部分是怎样糅合到一起的。虽然我们对这类的美毫无所知，可他们有一个专门用来形容这种美的字眼。如果他们一眼看上去对劲，就说'Sharawadgi'[①]好或者绝妙，还有类似的赞语。谁要是注意一下最好的印度袍子上的花纹，或者他们最好的

[①] "Sharawadgi"，虽经许多学者考证，尚不清楚原来的汉语词是什么。钱钟书认为可能是"散乱"或"疏落""位置"，也有人认为可能是"疏落有致"。

屏风上、瓷器上的图画，就会看到这种散乱的美。"①

坦普尔构拟了"Sharawadgi"一词，引起翻译家们的多种猜测，其实就是要表达一种"无序之美"，来概括中国园林那种千变万化、如诗如画的特点。他认为中国园林的本质在于"自由而不受束缚的风格"。但是坦普尔不主张英国人去盲目地仿效中国的园林，因为极易弄巧成拙，反而不美。

到了18世纪，中国的园林和建筑艺术对欧洲影响越来越明显了，更引起人们的极大兴趣。1712年，英国散文作家艾迪生在《旁观者》杂志上著文讨论园林艺术。在园林美学方面，艾迪生深受李明《中国报道》的影响，提倡师法自然，反对人工造作，被称为"摆脱园林艺术中人工化最有影响的初期倡导者"。他认为自然远远胜过最精致的人工，壮丽的宫殿和园林不能满足人们的想象力，而广阔的田野则能够。

艾迪生的朋友、诗人蒲柏也积极鼓吹自然式的园林，他在1713年9月29日《监护者》第173号上发表文章，称赞中国园林崇尚"不加装饰的自然所具有的亲切淳朴之美"，"一切艺术的目的都在于模仿和研究自然"。他挖苦刻意将花木修剪成亚当、夏娃、通天塔等形状的英国园林。他在一首诗中写道："把自然这位女神看成个端庄的姑娘，既不可过分打扮，又不是不要梳妆，切莫使每个美景到处可以观赏，此中奥妙就是在于若隐若藏，要出人意料，要有变化，要遮没垣墙，布景如此自可称至高无上。"②

艾迪生依中国植树的方式和他所理解的中国式园林方法布置自己的花园，并且引入叠石假山和山洞。蒲柏营造了一个体现中国园林美学趣味的别墅花园，园内有一个天然岩洞。经他们提倡，这种趣味一时成为风气，在英国产生了一种反对"规整造园"的运动，自然风景园蔚然成风。

作家何瑞思·沃尔波尔（Horace Walpole，1717—1797）也是自然风格园林的积极倡导者。他在1750年写给友人的一封信中说："你无论何时回到英国来，都会因为我们有自由去追求我们的爱好而高兴，而这种爱好你是想

---

① 引自周珏良：《数百年来的中英文化交流》，周一良主编：《中外文化交流史》，河南人民出版社1987年版，第596页。
② 引自范存忠：《中国文化在启蒙时期的英国》，上海外语教育出版社1991年版，第85页。

贝尔·罗贝尔《梅雷维尔城堡》,1791年

不到的——公共建筑是希腊式的,至于小型建筑和园林则是哥特式或中国式的。"①

法国也对中国式的园林表现出很高的热情。18世纪前半期,正值启蒙运动的高潮,启蒙思想家们纷纷主张效法中国儒家的思想榜样。与此同时,启蒙思想家们对中国的造园艺术也表现出浓厚的兴趣。

1755年,法国建筑学家娄吉埃(Marc-Antoine Laugier,1713—1769)再版了他的《论建筑》一书,其中加进了关于造园艺术的一章。他说:"我们喜好寻觅那种乡村中的悠闲气氛,造园的目的就是提供这样的场所。"在自然中,"我们欣赏树荫、草地和小溪细流……欣赏景色的变化和它们荒芜的面貌"。"园林应当采集所有这些美景,巧妙地加以安排,保证不失去'淳朴和优雅'。""巧妙地把中国人的造园观念和我们的融合起来,我们便能

---

① 引自范存忠:《中国文化在启蒙时期的英国》,上海外语教育出版社1991年版,第91页。

成功地创造出具有自然的全部魅力的园林来。"①

法国的作家、学者们对于"中国风"园林或者说"英-中花园"也表现出很高的热情,纷纷发表对于建造这样的新式园林的看法,畅谈有关中国的造园艺术。作家穆瑞勒(Jean-Marie Morel,1728—1810)说:"造园艺术的目的并不在于人工地再现自然,它是根据美丽的自然所显示的规律来布置园林的。"吉拉丹侯爵勒内·路易(René-Louis de Girardin,1735—1808)在一篇论文中指出:中国造园艺术的特点是整体性强,在深入细部之前,总是全局在胸。而且,中国园林的设计不在图纸上进行,是在现场进行,因此最能同自然协调。他指出:中国式的园林避免大片的平地,喜好范围有限的像图画一样的景致。中国式的园林中,"构造景致的,既不应该是建筑师,也不应该是造园家,而应该是诗人和画家"。沃特莱特(Claude-Henri Watelet,1718—1786)也在一篇论文中提到,园林有三种形式,即画意的、诗情的和传奇式的。中国式的园林就是传奇式的,要像钱伯斯描写的那样,有怪异的声响,造成令人惊讶的气氛;还要像王致诚描写的那样,有焰火。②

1773年,德国学者翁策尔(Ludwig August Unzer,1748—1774)著《中国园艺论》一书,称赞中国的园林是一切园林艺术的典范。他把中国园艺中的曲线,作为心思灵活的一种表现形式。"中国人喜用蛇形曲线,并且正确地认为比直线更生动而多姿,故不独小径石梯,幽古水道,千回百折,若隐若现,甚至也用于桥梁的建筑。"他把中国人所具有的令人艳羡的一种振奋人类精神的力量,通过园林来触发各种情感,描述如下:"他们使用极其巧妙的方式,使回声重叠反响,把这一片地方真正成为发人灵感的泉源。"一面有瀑布急湍,互相冲击,一面又有嵯峨怪石兀立,使人惊讶,如果再前行数步,赏心悦目的景物又在眼中,"而这种种赏心悦目的景物,必须经常保持为园中的主要特色"。他还指出:"中国人的布置,善以幽暗柔和色调与光亮鲜明的色调互相映发,似简单的景与复杂的景相对照。他们以风趣为惟一的规则,结果所造成的整体,其中每部分都有显著的各不相同的特色,但

---

① 引自陈志华:《中国造园艺术在欧洲的影响》,山东画报出版社2006年版,第91页。
② 引自陈志华著:《中国造园艺术在欧洲的影响》,山东画报出版社2006年版,第103—104页。

总的效果，使我们发生和谐的快感。"中国人在园中偏向于设置种种形式奇特的物品，"在他们的花园中，盘根错节的老树，尤为常见，因为它们特别具有吸引游人注意的力量。"翁策尔在结语中劝告欧洲人吸收中国人的阳刚之趣。他说："除非我们仿效这个民族的行径，否则在这方面一定不能达到完美的境地。我们无须以学习他们的行径为耻。"①

五　欧洲贵族的"中国风"园林热潮

威尔士王妃奥古斯塔（Princess Augusta of Saxe-Gotha，1719—1772）在丈夫去世后委托钱伯斯扩建邱园。园中垒石为假山，小涧曲折绕其下，茂林浓荫。园内有湖，湖中有亭，湖旁耸立一座高160英尺的九层四角形塔，每层有中国式的檐角端悬，屋顶四周以80条龙为饰，涂以各种颜色的彩釉。塔旁还有一座类似小亭的孔子庙，图绘孔子事迹，并杂以其他国家和宗教的装饰，唯雕栏与窗棂为中国式。邱园中某些局部的规划也具有相当程度的中国特色，在水面及池岸处理上尤显突出，两者之间过渡自然。邱园中那如茵的绿草地，点缀其间的鲜艳的花卉，伫立一旁的深色调的参天古木组合在一起显得相当协调，充分体现钱伯斯独特的艺术感觉和创造力。

1763年，钱伯斯把邱园的建筑平面图和剖面图汇集成册，出版了《邱园设计图》一书。1771年，瑞典国王见到这本书后，封钱伯斯为骑士，授北极星勋章，英国国王乔治三世（George III，1738—1820）批准他可以在英国使用这个头衔，钱伯斯的声望达到了顶峰。

钱伯斯建造的邱园引起了模仿的浪潮。在1770年前后，中国的园林及建筑实际上成为英国某些公园的主题，涌现出一批"中国风"园林。比较有代表性的，有建于1772年的德罗普摩尔花园，不但有假山、水池和灌木丛，还有竹子和绿釉的空花瓷墩，很有中国风味。此外还有阿莫斯博雷花园、夏波罗花园等。牛津的沃斯顿公园也是用中国式园林构图方式来设计的。1798—

---

① 引自［德］利奇温著，朱杰勤译：《18世纪中国与欧洲文化的接触》，商务印书馆1962年版，第106—108页。

路易·让·德斯普雷《瑞典中国宫》，1788年

1799年，罗伯特·萨尔蒙（Robert Salmon，1763—1821）在贝德福德的沃布建造了农场花园，其中的牛奶场采用了中国形式，它是用白色大理石和彩色玻璃装饰的，在中心有一个喷泉。墙的四周环绕着许多中国和日本的各色碟碗，里面装满了新鲜牛奶和奶酪，操作台上的物品柜完全是中国式的家具。窗户是落地玻璃，上面绘有中国画，在幽暗的灯光下显得非常神秘。

在这个时期的英国园林中，设计师会堆砌几座土丘，叠放一些假山。为了增强景观的层次感，他们还会错落地种上树丛，造成景色的遮掩和曲折。流水淙淙地流过，穿越高拱的桥梁，偶尔形成瀑布，最终汇入一个被蒹葭环绕的小湖中。在湖中，可以看到零散的小岛和石矶。湖岸上，芦苇和蒲草茂盛，乱石嶙峋，还有几片绿草地伸入湖中。园中的道路弯曲蜿蜒，穿梭于假山、土丘、溪流和树丛之间，为访客提供了一个寻胜探幽的机会。设计师们还特意创建了一些以建筑物为中心的景观，配上假山和岩洞。有些地方则是为了远眺，或是位于丛林深处的水边。

在众多园林建筑中，英国人最喜爱用的是"中国亭"。在18世纪，中国亭大部分是建造在水边或水中的，常用于垂钓或划船。随着中国式园林样式迅速地传播开来，英国很多地区出现了中国亭。在一个秀气的园林里面放置一个中式亭子，对所有的贵族来说好像是花园必不可少的装饰。因为它的体积小，很轻盈，很快替代了流行很长时间的、很多柱子支撑起来的圆形古典小庙。

在18世纪后期，中国式庭园建筑在英国蔚然成风，日趋完善。此风传到法国，便有"英-中花园"之称。法国一些贵族刻意模仿中国园林，在私人花园里建造亭台楼阁宝塔、小桥流水、假山石岛，甚至把圆明园的花卉移植到法国。巴黎的一些花园被设计成"自然式"，里面有湖面、小溪，还有中国的桥、岩洞和假山，即曾在凡尔赛流行的所谓的"乡村之景"。1774年，凡尔赛的小特里亚农花园建成。这座花园是由园艺师理查德（Antoine Richard，1735—1807）设计建造的，位于小特里亚农的东北、北和西北三面，里面有栽种异国植物的大温室、亭阁、大楼阁、塔、牛棚、羊舍、中国的鸟笼、大悬岩、迫使河流积聚泥沙的岩石等。在当时，这座花园被认为是"最中国式"。这座花园是为玛丽·安托瓦尔特王后（Marie Antoinette，1755—1793）建造的，王后可能阅读过王致诚有关圆明园的描述，才有了建造这样的中国式花园的想法。

始建于1773年的蒙梭花园是一座很典型的"英-中花园"，水面多且富于变化，有小溪、流水和湖泊，湖心有一座小岛，岛上建造了一座中国式建筑物。还有中国式的桥、岩洞和假山。

法国建筑师让·弗朗索瓦·勒鲁瓦（Jean-François Leroy，1729—1791）

西班牙阿兰胡埃斯宫王子花园，建于18世纪下半叶

为在巴黎郊外的尚蒂伊城堡建造了一座中式花园。这座宫殿和花园是属于孔蒂王子（Louis V Joseph de Bourbon-Condé，1736—1818）所有的。这座"中国花园"的标志性建筑是一座规模不大的假山，上面有石块砌筑的登山小路。假山前有一条蜿蜒曲折的小河，河边建有茅草小屋。小屋旁有一个水车，说明这是一座中国式的农舍。

"中国风"设计的园林在德国、瑞典、西班牙等地也很有影响。在18世纪的欧洲，仿造中国式的园林，或者说建造一座"英-中花园"，已经成为一种贵族的时髦。此风从英国开始，继而各国纷纷仿效，一时间中国式园林遍布欧洲各国，成为独特的风景。

六 "中国瓷塔"：从奇迹到家喻户晓

在欧洲人了解的中国建筑中，最有名的是南京的"瓷塔"，以至于在很多人看来，"瓷塔"是中国建筑的代表。

所谓"瓷塔"，即南京大报恩寺内的琉璃塔。大报恩寺位于南京中华门外雨花路东侧秦淮河畔，是明朝永乐皇帝为纪念其生母，在1412年至1431年重修的。这座寺庙规模庞大，是一组有如宫殿般金碧辉煌的建筑群，其范围达"九里十三步"，曾与灵谷寺、天界寺并称为"金陵三大寺"。位于大殿后的大报恩寺琉璃塔，九层八面，周长百米，高达78.2米，以五色琉璃精工砌筑，为当时全国最高的建筑，甚至数十里外长江上也可望见。1856年，太平天国"天京内讧"，大报恩寺塔被北王韦昌辉下令炸毁。

欧洲人得知瓷塔，归功于荷兰人纽霍夫。他在《荷兰东印度公司出使中国记》中以图文并茂的形式介绍了"中国瓷塔"，热情地推崇它独特的造型和无与伦比的美丽："我们走出城区，去看一座著名的宝塔。那里被中国人称作报恩寺。……到了那里，你拾级而上……你所看到的所有营造设施都美轮美奂，巧夺天工，浸染着古老的中国风韵。我想整个中国也没有别的地方可与这里媲美了……在寺院的中央，伫立着一座高高的瓷塔，它是精品之中的精品，展现了中国能工巧匠独特的才华与智慧……当我由这件艺术杰作联想到其他所有的艺术杰作,由这座非凡的建筑追忆起其他精妙的建筑时,一个念头袭上心头,我要以诗把它凝固,将宝塔与世界七大奇迹并置,这在西方旧世界也许显得荒谬。我为你崇拜的庙宇的灿烂深感惊恐。啊,南京,在此没有人信仰真正的神灵!"

纽霍夫图文并茂的介绍,使得南京大报恩寺琉璃塔成为为西方人熟知的中国建筑。但纽霍夫将9层的宝塔错画成10层,这一错误直接影响到后来欧洲许多以此为蓝本设计的塔的层数。这座塔通体琉璃,但纽霍夫误认为是外表贴着珍贵的瓷砖,称为"瓷塔",从此以后大报恩寺琉璃塔在欧洲以"瓷塔"著称。1665年《荷兰东印度公司出使中国记》的法文版面世后,激发路易十四于1670年在凡尔赛建成了欧洲首个中式建筑——特里亚农瓷宫。欧洲人惊叹南京"瓷塔"的雄伟壮丽,视作"东方建筑艺术最豪华、最完美无缺的杰作",将其称为与罗马大角斗场、土耳其圣索菲亚清真寺、英国沙利斯布里石环、意大利比萨斜塔、埃及亚历山大陵和中国的万里长城相提并论的"中古世界七大奇观"之一。

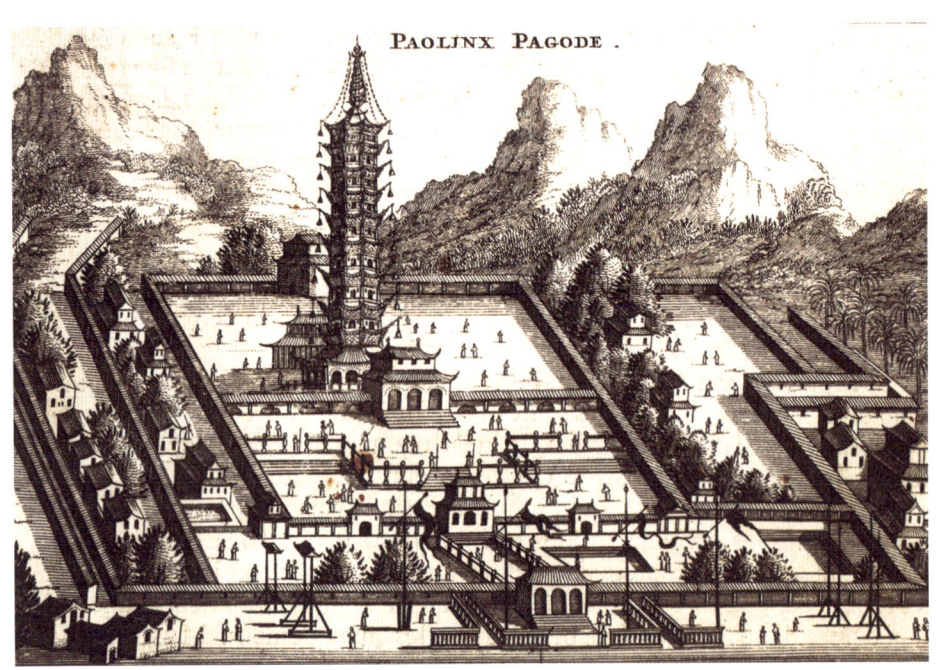

大报恩寺俯瞰图,《荷兰东印度公司出使中国记》插图

邱园里的中国式塔

经过纽霍夫及传教士的介绍，中国瓷塔在欧洲家喻户晓、童叟皆知。1839年，安徒生（Hans Christian Andersen，1805—1875）在童话《天国花园》中提到一位名叫"东风"的少年，穿了一套中国人的衣服，刚从中国飞回来。关于中国的印象，东风告诉他的风妈妈："我刚从中国来——我在瓷塔周围跳了一阵舞，把所有的钟都弄得叮当叮当地响起来！"在这个童话里，安徒生通过风妈妈四个儿子的叙述，描绘了世界各地的旖旎风光和独特的景物。故事中的"瓷塔"即表示中国。1878年，诗人朗费罗（Henry Wadsworth Longfellow，1807—1882）写的《可拉莫斯》还提到"瓷塔"。

中国瓷塔成了欧洲园林建筑中纷纷仿制的对象。17世纪晚期到18世纪，多地出现的中国式宝塔，都是以瓷塔为样板，在其他装饰领域，也多见到它的形象。欧洲第一座中国式塔于1762年在伦敦西南部的邱园建成。这座八角形的砖塔共10层，高约50米，由威廉·钱伯斯设计。宝塔主体呈八角形砖砌锥体，底部为廊。每层设有列窗，有10层突出的顶盖，覆以白绿相间的琉璃瓦。每层均有中式大红眺台围绕，檐角则有彩绘雕饰的玻璃巨龙，嘴中隐含铜铃，向外探望。木质旋梯直达塔顶。塔内色彩斑斓，饰以棕榈图案的壁纸和蓝天图案的穹隆。此塔是当时欧洲仿建得最准确的中国式建筑，曾在欧洲轰动一时，成为其后许多地方中国式塔的模仿对象。

在法国小城安布瓦斯附近的尚特卢城堡中，有一座全部用石材砌筑的中国式塔，建于1775—1778年。塔为八角形，共7层，高约37米。其下粗上细的外形轮廓、优雅上翘的屋檐、窗棂格图案的栏杆都有大报恩寺琉璃塔的影子，特别是底层一圈16根柱子的外廊，与琉璃塔很相像，不过它的细部都属于西方古典主义的多立克柱式。中国式塔在德国至少有3座遗存。波茨坦的无忧宫花园内有一座建于1769—1770年的"龙塔"，平面呈八边形，共4层，底层封闭，上面3层开敞，每层的腰檐都是曲面的，因为塔身每个戗脊上共装饰有16条龙，故而得名。德国的另一座中国式塔，是矗立在奥哈尼恩包姆花园小山上的八角形钟塔，于1795—1797年建成。塔身以红砖砌筑，共5层，每层有檐，檐角悬挂风铃，各面均设一小窗。在德国慕尼黑的"英国园"中，也有一座著名的"中国塔"。此塔仿照邱园塔设计，建造年代与上述建塔时间相仿。塔高25米，共5层，12边形，木结构，每层均为全开敞的阁楼，外檐装饰镂花木格，空灵通透，出檐舒展。

七 筑梦东方：醉人的中国建筑艺术

在中国的造园艺术传播到欧洲的同时，中国的建筑艺术也一起传播到欧洲。实际上，建筑艺术和造园艺术是一个整体，在中国的园林中，都有一些或大或小的建筑物，或者说，中国的建筑物或建筑群都有相应的庭院或花园。它们是作为一个完整的体系展现在人们面前的。

18世纪欧洲陆续出版了一些介绍中国建筑的图书。1750年，英国建筑家哈夫佩尼（William Halfpenny，活跃于1723—1755）出版了《中国庙宇、牌坊、庭园坐凳、栏杆等的新设计》，后来改名为《中国风的乡村建筑》于1755年再版，其中分为4个部分，分别是"中国庙宇的设计""中国桥梁""中国门"和"中国大门"，有20幅设计图。第二年增订再版，增加至32幅设计图。这本书是专门为仿造中国建筑而编撰的，其中有构造、施工、估价和技术等方面的介绍。1754年，由爱德华（George Edwards，1694—

1773）和达利（Matthew Darly，活跃于1741—1778）合作的《为改善当前的趣味而作的中国式建筑设计》一书出版，其中有建筑、花园、家具、花木等方面的120幅插图。1758年，奥沃（Charles Over）编的《哥特式、中国式和现代的装饰性建筑》出版，书中有54幅铜版画，以中国的园林建筑为主。

欧洲各国模仿中国建筑，在宫廷里建造所谓中国式宫殿，主要是把屋面做成凹曲面，四角翻起，挂上檐铎。比较张扬一点的，在屋脊上塑几条走龙。还有一些带有中国风格的装饰。其余部分大体仍是欧洲的式样。

在德国，洛可可时代最著名的建筑之一是易北河畔的彼尔尼茨宫。彼尔尼茨宫兴建于18世纪20年代，后增建新宫，建筑物采用东方大屋顶的特殊结构，侧面的凉亭及其扁平长狭的特色，都是中国离宫别苑的风格。但它又混合着德国的建筑风格，因而被称为"中国-哥特建筑形式"。这座混合风格的宫殿，同北京的圆明园颇为相似。巴伐利亚的路德维希二世（Ludwig Otto Friedrich Wilhelm，1845—1866）曾经打算在德国仿建圆明园。他曾命人复制《圆明园四十景图》，进行展览。但他的建园计划未能实现。这位王的先祖马克斯米连·埃曼努埃尔二世也是中国园林和建筑艺术的热烈爱好者。埃曼努埃尔曾在法国过流亡生活，他回到慕尼黑时，带来了爱慕中国事物的时尚。他依据中国的"瓷塔"自行设计了一座浮屠塔，于1719年建在慕尼黑的尼姆芬堡公园中。塔身中有蓝白二色之装饰，左右都可以看到石头刻成的许多龙蛇，构成"龙泉"。

建于18世纪50年代的波茨坦无忧宫是德国一座著名的洛可可风格的建筑。无忧宫中的"日本亭"是德国人仿造中国亭台最成功的一个例子。在波茨坦及其附近，还有其他一些模仿中国风格的建筑物。科隆大主教奥古斯特的乡间别墅也充满中国情调。前文提到奥古斯特出行喜乘中国式轿子。他聘请建筑师吉拉德（Dominique Girard，约1680—1738）为他建造奥古斯都堡与猎趣园。吉拉德曾在施莱斯海姆和尼姆芬堡从事中国风格的建筑艺术达10年之久，成绩卓著，遐迩闻名。他建造的奥古斯都堡屋顶作拱状的曲线形，整座建筑物体长而只有一层，屋的四角悬小铃为装饰。另有休息室一间，乃仿中国贵人的避暑别墅。距此不远，还有一所仿中国式塔楼的称为"蜗庐"的建筑。

第十五章
东方故事：中国文学的西游

一 《赵氏孤儿》的西译与流传

中国文学在欧洲产生重大影响的事件，首推《赵氏孤儿》的西译和流传。《赵氏孤儿》是元代纪天祥所作的元曲，是第一个传入欧洲的中国戏剧。

《赵氏孤儿》的法文译本是由马若瑟于1732年翻译的，取名为《中国悲剧赵氏孤儿》，1734年巴黎《优雅信使报》刊登了一部分。1734年2月，《优雅信使报》发表了一封没有署名的信。信中有几节法文翻译的中国戏剧。信上说："先生，这就是我答应给你的一件新鲜别致的东西。请你告诉我，你和你的朋友们看了这本中国悲剧觉得怎样。此外，还请你告诉我，我之所以对这本戏发生兴趣，是不是由于这样一种心情，即凡是时代较古或地区较远的东西总能够引起我们的欣慕。"① 1735年《中华帝国全志》出版时，将全剧

---

① 引自范存忠：《中国文化在启蒙时期的英国》，上海外语教育出版社1991年版，第107页。

译本收录在第3卷中。

马若瑟的译本是经过删节的节译本。译者只译对白，不译诗和曲子，只注明谁在歌唱，但基本上保存了原作品的轮廓。从这一点上看，译文恐怕是从明朝的改写本译出，因为现存元刻本《赵氏孤儿》是只有曲子没有对白的。《赵氏孤儿》较完整的法文译本，是大约100年后儒莲的散文韵文译本，于1834年出版。

马若瑟为什么要翻译《赵氏孤儿》呢？据有的学者研究，因为这出剧最符合当时法国文学界对悲剧的观念：时间、地点和情节的一致；主题来自古代历史，是涉及国家民族大事的重大题材；主人公属于王公贵人；文体高雅，用语不俗；悲剧也必须用诗体。另一方面，剧中人物高贵的英雄气概也是吸引马若瑟的原因之一。程婴、韩厥、公孙杵臼为了国家民族不惜牺牲自己的忠义道德，正合乎这种悲剧观。

马若瑟在传教士中属于索隐派的少数派。罗马教廷和耶稣会上层把索隐派视为异端。马若瑟多年来试图发表自己观点的请求始终受到耶稣会的拒绝。在这种情况下，他开始和傅尔蒙（Étienne Fourmont，1683—1745）通信。他在信中一再向傅尔蒙提出的请求，是希望能在法国发表他的索隐派著作。他寄给傅尔蒙的最重要的作品，是《汉语札记》。这是马若瑟积多年心血写成的详细介绍中国语言和文学的著作，他希望这本书能帮助传教士和欧洲学者，包括傅尔蒙本人学习中文。1731年底，马若瑟着手翻译《赵氏孤儿》。从他与傅尔蒙的通信看，前后用于翻译的时间很短，他自己说用了七八天的时间。马若瑟托人把包裹先交给了杜赫德。杜赫德当时正在编辑《中华帝国全志》，就把《赵氏孤儿》的译文收录在里面。傅尔蒙见到此剧发表后很是吃惊，公开指责杜赫德，并以马若瑟的亲笔信为证。这场笔墨官司打了很多年。

《中华帝国全志》是18世纪欧洲广为流行的一部巨著，《赵氏孤儿》也借以流传。在《中华帝国全志》出版之后五六年，英国就出版了两个英文译本，其中都包括《赵氏孤儿》。在18世纪50年代，以采集、编订英格兰和苏格兰民歌得名的托马斯·珀西（Thomas Percy，1729—1811）曾从葡萄牙文译本转译了中国小说《好逑传》，并选辑了有关中国语言、礼俗、宗教、诗歌、戏剧、园林等方面的文字，合为一集出版，其中也包括《赵氏孤儿》。这个译本文字雅驯，更适合18世纪中叶英国读者的口味。

杜赫德在《中华帝国全志》中对《赵氏孤儿》有简短的介绍，并略加评论。当时法国还有一些人对它作过评论，伏尔泰的朋友阿尔让侯爵（Jean-Baptiste Boyer d'Argens，1704—1771）大概是最早对《赵氏孤儿》进行详细分析评论的。当时法国人对中国戏剧所知不多，且都以法国古典主义戏剧的原则来衡量，认为《赵氏孤儿》既不遵守"三一律"，又违背希腊悲剧不在台上表现令人看了不快的情景（如有人在台上吊死）的原则。另外，他们对剧中人物上场自报"家门"、有白有唱，也颇觉奇怪和不解。

英国评论家理查德·赫德（Richard Hurd，1720—1808）对《赵氏孤儿》进行了较为详细的评论。赫德于1751年发表了他编注的《贺拉斯致奥古斯都的诗篇》，后附《论诗的模仿》一文，其中论及《赵氏孤儿》。赫德主要列举了这本戏与古希腊悲剧相似或相近之处，从而对它的优点加以肯定。赫德说，《赵氏孤儿》的故事与古希腊悲剧家索福克勒斯（Sophocles，前497或前496—前406或前405）的《厄勒克特拉》很有相似之处。在《厄勒克特拉》里，阿加门侬被他的妻子和她的情人刺死后，他的孤儿俄瑞斯忒斯由一位老师父的拯救而脱险，并由老师父带到另一个地方掩藏起来、抚养成人，俄瑞斯忒斯长大后便回来替父亲报仇。这一故事的轮廓与《赵氏孤儿》是相似的。《赵氏孤儿》的主题是"怨报怨"，《厄勒克特拉》的主题也是"怨报怨"。关于复仇的动机，在《厄勒克特拉》里来自神座的谕旨，在《赵氏孤儿》里则来自父亲临死时的遗命。赫德指出，《赵氏孤儿》里有许多表达愁苦的词句、格言式的话语、道德性的情绪，很像《厄勒克特拉》。此外，在情感激扬的部分，"掺杂着歌曲，提炼而为壮丽的诗句，有些像古代希腊悲剧里的和歌"。赫德说，《赵氏孤儿》的布局或结构，也与希腊悲剧很相近。他指出这本戏的"特殊的单纯性，通体没有动作"，特别表现在人物介绍方面，"演员上场，开口就把姓名、角色、任务等一一交代清楚"。他认为，就这本戏的前三折来说，动作是完整的、统一的，就是要诛灭赵氏，而且这动作"差不多达到亚里士多德所要求的那种速度"。在作了比较分析后，赫德论述了为什么中国戏剧会与古希腊悲剧有相近或相似之处。他认为，中国作家和希腊作家一样，都是自然的学生，而好的作品，就是成功地模仿自然的作品。他说，《赵氏孤儿》是模仿自然的、成功的作品，是中国人民的智慧的产物，是可以与古希腊悲剧相比的。

《赵氏孤儿》传入欧洲后，不仅引起评论家的注意，也引起了剧作家们的兴趣。18世纪40年代到80年代，就出现了四五种改编的剧本。最早的是英国威廉·哈切特（William Hatchett，1701—1760）的改编本，于1741年出版，在赫德发表他的评论前十年。这个改编本基本保持了原剧的轮廓和主要段落，但剧中人物有了很大改变，把老子、吴三桂、康熙帝都用上了。他在卷首的《献词》中写道："异国的产品，地上长的也好，脑子里来的也好，只要有益或有趣，总能够得到人们的欣赏。多少年来，中国把它的农产品供给我们，把它的工艺品供给我们；这一次，中国诗歌也进口了，我相信，大家一定会感到兴奋。我们必须承认，杜赫德给我们的那个中国悲剧（也就是我们这本戏的根据）是很粗糙、很不完善的，可是我觉得这里有些合情合理的东西，连欧洲最有名的戏剧也赶不上。中国人是一个聪明而有见识的民族，在行政管理方面是非常有名的。因此，毫不奇怪，这戏的情节是政治性的。戏里揭露了一系列行政腐败，而中国那位作家又把它描写为使人深恶痛绝的东西，好像他在这方面熟悉了您的坚贞不屈的性格似的。当然，中国作者也未免过分了，他把一个人描写得不像人而很像魔鬼。不过，这也许是中国诗人的习惯，有意把首相写成魔鬼，免得老实人受骗。"[①]

哈切特着意指出这部剧的政治性，实际上他改编这个剧本也有政治讽刺的意义。因为18世纪20年代到40年代初，英国首相沃尔波尔（Robert Walpole，1676—1745）专权，而阿吉尔公爵恰恰是瓦尔波尔在政治上的对手。

1753—1755年，伏尔泰根据《赵氏孤儿》改编创作了《中国孤儿》剧本。伏尔泰把《赵氏孤儿》改编为五幕道德剧《中国孤儿》上演，进一步刺激了戏剧家们对这部中国戏剧的兴趣。1759年，英国演员和剧作家墨菲（Arthur Murphy，1727—1805）依据伏尔泰的改编本再做改编，完成了英语

[①] 引自范存忠：《中国文化在启蒙时期的英国》，上海外语教育出版社1991年版，第121页。

的改写本，也叫《中国孤儿》。和伏尔泰一样，墨菲也把这部中国剧首先看作是一种道德剧。许多评论家认为，墨菲改编的《中国孤儿》在许多方面借鉴了伏尔泰的版本。他的《中国孤儿》有一个序幕，是出自怀特海（William Whitehead，1715—1785）的手笔。在序幕的开头说："希腊与罗马，不再谈了。到了这年头，那些陈旧乏味的东西早已过了时候；就是加上一些不相干的玩意儿，在观众看来，依旧是索然无味。至于庄严的行列，配上迂徐的音乐，谁也不再留意，好比纪念市长的节目。今天晚上，我们诗人附着老鹰的翅膀，为了搜求新颖的品德，飞往日出的地方，从中国的东海之滨给咱们英伦人士勇敢地带回了一些孔子的道理。"①

墨菲改编的《中国孤儿》1759年4月在伦敦德如瑞兰剧院上演，由剧作家、演员加立克（David Garrick，1717—1779）饰主角，布景服装也极富于东方的异国情调，连演8场，颇获成功，从而使墨菲成为当时有名的悲剧作家。据说，演出时，剧院特别备置了一套名贵的中国布景，以及最适合的中国服装。"舞台上出现了一大堆光彩夺目的外国服装——中国人的服装以及比他们更勇武、更有画意的侵略者的服装。"当时的报刊有文章评论说："服装是新鲜、精巧、别致；布景是宽敞、整齐、妥帖。一开始，就看到宫殿里的一个大厅，大厅深处可以看到篡位者的宝座。戏里也谈到这宫殿是如何的富丽堂皇，但这描写一点也没有超过舞台的实际情

玛丽·安·耶茨在墨菲改编《中国孤儿》中扮演曼丹妮的形象

---

① 引自范存忠：《中国文化在启蒙时期的英国》，上海外语教育出版社1991年版，第137页。

况。此外，还有一个祭坛，是一座新奇精巧的建筑。"①豪华的舞台布景和艳丽的服装是墨菲的《中国孤儿》获得成功的一个重要因素，让人们从舞台上领略到了奇异的中国风情。他改写的内容和人物的塑造更是取得成功的主要因素。1759年4月，哥尔斯密在《评论杂志》上撰文评论说："在第一次上演该剧的晚上，所有的观众们都似乎感到满意，高度满意，而且也是理由充分的满意……强烈的感情、光彩夺目的背景和巧妙的导演都成为他们那欢乐的根本原因。"②当时有一首诗写道："今天晚上有一位诗人乘苍鹰的双翅，向着新的道德飞翔，飞向日出处，飞向东方的中华帝国，它勇敢地使英国人听到了儒家伦理。"③在18世纪后期，这个剧本仍在英国的舞台上上演，还曾到爱尔兰和美国演出。

《赵氏孤儿》还随《中华帝国全志》的德译本和俄译本而传到德国和俄国。《中华帝国全志》的德文译本于1747—1749年出版，其中包括元曲《赵氏孤儿》、四回《今古奇观》和十几首《诗经》里的诗。德国人大概就是通过它们最初接触中国文学的。1781年8月，歌德动笔将《中华帝国全志》所载的《赵氏孤儿》故事改编成悲剧《哀兰伯诺》，这是一部被歌德的朋友席勒（Friedrich Schiller，1759—1805）称为可以"引导或敦促人通过作品本身而直探作家心灵的作品之一"。这部悲剧几经修改，时辍时作，一直到1806年还是未能完成，令歌德感到非常遗憾。

意大利作家梅塔斯塔西奥（Pietro Metastasio，1698—1782）在维也纳逗留时，应奥地利皇后邀请编写一个剧本，恰好他在这时读到了《赵氏孤儿》，就决定以这个题材做一尝试。他选取了原作中的一部分情节，于1752年编成了《中国英雄》，当年在美泉宫的皇家剧院上演。

在俄国，除《中华帝国全志》于1774年出版俄译本而刊布《赵氏孤儿》外，涅恰耶夫还将伏尔泰的《中国孤儿》译成俄文，于1788年出版，

---

① 引自范存忠：《中国文化在启蒙时期的英国》，上海外语教育出版社1991年版，第139页。
② 引自[法]安田朴著、耿昇译：《中国文化西传欧洲史》，商务印书馆2000年版，第636页。
③ 引自[法]安田朴著、耿昇译：《中国文化西传欧洲史》，商务印书馆2000年版，第637页。

流传于俄国宫廷和贵族社会之中。诗人和剧作家苏马罗科夫（Alexander Sumarokov，1717—1777）还在1759年从德文翻译了《中国悲剧〈孤儿〉的独白》。

二 伏尔泰与《中国孤儿》

伏尔泰在读到马若瑟的法译本《赵氏孤儿》后，给予了较高的评价。他说："在一段时间之前，当我阅读由马若瑟神父翻译的、大家可以在杜赫德神父为大众提供的文集中发现的中国悲剧《赵氏孤儿》时，这种悲剧思想又在我的脑海中出现了。"他指出，《赵氏孤儿》是中国14世纪的作品，若与法国或其他欧洲国家14世纪的戏剧相比，不知高明了多少倍，简直可以算是杰作了。13—14世纪的中国是蒙古族统治的时期，居然还有这样的作品，这说明征服者不但没有改变被征服者的风土习俗，还保护了中国原有的艺术文化，采用了中国原有的法制。这也就证明了，"理性与智慧，与盲目的蛮力相比，是有天然的优越性的"。他把《赵氏孤儿》与《一千零一夜》相提并论，说："大家会认为它是在阅读既有活动而又具有场面的《一千零一夜》。尽管这是令人难以置信的，但这也是颇有意义的；尽管有一大批事件，但全部都是非常明确而清楚的。这就是在任何时代和任何民族中都具有的两大优点，而这种优点均不存在我们的许多现代戏中。中国的戏剧确实没有其他的美，时间和活动的统一、感情的发展、风俗习惯的真实写照、表情和口才、理智、激情都是它所缺乏的。但正如我已经指出过的那样，其作品要优于我们当时所创作的一切。"①

伏尔泰以《赵氏孤儿》为摹本，创作了《中国孤儿》。伏尔泰的《中国孤儿》对原作进行了较大的改编。他把这个故事从公元前5世纪的春秋时期往后移了一千七八百年，把一个诸侯国内部的"文武不和"故事改为两个民族的文明与野蛮之争，把在西方人心目中最能代表落后民族的征服者的成吉思

---

① 引自［法］安田朴著，耿昇译：《中国文化西传欧洲史》，商务印书馆2000年版，第606页。

汗作为剧中的一个重要角色。在技术方面，他遵照新古典主义的戏剧规律，把《赵氏孤儿》剧情的时间跨度从20多年缩短到一个昼夜。情节也简单化了，原剧包括弄权、作难、搜孤、救孤、除奸、报仇等段落，伏尔泰只采用了搜孤救孤。同时，依照当时"英雄剧"的做法，加入了一个恋爱的故事。《中国孤儿》原来写了三幕，后来采纳了朋友的意见，扩大为五幕，目的在于描绘风土习俗，从而激发人们的荣誉感与道德感。

伏尔泰改编的《中国孤儿》1755年在巴黎法兰西剧院公演，盛极一时。演员莱卡（Lekain，原名Henri Louis Cain，1728—1778）扮演成吉思汗，克莱朗（La Clairon，原名Clair Josèphe Hippolyte Leris，1723—1803）扮演伊达梅。他们穿着西方制作的东方式服装，挂土耳其大刀，戴翎毛红顶的头盔，无比威武；伊达梅穿白裙青绿上衣，衬以金色网络，肩披波兰式金黄外套，十分优娴典雅。他们在舞台上表演这可歌可泣的故事，几乎轰动了整个巴黎。《中国孤儿》当时共上演16场，后来又在宫中演出，宫廷也对这一出中国内容的法国戏大加赞赏。剧本也随即出版，并引起广泛注意。巴黎出版界还把20年前马若瑟的《赵氏孤儿》译本重新付印，单独发行，刺激了人们对这部中国戏剧的兴趣。1756年2月的《爱丁堡评论》发表文章评论伏尔泰的《中国孤儿》："伏尔泰先生也许是法国最有名的多方面的作家。大家承认，他在差不多任何一种的写作上，几乎可以赶上17世纪最大的作家，而那些作家主要是致力于一种写作的。在他最近的悲剧《中国孤儿》里，他的创作天才尤为突出。我们读了这本作品，一方面觉得高兴，一方面又觉得奇怪，因为他把

伏尔泰的《中国孤儿》1755年8月20日在法国大剧院上演时，演员莱卡扮演的成吉思汗形象

阿尼塞特·查尔斯·加布里埃尔·勒莫尼埃《1755年在杰弗林夫人的沙龙中首次朗读伏尔泰的〈中国孤儿〉》

中国道德的严肃与鞑靼野蛮的粗犷一齐搬上法国舞台，而同时与法国最讲究的严谨细致的种种规矩毫无抵触之处。"①

1755年9月，《中国孤儿》公演不久，卢梭（Jean-Jacques Rousseau，1712—1778）撰文讽刺伏尔泰。他说："我从来没有看到过这么多的傻瓜，剧场里挤得满满的，咖啡馆里回响着他们的警句，塞纳河畔的书摊上放满了人们的小册子，人们对《中国孤儿》是一片欢迎之词，可我却要说几句批评的话，这样一个蹩脚的作家，很少能看到其中的缺陷，也几乎感觉不到其中的美。"卢梭与伏尔泰向有嫌隙，所以我们不必把卢梭的批评意见当真，但他却也说出了当时《中国孤儿》大受欢迎的情形。

我国学者张国刚指出：伏尔泰改编的《中国孤儿》，"他看中的就是该剧的道德内涵，认为孔子的道德学说已包含于此剧中"②。《中国孤儿》剧中

---

① 引自范存忠：《中国文化在启蒙时期的英国》，上海外语教育出版社1991年版，第133—134页。
② 张国刚：《中西文化关系通史》下卷，北京大学出版社2009年版，第739页。

有战争，有爱情，有道德，但主要的是道德。所以伏尔泰在《中国孤儿》剧名下又加了一个副题"五幕孔子的伦理"。他着重于臧棣这一角色，他说："臧棣应当像是孔子的后裔，他的仪表应当跟孔子一个模样。"伏尔泰以《中国孤儿》来表达他对中国文化的观念，力图证明中华文明的伟大力量和巨大价值。这部剧以形象的方式说明，统治中国的王朝虽然会灭亡，但中国古老的文明却将永久地存在，它深深地扎根于人民之中，成为他们为民族献身的美德。剧本中借用伊达梅之口说："我们中华民族从古以来，有的是高尚的艺术，有的是威严的法律，还有清静的宗教。这些都是世世代代可以夸耀世界的立国之宝。"又说："我们的国朝是建立在父权上，伦常的忠信上，正义上，荣誉上，和守约的信义上，换一句话，孝悌忠信礼义廉耻就是我们立国的大本。我们大宋朝虽已被推倒，但是中华民族的精神是永不会亡的。"因此，在中国大地上，真正的被征服者，并不是中国人民，而是成吉思汗和鞑靼族。在剧的结尾，成吉思汗表示要释放臧棣夫妇和孤儿王子，伊达梅听了不相信，问他："是什么东西使你改变了主意？"成吉思汗回答说："你们的道德。"成吉思汗为中国文化所感化，他对伊达梅表示："你把大宋朝的法律、风俗、正义和真理都在你一个人身上完全表示出来了。你可以把这些宝贵的教训宣讲给我的人民听……忠勇双全的人是值得人类尊敬的。我要以身作则，从今起我要改用你们的法律。"①

伏尔泰把中华文化看成最合乎理性和人道的文化，他在《中国孤儿》中表达中华文化的力量和价值，同时也表达了他对中华文化的推崇和向往之情。这也是当时许多启蒙思想家共同的文化趣味和理性激情。安田朴指出："总而言之，伏尔泰对纪君祥、马若瑟和《中国孤儿》都毫不重视。他仅仅希望根据当时流行的一种奇谈怪论而传播他作为其著作基础的固执思想之一，这就是孔夫子的无比卓越和中国人的道德。""这出悲剧……中最典型的中国内容就是其标题中的'中国'一词。"②

丹麦学者乔治·布朗德（Georg Brandes，1842—1927）指出："这出悲

---

① 引自严绍璗：《日本中国学史》第1卷，江西人民出版社1991年版，第223页。
② ［法］安田朴著，耿昇译：《中国文化西传欧洲史》，商务印书馆2000年版，第614—615、633页。

剧是伏尔泰于其完全成熟的年代所写的剧本中最典型的一种。""作为魅力或诱惑力最明显的外表形式，诗人得以用这种办法扩大观众通常视野中的远东式乔装打扮。其背景是伏尔泰对于一个非常古老、信奉异教的，同时又是风俗纯洁的中国那种性情温良恭俭让的文明所深刻感受到的和经常表现出来的注意力，其次是对严格的人文主义伦理道德的赞扬：忠诚、牺牲精神和对一种严格的人类理想的经久不衰的热爱。最后，《中国孤儿》明确地表现了一种人生哲学，而这种哲学又是赤裸裸地与《单纯的诚实汉人》和其他多种简单的哲学故事相对立的。"①

三 《好逑传》：关于中国的小型百科全书

在18世纪译成西文并广泛流传的中国文学作品，还有几部短篇故事。在1735年出版的《中华帝国全志》中，收录了殷弘绪翻译的3篇小说：《吕大娘还金完骨肉》《庄子休鼓盆成大道》和《怀私怨狠仆告主》，这是迄今所知最早译成西方文字的中国古典小说。学术界最初认为这3篇小说是从"三言二拍"中选译的，但现在学者们多认为其底本应为《古今奇观》。这3篇小说的译本在当时也有一定的流传和影响，如伏尔泰在其小说《查第格》中，吸收模仿了《庄子休鼓盆成大道》的情节。1762年，英国作家哥尔斯密《世界公民》中的第18封信，也搬用了庄子夫妻的故事。

中国古典第二才子书《好逑传》在欧洲的翻译和流传，是中国文学走进欧洲的一个重要标志。

《好逑传》为第一部译为西文的中国文学作品。曾在广州居住多年的英国商人威金森（James Wilkinson）于1719年将《好逑传》译成英文，但译本中有1/4的内容是葡萄牙语译文。1761年，英国文学家托马斯·帕西发现了威金森的译稿，将葡萄牙文部分改译成英文，又把整个译稿做了调整付印。这个刊印本的封面有这样的题字："《好逑传》，或《快乐的故事》，从中文

---

① 引自[法]安田朴著，耿昇译：《中国文化西传欧洲史》，商务印书馆2000年版，第616—617页。

译出，书末附录一、《中国戏提要》，二、《中文谚语集》，三、《中国诗选》，共四册，附加注解。"这是《好逑传》在欧洲最早的译本。多年以后，约翰·弗朗西斯·达维斯（John Francis Davis，1795—1890）出版了另一个译本。据不完全统计，从18世纪到20世纪初，《好逑传》在欧洲有十多个译本。

珀西是欧洲第一个对中国的纯文学有比较深刻认识的人，他曾多方面注意中华文化，对中华文化的了解程度，显然高于同时代的英国人。在《好逑传》译本的扉页上，他引了杜赫德《中华帝国全志》上的一句话："如果要了解中国，那么除了通过中国而外没有更好的办法了，因为这样做，在认识该国的精神和各种习俗时肯定不致失误的。"珀西在出版序言中说："正当海淫海盗小说故事充斥国内市场的时候，这本来自中国的小说，作为一本讲究道德的书，还有劝善惩恶的作用。"他指出："一个民族自己创造的东西最能说明该民族的风俗人情……它不是对每个细节巨细无遗地描摹，而是通过人物自己的行动来表现他的思想、感情等。"珀西认为，根据欧洲人批评的标准，《好逑传》存在诸多不足，如事件不够充分，布局不够精细，想象不够准确生动，叙述过于琐碎，且枯燥冗长。他还认为这类才子佳人小说"奴化了中国人的心灵，很容易导致奴隶般的顺从和对新鲜事物的惧怕。当这种心态巩固着帝国的平静和安定时，中国人的精神变得迟钝，他们的想象力受到摧残"，"但是，值得肯定的是，如果说中国小说缺乏其他东方国家小说中大胆的想象，却也没有其他作品中随处可见的荒谬。中国人十分重视文学，所以他们比其他亚洲国家更注重小说叙事的真实自然。《好逑传》与东方其他作品相比，叙事巧妙井然，缺少奇异非凡的描述，却更加真实合理。故事情节有全局整体的规划，每一个事件都指向同一个终点，情节流畅连续，叙事自然真实"。①

除了《好逑传》的正文外，珀西还加了大量的注释。珀西收集了大量有关中国的资料，使英国的读者对小说的情节能有更深的体会，也使他们更多地了解中国的思想文化。珀西的注释很有特色，大多数比较短，但也有一些长篇大论。比如关于瓷器、陶器、宝塔、宗教和道德、人参、茶、酒、灌木

---

① 引自宋丽娟、孙逊：《"中学西传"与中国古典小说的早期翻译（1735—1911）》，《中国社会科学》2009年第6期。

和草药、孔子、文官制度和科举考试、妇女和家庭生活，如此等等，实际上成为一部关于中国的小型百科全书。他在序言中就说，他的愿望是，"这部中国小说和它的注释合在一起，可以成为阐述中国人的一本简明扼要而又不是破绽百出的书，就是一方面使极大多数读者的好奇心得到满足，而同时又使其他读者能重新温暖他们的记忆"①。

在珀西这个《好逑传》的编译本后面，他还加了3个附录，一个是《中国戏提要》，也是从威金森的旧稿纸里找出来的，是一出中国戏剧故事。第二个附录是选编了一些中国的谚语。第三个附录是《中国诗选》，选译了20首中国诗，大部分是从杜赫德《中华帝国全志》中摘译出来的。珀西还专门译著了一本《关于中国人的杂著》，这是德、英、法作家和学者关于中国的合集，其中包括伏尔泰的《中国孤儿》、英国学者钱伯斯关于中国园艺的一篇论文和珀西的一篇关于中国语言文学的论文。珀西还编译有《夫人的故事：六个短篇小说》，其中的《庄子休鼓盆成大道》出自《古今小说》，也是中国短篇白话小说在英国较早的译本。

珀西的《好逑传》出版后，引起人们的很大兴趣。在1766年，一位署名"M"的法国人将《好逑传》译成法文。在德国，慕尔（Christoph Gottlieb von Murr，1733—1811）是第一个介绍中国长篇小说的人，他把《好逑传》从英文译成德文。这个德文译本引起了歌德和席勒的注意，1796年，歌德在与席勒的通信中讨论了《好逑传》。席勒以它为蓝本，改编创作了一个哑谜式的中国神话剧本，取名《图兰朵》。后来歌德曾对席勒的这个剧本评论说："原在种种令人心情沉重的故事后，有这样一个轻松的童话结局：阿尔托姆，神话般的中国皇帝！图兰多，爱打哑谜的公主！"他认为此剧描写"奇异的北京"及"爱好和平、生活随便而幽郁的皇帝"，对德国舞台有很大的价值。歌德晚年曾再次阅读《好逑传》，并与艾克曼（Johann Peter Eckermann，1792—1854）进行过比较深入的讨论。

---

① 引自范存忠：《中国文化在启蒙时期的英国》，上海外语教育出版社1991年版，第154页。

四　欧洲作家与他们的中国灵感

在文艺复兴时期，中国的形象就进入欧洲作家们的视野。在英国作家乔叟的《坎特伯雷故事集》中就多次出现过"契丹"和蒙古大汗的形象。《坎特伯雷故事集》描写一群朝圣者聚集在伦敦一家小旅店里，准备去坎特伯雷城朝圣。店主人建议朝圣者在往返途中各讲两个故事，看谁讲得最好。故事集包括了23个故事，其中有的故事讲到蒙古的大汗。

在乔叟的故事中，成吉思汗还出现在宴会上，其场面与鄂多立克、曼德维尔等人的描述十分相似。他写道："成吉思汗穿戴起皇冠盛服，高坐宫廷，华筵礼庆，世上再没有这样华贵的了……不料，在上过三道菜之后，国王正高坐席上倾听歌手的弹奏，忽而由庭门进来一个武士，骑着一匹铜马，手中拿的是一面宽大的玻璃镜。大指上戴了一只金戒，身旁挂着明剑。他一径骑到高席前面。这时全庭无声。"①

在16世纪以后，欧洲的作家们不同程度地涉猎了有关中国的知识，并且在各自的作品中时常援引中国的事例。"有关东方的新知识，从伊比利亚传播到意大利、法国和北欧，对欧洲世俗文学的发展产生了重要的影响，同时也大大地丰富了历史描写的内涵，给政治理论提供了比较多的视野。到了1600年，东方的各个层面成了欧洲文学创作和学术研究不可分割的一部分。"②

早在16世纪末，英国文学家普坦汉姆（George Puttenham，1529—1590）在《诗艺论》中就曾提到中国文学。普坦汉姆在意大利游历期间，从一位曾到过中国的意大利人那里了解到中国的学术和文艺情况，并对中国和波斯的诗歌产生了兴趣。他说："在意大利期间，熟识了一位绅士，他曾长期在东方各国旅行，看见过中国和鞑靼王子的宫院。我对这些国家的细情，特别是各种学识和民间诗歌很好奇，他就告诉我：他们完全生活在极聪明的创造之

---

① ［英］乔叟著：《坎特伯雷故事集》下卷，上海人民出版社1979年版，第544页。
② ［美］唐纳德·F.拉赫著，周宁总校译：《欧洲形成中的亚洲》第2卷第2分册，人民出版社2013年版，第109—110页。

中，他们运用诗歌，但不像我们那样，冗长而沉闷地描写，因此他们要表达奇思妙想，就用简洁的诗韵，写成菱形诗或方块诗，或者其他类似的图形，他们还依原样刻在金、银、象牙之上，有时则用五彩宝石巧黏成字，点缀链子、手镯、衣领或腰带，赠送情人，以作怀念之物。这位绅士给我几首这样的诗，我逐字逐词地把它们翻译过来，尽量逼肖原来的句子和形状。这多少有点难以处理，因为要受原来图形的限制，不能走样。"①据有的学者研究，普坦汉姆这里所指的大概是中国古代回文织锦诗等文字游戏。

曼图瓦的阿里瓦贝内（Lodovico Arrivabene，约1530—1597）写过一本以中国为背景的长篇小说《伟大的黄帝》，于1597年出版。这是欧洲第一本以中国题材进行写作的小说，讴歌了具有智慧和道德的英雄形象。此书有一个长长的标题，概括了小说的内容，其中说："曼图瓦人阿里瓦贝内在《伟大的黄帝》一书中，除叙述了中国第一位帝王光荣的Vitei（黄帝）和英勇的Iolao（伊奥劳斯，希腊神话中底比斯的英雄）的可歌可泣之侠义事业外，也刻画了Ezonlom（神农）的形象，他是最优秀的君主和十全十美的统帅……"②此书的作者有关中国的知识并不多，但他把主人公塑造成智慧和道德的典范。

在《伟大的黄帝》中，中国被描述成为人类所知的最富有仁义道德的国家，古代中国的统治者神农被塑造成卓越的君主和完美统帅的典范，他的大儿子黄帝是所有骑士和国王中最勇敢、最睿智的人。这些模范人物就是在中国这样一个对欧洲人来说陌生的环境中而取得超凡脱俗的成就的。阿里瓦贝内在前言中说，有些人会认为他的历史包含了许多令人怀疑的信息，对于这种质疑，他的回答是："我辛苦地努力，不过是为了揭示伟大中国的一些最本质的东西，它的光辉品质至今还完全埋没在未知的黑暗之中。"《伟大的黄帝》在很大程度上参照了门多萨的《中华大帝国史》和当时欧洲流行的其他资料，也包括耶稣会士的书信集等作品。"《伟大的黄帝》实际上是人种历史学和浪漫传奇的混合，其中夹着大量的对自然现象和道德品行的观察描

---

① 引自葛桂录：《中英文学关系编年史》，上海三联书店2004年版，第11—12页。
② 引自［意］白佐良、马雨尼著，萧晓玲、白玉崑译：《意大利与中国》，商务印书馆2002年版，第103页。

写。从当时欧洲的知识视野来看，该书的亚洲背景是真实的，但绝大多数主要人物的特征是作者个人创造的……在这部著作中，阿里瓦贝内希望通过描写一个真实而富有异国情调的亚洲来取悦读者，同时希望传达他关于完美君主的理念，认为中华帝国的创立者就是完美的君王，而中国一直是亚洲国家的楷模。""18世纪启蒙作家所推崇的中国在这部16世纪后期的作品中就有所描述了。"①

英国作家伯尔顿（Robert Burton，1577—1640）的著作中曾大量提到中国的知识。伯尔顿在牛津大学做了30年学问，自况为"一条闲游的狗，看见鸟儿就要向它汪汪叫"。《忧郁症的解剖》是他的主要著作之一。这是一本医书，分析忧郁症的病原、征象、治法，还讨论了爱情忧郁症和宗教忧郁症。但并不止于此，作者几乎谈到了人生各方面的问题。在他看来，世上所有政治、宗教、社会及个人内心的种种矛盾，都是或者可以概括为一种病，这就是"忧郁"。他为诊治这种无处不在的流行病开出了不少"药方"，其中就包括东方的中国文明。这本书中提到中国的地方有30多处，主要来源于《马可·波罗游记》和《利玛窦中国札记》，涉及宗教、迷信、偶像崇拜、巫术、鬼神、政治制度、经济、法律、科举制度、城市规划、地理、卫生、饮食、医药、心理、幻觉、精神病、嫉妒等内容。伯尔顿认为繁荣富庶、文人当政、政治开明的中国正是医治欧洲忧郁症的灵丹妙药。他以人文主义精神赞扬中国的科举制，因为科举制表明重才而不重身世。伯尔顿还赞扬中国规划完善的城市建议，其中包括元代的大都；赞扬中国人民的勤劳和国家的繁荣。他在设计他的理想国时，以墨西哥和中国为借鉴。

英国作家托马斯·布朗（Thomas Browne，1605—1682）在其读书笔记、《瓮葬》和《对几个民族未来的预言》等著作中一再提到中国。在读书笔记中，他提到在他全部读完的书中就有葡萄牙耶稣会士曾德昭的《大中国志》、平托的游记以及英国牧师珀切斯的游记。在《瓮葬》中，布朗根据穆拉修的《航海记》对中国的丧葬风俗进行描绘和评论，并以科学理性精神澄清西方人在中国瓷器制作方面流传的各种谬误。他在《对几个民族未来的预

---

① ［美］唐纳德·F. 拉赫著，周宁总校译：《欧洲形成中的亚洲》第2卷第2分册，人民出版社2013年版，第285—286页。

言》中假借一个人送给他的一首诗歌中预言鞑靼人将席卷中国，他在注释中引用了中国人筑长城的故事，并引用了一个"旧的预言"：将来的某个时候，中国的旅客会来往通行无阻。

在17世纪有不少文学作品写到中国，例如被誉为"德语诗歌之父"的奥皮茨（Martin Opitz，1597—1539）所作的长诗《赞美战争之神》，开德国流浪汉小说先河的格里美尔斯豪森（Hans Jakob Christoffel von Grimmelshausen，1622—1676）的《痴儿西木传》等都是较有名的。在这些作品中，对中国的描写大多出自作者的想象，目的仅是满足读者对中国的好奇心。

真正以中国为题材并且有事实为基础的作品，是洛恩施坦（Daniel Casper von Lohenstein，1635—1683）的《阿尔米琉斯》和哈格道恩（Christian Wilhelm Hagdorn）的《艾全》。这两部卷帙浩繁的小说，都主要取材于卫匡国的《鞑靼战纪》，写的是明末清军入关前后的事。如在《艾全》中，就具体写到了李自成起义、吴三桂勾结清兵从北京赶走李自成以及崇祯皇帝之死等。只不过李自成被丑化为残暴的叛贼，吴三桂则被美化为英雄的"骑士"。这两部小说写的尽管好像是中国，实际上仍充满了巴洛克时期的游侠骑士小说的思想和情调，作者追求的只是冒险、艳遇、异国风情等给人以消遣的因素。

英国诗人弥尔顿（John Milton，1608—1674）在不同的诗篇中多次提及中国。在《深思的人》一诗中提到他前往遥远的国度朝圣，描述了"神奇的铜马，鞑靼国王就骑在这样的马上"。在其名著《失乐园》中也曾多次提到中国。在《失乐园》的第3卷中，说撒旦来到地球，从喜马拉雅山飞下，想飞向印度去猎取食物，但途中，它降落在塞利卡那，那是一片荒原，那里的中国人推着轻便的竹车，靠帆和风力前进。[①]

这里的"塞利卡那"，意为"丝绸之国"，也就是中国。弥尔顿所提到的那种"帆车"，李约瑟的《中国科学技术史》中曾详尽追溯了它在西方的报道，可见这是很引起西方注意的事。

在《失乐园》的第11卷中，撒旦把耶稣带上一座高山，让他眺望人间的

[①] 引自范存忠：《中国文化在启蒙时期的英国》，上海外语教育出版社1991年版，第5页。

宏伟景象："在这里他纵目眺望，看到古今有名的城市，最伟大的帝国的都城，从契丹可汗的都城汗八里克的坚固城垣和帖木儿王座所在，奥克塞斯河旁的撒马尔罕，直到西那诸王的北京……"①

但是，弥尔顿沿袭了当时人们关于中国的错误的地理知识，不知道汗八里和北京实际上是一座城市。

当时的文坛领袖威廉·坦普尔是一位散文大师，他的文章"被当作练习与写作的范文"。坦普尔没有到过中国，他的中国印象最早来自葡萄牙旅行家平托。他对中国文化抱有浓厚的兴趣，并且从当时能接触到的各种材料中获得了一定的关于中国的知识。坦普尔在许多文章著作中谈到中国。1683年，他发表了《论英雄的美德》一文，其中用了大量篇幅介绍中国文化的诸多方面的内容。他热情地赞颂中国的历史和政治制度，说中国是世界上已知的最伟大、最富有、人口最多的国家，是拥有比任何别的国家更优良的政治体制的国家。他认为中国最大的英雄是伏羲和孔子，特别是孔子具有"突出的天才，浩博的学问，可敬的道德，优越的天性"，是"真正的爱国者和爱人类者"，是"最有学问、最有智慧、最有道德的中国人"。"孔子著述的唯一目标，就是教人能过一种好的生活。"他在1692年发布的《论古今学术》中说："中国好比是一个伟大的蓄水池或湖泊，是知识的总汇。"古代人做学问，也和近代人一样，需要有人引路，而担任引路的人，大概来自印度和中国。因为他们"民性中和，地域清净，气候均匀，而又有长治久安之国"。他把孔子与苏格拉底相提并论，指出："孔子开始了同样的构思，呼吁人们从无用的与无休止的面对自然的考察转到对道德的思索上来；但分歧在于，希腊人好像看来主要放在私人与家庭的幸福上，而中国人则放在王国与政府的优良品质与善于驾驭上，据悉这样的王国与政府存在已经有数千年，也许可以恰如其分地把它叫做学者政府。"②

他还赞扬中国的政治制度，称中国是世界上已知的最伟大、最富有、人

---

① 引自范存忠：《中国文化在启蒙时期的英国》，上海外语教育出版社1991年版，第6页。
② 引自葛桂录：《中英文学关系编年史》，上海三联书店2004年版，第27、37—38、41页。

口最多的国家，拥有比任何别的国家更优良的政治体制。1671年，坦普尔还专门写了《政府的起源及其性质》一文，在谈到政府起源时，他不同意当时一些社会学家提出的"社会契约论"，认为政府起源于"父权"，是家庭组织的扩大，这简直是孔子"君君、臣臣、父父、子子"家国观的英国版。

英国讽刺作家乔纳森·斯威夫特也多次提到中国。他在《格利弗游记》的"大人国"一章中，说他们和中国人一样，很古的时候就有印刷术。他还知道中国人的书写方式是从上往下。他在另一篇作品《木桶的故事》）里，提到希望这本书能译成东方语言，特别是中文。在《木桶的故事》里，提到中国的加帆车，说那些大车造得那么轻巧，好像能飞驰过大山那样。在一篇谈到如何改进英语的文章里，他称赞中文能在常受到鞑靼人的征服时保持不变，并且是有两千年以上历史的古书的语言。

英国作家丹尼尔·笛福也曾提到中国，但与当时文坛大部分赞扬中国不同，笛福抱着激烈批评的态度。在1705年出版的《凝想录》中谈到中国时说，所有人都知道中国人是一个古老、智慧、彬彬有礼并且心灵手巧的民族，中国人拥有许多西方世界从未听闻的知识。早在诺亚时代，洪水泛滥以前，中国人就已经知道火炮了。还说，英国国会决定要发明一种通向月球的交通工具，于是把这个任务交给了中国人。而中国人果然不负众望，最终发明出一种带有翅翼的能够飞上月球的飞车。

笛福的这些话似乎是在赞扬中国。实际上他的这个"来自月球"的说法，隐含着认为有关中国文明的种种传闻属于夸饰之词，甚至是子虚乌有。他在小说中借英国人请中国人制造登月的飞车来批判英国国会轻信和不负责任的行为，对中国神话中"盘古开天辟地""女娲抟土造人"的传说十分厌恶。

在18世纪的英国作家中，艾迪生、沃尔波尔、约翰逊等人都曾援引过中国的知识，或在作品中使用所谓中国题材。

18世纪前期，艾迪生和斯蒂尔对中国文化甚为推崇。他俩都是18世纪前期英国文坛的重要作家，特别是艾迪生，由于他在小品文方面的成就，18世纪上半叶的英国文坛被称为"艾迪生时代"。他俩都醉心于阅读各种关于中国的记载和报道，特别是17世纪末来华的法国耶稣会士李明的《中国近事报道》。他们对中国文化的赞扬，主要见于斯蒂尔主办的《闲谈者》和两人合办的《旁观者》两份报纸上，涉及中国故事、中国政治制度、孝道、长城、瓷器、茶和中国园林等。斯蒂尔所讲的中国故事，少数出自传教士的记载或中国神话故事，但大多是虚构的游戏之作，如《旁观者》第584、585期刊载他写的《一篇洪水以前的故事》，其素材并非取自《山海经》或《淮南子·天文训》之类中国历史神话，完全是自己编造的关于家族、财富和婚姻的荒诞而又诙谐的故事。刊于第545期的《中国故事》更是与中国神话、传说沾不上边。他说的是中国皇帝写给罗马教皇克莱蒙十一世的一封信，建议中国与教会建立联盟。斯蒂尔的目的自然是用来攻击英国政体，但这封信特意用中国皇帝诏书的文体，雅致而幽默，阅读之中，也会激起英国人对中国文化的向往。斯蒂尔的中国故事虽多是虚构的游戏之作，但在英国文学史上却有着重要的地位。18世纪中期以后英国文学中流行一种虚构的书信文学，真真幻幻、诙谐之中夹以讽刺，被称为"伪信体"，始作俑者应该就是这位仰慕中国文化的斯蒂尔。

艾迪生对中国文化的赞扬主要集中在孝道、园林、瓷器和茶饮等方面。他在《旁观者》和《冒险杂志》上讲述几个故事，都是中国瓷器在英国让人入迷到发疯的地步：一位妇女重金购得两件中国瓷器，准备运送到一个中国式小庙内收藏，但在运送的过程中却被车夫打碎了，这位妇女为此而发疯，医生只得让她住在一个摆满中国瓷器的房子里。艾迪生也十分欣赏中国的孝道，他引用李明在《中国近事报道》中所举的一个例子：中国官员惩处忤逆案子，不但逆子本人要受到惩处，而且他的家庭、邻里乃至整个村庄都要受到惩处，因为"他们说，这一族或这一村一定风俗败坏，才会产生这种逆子"。由此看来，艾迪生欣赏中国的孝道，是意在提倡一种更为广泛的道德风尚，为18世纪的英国中产阶级提供一种可资参照的道德准则。

1710—1712年，法国作家拉克鲁瓦（François Pétis de La Croix，1653—1713）仿照阿拉伯的名著《一千零一夜》，写作了《一千零一日》，其中的《王子卡拉夫和中国公主的故事》，讲述了这样一个故事：鞑靼王子卡拉夫爱上了中国皇帝的女儿图兰朵科特。公主要求每一个向她求婚的人回答3个问题，结果许多求婚者因为过不了这一关而被处死。鞑靼王子卡拉夫经受了严峻的考验，成功地回答了公主的3个问题，公主很不情愿地嫁给了他。这个故事具有浓厚的异国情调，获得了很大成功。10年后，法国作家勒萨日（Alain-René Lesage，1668—1747）于1729年改编为小说《中国公主》。意大利作家戈齐（Carlo Gozzi，1720—1806）的剧本"中国悲喜剧童话"《图兰朵》，意大利作曲家普契尼（Giacomo Puccini，1858—1924）的歌剧《图兰朵》，都是以这个故事为蓝本写成的。

1723年，法国作家托马斯·西蒙·格莱特（Thomas-Simon Gueulette，1683—1766）出版了两卷本的《达官冯皇的奇遇——中国故事》。格莱特是巴黎的大法官，曾任皇家事务律师，文学创作只不过是他的业余爱好。除了这部《达官冯皇的奇遇》外，他还创作了《一千零一刻钟——鞑靼故事》《古扎拉克苏丹后妃或苏醒男人的梦——蒙古故事》和《一千零一小时——秘鲁故事》，号称"四大传奇"，是当时巴黎畅销的时尚读物。

五　哥尔斯密的《世界公民》

18世纪后期，欧洲出现了信札体的文学作品。1721年，法国启蒙思想家孟德斯鸠出版《波斯人信札》，取得很大成功，推动了这种讽刺文体的发展，引来众多的模仿者，其中包括若干托名中国人的讽喻性"旅行信札"。例如阿尔让侯爵所撰《中国人信札》；托名本特尼教派的僧人实为伏尔泰所作的《中国人、印度人及鞑靼人的信札》。这种讽刺文章中，还有卡桑尼（Victor Dubourg de La Cassagne，1715—1746）的《欧洲的中国间谍》；格拉达尔（Ange Goudar，1708—1791）所撰而托名译自中文的《北京皇帝派驻欧洲密使的报告书》，等等。假借外国人写游历自己国家的观感，是18世纪欧洲作品采用的一种基本模式，即借理想的"他者"来对自己的社会现状发表感慨和评论。这一传统在欧洲文学里一直延续到19世纪末20世纪初。

哥尔斯密的《世界公民》是上述这类作品中的一部杰作。哥尔斯密是18世纪最有名的散文作家之一，也是一位对中国文化有浓厚兴趣的作家，他曾计划到东方旅行，并且做了一些准备，只是最后没有成行。他曾为墨菲的

《中国孤儿》写过评论，与编译出版《好逑传》的珀西有过交谊，在珀西到伦敦洽谈《好逑传》出版事宜的时候，曾多次与哥尔斯密见面叙谈，哥尔斯密很可能读过手稿。所以，哥尔斯密很可能对中国文化有了许多了解。

从1760年1月24日起，哥尔斯密在伦敦《公薄报》上连载了一系列书信。这些书信假托是一位懂英语的中国哲学家李安济·阿尔坦基（Lien Chi Altangi）所作。这位李安济声称自己是中国河南人，经过700多天的旅程到达伦敦。他从伦敦写信给他在北京的朋友，给北京的礼部官员和他流落在波斯的儿子，其中大部分是写给北京礼部官员的，也有北京礼部官员写给李安济的。这些信连载几个月，共119封，原来称为《中国人信札》。1763年，哥尔斯密将这些信编辑修订，又增加了4封，合为123封，以8开本2大册出版，题名"世界公民"，副题为"中国哲学家从伦敦写给他的东方朋友的信札"。实际上，在当时的伦敦文坛，已有几起借用中国人、中国哲学家之口评论英国时事的事情，而且都使用"李安济"这个名字。例如何瑞思·沃尔波尔在1757年发表了一篇批评英国时政的《旅居伦敦的中国哲学家叔和致北京友人李安济书》，简称《叔和的通信》。这篇书信在当时反响颇为热烈，两周内竟翻印了四五版，也出现了一些仿作，很可能给哥尔斯密以一定的启发。

在《世界公民》中，哥尔斯密把他笔下的中国主人公当作他所理想的游历家的化身，既保持了中国人的眼光，又摆脱了乡土观念和民族偏见，对诸事物发表了各种评论，所以自称"世界公民"。哥尔斯密把他叫做"哲学家""学者"或"哲学流浪者"，并且说："孔子说过，读书人的责任在加强社会的联系，而使百姓成为世界公民。"

哥尔斯密在写《世界公民》时运用了当时已有拉丁文译本的《大学》《中庸》《论语》等儒家典籍，李明的《中国近事报道》和杜赫德的《中国帝国全志》等文献，此外他也参考了伏尔泰的《风俗论》等书。《世界公民》是18世纪以中国为题材的文学中最主要也是最有影响的作品，谈到了中国文化的诸多方面的问题，可以说是综合了当时西方开明人士对中西关系的总体看法，是一部关于中国的百科全书。他多次提到中国古代学术思想，还谈到许多中国的风俗习惯、文化娱乐、园林艺术，等等。他特别赞扬中国的政治和道德。在他的笔下，中国的形象是一个大国，历史悠久，文化传统完整发达，不像欧洲那样战争绵延。他谈到中国的宗教，指出中国虽多为佛教徒，但他们的宗教大体上是宽容的、容忍的；谈到中国的政治制度，指出中国人的政府是家长专制政治，中国皇帝喜欢庄严的称号。又指出中国虽是君主制，但皇帝的法律是开明而仁慈的，不仅惩罚罪恶，而且奖励美德。

哥尔斯密写作此书的目的不在于传播有关中国的知识，而是要借这些中国故事寓言、圣人格言、哲理，运用他所接触到的中国的社会理想和政治理想，如开明的统治、幸福的生活、奖善惩恶的法律制度、合乎情理的道德准则，去评论英国的政治制度和社会生活，对英国的选举制度、法律和司法制度以及宗教等进行了批评和嘲讽。

受哥尔斯密的影响，英国作家何瑞思·沃尔波尔创作了小说《象形文字的故事》，里面创造了一个中国人物。他还出版了《密立，中国神仙的故事》，讲述一个中国王子密立周游世界寻找未来妻子的故事。

在德国第一个写这类"旅行信札"的是法斯曼（David Faßmann，1685—1744），此人是普鲁士国王弗里德里希·威廉一世身边讲笑话的弄臣式小官，他那长篇累牍的书信体小说名为《奉钦命周游世界的中国人》。威廉一世的儿子腓特烈大帝也曾写过《费费胡游欧书简》，于1760年发表。腓特烈大帝的"书简"共6封，用法文写成，都是假托的主人公费费胡在旅行途中向中国皇帝作的观感报告，内容涉及宗教、民俗、警务、政治诸方面，而重点在于批评讽刺罗马教廷和教会。在第五封信中，费费胡和一个葡萄牙朋友一起参观罗马的圣彼得大教堂，看见教皇竟然为人们用于征战的头盔和宝剑祝福，大为惊诧和不满。腓特烈大帝"用这个虚构的中国人的口吻抨击了欧洲，尤其是天主教的陈规陋习"。"虽然小说中的'使臣'报道的是欧洲的情况，但作者却以他的口吻不断地揭露天主教的腐败堕落，从而衬托出一幅正面的中国形象。"①

与讽喻性的"旅行信札"同时盛行的还有所谓"道德小品"和"道德故事"。这类作品都是用当时欧洲人想象中道德高尚的中国故事或寓言，去劝喻世人提高自己的德行。

---

① ［德］夏瑞春编，陈爱政等译：《德国思想家论中国》，江苏人民出版社1989年版，第265、270页。

第四编

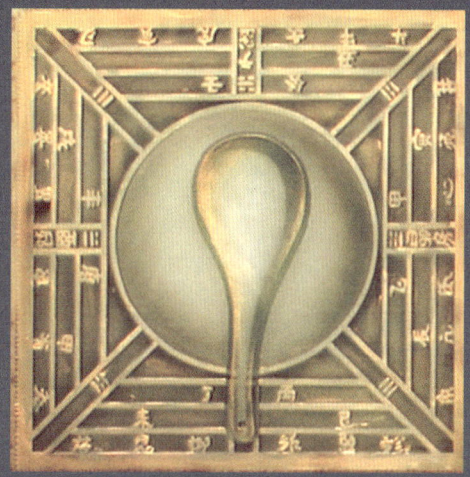

中国知识
欧洲的中国素描

重回1500—1800：西方崛起时代的中国元素

第十六章
远东的轮廓：欧洲对中国的早期认知

一　倚门而望：初来中国的葡人报道

欧洲的航海家们为了寻找中国，冒险跨越大洋，克服了种种困难。最终，他们到达东方，第一次亲眼见到了曾经只在传说中的中国。他们对中国的第一印象被记录下来，并传回了欧洲。

最早来东方的欧洲人是葡萄牙人，他们也是最早撰写向欧洲介绍中国的文献的。在16世纪，葡萄牙成为欧洲的中国知识、东方知识的集散中心。早在1513年，便有葡萄牙商人或航海家到达广州沿海的屯门岛。他们返回葡萄牙后，其中一名叫科尔沙利（Andrea Corsali，1487—？）的商人在1515年1月6日的一封信中写道："这里（广州）是我在世界上所到过的最富裕的地方。"坚固雄伟的城墙、宽阔的街道、珠江上往来如梭的无数帆船、繁华的商业市场及经营瓷器、丝绸的商店，使他目不暇接。科尔沙利又写信给他在佛罗伦萨的朋友说："（去年）我们葡萄牙的航海家到了中国。他们是发明了（伟大的瓷器和）丝绸的人民。我们的船舶不准靠岸。但是，我们在广州度过了几天美好的时光。他们还出售了货物，使我们获得了巨大的利益。"①

另一位航海家、为葡萄牙人服务的意大利人恩波利（Giovanni da Empoli，1483—1518）在1515年11月写的一封信说："我们发现了中国，并在那里逗留了一段时间。这是世界上拥有最富裕的财产的国家，很多美丽、伟大的情景，使我们大吃一惊！所以，我假如不死的话，真希望再次到广州时，能带领我的同伴们到北京去见中国的皇帝！"②

葡萄牙人卡斯塔涅达（Fernão Lopes de Castanheda，约1500—1559）于1551—1554年出版8卷本的《葡萄牙发现和征服印度史》。卡斯塔涅达于1528年抵达印度，在那里住了将近10年的时间，1538年回到葡萄牙，便开始专事写作。在这部巨著中，有大量涉及中国的内容，包括介绍佛教仪式、中国的神怪、庙宇等，也介绍了中国的风俗制度，介绍了中国的官职。卡斯塔涅达认为中国人在机械工艺和文学艺术上均有卓越才能，掌握了许多科学知识，并设立学校传授先人的训导。他未到过中国，主要是凭借一些传闻资料，他还声称自己收到过皮列士的一本书。

葡萄牙历史学家巴洛斯于1539—1563年完成的3卷本《亚洲史》，是第一部描写亚洲及欧亚关系的史学巨著，书中对中国多有论述。巴洛斯生前受到葡萄牙王室的信任，长期从事海外贸易的管理工作。他还是作家和历史学家，写过小说和语法书等。他并未到过中国，他的资料来源，一方面是利用葡人寄回国内的资料，还直接采用葡萄牙官方的原始记录，另一方面也利用了中国的有关文献。在欧洲学者中，巴洛斯是最早对中国文献进行翻译和利用的。文献的翻译者是巴洛斯买来的中国奴仆。16世纪，葡萄牙殖民者时常在中国沿海地区劫掠人口，其中包括一些富家青年男女。巴洛斯的这位中国仆人大概就是他从人口贩子手中买来的。这位仆人的姓名、籍贯已不可考，但可以肯定的是他具有较高的文化修养，除懂中文外，还知晓葡萄牙文和计算。据研究者认为，这位中国人到葡萄牙约在1540年或稍后。

巴洛斯的《亚洲史》汇集了已公开发表的葡萄牙人中国游记，对中国的

---

① 引自朱培初编著：《明清陶瓷和世界文化的交流》，轻工业出版社1984年版，第35页。
② 引自朱培初编著：《明清陶瓷和世界文化的交流》，轻工业出版社1984年版，第35页。

地理、行政、宗教、科学进行了不少充实而又有权威的介绍。巴洛斯还画出一张中国海岸及广阔领土的地图,并声明这张地图取材于中国舆地书籍,由他的中国仆人译出。他说:"我现在画出了一种航海家所不知道的海岸和中国庞大领土的内部地图,插入我所著的地理书中,这都是从中国舆地书中录下的,中国的全部情况,均以游记体裁加以详载,此书由中国带回。因此,我专门请了一名华人担任翻译。"①

除了介绍中国的情况之外,巴洛斯在其著作中还详细记述了16世纪初葡萄牙在东南亚的殖民活动及欲通过东南亚与中国通商贸易的情况。

第一位以使者身份来华的葡萄牙人多默·皮列士是新航路开辟之后首批到达北京的欧洲人之一。关于皮列士的出使活动,本书前面已经有所介绍。皮列士在1512—1515年利用在南洋各地搜集的材料,撰写了《东方志》一书。这是地理大发现后欧洲人第一本详尽描述东方(包括中国)的著作。这部著作"是所有语言中有关葡萄牙侵入之初亚洲海上贸易的最重要的独一无二的原始资料"②。

《东方志》的基本特点就是真实,而不是如其他作品那样添加了许多想象和传闻。这也是它的价值所在。皮列士"具有非凡的观察力,永不满足的好奇心和杰出的调查能力。他在短短的几年里收集到的大量关于许多东方民族和文化的资料,而当时欧洲人对这些资料一无所知"③。

与皮列士同行的还有两个人写了有关的记述。一位是克里斯托旺·维埃拉(Cristovão Vieira),他是皮列士使团的成员。有材料说,他实际上是一位皈依基督教的印度人。他于1524年写了一封长信寄往欧洲,这封长信共有57段,后半部分详细地描述了中国,主要是介绍广州的地理概貌、行政司法、生产结构、商贸潜力、军事力量及人们日常生活,都是记载他耳闻目睹、亲身经历的事。当时他作为囚犯被关押在广州的监狱中。维埃拉的信大约是

---

① 引自吴孟雪:《明清欧人对中国文献的研究和翻译》,《文史知识》1993年第6期。
② [英]崔瑞德、[美]牟复礼编,杨品泉等译:《剑桥中国明代史》下卷,中国社会科学出版社2006年版,第310—311页。
③ 澳门《文化杂志》编:《16和17世纪伊比利亚文学视野里的中国景观》,大象出版社2003年版,第1页。

在1538—1539年到达葡萄牙的,巴洛斯的《亚洲史》中引述了这封信中的内容。

另一位是商人瓦斯科·加尔沃(Vasco Calvo),他也于1524年写了一封信,对中国的政治、经济、社会做出了比较客观的介绍。"尽管他们对中国情况了解有限,但他们仍然记载了不少关于中华帝国的十分有趣的和人所未闻的情况。"①

维埃拉和加尔沃的"这些信件是非常重要的资料,因为它们是第一批抵达欧洲(可能大约1527年)的身临其境的葡萄牙人对中国生活的详细记录,16世纪后半期出版的葡萄牙人在东方活动的大部头的历史著述中都直接或间接地利用了这两封信件。特别是维埃拉的信件,信中所述多为独到的第一手观察,因为他是好望角航线发现后,访问了北京并写回去这一切的第一个欧洲人"②。

盖略特·伯来拉(Galeote Pereira)出身葡萄牙贵族家庭。1534年从葡萄牙来到印度,1539年到马六甲。1539—1547年,他可能不止一次乘船到中国沿海进行走私贸易。1548年末或1549年初,有两艘葡萄牙商船到福建海岸进行走私贸易活动,商船上有30名左右的葡萄牙人,其中包括伯来拉在内。1549年3月,这两艘船在福建南端的诏安县走马溪被中国水师俘获,被押解到福州。他们在福州拘留了一年多,一些葡萄牙人被处决,剩下的则被流放到广西。有研究者认为,他们从福建到广西的行程,可能是从福建经宁都到江西的赣州府,从那里溯章水越梅岭进入广东而达曲江,从这里沿北江而下,达北江和西江汇合的三水,再经肇庆和梧州溯桂江而抵桂林。抵达广西不久,他们被分成小队,散入广西省的不同城镇,从此享有较多的行动自由。其中几个人通过中国商人的媒介,可以接触到在上川岛贸易的葡萄牙人。在葡萄牙商人的资助下,伯来拉和另一些人被偷运出来。

伯来拉可能是在他逃走后不久写下他的中国南部俘囚生活的回忆的。

---

① 澳门《文化杂志》编:《16和17世纪伊比利亚文学视野里的中国景观》,大象出版社2003年版,第20页。
② [美]唐纳德·F·拉赫著,周宁总校译:《欧洲形成中的亚洲》第1卷第2分册,人民出版社2013年版,第299页。

1561年末,其手抄本作为耶稣会传教报告的附录寄往欧洲。伯来拉对中国南部的记录在当时已广为流传,并且略有删节地被译为意大利语,1565年在威尼斯出版。1577年在伦敦出版了英译本。

伯来拉不是1549年葡俘中唯一写出自身经历的人。记录下他们经历的包括上文提到的《中国的风俗和法律》。此外还有加斯帕·罗柏斯(Gaspar Lopes)、阿丰索·拉米罗(Afonso Ramiro)和阿马罗·伯来拉(Amaro Pereira)等人的叙述。但是,英国学者查尔斯·拉尔夫·博克舍(Charles Ralph Boxer,1904—2000)认为,盖略特·伯来拉的《中国报道》"肯定是最长和最好的一个"①。

葡萄牙人克路士是多明我会的修士。1548年,他作为12名多明我会教士团的一员,在副主教伯慕德斯(Diogo Bermudes)修士的率领下,乘船赴果阿。一般认为,伯慕德斯修士及其同伴的到来,标志着多明我会在亚洲传教的正式开端。克路士先是在印度传教,后来到了马六甲,并在马六甲为教会修建一所修道院。1556年冬季,他曾到中国广州逗留了几个星期。后来他可能去了忽鲁谟斯,在那里从事传教活动。克路士于1569年返回葡萄牙里斯本时,正逢瘟疫流行。他不顾旅途的疲劳,马上自愿到受疫害的百姓中进行工作。疫情在里斯本开始减轻,他马上又赴情况仍然严重的塞图巴尔。1570年2月《中国志》在葡萄牙埃武拉出版时,克路士已因染病而亡。人们既处于瘟疫的恐怖侵袭之下,《中国志》又是用葡萄牙文写成,在欧洲懂这种文字的人不多,因而该书没有受到应有的重视。门多萨充分认识到该书的价值,在自己的著述中不仅利用了该书的资料,而且在对待中国文化的评价上也颇受克路士的启发和影响。

克路士的《中国志》被认为是欧洲出版的第一部专述中国的著作,在此之前比较著名的马可·波罗的游记及同代人卡斯塔涅达、巴洛斯等人的著作,并不是专谈中国的书,而是部分涉及中国。克路士的《中国志》有十分之九的内容是专记中国的,"它第一次呈现了16世纪时一个欧洲人所能看到

---

① [英]博克舍编注,何高济译:《16世纪中国南部行纪》,中华书局1990年版,导言第31页。

的关于中国全面而详细的观察"①。他在"序言"和"致读者"中也明确说明他著书的目的就是要"详述中国的事物","既谈它的土地,也谈它的人民,由此进而详述该国家及其省份。然后我将谈建筑和船只,接着,土地的耕作和人们的职业,男人和女人的服饰,他们的一些风俗习惯,再详谈治理国家的人和政府。最后,我要谈祭礼和宗教信仰,及我在该国发现的有利于传播基督教的倾向,和不利于传播的障碍"。②

克路士在写作这本书时,曾借用了伯来拉的《中国报道》中的材料和记述,并几次得到中国人的帮助。他还尽可能努力得到中国政府文件和私人信函的译文,以增加他著述的分量。特别是他根据自己在中国游历的经验,对所见所闻作了充分的描述。欧洲学术界把克路士的著作称为是《马可·波罗游记》之后又一部有价值的历史文献。16世纪的一些重要地理历史著作,如埃斯卡兰特的《远航记》、门多萨的《中华大帝国史》和哲罗尼姆·罗曼(Jerónimo Román y Zamora,1536—1597)的《世界各国志》,都曾大量引用克路士的著作。

二　平托的东方奇遇

在16世纪来东方的葡萄牙人中,费尔南·门德斯·平托的经历最富有传奇色彩。他出身贫困,从小在贵族家当差,后来怀着发财的愿望,和当时的其他冒险家一样,于1537年去印度,此后一直到1558年一直以各种身份在东方各国游历,直到1558年才返回葡萄牙。他在这21年中,走遍东方国家,动荡坎坷,经历了无数的奇险之事,充满传奇色彩。他做过海盗、商人,还参加了耶稣会,陪同沙勿略神父一起到日本传教,出资建造了日本的第一座天主教堂。后来又退出耶稣会。

---

① [美]唐纳德·F.拉赫著,周宁总校译:《欧洲形成中的亚洲》第1卷第2分册,人民出版社2013年版,第305页。
② [葡]克路士:《中国志》,[英]博克舍编注,何高济译:《16世纪中国南部行纪》,中华书局1990年版,第40—41页。

大概从他回国后的第二年，即1559年开始，他着手《游记》的写作，叙述他旅行东方的奇闻轶事。到1580年完稿，全书长达226章，叙述了他在红海、埃塞俄比亚、霍尔木兹、马六甲、苏门答腊、暹罗、缅甸、中国等地的游历和这些地方的风景名胜。平托的《游记》完稿后，为人们竞相传抄阅读，但正式出版则是在他去世31年之后的1614年。据说在出版前，宗教法庭对该书进行了检查删改，耶稣会也删去了与他们有关联的内容。

《游记》中有一部分是平托在中国游历的记述。在中国，他到过广州、泉州、镇海、宁波、南京、北京等地。根据他自己的描述，在1542年5月14日，在葡萄牙人安东尼奥·德·法利亚（António de Faria，1500或1510—1548）的带领下，有一支近150人的队伍乘坐两条快船，从镇海出发，要去一个叫加雷铺的海岛，平托也在这支队伍中。他们听一位中国向导说，这个岛上有中国17个国王的陵墓，里面金银成堆，而除了僧人，无人防守。他们沿着海岸北上，进入一条大河，溯河而上，路上惊险迭起，船上屡有减员，但一路上始终没有引起人们注意。83天后，他们悄悄地到达该岛。当天晚上，他们即上岛，就近将一座庙宇洗劫一空。原以为这次行动神不知鬼不觉，第二天可以深入岛内，抢劫陵墓，但实际上却被人发现了。他们匆忙逃遁，起锚行船，但遇到风暴，仅有14人幸免一死。他们伪称是遭到海难的暹罗商人，一路行乞，想步行到南京，再从南京搭船去镇海或广东，但却在途中被当地总兵以不务正业流民罪逮捕，并被押解到南京，又从南京到北京，后被判流放Quansi（可能是甘肃）。最后，他们只有9人幸存，得以返回。

平托的"《游记》一书精彩地描述了16世纪的中国，尤其应当指出的是，他在描述中对中国人怀着一种异常同情的态度和人文学家的开放精神"[①]。他在《游记》中记录了他们在中国的这些经历和所见所闻事。他在书中讲到中国的地域广大，物产丰富，还特别提到中国的瓷器、丝绸和长城。

平托是欧洲最早描绘东南亚与亚洲北方及亚洲东北方贸易往来的小说家之一。他使人们对这些沿海地区的海上贸易的开拓有了一个全面的了解。他到过舟山双屿港。他在《游记》中写道："双屿港由对峙两岛构成。"这

---

① 澳门《文化杂志》编：《16和17世纪伊比利亚文学视野里的中国景观》，大象出版社2003年版，第181页。

里,"又有风景优美的小溪,溪水味甘,源出高山"。在双屿附近居住的外国人,除葡萄牙人外,还有日本等10多个国家的商人,多时达3000人左右。他们来双屿港互市贸易。入夜灯火通明,一派繁荣,甚至港道拥堵,船只无处停泊。凡是运到那里的货物都可以获得三四倍的利钱。欧洲人的白银源源流入中国,换取中国的丝绸、瓷器、棉布等商品。平托称,双屿港是16世纪东亚最繁华的国际贸易中心。这个双屿港的地理位置,根据近年来专家的考证,认为双屿港就在舟山市普陀区六横岛西岸与佛渡岛东岸之间的水道,处于国际航线与中国内地的连接点。这与明嘉靖二十七年(1548)浙江巡抚朱纨在《双屿填港工完事疏》中所云"访其形势,东西两山对峙,南北俱有水口相通,亦有小山如门障蔽……"相吻合。

《游记》出版后,被称为"另一部《马可·波罗游记》",很快被译成西班牙语、法语、荷兰语、德语及其他语言,成为一本真正的"畅销书",比其他的书卖得更好,甚至超过了《堂吉诃德》的销量。书中反映的异国情调和海外冒险的传奇经历令读者们耳目一新。

1654年,英国作家坦普尔的未婚妻奥斯本(Dorothy Osborne,1627—1695)给他的信里提到了平托的《游记》。人们更多是把它当作一部融真实与想象于一体的小说,也有人斥之为《天方夜谭》式的故事。有人甚至将作者的名字"Fernão Mendes Pinto"改成"Fernão Mentes? Minto",即"费尔南,你在说谎吗?我在说谎"来讽刺平托的夸夸其谈。

方豪指出,前人皆视平托的《游记》为稗史野乘,"近年者日众,始承认其大部分皆真实可信"[①]。美国学者丽贝卡·卡茨(Rebecca Catz)指出:"在世界文学艺术的巨著中,《游记》是最被人们误解的作品之一。"[②]但在现在的学术界,则更肯定它是一部独一无二的作品,具有很高的文学、历史和思想价值。人们认为,《游记》一书虽然有夸张的部分,所描写的仍不失为真实。很多人把书中模糊不清的地方归罪于宗教法庭和耶稣会的删除。丽贝卡·卡茨认为,在一个宗教法庭肆意扼杀人们思想的年代,《游记》大胆

[①] 方豪:《中西交通史》下卷,上海人民出版社2008年版,第472页。
[②] [葡]费尔南·门德斯·平托著,王锁英译:《葡萄牙人在华见闻录》,海南出版社、三环出版社1998年版,第137页。

辛辣地讽刺了葡萄牙的宗教和政治机构,谴责了作为葡萄牙帝国生命线的十字军思想。

三 拉达的出使中国报告

马丁·德·拉达是最早来东方的欧洲传教士之一。拉达出身于西班牙的贵族家庭。早在11岁的时候,他由兄长陪同,被送往巴黎求学,据他的传记说,他在那里特别优于数学、地理、天文和语言。他在巴黎大学居留了五六年,回国后进入萨拉曼卡大学学习神学,并加入了圣奥古斯丁会。16世纪50年代末或60年代初,拉达自愿赴墨西哥传教。1565年,他又随列格兹比(Miguel López de Legazpi,1502—1572)的探险队与修士乌尔达涅塔(Andrés de Urdaneta,1508—1568)等人一道来到菲律宾。拉达在菲律宾的传教工作很出色,在1572年被选为马尼拉的大主教。当时西班牙人早已从葡萄牙人那里得知,跟中国做生意可获大利,所以久欲与中国交通。拉达在1569年致墨西哥总督的一封信中曾简单地提到中国,鼓吹征服它。他担任主教后,认为在自己任期内的一个首要任务就是尽可能去教化中国。他在1572年7月1日给墨西哥总督的信说,他自愿去中国,证实一下他听一个叫"甘科"的中国人说到的有关它的富足及弱点的消息,他在菲律宾的家里招待这个中国人住了几个月。

1575年,拉达的主教任期满后不久,他被挑选为赴中国使团的团长。与他同行的还有奥古斯丁会修士哲罗尼莫·马任(Jeronimo Marin)与两名军人洛阿卡(Miguel de Loarca)和萨尔密安托(Pedro Sarmiento)。菲律宾的西班牙殖民政府总督拉维扎列斯(Guido de Lavezaris,约1512—1581)于1575年6月12日给拉达等人做了详细的指示,让他们把赠送给中国官员的礼物和信件带到泉州和福州。他指示使者要向中国官员充分保证西班牙人的友谊,请求允许传教士自由地宣讲福音。他们要请求划定福建的一个港口供西班牙人作贸易之用,一如葡萄牙人之在澳门。他们还要尽力了解中国人的性格、习俗和贸易,以及"所能得到和获悉的中国的一切其他情况和秘密"。如果地方官员坚持要把西班牙人的要求上报北京，那么使者要请求留在该邦以待皇帝的决定下达。

1575年6月，拉达一行启程到福建，往返一共用了4个月16天（1575年6月12日至10月28日）。他们于7月5日抵达厦门，7月11日下午到达泉州，官府组织了欢迎队伍，鼓乐队充当先导，由400名武装士兵护送进城。他们在泉州住了两个星期，后又到福州逗留了38天。最后于9月14日启程回菲律宾。拉达在中国逗留期间曾与地方官员交往接触，曾购买百余种中国典籍，内容涉及政治、科技、法律、医术、神怪、竞技、剑术、算术及星占学、观星术、手相术等。

拉达在返回马尼拉后写了出使报告，记述他和同伴在福建停留两个月的见闻。洛阿卡也进行广泛的记述，传下来许多抄本。据推测哲罗尼莫·马任和萨尔密安托也记下了他们的印象。拉达的出使报告题为《菲律宾群岛奥斯定修道会神甫马丁·德·拉达与其同伴哲罗尼莫·马任以及与他们随行的士兵在中国观察与体验到的事物》，英文译本将书名简化为"*The Relation of Fr. Martin de Rada*"，即《马丁·德·拉达札记》。报告分为两部分：第一部分记述他到中国的旅行，在福建的行程及返回马尼拉，题为《出使福建记》；第二部分是对中国的简述，题为《记大明的中国事情》，分为12章：（1）王国的版图和位置；（2）各省；（3）城镇；（4）军事事务；（5）人口和税收；（6）明朝的历史；（7）礼仪、习俗和服饰；（8）饮食；（9）建筑、农耕、矿藏等；（10）司法和行政；（11）宗教和祭祀；（12）和尚、道士、尼姑。

拉达在报告的第二部分明确指出："我们通称为中国的国家，威尼斯人马可·波罗叫契丹。"[①]在16世纪以前，欧洲人对中国的地理概念尚不清晰，误认为"中国"和"契丹"是两个国家。葡萄牙人皮列士曾确认"北京"就是"汗八里"，才估计到"中国"和"契丹"可能是同一国家的不同名称。而拉达则是"第一个明确无误地把中国考定为马可·波罗的契丹的欧

---

① ［西］拉达：《记大明的中国事情》，［英］博克舍编注，何高济译：《16世纪中国南部行纪》，中华书局1990年版，第185、187页。

马戛尔尼使团的画家马利士《万里长城》，水彩画

洲作家"①。不仅如此，拉达还指出中国历史上的不同名称，如汉唐、宋元、契丹，"今天它的本名是大明"。拉达介绍了中国地理位置、幅员和行政区划。他是最早提到长城的欧洲作家之一。他写道："（中国）北面有一道雄伟的方石筑成的边墙，那是世界上最著名的建筑工程之一。……根据他们史书说，这道边墙是将近一千八百年前由秦始皇所建。"②

拉达的著作受到欧洲人的高度重视，门多萨在撰写《中华大帝国史》时采用了其中许多内容。当时的人们也给了拉达很高的评价。有人说："我们这有一位西班牙数学艺术的花朵和凤凰，他就是马丁·德·拉达，他发现了

---

① 引自［英］博克舍编注，何高济译：《16世纪中国南部行纪》，中华书局1990年版，导言第50、48页。
② ［西］拉达：《记大明的中国事情》，［英］博克舍编注，何高济译：《16世纪中国南部行纪》，中华书局1990年版，第185、187页。

西班牙人不知道的许多事物，时间将在适当的过程中揭示它。"①法国学者裴化行（Henri Bernard，1889—1975）指出："拉达的游记由他的同会教友于1585年编辑出版后，在欧洲广为流传；在向公众传播有关中国以及它的政府机构的确切概念方面，包括1615年金尼阁（Nicolas Trigault，1577—1628）整理出版的利玛窦中国札记在内的所有著作，无一可与之媲美。……这几位中国的早期探索者提供的信息，虽不详尽，但扎实可靠，比此前同类著述有了无可比拟的进步。科举、行政机构、医药、植物以及其他种种事物，都是第一次根据原始文献研究的结果。"②

四 哈克卢特的"中国印象"

16世纪末，在英国也出现了一部介绍中国的著作，是英国地理学家理查德·哈克卢特（Richard Hakluyt，1553—1616）所著《英国航海、旅行和地理发现全书》。

哈克卢特出身于伦敦的皮革商家庭，1570年入牛津大学学习并获得文学硕士学位。1583年他作为英国驻法使团的随团牧师到达法国。在法国的5年间，他通过访谈、通信、跟踪有关当时英国航海家海外探险信息并收集各种航海旅行材料，为他最终的作品做了大量的准备。

1588年，哈克卢特回到英国，即投入《英国航海、旅行和地理发现全书》的编辑之中。该书在英国皇家海军歼灭西班牙的"无敌舰队"的次年出版。《英国航海、旅行和地理发现全书》按地域分为三大部分，即东方、东北方、西方。他的编辑宗旨是记录英国的海外探险成就，因此哈克卢特尽可能地避免收入非英国人的作品，入选的篇章大多为目击者的陈述和真实的商业信函。当时英国探险家的活动区域主要在美洲一带，因此"西方"部分比

---

① ［英］博克舍编注，何高济译：《16世纪中国南部行纪》，中华书局1990年版，导言第49页。
② ［法］裴化行：《倚中国之门而望：16世纪的传教士》，引自许明龙：《欧洲18世纪中国热》，外语教学与研究出版社2007年版，第62页。

其他两个部分要大得多，关于中国的内容比较少。

西班牙的"无敌舰队"覆灭后，英国从一个海上强国逐渐地向大英帝国演变。英国舰队基本可以无所顾忌地在此前葡萄牙、西班牙垄断的一些东方航线上航行。哈克卢特获得了关于东印度贸易的一些航海日志、价格记录和其他的信息。以上材料的获得使《英国航海、旅行和地理发现全书》第二版的篇幅得到很大扩充，是第一版的近3倍，共3大卷，时间跨度也从原来的1500年扩大到1600年，尤其得到加强的是关于包括中国在内的东方内容。在第二版的第三卷"书信体献词"中，哈克卢特说他采用了这样一个编辑原则："虽然我的著作还是以'英国旅行'为标题，但在我们自己的经历不足的地方，我就精心地提供国外的最佳最主要的旅行记。"哈克卢特在这篇"献词"里还说："因为我们的主要想法是为我们这个地区的自然商品——毛料找到足够大的市场，我发现为达此目的的最合适地方是日本诸岛和中国的北部地区，以及与之相连的鞑靼地区。因此，我在这里加上了有关这些国家的两种专门著作。其中一种我认为是迄今为止发现的记载那些国家最准确的。这书于1590年用拉丁文在中国城市澳门出版，用中国纸印刷，是出版后两年在那著名的商船'圣母号'上截获的。给我看的时候是装在一只香木匣子里，用印度花布包裹了上百层，真好像它是一件无价珍宝。"[①]

这就说到关于这本书的成因的一段历史逸话。1592年，英国舰队截获了葡萄牙"圣母号"商船。船上不但有英国人从未见过的东方珍奇之物，更重要的是有一本关于东方国家包括中国的书，这本书于1590年用拉丁文在澳门出版。有人把这本书送给了哈克卢特。

这个被截获的拉丁文本是由孟三德（Duarte de Sande，1547—1599）撰写的一篇关于中国的有趣对话，标题是《关于中国及其财富、政府的一篇优秀的记述》。据美国学者唐纳德·拉赫研究，其最初来源是利玛窦及其他曾深入中国的耶稣会士的报告。该文对中国涉猎广泛，举凡国土面积、城市、人口、财政状况、农业生产、物产资源、瓷器制造及其他工艺、医药、语言、教育、宗教、习俗等方面无所不谈。作者对中国给予诸多赞美，但在某些方

---

① 引自周珏良：《数百年来的中英文化交流》，周一良主编：《中外文化交流史》，河南人民出版社1987年版，第587页。

面还是有所保留甚至批评的。如该文虽说中国的土地肥沃程度超过了东方所有的其他王国,但也同时指出无法与欧洲的富庶和多产相提并论;还说葡萄牙人高估了中国的商品丰富,因为他们的结论仅仅得自于广州一地,而广州也许是整个王国最大的市场。作者对中国宗教的评价亦不高,说儒教犯了偶像崇拜的"罪",等等。

哈克卢特觉得这本书是"一种我认为迄今为止发现的记载那些国家最准确的书"。他找人把这本书中有关中国的叙述摘译出来,同时还翻译了另一本由科尔沃(Corvo)所著的有介绍中国内容的书,并把这两本书的内容编进他的《英国航海、旅行和地理发现全书》。此外,书中还收入了其他几篇涉及中国的游记与英国人对开辟通往"契丹国"即中国的西北航道的诸多报告,其中比较重要的是伊丽莎白女王致中国皇帝的信,以及若干为了开辟抵达"契丹国"航线而撰写的"命令""记录"一类文字。

哈克卢特在这部书中摘译了许多介绍中国社会生活和文物制度等方面的内容,说中国人口众多,幅员广阔,有许多金银和珍珠,其富饶"超过东方其他国家"。书中介绍了中国的丰饶物产,包括香料、丝织品、瓷器,以及小麦、稻谷、甘蔗等植物。中国有大片的森林和众多的河流,其中"有些是人工开掘,以疏交通"。中国人男人种稻,女人养蚕缫丝,还有许多店铺和工匠、画家、刺绣工。刺绣工把金线织到棉布上,十分奇妙。中国人用火药制造"各种稀奇的花炮";在木板或铜板上刻上字,"每天神速地印出大量书籍来"。书中还说中国的居民"一贯遵守自己的风俗习惯",孝道对于中国社会具有特别重要的意义,但中国人"对别人的风俗习惯则不屑于注意"。官员和老百姓的服装不同,但在彼此之间"使用同一的语言"。中国人长于航海,过去曾把"印度一部分置于自己控制之下"。在很长一段时间中国曾受"鞑靼族"统治,但"近二百年来他们安居乐业"。

这本书还详细地介绍了中国的教育制度,并首次介绍了中国的儒学、道教和佛教,说中国人"注重文学高于一切",把"一生大部分都花在那上面"。孩子幼年起就"请老师教读书",读书不成的就去"学做生意或学手艺"。书中介绍了中国的科举制,详尽地叙述了如何考秀才、举人、进士,并且提到八股文,说考秀才的人"需就出给他们的一句话或一个意思来发挥……那些文章漂亮的人……就可以考中"。中了进士的人可以在政府中做官,但要"先学国家法律和礼制"。接着还提到中国地方和中央的政权组织机构,并说官员的升迁要靠他们的成绩,"而不管出身或血统",这就使得中国"国家太平"。这可以说是西方人对中国文学和科举制度第一次发表品评。书中还介绍了关于中国皇帝和皇室的一些事情,说中国皇帝"敬谨遵守法律和风俗习惯,不懈地学习治国之道"。他不轻易出宫,但"每日与大臣见面,处理国家大事"。另外,这本书还对中国的儒、道、释三家的思想做了比较准确的介绍。[①]

哈克卢特的《英国航海、旅行和地理发现全书》是16世纪末英国一部非常重要的著作,涉及内容广泛,也是17世纪以前欧洲人"中国印象"的一个总体缩影。对于英国人的早期海外开拓,对于英国人增加中国知识,起到了很重要的作用,在英国的学术史上影响深远。这可能是英国作家依据实际的中国材料(包括对中国典籍的认识)写的第一部作品。这部著作问世后,哈克卢特摘译的部分被誉为"一篇出色的关于中华帝国及其社会阶层和政府的论文"。到了大英帝国鼎盛时期的维多利亚时代,还有人称其为"我们现代英国的散文体史诗"。

五 门多萨与《中华大帝国史》的流传

门多萨的《中华大帝国史》是16世纪有关中国问题影响最大的一部著作。胡安·冈萨雷斯·德·门多萨,1545年出生在西班牙的托雷西利艾恩卡梅罗斯,当时正是西班牙帝国由盛而衰的转折时期。他自幼受过良好的教育,17岁去墨西哥。1564年他加入奥斯定会,成为修道士。在墨西哥,他一面潜心研究神学、语法和艺术,一面热心传教,因而具有在"异域"开拓事业的能力和经验。他在墨西哥期间,正逢列格兹比率船队远征并占领菲律宾,墨西哥成为从西班牙派往菲律宾的传教士和各级官吏的中转站,同时也

---

① 周珏良:《数百年来的中英文化交流》,周一良主编:《中外文化交流史》,河南人民出版社1987年版,第586—589页。

是他们返回西班牙的必经之地，那时有关菲律宾和中国的各种信息成为当地引人注目的话题并引起门多萨对东方事物的浓厚兴趣。1573年，菲律宾主教迭戈·德·埃雷拉（Diego de Herrera，？—1576）从菲岛返回西班牙，想争取菲利浦二世给西班牙在东方的扩张活动以更大的支持。当他途经墨西哥时，看中了门多萨的才华及其对东方问题的学识，便选择门多萨与他同行，并于1574年8月12日返抵西班牙。

1574年9月14日，菲利浦二世在马德里宫廷接见了埃雷拉和门多萨一行。在听取了埃雷拉有关菲律宾和中西两国关系的详尽汇报后，菲利浦二世表示意欲向中国派遣使团并决定成立一个专门委员会研究具体方案。不久，有关马丁·德·拉达中国之行的报告传到西班牙，菲利浦二世读过这个报告后，责成印度事务院主席安东尼奥·德·帕迪拉·梅内塞斯（Antonio de Padilla y Meneses，？—1580）正式组织派往中国的使团。梅内塞斯与门多萨私交颇深，而且知道他在墨西哥的经历以及他对东方问题的兴趣和广博的知识，于是推荐门多萨为出使中国的使团长并得到最高当局的认可。1581年，门多萨、弗朗西斯科·德·奥尔特加（Francisco de Ortega，？—1601）与哲罗尼莫·马任带着菲利浦二世致中国皇帝的信函和赠礼，包括图画、钟表、武器和盔甲、器用等出行。他们于1581年2月离开圣卢卡尔港，在6月底到达墨西哥。但是，门多萨的中国之行计划却受到新西班牙（今墨西哥）总督等人的阻挠，并使国王放弃了派遣使团的打算，门多萨也于1582年由墨西哥返回西班牙。

1583年，门多萨返回罗马，拜见了教皇格里高利十三世（Gregorius PP. XIII，1502—1585）。当时，天主教极欲到东方拓展势力，但苦于对中国历史、文化的茫然无知，急需有一本关于中国社会情况的资料汇编。受教皇委托，门多萨广泛搜集资料，整理来华传教士的文件、信札、报告，以及各类翻译成西文的中国书籍。门多萨在墨西哥停留期间，与曾经和拉达一道出使福建的修士哲罗尼莫·马任有较多的来往，他们经常一起交谈，为门多萨提供了大量有关中国的材料。门多萨还接触过洛阿卡的《实录》，他是随同拉达和哲罗尼莫·马任出使福建的两名军人之一，也在墨西哥与门多萨有比较密切的来往。更重要的是，他认真研读了克路士的《中国志》和拉达的出使报告。他在写作时充分利用了他们的材料。

门多萨还接触和部分利用了拉达的中国文献的译文,如司马光的《资治通鉴节要》(1541年刻)、《新刊按鉴汉谱三国志传绘像足本大全》(明嘉靖版)等。不过,由于译者水平所限,也导致了《中华大帝国史》的介绍时有错谬。门多萨还参考了多种描述中国的欧洲著作,如巴洛斯的《亚洲史》、卡斯坦涅达《葡萄牙发现和征服印度史》等。西班牙方济各会修道士彼得罗·德·奥法罗(Pedro de Alfaro,约1525—1580)和其他3名同一教宗的修道士1579年游历广东后,曾写有游记。1581—1584年方济各会修道士马丁·伊格纳西奥·罗耀拉(Martín Ignacio de Loyola,约1550—1606)从塞维利亚出发,途经中国,做了一次环球旅行之后,也曾写有札记。此两书中有关中国的记载给门多萨留下深刻印象,他把这两部旅行札记附录在《中华大帝国史》的第二部分中。

所以,《中华大帝国史》取材非常丰富,他广泛阅读和接触16世纪有关中国的各类记载,特别是利用了一些中国典籍的译文,使他的著作更具有真实性和可靠性,在相当程度上弥补了他没有亲自造访中国的遗憾。"门多萨对他那个时代能够得到的几乎所有资料,无论是直接的还是间接的,都极为熟悉并加以利用。他的书毫无疑问标志着第一个重大成就,即它将散乱各处的信息融入了一卷书中。"[①]这就为这部著作的学术价值和历史价值奠定了基础。因而,《中华大帝国史》与其他同时代的同类著作相比较,内容更丰富、更充实,也更全面。

门多萨《中华大帝国史》一书于1585年用西班牙文出版。1593年,他被任命为利帕里的主教,1607年他以教皇代理主教的身份赴美洲,被任命为恰帕斯的主教,1608年调任波帕扬的主教。除了《中华大帝国史》之外,门多萨还撰写了几部历史和神学的著作,被同代人誉为优秀的史学家、最有口才的演说家。

门多萨的《中华大帝国史》这部书的全名是《依据中国典籍以及造访过中国的传教士和其他人士的记叙而写成的关于中华大帝国最负盛名的情事、

---

① [美]唐纳德·F. 拉赫著,周宁总校译:《欧洲形成中的亚洲》第1卷第2分册,人民出版社2013年版,第307—308页。

礼仪和习俗的历史》。门多萨在这部著作中详尽地介绍了中国的政治制度、教育制度、历史地理、物产风俗等，所报道的内容远远超过马可·波罗的介绍，是一部欧洲最早系统介绍中国历史和地理的学术性著作，可称得上是当时欧洲人了解中国的百科全书。法国汉学家戴密微（Paul Demiéville，1894—1979）指出：门多萨的这部著作"把中国美化了一番，没有贫困，没有乞丐。'聪慧而又贤明的'人民，就像文艺复兴时期知识分子梦寐以求的遥远的国度呈现在他们面前"[①]。门多萨与西班牙政界上层人士直至国王，甚至教皇，都有直接联系，因此他较之一般的传教士和探险家观察问题有更高的审视能力。门多萨的文学才华使《中华大帝国史》具有极高的可读性，由于文体的优雅和用词的规范，人们常把《中华大帝国史》与西班牙古典文学中最脍炙人口的名著《祈祷与沉思录》和《堂吉诃德》相媲美。

《中华大帝国史》分为两大部分。第一部分是对中国国情的综述。该部分共分3卷：第1卷重点介绍了中国疆域、地理概貌、气候、土壤分类、省级建制、城镇区划等概况；第2卷主要讲述中国人的宗教信仰以及对超自然力的崇尚；第3卷主要涉及中国古代帝王的世系、宫闱秘闻、贡赋、差役、军队、战争、行政管理、司法、科举以及自然科学等概况。第二部分由3篇旅行记构成，分别记述1575年拉达等的福建之行、1579—1580年奥法罗等人的广州之行和1581年伊纳爵从塞维利亚到中国的环球旅行。

《中华大帝国史》于1585年在罗马出版西班牙文版，随后很快被译成欧洲各国文字。到了16世纪末，《中华大帝国史》以7种不同的欧洲语言（西、意、德、拉丁、荷、法、英）重印了46次，可见此书影响之广。《中华大帝国史》英译本1588年由帕克（Robert Parke）完成，他是在上文提到的哈克卢特的积极鼓励下完成翻译工作的。《中华大帝国史》荷兰文译本1595年在阿尔克马尔和阿姆斯特丹同时发行，这是在负责海外扩张事务的柯奈里斯·科拉埃兹（Cornelis Claesz）直接授命下翻译的。

门多萨这部作品为当时的欧洲人打开了了解和认识中国的窗口，使欧洲人从通过充满神秘色彩的传闻来"想象"中国，跨入通过中国的现实来认识

---

① 引自刘正：《图说汉学史》，广西师范大学出版社2005年版，第142页。

中国的时代。英国学者博克舍指出:"那些日子里读书人不多,也许可以不夸张地说门多萨的书在17世纪初被大多数受过良好教育的欧洲人读过。它的影响自然是巨大的,所以不足怪地看到像弗朗西斯·培根和瓦尔特·雷利爵士这样的人都首先从这部书,如果不是绝对的话,获得有关中国和中国人的概念。"①

据记载,英国哲学家弗朗西斯·培根曾阅读过门多萨的《中华大帝国史》,他在对中国的认识上,显然受到门多萨的影响。培根在《自然史》一书中写道:在整个世界都迷恋于炼金术时,中国则对获取白银较获取黄金更感兴趣。而《中华大帝国史》则写道:在中国金价如同在意大利一样是经常浮动的,而银价一般比较稳定。此外,培根在其著作中还提到中国火炮的使用以及外国人未经朝廷特许不得随意入境的法律。所有这些内容,在那一时代仅仅在门多萨的著作中有过论述。

英国外交家瓦尔特·雷利在其《世界史》中论及中国时有两处使用了门多萨著作中独有的资料:一是在谈到印刷术时,雷利写道:德国人谷腾堡有关印刷术的"发明"是受东方世界的启发,而且中国人早已使用这种技艺。二是当他谈到东方人应当享有的荣誉时,他把率先使用火炮和大炮列在其中,并说葡萄牙人曾证实过这点。

荷兰是从事东方探险的先驱,荷兰东印度公司创建者之一范·林斯霍滕也是《中华大帝国史》的热心读者。他在《通向印度之旅》中有关中国的概述就是在门多萨著作的基础上写出的。

门多萨的《中华大帝国史》第一次使中国在西方文本与文化之中获得了历史化的清晰完整的形象。他对中国充满热情和想象,把中国描绘得如同天堂一般圣美,盛赞中华民族"是一个沉静和有才智的民族"。这种看法实际上是早期来华的欧洲旅行们所描述的共同景象。另一方面,门多萨对中国进行描绘和赞美,也是当时欧洲知识分子希望在遥远的国家里看到的景象。因此,门多萨的这部著作成了16世纪末17世纪初欧洲人新的"中国图像"的基础,为此后两个世纪间欧洲的"中国热"提供了一个知识与价值的起点。

---

① [英]博克舍编注,何高济译:《16世纪中国南部行纪》,中华书局1990年版,导言第1页。

我国学者周宁指出，门多萨的著作"塑造了一个完美的、优越的中华帝国形象，它的意义不是提供了某一方面的真实的信息，而是总结性地在西方文化视野中树立了一个全面、权威或者说是价值标准化的中国形象。为此后两个世纪间欧洲的'中国崇拜'提供了一个知识与价值的起点"①。在此后不久来华传教士们向欧洲介绍的"中国图像"，多带有浓厚的理性主义色彩。"图像"呈现出一个巨大的、强权的帝国；为首的总是一位颖慧非凡、修养深邃的君主，根据"理性法律"和高尚的国家伦理法进行统治；人民受一种高尚而纯粹的习惯规范所约束，生活在一种有规律的、乐于承受的制度中；艺术和科学繁盛，受到所有人的尊重；战争和争端被摈斥于社会之外，和平与和谐成为最高的追求。这样带有理想色彩的介绍，使当时的欧洲看到的中国是一个"更好的世界"②。门多萨的著作，"可以说在欧洲形成一个对马可·波罗的契丹的新传说。欧洲知识界现在认为中国是一个值得称羡的国家，那里司法得到良好的实施，百姓都富足和工作勤奋，还有和平及自我克制，艺术和工业发展到不容置疑的高度，甚至欧洲引以为傲的印刷术，被发现在中国早已有之。……同时，由耶稣会士在下两个世纪勤勉培育，而且那样深刻影响莱布尼茨和其他欧洲'启蒙'思想家的所谓'中国传统'，也因此有了一个良好的开端"③。

六　16世纪欧洲对中国的认识与解读

西方人对中国的认识和书写首先是从地理学上开始的。在马可·波罗时代的文献中，有的把中国北方叫作"契丹"，把南方叫作"蛮子"，有的则把"蛮子"看作是契丹的一个省。无论是哪种提法，所指的地理位置都是大体准确的。在这些文献中，都说到中国地域辽阔，疆土广大，全国分成十

---

① 周宁：《大中华帝国》，学苑出版社2004年版，第97页。
② 参见周一良主编：《中外文化交流史》，河南人民出版社1987年版，第99—100页。
③ ［英］博克舍编注，何高济译：《16世纪中国南部行纪》，中华书局1990年版，导言第61页。

几个省。它们对中国的地理环境也有所描述，如提到北方的沙漠，南方的平原，提到长江、珠江乃至大运河，还提到中国的邻邦朝鲜、日本、印度等，提到中国东临大海，如此等等。总之，这个时候的欧洲人通过这些描绘，已经对中国的地理位置和行政区划有了大体准确和清楚的概念。

在早期欧洲关于中国的文献中，几乎所有的作者都首先介绍中国的地理位置、国土分布、行政区划、自然资源和人口习俗等方面的基本情况。这种记述到了耶稣会士们的著作中还一再重复。读者反复读到关于中国的"15个省"的介绍与这些省份的特产、风土人情、交通地貌等。与此同时，这些作者还深入地考察了中国的政治制度、教育、宗教、文化习俗等方面的情况，有的人还详细地描述了中国的各种科技发明和文化成果，比如造纸术、印刷术、火药、瓷器和丝绸等，还向欧洲人介绍了中国的茶叶。

巴洛斯第一个提到了中国的15行省（即南北直隶和13布政使司），将这15行省划分为沿海和内陆两组，并介绍了各省省情和赋税情况。皮列士的《东方志》中有专门一章介绍中国，论及中国的皇帝、中国与各藩属国的关系、出航海外及外国船来华的相关事宜、中国与马六甲的商贸关系、中国物产与外销商品等，内容比较丰富。

比皮列士稍晚一点来华的葡萄牙人伯来拉在《中国报道》中介绍中国分为13个省，每个省管辖若干城市，大省"可和强国匹敌"。中国国土辽阔，人口众多，特别是沿海一带人烟稠密，"没有一尺土地没有开垦"。在靠海的地方，"你每走一里都会看见一些城、镇或客栈，丰足地供应各种物品，致使他们平安地在城镇生活"。① 克路士在《中国志》中介绍了中国的邻国、疆域和行政区划，他沿袭伯来拉的说法，说中国有13个省，每个省有一座省城。西班牙人拉达根据他在中国逗留期间的所见所闻和掌握的中国文献，详细地介绍了中国的城镇分布、人口、赋税制度、行政管理和司法制度、建筑风格、物产和农耕技术，还简要叙述了中国的历史，介绍了中国人的风俗、服饰及宗教信仰等方面的情况。

门多萨的《中华大帝国史》在这一时期有关中国基本国情的介绍是比较

---

① ［葡］伯来拉：《中国报道》，［英］博克舍编注，何高济译：《16世纪中国南部行纪》，中华书局1990年版，第3、4—5页。

详细和充分的。可以说，《中华大帝国史》就是那个时代欧洲人了解中国基本国情的百科全书。在门多萨之前，已有欧洲著述介绍了中国的两京13省，但门多萨介绍得更为详细，不但介绍了15省，而且各省的府州数目、纳税人数目、兵员数目都有介绍。

初来中国的欧洲人，对中国地大物博、物产丰富都有深刻的印象。在这个时候西方文献对中国的记载中，最重要的和最直接的，是旅行家们首先看到的中国资源丰富，财富充盈。他们向人们表述的主要中国印象就是地域广大，人口繁盛，财富充裕，生活舒适，物产丰富，交通便利，工商业发达，都对中国的繁荣富庶极为赞叹。克路士在《中国志》中也详细地介绍了中国丰饶的物产。他说，中国的土地都得到充分耕种，"那土地的出产富庶，食物及维持生活的各种必需品都极其充足"。中国的主要粮食是大米和麦子，产量极丰。鱼、肉、禽类也十分丰富。菜园里有很多蔬菜，如大头菜、萝卜、白菜、蒜、葱等，也有很多水果，如桃、李子、甜橙、无花果、苹果和荔枝等。他还说，中国人是十分勤劳的，"人人都劳动谋生"。"这个国家中懒人受憎恶，人人讨厌，不劳动者不得食。"同时，中国人也十分节俭。"这个国家不丢弃任何不管怎样破旧的东西。狗骨头和其他动物的骨头，他们用来制作玩具，代替象牙在上面雕刻，镶嵌在桌子、卧榻及别的漂亮家具里。他们不丢掉任何品种的破布，凡是用羊毛织成的粗细破布，他们就制成细纸。他们用树皮、根茎和破丝绸造纸，在丝绸纸上写字，余下的则用来卷在丝绸幅中。"①

拉达也说，中国人的食物很好，主要食物是大米，用大米酿的酒可以跟很好的葡萄酒媲美。"我们看见的类似我们的东西……是：鱼、小麦、大麦、米、豆、玉米……还有母牛、水牛，他们说内地也有羊，我们也看见猪、山羊，及像我们有的一种鸡，另一种鸡肉是黑的，更好吃，再有阉鸡和黑尾鹞。……水果有黑白葡萄……也有许多品种的橘子和柠檬、大佛手柑、梨、苹果、野梨、桃、李、桑、坚果、栗、枣、南瓜、黄瓜、西瓜、白菜、小白菜、大头菜、萝卜、大蒜、葱和该国特产的其他很多蔬菜和水果。他们

---

① ［葡］克路士：《中国志》，［英］博克舍编注，何高济译：《16世纪中国南部行纪》，中华书局1990年版，第83、85页。

有大量的糖,而且他们制造很多上等蜜饯。"①拉达还详细记述了官府为他们举办的欢迎宴会,其排场和阔气令他们惊叹不已,各种美味佳肴使他们大饱口福。

门多萨在《中华大帝国史》指出,中国物产丰富,蔬菜种类远较西班牙为多。仅橘子就有3个品种,即甜的、酸的和甜酸适度的。"他们还有一种叫荔枝的果子,十分好吃,尽管大量地吃,却从不伤身体。"②蚕丝色泽艳亮,质量超过西班牙格拉纳达的产品。这是世界上最富饶、而物价又十分低廉的国家。"那里生产地绒、绸、缎及别的织品,价钱那样贱,说来令人惊异。特别跟已知的在西班牙和意大利的价钱相比。"③中国人普遍穿着丝绸服装。中国农田管理得很好。没有一块荒弃的土地。一块块耕田错落有致,有如花园。矿产也很丰富。中国货币种类繁多,金、银凭重量使用,而没有一定式样的金币或银币。中国商业发达,买卖兴盛。每条大街往往只经营一种行业,看到第一家商店就知道这一条街是卖什么商品的。中国匠人的手艺都是祖辈相传。中国出产的手工艺品极为精致。1582年西班牙国王喜获中国床单,对其织法之巧妙惊叹不止,很多西班牙能工巧匠都来观赏、借鉴。中国的瓷器很便宜,最精致的瓷器是贡品,薄如玻璃。

中国自古就是礼仪之邦,在城市建设上也有一套严格的规制。都城作为全国的政治和文化中心,特别注重规模与建制,使其显示出皇权的至高无上和神圣不可侵犯。所以,都城往往气势雄伟,规模宏大。在历史上,凡是到过中国都城的外国旅游者都会为中国都城建设的宏伟壮丽惊叹不已。明代都城从南京迁到北京,并进行了大规模的营建。至今犹存的宏伟壮丽、金碧辉煌的北京故宫建筑群和庄严奇瑰的天坛、明陵等,显示了当时世界上建筑的最高成就。16世纪以后来华的旅行家、传教士,正值明代的中后期,是明代文化发展的高峰时期。他们都对中国的首都北京有极为深刻的印象,在他们有关中国的游记和报告中,大部分都提到北京。

---

① [西]德·拉达:《记大明的中国事情》,[英]博克舍编注,何高济译:《16世纪中国南部行纪》,中华书局1990年版,第206、199—200页。
② [西]门多萨著,何高济译:《中华大帝国史》,中华书局1998年版,第9页。
③ [西]门多萨著,何高济译:《中华大帝国史》,中华书局1998年版,第10页。

伯来拉、克路士和平托等人，也都以极为钦慕的语言极力赞美北京的宏伟壮丽。伯来拉在《中国报道》中说到北京："我还听说皇帝定都的北京城是那样大，除开比城市本身还要大的郊区外，从这一头到另一头，骑马按平常的步子要走一整天，而据我所看到的去判断，我完全相信。郊区有很富足的商人，售卖世界上各种商品和货物。他们又告诉我它四周有壕堑，养着大量的鱼，皇帝由此有许多鱼吃。"①

平托的《游记》提到北京，说全世界所有的大城市"都无法与大北京最细微的东西相比，更难与北京各方面的宏大规模与气势相提并论，诸如雄伟壮观的建筑，用之不竭的财富，极其充沛的各种必需品，难以计数的人口、交易、船只、司法情况，国家的治理，宫廷的平稳……"②

门多萨的《中华大帝国史》对中国的都城作了更详细的描述："全世界最大的城市……仅从一门到一门，就需要一个夏季的白昼和一匹好马才办得到"，"其中人口最多，有市民和朝臣，据说在紧急时可以召集20万人……城内东侧是皇帝常住的宏伟皇宫，但他还有另外两座，一座在城中心，另一座在西面。据他们证实说这第一座宫很大，有很多珍奇，要游览一遍至少要四天。……这座宫内有79个殿，构造富丽奇特，有许多女人充作仆役侍从为皇帝服务"。③

除了大都或北京外，这些欧洲人还到过许多其他中国城市，这些城市的宏大、富庶都给他们留下了深刻的印象。比如皮列士的书中涉及的中国地名就有广州、海南、漳州、陕西、西安、福州等。流行于西文中广州的对应词"Canton"就起源于皮列士。

他们对中国的城市怀有极大的兴趣。几乎所有重要的游记、报告和书信，都不厌其烦地描述中国的城市，包括大都（北京）、杭州、刺桐（泉州）、广州、福州、苏州、南京等大都市。他们往往以赞美和惊叹的口气详

---

① ［葡］伯来拉：《中国报道》，［英］博克舍编注，何高济译：《16世纪中国南部行纪》，中华书局1990年版，第19页。
② ［葡］费尔南·门德斯·平托著，王锁英译：《葡萄牙人在华见闻录》，海南出版社、三环出版社1998年版，第210—211页。
③ ［西］门多萨著，何高济译：《中华大帝国史》，中华书局1998年版，第25，76页。

细地描述这些城市规模巨大宏伟,宫殿建筑辉煌壮丽,城市繁华,交通便利,人口众多,物资丰盈。这些旅行家往往对这些大城市的文化氛围和繁华富庶乐此不疲,深为其陶醉。

这种现象,不仅反映他们个人的兴趣与感受,而且与当时欧洲城市文化的兴起有很大关系。城市的兴起并日益成为社会生活的中心,成为政治、经济和文化的中心,是10世纪以后一种世界性的政治、经济和文化现象,是欧洲资本主义前夜的一种历史现象。正因为有这样的背景,所以那些从欧洲来的旅行家们,对在中国看到的规模宏大、欣欣向荣的大都市会特别关注,而他们对这些都市的描绘,也引起欧洲读者们的热烈反应。

自汉唐以来,广州就是中国对外的主要港口城市,许多从海路来华的外国人都是在广州登陆的,广州往往是他们见到的第一座中国城市。克路士曾到过广州,他在《中国志》中特别列一章详细地描述了广州这个美丽而诱人的城市。他说,广州是一座雄伟的城池,四周有坚固的城墙,城门宏伟高大,构筑良好。城墙四周约有12350步,和葡萄牙首都里斯本的城墙相仿,但主要的街道都比里斯本最繁华的街道还要宽阔。"街道都铺得很好,靠近房屋的路面要高些,路中间要低些,便于排水。大街上有横过路面的牌楼,高大又建筑精美,街道因此显得美观,城池变得气派起来。沿街房屋有一间接一间的铺面,铺里和牌楼下售卖多种商品。"出售的商品丰富多彩,有用彩色丝线刺绣包面的绣花鞋、用木精制的舒适华丽的床架、华丽的锦缎和线缎、精美绝伦的瓷器、黄铜器皿和铸铁器皿等。"至于小的涂金盒、大盘、篮、写字台和桌子,数不胜数,再好不过。金匠、银匠、铜匠、铁匠和其他各行各业,既多又完备,各种的东西也十分丰富,应有尽有。"广州的轿子很多,高贵美观,四面密封,每面有一扇小窗,上面用象牙或用骨、木制成漂亮的窗格,坐在里头的人可以观看外面街道上的情景,而自己却不会被外面的人看见。克路士对广州城的雄伟、繁华、富庶充满赞赏之情,但他同时还指出,中国还有很多比广州更雄伟、规模更大的城市,这些城市都有坚固的城墙、高大的城楼、平坦的街道和华美的建筑。①

---

① [葡]克路士:《中国志》,[英]博克舍编注,何高济译:《16世纪中国南部行纪》,中华书局1990年版,第67、88—89、71页。

伯来拉对他所到过的城市进行了详细的描述，说中国的"城市极壮丽，特别靠近城门，大得出奇。城门用铁包着。门屋和楼塔建在高处，其较低部分用砖和石筑成，和城墙相称。城墙上面的建筑物用木头构造，一层又一层，有许多层。他们的城池坚固，是因为有高大的城墙和壕堑"。城市里的街道"都相当平坦，又大都直，使人看了惊羡"。"道路到处都用四方的石头整铺成，缺乏石头的地方则用砖。"街道上的"牌楼是木结构，雕刻成各式各样，上盖的是细泥烧的瓦"。①

伯来拉特别详细地描绘了福州城，他曾在福州一年多的时间，对这座城市有较多的了解。他写道："福州城很大，有内外都用方石筑成的高大城墙……街道是铺平的。有大批的商贩，各人在他店门挂一块大牌子，写明他出售何种商品。手艺人也写明他的行业。市场不小，售卖的物品极其丰富。城市建在水上，许多条河流经过它，河岸是倾斜的，很宽阔，作为城市的街道用。河流上有各种木桥和石桥，和街道一般高，不妨碍船只来往。……这些河流和船只使该城变得十分高贵，好像它是另一个威尼斯。……我们在这座城看见一些事物，令我们都惊叹……"②拉达根据他自己的经历，还记录下了泉州城概貌，说"泉州城有五万多人户，不包括那些住在城郊的，城郊多而大。城市四周有石头筑的高墙围绕，还有一座十分出名的桥，六百多步长，整个齐整地铺以石板，每块二十步长，一个半瓦拉厚"③。城内的"大街很宽，都有许多牌坊，有的用石精筑，有的用木。……这些大街是作为市场使用，街上售卖各种肉、鱼、水果及蔬菜；有摆摊的出售书、纸、刀、剪、帽、鞋、草鞋等等。因为这些大街很宽，中间有足够的空地，摊子和屋舍之间有余地可通，尽管摊子从街的一头摆到另一头"④。

---

① ［葡］伯来拉：《中国报道》，［英］博克舍编注，何高济译：《16世纪中国南部行纪》，中国书局1990年版，第3、4—5页。
② ［葡］伯来拉：《中国报道》，［英］博克舍编注，何高济译：《16世纪中国南部行纪》，中华书局1990年版，第17—18页。
③ ［西］拉达：《出使福建记》，［英］博克舍编注，何高济译：《16世纪中国南部行纪》，中华书局1990年版，第179页。
④ ［西］拉达：《记大明的中国事情》，［英］博克舍编注，何高济译：《16世纪中国南部行纪》，中华书局1990年版，第208页。

门多萨的《中华大帝国史》对中国的城市也有多处记载。他说，中国人富有建筑才能，建筑用材举世无双，一种用"白土"做成的方块（即砖）坚硬无比，只有用锄才能将其砸碎。一座座邸宅有如庄园。门多萨对各省宫殿般的府邸作了生动的描述：总的说来，一切都是华丽的和令人艳羡的，以高超的艺术做成，大得好像一个村庄，其中有大花园、水池，周围树木环绕。中国人的房屋都非常华美，像是罗马式样，通常在门前栽植树木，华丽整齐；树荫浓郁，使街道看起来壮观。所有这些房屋内部都像牛乳一样洁白，好像是糊上了发亮的墙纸。地面都用四方石铺成，宽广而光滑；天花板用的是上等木材，装饰和描绘得非常精巧，好像金色的锦缎，极其好看。每一家都三层庭院，花园中满饰各种名花异草，以供消遣。没有一家不修建鱼塘的，虽然很小。

那些踏上中国土地的西方著作家，不仅为中国的地大物博、繁荣富庶而惊叹，更对中国悠久的历史和发达的文明极为钦佩。他们在这里看到了一个与他们不一样的民族，这个民族的历史十分悠久，并且创造了他们不曾想到的高度发达的文明。

许多人都对中国悠久的历史很感兴趣。德·拉达据所掌握的中国文献，在其篇幅并不大的著作中，简述了中国历代王朝的更迭，从盘古开天地说起，依次说到伏羲、神农、有巢氏、黄帝，继而列举了秦始皇、汉高祖、刘备及隋、唐、宋、元诸朝。

门多萨的《中华大帝国史》介绍了从黄帝到明朝万历年间历代帝王的称号、在位年限、王位的更迭等，并对有些帝王作了简要的介绍。门多萨认为，这个国家是很古老的，最早居住在该国的是诺亚的孙子，但已知中国史上的启蒙时代，则始自黄帝，他是他们的第一位国王，使他们的国家成为一个帝国，并且一直传到现在统治的国王。按正确的计算，如今，合法和僭位的共有243位国王。

巴洛斯是第一个提到中国万里长城的欧洲人。自秦始皇修建长城以来，欧洲人一直不知道东方的这一奇迹。马可·波罗虽在中国居住多年，但在其游记中也没有提到长城。巴洛斯则在《亚洲史》中向欧洲人介绍了万里长城，而且指出长城位于北纬43°至45°之间，虽不太精确，但已接近实际的位置40°了。巴洛斯对长城大为惊叹,他说:"万里长城见于中国地图上,(该图)绘有山河城镇,还附有中国文字的注释。我特将此图带回国内,请一名华人为我译之及翻译其他我得到的中文书籍。"①门多萨也提到长城,说中国最雄伟的建筑就是长城,长达500里格。

克路士在《中国志》中详细介绍了中国的行政管理制度、皇帝和皇室的情况、官员的任免和监察,以及司法制度。他还详细介绍了中国的服饰、饮食、节日、娱乐、丧葬、待客等日常生活风俗。他说"中国人是很讲礼节的百姓"。中国人的彬彬有礼给他留下深刻的印象。克路士对广州的社会生活十分着迷,特地在广州买了三只笼中养的夜莺,"它们在十二月唱歌,好像那是四月",给他的旅途生活带来愉悦。克路士说中国是一个聪明智慧的民族,"他们的各行业都心灵手巧,因为他们天赋聪明能干"。他也提到中国的长城,同时发现中国的农耕和航行等多方面优于欧洲。

"盖略特·伯来拉报告中最有价值的在于他记的中国司法和监狱管理制度。"②伯来拉是一个俘囚,有一段时间是在中国的监狱里度过的,所以他对中国的监狱管理制度比较熟悉。他叙述了中国监狱关押囚犯的情况,叙述了对通奸犯和盗贼的处理方法、死刑的判决过程、关押死囚的监牢及死刑的执行,还提到了种种酷刑。他对中国的司法制度给予了高度赞扬。他介绍说,每个省城里都有布政使、按察使、督师和太守四级官员。这些官员都可以把罪犯投入监狱或再把犯人释放,罪大恶极的除外,官员不能对这类情况做什么,只有开会加以详细讨论。如果该处死刑,他们都不能作出决定,而是把案件提交更大的官员。官员们审判案子很慎重,往往是让很多人公开听审。"因此他们不可能有伪证,像我们那里常发生的那样,我们那里若落到狡猾的公证人手里,时常有危及人们的财物、生命和面子的事。这里作法很好,总有很多人到法官那里去听证和作证,诉讼不能做假,像我们那儿常作假一样。"中国的官员接待人很有耐心,对他们这些外国人也是如此,能仔细倾

---

① 引自吴孟雪:《明清欧人对中国文献的研究和翻译》(一),《文史知识》1993年第6期。
② [英]博克舍编注,何高济译:《16世纪中国南部行纪》,中华书局1990年版,导言第33页。

听他们的陈述。伯来拉感慨地说："我不知道有比他们尊重我们这个事实，更足以证明他们的司法值得称赞的了，我们不过是俘囚和外国人。因为在基督教国土的任何城镇，无论哪儿像我们这样的陌生人受到控告，我可不知道真正无辜者的案件将有什么结果。"伯来拉得出结论说："中国人在司法方面的措施……是多么超越基督徒，比他们更讲公道和事实。"①

在当时西方人写的有关中国情况的文字中，伯来拉对中国司法制度的介绍是最详的。正如伯来拉《中国报道》的英译本出版者所说："你可以从后来的作者得到有关中国的更详细的描写，但在谈他们的诉讼、严法、监狱、死刑等等，仍是这部书更好。"②

---

① ［葡］伯来拉：《中国报道》，［英］博克舍编注，何高济译：《16世纪中国南部行纪》，中华书局1990年版，第7、11—13页。
② ［英］博克舍编注，何高济译：《16世纪中国南部行纪》，中华书局1990年版，导言第33页。

第十七章
中国形象：传教士眼中的中国

一 传教士笔下的中国印象

17世纪以后来华传教士们，在持续200年的传教事业中，持续书写了大量的书信、报告、著作，翻译了大量汉文经典，在欧洲各国出版和流传。他们对于中国文化西传的贡献，主要是通过这种文献的传递而实现的。而以文本形式传入的中国知识，与当时大量传入的中国商品相比，是欧洲人了解中国的更为重要的来源。

传教士们的书信和著作有一大部分是参与"礼仪之争"的结果。耶稣会士们采取利玛窦开创的传教策略，受到其他修会、罗马教廷和欧洲宗教界人士的强烈批评，他们在欧洲的上级也要求对此作出说明。耶稣会传教士为了给自己的做法辩护，写了大量的报告、书信和著作，向欧洲介绍中国的历史和文化，宣传他们在中国传教的经历和业绩。赫尔德（Johann Gottfried Herder，1744—1803）指出，虽然"礼仪之争"葬送了耶稣会士们的传教效果,但"欧洲通过艰辛努力所取得的唯一收获是在一定程度上沟通了东方与西方的知识"。耶稣会士们"激发了欧洲学者热心勤奋地研究中国的语言文学、天文历法、社会历史和自然历史"。①

另一方面,反对耶稣会这种传教策略的在华传教士也写了许多书信和著作,阐明他们的主张。所以,在当时的传教士关于中国的文献中,有很大一部分与"礼仪之争"有关。

在创建耶稣会之初,为了使不断扩展的耶稣会基层机构与耶稣会上层领导之间能保持密切的联系,同时也为了使分散在世界各地的耶稣会士之间能团结一致,相互支持,罗耀拉在耶稣会内建立了一个严密的通信体系,要求传教士报告其所传播福音之地的人情风俗和地理概况。在耶稣会,各总会长都是靠着固定的书信往来去领导这个庞大的组织。这些信函往往被翻译成多国文字,辗转传抄,后来又使用了印刷技术,使之得到更广泛的传播。早期耶稣会士的书信集曾大量印刷发行,如1551年至1562年耶稣会士书信共汇编为10卷出版。

耶稣会成员们定期向罗马上交详细地描述其活动的报告便成为一种制度。因此,罗明坚(Michele Ruggieri,1543—1607)和利玛窦到中国以后,一直与耶稣会的罗马总会保持联系,每年递交报告。耶稣会教区发展至中国各个行省,每年的报告经过编辑汇合后,以年报形式寄回罗马总会。1581—1654年,耶稣会总部出版了各传教地年报。在中国的耶稣会士也曾个别出版某年的年报,如金尼阁于1615—1625年编辑出版的中国年报。

耶稣会的中国年报有一定的格式:首先报道中国的政局;其次表列在中国各地的传教士姓名和资料;接着汇报旧年度领洗入教的人数,各传教地的教务发展或遭受迫害的情况。在这一段内,年报通常记载一些虔诚的、有教诲的、启发性的事迹。有些年报也报道中国教民的教名与事迹。

书信是当时的传教士们的一种主要书写文体。传教士们远离故国,背井离乡,总是要想法与国内保持联系,虽然当时的交通极为不便,所有的信件都要通过固定往返中欧之间的商船,一封从中国发出的信到收信人手里往往

---

① [德]夏瑞春编,陈爱政等译:《德国思想家论中国》,江苏人民出版社1989年版,第96—97页。

需要一两年的时间，但是，这些传教士仍然写作了大量的书信，其中有给自己的亲属的，有给欧洲教会组织以及教会内的朋友的，还有许多是与学术界的知名学者保持的通信联系，向他们介绍他们所关心的、有关中国文化各方面的种种问题，涉及中国的版图、物产、科学技术、制度、风俗、历史、宗教等。这些书简在欧洲知识界广泛传播，受到了前所未有的欢迎。"这些书简是如同一种真正的、客观的和几乎是天真的编年史而出现的，它使大众们产生了一种阅读他们所喜欢的文献之一的感觉。""他们的书简在巴黎传播了有关中国的'报道'，维持了知识界的中国热。"①

沙勿略（Francisco Javier，1506—1552）是最早向欧洲描述中国的耶稣会士。1548年，沙勿略根据一位商人提供的材料写了一份有关中国的报告，这位商人可能在上川岛经商。沙勿略亲手交给这位商人一份调查表，可能是他本人起草的。这位商人一方面利用他本人在远东的生活经历，另一方面依靠一位中国人的帮助，尽其所能为沙勿略提出的问题寻找答案。这份报告是为了回答葡属印度总督加尔西亚·德·萨（Garcia de Sá，1486—1549）的提问，涉及的内容包括有中国人的宗教习惯、对外国学者的态度、教育方式、中国文化对日本的影响、文人学者的地位、一夫多妻制和中国的穆斯林等。这份报告收入《印度和日本记事》的第19章。在沙勿略去世的1552年，这份报告在欧洲出版。在这份报告中，沙勿略说到中国的教育制度："在中国的很多城市都有学校，各地的统治官员在那里学习王国的法律。""在中国除学者外，没有其他的贵族，而且学问越深，在王国的声誉也越高，也就越受国王敬重。鉴于这个原因，不论是成人还是孩童，大家都致力于学习。据他们说情况是这样的：一旦掌握了读书和写字，想进一步学习的孩童就去见家乡的一个学者，学者们都是当地的统治官员。"沙勿略这里实际上是在介绍中国的科举制和选官制度。此外，他还提到汉语和汉字：在这里"拥有关于这一切知识的巨著，都用汉语撰写"，"从占婆到日本陆地的京都，人们都

---

① ［法］伊莎贝尔·微席叶、［法］约翰·路易·微席叶：《入华耶稣会士和中西文化交流》，［法］安田朴、谢和耐等著，耿昇译：《明清间入华耶稣会士和中西文化交流》，巴蜀书社1993年版，第14、15页。

读汉字书籍","在中国绝大部分的书是印刷的,有很多印刷厂"。①

在1552—1582年出版的16本耶稣会士印度书信集和1570、1575年出版的日本书信集中,都曾提到中国。

耶稣会士第一批写于中国的书简包括1583—1584年罗明坚、巴范济(Francesco Pasio,1554—1612)、弗朗西斯科·卡普莱勒(Francisco Cabral,1529—1609)和利玛窦等人的书信。这批书信于1585年12月达到罗马,1586年出版的日本书信集中收录其中8封信。这些书信描述了他们的工作情况,呈现了地方官员、绅士学者和普通百姓对耶稣会士们的友好态度。这些来自中国的书简立即引起欧洲人的关注。以后的传教士们陆续撰写了大量的书信,到18世纪,法国耶稣会将法国耶稣会传教士们的书信陆续编辑出版,引起了广泛的关注、热烈的反响。

二 传教士的中国研究

在这200年间,传教士们还撰写了大量的介绍和研究中国文化的著作,包括一些全景式的描述性著作和专题研究著作,对于中国文化的西传具有更大的意义和价值。据统计,从1687年到1773年,耶稣会士共撰写了252种与中国有关的著作,其中综合性的48种,直接与"礼仪之争"有关的9种,历史题材的14种,地理和天文题材的54种,宗教和哲学题材的40种,翻译作品39种,字典和语法类的20种。正是这些作品,向欧洲传递了中国的形象,是欧洲人对中国知识的首要来源。欧洲学者许多论述中国的书籍,都是以这些著作为材料基础而写作的。许多传教士都回过欧洲,"他们回去的一个目的就是在欧洲出版针对读者口味的发自中国的报道,以保证欧洲对耶稣会传教团的支持"②。

---

① [葡]费尔南·门德斯·平托著,王锁英译:《葡萄牙人在华见闻录》,海南出版社、三环出版社1998年版,第3—5页。
② [美]孟德卫著,陈怡译:《奇异的国度:耶稣会适应政策及汉学的起源》,大象出版社2010年版,第65页。

传教士们最早写的介绍中国的书，是范礼安在利玛窦协助下完成的《论中国的奇迹》。这本书是他们撰写的《圣方济各·沙勿略传》中的3章，这3章有时也单独以小册子刊行，介绍了中国的基本情况和政治、经济、社会的现实状况，作为来华传教士的参考资料。书中还附有一张由利玛窦根据中国典籍记载研究绘制的《中国全图》。法国学者裴化行说："无论如何，1582—1583年勾勒的那幅图景仍不失为中国文明初描，至今读来仍饶有兴味。"①

在来华传教士介绍中国的作品中，最著名的一部书是1615年出版的《基督教远征中国史》，即《利玛窦中国札记》。这部著作是法国传教士金尼阁根据利玛窦遗留的大量资料和笔记整理补充写成的。这部著作是17世纪出版的关于中国的最有影响力的书，是当时最有权威的、认真介绍中国文化制度的著作，对欧洲人了解中国起了重要的作用，对17世纪欧洲人的中国观有着巨大的影响。

明清之际来华传教士中还有许多人撰写和出版介绍、研究中国的著作。例如曾德昭、卜弥格、卫匡国、南怀仁、柏应理、鲁日满（François de Rougemont，1624—1676）、殷铎泽（Prospero Intorcetta，1625—1696）、李明、刘应、白晋、钱德明等人，都曾著有介绍和研究中国历史文化的著作。据统计，仅耶稣会士中有著作可考的约有70人。他们源源不断地以在华见闻和关于中国文化的研究成果呈现在欧洲读者面前，大大丰富了欧洲人关于中国的知识，为中华文化的西传起到了积极的媒介作用。

传教士们向欧洲介绍中国，其初始的意图，是为了说明他们采取迎合和适应中国文化传统、"合儒"及宽容中国礼仪的传教方式的合法性和必要性，是为他们在中国的做法辩护。有的西方学者指出：这些耶稣会士"当他们在自己的传教区内向中国揭示基督教遭致失败之时，却在向西方解释中国方面取得卓越的成功。通过书信、手册、对开本出版物、旅行笔记、译作以及渊博的论文，他们源源不断地向欧洲返回关于中国历史与现状每一方面的信息"。这些叙述"都出自那些受过良好教育又有着无法餍足的好奇心之人

---

① ［法］裴化行著，管震湖译：《利玛窦评传》上册，商务印书馆1993年版，第65页。

的个人观察，他们的一切动机都是为了唤起他们国内的同胞和同会会友们对这中央之国的兴趣"。① "耶稣会士都倾向于把中国人描述为一个在道德和政治上都十分成熟的民族，他们被受过高度教育和充满智慧的统治者治理，其基本统治理念来自与道德和社会相关的普遍人类理性。这一描述包含有部分真实，毫无疑问，在那一时期的欧洲人的眼中，中国那时在政治、社会和经济指挥上都显得颇为成熟。当

油画《利玛窦像》

然，从另一方面来看这种描述又显得过于夸张和富于理性化色彩，无疑是为耶稣会士的任务目标服务。"②

不论是出于什么动机，不论是为了宗教还是为了科学，传教士们通过他们的书信、报告、著作和回忆录等，把一幅关于中国的图画展现在欧洲人面前。传教士们的书信、旅行日志、著作等，不仅为欧洲提供了日益丰富的关于中国的知识，"更有意义的是，许多耶稣会士的作品激发了欧洲人的想象力，从学者精英到门外汉，从庶民百姓到欧洲君主。因而，不但中国的书籍

---

① 引自张国刚：《从中西初识到礼仪之争——明清传教士与中西文化交流》，人民出版社2003年版，第260页。
② ［美］克拉克著，于闽梅、曾祥波译：《东方启蒙：东西方思想的遭遇》，上海人民出版社2011年版，第58页。

在欧洲随处可见，而且大量中国的技术、工艺被直接照搬，用于欧洲的农业革命和工业革命。"①

三 来自远东的信札：《耶稣会士书简集》

传教士们的通信和笔记在当时都被汇编成书，在西方传诵一时。比如龙华民（Niccolò Longobardi，1565—1654）、庞迪我（Diego de Pantoja，1571—1618）分别在1601年和1605年编辑出版过耶稣会士的书简集。在1603—1611年里斯本出版的5卷本耶稣会传教士书信汇编《耶稣会神父事务年度报告》，是里斯本耶稣会会长费尔南·格雷罗（Fernão Guerreiro，1550—1617）主持编辑的传教士书信集。他根据传教士们寄来的信件，展现出耶稣会传教士们传教活动最密集的亚洲各地区广阔而又真实可信的画面。《耶稣会神父事务年度报告》不仅简要地提供宗教方面的情况，而且以相当大的篇幅介绍他们所在传教地区的政治形势、地理环境及社会文化风俗。1608—1614年出版的3卷本耶稣会士文献汇编，也大量来自在中国的传教士们撰写的文献。

到了18世纪，《耶稣会士书简集》，由法国耶稣会士郭弼恩（Charles Le Gobien，1653—1708）、杜赫德和帕都叶（Louis Patouillet，1699—1799）先后分类编纂，积成卷帙，于1702—1776年陆续在巴黎出版。郭弼恩从来没有到过中国，但他是耶稣会在法国的代表，一直和在华的耶稣会士保持联系。"这个职务相当于情报交换所，交换来自在华法国传教士的书信、报道和著述。""郭弼恩的工作就是要选出那些最合适向欧洲人展示法国在华耶稣会形象的材料。郭弼恩的角色是一个能够为欧洲知名人士和耶稣会士通信牵线搭桥的中间人。莱布尼茨和白晋的通信便是由郭弼恩做中间人的。"②后来，杜赫德神父接替了郭弼恩的工作，继续编《耶稣会士书简集》。

---

① ［美］约翰·霍布森著，孙建党译：《西方文明的东方起源》，山东画报出版社2009年版，第179页。
② ［美］孟德卫著，陈怡译：《奇异的国度：耶稣会适应政策及汉学的起源》，大象出版社2010年版，第381页。

《耶稣会士书简集》共34卷，其中包括144封来自中国的书信与报告，绝大多数是出自法国耶稣会士之手。它们以通信的形式，将传教士们观察所得的中国政治制度、风俗习惯、历史地理、哲学思想、工商情况等详加报告。《耶稣会士书简集》成为18世纪及至以后许多汉学家和对中国文化感兴趣的人士的主要资料来源。这部书简集是18世纪的一部扛鼎之作。"它是一个宝库，为18世纪的政治与宗教的对立提供了最得力的武器，是当时哲学家和政治家们广泛开采的宝藏。"①

传教士们在这些通信中，对中国的哲学宗教、历史地理、民风习俗、物产工艺、伦理道德等都有描述和研究，这些对中国社会的纪实描写成为当时欧洲人了解中国乃至东方的第一手资料。如洪若翰神父信中讲述了南怀仁神父的葬礼及墓地，北京的钟楼、天文台、城墙，神父们经河南往南京沿途情形；彭加德（Claude Jacquemin, 1669—1734）神父于信中讲述了崇明岛的地理位置及其居民、物产、风俗习惯；利国安神父在福建写信报告中国物产及动植物、厦门等地的宗教情况；冯秉正神父在信中描述了从厦门乘船到台湾测绘地图的所见所闻以及台湾的物产情况；巴多明神父的信中更有关于冬虫夏草、三七、大黄、当归、阿胶的性能、制药及服用等方面内容；殷弘绪神父还在信中讲解了工匠用通草制作人造花果的情况，等等。

《耶稣会士书简集》中的这些书信都是根据传教士本人的亲身经历撰写的，且文笔流畅，语言优美，引人入胜。此外编辑们还根据读者的阅读习惯和兴趣，对书简做了一定的编辑和删改，去掉了一些晦涩的学术性强的内容，因而这些书简集出版后大受欢迎。这也是杜赫德常被人批评的地方。当时正处在"礼仪之争"的漩涡中，他们必须小心谨慎，避免给对方以攻击的把柄，另一方面还要考虑读者的阅读兴趣，而这也正是《耶稣会士书简集》得以成功之处。《耶稣会士书简集》出版后，引起很大反响和关注。在当时欧洲几乎所有的大中城市，都会看到不同版本的《耶稣会士书简集》。伏尔泰后来甚至将杜赫德推崇为当时的伟人之一。佩雷菲特（Alain Peyrefitte, 1925—1999）指出：在那个时代，"整个欧洲有文化的人都曾读过这部好奇

---

① 引自［法］A.杜密理：《耶稣会士对18世纪思想运动的影响》，阎宗临著：《传教士与法国早期汉学》，大象出版社2003年版，第51页。

多于教益的《书简集》"①。

法国学者伊莎贝尔·微席叶（Isabelle Vissière，1935—2014）和约翰-路易·微席叶（Jean-Louis Vissière，1935—　）在其论文《入华耶稣会士和中西文化交流》中指出：《耶稣会士书简集》"向大众提供了有关一个既奇特而又引人入胜的世界之丰富史料"。"耶稣会士们在他们那遥远的美洲或中国的飞地中，与启蒙时代在思想和精神面貌的发展中起了非常重要的作用。……他们不但吸引了伏尔泰和孟德斯鸠，而且还普遍吸引了'知识分子'们，如学者或哲学家。"

他们还指出："（这些书简）在整整一个世纪期间吸引了知识界，不仅仅向他们提供了一些具有异国情调的冒险活动，而且还提供了一种形象和思想库。欧洲发现了它不是世界的中心，于是便寻找方位标和可比因素。耶稣会士书简就如同其他许多游记一样，广泛地推动了旧制度的崩溃，在西方那已处于危急的思想中发展了其相对的意义。……这些书简甚至部分地造就了18世纪的人类精神面貌。它们出乎其作者和巴黎的审查官们的意料之外，为哲学家们提供了武器，传播他们所喜欢的神话并为他们提供了楷模。……这样一来，入华耶稣会士们便从遥远的地方，甚至是从非常遥远的地方不自觉地参与了对法国社会的改造"。②

《耶稣会士书简集》是逐年出版的，1780—1783年推出了第一个大型汇编本，由凯伯夫（Yves Mathurin Marie Tréaudet de Querbeuf，1726—1799）编辑，打乱原有次序而按地区重新组合为26卷。在这个版本之后又陆续出版了许多不同卷次的版本和译本。

德意志、奥地利的耶稣会也模仿法国耶稣会士出版的书信集，于1726年至1758年出版了5部36册书信集，书名为《新世界使者》。方济各会也将自己的文献整理出版，出版了11册16本《方济各会士中国书简汇编》。

---

① ［法］佩雷菲特著，王国卿等译：《停滞的帝国——两个世界的撞击》，生活·读书·新知三联书店1993年版，第149页。
② ［法］伊莎贝尔·微席叶、约翰-路易·微席叶：《入华耶稣会士和中西文化交流》，［法］安田朴、谢和耐等著，耿昇译：《明清间入华耶稣会士和中西文化交流》，巴蜀书社1993年版，第1、25、17—18页。

四 杜赫德眼中的博大中国：《中华帝国全志》

杜赫德于1692年进入耶稣会，1708年在巴黎书院任教。随后，杜赫德被选为郭弼恩的继承人，郭弼恩当时专门负责收集整理各国耶稣会士的信函。

杜赫德曾经长期担任《耶稣会书简集》的编辑工作，掌握了大量的耶稣会士的资料，同时与在中国的耶稣会士保持了长达24年的通信联系，所以，在一定程度上说，杜赫德成为当时在华耶稣会士的通信中心和文献中心。他"在公众面前成了耶稣会士们关于中国事物的发言人和专家"[①]。他在多年主编《耶稣会士书简集》的基础上，进一步根据海外传教士的报告、书信、著述和笔记中的有关材料整理辑纂，编写成《中华帝国全志》这样一部综合性著作。

《中华帝国全志》，全称《中华帝国及中国属领鞑靼之地理的、历史的、编年的、政治的及自然的记述》，共4卷，是一部关于中国的综合性研究著作。杜赫德没有到过中国，基本上是一位书斋式的学者。他的成就，主要是大量地收集和研究来自各方面的，特别是在华耶稣会士们的书信、报告、著作等文献。《中华帝国全志》第1卷序言中所开列的其笔记、书信在该书编纂时曾被利用的来华传教士有：卫匡国、南怀仁、柏应理、安文思、洪若翰、白晋、张诚、卫方济（François Noël，1651—1729）、李明、刘应、雷孝思、马若瑟、殷弘绪、赫苍璧、龚当信（Cyr Contancin，1670—1732）、戈维里、夏德修（Armand Jean Xavier Nyel，1670—1738）、巴多明、杜德美、汤尚贤、冯秉正、郭中传、彭加德、卜文气、沙守信、宋君荣、雅嘉禄（Jean-Baptiste Jacques，1688—1728）。这27人都是长期居留在中国的耶稣会传教士。维吉尔·毕诺指出："杜赫德神父的资料来源很丰富。如果我们翻阅一下那些自愿或被迫以其著作为《中华帝国全志》做过贡献的传教士名表，那么我们就会从中发现中国传教区的名流作家和文学巨匠，从最早写过

---

① 阎宗临：《传教士与法国早期汉学》，大象出版社2003年版，第49页。

有关中国著作的耶稣会传教士卫匡国神父,一直到仅于杜赫德神父刊行其著时才开始工作的宋君荣神父。再没有人比杜赫德神父更有资格于1735年发表大家期待已久的有关中国的著作了,再没有人比他掌握的中国资料更丰富了。"①

但是,这并不是说,《中华帝国全志》只是资料的编纂,杜赫德只是资料的收集和汇总者。实际上,在编撰这部巨著的过程中,杜赫德付出了艰辛的努力,做了大量的研究和思考,进行了大量的文字编辑和加工工作。所以,尽管他大量地利用了第二手资料,此书仍然是他的一部具有独立价值的学术著作。他致力于将这部巨著创作为具有严肃科学价值的学术著作,科学价值是这部著作成功的主要原因。

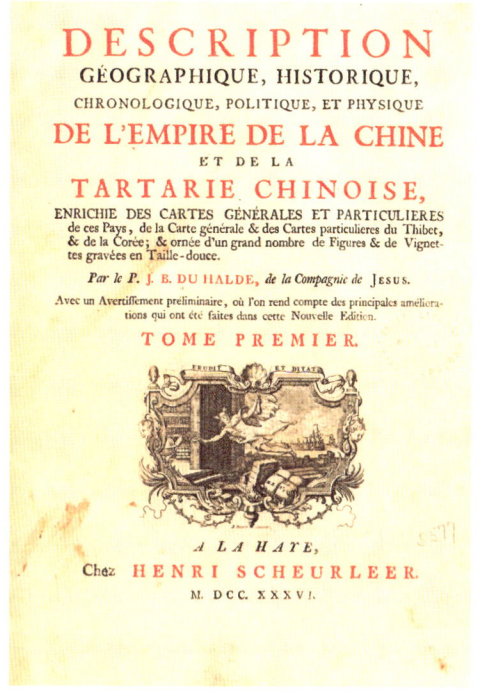

1736年版《中华帝国全志》第1卷扉页

实际上,杜赫德的著作标志着法国乃至欧洲人在认识中国的历史上进入新的阶段,"是对18世纪上半叶西方流行的中国见闻的一个真正总结"②。《中华帝国全志》分4卷,初版时对开本2500多页。杜赫德在序言中说:"我要用较长的篇幅对这个国家作简要的介绍。论述它的特征、它的礼仪、它的习俗、它的政府、它在科学上的进步、它的宗教以及它的道德学说,所有这些内容我将用准确和丰富的资料来加以叙述。"③在这样巨大的篇幅中,作者分述中国的地理、历史、政治、宗教、经济、民俗、特产、教育、科技、

---

① [法]维吉尔·毕诺著,耿昇译:《中国对法国哲学思想形成的影响》,商务印书馆2000年版,第191页。
② [美]马森著,杨德森译:《西方的中国及中国人观念(1840—1876)》,中华书局2006年版,第6页。
③ 引自张国刚:《从中西初识到礼仪之争——明清传教士与中西文化交流》,人民出版社2003年版,第275页。

杜赫德描绘的中国官员出行阵势

文学等,又节译了四书五经、诏令奏章、戏曲小说及医卜星相之书。可以说《中华帝国全志》是150年间欧洲人了解中国的一个总结,被誉为"西洋汉学之金字塔,可以夸耀世界的纪念碑"[①]。《中华帝国全志》与《耶稣会士书简集》《中国杂纂》,被称为"西方汉学的三大名著"及"法国古汉学的不朽著作"。

《中华帝国全志》于1735年在巴黎出版,书中还插入康熙年间由法国传教士实测绘制的42帧中国地图的翻刻版,由当时著名的制图家法国王室技师丹维尔(Jean-Baptiste Bourguignon d'Anville,1697—1782)和他的学生们改描刻制而成。《中华帝国全志》出版以后,引起很大轰动,受到广泛的欢迎。当时有报刊评论说:"我可以向你担保,假如世界上存在一种值得有头脑的人去探索、关注,去尝试的事物的话,那么,就读一读这部伟大的著作

---

① [日]石田幹之助著,张安英译:《中西文化之交流》,商务印书馆1941年版,第197页。

吧，他会把你愉快地带到一个新的世界。""全书充满了一种高尚、淳朴的气氛，它随处都使人感受到作者真挚而善良的意见和判断。"①

《中华帝国全志》在巴黎一经出版，就引起了英国出版界和学术界的高度重视。这部巨著出版的当年，英国的《绅士杂志》便于1735年9月号上发布消息说，杜赫德的《中华帝国全志》刚刚在巴黎出版，《绅士杂志》的出版家凯夫（Edward Cave，1691—1754）准备把它翻译成英文，开始征求订户。

1736年12月，伦敦另一位出版家约翰·瓦茨（John Watls，1678？—1763）抢先出版了《中华帝国全志》的节译本，书名为《中国通史》，由布鲁斯（Richard Brookes，活跃于1721—1763）翻译，8开本4册。此书一经出版，立即引起了关注，1741年印了第3版，据说是修订本。《文学杂志》为它做了10页的提要，《学术提要》发表了长达100页的述评。

与此同时，凯夫选译了《中华帝国全志》的一些片段，总称"中国故事"，陆续在《绅士杂志》上发表。从1736年到1742年，总共发表了11则"中国故事"，讲的是关于严父、慈母、孝子、烈女、忠臣一类的道德故事。凯夫的《中华帝国全志》全译本于1742年3月出版，对开本两大厚册。1742年6—9月，《绅士杂志》发表了作家萨缪尔·约翰逊撰写的评论《中华帝国全志》的论文。这篇论文分为3部分，第一部分阐述了《中华帝国全志》的正确性与可靠性，还介绍了中国的年历；第二部分是他撰写的孔子小传；第三部分是《中华帝国全志》的全部篇目。

约翰逊从一开始就参加了凯夫的翻译《中华帝国全志》的工作。早在1738年7月，约翰逊在《绅士杂志》上发表文章，称赞中国人民，说"他们的古代文物，他们的宏伟、权威、智慧及其特有的风俗习惯和美好的政治制度，都毫无疑问地值得大家注意"。读者看了杜赫德关于中国伦理和政府的详尽而确切的报道，会产生两种感想：一是满意，二是惊奇。

杜赫德的巨著在英国引起强烈反响。法国汉学家蓝莉（Isabelle Landry-Deron，1952— ）指出：《中华帝国全志》"迅速被译成其他欧洲文字，它所引起的巨大反响一直持续到19世纪末。一部著作能在如此长的时间里始终

---

① 引自阎宗临：《传教士与法国早期汉学》，大象出版社2003年版，第59页。

享有盛誉,岂是荣耀二字可以涵盖"①。

在当时的法国知识界和学术界,都把《中华帝国全志》作为了解中国的权威读本。伏尔泰、孟德斯鸠、魁奈等人都从这部巨著中获得和吸取有关中国的知识,并且奉为经典。伏尔泰在《路易十四时代》里称该书是"由一位从未离开过巴黎的人所编撰的关于中国的最好的书",堪称举世无双。他旗帜鲜明地对此书的成功给予充分的肯定。有一位对伏尔泰持批评态度的匿名传教士讽刺他对杜赫德亦步亦趋甚至迷信的态度,但他也不得不承认这部巨著的价值。这位匿名传教士说:"伏尔泰先生亦步亦趋地追随杜赫德神父。这几乎是他可以追随的唯一一位领路人,他无法选择另一位更中意的人。根据耶稣会传教士的报告写成的中国志,是已出版的这类题材中的最佳著作,书中的地图就是其中最珍贵的部分之一,我们很少掌握如此确切的地图,甚至包括由我们的那些最精明的舆地学家绘制的法国地图,它们均不如该幅地图精确。"②而在魁奈那里,则明确地表示自己所受到的杜赫德的影响。他说:"杜赫德神父精心收集了不同的回忆录,并刻意把它们改写成历史讲义。这部著作的功绩是相当卓著的,我正是依靠这位作家的材料来论中国的。"③

五 东方科学的宝典:《中国杂纂》

在18世纪后期,巴黎还出版了《中国杂纂》,即《北京传教士关于中国历史、科学、艺术、风俗、习惯等的回忆录》。这部巨著的内容基本上是乾隆时期在华法国耶稣会士寄给法国国务大臣贝尔丹的各类专题论文,包括中国的历史、自然科学、医学和医药、工艺技术、语言文学等方面。贝尔丹对中国抱有极大的兴趣,1765—1792年,他与在北京的耶稣会士们有几百封的

---

① [法]蓝莉著,许明龙译:《请中国作证——杜赫德的〈中华帝国全志〉》,商务印书馆2015年版,第2页。
② 引自[法]维吉尔·毕诺著,耿昇译:《中国对法国哲学思想形成的影响》,商务印书馆2000年版,第191页。
③ 引自阎宗临:《传教士与法国早期汉学》,大象出版社2003年版,第92页。

"文学书信"往来。

所谓"文学书信",其实是为避免外界有太多的政治意识形态联想的诟病。贝尔丹通过这些书信,得以了解乾隆朝的政治经济、社会文化、科学技术等各方面的情况。他所搜集的这些书信,为法国18世纪后期的启蒙运动起到了指标性的贡献。这些书信有很大一部分编入《中国杂纂》。

《中国杂纂》是18世纪后期最重要的一部耶稣会士作品集。《耶稣会士书简集》与《中国杂纂》分别对应着18世纪前后两个阶段在华耶稣会士的生活与写作。但《中国杂纂》与《耶稣会士书简集》仅具形式上的可比性,而在内容上有鲜明差异。不同之处在于,《中国杂纂》收录的是各类专题论文,而不是传教活动的介绍;它起源于法国政界人士的需要,并且是由法国的东方学者编辑的,而不是像《耶稣会士书简集》那样,是经过耶稣会士加工过的主要是为耶稣会做宣传用的宣传品。

《中国杂纂》先后由法国耶稣会士布罗蒂耶(Gabriel Brotier,1723—1789)、法国皇家科学院匈奴突厥蒙古史专家德经(Joseph de Guignes,1721—1800)和东方学家萨西(Antoine Isaac Silvestre de Sacy,1758—1838)主编,共16卷,1776—1814年在巴黎陆续出版,是18世纪欧洲关于中国研究的大论丛,对推动西方的汉学研究起了重要的作用。有的西方学者评论说,"《中国杂纂》是启蒙时代耶稣会士汉学的真正历史丰碑"①。"这部巨著的出版标志着几个世纪前顺利地由利玛窦开创的一种事业的完成,标志着耶稣会士的中国学研究达到了'顶峰'。"②

《中国杂纂》是一部百科全书式的著作,全面汇集了乾嘉时期钱德明、韩国英、金济时(Jean-Paul-Louis Collas,1735—1781)、宋君荣等多位法国耶稣会士的汉学论述。《中国杂纂》内容庞杂,涉及当时中国社会文化方方面面,反映了法国政府和学术界对中国的浓厚兴趣以及他们关注的重点。

当时的法国科学界对自然史有浓厚兴趣。韩国英撰写了多篇关于中国博物学的文章,如《野蚕与养蚕》《香椿》《庭园》《麝香》《蘑菇蕈、灵

---

① [法]若瑟·佛莱什:《从法国汉学到国际汉学》,[法]戴仁编,耿昇译:《法国中国学的历史与现状》,上海辞书出版社2010年版,第12页。
② 引自忻剑飞:《世界的中国观》,学林出版社1991年版,第128页。

芝、白菜》《桃树》《木树果子、构树、赤枣》《牡丹》《皂荚》《蜂蜜与蜜变白色之法》《朱砂、水银和灵砂》等篇目，介绍了中国的风土物产。此外还包括许多天文、气象方面的观察，如第六卷刊载了钱德明的《中国古今音乐考》，介绍了中国石磬。钱德明对中国古代音乐舞蹈研究颇为精深，译介了李光地的《乐经》。《中国古今音乐考》介绍了中国音乐史、中国乐器、乐系等部分，并附有若干篇古乐谱唱词，并得出"中国乐制发源甚古，在其他国家之前"的结论。他指出，中国的音乐诞生于中国本土，对中华民族的文化、精神和礼俗产生了深远影响。中国音乐通过各种渠道流传到了世界各地，对世界音乐的发展做出过巨大贡献。

在第七卷中重点是关于军事方面的论著，有钱德明撰写的《孙子兵法》《司马法》《六韬》等的评论文章。这一卷的编辑德经介绍了钱德明有关军事著作撰写的经过及其内容。第八卷还有一篇《孙子兵法续》。

第十五卷中介绍了中国社会的状况，乾隆时期发生的重要事件，包括祝寿活动、乾隆武功、天主教难，许多名臣如于敏中、李侍尧等人的事迹，还有康熙帝教导子女的情况，亦即《庭训格言》。此外，还附有耶稣会士的信件，他们主要是就法国学者提出的相关问题做出答复，或对欧洲出版的有关中国的著作所做的评论。还介绍了中国的经济问题，如钱币的利息等。

对中国历史的研究，也是《中国杂纂》的重点。第一卷、第二卷和第十六卷都包含中国历史研究的内容，如《上古史》《古代史》《中国历史概要》和《中国通史编年摘要》等中国编年史著作，还有宋君荣的《大唐史纲》和年代学著作。钱德明撰写的《孔子传》详细介绍了孔子的生平和事迹，对于中国的民俗文化也有很多研究，还有关于中国文字和语言方面的研究。在《论中国语言文字》的附注中往往会由对某个汉字意思的解释，而广泛涉及与之相关的风俗习惯，其续篇则详细论述了汉字的起源以及汉字在道德、艺术、历史、宗教、风俗习惯诸方面的功能。韩国英的《桃树》中引经据典讲到中国特有的桃木信仰和桃树传说；《中国人的羽饰》《铁艺》《镜面画》《石画》等文章详述民间技艺；《中国的新旧孝道》以译介的形式，通过中国历代典籍、诗歌、颂歌、政府法令甚至圣谕等文本呈现出自古至清中国人的家庭伦理。

六 传教士中国知识的贡献

从16世纪末开始，一直到18世纪末，在将近两个世纪里，传教士们，一代又一代地走向中国这片神秘的土地，他们给中国人带来了基督教的教义，同时也在中国传播了近代以来欧洲的科学文化知识。有许多资料显示，经传教士们之手，近代以来欧洲科学的成果，都传播到了中国。另一方面，也正是他们，通过一部部著作、一封封长信、一幅幅图画，将古老中国的文化传播到欧洲，使欧洲人建立了完整的中国知识的谱系。传教士们为增加欧洲人关于中国和整个东方的知识，开阔欧洲的世界图景，为中华文化的广泛西传，建立了不朽的功绩。严格地说，中西两大文化的实质性接触，不仅仅是物质文化层面的交流，而且是深入学术的、思想的、精神的文化层面的接触和交流；欧洲人关于中国的了解不再是通过种种传闻获得的一个遥远而神秘国土的模糊印象，而是建立起较为完整的知识体系，并发展成为一个独立的学科领域，这一切都是从来华传教士们开始的。

17世纪是欧洲人中国知识大发展的时代，这一切很大程度上得益于传教士们的贡献。他们为欧洲人提供了比较完整的关于中国的知识和形象。伏尔泰曾经说道："耶稣会教士是最先介绍中国情形介绍得最好的人。"[①]同一时代的法国思想家魁奈也指出："在16世纪之末，随着第一批传教士进入中国，他们发表了关于这个王国的各种报告，他们的报告进一步证实了马可·波罗的报道，肯定了它的真实可靠。这些人的身份和才智足以保证他们的论述符合实际情况，而且许多人的论述相互一致，故令人信服。于是怀疑化为相信，伴随而来的是惊奇和羡慕。"[②]

在17世纪后半期，传教士们的报告和翻译"在欧洲被广泛阅读，他们借此传输到西方的观念对该时期欧洲人的思想起到了深刻的影响，从而进入到启蒙时期的意识形态讨论之中，从各种途径对该时期一些主要观念的形成起

---

① ［法］伏尔泰著，王燕生译：《哲学辞典》上册，商务印书馆1991年版，第321页。
② ［法］魁奈著，谈敏译：《中华帝国的专制制度》，商务印书馆1992年版，第25页。

到了重要作用"①。所以,"在18世纪初,西方对远东的观感,是与教士的报告完全符合的"②。

大多数传教士对中国和中国人都表达了由衷的赞美,他们的这种钦慕和赞美成为这一时期欧洲人的中国印象的基础。"耶稣会士都倾向于把中国人描述为一个在道德和政治上都十分成熟的民族,他们被受过高度教育和充满智慧的统治者治理,其基本统治理念来自道德和社会相关的普遍人类理性。……在那一时期的欧洲人的眼中,中国那时在政治、社会和经济智慧上都显得颇为成熟。"③早期来华的耶稣会士曾德昭在17世纪中叶出版的《大中国志》中就说:"你将很愉快地在其中看到,他们的身体,以及他们的头脑,可说是欧洲人的楷模;而他们在许多事物上的发明,和我们相反,在某些方面,仍然不仅不亚于我们,很多还优于我们;即使其有不完善之处,你仍将获得并不令人厌恶的知识,因为那是新鲜的和稀奇的。至于种种德行,你将从中发现他们远远胜过我们,可以当做基督教国家的优秀榜样。"④

通过耶稣会士们的报告,"西方人仿佛觉得,他们在中国见到的那个世界,那个幅员辽阔、治理良好、历久弥新的帝国,就像是人类历史上曾经与之并肩而行的那个古老的世界"⑤。正是在这个乌托邦的映照下,启蒙思想家们找到了进行社会改造的样板,展开了对现实生活包括宗教和制度的批判。

这就出现了文化交流史上的一个极为重要的现象,即种瓜没有得瓜,反而结出了别的果实,甚至是要消灭这个"瓜"的果实。从原初的意义上来的,传教士们东来传教,是当时的"反宗教改革运动"或者说是"天主教复兴运动"的一部分,其目的是对抗宗教改革运动对天主教会和教廷权威的损

---

① [美]J.J.克拉克著,于闽梅、曾祥波译:《东方启蒙:东西方思想的遭遇》,上海人民出版社2011年版,第57页。
② [德]利奇温著,朱杰勤译:《十八世纪中国与欧洲的文化接触》,商务印书馆1962年版,第19页。
③ [美]J.J.克拉克著,于闽梅、曾祥波译:《东方启蒙:东西方思想的遭遇》,上海人民出版社2011年版,第58页。
④ [葡]曾德昭著,何高济译:《大中国志》,上海古籍出版社1998年版,第2页。
⑤ [法]蓝莉著,许明龙译:《请中国作证——杜赫德的〈中华帝国全志〉》,商务印书馆2015年版,第4页。

坏，巩固天主教的基本阵地，扩大在欧洲以外地区天主教的影响和势力范围。传教士们踏万顷碧波，不畏艰险，实则是由于他们肩负的"神圣"的使命。为了实现这样的使命，他们采取"适应性传教策略"，与所到之处的本土文化建立了联系，在中国则"成为中国人"。而这样的适应策略又与所谓教会的和教义的"纯洁性"发生了抵触，所以他们需要不厌其烦地、不遗余力地向欧洲的教廷、修会、学术界乃至各国宫廷作出解释，结果就出现了大量有关中国的报告、书信和著作，向人们展现了一个陌生而神秘的中华文明。这又产生了两个后果，一方面是引起对基督教教义权威性和唯一性的怀疑甚至动摇，引来对基督教权威及其神学的批判。戴密微指出："入华耶稣会士们对于欧洲的贡献，是揭示了一种相去甚远但绝不是落后的文明，使人感到了欧洲和基督教传统的相对性。这场评论运动是从16世纪随着探险家们发现新大陆、'人文主义者'对基督教之前古代文明的复兴而在欧洲形成的。"①另一方面是引起对当时欧洲社会政治制度的怀疑和批判。利奇温（Adolf Reichwein，1898—1944）认为："耶稣会士对于中华帝国的实际政治情形不厌求详地说明，这一点尤其重要。一方面他们帮助推动了从哲学上鼓吹开明专制，另一方面为重农运动提供了决心；这种运动已料到革命可能会发生，这一次想从经济方面，再次维持17世纪的专制政体。在政治理论范围内，正如在几乎所有的科学部门中，中国变成论战的基础，成为在已经够多事的时代里的一个令人惶惑无措的阴影。"②

总之，正是他们提供的资料，使启蒙思想家们找到了思想资源，找到了批判的武器，找到了实现理想王国的典范和模型。启蒙思想家们在耶稣会士们工作的基础上出发，却回过头来摧毁了耶稣会士们自身的基础。

虽然他们没有料到，但这却是他们对于欧洲思想的最大贡献。也正是通过他们，中国文化直接参与了近代欧洲思想形成的过程。欧洲人开始接受中华文明、东方文明的优越性，进而反思欧洲文明的意义与价值。

---

① ［法］戴密微：《中国与欧洲早期的哲学交流》，《国际汉学》第7辑，大象出版社2002年版，第60页。
② ［德］利奇温著，朱杰勤译：《十八世纪中国与欧洲文化的接触》，商务印书馆1962年版，第79页。

第十八章
解读中国：传教士的研究

一　利玛窦：讲述中国的西方使者

耶稣会传教士来到中国后，面对的是一个不了解、不熟悉的新鲜的世界，他们要在这里生活和传教，首先需要了解这个国家的基本情况，了解山川地貌、风土人情、社会制度、语言文化。而他们向欧洲教会组织报告的、向亲友介绍的，以及他们最初研究的，就是关于中国的基本国情。在早期来华传教士的书信、报告和著作中，从利玛窦开始，都一再重复地介绍中国的基本国情，由于他们深入中国的内地和政治文化中心，有与各阶层中国人广泛接触的机会，同时他们还学会了中国的语言和文字，能够与中国人直接交流和阅读中国的文献，因此，他们对于中国国情的了解和研究，要比早期的旅行家们全面、深刻，也更加准确。

在最早的传教士的著作《利玛窦中国札记》中，第一卷就是关于中国概况的全面介绍，对中国的地大物博和繁荣富庶有着印象深刻的描述。

在《利玛窦中国札记》中，利玛窦写道："由于这个国家东西以及南北都有广大的领域，所以可以放心地断言：世界上没有别的地方在单独一个国家的范围内可以发现有这么多品种的动植物。……凡是人们为了维持生存和幸福所需的东西，无论是衣食或甚至是奇巧与奢侈，在这个王国的境内都有丰富的出产……实际上凡在欧洲生长的一切都照样可以在中国找到。否则的话，所缺的东西也有大量其他为欧洲人闻所未闻的各种各样的产品来代替。"①接着，利玛窦详细介绍了中国的各种物产，如粮食、蔬菜、水果、矿产，介绍了中国的服饰、建筑、瓷器、船只，特别提到当时欧洲人还不曾了解的茶和漆；还介绍了中国的火药和焰火表演、戏曲、音乐和乐器、造纸和印刷术、浮雕和绘画、制印和制墨、制扇技艺，等等。

基歇尔《中国图说》中的徐光启（右）与利玛窦（左）

利玛窦详细考察了中国的政治制度。他指出："从远古以来，君主政体就是中国人民所赞许的惟一政体。贵族政体、民主政体、富豪政体或任何其他的这类形式，他们甚至连名字都没有听说过。"②利玛窦介绍了中国的皇帝的统治方式和传位形式，中央和地方政府的官制和组织形式，认为中国的皇帝和人民都没有征服的野心。"西方国家似乎被最高统治权的念头消耗得精疲力竭，但他们连老祖宗传给他们的东西都保持不住，而中国人却已经保持

---

① ［意］利玛窦、［法］金尼阁著，何高济、王遵仲、李申译，何兆武校：《利玛窦中国札记》，中华书局1983年版，第7、10、19页。
② ［意］利玛窦、［法］金尼阁著，何高济、王遵仲、李申译，何兆武校：《利玛窦中国札记》，中华书局1983年版，第44页。

了达数千年之久。"①利玛窦特别注意到中国知识阶层参与政府管理的情况，认为这是中国政治"与欧洲人不同"之处。

利玛窦认为，中国政府的整个性质都与中国人在文学、科学上所取得的进步及中国实行的科举考试制度有直接关系。因此，他详细地介绍了中国科举考试制度的内容和程序。

但是，利玛窦在中国生活期间正值晚明时期，正值明末社会大动乱的前夕。利玛窦所看到的中国，是一片繁荣富庶、歌舞升平的景象，但与此同时，明王朝官僚体制的腐朽和吏治败坏已经日益严重，各种社会矛盾正在积聚和逐渐尖锐化。利玛窦以外国人的旁观态度，敏锐地看到中国政治的种种弊端。他写道："大臣们作威作福到这种地步，以致简直没有一个人可以说自己的财产是安全的，人人都整天提心吊胆，惟恐受到诬告而被剥夺他所有的一切。"贪赃枉法的事例也很多，"有时候，被告给大臣一笔巨款，就可以违反法律和正义而买得活命"。他还指出，庞大的皇族都由公费供奉，"所以不难想象他们构成多么大的公众负担。由于他们不担任一切公职和行政，他们变成了一个无所事事的阶级，耽于逸乐的生活而且蛮横"。②

利玛窦在《利玛窦中国札记》中还明确指出，被称为"丝绸之国"的国度，就是他所到达的这个中国。厘清这个问题，对当时欧洲人明确中国的地理概念有很大帮助。

"15世纪末西方东来，东西方对话的原点，是西方对契丹的寻找。"而"到17世纪初，契丹即中国的证实，是西方对中国直接接触和认识中国开始时期的重要事件，西方直面中国，一切虚幻都消退了，真正的对话开始了"。③

马可·波罗和后来的方济各会传教士都曾叙及东方大国"契丹"，但欧洲人始终不知道这指的是中国。在马可·波罗时代，契丹成为一种想象的地域，与此同时，契丹成为一种形象——财富的象征符号。在利玛窦来华之

---

① ［意］利玛窦、［法］金尼阁著，何高济、王遵仲、李申译，何兆武校：《利玛窦中国札记》，中华书局1983年版，第59、27页。
② ［意］利玛窦、［法］金尼阁著，何高济、王遵仲、李申译，何兆武校：《利玛窦中国札记》，中华书局1983年版，第93—94页。
③ 万明：《明代中外关系史论稿》，中国社会科学出版社2011年版，第473—474页。

前，人们普遍接受了这样一种看法：契丹在遥远的东方，它具有令人羡慕的财富，还有与西方相同的宗教和教徒。

1601年利玛窦初到北京的时候，按照通常的行政程序，有关外国人的事务应由礼部的主客司掌管。考察来访者的目的，将贡品进献给皇上，并就给予他们何等规格的接待向皇上提出建议，都是这个机构的职责。但是太监却想绕过这个程序，希望能够分享皇帝赐予外国人的赏金。一位主管外国人事务的官员蔡献臣派了一小队兵丁将耶稣会士从太监们的手里夺了回来。利玛窦一行被关押在供外国贡使居住的会同馆内。在会同馆里，利玛窦遇见了两支来自西方的穆斯林商队。他们都是按照明朝的规定，每5年一次从陆路来北京朝贡的。利玛窦和庞迪我借机询问他们路途上的见闻。当问到他们的国家是如何称呼这个他们正在朝贡的国家时，两支商队的人都回答说叫"契丹"。而且他们说，除了他们自己的国家以外，所有的莫卧儿王朝统辖的国家、波斯和其他各地都称中国为"契丹"，而没有别的称呼。利玛窦和庞迪我又问这些朝贡商人，如何称谓他们现在所在的这座都城。他们回答说是"汗八里"。由此利玛窦和庞迪我终于证实，所谓的"契丹"就是"中国"，"汗八里"就是"北京"。这就第一次肯定了马可·波罗所说的契丹乃是中国的别名。

1602年，利玛窦给在印度的传教士们发去信函，说明"契丹"和"中国"就是一个国家，"契丹乃支那帝国之别名"，并且列举了许多证据来证明这一点。

但是，在印度的传教士们对此说法将信将疑。当时任莫卧儿王朝宫廷耶稣会传教团团长的是沙勿略的侄孙哲罗姆·沙勿略（Jérôme Xavier，1549—1617）。他在伴随莫卧儿君王在印度各地视察时，了解到从陆路可以通达马可·波罗所描述的"契丹"和雪域高原西藏，而且这两地的居民多信仰基督教。因此他坚信"契丹"和"中国"是两个不同的国家。他们注意到莫卧儿人同北方的频繁贸易，也断定那是一片值得探究的新大陆。

1599年，哲罗姆和视察员皮门塔向教皇和西班牙国王菲利普三世作了报告，希望派遣传教士去寻找通往"契丹"和西藏的通路。菲利普三世对哲罗姆的计划非常支持。为了解决这些互相冲突的疑点，也为了寻找一条与中

利玛窦《野墅平林图》

国通商的捷径,他们最后决定进行这次探险调查。他们于1603年派葡萄牙耶稣会传教士鄂本笃(Beuto de Goes,1562—1607)率队从陆路寻找通往"契丹"之路。

鄂本笃于1594年被派往莫卧儿帝国传教。1603年1月6日,也就是利玛窦到北京的两年后,鄂本笃整理行装从印度果阿出发,开始了他的漫长的旅程。为了安全起见,他把自己打扮成亚美尼亚商人,还按照亚美尼亚的习惯易名为阿伯杜拉·伊撒(Abdullah Isai)。16—17世纪,亚美尼亚商人可以在亚洲腹地的穆斯林居住区自由通行,扮成亚美尼亚商人可保证沿途安全。鄂本笃的行装中有各种货物,可以售卖谋生。随行的有2名希腊人和4名回教仆人。鄂本笃首先抵达北印度的拉合尔。他在当地又雇了一名亚美尼亚人做向导,随后从拉合尔到喀什噶尔,然后到达喀布尔。

鄂本笃一行越过帕米尔高原,至控制西域的大国叶尔羌汗国。叶尔羌的建立者赛依德（Sultan Sä'id Khan，1487—1533），是莫卧儿创始者巴布尔（Babur，1483—1530）的表兄弟，双方彼此之间都有联系。在得知叶尔羌人听说过"契丹"国名后，鄂本笃坚定了继续探索的决心。为了与朝贡大明的商队同行，他们在叶尔羌等待了12个月。1604年11月，他们再往东行，经塔克拉玛干沙漠及无数已成废墟的古代城市，来到了喀喇沙尔。他们走的路线是天山南麓的丝路"北道"，途经阿克苏、库车到了察里斯。察里斯城即新疆塔里木盆

1615年版《利玛窦中国札记》扉页

地焉耆。他们在这里遇到了从北京回来的商人。这些商人正是在北京和利玛窦、庞迪我等人共住在会同馆的那些穆斯林。他们向鄂本笃修士提供了有关利玛窦及其同伴的第一手消息，还向鄂本笃展示了利玛窦等人用葡萄牙文写的字条。鄂本笃和他的同伴们惊喜过望。他们已毫不怀疑，契丹只不过是中国的另一个名字，而撒拉逊人称为汗八里的那个首都就是北京城。

1605年10月，鄂本笃等到达哈密，这里是喀什噶尔汗国极东之地。在哈密休整一个月后，便开始向东南行，穿越戈壁，历时9天，直抵嘉峪关。这里虽没有盗贼、饥寒的威胁，但当地官吏的刁难有胜于此，鄂本笃不得不施以重贿才得以继续前行，到达肃州（今酒泉）。这已经是1605年底，从他们出发到此时已经两年了。

鄂本笃在肃州给利玛窦写了一封信，报告他的到来，送信的是一名中国人。但鄂本笃不知道神父的中国名字，也不知道他们在京城的具体地址，再加上信是用欧洲文字写的，结果没有送到。鄂本笃又修书一封，由一个穆斯林商人传送，这封信在1606年11月中旬送到利玛窦手里。早在鄂本笃由印度

起行时，果阿总主教已有书信给利玛窦，说鄂本笃已经启程。所以北京诸神父每年都急切盼望着鄂本笃的到来。当接到鄂本笃手书时，他们欣喜万分，遂派中国教徒钟鸣礼修士去接鄂本笃等前往北京。

12月11日，钟鸣礼从北京出发，于1607年3月底到达肃州，与鄂本笃会面。据此，契丹和中国的关系才终于得到了证实，而马可·波罗所描写的中国也为人们所确认。鄂本笃与钟鸣礼的这次会面被认为是确认"契丹"和"中国"为同一个国家的标志性事件，而这一确认，如前所说，是一个伟大的发现。万明指出："鄂本笃从陆路来华，对'契丹'即中国的证实，使西方对中国的认识深化，充实、修正并完整了西方关于中国的认识，使西方的中国形象从神话最终返回了现实。"①

钟鸣礼本来要接鄂本笃去北京，但此时鄂本笃已疾病缠身，卧床多日。钟鸣礼多方寻医，精心照料，但仍不见效，在钟鸣礼到达之后11天，鄂本笃去世了。

鄂本笃是地理大发现以后第一个通过陆路到达中国的欧洲传教士，英国汉学家亨利·裕尔称他的旅行是"整个大发现史中最大胆的旅行之一"②。他为证实"契丹"就是"中国"这一重大发现奉献了自己的生命。

临终时，鄂本笃把他的考察整理成信件让钟鸣礼带回。1607年10月27日，钟鸣礼将所搜集到的鄂本笃遗物携返北京，送呈利玛窦。1608年3月8日利玛窦致函耶稣会会长，指出中国就是过去人们所说的契丹，北京就是马可·波罗讲述的古都汗八里，这场长达一个多世纪的关于中国是Cathay还是China的争执才算结束。

《利玛窦中国札记》指出，托勒密时代为人所知的Sina，近世葡萄牙人兴起后所说的China，就是马可·波罗所说的Cathay。这一萦绕在欧洲人心头几百年的历史之谜终于有了肯定的结论。许多西方人是在读了《利玛窦中国札记》之后才得知"契丹"即中国。从此发源自古代地图上的古国名称"秦尼"才正式成为东亚帝国的统称，"China"便成了西方国家对中国的称呼。有学者认为，也许《利玛窦中国札记》中最有意义的历史项目是他揭示了契

---

① 万明：《明代中外关系史论稿》，中国社会科学出版社2011年版，第474页。
② 万明：《明代中外关系史论稿》，中国社会科学出版社2011年版，第487页。

丹就是中国的另一个名字,而不是欧洲在马可·波罗时代所认为的另一个国家。这一重大发现可以和亚美利哥·维斯普奇(Amerigo Vespvcci,1454—1512)之论证哥伦布所发现的新大陆并不是印度相媲美,堪称近代初期西方地理学史上最有价值的两大贡献。

二 关于中国国情的概述

在《利玛窦中国札记》问世之前,西班牙耶稣会士庞迪我在一封长信中对中国进行了比较全面的介绍。庞迪我1599年到达中国,1600年3月在南京与利玛窦会合,然后他们带着准备献给明万历帝的"方物"循运河北上,于1601年抵达北京。1602年3月9日,庞迪我从北京给他远在托莱多的导师路易斯·德·古斯曼主教(Luis de Guzmán,1544—1605)写了一封长信,即《一些耶稣会士进入中国的纪实及他们在这一国度看到的特殊情况及该国固有的引人注目的事物》。庞迪我在这封长信中对中国的地理方位、山川形势、物产、人口、城乡概况、经济与贸易发展水平、政治体制、外交政策和中国人的历史、文化、习俗及宗教信仰乃至宫廷内幕等方面进行了百科全书式的介绍。这份文献基本上代表了16世纪与17世纪之交欧洲人对中国最全面、最客观的认识。由于庞迪我来华后始终追随在利玛窦身边,所以庞迪我致古斯曼主教的长信也融汇了利玛窦的一些基本看法。庞迪我一方面肯定了门多萨著作中具有真实性的那部分内容,另一方面又根据他对中国的实地观察,对门多萨记述有误的地方作出了更正。

庞迪我的这封长信是比较早向欧洲报告中国国情的文献,是一位游历了大半个中国的欧洲人写下的最有学术价值的有关中国国情的文献。他对中国国情做了相当客观的报道,在欧洲各国引起重视并受到普遍的欢迎。1604年,这份长信在巴拉多利德出版,不几年间,就先后有西班牙文、法文、意大利文、德文等译本问世。

在谈到传教士们介绍中国的著作时,人们论及的多是耶稣会士们的撰述,对于其他修会传教士则往往忽略。但多明我会传教士闵明我(Domingo

Fernández Navarrete，约1610—1689）所著《中华帝国纵览》值得一提。闵明我是西班牙籍多明我会的传教士，于1658年来华传教。1664—1668年，他在广州参加在华传教士关于"礼仪之争"的讨论，会后他自行返回欧洲。在"礼仪之争"的问题上，他反对耶稣会士的传教策略，回到欧洲把这种关于中国传教和信仰的争论传播开来，对"礼仪之争"在欧洲的展开起到了至关重要的作用。或者也可以说，"礼仪之争"在欧洲宗教界、思想界掀起巨大波澜，实际上就是从闵明我返回欧洲开始的。闵明我回到欧洲后，为了配合自己关于"礼仪之争"的宣传，写作了《中华帝国纵览》一书，目的是为人们了解"礼仪之争"提供有关的背景资料。这部著作于1675年6月完成初稿，送交多明我会审查，第二年6月出版，后来陆续被译成法文、德文和意大利文。而在英国出版的摘译本尤其受到英国读者的欢迎。

闵明我的《中华帝国纵览》是为了阐述多明我会在"礼仪之争"中的立场所写的，所以书中有不少批评耶稣会的内容。虽然站在反对耶稣会的立场，但他并没有因此而诋毁中国和中华文化。相反，却在书中表露出对中华文化的钦慕和赞扬。他对中国的富庶印象深刻，以至于认为这块土地就是《申命记》中所说的"上帝应许之地"，只是这块土地上的居民享有上帝恩赐的一切而且聪明机智，却丝毫没有关于上帝的知识。他称赞中国人热爱学习，肯定中国工匠众多，对中国医药学和绘画也给予称赞。他说中国农民勤劳，灌溉方式先进，带风帆的水车尤其令他称道。中国人注重公共福利，注意修路搭桥。中国人的礼节虽然烦琐，但终究是好习惯，所以中国人看起来都彬彬有礼。他对京城的各种繁华景象，朝廷的机构构成、长城、军队、皇帝的排场也都有描述。闵明我长期在中国的省城生活和进行传教活动，对中国社会现实和民众的情感及生活习俗有更深入的了解，所以他的著作比此前出版的拉达、门多萨及庞迪我等人的作品，对中国的认识和介绍更为深刻。他建议欧洲各国政府仿效中国政府，减轻田赋，造福农民，甚至认为可以把中国称作伊甸园。他介绍了孔子的学说，引用了100多句《论语》和其他典籍中的格言。

闵明我写作这部著作的目的之一，就是希望把中国作为西班牙的一个榜样，以中国政治上的"清明"促进西班牙的政治革新，以中国繁荣富强的景象来唤起西班牙民族重振往日辉煌的激情,并最终使西班牙摆脱当时内忧外患的困境。这部著作内容翔实,并且是出自与耶稣会不同派别的传教士之手,所以一经出版,就在欧洲各国广泛传播。到启蒙运动时期,这本书尤其受到学术界的高度重视。莱布尼茨、洛克、狄德罗、卢梭、伏尔泰、孟德斯鸠、魁奈、傅尔蒙等人都曾提到过这本书,认为它对了解中国大有裨益。闵明我对中国农业和农民政策的介绍,对法国的重农学派产生了一定的积极影响。

1688年在巴黎出版的安文思的《中国新史》,是一部全面概述中国和中华文化的著作。有研究者认为,与其他早期来华传教士的著作相比,安文思对中国的介绍更为系统和全面。安文思是葡萄牙耶稣会传教士,原名加布里埃尔·德·麦哲伦,为著名航海家斐迪南·麦哲伦的后裔。他于1640年前往中国传教,直到1677年病逝于北京,在中国生活了37年,其中在北京就居住了29年。他撰写《中国新史》时,在中国已经生活了20多年,对中国已经有较为深入的认识。安文思完成《中国新史》后,并没有立即出版,而是由柏应理带回了欧洲。柏应理在罗马期间晋见红衣主教德斯特烈(César d'Estrées,1628—1714),将安文思的著作手稿交给了主教,说这本书稿完全可以满足他想了解中国的愿望。主教以极大的兴趣阅读之后,将手稿交给了贝尔努(Claude Bernou),请他将书稿译成法文。这就是1688年最初在巴黎出版的版本。

安文思在《中国新史》中记述了中国的名称、地理位置、历史、语言、物质生活、矿产、航运、船舶、政治制度、国家结构等,特别对中国社会的礼仪风俗、城镇特点、官僚贵族体制和皇城建筑等作了较为详尽的记述,呈现出一幅全景式的中国图画。

《中国新史》原来的书名是《中国十二绝》,意即中国的12条优点。按照安文思的说法,这12条优点是:版图广大,历史悠久,语言文字优美,典籍丰富,中国人有礼貌和教养,水运的便捷和公共工程的完善,工艺制造精美,物产丰富,孔子地位崇高,政治发达,君主伟大,北京宏伟。

李明的《中国近事报道》是17世纪末比较全面概述中国国情的著作。《中国近事报道》是法国耶稣会士李明在华期间写给国内要人的通信汇编,共有14封信。李明以自己的亲身经历对在中国的所见所闻做了详尽的报道,其中涉及中国城市、房屋建筑、气候、土地、运河、水道、物产，中华民族悠久、杰出之处及优缺点，中国人的语言、文字、书籍和道德，关于中国人思想的特点等，还包括政府和政治、中国人的宗教信仰、基督教在中国的立足和发展。《中国近事报道》1696年于巴黎出版。首版为两卷本，出版获得巨大成功，短短4年间重版5次，并有英文、意大利文及德文译本。然而，这本书深深地卷入"礼仪之争"中，索邦神学院用了两个月的时间召开了30多次会议，对这本书进行审查，有160多位神学家参加会议并发表意见。虽然其中的大多数人赞成此书的出版，但最后1700年巴黎索邦神学院仍以"有悖于神学原则"为由而下禁令将其尘封。直到近300年后的1990年，这本书才在巴黎再版。

传教士们在对中国历史文化的研究中，也很重视民间文化和民俗事象的调查。白晋在《古今敬天鉴》一书中，着眼于普罗百姓的民间信仰，通过研究民间俗语，试图把天主教信仰渗入平民生活。他引用了大量与"天"有关的俗语："头上有老天爷做主""老天爷看得真真的""人千算计，万算计，当不得老天爷一算计""没良心的人，老天爷不容他"，等等。

李明在《中国近事报道》中谈到中国民众对于日食、月食的迷信。《耶稣会士通信集》中包括了康乾时期众多法国耶稣会士寄回巴黎的书信，各位神父殷切地汇报了中国特有的民间文化。如冯秉正在信中描述了从厦门乘船到台湾的所见所闻，殷弘绪在信中提到了地方志《浮梁志》及其中记载的景德镇异闻、制瓷工艺及延年益寿的办法，等等。这一时期耶稣会士陆续来华，人数渐多，分布渐广，他们深入中国各地进行民间实地考察，正如民俗学者的采风调查一般，尽管这一时期他们肩负传教和收集情报使命而非真正的学术研究，却是第一批开启集中地、大规模地、以西方思想和眼光考察中国民间情况。

杜赫德编纂的《中华帝国全志》中包含了大量民俗资料，翔实地介绍了中国各民族的文化习惯及风土人情，包括中国边疆吐蕃、苗族及中国十五省的民风民情的介绍，特别是第二、三卷中的篇章广泛涉及民间生活的主题，全面介绍了中国人的宗教、伦理，如中国人对天的崇拜、对帝王的忠诚、对父母的服从、对师长的尊敬、夫妻的相处、兄弟的情谊、朋友的诚信、婚姻关系、民众的智慧、家庭教育，等等。书中还收录了关于家庭、犯罪、复仇、庄子哲学的《中国故事四篇》，大概是最早对中国民间故事的译介。此外，还有《中国人之性格和道德》《长生——延年益寿的艺术》等篇目。

传教士们对于中国风俗和民间文化的介绍，激发了启蒙思想家在宗教、文明、民俗各方面对欧洲宗教和习俗的重新思考。莱布尼茨认为，这些真实、客观地汇报中国生活风貌的书信"使得欧洲的风俗习惯开始相对化"。伏尔泰的《风俗论》，用相当的篇幅谈到非西方世界的文化，关注了各民族风俗及其背后隐藏的民族精神和心态伦理，尤其以很大的热情介绍了中国古代的神话、政治制度和独特信仰。

传教士们还对中西民俗文化进行了比较研究。如宋君荣对中国的传统礼俗进行了研究，指出中国的传统礼俗与亚伯拉罕制定的以色列法有相似之处。韩国英写有《华人和〈以斯帖记〉所志的风俗习惯比较》，共31篇，比较了波斯帝国亚哈随鲁王朝与中国的节日、婚嫁、休妻、婚后操守、诅咒、求签等民间习俗的异同。钱德明的《中国古代宗教舞蹈》一书中收有署名为阿尔诺（François Arnaud，1721—1784）的文章，将中国古代仪式舞蹈与古希腊舞蹈传统相对比。

三　卜弥格的东方卷轴：《中国地图册》

来华传教士还向欧洲系统地介绍中国地理知识。最早开始绘制中国地图并带回欧洲的是罗明坚。他的这部地图集名为《中国地图集》。"这部地图集共有37页地理说明和28幅地图，其中有些是草图，有些绘得很精细，对中国的15个省份进行了分析性的描绘，包括省与省之间的距离、农业生产、矿山、府、州、县等行政区的划分。还在府、州、县里补充了卫和所，即军队和帝国的御林军所在地。所有这些都清楚地标示在地图集里。另外，还描绘了凸起的地势与主要河流的流向。"①

---

① ［葡］本卡尔迪诺：《15—17世纪欧洲地图学对中国的介绍》，澳门《文化杂志》1998年春季号。

波兰耶稣会士卜弥格也是较早对中国进行全面介绍的传教士。卜弥格绘制的《中国地图册》是最早传入欧洲的中国地图之一。

《中国地图册》，全名是《大契丹就是丝国和中华帝国，十五个王国，十八张地图》。这个名称就明确地指出了马可·波罗说的"契丹国"、托勒密说的"丝国"和葡萄牙人说的"China"是同一个国家，这一正确的洞见与16世纪和17世纪上半叶欧洲主流的地理观是截然不同的，也难以被时人接受，因此人们认为，"卜弥格在欧洲乃是《马可·波罗游记》第一个真正的诠释者"[①]。这部地图册共有18张地图，包括15张中国的行省图、1张中国全图、1张海南岛图和1张辽东地图。每幅地图都配有图案和文字说明，简要地介绍了中国的历史、风化和社会生活。

这部地图册和它的说明部分在卜弥格回欧洲时带到了罗马，辗转被私人收藏了70年，后来，有人把它买了过来，于1729年交给了梵蒂冈图书馆。"卜弥格的地图虽然没有发表过，但它在早期耶稣会的制图学中占有很重要的地位，因为它和卫匡国的地图册一样，乃是最早向西方世界提供的一部绘制得很详尽的中国地图册。"[②]基歇尔在创作《中国图说》的时候，就大量参考和借用了卜弥格的这部分资料。卜弥格在地图册的文字说明部分包含了一部分关于耶稣会在中国传教经历的内容，同时对中国做了比较简要但很全面的介绍，可以说"是一部关于中国事物的百科全书，那里从汉语开始，到有关中国的文化、文明、文学和官方的考试都有专门的论述"[③]。张西平认为，卜弥格的地图"勾起了西方人的历史回忆，并推进了西方人对中国地理的认识"[④]。

罗明坚和卜弥格绘制的中国地图在他们生前没有发表，在当时可能只有

---

① ［波兰］爱德华·卡伊丹斯基著，张振辉译：《中国的使臣卜弥格》，大象出版社2001年版，第183页。
② ［波兰］爱德华·卡伊丹斯基著，张振辉译：《中国的使臣卜弥格》，大象出版社2001年版，第181页。
③ ［波兰］爱德华·卡伊丹斯基著，张振辉译：《中国的使臣卜弥格》，大象出版社2001年版，第182页。
④ 张西平：《中西文化交流的使者，波兰汉学的奠基人：卜弥格》，张振辉、张西平译：《卜弥格文集——中西文化交流与中医西传》，华东师范大学出版社2013年版，第33页。

少数人见过。所以，最先在欧洲产生影响的中国地图，是卫匡国的《中华帝国图》和《中国新图》。《中华帝国图》是8幅大型挂图，1654年在奥格斯堡出版。《中国新图》是1655年在阿姆斯特丹出版的对开本，计有17幅地图和171页地图说明。其中1幅中国地图，15幅明代省区分图，另附1幅日本地图。书之首有一篇序文，描写当时远东的状况。各省都标明省界，每省的人口、物产、风化、习尚、生活状况等都略有叙述。

《中国新图》以准确性和系统性见长，每幅图的四周都标示出精密的经纬度格，图上画出海洋、山脉、河流、湖泊、运河、长城和大小城市。卫匡国使用了欧洲的仪器和严密的测量方法，同时参考了明代陆应阳的《广舆记》《广舆考》和《皇明职方地图》等，纳入了中国人的地理知识。此图册在欧洲出版后，各国纷纷翻译并印制。有专家评论说，卫匡国的地理著作对完整地介绍中国做出了最根本的贡献。书名"地图集"一词的选择，已经说明这本书实际上是"一部现代地理地图集"，这种体裁在当时的欧洲还鲜为人知。亨利·裕尔曾说：17世纪中叶绘制的欧洲国家地图无一能与卫匡国的相比。李希霍芬曾指出，这本地图集"是我们所拥有的一本最完整的中国地理著述，马尔蒂尼（汉名卫匡国）因此而成为中国地理学之父"①。

四 全面介绍中国：中国历史的创作

在来华传教士们的著作中，有不少是关于中国历史的著述。中华民族和中华文化延续几千年持久不衰、一脉传承的发展史，记述中国悠久文明的丰富的历史著作，一直使传教士们惊叹不已，保持着经久不衰的兴趣和研究、探索的热情。格鲁贤在冯秉正的《中国通史》前言中说："在中国人所培植的各种技艺和科学中，历史研究始终独占鳌头，这个睿智的王国也许是世界上唯一把公众事件代代相传视为国家智能的国家。"②

---

① 引自徐明德：《论意大利汉学家卫匡国在中意文化交流史上的卓越贡献》，陈村富主编：《宗教与文化论丛（1994）》，东方出版社1995年版，第77页。
② 引自许明龙：《欧洲18世纪中国热》，外语教学与研究出版社2007年版，第132页。

金尼阁在西方人中第一个撰写了系统的中国历史著作，他的《中国编年史》是根据中国史籍编译的一部中国通史，计划从远古时期写起，一直写到明朝。第一册写到了200年前后，于1628年出版，但计划以后的3册是否完成，至今情况不明。

在来华传教士中，较早著述中国历史的是葡萄牙籍耶稣会士曾德昭。曾德昭1613年到达南京，取名谢务禄，在南京开始传教并研习中文，是较早来华的耶稣会士之一。1616年发生"南京教案"后，被遣送到澳门。1620年重回中国内地，改名曾德昭，此后一直在杭州、上海、南京、广州等地传教。1636年返回欧洲，在旅途上完成了《大中国志》。《大中国志》于1642年在西班牙首都马德里出版。这部著作和门多萨的《中华大帝国史》一样，一经出版，便被译成多国文字，受到欧洲东方学者们的欢迎。这部著作的英译本有一个很长的标题，即"伟大和著名的中国史，其中准确地记述了各个省份及那个民族的品质、风俗、学术、法律、军事、政府和宗教，尚述及该国的交通和商品。最近由奥法罗·塞默多神父用意大利文撰写，他是葡萄牙人，曾在该国的都城及其他著名城市居住了22年。现由一位有身份的人译为英文，附几幅地图和图画，以满足人们的好奇心，并推进大不列颠的贸易"。曾德昭在中国待了22年，对当时处于明朝末期的中国，应该说了解还是比较透彻的。他的《大中国志》比利玛窦的著作更为详细地介绍了中国的社会历史状况，特别是具体介绍了中国南北各省的特点、物产等人文地理情况。此外，这本著作还介绍了一些明代的重要事件，以及"南京教案"的全过程。这些报道都使欧洲人对中国的历史与事件有了更为深刻的认识。

曾德昭的另一重要著作是关于"大秦景教流行中国碑"的纪事和碑文译本。1625年，西安出土了"大秦景教流行中国碑"，北京的耶稣会得知消息，便派金尼阁前去考察研究。金尼阁将碑文译成拉丁文，由罗雅谷寄往罗马。三年后，曾德昭到西安见到此碑，遂写成关于此碑的纪事并翻译碑文。"大秦景教流行中国碑"的纪事和碑文是中西往来的一个重要文献。欧洲历史学家研究此碑者，均根据鲁德昭的纪事和译文。

来华传教士关于中国历史的另一部重要著作是冯秉正所著的《中国通史》，共12卷。冯秉正于1703年来中国，当时康熙帝命令将朱熹的《通鉴纲目》译成满文，冯秉正参照满文译本，用法文翻译汉文原本，同时还翻译了明代商辂等人的《续通鉴纲目》，补充了宋末、元、明的史实，又根据其他书和自己见闻补充了明末清初之事。1737年，全书始告完成，冯秉正将书稿寄回法国。不料，由于偶然的变故，此稿竟被人遗忘了数十年。直到1773年，这部书的原稿才在里昂大学图书馆被人发现。后来，书稿转到历史学家格鲁贤（Jean-Baptiste Grosier，1743—1823）的手中，由他主持于1777年至1783年在巴黎出版。格鲁贤又把自己编的论述清代十五省人文地理和地形的《中国志》作为第13卷，附录其后，于1785年在巴黎出版。

冯秉正的《中国通史》首次向欧洲系统地介绍了中国的通史知识，在当时的欧洲产生了一定的影响，奠定了冯秉正作为"法国汉学家奠基者"的历史地位。后来法国历史学家考狄的名著《中国通史》的清以前部分，多取材于这部著作。法国汉学家戴遂良（Léon Wieger，1856—1933）、亨利·柯蒂埃（Henri Cordier，1849—1925）和勒内·格鲁塞等人在从事著作和研究的时候，都从这部著作获益匪浅。

格鲁贤早年从事报刊编辑工作，同时研究中国的历史、美术和文学。他曾于《世界传记》杂志上发表《孔子传》。《中国通史》第13卷的《中国志》（《中国及中国人的法律、风俗、习惯、科学和艺术全志》）出版后很受欢迎，随后又数度单独发行，分别在1785、1787和1818—1820年有过3个独立法文本，1788年和1789年分别在伦敦和莱比锡推出英译本和德译本，英译本又于1795年再版。《中国志》是继杜赫德《中华帝国全志》、冯秉正《中国通史》之后最为全面介绍中国的一部著作。此书集中了当时能够搜集到的所有有关中国的资料，除了耶稣会士的著作外，还包括其他欧洲人撰写的文献。当时有人评价说："《中国志》是迄今为止出版的最好的书"，是耶稣会士的著作出版以来"最精确、最完全"的一部书。

在来华传教士的中国历史研究方面，有较大影响的是耶稣会士卫匡国。卫匡国于1643年来中国，曾旅行中国各地，后来长住杭州。在发生"礼仪之争"时，卫匡国被派往罗马向教廷陈述传教工作情况，完成使命后复返杭州。他在回欧洲期间，出版了几本书，其中有《中国史初编》10卷，于1658年在德国慕尼黑出版。在此之前，欧洲人从门多萨、曾德昭等人的著作中对中国的历史有了一些了解,但还是比较笼统模糊。而卫匡国的这部著作"第一次把真实的中国历史用欧洲语言呈现在欧洲人面前"①。

《中国史初编》是欧洲学者撰写的第一部系统地向欧洲介绍中国的历史著作。据卫匡国说,根据的是《书经》《春秋》等儒家典籍及《史记》《资治通鉴》等。内容包括夏、商、周王朝的兴亡,战国诸侯的合纵与连横,秦始皇修长城和焚书坑儒,汉高祖刘邦和汉武帝的丰功伟绩,与异族的往来和诸子百家的思想等。卫匡国的这部著作于1692年译成法文出版。

卫匡国在《中国史初编》中从开天辟地写起,从传说最早的帝王伏羲直到汉哀帝(公历纪元开始时),介绍了历代帝王的事迹。虽然他从盘古说起,但并不认为这是真正的历史,而认为伏羲以后的历史才是可信的。卫匡国确认了公元前2952年伏羲即位的史实,并向欧洲读者表明,自那以后中国人有了从未间断的历史。

他还列出了历代帝王的在位年代,既采用中国的干支纪年法,又应用公元纪年法。他认为干支纪年法是黄帝所创,所以中国历史的第一个甲子始于黄帝,即公元前2697年。从这一年起,他不间断地排出了44个甲子和第45个甲子的前58年,共计2698年。孟德卫认为,"提供了从中国历史源头到公元前6年历代统治者的姓名和在位时间的完整列表",是卫匡国"的历史书最有价值的成就之一"。孟德卫指出:"中国历史是和朝代更替紧密联系的,因此卫匡国的年表是一项重大的成就。到1658年,欧洲人对中国人如何看待自己历史记载中最初的3000年有了一个准确的概念。"②

柏应理于1689年出版的《中国古代帝王年表》,被孟德卫认为是"17世纪欧洲出版的关于中国的最重要的作品之一"。《中国古代帝王年表》于1686年及1687年刻有单行本,1687年附于《中国哲学家孔子》一书后发表。

在此之前,卫匡国已经首先提出了中国的历史纪年问题,但是卫匡国的中国历史纪年结束于耶稣诞生,即中国西汉的汉哀帝时期(约前6—1年)。

---

① [美]孟德卫著,江文君等译:《1500—1800中西方的伟大相遇》,新星出版社2007年版,第127页。
② [美]孟德卫著,陈怡译:《奇异的国度:耶稣会适应政策及汉学的起源》,大象出版社2010年版,第128、129页。

卫匡国在他的书中认为中国古代的历史可以追溯到公元前2952年的伏羲时代，但直到在叙述公元前2697年的黄帝统治时期，才开始使用干支纪年的方法。柏应理也是从公元前2952年伏羲时代来叙述中国历史的，从黄帝时代的公元前2697年开始使用干支纪年的方法。柏应理的第一部分记述的是从黄帝时代开始到汉平帝时代为止，第二部分从公元1年的汉平帝时代开始，一直记述到了1683年。

柏应理在编纂时着重注意两个问题。一是他认识到在欧洲人印象中，中国的历史悠长而复杂，因此他们对中国史的起源远比对其后的细节更为有兴趣。于是在读了《史记》等典籍后，柏氏把中国史的开端定为公元前2952年，即伏羲统治时期。他认为此前的神话故事是不足为信的。二是他注意到由于中西历法不同导致中西年代之间的差异。当时的欧洲人对这个遥远国度的历史是一知半解，将信将疑的。柏氏却把中国历史上的大洪水与《圣经》中的大洪水横向联系起来，认为那是一次世界性的大洪水，从而把中西的历史连接起来了。尽管这样的结论还存在着漏洞，但毕竟是提高了西方人对中国史的认可度，为西方人理解中国史做出了根本性的贡献。

这样，柏应理与卫匡国一起，就给了欧洲人一个中国历史的全貌。正如孟德卫所说的，柏应理《中国古代帝王年表》的重要性即在于"到1687年为止，欧洲人通过卫匡国与柏应理的著作对整个中国历史有了一个总体认识"。但与此同时，也给那些否定《旧约》权威的人更充分的证据。当时就有法国学者指出，"倘若他们的纪年表真实可信的话，那就不得不承认，《圣经》的纪年一文不值"。

柏应理还在这本书中发布了一份中国历代王朝和帝王的简要表格，从伏羲开始一直到1683年的康熙帝为止。同时介绍了中国历代22个王朝的简单情况，包括每个王朝的名称、帝王的人数、统治的年数等。柏应理总结说，在这22个朝代之前，曾经有8个帝王统治过中国，一共737年；那22个朝代一共3898年。中国的历史可以分为73个甲子，另外还有伏羲和神农统治时期的255年并非十分可靠的历史。对于柏应理的《中国古代帝王年表》，有学者评论说："柏应理对中国历史记载的准确性和完整性印象很深并且把这种印象传达给了欧洲读者。对中国历史记载可靠性的传播是《年表》的主要贡献之一。"①

1693年《中国古代帝王年表》在维也纳出版，1696年德译本于柏林问世，是当时欧洲学者研究中国历史的必备工具书。柏应理在出版了《中国古代帝王年表》之后，还很注意有关中国历史古老性的记述，他在1681年发现并加以收藏的安文思的手稿《中国新史》有关于中国历史纪年的内容。

除了上述几部关于中国历史的著作外，明清之际来华传教士中还有一些人撰写关于中国历史的著作。据有关资料统计，1552—1773年，来华传教士撰写的有关中国历史的著作共计有36部。其中较为重要的有刘应（Claude de Visdelou，1656—1737）的《鞑靼史》，其中包括他所翻译的汉文史籍中有关匈奴、突厥、契丹、蒙古等民族的记载。宋君荣的《蒙古史》，或称《成吉思汗及其入主中国的后继者蒙古朝代史》，《大唐史纲》及其附录《中国纪年论》，等等。

五 白晋笔下的中国皇帝：《康熙皇帝传》

在明清之际来华的传教士中，白晋是比较突出的一位，他在中华文化的西传方面做出了很大的贡献。特别是他撰写的《康熙皇帝传》，对于当时法国流行的"开明专制""开明君主"的政治理想和政治设计，都起到了很大的推进作用。或者说，白晋塑造的康熙帝的形象，为"开明君主"提出了一个现实的榜样。

实际上，对中国皇帝特别是对康熙帝的这种印象和描述，是耶稣会士们的共同看法和叙述，他们都认为中国皇帝是贤德之君和世人楷模。《中国杂纂》曾发表一幅由耶稣会士潘廷璋（Giuseppe Panzi，1734—1812）绘制的康熙帝画像，画的下面有一首诗：大家仰慕毫不懈怠地，日夜忙于操劳政府的

---

① 引自张西平：《欧洲早期汉学史——中西文化交流与西方汉学的兴起》，中华书局2009年版，第448页。

杂务,世界上最伟大的君主,也是其帝国学识最渊博的文人。①

当时有人从诸多传教士的叙述中积聚出中国皇帝在欧洲的主导印象:"拥有最高程度的治国之道,他本人身上汇集了构成一位正人君子和君主的一切品质。他的风度举止,他的体型,他泰然自若的种种特征,某种高贵气息,再加上温和仁慈的性情,使人刚一见到他就不由得产生出爱戴敬重之情,从一开始就向人表明他是宇宙间最伟大的帝国之一的君主"。耶稣会士们还热衷于将康熙帝与路易十四相提并论,"以康熙的荣耀来映衬'太阳王'的光辉,以中国集权君主制的成功来证明法国集权君主制的英明"②,以期引起法国政府的注意,争取政府对在中国的传教活动给予更多的支持。

白晋的《康熙皇帝传》在塑造中国皇帝的这种"英明君主"形象上发挥了重要作用。白晋是1688年2月与洪若翰等人一道来到北京的5位法国耶稣会士即"国王的数学家"之一。他们到北京后,白晋和张诚当即被康熙帝留京供职。他们向康熙帝进献了欧洲先进的天文仪器,包括带测高望远镜的四分象限仪、水平仪、天文钟,还有一些数学仪器。白晋还将路易十四之子梅恩公爵(Louis-Auguste de Bourbon,1670—1736)送给他的测高望远镜转呈给康熙帝。康熙帝非常喜欢,下令置于宫内御室中,并传旨白晋、张诚学习满语。白晋、张诚在向康熙帝讲解所进仪器的使用时,还向他讲解一些天文现象,并介绍了法籍意大利天文学家卡西尼和法国数学家、天文学家德拉伊尔(Philippe de La Hire,1640—1718)观测日食和月食的新方法,并绘图加以说明。张诚、白晋还系统地向康熙帝讲授过几何学和算术。白晋一直在宫廷中工作,深得康熙帝的信任,是来华的传教士中与中国皇帝接触比较多的人之一。他对中国宫廷的情况比较熟悉,对康熙帝的性格癖好也多有了解。

1693年,康熙帝任命白晋为特使出使法国,携带赠送法国国王的珍贵书籍,回国招募更多的传教士来华。白晋辗转于水陆,至1697年3月抵达布雷斯特,5月回到巴黎,受到路易十四的热情接见。白晋于同年出版了《中国现

---

① 引自[法]安田朴著,耿昇译:《中国文化西传欧洲史》,商务印书馆2000年版,第720页。
② 张国刚、吴莉苇:《启蒙时代欧洲的中国观——一个历史的巡礼与反思》,上海古籍出版社2006年版,第185页。

状》与《康熙皇帝传》两本书。白晋将康熙帝描绘为另一位"太阳王",以此博得路易十四对康熙帝的好感,从而获取其对传教区进一步的财政和人力支持,派遣更多的耶稣会士去中国并支付年薪。路易十四慷慨地答应了这一请求,同时授权白晋花1万法郎为康熙帝准备礼物。1698年,白晋带领新招募的耶稣会士返回中国。

《康熙皇帝传》原书名为《中国现任皇帝传》,1697年在巴黎出版,立即引起广泛关注,后来又收入莱布尼茨《中国近事》第二版中,以后又被译成多种文字。

白晋在《康熙皇帝传》中,简要叙述了康熙帝的文治武功,对其品德、性格、生活、爱好等方面也都作了详细介绍。

1697年版《中国现状》插图

在白晋笔下,康熙帝的天赋极高、博闻强识、智力过人、明察秋毫。康熙帝有处理复杂纷繁事务的刚劲毅力,有制定、指挥、实现宏伟规划的坚强意志。康熙帝的嗜好和兴趣高雅不俗,都很适于帝王的身份。康熙帝具有服从真理的性格以及绝对抑制情欲的克己之心。诸如此类高贵品德,不胜枚举。此外,在日理万机的君王中,能如此爱好艺术并勤奋学习各门科学的举止也不能不令人惊讶。

白晋说,康熙帝在政治上公正无私,按国法行事;在用人上任人唯贤,并把这些视为施政中严守的信条。因此,从未发生过因徇私情或出于个人利益而反对康熙帝的事件。康熙帝重视并严格选拔优秀官吏,监督他们的行动,这表明皇上平素对于臣民的仁爱之心。此外,当某省发生严重灾荒时,从他内心中表现出来的异常忧虑之情,充分说明他作为一国之主的强烈责任感。康熙帝为了了解国民的生活和官吏们的施政状况，时常巡幸各省。视察时，康熙帝允许工匠和农夫接近自己，并以非常亲切慈祥的态度对待他们。康熙帝温和的问询，使对方甚为感动。康熙帝经常向百姓提出各种问题，而且一定要问到他们对当地官吏是否满意这类问题。如果百姓倾诉对某个官员不满，那个官员就会失去官职，但是某个官员受到百姓的赞扬，却不一定仅仅因此而得到升迁。

白晋还写道，康熙帝过着朴素的生活，就其衣着来说，令人丝毫没有奢侈浪费的感觉，这并非由于他爱财和吝啬。他虽然自己力求节俭，但对用于国家的经费却特别慷慨。只要是有利于国家、造福于人民的事业，即使支出数百万两的巨款，他也从不吝惜。为了修缮官署、改善人民生活、促进商业发展，而治理河流、建设桥梁、修造船只及其他类似的事业，他经常拨出巨款。由此不难看出，康熙帝的朴素生活，完全是由于他懂得节约的意义，也是由于他希望做一个为臣民所爱戴的君主，所以努力为国家的实际需要积累财富。总之，"康熙皇帝现在不但在其本国享有绝对的尊严，而且作为一个具有超长天赋、过人智慧、丰富经验、渊博知识和出众廉洁的君主，受到邻近各国国民的尊敬和颂扬，并在亚洲的所有地方声名显赫"[①]。

白晋在《康熙皇帝传》中对他与康熙帝的密切接触进行了回顾。他说，康熙帝亲自垂询他们有关西洋科学、西欧各国的风俗和传闻及其他各种问题。他们最愿意对康熙帝谈起关于路易十四宏伟业绩的话题，康熙帝最喜欢听的也是这个话题。这样一来，康熙帝竟让他们坐在置放御座的坛上，而且一定要坐在御座的两旁。如此殊遇除皇子外从未赐予过任何人。白晋所以在书中处心积虑地美化康熙帝，宣扬自己和耶稣会士们与皇帝的亲密关系，是为了便于在中国开展传教活动。他说道：如果这位君主归信天主教，必将收到人数堪与全欧洲匹敌的辽阔的中国改变信仰的可喜成果。还有可能使向来崇拜中国文化、遵从中国格言与习俗的中国周围各国民众也仿效归信天主教。

《康熙皇帝传》是西方的第一本康熙帝的传记，也是当时包括中国在内

---

① ［德］莱布尼茨著，杨保筠译：《中国近事——为了照亮我们这个时代的历史》，大象出版社2005年版，第99页。

的唯一一本康熙帝的传记作品。在这部传记中,白晋不仅对康熙帝的性格、个性特点等有细致入微的描写,也记述了康熙朝的许多重大事件,使欧洲几乎同步地很快地了解到同时期中国的社会政治状况。所以,这部著作一经出版,就受到欧洲学术界的重视和关注。

六 中国科举与欧洲启蒙

置身于中国社会广阔的生活场景,来华传教士们对中国的文化历史和当时所发生的一切,都十分感兴趣,他们向欧洲描绘的中国,涉及他们所见所闻、所知所想的方方面面。不过,特别令他们注目的是中国的教育和科举制度。"传教士们对教育的形式很感兴趣,中国社会的各种色彩交融在由它组成的画面上。"[1]

传教士们注意到,在中国人那里,读书几乎成为终身职业,"由于中国人的命运全部寄托在他们的能力及智力上,因而把毕生的时间用于学习"。曾德昭指出,中国人从小就得入学,初学者有几本小书,内容包括良好的规矩、道德训诫、端正行为、服从长上父母等。几个月后,他们让学生读经书,课文和生词全要用心背下来。然后,老师开始授课,学生要背下讲授的课文。他注意到私塾这种教育形式,说有财力的家庭在家里给孩子请老师,这位老师一直跟孩子们一起,不仅教他们识字和知识,还教授有关政治、品行和道德方面的事,以及如何对待各种事件。老师指导学生的礼仪和优良行为,避免危害他们思想的恶习。

安文思主要介绍了中国的国子监。他说国子监可以称为"全国的公立学院或大学",学生分为8类,包括贡生、监生、官生、恩生等。掌管国子监的是四品官,学校的监管是五品官。

传教士们看到,中国学生们学习的内容主要是儒家学说所阐述的道德、历史、法律和人际关系的原则,是政治和民事的治国之道。中国的教育主要

---

[1] [法]伊莎白尔·拉瑟拉:《欧洲人眼中的儒学教育》,[加]许美德、[法]巴斯蒂等著,朱维铮等译:《中外比较教育史》,上海人民出版社1990年版,第39页。

是一种培养道德礼貌的公共教育，在全国各地，学习和教育计划都是完全标准化的。因而，在这样的教育制度下培养出来的知识阶层是国家道德生活的代表。而他们在学习、研究的过程中，把道德的原则从经典的作品及已有的礼仪法则中抽取出来，并长期、缓慢地传播于人，从而他们也就成为"民族的灵魂""国家的权威"。在传教士们的描绘中，这种以重申道德原则为主要内容的教育制度，是保证中国社会稳定和谐的主要支柱。

传教士们还介绍了中国皇帝的教育问题。他们认为这是一种使帝王成为道德、知识和教育的代表的活动。在他们的描绘中，那些在宫廷中负责帝王教育的是在国家考试中名列最前茅、身为翰林院成员的博学之士，而翰林院是由最有才华的名人组成的。一个受过教育的帝王通过对国家的治理，证明他能正确地按他学过的道德和礼仪准则行事，因而他就成为每个在职官员及每个可能担任要职的进士学习的楷模。

中国通过科举考试来选拔人才、选拔官吏的制度，形成于隋唐时期，到宋代有所发展，至明清时期，制度更加完备，是中国的基本行政管理制度之一，是中国文官政治的重要基础。来华的欧洲人士，很早就注意到这种选官任官制度，并且都用了很多笔墨来介绍这种制度。16世纪来中国的欧洲人关于中国的游记和报道中，如《广州葡囚书简》、克路士的《中国志》、拉达的《记大明的中国事情》等，都曾记载中国科举考试的情况。克路士的著作后来被译为英文本，改名为《来自中国行省的报告》，收录在里查德·艾登（Richard Eden，约1520—1567）编辑的《东西印度群岛及其他国家旅行记》一书中。1596年，英国女王伊丽莎白曾写了一封信给万历皇帝，表示对中国科举制度饶有兴趣。门多萨在《中华大帝国史》中也对科举考试有明确的记载。但是，由于那个时候来华的欧洲人没有在中国停留多久，甚至没有能够进入内地，只是在沿海地区走马观花地有一些浮光掠影的印象和传闻，所以对于像科举制这样制度层面的深层次的问题，了解得并不是十分清楚。直到从利玛窦开始，耶稣会士们才对科举制有比较深入的了解和研究。

《利玛窦中国札记》有对科举考试制度的非常详细的介绍，对科举考试制度及考试内容颇为赞赏。利玛窦说："（中国）最隆重的学位，是关于伦理学的，考中的人，能晋身仕途"，而考试的内容就是"孔子曾修订的四部古书，他自写了一部，共有五经"，"除五经以外，又有三位或四位作家的各种道德劝言，收集在一起，称为四书"。他进一步解析中国科举考试为什么以四书五经为内容："因为这些书里的言论颇为高明，古代的君主便订立了法律，学者都应以这九部书为其学问之基础；只能理解还不够……还要练习，把其中的每一句话发挥成各式各样的文章。因为每个人不可能把这九部书全部读过，以致能以其中任何一句话为题，立刻写成典雅的文章，就像在考试时所要求的。故此每个人都须精通四书，至于五经，每人可任选一部，以应考试。"近代西方国家确立文官制度曾受到中国科举制的直接影响，而特别注意到并且详细地向西方介绍中国的科举制，很可能是从利玛窦开始的。

曾德昭也曾详细描述了中国的科举考试制度。他将秀才、举人和进士分别对应于欧洲的学士、硕士和博士。在《大中国志》中，曾德昭用了3章的篇幅介绍中国的考试制度。安文思在《中国新史》中介绍中国的科举考试制度时说，每三年在北京要举行一次全国的考试，考试结束之后，授予考生中的366名以博士的等级。"他们在文章写作上表现得最有才能和文采。皇帝从这些年轻的博士中挑选最年轻、最有才华的人，让他们进入叫做翰林院的部门，即富有学识之林园。""这个部门是皇家学院，或者，我可以说，始终是准备为国家和皇上效劳的皇家人才知识库。"[1]巴多明在1730年的一封信中也详细地介绍了中国的科举考试，他说："这就是支撑中国人努力研读的原因。"[2]

这种经过竞争性的考试选拔官员，并用以治理社会的做法，在当时的欧洲还是不能想象的。但是，耶稣会教士中有许多人本身就是教育家，是学校的创办者，他们也积极地参与国家事务。所以，中国人对教育的重视，学者在中国社会中的作用，经过竞争性的考试招募优秀人物为官员的制度所具有的道德、社会和政治效果，都是他们特别有兴趣的。

和利玛窦一样，有许多传教士都首先注意到科举考试的过程和在中国社会生活中的重要性。贡院宽敞、宏伟，监考执行得一丝不苟，试卷的批改十

---

[1] ［葡］安文思著，何高济译：《中国新史》，大象出版社2004年版，第107页。
[2] ［法］杜赫德编，耿昇译：《耶稣会士书简集——中国回忆录》第4卷，大象出版社2005年版，第42—43页。

分小心，录取的筛选十分严格，发榜后还要举行纪念孔子的宴会和典礼，皇帝亲自殿试，颁授最高级别的学位，围绕国家考试的那一切威严庄重景象，都使耶稣会教士们看到学而优则仕的美妙画面。

传教士们还注意科举考试制度对于社会选拔优秀人才、促进合理的社会流动的重要性。通过考试而选拔出来的学者是一种贵族，但他们的职位和声望不是得自世袭，而是凭借其自身的价值才得到的："只是根据人的价值，才授予贵族的称号。一个人可以继承他父亲的物质财富，但不能承袭其职位、声望，一个人只能像他父亲那样，在获得国家的学位后，才能得到升迁。正是因为这个原因，他们才毕生读书，以积累资本。""由于只是量才录用，因而一个出身庶民的进士取得总督、大臣职位的希望，与名门贵族的子弟一样多。"他们希望这种"真正的贵族"和选拔贵族的方式能够成为欧洲的典范："假如其他王国也能遵循这一惯例，我们就不再会看到那么多的老爷、贵族的子弟会如此愚昧无知，因为（对他们来说）真正的高贵似乎并不包含学问及光辉的精神品质。"①

总之，传教士们对中国的科举考试制度十分重视，正如李明的研究中所概括的，他们认为科举考试制度有4项好处：一是国家通过考试选用有为的青年，不管其出身如何，只看其钻研学问的结果，驱使他们奋进。二是磨炼人们精进学问的精神，使社会上尊重知识。中国青年热心于在国家考试中及第，提高文化修养。三是防止贪欲和精神堕落，防止精神空虚和放纵行为的发生。四是皇帝将天下的人才集合在一起，解除有不良行为的官员职务，物色更适合的继任者。

传教士们对中国科举考试制度的研究和介绍，在欧洲各国特别是在英国和法国引起高度重视，许多启蒙思想家和其他方面的学者，纷纷表示赞扬这种考试制度。1755年，英国《绅士杂志》载文说："文章是一个希望接受考试的思想家必须经过的唯一考验……所有作者都同意这种看法，中国人在治国术方面超过了其他所有民族……他们的职官尊号及其官职不是世袭的……官吏是每年一次在中国京师选拔的。""其三，所有的职务都由称职的人担

---

① 引自［加］许美德、［法］巴斯蒂等著，朱维铮等译：《中外比较教育史》，上海人民出版社1990年版，第34—35页。

任。如果他们不能阻止这种出自官吏的贪婪和腐化感情的不公正行为,那么他们至少可以弥补无知和不道德的后果。其四,由于职位是授予的,所以皇帝可以完全合法地罢免那些他认为缺乏政绩的官吏。"[1]在法国,伏尔泰推崇中国的文官制度,认为中国官僚奉行儒家信条,恪尽职守,唯命是从,他们构成一个各部门职能相互制约的和自我调节的好政府,而能够进入这样的衙门工作的官员,都是经过层层的严格考试才被选拔上来的。魁奈在《中华帝国的专制制度》中也有一节专门讨论科举制度,详细地介绍了三级学位的划分和考试程序。赫德逊指出,魁奈"非常欣赏这种制度,希望欧洲也有类似的东西"[2]。

---

[1] 引自[法]安田朴著,耿昇译:《中国文化西传欧洲史》,商务印书馆2000年版,第718页。
[2] [英]赫德逊著,李申、王遵仲译:《欧洲与中国》,中华书局1995年版,第300页。

第十九章
汉学：欧洲的新学问

一 东西汇流：传教士与欧洲汉学

在国际学术界，"汉学"是一门系统地研究中国语言、文化、历史、地理及其他与中国有关问题的专门学科。

在17世纪传教士来华之前，欧洲人对中国所知不多，更谈不上系统地研究。直到17—18世纪，汉学才作为专门的学术研究出现在欧洲。欧洲汉学的兴起与来华传教士有着直接的和密不可分的关系，传教士为欧洲汉学的创立和发展做了大量的工作，起到了积极的促进作用和重大影响。学术界一般把西方的汉学史追溯到在华传教士们的研究著作，特别是耶稣会士的研究和著作。也有的研究者把汉学的发生期追溯到16世纪葡萄牙人和西班牙人的游记作品。所以，那些耶稣会士们被学术界公认为欧洲"第一代汉学家"。关于传教士们在汉学发生期所起到的重大作用，可以概括为这样几个方面：

一是他们在前后将近两个世纪的时间里，持续不断地向欧洲大量报道在中国的所见所闻，译介和传播中国的典籍，描绘中国广阔的疆域和悠久的历史，在欧洲人面前展现出一幅异彩纷呈、辉煌壮观、陌生而又新奇的中国文化画面，从而激发欧洲人进一步了解和探索中国文化的浓厚兴趣和强烈愿望，激发他们对东方的好奇心和探索研究的热情，为汉学的出现创造了文化氛围和社会心理的前提。实际上，正是他们的工作，在欧洲学术界展现出一个巨大和丰富的学术世界，一个巨大和丰富的学术矿藏，等待着人们去发现和发掘。英国著名科学家、博物学家罗伯特·胡克（Robert Hooke，1635—1703）在1686年发表的一篇论文中指出："我们应当感谢那些对数学有很深造诣的人，感谢他们为我们发现了世界上以前未被人知道的这个部分，并使我们由此产生了一种愿望：一方面希望能把这方面的知识充实起来，使它臻于完善，另一方面希望能够把尚未发现的其余部分发掘出来……到目前为止，我们还只是刚刚走到这个丰富宝藏的边缘，然而这项发掘工作一旦完成，就将会在我们面前展现出一个迄今为止只被人们神话般地加以描述的学术王国，并将使我们能够去和这个王国中过去和现在的最优秀、最伟大的人物进行交谈；同时这将会使我们发现一个新的'印度宝藏'，并通过新的贸易而把这些宝贝带到我们这里来。"

罗伯特·胡克在这里说的"那些对数学有很深造诣的人"，指的就是在中国的耶稣会士们，而所谓"新的贸易"，就是通过文化交流，把中国丰富的文化宝藏中的"宝贝"带到欧洲。传教士们向人们展现了中国文化这个新的学术王国，那里的文化宝藏激励着人们去发掘。

二是传教士们为汉学的创立做了大量基础性的工作。他们撰写的大量书信、札记、报告、回忆录和研究著作，他们翻译出版的中国古典经籍，他们从中国携回欧洲的汉文书籍，他们编纂的中国语文文法字典等工具书，使从事中国研究的学者有了可以直接利用的、丰富的资料。更为重要的是，传教士们撰写的一些研究著作，如卫匡国、曾德昭、柏应理、马若瑟、宋君荣等人关于中国历史、文化、语言等方面的专门著作，以及前文提到的巴黎出版的18世纪汉学"三大名著"，都是汉学得以创立和发展的奠基性著作。在那个时代，许多专门从事中国问题研究的学者，或者是热心于中国文化的学者和思想家，以及其他领域的学者专家，他们关于中国的研究或有关中国文化的评论，都是建立在阅读和研究传教士们提供的资料的基础上，都是以他们提供的资料、信息等作为思考和研究的出发点。在那个时代，传教士们提供的资讯是欧洲学术界和思想界获得有关中国知识和文献的主要的甚至是唯一的渠道。

位于那不勒斯的东方学院，摄于1896年

三是在华传教士们，特别是耶稣会士们本身有许多卓越的学者，他们在各自的专门领域都有很高的造诣，从这种学术立场出发，他们对中国文化的许多方面进行了深入的研究，涉及中国的历史、地理、文学、语言文字、艺术、哲学、科学技术、宗教、社会生活、风俗礼仪等许多方面。这些研究成果具有很高的专业水平，是严格意义上的学术性著作，基本上奠定了早期汉学的研究领域、学术框架、基本范畴和方法。如果我们做一些对比研究，就会发现，在17—18世纪欧洲学术界对中国的研究，基本上是在耶稣会士们划定的范围之内的展开和说明。其学术的或学科的出发点可能不同，得出的结论可能不同，研究的深度和角度也可能不同，但大体而论，都是在耶稣会士们研究成果的基础上展开的。

四是在欧洲建立最初的专门从事中国研究的机构。1723年，意大利传教士马国贤带着4个年幼的中国学生和他们的老师回到欧洲。他们在途经伦敦时，英国国王乔治一世两次会见。在觐见英国国王时，马国贤进献了他绘制的一幅包括中国、日本在内的地图副本。这幅地图至今仍保存在大英博物馆内。随后，马国贤带领这几位中国人回到自己的家乡那不勒斯。1732年，在教皇的特许下，设立了专门培训中国人的"中国学院"，马国贤自任总管。这是欧洲第一个旨在培养赴华神职人员的机构，在教学内容方面，学院开设了中文课，后来还增加了一些中国周边国家的语言课。这个学院后来被意大利政府接管，改称"东方学院"。这所学院是欧洲最早专门从事中国研究的机构，为欧洲的汉学研究做了许多初创工作。学院用意大利文翻译了《三字经》、唐宋古文,还有中国各地方言的语法书。这个学院后来发展成为意大利的汉学研究中心。

五是在华传教士们通过与欧洲学术界的经常的联系,直接影响了一批热心于研究中国文化的学者。这种影响不仅在于激发了这些学者的研究热情,还在于传教士们的中国观念、研究偏好、关心的重点、开辟的研究领域,亦即传教士们研究中国的科学"范式",都直接或间接影响着17—18世纪研究中国问题的欧洲学者。如果我们研读那个时期欧洲学者关于中国的研究著作,就会发现与传教士们著述的内在的连续性和一致性。

二 欧洲汉学的兴起之路

来华传教士与欧洲的学术界保持着密切的联系。这种联系,一方面使传教士们及时了解欧洲科学的最新研究成果,获得各学科最前沿的知识;另一方面,也将他们对中国文化的研究及其所获得的资料传递给欧洲学术界,使欧洲学术界对中国的了解和研究有了比较客观的基础。

卫匡国1653—1657年在欧洲活动期间,对欧洲学术界的中国研究,起到了直接的推动作用。他的几本主要著作,大都是在这一时期或稍后不久在欧洲出版的,当时就引起人们很大的兴趣。1655年他在维也纳出版的《中国新图》,"恰恰影响到基歇尔刚好着手的名著"[1]。

卫匡国与荷兰莱顿大学数学和阿拉伯语教授哥利乌斯(Jacobus Golius, 1596—1667)在1653年见过面。哥利乌斯收藏了19部80多卷中国图书,对中国人用天干地支纪年的方法尤其感兴趣。这年,卫匡国抵达荷兰,由阿姆斯特丹经安特卫普前往罗马。哥利乌斯闻讯后,立即赶到卫匡国途中经过的莱顿与之会晤。他们进行了一次长谈,卫匡国向哥利乌斯介绍了许多有关中国的见闻。哥利乌斯收集到一些13世纪波斯人的天文资料,其中包括一份契丹人的干支纪年法。哥利乌斯将这份波斯文献向卫匡国请教。他刚刚读到

---

[1] [德]利奇温著,朱杰勤译:《十八世纪中国与欧洲文化的接触》,商务印书馆1962年版,第16页。

"寅"字，卫匡国便不让他继续往下念，告诉他这是中国的地支，并接着把地支中余下的几个字背给哥利乌斯听。这说明，那份波斯资料所说的契丹人的干支纪年法，实际上是中国人的干支纪年法，契丹人就是中国人。哥利乌斯将这个发现敷衍成文，由此提高了欧洲人对中国的历史和天文记载的准确性的信任程度。哥利乌斯还曾邀请卫匡国至莱顿大学修订中国历法和从事研究工作。

柏应理的《中国哲学家孔子》一书在欧洲出版时引起热烈的反响。柏应理在17世纪70年代回欧洲期间，也对欧洲学术界的中国研究起到很大推动作用。柏应理曾在此期间从事过汉语教学工作，并与欧洲的学术界有很多接触和联系。

到18世纪，欧洲的汉学研究有了较大的发展。一方面，这一时期的来华传教士，特别是法国派遣的传教士中有许多杰出的科学家和学者，他们对中国文化和历史比前期来华的传教士有更深入细致的了解和研究，出版了许多更有分量、更有影响的专门著作。另一方面，"三大名著"的编纂出版，使欧洲学者从事中国研究有了更扎实、更丰富的资料基础。也正因为如此，18世纪欧洲的汉学研究中，法国独领风骚，雄踞文坛。

法国汉学在18世纪的发展与傅尔蒙的大力倡导有很大关系。在此之前，对中国有所了解和研究的法国人，都是教会人士，特别是耶稣会士们。傅尔蒙曾任路易十四的顾问，他根据法国皇家学术总监比尼昂（Jean-Paul Bignon，1662—1743）教士的要求，与游学法国的中国人黄嘉略学习中国语文，并协助黄嘉略编写汉语词典和语法书。在结识黄嘉略之前，傅尔蒙对汉语一无所知，正是黄嘉略将自己的知识传授给傅尔蒙，为他以后的汉学研究打下了扎实的基础。黄嘉略去世后，傅尔蒙保存了他的遗稿，潜心探索，终于贯通了学习的门径，著有《中国语入门》一书。又经过一个时期的研究，将西班牙传教士万济国（Francisco Varo，1627—1687）所著的《官话简易读法》一书译成拉丁文，又取马若瑟的研究材料，另著《中国文典》，对法国汉学的发展起了里程碑的作用。以后法国著名的中国学专家大多出于傅尔蒙门下。他的侄子德欧泰雷（Michel-Ange-Audré Le Roux Deshauterayes，1724—1795）曾担任法国皇家文库中文翻译官，钻研汉满语言，详校并刊印冯秉正的《中国通史》，在中国学界颇有声誉。

弗雷莱与傅尔蒙一样，也是在与黄嘉略的交往与合作中开始汉学研究的。他在后来的汉学研究中，成就斐然，成为一代大师，显然与黄嘉略的帮助和影响是分不开的。弗雷莱在一封信中说过："他确实向我提供了有关这些内容的概念，它们比在欧洲普遍掌握的全部知识都更准确。"①他在给在华传教士马若瑟的信中写道："寄上我于1718年在我院大会上宣读的论文《关于汉字和一般书写艺术》。关于汉字，我得益于黄先生的多次谈话以及诸位神父的报道，除此之外，我没有其他可以获得这方面知识的途径。"②1714、1718、1720年，弗雷莱在铭文与美文学院宣读了3篇关于中国诗歌和汉语的论文。在宣读论文《关于中国诗歌》时，他介绍了四言、五言和七言诗，并当众用汉语诵读两首中国诗，一首是四言，另一首是七律，后者是《玉娇梨》第六回苏友白和白红玉的《新柳诗》："绿里黄衣正得时，天淫羞杀杏桃枝。已添深恨犹闲挂，拼断柔魂不乱垂。嫩色陌头应有悔，画眉窗下岂无思。如何不待春蚕死，叶叶枝枝自吐丝。"这很可能是黄嘉略所传授的。这是法国人第一次听到用汉语诵读的中国诗，也是传到法国的第一首中国诗。这段佳话颇值一提。

傅尔蒙最著名的学生德经是"18世纪最后一位伟大的汉学家"③。德经亦曾担任法国皇家文库翻译官，对中国历史有很深入的研究。他的专著《匈奴突厥起源论》和《北方民族通史》都是享誉一时的力作。他还在法国大革命时试译《春秋》，可惜未能成书。法国大革命后，巴黎成立东方现代语学校，于1796年开学。从此，法国的汉学研究更加走上专业化的道路，而专业化和职业化将是19世纪欧洲汉学发展的基本特点。

在法国，多尔普罗（Barthélemy d'Herbelot，1625—1695）对汉学的研究有开创之功。多尔普罗是法兰西学院叙利亚语教授，著名的东方学家。他所

---

① ［法］维吉尔·毕诺著，耿昇译：《中国对法国哲学思想形成的影响》，商务印书馆2000年版，第581—582页。
② 引自许明龙：《欧洲18世纪中国热》，外语教学与研究出版社2007年版，第21页。
③ ［美］马森著，杨德山译：《西方的中国及中国人观念（1840—1876）》，中华书局2006年版，第13页。

编的《东方文库》是17世纪东方学的综览性工具书，收入很多关于中国的项目，对于从事中国历史文物研究很有价值。这部著作于1697年在巴黎出版，此时多尔普罗已经去世。后来，来华传教士刘应读到这部著作，发现其中关于中国历史的某些错误，于是专门研究、翻译中国北方民族的历史，当《东方文库》再版时，被收入其中。

在18世纪的英国，还有一位值得一提的汉学家，即威廉·琼斯（William Jones，1746—1794）。琼斯是一位法学家，曾在印度任加尔各答高等法院法官；他也是一位杰出的语言学家，通晓数十种语言。他在20多岁时读到耶稣会士用拉丁文译的《大学》《论语》和《中庸》，遂对中国文化产生了浓厚的兴趣，并开始学习中文。他在印度任职期间，曾于1784年创设"亚洲学会"并担任会长，学会的宗旨是研究亚洲的历史、文物、艺术、科学和文学。他在第一届年会上说，他想直译《论语》，译出全部《诗经》，并正确地节译中国的民法和刑法。但他没有能够实现这个计划，只是英译《诗经》的片段。1772年琼斯发表一部译诗集，其中附有他写的一篇论译诗旨趣的文章，认为东方诗可供给欧洲诗以新意象、新模型、新天地。

1669年，英国学者约翰·韦伯（John Webb，1611—1672）在伦敦出版了《论中华帝国的语言是最初语言的可能性》一书，利用当时已被译成英文的利玛窦、曾德昭、卫匡国等人著作和基歇尔《中国图说》等资料，对中国语言的起源和发展进行了探讨。这本书成为英国历史上第一本研究汉语的著作。韦伯认为中国是诺亚的子孙，尧帝即诺亚，他的儿子舜带领人民居住在中国及东方，中国的语言是人类的最初语言。

安德烈斯·米勒（Andreas Müller，1630—1694）是17世纪德国学术界另一对汉学发展有突出贡献的人物。米勒早年留学英国，在那里开始学习汉语，回国后致力于从事汉学的研究。1667年米勒开始了他的《中文钥匙》的写作，6年后他发表了这部作品，声名大噪。米勒的研究涉及中国历史地理、语言文字、宗教和政治等许多领域，对于汉学的早期发展有开创性的贡献。1672年，米勒曾对基歇尔的《中国图说》进行修订并增附乐曲，在柏林出版，促进了这部著作的流传和影响。1684年，米勒曾给选帝侯图书馆送去一份礼物——刻有中文文字的排字板，排字板由一些小木印组成，每个小木印都刻有一个中国字并编上号码,其中有些是《中庸》中的文字。这是欧洲第一个尝试用大量中文活字来印刷汉字著作的学者,现仍保留在德国的还有3824个活字。①

门采尔是17世纪的德国汉学家。他原来是一名医生。在大约60岁的时候,他在柏林遇到了柏应理,开始最初的汉语学习。后来闵明我到柏林时,门采尔也跟他学习汉语。门采尔汉语研究的主要著作是《中国语入门》一书。这是一本有23页的小册子,每页约有25个拉丁字和相对应的拉丁化汉字及汉文符号,这些汉字来自基歇尔《中国图说》中大秦景教碑的注音系统和汉字碑文。门采尔将自己从东方得到的梅膺祚的《字汇》和张自烈的《正字通》加以改造,以《字汇》为基础,并加以翻译,形成了一部8卷本的巨著《中国字汇》。这部著作按中国汉字纲目,从易到难,按部首的组合形式编排,带有语音注释和拉丁文翻译,经过校正并且收录了《正字通》及其他重要汉语字典中的新汉字。他还著有《拉汉小词典》《中国年表或历代帝王纪年》等,确立了他在早期汉学史上的地位。

经过从16世纪开始300年间耶稣会士们的书信、报告和著作,那些西方商人、旅行家、冒险家、航海家、外交使节的游记和记述,以及学者们的专业研究,到了18世纪末,欧洲汉学的学术风格已经基本形成。西方汉学的搭建材料主要来自三个方面:纪实性著作(游记、航海记、出使报告、经商报告、日记、札记、书简),译注中国经典和著作(以四书五经、史地和自然科学著作为主),宏观介绍中国概况(或为殖民主义的经济、外交、政治、军事服务,或作为贵夫人们沙龙中高谈阔论的新鲜话题)。这三个方面构成了这一时期汉学发展的基本模式,并且影响到19世纪欧洲的汉学。

三 基歇尔的东方图鉴:《中国图说》

在17世纪,德国学者基歇尔的《中国图说》是一部影响广泛的研究中国

---

① 吴孟雪:《明清欧人对中国语言文字的研究》,《文史知识》1993年第3期。

问题的著作，也可以说是17世纪欧洲汉学的代表性著作之一。基歇尔是耶稣会士，长期居住在罗马，曾在罗马学院任教。他知识广博，仅用拉丁文出版的著作就有40多部，"有时被称为最后的一个文艺复兴人物"。1667年，他在阿姆斯特丹出版了《中国图说》一书，被认为是他一生中最有影响的著作之一。

基歇尔一直非常关注中国文化，他与许多来华传教士都保持着密切的联系，从他们那里获取有关中国的资料和信息。这些传教士包括卫匡国、卜弥格、白乃心等。白乃心来中国前，曾和基歇尔商定，他会随时将在东方旅途中的情况告诉基歇尔。卫匡国、卜弥格返回欧洲时都曾和他见过面，甚至可能有过比较密切的交往。基歇尔曾经是卫匡国的数学老师，1640年秋卫匡国回到罗马时，很可能向基歇尔提供关于中国的重要资料。而卜弥格回欧洲期间，就是由基歇尔担任保护人的，并且由他帮助安排与罗马教廷的新教皇见面。卜弥格应基歇尔的要求，依据顺治元年（1644）李之藻等人刻印的本子，将1625年在西安附近发现的大秦景教流行中国碑翻译成拉丁文。这个译文刊载在《中国图说》中。在基歇尔出版于1652年的另一部著作中，还刊出了陈安德书写的另外两篇中文文件。据许明龙教授考证，"在有文字资料可查的赴欧中国人中，陈安德应是最早的一位"[1]。

基歇尔在罗马居住的便利条件，使他可以接触到罗马耶稣会的中心档案。基歇尔正是在掌握了这些传教士第一手材料的基础上，凭借渊博的知识和丰富的想象力，写下了《中国图说》。《中国图说》的全名为《中国宗

法文版《中国图说》内页

---

[1] 许明龙：《欧洲18世纪中国热》，外语教学与研究出版社2007年版，第15页。

教、世俗和各种自然、技术奇观及有价值的实物材料汇编》。这部书共分6个部分：第一部分介绍在西安出土的大秦景教碑。第二部分介绍传教士在中国各地的旅行，从马可·波罗到白乃心、吴尔铎的西藏之行，将中国、中亚、南亚的许多风土人情、宗教信仰作了详细介绍；基歇尔将所有这些游记加以汇总，勾勒出从历史上到他生活的17世纪中叶从西方通往中国的所有的旅行路线。第三部分介绍中国及亚洲各地的宗教信仰，介绍了中国的儒、释、道三种教派。第四部分介绍传教士们在中国各地所见到的人文与自然的奇异的事物，包括中国的地理位置、自然环境和中国人的生活风俗等。第五部分向人们展示中国的庙宇、桥梁、城墙等建筑物。第六部分介绍中国的文字，首次向西方人展示了中国文字的各种类型。

《中国图说》既有对中国的高度赞扬，也有一些尖锐的批评。基歇尔把中国说成世界上"最富有、最强大的"国家。他说统治中国的皇帝是一个哲学家，或者至少说他允许学者们以柏拉图主义的方式依照"神圣的哲学家"的意愿来治理国家。基歇尔用诗一样的语句问道：在这个国家里，皇帝统治一亿五千万人民就像父亲管理一个家庭那样简单，有谁可以怀疑这样的幸福？市镇、人民、桥梁、道路、船只和建筑都被描述得宏伟壮观。此外，还有勤劳的农夫和警惕的士兵。这个国家治安良好，罪犯都得到应有的处罚。每年的课税不是固定的，而是根据时代的兴衰上下浮动。总之，基歇尔笔下所描绘的是一个乌托邦的王国。

《中国图说》的拉丁文版出

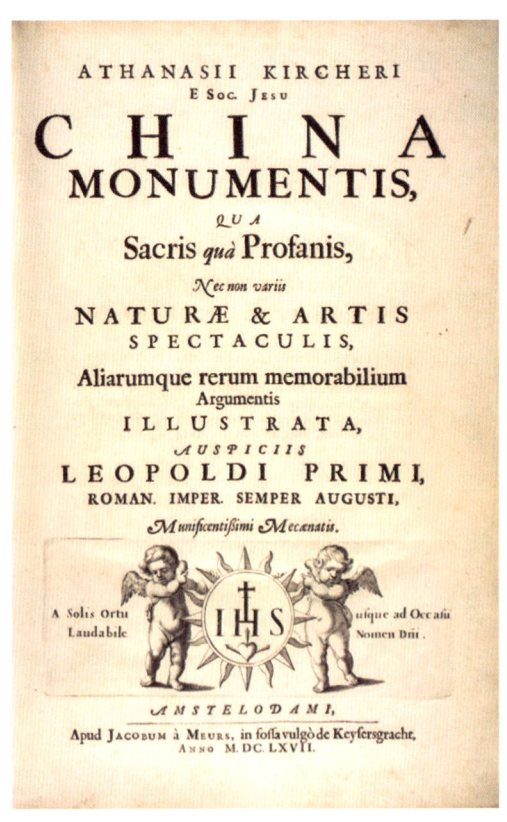

初版《中国图说》扉页

版后在欧洲产生了广泛的影响,赢得了一片赞扬声,被称为当时之"中国百科全书",立即被译为荷兰文、法文、英文等多个版本。因为这部著作中"表现了一种新的严肃的科学研究的格调"。书中神奇的内容、美丽的插图、百科全书式的介绍,给欧洲人打开了一

《中国图说》中关于江西龙虎山的插图

扇了解东方的大门,激发了欧洲人对中国的想象,将中国从一个从神奇的传说落实到具体形象的表述,是推动当时欧洲"中国热"最重要、最有影响的著作之一。它的内容后来被许多书籍广泛采用。《中国图说》1986年英文版译者查尔斯·范图尔(Charles Van Tuyl,1942—)说:"该书出版后的200多年内,在形成西方人对中国及其邻国的认识上,基歇尔的《中国图说》可能是独一无二的最重要的著作。"[1]这部著作使基歇尔成为17世纪德国伟大的汉学家,被认为是德国汉学的创始人。

四 墨香漂洋:汉籍在欧洲的流布

中文书籍流入欧洲可能很早。据英国哈克卢特学会丛书之一《各种航行》记载:"我们所得到的最早的(中国)著作……日期是顺帝最后年号的第八年,即公元1348年……书名是《千字文》,它是中国最流行的著作,正

---

[1] 引自张西平:《中西文化交流的使者,波兰汉学的奠基人:卜弥格》,[波]卜弥格著,张震辉、张西平译:《卜弥格文集——中西文化交流与中医西传》,华东师范大学出版社2013年版,第21页。

好有1000个各种各样不加重复的字。"①但这本书何时通过何种渠道流入欧洲的则无从查考。1513年3月，葡萄牙国王曼努埃尔一世派遣使节到罗马，向教皇利奥十世（Leo PP. X，1475—1521）进献的异国礼物中就有一本中文书。这时候葡萄牙人还没有到过中国，可能是葡萄牙人在马来西亚购买的。据说教皇很喜欢这本书，有朋友来访就急切地把它拿出来展示。意大利人文主义者吉奥维奥在1550年曾提到过这本书。

神圣罗马帝国皇帝查理五世（Karl V，1500—1558）和西班牙国王菲利普二世都热心收集东方文物，将不少中国书籍从菲律宾运到西班牙。

1575年，西班牙传教士拉达曾到中国作过短暂停留。在福州期间，他购买了一批中国书籍。这些书后来由拉达带到菲律宾，交由寓居在当地的华人将这些典籍或整部或部分译成西班牙文。拉达在写作时曾利用过这些资料。拉达故世后，这些书籍辗转运回西班牙。这些图书涉及的内容十分广泛。门多萨《中华大帝国史》第17章的标题为"拉达神父及其同伴从中国带来的书籍和这些书籍的内容"。门多萨说："拉达神父一行已经购置了大量的书籍，这些书籍均由在中国出生、在菲律宾长大的中国人译成卡斯蒂利亚语，翻译工作受到生活在菲律宾的西班牙人的大力帮助。他们断言他们在所居住的城市，而特别是在福州和泉州，见过大图书馆。"②

美国历史学家拉赫于1950年访问马德里国家博物馆时，看到不少保存良好的16世纪的中国文献。在拉赫《欧洲形成中的亚洲》一书中，据伯希和和方豪的论述，列出了拉达带回欧洲的中国文献：《资治通鉴节要》20卷共4册、《类编历法通书大全》第10至第19卷、《通书》第10卷、《徐氏针灸》《耀目冠场擢奇风月锦囊正杂两科全集》《新刊按鉴汉谱三国志传绘像大全》《新刊补订源流总汇对类大全》。③拉达从中国获得的这些书籍，涉及的内容包括历史、地理与方志、年表、航海志、庆典仪、刑法、医药、地质、天文、名人传记、游戏、音乐、数学、建筑、手相、书法、占卜及军事等方面。实际上拉达从中国带到马尼拉的书籍要比这个书目多出许多。

---

① 引自吴孟雪、曾丽雅：《明代欧洲汉学史》，东方出版社2000年版。
② ［西］门多萨著，何高济译：《中华大帝国史》，中华书局1998年版，第125—126页。
③ 吴孟雪：《明清欧人对中国文献的研究和翻译》，《文史知识》1993年第6期。

拉达的这批中国图书，大概是欧洲各国搜集中国图书之肇始。此后，欧洲各国陆续有了中国图书的收藏。蒙田和意大利历史学家保卢斯·约维乌斯（Paulus Jovius，1483—1552）都说过在罗马见到过一本中国书。有人猜测这本书可能是拉达带回来的书籍之一，但这种猜测没有什么根据。门多萨也说过他在罗马的图书馆和马德里圣洛伦索修道院图书馆见到过中国书籍。1577年，西班牙人埃斯卡兰特在《远航记》中也提到葡萄牙王太后迦大琳（Catarina de Áustria，1507—1578）的私人收藏中有两本中国书。1625年，法国作家米歇尔·博迪耶（Michel Baudier，约1589—1685）出版了《中国国王宫廷史》一书，其中说到他在梵蒂冈图书馆和西班牙的修道院见过中国书籍。

16世纪末开始，耶稣会传教士在中国搜集了许多文献典籍，分批运回欧洲。耶稣会最早到中国的传教士罗明坚于1590年返回欧洲时，带去了中国的书籍。1682年柏应理和沈福宗到欧洲时，曾携带一批中国书籍到罗马。其中有中国经典著作、传教士译著的中文书籍及宗教书籍的中译本，如弥撒经、礼仪书、伦理神学纲要等，共有将近400册。他们把这些中文图书赠给教皇，这批书籍后被藏入梵蒂冈图书馆，"这些书成了梵蒂冈图书馆中国部分中最古老的收藏"[①]。方济各会传教士康和之神父（Carlo Orazi，1673—1755）1700年到中国传教，在北京教区工作了整整32年。他在"礼仪之争"中发挥了至关重要的作用。康和之神父代表的是罗马的立场，反对耶稣会的"适应策略"，受命在北京发表克莱门特十一世分别于1704年和1715年谴责礼仪的立场。他于1734年回到意大利，将许多中文书籍带到了罗马，其中多数是关于传教的书籍，还包括以"四书五经"与《千字文》为代表的童蒙书、文公家礼等。这些中文书籍现保存在梵蒂冈图书馆内，为梵蒂冈图书馆中文部的创建做出了贡献。

路易十四对收集中国书籍也特别积极，他曾在1684年写给葡萄牙大使的信中说：耶稣会士被派往中国的使命除了研究天文外，还为了"找寻最奇特的中国书籍"。法国国家图书馆的汉文图书入藏目录，最早是由路易十四

[①] ［法］伯希和编，［日］高田时雄校订，郭可译：《梵蒂冈图书馆所藏汉籍目录》，中华书局2006年版，第11页。

的首相马扎林收藏的汉文书册开始的。在他过世后的隔年,由大臣库尔柏把马扎林收藏的汉文书籍转到国王图书馆(即法国国家图书馆前身)收藏。通过对这些图书的整理,统计出有19本汉文书籍。1697年,法国传教士白晋返回法国时,带回康熙帝赠送给路易十四的珍贵书籍,有22种书目,含45箱、312册,包括《易经》《诗经》《书经》《春秋》《礼记》《孝经》"四书"《孔子家语》《性理大全》《圣谕》《大清律》《资治通鉴纲目》《广舆记》《武经》《算法统宗》《本草纲目》《类经》《说文》《字汇》《字汇补》等。在此之前,法国只有23册汉文书籍,因此白晋带回的这套汉文书籍让路易十四感到非常欢喜和惊奇。不过,有的学者研究认为,这些书并非康熙帝直接赠送的礼品,而是白晋自己搜集的,包装得看起来像是中国皇帝送的礼物。康熙帝确实也向路易十四赠送过图书,这就是传教士洪若翰在1699年回国时携带"多册中国书籍,这些图书都是国王图书馆最初的藏本"。1703年洪若翰再次回国时,"又赠给此馆12册的满文字典一套,大概是当时人们见到的第一部满语作品"。[①]1708年,海关的检察官向国王献上了14箱汉文和满文书籍,这些箱子用蓝色缎子和黄色斜纹布捆着,箱内共有113套书籍。这批图书是15年前被法国皇家海关稽查员扣下的,之后一直没有物主来申报。法国传教士马若瑟也曾广泛搜集中国书籍,陆续寄回法国。1715年,法国学者傅尔蒙交给法国国王图书馆的书籍中,有几千册中国书籍,即为马若瑟所赠。

1718年,比尼昂担任了国王图书馆馆长,他将所有馆藏中文图书,以及神学院为方便国外传教而收藏的800册中文书籍合在一起,统一整理归类,单独收藏。黄嘉略在帮助整理图书馆馆藏中文图书时,曾提出进一步采购的书单。比尼昂将书单寄往中国,请在华传教士帮助按单采购。1720年底,傅圣泽回国途中在广州候船,这时这项采购任务还没有完成。负责采购的法国东印度公司经理利图(M.de la Bretesche Litoust)请求傅圣泽协助。他们委派一位中国商人去南京采购,傅圣泽将所需图书的书名和数目告诉了这位中国商人。这批书共有85种1764册,装满了7个箱子,通过商船运到巴黎,入藏法国

[①] 吕颖:《清代来华"皇家数学家"传教士洪若翰研究》,《清史研究》2012年第3期。

国王图书馆。傅圣泽在中国20多年，也收集了大批书籍，他回国时携带了11箱近4000册中国图书，在广州他临时请了一位名叫胡若望的中国教徒帮助在途中整理这些图书。傅圣泽的这批图书几经周折，最后于1723年1月运抵巴黎。同年4月，傅圣泽去罗马，后来又在教廷传信部任主教之职。他在临行前想带走这批图书，不料法国政府将它们扣留。后来，传信部通过教廷大使向法国政府施加压力，直到同年11月，傅圣泽的这批图书才运抵意大利，并入藏传信部图书馆。傅圣泽自己购买近4000册中文图书，并且由他为法国国王图书馆采购的近2000册图书，是来华传教士中一个很著名的事件，法国汉学家雷慕莎指出，傅圣泽的收藏是那个时代"一位欧洲人完成的最大宗最上乘的收藏"[1]。1734年，第一部《国王图书馆古籍书目》出版，其中就专门列有馆中所藏中文古籍书目。

  在德国，勃兰登堡选帝侯弗里德里希·威廉一世曾委托荷兰东印度公司购回一批中文图书，从1665年第一批中文书籍入藏皇家图书馆，到1702年，共搜求得到400本。在17世纪末，德国柏林成为欧洲大陆最大的中文图书中心。柏林东方学家米勒担任这家图书馆的第一任管理者，他曾为这批中文图书进行编目。在米勒的努力下，一些原来属于荷兰海军上将吉尔·冯·列尔（Giesl von Lier，1593—1676）和阿姆斯特丹市市长尼古拉斯·威特森（Nicolaes Witsen，1641—1717）的藏书也入藏这家图书馆。瑞典王后露维莎·欧瑞卡是普鲁士国王腓特烈大帝的妹妹，她是"中国热"的积极推动者，热心收集中国的物品，其中也收藏了一批中国图书。瑞典作家奥古斯特·斯特林博格（August Strindberg，1849—1912）年轻时曾在斯德哥尔摩的皇家图书馆整理过这批图书，他花了一年时间学习中文，为这批图书进行编目，这份目录共有49条。

  沈福宗在英国期间，曾协助牛津大学博德利安图书馆整理馆藏中文书籍，其中有不少中国医书。这批图书是1600年通过荷兰东印度公司直接在中国购买的。沈福宗在英国居住了近两年时间，其中大部分时间是在进行这些图书的整理工作，可见数量之多。

---

[1] 引自［美］魏若望著，吴莉苇译：《耶稣会士傅圣泽神甫传：索隐派思想在中国及欧洲》，大象出版社2006年版，第261页。

第二十章
旅行者的东方记述

一 东方旅行笔记

出版于16世纪末的门多萨的《中华大帝国史》在欧洲产生了很大的影响。在这之后，耶稣会士们正式进入中国开展传教活动，持续了大约2个世纪的时间。在这样的时间跨度内，传教士们撰写了大量的书信、游记、报告和著作，大大丰富了欧洲人关于中国的知识。传教士们是当时欧洲中国知识的主要来源，是主渠道。但在这一时期，在传教士以外还有一些商人、海员、作家及外交使臣的有关中国的记述，可以看作是欧洲中国知识的一种补充。

1613年，英国牧师兼旅行家、收藏家珀切斯（Samuel Purchas，约1577—1626）出版了《珀切斯的朝圣，或从开天辟地到目前在所有时代和所有被发现的土地上观察到的世界与宗教记述》。这本书比17世纪初叶其他根据亲身经历写成的关于亚洲的游记都更流行。1626年前共有4个版本。1625年，又出版了4卷本《续哈克卢特或珀切斯的朝圣》，据说在当时是有史以来篇幅最大的英文出版物。

珀切斯把更多英国之外的关于中国的记述节选到了《续哈克卢特或珀切斯的朝圣》里，除了中世纪鲁布鲁克、马可·波罗、曼德维尔等的作品外，还有克路士、平托、佩雷拉、金尼阁，以及许多来华耶稣会士如利玛窦、龙华民、庞迪我等发自中国的书信。珀切斯像哈克卢特那样，是英国向海外扩张的热情鼓吹者，对英国东印度公司给予高度赞扬，此书编成之前的英国东印度公司的历次航海记录均予以选录，有的一次航行还选入多人多种航海记。在翻译与重印的部分，还有阿诺德·布朗（Arnold Brown）的日记节选。此人在1617—1623年到万丹、帕坦尼、日本、菲律宾、中国沿海等地旅行，日记中有关于1622年荷兰进攻澳门被击退的描写。根据俄国人的记述，珀切斯撰写了俄国人首次关于中国的目击记，即1618年俄国使团访问中国朝廷的情况。其中除了有关于中国总体印象及万里长城的描写外，还有关于鞑靼地区自西而东的地理划分、物产和宗教。①

1636年，英国人约翰·威德尔率领舰队抵达广州，与当地官员进行交涉，无功而返。他们的经历由彼得·蒙迪（Peter Mundy，活跃于1597—1667）编纂成书，提供了第一支到中国的英国船队成员们对于中国的某些印象。书中写道："该国可以说在这些特别方面高人一等：悠久、广袤、富裕、有益健康以及充足。综合而论，我认为在治国之术和治国方式方面世上无一国可与它媲美。"②他们的兴趣在于去广州从事贸易，所以他的记述中有相当一部分涉及这方面的内容。彼得·蒙迪在这份文献中记录了在广州度过的时光，他写道："我们驶向他们的平底船，那是一艘相当精巧的制作，表面上涂得非常光亮。祭坛上放着一尊女子的塑像，她头上戴着饰物，像是一顶皇冠。距离不远放着两尊中国官员的塑像，手中执着扇子，两人容貌凶恶，犹如恶鬼。他们在祭坛前面点着一盏灯，放着几个很大的高脚杯，足有四五英尺高，他们在杯中焚香，在各处点起小蜡烛。这艘平底船中，还悬挂

---

① 参见秋叶：《英国早期的两部游记选集及其对中国的关注》，《光明日报》2007年10月24日。
② 引自［英］雷蒙·道森著，杨德山译：《中国变色龙——对于欧洲中国文明观的分析》，中华书局2006年版，第42页。

着一口钟,由铸铁或合金铸的,重4或5担,他们用一根木杆撞钟。那里的人们让我们喝一种叫做'茶'的饮料,其实只是在水中泡上一种草类植物。这种饮料必须趁热喝,据说能滋补身子。"①

17世纪,葡萄牙人已经在澳门建立了殖民据点,陆续有许多葡萄牙人在此居住和从事经商、行政或传教活动,也出现了一些有关澳门的记载或报道。1623年,曾在澳门市政厅任书记官的雷戈(Diogo Caldeira Rego)撰写了《澳门的建立与强大记事》,主要介绍了澳门的城市发展、宗教和商业的情况。1635年,曾经在果阿担任过档案馆馆长的葡萄牙人安东尼奥·博卡罗(António Bocarro,约1594—1642)撰写了《东印度州各要塞、城市和居民点图册》,其中也有关于澳门的介绍。

西班牙教士德·拉斯·科尔特斯(Adriano de las Cortes,1578—1629)于1605年到达菲律宾,在各地担任教职。1625年,他离开马尼拉前往澳门,但在途中遭遇风暴,所乘的西班牙船在广东沿海沉没。他和其他幸存者被中国当局俘虏,最后到了广州。后经澳门的葡萄牙人斡旋,他们被送到澳门,最后返回马尼拉。在此期间,科尔特斯与中国社会的各阶层都有交往,得以就近观察中国社会生活的各个方面。这一段经历使他积累了大量手稿,在此基础上撰写了《中国旅行记》。科尔特斯早在于墨西哥居住时,便向从东方和中国返回墨西哥的商人做过调查;也可能是他通过自己能够得到的一些著作,开始搜集有关中国的资料。他在马尼拉居住时,也向那里的华人和马来人社团做过调查。他声称这全是他直接考察的成果和亲自搜集的材料,因此这部游记具有一定的历史学和人类学价值。他还在一位中国人的帮助下,绘制了许多幅独特的图画。但这部手稿一直没有出版,只有少数人读过。不过,在一些学者的研究著作中,多有引证此书的资料。直到2001年,法国出版了这部书的法文译本。这部著作以作者的亲身经历,介绍了当时还鲜为人知的中国现实多方面的资料,介绍了广州人的迷信和宗教信仰、生活习俗、文化生活和物质生活等方面的内容,还描述了广州人的体质特征、气质和习性,以及商品和财富的情况等。

---

① 引自[英]吴芳思著,方永德等译:《中国的魅力——趋之若鹜的西方作家与收藏家》,东方出版中心2009年版,第31页。

葡萄牙传教士赛巴斯蒂昂·曼里克（Sebastião Manrique，约1590—1669）1604年前往东方传教，在果阿的奥古斯丁教团修道院任职。1628年被派往孟加拉传教，从此开始了在东方的长途游历。1643年他回到罗马，作为教团的代表住在罗马，开始撰写亚洲游历纪事。1649年，他出版了《东印度传教路线》，其中有一些涉及澳门、宁波、广州等城市的内容，还提到了中国的长城。

意大利历史学家巴尔托利（Daniello Bartoli，1608—1685）撰写的《耶稣会历史》一书中，有一部分内容介绍了耶稣会士在中国传教的历史，从沙勿略写到此书于1663年出版前几年为止。这部著作依据利玛窦的日记及许多传教士的书简和报告写成，对中国及其国民以及耶稣会士们的传教活动都作了介绍。

意大利耶稣会士白乃心（Johann Grueber，1623—1680）是1658年7月抵达澳门的，第二年8月到了北京。1661年，他离开北京，从陆路返回欧洲。1664年，白乃心来到罗马，不久再度启程从原路返回，但在君士坦丁堡被迫止步，回到佛罗伦萨。在这里，白乃心遇到了意大利作家马加洛蒂（Lorenzo Magalotti，1637—1712）和文学家达蒂（Carlo Roberto Dati，1619—1676）。他们与白乃心进行了长时间的交谈，向他询问了许多有关中国的问题，包括中国的政府、宗教、语言、人们的生活习俗、饮食、休闲、服饰，等等。白乃心对他们的提问一一作答。后来，马加洛蒂将这次访谈记录出版，题目为《中国报告》。

二 荷兰使团的华夏记忆

1655年3月，荷兰驻巴达维亚总督奉荷兰政府之命，组织一个使团出访中国。1656年，使团由两名商人率领，包括12名成员，组成荷兰东印度公司使团到达北京，与中国官员洽谈开展贸易关系的事宜。纽霍夫作为使团的成员，在此行中做了大量笔记，同时在沿途"将所有城镇、乡村、殿堂、河川、坚固或奇特的建筑，按其真实面貌描绘下来"。回国后，他的旅行笔记

1656年荷兰使团进入北京，准备朝觐顺治帝

由他哥哥亨德里克·纽霍夫（Hendrik Nieuhof）整理成《荷兰东印度公司出使中国记》，1658年在阿姆斯特丹出版。

此书第一部分主要描述中国各省和一些大城市，第二部分主要介绍中国的法律、习俗、自然资源和动植物等。这本书被译成多国文字，风行一时，其中法译本和英译本分别于1665年和1669年出版。后来还被译成德文和拉丁文，在欧洲广为流传，被看做是一份有关中国的重要文献。今天我们在所能见到的欧洲早期有关中国人物形象、动植物、船舶、桥梁和风景的作品中，几乎都可以看到纽霍夫作品的中国元素。

纽霍夫在书中对中国及其文化有多方面的记述。"婚姻、葬礼、哲学、佛教、庙宇、中国的植物包括人参和茶，动物包括难以见到的犀牛和河马，在纽霍夫的记述中都有详细的描述。他的记述一般是相当准确的。"[1]他描写

---

① ［英］吴芳思著，方永德等译：《中国的魅力——趋之若鹜的西方作家与收藏家》，东方出版中心2009年版，第59页。

了在中国官员款待他们时的饮茶方式和使用筷子吃饭的场景。他对中国人的礼仪,以及强调"互相尊敬"非常欣赏。他说:"在中国人中间,摘帽子,或两腿交叉屈膝——这些欧洲人经常使用的做法——完全算不上礼貌,他们更不会拥抱别人,或吻他人的手,也不会做出任何其他身体行为来表示赞赏。他们显示有教养的方式,最普通、最经常的做法如下:在行走时(除非要打扇或者用手干其他事情),总是将双手笼在上衣的袖子里,他们的袖子为了这个目的而做得很宽大,这样当他们相遇时,毕恭毕敬地将笼在袖子里的双手高高举起,

1665年版《荷兰东印度公司出使中国记》插画

然后再用同样的方式落下,再口称'请'互相问候两次,这个'请'本身并不表达什么意思。""当他们拜访别人时,或者两位友人在街上见面时,他们会弯下整个身子鞠躬(他们的双手自始至终放在衣袖里),三次将脑袋垂到地上……如果双方正好是拜访和迎客的双方,而且很久没有见到对方的话,或者以前从来没有见到过对方,他们总是希望在彼此之间加倍施礼。这时在演示了第一场仪式之后,他们双膝跪倒,前额触地,他们要这样做三遍。"①

纽霍夫描述了"北京的宫殿或帝国朝廷的平面布局和形状"。皇宫黄色的屋顶"覆盖着明晃晃的涂了彩釉的琉璃瓦,在阳光下熠熠生辉,比黄金更加灿烂。……这些琉璃瓦是用黏土制成的,表面上涂上一种人造的黄色彩

---

① 引自[英]吴芳思著,方永德等译:《中国的魅力——趋之若鹜的西方作家与收藏家》,东方出版中心2009年版,第53—54页。

釉,但是,据我所被告知,每一面这样的瓦片都是钉在屋顶上的,钉子的头是镀金的,这造成了如此辉煌的气派"①。

纽霍夫在书中绘制的插图,关于中国人的形象,有戴着锥形帽子、穿着华丽袍服的皇帝,有光头肥脑、敞怀而坐、笑口大开的布袋和尚。布袋和尚的形象,在17世纪晚期大量出现在欧洲的设计中,成为欧洲人眼中的中国偶像"快乐之神",后来演变为pagoda,各国的釉陶和瓷塑中常有表现。特别是德国迈森瓷场生产的pagoda流传最广。纽霍夫的插图还有北京的紫禁城午门、南京街道、路边的中国亭子、花园中的假山、奇形怪状的树根、赛龙舟、娱乐的中国人、在船上饮食的中国人、交谈的中国官员、惩治犯人、交谈的喇嘛,等等。这些插图是欧洲人第一次接触到的中国视觉形象和直观了解中国的重要材料,成为欧洲流行"中国风"设计的重要参考。有的荷兰学者指出,纽霍夫的这本书对于后来兴起的"中国热"起到了相当重要的推动作用,"是整个启蒙时代关于中国的奇特形象的起源之处"②。

在纽霍夫的插图中,还有一个有趣的误会。纽霍夫在中国期间,对岭南的菠萝印象深刻,说是"大自然创造的最稀有和最美味的佳果"。他画的插图中对菠萝浓彩重笔,大加渲染,结果被欧洲人认为是中国风格的特征。于是,一些欧洲艺术家的"中国风"艺术品设计中纷纷采用菠萝的纹样。法国画家布歇在为挂毯提供的画样中,就使用了菠萝的装饰风格。这幅画描绘了中国皇后在室外进餐的场面,画面上的亭子采用了菠萝装饰的檐顶。此外,还有一些比较著名的建筑、锦缎、挂毯和壁纸等都采用了菠萝的图样。欧洲人已经完全把菠萝图样看成了中国艺术特色的典型代表了。17、18世纪欧洲大量向中国出口钟表,为了迎合中国人的审美趣味,欧洲人在钟表上尽量使用他们认为带有中国风格的装潢图案"菠萝",许多销往中国的钟表顶端常常被装饰成菠萝形状。而中国人看到西洋钟表上的这些菠萝装饰,还以为菠萝是欧洲特有的流行装饰图案。

纽霍夫的作品,以及前文介绍过的其他作家的作品中有大量关于中国

---

① 引自[英]吴芳思著,方永德等译:《中国的魅力——趋之若鹜的西方作家与收藏家》,东方出版中心2009年版,第56页。
② 引自张国刚:《中西文化关系通史》下卷,北京大学出版社2019年版,第683页。

的插图，这些插图对于欧洲人从视觉图像的角度认识中国具有特别重要的意义。在书籍中加入大量的版画插图，是当时出版物的一种流行样式。许多有关中国的书籍都有这样的插图。

1667年，荷兰派出彼得·范·侯尔恩使团再次访问中国。1670年，荷兰学者奥菲特·达柏（Olfert Dapper，1636—1689）出版了《荷兰东印度公司在大清国海岸及内地值得回忆的活动》，书中记录了这次使团的旅行过程。

该书出版后很有影响，不久就被翻译成德文和英文，引起了知识界的广泛关注。达柏对地理学和人种学很有研究，在其著作中广泛引证了耶稣会士和探险家们的资料，详细介绍了中国的地理、动物、植物、民族、宗教、服饰、语言、文字和科举制度，并有150幅插图。书后附有《荷兰人统治下的台湾》一文，记述了台湾的地理、历史、物产、风俗和历史大事，还根据资料绘制了有关台湾居民、住房、村社和宗教仪式等图画。在17世纪的欧洲，达柏的这部著作对中国进行了远比其他作品更详尽的描述，因而具有很大的可读性和知识性。书中也附有使团成员彼得·范·多尼克（Pieter van Doornik）所绘的22幅中国风貌的速写。

荷兰的这两次使团虽然都没有达到预期目的，但他们沿途所收集的有关中国的资料和记录，都对荷兰和全欧洲的中国印象产生了很大的影响。彼得·范·侯尔恩出使中国期间，对中国的儒家学说印象深刻，回国后将儒家格言改写成韵诗，于1675年以《仁义礼智信之实质》为书名出版。这是荷兰首部介绍儒家思想的著作。这本书的中心思想是说明儒家的仁义礼智信思想的意义和作用。

此时荷兰还出版了一些有关中国的书籍，如冯德尔（Joost van den

西方版画中衣饰华丽的中国人物特写

Vondel，1587—1679）的诗集《崇祯和中国皇朝的末日》，于1667年出版。范德戈斯（Joannes Antonides van der Goes，1647—1684）1666年出版了悲剧《被袭击的中国》。

三 俄国"窗口"：远东知识的另一条传播路线

在17世纪，俄国与中国已经有了商务和外交上的往来。出使中国的俄国使团和商人的关于中国的记述，也从不同渠道传到西欧，增加了欧洲的中国知识。

1675年，俄国沙皇派尼古拉·米列斯库·斯帕塔鲁（Nicolae Milescu Spătaru，1636—1708）出使中国。米列斯库，又名斯帕法里（Nikolai Spathari），原本是罗马尼亚人，曾在君士坦丁堡求学，攻读希腊语、土耳其语、阿拉伯语、神学、哲学、历史、文学等，接着又到意大利学习拉丁语、意大利语、自然科学和数学等。学成归国后，在罗马尼亚的两个公国历任宫廷文书、兵部总管、常驻奥斯曼帝国使节，先后出使过瑞典、法国等国。1668年因参与王室政变的密谋而受劓刑，随后出走君士坦丁堡。1671年，米列斯库经友人推荐，去俄国任外务署的希腊文、拉丁文和罗马尼亚文翻译，不久被提升为首席翻译。米列斯库的使团包括随行人员共有150人，其中有负责收集中国情报，如"查找当地的药材和所有的植物根"的人和"负责了解石材"的专业人员。米列斯库在途中曾在托博尔斯克做短暂逗留，这期间他每天都和被流放到这里的尤里·克里扎尼奇（Juraj Križanić，约1618—1683）见面。克里扎尼奇送给他两本小册子，其中有一本《中国贸易手册》。克里扎尼奇阅读这本书"从各种故事中收集关于中国的各种事务，特别是其中间或辅以自己的哲学思考"。克里扎尼奇还为米列斯库翻译了他从莫斯科带来的书中的"所有对米列斯库有用的事"。据推测，这本书可能是卫匡国的《鞑靼战纪》。

米列斯库途经嫩江时，受到清朝特派的礼部侍郎马喇的接待。1676年5月，米列斯库一行到达北京，受到康熙帝的接见。在北京逗留三个半月期间，米列斯库除与清朝官员进行外交谈判外，还与许多中国官宦商贾接触。特别是与在华耶稣会士南怀仁过往甚密，据说南怀仁向米列斯库透露了不少中国情报。沙皇交给米列斯库的出使任务，主要有3项：（1）全面考察乌拉尔以东西伯利亚的俄国疆土；（2）尽力与远东建立商业和外交联系，避免波罗的海和黑海封锁的影响；（3）了解中国经济、政治、行政、文化和军事等方面的实情。米列斯库返回俄国后，写了3份材料：

（1）《旅行日志》，或称《旅经西伯利亚日志》，详细介绍了西伯利亚的地理、经济和人文资料，回应了第一项任务的要求。

（2）《出使中国奏疏》，或称《官方文件》《出使报告》，也就是米列斯库出使活动的正式报告（按照沙皇政府的规定，所有俄国使节自越过国界之时起，必须写出逐日报告，内容是完成使命和谈判情况），回应了第二项任务的要求。

（3）《中国漫记》，这是第三项任务的成果，也是米列斯库的特殊使命，即尽量完整、准确而多方面地了解中华帝国和中国人民。可以说，米列斯库以其出众才华和渊博学识，出色地完成了他的任务。

《中国漫记》是17世纪欧洲介绍中国较为详细的一部作品，是俄国全面介绍中国的第一部著作。由于作者对中国实情考察之细致，搜集材料之丰富，文笔之生动，这部著作因而被称为"关于中国古代文明的一幅才华卓绝的壁画"。

《中国漫记》共有58章，分为两大部分。第一部分叙述了"中国人的公众事务、帝国情况和风俗习惯，以及一般介绍所涉及的其他情况"，包括中国的历史、地理、经济、外交、政治、军事、人种学等；第二部分"对所有十五个省分别作了专门描述，介绍了这些省的省会和较小的城市、河流山川、自然资源、物产种类"等。

《中国漫记》的写作风格十分严谨，表现了米列斯库对中国人民的赞赏和仰慕。当时的欧洲人对中国充满神奇想象、迷惑不解而又十分向往，米列斯库抱着探索中国的热切愿望，步入了清朝鼎盛时期的中国，以好奇赞叹的眼光，饱赏中国古老文明，由衷感受中国大众之勤劳朴实和聪敏睿智。

米列斯库盛赞中国地域广大，物产丰盈。他说："中国的许多东西都是举世无双的。因此可以说，中国犹如镶嵌在戒指上的稀世宝石。即使积世界财富之总，也无法与中国之富庶相比。""中国值得讲的东西，远远胜过罗马。一位古代哲学家说，所有其他国家都应该拜倒在中国脚下，因为凡是人的生活和娱乐所需之物品，这里应有尽有，取之不尽，用之不竭。"①他称赞中国人的勤劳，视务农为立身之本，变荒漠为沃土，阡陌纵横，井然有序，无他国可与媲美。

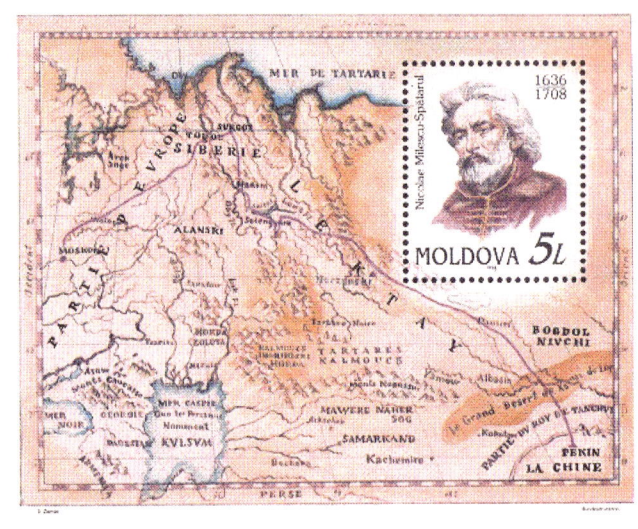

摩尔多瓦发行的邮票，显示米列斯库出使中国的路线，右下角显示目的地为北京

米列斯库热情赞扬中国人的善良品格和礼仪风俗。他说中国人头脑敏锐，远非欧洲人所能比。"中国人的天性是珍重行善以及行善的人……他们在孝敬父母和尊敬师长方面，胜过任何其他民族。"中国人本性爱好和平，不尚武事，从不携带任何武器，视舞枪弄棒和从事战争为盗贼行径，凡正人君子均应和睦相处，谦恭相待。"他们相互之间以及对待公众事务，都十分重视人的荣誉和礼节，在这一方面，他们胜过任何其他民族。""他们的言谈举止都是超乎寻常地谦逊，简直到了无以复加的程度，尤其是官吏和哲学家，个个温文尔雅，表现得极为和善。"②

米列斯库对中国崇尚学问尤为仰慕。他说："世界上没有任何帝国能像中华帝国这样崇尚学问和知识。"他说中国人是如此崇尚学问、尊重科

---

① [俄] 米列斯库著，蒋本良、柳凤运译：《中国漫记》，商务印书馆1990年版，第23页。

② [俄] 米列斯库著，蒋本良、柳凤运译：《中国漫记》，商务印书馆1990年版，第38—39页。

学，以至"无人不知书识字"。至于那些愚昧无知、没有文化的人，最低的职位也得不到，知识愈渊博就愈受敬重。官职的晋升也是以学问的渊博为前提的。即使普通百姓，也没有年满15岁而不知书识字的。中国人认为最有学问的人是最高尚的，学识最渊博的人，即使出身贫贱，也可以获得最高的官职。米列斯库对中国先进的工艺技术表现出浓厚的兴趣，他详细记述了中国的掘井和开凿河道技术、船舶和陆路交通、军事和建筑技术、医学、制瓷、刺绣等。他还记载了当时视为闻所未闻的奇事：火井，即天然气；"燃烧如柴的黑石头"即烧煤炭。米列斯库特别强调指出，中国的工艺技术在许多方面都领先于世界。

米列斯库的《中国漫记》是欧洲人对中国认识史上的一部重要文献。在同时代人的同类著作中，它提供了更为广博的关于中国的知识，论述也更为详细和系统。如果把它与17—18世纪欧洲来华传教士们所写的著作对照来读，就会感到米列斯库的见识、学识和文采都略胜一筹。

这部著作在当时的欧洲也很有影响，"这个俄国使者在17和18世纪所收集的许多情报资料，后来成为对中国怀有浓厚兴趣的耶稣会传教士必读之物"[1]。1693年，在巴黎，耶稣会士菲利普·艾薇儿（Philippe Avril，1654—1698）出版了《到欧洲与亚洲各国的旅行》一书，几乎逐字引用了米列斯库的资料。

丹麦商人伊兹勃兰特（Eberhard Isbrand Ides，1657—1708）曾在1692—1695年任俄国赴中国使团的公使。他们一行及其随带的商队约400人，从莫斯科出发，途经托博尔斯克、贝加尔湖、尼布楚、额尔古纳河、嫩江、张家口等地，于1693年11月到达北京，受到康熙帝接见。接见时由耶稣会传教士张诚和徐日升担任翻译。他们在北京逗留期间，广泛进行商贸活动，用所带物品换得大批中国货物，用27匹骆驼和10匹马驮载回国。使团成员中还有亚当·勃兰德（Adam Brand，1692—1746），伊兹勃兰特和亚当·勃兰德分别撰写了旅行笔记。这两部笔记先后在欧洲出版，并都以不同语言多次再版，流行一时。他们的笔记总体上描绘出一个丰饶、富足、气派的中国，继承并

---

[1] ［苏］马吉多维奇著，屈瑞、云海译：《世界探险史》，世界知识出版社1988年版，第600页。

巩固了当时欧洲已有的对中国的美好印象。

18世纪上半叶，在俄国任职的瑞典人洛伦茨·朗格曾先后6次出访中国。蔡鸿生指出："朗格的中国之行，无论对俄国商队史、俄罗斯馆史，还是俄国汉学史，都发生深远的影响。""从1715年（康熙五十四年）至1736年（乾隆元年），朗格20年来华6次，长期以俄国商队驻办专员的身份与理藩院打交道，并监护东正教北京布道团的活动，是一个为俄国汉学家编织摇篮的重要人物。"[①]1715—1716年他第一次随使团访华。此次中国之行朗格留下了大量的日记和札记。"朗格的日记对于俄中关系史和西伯利亚史具有重要价值，从地理学和民族学角度来看，日记包含了十分有价值的关于中国的资料。除朗格的日记外，留下的资料还有《中国》一书。""《中国》中包含着关于中国的方方面面的信息，既有朗格自己的观察，也有通过各种书信文献以及同生活在北京的耶稣会士纪理安谈话得到的消息。""这些作者亲身经历得到的中国信息，大大丰富了18世纪初的世界地理学知识。"[②]

1719年，俄国政府派出以列夫·伊斯梅洛夫为特使的使团出访中国，朗格作为使团秘书随行。使团结束访问后，朗格作为贸易代表被允许留在北京。在此期间，他以日记的形式记下了和清朝官员进行的谈判、有关贸易的各种事务、贩卖毛皮及其他货物的困难和购买当地商品的情况。这篇札记在俄国发表，"提供了关于在北京的俄罗斯贸易、关于清朝官员如何设置种种障碍以迫使俄罗斯停止北京贸易，并把俄中贸易地迁往俄中边境地区的很多消息"[③]。

在俄文版发表之前，朗格的札记就已为欧洲所知，1726年在莱顿发表，1727年在阿姆斯特丹发表。另外，还被译成德文，收入韦伯（Friedrich Christian Weber，？—1739）的《改变了的俄国》一书，于1721年在法兰克福出版。1725年译成法文在巴黎出版。

[①] 蔡鸿生：《俄罗斯馆纪事》（增订本），中华书局2006年版，第77—78页。
[②] ［俄］斯卡奇科夫著，柳若梅译：《俄罗斯汉学史》，社会科学文献出版社2011年版，第33页。
[③] ［俄］斯卡奇科夫著，柳若梅译：《俄罗斯汉学史》，社会科学文献出版社2011年版，第36页。

四 奥斯贝克的《旅行记》

瑞典是在1731年建立东印度公司的，此后的80多年间，每年都有一两艘瑞典东印度公司的商船往返瑞典与广州，从事贸易活动。有一些乘坐瑞典商船的乘客写下了大量的日记和游记，其中有些曾被出版。瑞典学者英格玛·奥特森（Ingemar Ottosson，1957— ）说，由于这些作品，"生活在瑞典偏远农村的读者也开始熟悉这个被称为'中国'的国家"①。在这些数量众多的记述文献中，有3个人的作品值得关注，他们是卡尔·古斯塔夫·艾克伯格（Carl Gustaf Ekeberg，1716—1784）、雅各布·瓦伦堡（Jacob Wallenberg，1746—1778）、彼得·奥斯贝克。卡尔·古斯塔夫·艾克伯格原为随船医生，后来担任船长，多次带领船队到广州从事航运贸易。他出版了《卡尔·古斯塔夫·艾克伯格船长1770至1771年东印度航行记》。雅各布·瓦伦堡是年轻的牧师，1770年随商船去广州时坚持写日记，1781年以《舰船之子》为题出版。彼得·奥斯贝克在1757年出版了《中国和东印度群岛旅行记》。

彼得·奥斯贝克是博物学家林奈（Carl von Linné，1707—1787）的学生，他以随船牧师的身份跟随瑞典东印度公司的商船"卡尔亲王号"来到中国。这艘商船于1750年11月18日从瑞典哥德堡出发，第二年8月22日抵达广州，并在那里停留到1752年1月4日才返航，1752年6月26日回到哥德堡。在广州逗留的四个多月，奥斯贝克搜集相当多的有关中国植物的资料，同时也对中国人的生活习俗和中国文化进行了比较深入的观察和了解。从出发之日起，奥斯贝克就坚持写航海日记，将沿途的所见所闻记录下来，回国后出版了这本航海日记，即《中国和东印度群岛旅行记》。这本书于1757年首次出版瑞典文本，不久被翻译成德文和英文出版。这是第一份公开出版的瑞典访问者在中国的旅行报告。这个报告的内容非常丰富，涉及中国的历史、文

---

① ［瑞典］英格玛·奥特森：《启蒙时代瑞典人对中国形象的认知》，《史学集刊》2012年第3期。

化、习俗、物产等许多方面的内容。

博物学家林奈希望能够搜集到世界各地的相关资料，并以此为基本素材，在他的《自然系统》中对所有的自然物进行规模宏大的分类。奥斯贝克是一位植物学家，他的这次出行，也带着林奈交给的使命。所以，所到之处，他都对当地的植物进行深入的观察和研究，他的航海日记中记载了大量的中国植物，尤其是中国特有的植物物种，并对形状、生长环境等方面作了具体的描述。

他回国后，曾向林奈展示了数百种的新植物种类。他说："我将其中一些对在西班牙、中国以及其他地方所发现的新植物种类的描述提供给了林奈先生，很快地，这些内容都出现在那部不久后出版的极为重要的植物学著作《植物种志》里，而我对于这些植物的命名也在书中得到了认可。"[①]他提到的植物名称也被林奈的《自然系统》所采用，其中有些林奈认为应该更改物种的名称，则将奥斯贝克的命名作为同一物种的异名引用。

除了博物学方面的内容之外，奥斯贝克的《旅行记》对中国许多方面都有记述。他介绍了中国人的性格、习俗，包括服饰、饮食、娱乐、礼仪及商贸活动等，特别是对广州商贸街的描写十分详细，引人入胜；他还介绍了许多中国的商品和物产，比较具体地介绍了瓷器、丝绸、漆器、茶叶的生产过程和制作方法，这些都是当时欧洲人感兴趣且很需要的知识。他说："由于历史悠久，他们有关天地和历史的知识值得引起人们的注意。他们的道德信条被视为经典，法律和行为准则被认为是最好的生命箴言。医学和博物学都建立在长期的经验上，他们农业水平的完善让人羡慕。"[②]他特别赞赏中国的农业，认为"这里的农业，尤其是灌溉业和园艺，极为繁荣"，"他们的皇帝非常重视农业和种植业，甚至还会亲耕"。[③]他说道："在踏上中国土地的时候，我想起一位曾到过东方、从虎门口进入广州的瑞典人对我说的话：这

---

① ［瑞典］彼得·奥斯贝克著，倪文君译：《中国和东印度群岛旅行记》，广西师范大学出版社2006年版，自序第12—13页。
② ［瑞典］彼得·奥斯贝克著，倪文君译：《中国和东印度群岛旅行记》，广西师范大学出版社2006年版，第112页。
③ ［瑞典］彼得·奥斯贝克著，倪文君译：《中国和东印度群岛旅行记》，广西师范大学出版社2006年版，第119页。

次旅程值得用上所有的心思和金钱，除非我们对于所有其他国家都存有偏见，我们几乎不可能再找到一个地方像中国那样对于土地的利用如此仔细而经济。……中国人的勤奋以及他们在土地耕作上是值得称赞的。如果旅行者允许，我想给予他们以下这些建议：不要吝惜花钱，但不能忘记中国人的节俭，哪怕是最不起眼的地方，他们也顺应自然，因地制宜。"①他还分别介绍了中国的佛教、道教和儒教。

奥斯贝克对中国的农业进行了深入的考察，包括种植的农作物，特别是关于水稻的种植、土地的利用、耕作方式、灌溉方式，还介绍了中国的梯田、中国政府的农业政策和管理，等等。当时来中国的欧洲人，都对中国的农业有深刻的印象。瑞典东印度公司的船长古斯塔夫·爱克堡（Charles Gustavus Eckeberg，1716—1784）从中国返航后，写了一份《有关中国农业的简短记述》的考察报告，被收入奥斯贝克《中国和东印度群岛旅行记》中。这份报告说："中国的自然环境极尽完美：有最好的风景、最佳的地理位置、各种有益的事物，人类就算尽最大的努力也不可能使它更完美了。他们拥有所有生活必需之物，不需要从其他国家获取任何东西，若是有，估计也只是那些非必需的奢侈品。一个国家的财富很大程度上依赖于秩序井然而又勤劳的居民，这个国家在这点上也许能同许多国家一较高下，中国人民的勤劳以及他们在各种贸易活动中的技能，不仅仅在对这个国家的所有描述中可以看出来，同样也能从一些我们的船只从那儿带回来的货物中看

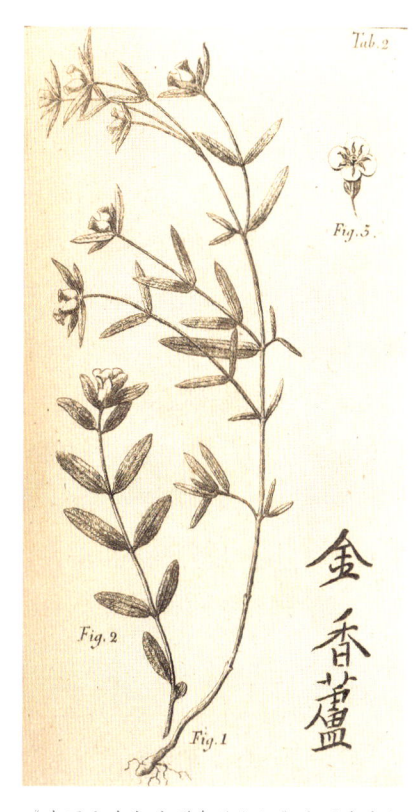

《中国和东印度群岛旅行记》内页中奥斯贝克所绘名为"金香芦"的植物

---

① ［瑞典］彼得·奥斯贝克著，倪文君译：《中国和东印度群岛旅行记》，广西师范大学出版社2006年版，第208页。

出。"①

爱克堡还提到中国的人口问题。他说：这个国家绝大部分地方都挤满了人，你会吃惊于它的土地竟然可以生产出足够的粮食养活那么多的人。但是，"只要你想象一下他们利用一切可以利用的事物时令人几乎无法置信的勤奋，想象一下他们节俭和节制的生活方式，就会相信在这个国家中有再多这样的居民也不嫌多，他们对于生活必需物的要求同样如此。当然，正是因为大量勤奋的劳动者，这个国家如此富有，百姓安居乐业，因为每一个勤奋的劳动者，尤其是农民，总是可以从肥沃的土壤中获得超过他需要的东西"。"中国农业的发达，尤其是水稻的培育技术，是这个国家的快乐之本。"②

在奥斯贝克到中国的同一年，林奈的另一个学生奥洛夫·托瑞恩（Olof Torén，1718—1753）乘坐瑞典东印度公司的商船"哥特狮号"也来到中国，他先后给林奈写了7封信，把自己在中国的见闻作了详细的介绍。

五　乔治·安森的《环球航行记》

在18世纪欧洲人游记中对中国的记述，英国人乔治·安森（George Anson，1697—1762）的航海记是影响比较大的一种。乔治·安森是英国海军准将，他于1740年9月，率领6艘装备简陋、人员不足的舰船从英国出发，越过大西洋驶向太平洋。途经好望角时，损失了3艘舰船，以后又损失两艘，最后仅剩一艘"百夫长号"进入了太平洋，于1743年抵达菲律宾附近海域。在这里，乔治·安森指挥"百夫长号"俘获了一艘驶往美洲的西班牙大帆船，将这些财宝运到中国广东拍卖，获得40万英镑。"百夫长号"是进入中国水域的第一艘英国舰船。乔治·安森这次远航太平洋历时近4年，于1744年6月15日回到英国。

---

① ［瑞典］彼得·奥斯贝克著，倪文君译：《中国和东印度群岛旅行记》，广西师范大学出版社2006年版，第268页。
② ［瑞典］彼得·奥斯贝克著，倪文君译：《中国和东印度群岛旅行记》，广西师范大学出版社2006年版，第269页。

乔治·安森回到英国后，向海军部作了报告。1748年5月，乔治·安森出版了《环球航行记》。该书是随船牧师瓦尔特（Richard Walter，1716—1795）和作家罗宾斯（Benjamin Robins，1707—1751）根据乔治·安森的笔记、几位军官的航海日记及其他材料编撰的，但其中所反映的是乔治·安森的观点和思想。书中的第三部分有5个章节记载了乔治·安森等人在中国（澳门、珠江口、广州）一年多的经历，以及他对中国官民和文化的感受，并不时加入一些对于中国的评论。

按照他们的记述，乔治·安森的舰队闯入珠江口，因为船只损坏，停泊在澳门，希望中国官员同意他们雇人修船并购买所需的物品。中国官方拒绝他入港。他从中国商人手里购买的舰队供给品，大多是假货。蔬菜像烂草一样，猪羊的肚子里灌满了水，而且缺斤短两。在他们看来，中国人欺诈、贫困、堕落、愚昧无知又冥顽不化。书中记载了这样一件事：乔治·安森的座舰的船尾有一根桅杆丢失，怎么也找不到，于是许以重金悬赏。结果很快就

西方版画中两广总督策楞接见乔治·安森场景

有地方官员告诉他，说有人找到了这根桅杆。乔治·安森派人取回桅杆并如约付给酬金。为了答谢这位官员的指引之劳，乔治·安森便委托一位中国人带了一笔钱给这位官员。后来那位官员借口参观登船，言谈中问起乔治·安森有没有再次丢失桅杆。乔治·安森明白这位官员没有收到酬谢金，确认之后答应再付一笔，那位官员说不必了。第二天，安森得知为自己服务的那位中国人被抢劫，辛勤工作攒下的2000元被洗劫一空，而他私自吞没的钱还不到50元。

这本书对中国人的描述与耶稣会士所标榜的中国道德截然相反。乔治·安森认为，传教士著作中通过某些特别人物所标榜的中国道德理论，只体现出对某些不重要方面的荒谬的忠诚，而不是基于理性和平等原则的人类行为的正确标准和行为规范。

乔治·安森对中国的地方官僚的腐败进行了剖析。他认为，中国官员不是利用法律的权威来遏制犯罪，而是通过盘剥那些触犯法律的人以中饱私囊，利用中国人天生的懦弱以恐吓为手段而获得罚金。为此，中国官员乐于制定各种严格的禁令。乔治·安森认为，在中国无论是帝国宪法还是政府的一般命令都不易贯彻，因为一个不首先抑制外国势力兴起以维护公众安全的政府形式肯定是最不健全的体系，而中国显然就是一个武备涣散的国家。

在英国，乔治·安森是一位传奇式的英雄人物，所以他的旅行记一经出版，立即受到广泛关注，出版的当年，就又有4个版本问世。伦敦的报刊也纷纷连载或发表评论。此外又有法文、德文、荷兰文和意大利文的译本陆续出版。可以说一时间街谈巷议，成为流行于欧洲各国的畅销书，并且对于打破耶稣会士们关于"中国的神话"，有着很大影响。许多对中国持批评态度的思想家比如孟德斯鸠等人，都在不同程度上受到这本书的影响，采纳了他的有关中国形象的描述。孟德斯鸠在《论法的精神》中援引了此书的材料。卢梭在《新爱洛伊丝》中也多处引述乔治·安森的材料作为批评中国文化的论据。启蒙时代的法国作家格利姆（Friedrich Melchior Grimm，1723—1807）则说："安森船长是纠正我们对于这个官僚政府的认识的第一人。"①

---

① 引自许明龙：《欧洲18世纪中国热》，外语教学与研究出版社2007年版，第83页。

1750年法文版《环球航行记》配图描绘的中国船只

    而启蒙思想家伏尔泰、魁奈等人则对乔治·安森片面的、对中国诋毁性的言论作出严厉的批驳。伏尔泰指出，这部游记的"博学的作者因广州小民曾经想方设法欺骗英国人，便鄙视和讽刺中国人。但是，难道可以根据边境群氓的行为来评价一个伟大民族的政府吗？假如中国人在我们沿海遇到船难，根据当时欧洲国家的法律可以没收沉船的财货，而按照习惯又允许杀死货主，那么中国人又将怎样评价我们呢？"[①]魁奈也指出："旅行者们曾在欧洲传播这样的观念，使人相信中国人在他们的贸易活动中确实具有掠夺行为；他们甚至举出在那里弄虚作假的各种例证。根据这些例证来看，情况是相当严重的，应该受到指摘，因而人们很可能由此得出结论，认为在中国进行抢劫和掠夺可以不受到惩罚。可是，在那里，公众对最微不足道的罪过都要实行最严厉的惩罚，这种惩罚甚至被扩大到用于监督民间的庆典活动，唯恐庆典活动毫无节制。散布这类传闻的那些人依我看来，他们肯定是把中国人在广州口岸同欧洲人所进行的买卖交易，也就是将这种交易双方都在企图从中欺骗对方的新兴生意活动，与这个帝国国民之间的贸易活动混淆起

---

① ［法］伏尔泰著，梁守锵译：《风俗论》上册，商务印书馆1997年版，第217页。

来。"①

在这里，魁奈和伏尔泰一样，都是指责那些作者把在广州口岸遇到的个别现象，以偏概全，说成是整个中华民族的性格特点。不过，魁奈进一步指出，这种相互欺诈的行为是国际贸易中的普遍现象，不单是中国商人欺骗欧洲人，只不过是中国商人更精明。在中国的国内贸易中，就没有这种相互欺诈的行为，"在那里贸易方面的良好信誉和诚实、正直一直是令人瞩目的；这是孔子伦理学的主要论题之一，而在这个帝国内，伦理就是法律"。②

六 马戛尔尼带回的中国印象

在中国与西方的关系史上，马戛尔尼访华是一个非常重要的事件。英国学者约·罗伯茨在《19世纪西方人眼中的中国》说，马戛尔尼使团的"这次使命的主要目的是要与中国建立外交关系，并希望获准进入广州之外的其他口岸。这次访问的彻底失败使人相信，中国最终将被强迫着才会改变对西方的态度"③。

马戛尔尼是英国资深外交官。1764年，他被任命为全权特使，赴俄国与叶卡捷琳娜二世商谈结盟事宜，之后他进入英国议会，先后出任爱尔兰事务大臣、加勒比群岛总督和印度马德拉斯总督，1792年，被加封为伯爵。

马戛尔尼是一位博学多才的人，在年轻的时候，他到法国旅行，见过伏尔泰和卢梭等启蒙思想家。他给伏尔泰留下深刻印象，伏尔泰还推荐他去见爱尔维修（Claude Adrien Helvétius，1715—1771）和达朗贝尔（Jean le Rond d'Alembert，1717—1783）等哲学家。伏尔泰在给爱尔维修的信中说："这是一位非常有教养的年轻英国绅士，他跟您的想法完全一样：他感到我们的民

---

① ［法］魁奈著，谈敏译：《中华帝国的专制制度》，商务印书馆1992年版，第69—70页。
② ［法］魁奈著，谈敏译：《中华帝国的专制制度》，商务印书馆1992年版，第70页。
③ ［英］罗伯茨著，蒋重跃、刘林海译：《19世纪西方人眼中的中国》，中华书局2006年版，第2页。

族很好笑。"他在赴中国之前，读过一些有关中国的书籍，包括《耶稣会士书简集》等，对中国有一定的了解。

马戛尔尼的出使，是想通过与清王朝最高当局谈判，取消清政府在对外贸易中的种种限制和禁令，打开中国门户，开拓中国市场。同时，也是为了搜集有关中国的情报，估计中国的实力，为英国下一步的行动提供依据。

英国政府对这次出使十分重视，为使团的组成进行了周密而充分的准备。首先对使团成员做了精心安排。副使斯当东（George Staunton，1737—1801）是马戛尔尼的挚友，有从事殖民外交的丰富经验。使团其他成员也都是各种专家，其中有哲学家、医生、机械专家、画家、制图家、植物学家、航海家及有经验的军官。此外，还有东印度公司的职员和大量军事人员。为了代表英国国王向乾隆帝恭贺寿辰、敬献礼品，使团携带了大量足以显示英国实力的文化、科技、机械工艺和军事产品，例如天体运行仪、望远镜、天体仪、地球仪、气候试探架、火镜、马车、毛瑟枪、连珠枪、利剑、野战炮、榴弹炮、军舰模型等，其中一些仪器、兵器在英国乃至欧洲都是最先进的。马戛尔尼希望通过展示这些代表先进文明的礼品，以博得乾隆帝的好感，进而有助于同中国建交。这是一个耗费巨大、人员众多的外交使团，具有商务和政治的双重目的，是英国向东方进行殖民与贸易扩张的一个重要环节。

1792年9月26日，英国皇家战舰"狮子号""印度斯坦号"和小型护卫舰"豺狼号"组成的访华使团船队驶离普利茅斯港，经过9个月的航行到达中国，在澳门外万山群岛的珠克珠岛抛锚等候。英国使团到达中国的消息，通过英国东印度公司大班佛兰西斯·百灵的信件传递给两广总督，转奏乾隆帝。

1797年版《英使谒见乾隆纪实》扉页

乾隆帝看了两广总督的奏折特别高兴，并批"即有旨"，意思是对这个问题另外发一道谕旨。他任命长芦盐政徵瑞、直隶总督梁肯堂为钦差大臣，专门负责接待英国使团。得到了乾隆帝的欢迎旨意，英国使团船只便从澳门出发前往天津，在天津再改乘内陆船到通州，最后到了北京。使团自进入中国境内，就在沿途得到秉承皇帝旨意的各级官员的盛情接待。英国使团的一个成员感慨道："关于这一方面，我们所受的待遇不仅是优渥的，而且是慷慨到极点。"

在北京休息了几天后，马戛尔尼带领随员92人直奔承德避暑山庄，参加乾隆帝83岁寿辰的庆典。清政府对英国使团的来访非常重视，皇帝早就命令军机处拟定了一套接待方案，包括朝见、赏赐、宴请、看戏、游览等活动。这个方案记录在清宫档案的《上谕档》中。

正在双方都兴致勃勃等待正式会见的时候，发生了一场关于这次出访命运的"礼仪之争"。按照清朝的规定，外国使臣来华朝见中国的皇帝，必须行三跪九叩之礼。而马戛尔尼认为，向中国皇帝行三跪九叩礼有损于大英帝国的尊严，他主张朝见时向皇帝行单膝下跪的英式礼节。乾隆帝对英国使团的表现非常生气。马戛尔尼不得不收敛其骄矜的态度，清政府也做了一定的让步，双方达成了这样的共识：在八月初六万树园礼节性的欢迎宴会上，英国使节行英国式礼节，而到八月十三日，在澹泊敬诚殿正式举行乾隆帝万寿典礼时，他们要行中国的三跪九叩礼。乾隆帝得知双方达成了妥协，态度也有所缓和，他表示：这些人从海上远道而来，所以不熟悉天朝的法度，不得不稍加抑制，今天既然诚心效顺了，还是应该给予恩惠。

1793年9月14日清晨4点，在热河行宫万树园的帷幄中，各国使节觐见乾隆帝的仪式正式进行，马戛尔尼、副手斯当东及其子小斯当东依次觐见了乾隆帝。尽管这次短暂的觐见是顺利圆满的，但却没有留给马戛尔尼表达英国政府要求和愿望的机会，反而按照外藩朝贡"天朝"的惯例，在完成觐见之后，使节就应离京返国。于是，在和珅等大臣的催促之下，马戛尔尼不得不缩减计划，准备率领英国使团打道回府。

在离开北京之前，马戛尔尼还是寻找机会向和珅提出了英国政府的要求：（1）英国在北京开设使馆；（2）允许英商在舟山、宁波、天津等处贸易；（3）允许英商在北京设货栈；（4）于舟山附近指定一个未设防的小岛供英商居住使用；（5）于广州附近准许英商获得上述同样权利；（6）由澳门运往广州的英国货物免税或减税；（7）公开中国海关税则。

乾隆帝坚决地拒绝了马戛尔尼使团的全部要求。乾隆帝在给英王乔治三世的回信中，均以"与天朝体制不合"的理由，将这些要求回绝。

乾隆帝拒绝英国要求的敕书发出后，标志着马戛尔尼使团访华的失败。乾隆帝示意使团应于十月七日离京回国。马戛尔尼要求举行谈判，暂缓回国，遭到拒绝。于是，在没有举行谈判、没有完成使命的情况下，马戛尔尼带领英国使团踏上了归程。清政府传令沿途官员严加防范，以防英国人滋事。乾隆五十八年九月初三，乾隆帝任命侍郎松筠为钦差，专门护送英国使团一行启程离京。使团沿运河南下，到达广州，于当年十二月初七，由广州启航回国。不过，在返程中，英国使团仍然得到了乾隆帝授意下沿途官员的慷慨、丰厚礼遇，而且与陪同的清朝官员松筠等人有深入的交流。

马戛尔尼访华虽然没有达到打开中国门户、扩张英国贸易的目的，但毕竟开始了中英两国正式的外交接触，双方互递了国书，互赠了礼品，使团成员在华期间还与中国负责接待的一些官员建立了良好关系。同时，使团沿途搜集了大量有关中国政治、经济、军事的情报。通过这次接触与撞击，东西方两个大国相互之间有了初步了解，对以后的中英关系的发展也将产生深刻影响。

法国学者佩雷菲特（Alain Peyrefitte，1925—1999）在《停滞的帝国——两个世界的撞击》一书中认为，大英帝国派马戛尔尼出访大清帝国，其历史意义远远大于马戛尔尼是否向乾隆帝磕头的问题，它反映的是"东方与西方的首次撞击"。几乎所有的历史学家都对这次撞击的结果感到遗憾。

马戛尔尼的出访，主要还是想解决通商贸易问题。在相当长的时期内，在中英之间的贸易中，中国处于顺差地位。但某种程度上这是由于中英之间的贸易市场及相互之间地位的不对等而造成的。英国人崇尚自由贸易，其国内市场广泛开放，商人能够自由往来。而在中国，对外贸易被严格限定在狭小的区域之内。由于长期处在自给自足的生活状态中，民众无缘了解外部世界，对国外商品经济的发展需求更是毫不知情。英国的许多产品，包括他们以为是王牌货物的毛织品和棉纺织品，都不能在中国打开销路，英国的对华贸易始终进口多于出口，形成了巨大的贸易逆差。

马戛尔尼吃了乾隆帝的闭门羹，但这并不意味着他的工作就此结束。他的中国之行，除了外交和贸易的使命外，还有了解中国国情、收集中国情报的任务。英国人把这次出使当作了解中国的最好机会，在这支由100多人组成的使团中，包括了政治、军事、法律、测量、绘图、航海、医学、化学、天文、植物、商业、工艺、翻译等各方面的人员。英国人在沿途都做了周密的调查、测量、绘图、记录，中国的行政、职官、军事、刑法、户口、面积、物产、贸易、风俗、宗教、家庭、城市、交通、风景、植物等都有闻必录。如路过古北口长城时，对驻军和城防都做了仔细的观察，对长城的构造做了特别详细的调查。虽然他们的外交使命没有实现，但他们在中国期间，通过与上至达官显贵、下至平民百姓的接触，以及往返沿途的观光和考察，对中国有了比较深入的了解和认识。

天象仪。英王乔治三世送给乾隆帝的礼品，由马戛尔尼于1793年携往中国。这是该使团的成员之一威廉·亚历山大的速写画

马戛尔尼一行回国后，除了马戛尔尼撰写的日记外，还有其他一些随行人员撰写的报告和游记等。其中有乔治·斯当东的《英使谒见乾隆纪实》，"狮子号"上的第一大副爱尼斯·安德逊（Aeneas Anderson，活跃于1792—1803）的《英国人眼中的大清王朝》，随马戛尔尼出访的英国外交官、作家巴罗著有《中国游记》和《马戛尔尼伯爵的一些故事及未刊文稿选》，画家威廉·亚历山大（William Alexander，1767—1816）绘制的《中国人的服饰与习俗图鉴》等。据统计，马戛尔尼中国之行，总共出版了论述中国的著作10多种。这些作品都引起了英国社会的广泛关注，有的被翻译成欧洲其他文字。据说，拿破仑读过斯当东和巴罗的游记，它们启发他说出了这样一句名

言:"当中国醒来时,世界将为之震撼。"

乔治·斯当东的《英使谒见乾隆纪实》是在使团回国后的第3年即1797年出版的。这本书相当详细地记载了使团在中国的见闻,在当时无疑是英国乃至欧洲其他国家公众了解中国的最新资料。

学术界普遍认为,马戛尔尼之行的后果,是彻底地颠覆了16世纪以来、特别是17世纪由耶稣会士们所塑造的中国形象,打破了他们创造的"中国神话"。佩雷菲特指出:"英国使团所反映的对中国的看法预示着西方在19世纪对中国的态度。马戛尔尼使团在西方与远东的关系中是个转折点。它既是一个终点,又是一个起点。它结束了一个世纪来的外交与商业上的接近;它在西方人中开始了对中国形象的一个调整阶段。"①

那么,马戛尔尼和他的随员们是怎样描述中国的呢?他们又向欧洲人展示了怎样的中国形象呢?他们记录了中国之行的所见所闻,尽可能"真实地"展现出以前被神化了的而现在是他们所了解的那个中国的方方面面。

和所有初次到中国的人一样,在他们眼里,一切都是新鲜的。在马戛尔尼、斯当东及其他作者的作品里,都有许多对中国正面的和积极的评价。约翰·巴罗描述杭州西湖说:"湖水清如明镜,湖上众多游船来回游弋,有的涂漆,有的镀金,全都装饰得花里胡哨。船上人们兴高采烈、尽情欢娱。"②他还说:"杭州府以丝绸业著称,如同所料,我们在市内看到大量的商场和库房。就商店和仓库的大小以及存放的货物而言,它们完全可以与伦敦最好的商店和库房媲美。"③

爱尼斯·安德逊述说自己进入江浙农村时的感受:"一路的风景越来越美。肥腴的田野之间衬着绿树成荫的庄园,果园围绕着农家住宅,别墅与园林不断出现。"江浙的北部,"在山坡上的牧场里散布着无数牛群与羊

---

① [法]佩雷菲特著,王国卿等译:《停滞的帝国——两个世界的撞击》,生活·读书·新知三联书店1993年版,第552页。
② [英]约翰·巴罗著,李国庆等译:《我看乾隆盛世》,北京图书馆出版社2007年版,第390页。
③ [英]约翰·巴罗著,李国庆等译:《我看乾隆盛世》,北京图书馆出版社2007年版,第392页。

群"。①他还这样描述广州城："这城市的街道一般是15英尺到20英尺宽，用宽大的石板铺砌，房屋超出一层的很少，用木材和砖建筑。商店的正面大门之上有漂亮的阳台，因而门前形成一街檐，用各种油漆装修得很美丽。居民服装与我已经叙述过的无异，但使我惊异的是，这城市虽已靠南，离北京很远，而在这冬季气候依然很冷，居民要穿上皮衣：这种衣服显然不单是一种奢侈品，或限于上流人士，因为我们所见的皮衣服装店很多，店里的皮料很丰富，如豹皮、狐皮、熊皮和羊皮都有。"在广州郊外，"这地区甚为广阔但不见得宏伟华丽，街道大都很狭而人群拥挤。房屋是木房，只有一层。街上都有商店，店内布置像英国形式；由此可知，居民有所偏爱"。②

随着接触的深入，他们也逐渐揭示了一些隐藏在辉煌背后的弊端和陋俗。他们在大清帝国表面的繁华背后，看到了民间的贫穷景象。在天津登陆后，使团沿白河北上北京。在英国人眼里，两岸的民居实在是太寒陋了，巴罗得出结论说："事实上，触目所及无非是贫困落后的景象。""几乎所有的村舍都破烂不堪，条件十分恶劣。""的确，这个省的农民都一贫如洗。就是那些被雇到船上来侍候大使及其随从的人，情形也好不了多少。他们每次接到我们的残羹剩饭，都要千恩万谢。"山东"这个省北部地区农民的生活条件要好得多。他们衣着整洁，面貌喜气洋洋，表示出生活上的富足。他们的住房用砖或木建造，与首都所在的省份的房屋相比，要结实舒适得多。但是，这里可怜的渔民从各方面都明白无误地显示出他们的穷困"。③斯当东认为，中国是"靠棍棒进行恐怖统治的东方专制主义暴政的典型。中国不是富裕的国度，而是一片贫困的土地，不是社会靠农业发展，而是社会停滞于农业"。马戛尔尼对中国官员的接待工作也很有看法。他说："所有与我们有过交往的中国官员都表现出极文雅的礼貌和不甚诚实的高贵的教养。尽管我们有所提议就会立即得到口头同意，可事实上，他们又总是编造出种种

---

① ［英］爱尼斯·安德逊著，费振东译：《英国人眼中的大清王朝》，群言出版社2002年版，第164—165页。
② ［英］爱尼斯·安德逊著，费振东译：《英国人眼中的大清王朝》，群言出版社2002年版，第207—208页。
③ ［英］约翰·巴罗著，李国庆译：《我看乾隆盛世》，北京图书馆出版社2007年版，第366、415页。

巧妙的借口来拒绝我们，由此使我们深感失望。我们总想离开船只，进城或下乡作短暂游览，去看看沿途那些令我们感兴趣的东西，这些愿望很少能够满足。拒绝的借口总是那样熟练、机巧和带有敬意，以至于我们很快就妥协了，甚至还会因此感到一种愉快和轻松。"

在他们的著作中，有不少的篇幅提到中国军队的威武形象。如途经杭州城时，驻防的八旗官兵列队相迎，书中记载中国军队盔甲鲜明，城池的大炮虽然数量不多，但有的吨位极大。而在广州上船时，两广总督前来送行，广东绿营水师官兵在水师船舰上持枪站立，使团们看到总督的车轿前行进着一个中队的骑兵，威武严整。水师船舰近百艘排列有序，"六千余名士兵举起他们的火绳枪，不惜浪费他们的火药，向我们鸣枪致意"。最后他们感叹道："这是一支世界上无比庞大的军队。"但是，在他们看来，中国的军队只不过是用来摆设的花架子。在镇江，等待着他们的是声势浩大的军事操演。但是，马戛尔尼注意到城墙濒临坍塌，这种景象与2000多名士兵随着音乐声在旌旗下接受检阅的场面形成对照。兵士的装备如何呢？是原始的弓、箭、戟、矛、剑。他们戴的头盔从远处看像金属那样闪闪发光，然而人们怀疑它们是用涂了漆的皮革，甚至是用经过烧煮的纸板制成的。五颜六色的制服、衣冠不整的形象丝毫没有一点尚武气派；软垫靴和短裙甚至给士兵们添上了女性的色彩。陪同他们的中国官员明确指出，这种华丽的装束只是"在重大场合里"才从衣柜里取出。而对于作战来说过于笨重的钢盾牌也只是用于炫耀而已。这些士兵与其说是军人，不如说是民兵。"除了在重大场合身着制服外，他们平时穿得同普通百姓一样。他们更多是在和平时期起作用，但缺乏战争要求的勇气和纪律。"

马戛尔尼对中国做出了评价和预言，戳穿了"盛世"的泡沫，看出"盛世"背面的败亡之兆。在马戛尔尼等人眼中，大清帝国"不过是一个泥足巨人，只要轻轻一抵就可以把他打倒在地"。马戛尔尼在出使日记中说：中国"自从北方或满洲鞑靼征服以来，至少在过去150年里，没有改善，没有前进，或者更确切地说反而倒退了；当我们每天都在艺术和科学领域前进时，他们实际上正在变成半野蛮人"。

在他们看来，"中华帝国只是一艘破败不堪的旧船，只是幸运地有了几

威廉·亚历山大《中国皇帝接见英国大使图》

位谨慎的船长才使它在近150年期间没有沉没。它那巨大的躯壳使周围的邻国见了害怕。假如来了个无能之辈掌舵,那船上的纪律与安全就都完了"。但是这艘破败不堪的旧船"将不会立刻沉没。它将像一个残骸那样到处漂流,然后在海岸上撞得粉碎"。亚洲及世界各地的贸易将受到扰乱,"各国的冒险家都将来到中国",企图利用清朝的衰败来建立自己的威望。而"在他们之间将展开无情的斗争"。在这种对抗中,富的愈富,穷的愈穷。"英国靠着它的创业精神已成为世界上航海、贸易和政治的第一强国;从这样的急剧变革中,它将获得最大的利益,并将加强它的霸权地位。"

这大概就是马戛尔尼和他的使团提供给欧洲人的"中国形象"。我们在前面已经提到,作为一个开端,从马戛尔尼开始,欧洲人转变了对于中国认识的视角,中国进入殖民主义者的视野里。在这个视野里的"中国形象",在19世纪得到了不断的强化。

第 五 编

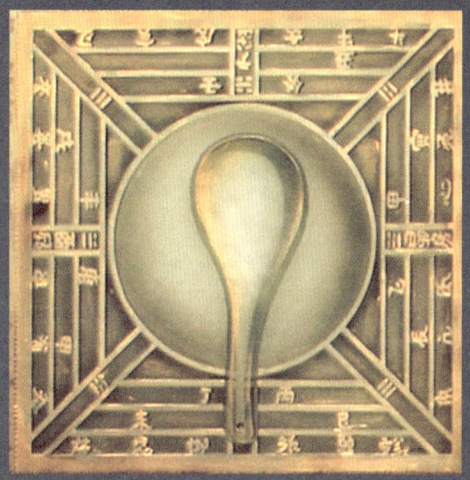

中国思想
欧洲启蒙的主要思想源泉

重回 1500—1800：西方崛起时代的中国元素

第二十一章
"礼仪之争"与思想碰撞

一 利玛窦：在东方和西方之间

关于明清之际来华传教士对于中西文化交流的贡献，国内外的学术界都给予了很高的评价，无论是关于西方文化在中国的传播，还是中国文化向欧洲的传播，传教士们的功绩都是巨大的。之所以能取得这样的成就，与他们，尤其是耶稣会传教士们的个人文化和科学修养有很大的关系。他们在中国的传教策略，如果没有这方面的条件，是不可能实现的。

传教士们在华传教取得一定的成功，与他们采取的策略或手段有很大关系。利玛窦等人的传教策略的实质，就是在与中国人打交道的时候，使自己成为"中国人"，适应中国社会，学习中国语言，沿用中国习俗，了解中国人的思想。所以，耶稣会士们到中国以后，根据他们所了解的中国的国情和文化的实际情况，为了实现他们在中国传教的目的，就必须"采取更世俗的办法"，而这种办法在他们看来是非常有必要的。

美国学者邓恩（George Harold Dunne，1905—1988）对于耶稣会士们的"文化适应"，有比较清楚的界定，即"文化适应，是以尊重当地文化为基础的，它根植于谦虚的精神和对无论何方的人民都有同等价值的理解之中"①。

耶稣会自创始人罗耀拉起，就确立了两大传教原则：一是走上层路线，即与主流社会保持良好的关系；二是本地化方针，即一种倾向于以学习传教地区的语言和风俗为

弗朗西斯科·德·苏巴朗《罗耀拉像》

必要条件的灵活传教方法。在华耶稣会士的传教策略，可说是两大原则的延续，同时又是他们对自身所处环境做出的反应和结果，因此是上述两大原则的深化和具体化。为此，"适应政策"成为耶稣会中国传教团的基本标志。"所以，耶稣会的目标虽然具有绝对性，其传教手段、策略却相当灵活，具有宽容性。"②

关于耶稣会士们在中国所采取的"适应性"传教策略，早在沙勿略的时候就已经提出了基本的原则。沙勿略历时十年在从印度到日本的广阔空间内，通过对东方国家和地区文化特点和传统价值观念的观察了解，总结出一套被称为"适应性"策略的做法，即为了达到使东方各民族归化基督教这一总目的，耶稣会士应对传教方式因地制宜地做出一定的变通，以便在不引起与当地土著文化冲突的情况下，逐步地使基督教变成土著居民的信仰。他主张不是借助军事暴力手段用基督教文化强行同化土著文化，而是首先要了解当地的文化，进而适应这种文化，最终通过基督教文化优越性的展示，再把

---

① ［美］邓恩著，余三乐、石蓉译：《从利玛窦到汤若望——晚明的耶稣会传教士》，上海古籍出版社2003年版，第3页。
② 孙尚扬、［比］钟鸣旦：《1840年前的中国基督教》，学苑出版社2004年版，第107页。

当地居民吸引到基督教归化者的行列中来。为了达到上述目的，沙勿略又提出一些颇具操作性的做法：学会当地的语言，以便了解当地的文化，进而运用当地的语言文字来宣传基督教；借助尊贵的身份和名义，通过馈赠礼品来与当地权贵人士进行对话；传教士必须是品学兼优的"读书修士"，使传播科学知识成为宣传基督教的先导；佛教在东方国家有着广泛的影响，只有批驳佛教学说才能为传播基督教扫清道路；在东方各君主专制的国家，应把争取最高统治者皈依基督教当作传教的中心工作，只要最高统治者信奉了基督教，他所统治的整个国家也将会基督教化。

在沙勿略之后，耶稣会在东方传教的负责人范礼安制定了适应中国文化的"适应路线"。当时澳门的一些耶稣会传教士要求他们的中国信徒一律要学葡萄牙语，取葡萄牙名字，生活方式也葡萄牙化。范礼安认为，这种方式不符合传播宗教的原则。他认为应该是传教士中国化，而不是中国人葡萄牙化，才有利于天主教的发展。于是，他要求传教士们学习中国语言，采用中国风俗。他提出的基本传教策略是：试图将自己作为一个外来实体，移植到充满抵抗性和不友好的文化主题上。这使基督教恢复到它那种潜移默化的原始特点。

在他看来，这样做，"不仅有利于了解过去，而且有利于明智地预见未来"[1]。范礼安在给耶稣会总会长的一封信中说："会长大人，我因着你的慈心而认识了中国民族的性情。我自从到了澳门以后，被那帮助这亿万民众皈向真主的热情催迫，黑夜白日没有得着一刻的安宁。"他建议应该把进入中国"作为传教士的职务中一切最迫切而且又最珍贵的工作"，尽管"这件工作不单是艰苦的，而且还有失掉性命的危险"。最后，他强调指出："对于中国传教，唯一的方法是要绝对避免以前往别国去的传教士所遵照的路程（方式）"[2]。1578年，他从印度调来了几位年轻的传教士，让他们学习中国语言，这里面就有罗明坚、巴范济和利玛窦。罗明坚在写给耶稣会总会长的

---

[1] ［法］裴化行著，管震湖译：《利玛窦评传》上册，商务印书馆1993年版，第60—61页。

[2] ［法］裴化行著，萧睿华译：《天主教16世纪在华传教志》，商务印书馆1936年版，第176—177页。

信中说:"如果不是范神父在这里主持工作,我不知道在中国的福音事业会发生什么逆转。"

从沙勿略到范礼安,他们都一再强调东方传教必须"适应"当地土著的文化和语言。罗明坚和利玛窦进入中国后,创造性地落实了范礼安的适应性方针。可以说,从罗明坚、利玛窦开始,由沙勿略、范礼安制定的这个"适应性"策略,便成为耶稣会士在中国传教的基本方法。

利玛窦在去世的前一年写给耶稣会士巴范济的信中,全面阐述了他认为传教活动最终能在中国取得成功的几点基本经验。他认为,在

版画《范礼安像》。配文释义:亚历山大·瓦利尼亚诺,耶稣会派驻印度观察员,另一个跟随沙勿略来的东方使徒

华传教士应该始终保持"盛德之士"和"有学之士"的现有声誉和形象,争取中国士大夫的信任,这是中国人归信基督教的先决条件;传教士应当善于著书立说,中国人非常注重学问,只要使中国人认识到基督教的信仰是合情合理的,士大夫就会接受传教士的学说进而影响到更多的人信教;基督教教义若"皆笔之于书",那么基督教的影响可远及传教士尚未涉足的地区;应通过科学知识的传授树立传教士的威信;若利用中国古代圣贤崇高德行在社会上的影响,再灌输以天主仁慈所赐的恩典,中国人最终会信服天主;只要宣扬基督教化"战乱不睦"为"祥和"的功效,就能迎合中国人永享太平和万世一系的心理,从而使基督教在中国受到推崇;在中国的传教士必须小心谨慎,以学者、贤者的面目出现,尤其要通晓中国的学问,应借助书籍称赞儒家学说而批判佛家和道家学说,即不在中国士大夫中树敌。[①]

[①] 张铠:《庞迪我与中国》,大象出版社2009年版,第190页。

利玛窦在中国生活了十几年之后，逐步抛弃了一度要赢得成千归化者的梦想，而甘心于在有知识的、持怀疑态度的并经常表示敌视的学者群中，开始缓慢而有耐心的工作。他认识到要归化中国民众，就要从上层人物开始，因而他运用他出色的洞察力和理解力，发展出一套富有想象力的传教策略。利玛窦敏锐地意识到，要想让整个中国皈依基督信仰，必须最大限度地使信众成为在这个国家的社会文化生活中居主导地位的士大夫，而不是被官员们轻视的佛教僧侣。为达此目的，他认为不应允许传教士以不太受人尊重的身份出现在中国。利玛窦刚到中国时，曾按照罗明坚的方法，穿上和尚服，戴上和尚帽，以为采用与中国佛教接近的办法，以"西僧"的身份和面目出现在中国，可以使天主教在中国的传布找到支点，在中国站住脚。但是，利玛窦在广东十余年的经历告诉他，佛僧在这个国家不受重视，没有学问，社会上没有威望，士大夫官吏鄙视僧人，和尚们被排斥在主流社会之外。和尚的称呼，使传教士感到行为语言的不光彩，他们被视为"偶像崇拜僧人"。为此，利玛窦把僧衣换成了士大夫的官服。利玛窦"易佛补儒"策略的形成，并不仅仅是因为基督教的排他性，而是他曾经依赖的佛教，处在中国主流社会之外的特性以及与儒家相比较而言更低的社会地位，使得利玛窦等耶稣会士无法进入中国社会。所以，在耶稣会士的眼中，佛教是一种处于中国社会之外的宗教。由于中国强国家、弱社会的历史特点，国家全能主义盛行，宗教也被深刻地国家化。而居于主流意识形态的儒家思想，则是以天命、天道、天运的崇拜作为国家宗教的。因此利玛窦换上儒服，以"西儒"的面目出现。穿上儒服后的利玛窦尽力结交有影响力的士大夫，钻研儒家经典，向人们表明他既是神学家也是儒者，以此增加士大夫对他宣讲教义的认同感。这一改变的结果，造成"显贵官吏多喜欢和我们往来"。在利玛窦看来，有地位、有影响力的士大夫可以为传教士在中国的活动寻得官方的支持，因而减少传教活动的阻碍。士大夫在道德生活、宗教生活中的示范作用极大，争取一名士大夫信教，便可影响其周围的平民。

利玛窦认识到有比宗教更能引起上层人物兴趣的东西，因而制定向中国派遣耶稣会最聪颖的成员的政策。自利玛窦之时直到耶稣会解散，耶稣会士数学家、天文学家、建筑家、宫廷画家、舆地学家、机械学家等接踵而至。

另一方面，利玛窦认识到中国人的世界观"是圆形的"，是一种将科学、技术、伦理和哲学教义有机融为一体的意识形态，于是他也用一种球状世界观类似的方式来表现天主教。利玛窦等传教士们采取的一个手段，就是介绍西方的科学知识和器物发明，以达到在宫廷立足和传教的目的，即所谓"学术传教"。于是，中国学者的语汇中出现了"西学"或"天学"的概念，而天主教文化也确实凭借这种形态，在一定程度上进入中国人的生活。这一策略决定了他们在中国的活动中，有相当多的精力用在传播西方科学文化知识方面，因而对于这一时期西方文化大规模地传播到中国做出贡献。有人将利玛窦这一"知识传教"或"学术传教"的政策，描述为"有人情味的方法"。

传教士们采取的另一个重要策略，就是利用中国的典籍特别是儒家经典来论证基督教教义。这种策略和介绍西方科学知识一样，都是从利玛窦开始的并为来华的耶稣会传教士们所普遍坚持的。比利玛窦稍晚来华的法国传教士白晋曾明确说道："世界上最容易促进中国人思想和心灵受我圣教归化的办法，便是向他们指出，圣教与他们那古老原则及合理的哲学相吻合。"[①]

传教士们采取这样的策略，是因为他们已经认识到，儒家思想在中国具有深厚的历史基础和巨大的神圣权威。为了在中国成功地传播基督教教义，必不能与儒家思想发生正面冲突。"如果天主教要想深入地进入中国的生活，它必须从儒家学说中寻找一些接触点。"利玛窦"采取与早年教会的神父们接受希腊式思想同样的态度来面对孔子的思想：尽量保存它所包含的自然真理的全部基本观点，增加它所缺少的有关自然界的其他科学原理，介绍包含在天主教中的、由其教义所揭示的超自然真理的全部新秩序"[②]。他们以"合儒"的面目出现，用儒家经典来附会、论证基督教教义。如宣称儒家经典的"上帝"和"天"即基督教的"天主"；主张基督教的敬天爱人即同于儒家忠孝廉节，基督教的"爱"即儒家的"仁"，等等。同时，传教士们还身着儒服，头戴儒冠，在服饰上模仿中国士大夫阶层。通过一系列"合儒"

[①] 引自［法］谢和耐著，耿昇译：《中国与基督教——中西文化的首次撞击》（增补本），上海古籍出版社2003年版，第16页。
[②] ［美］邓恩著，余三乐、石蓉译：《从利玛窦到汤若望——晚明的耶稣会传教士》，上海古籍出版社2003年版，第19页。

的方式,逐渐破除在文化上和心理上的传教障碍,逐渐争取中国人对他们的好感和信任。

传教士们还在礼仪问题上迎合儒家思想,允许入教者维持传统的祭祖祀孔习俗,认为这些礼仪与基督教的宗教仪式不相妨碍,不必视作异端而禁止。利玛窦在中国传教的过程中,适应中国国情,分别将"敬孔"和"祭祖"解释为"敬其(孔子)为人师范"和"尽孝思之诚"的非宗教礼仪。在这种解释的基础上,尊重士大夫和平民的祭祀习俗。这样就使得中国信众,特别是那些具有一定政治、社会地位的信众,在需要参加"敬孔"和"祭祖"仪式时不致产生宗教上的阻滞和困难。后来,康熙帝把这种做法称为"利玛窦规矩"。

所谓传教的"适应性"策略,实质上是"在华耶稣会士试图寻找一种能包含中国和欧洲两种文化的综合体,来赢得中国人思想上的认同,从而促使他们信仰基督教。而这种适应的第二个方面,是将主要由来华耶稣会士提供的关于中国的信息吸收到欧洲文化中去"①。

二 耶稣会传教策略的纷争

从天主教在中国的传教史来看,由沙勿略、范礼安确定的,由罗明坚特别是利玛窦贯彻执行并进一步发挥的"适应性"策略是正确的、成功的。从16世纪后期利玛窦来到中国进行传教活动,一直到18世纪初康熙帝禁断天主教,在这一百多年里,天主教在中国的传播是在稳步进行的,并且取得了一定的成就,在中国的知识阶层产生了一定的影响。如果考虑到这个时代的中华传统文化已经是很成熟、很完备的体系,作为一种完全陌生的外来文化和外来宗教,能取得这样的成就是很不容易的,这在相当大的程度上得益于利玛窦等人坚持的文化适应传教策略。

1610年利玛窦去世后,这种传教策略出现了争论。利玛窦的继任者,意

---

① [美]孟德卫著,陈怡译:《奇异的国度:耶稣会适应政策及汉学的起源》,大象出版社2010年版,第8页。

大利耶稣会士龙华民对利玛窦的思想和传教方法早有不同看法。龙华民1597年来到中国传教,首先到达澳门,主持广东的教务。在传教方式上,他采取了与当时大多数来华传教士不同的道路。他主张公开走向社会,发展教徒,要求入教者必须抛弃传统的习俗。龙华民"对于利玛窦和庞迪我苦心推行的'适应'策略的必要性和必然性同样缺乏深刻的认识"。龙华民继任会长后,"怀着宗教狂热和反对'异端'的'决心'和'勇气'向利玛窦和庞迪我推行的'适应'策略进行全面挑战"[1]。他提出不同于利玛窦"适应"策略的传教路线,主张废除"天""上帝""天主""灵魂"等词,一律采用译音,主张将"Deus"译为"陡斯"。龙华民等人还禁止祭祖拜孔,认为这与佛、道诸教的拜偶像无异,违背天主教教义。不久,耶稣会士们产生两种意见,一派仍坚持利玛窦的主张,另一派追随龙华民。龙华民向视察员巴范济建议重新审查整个问题。巴范济是最早与罗明坚、利玛窦来华的传教士,后来到日本传教,此时在澳门担任远东地区的视察员。巴范济就这个问题征求过徐光启、杨廷筠、李之藻和其他人士的意见,发现他们都支持利玛窦的观点,就决定将这个问题暂时搁置不议。

1612年巴范济去世后,直到1615年罗马教廷才任命维埃拉(Francisco Vieira,1555—1619)接替。在此期间,1613年龙华民派金尼阁出发前往罗马,希望为诸多的问题寻求明确的答复。从这些问题来看,龙华民并非全面否定利玛窦的传教策略。他主要坚持的还是在"译名"和"礼仪"两个问题上。另外,他急躁冒进,想尽快发展更多的教徒,而没有在意利玛窦一再嘱咐的谨慎的策略。

金尼阁1607年3月在完成了教会规定的学业后,被派赴远东传教。1610年秋,即在利玛窦逝世后6个多月抵达澳门。1611年初,他经由肇庆抵达南京,真正开始了在中国的传教生涯。在南京,金尼阁随王丰肃(Alfonso Vagnoni,1566—1640)、郭居静(Lazzaro Cattaneo,1560—1640)两神甫学习中文,并从事教务工作。当时李之藻在南京任职,跟郭居静、金尼阁交往甚密。这年4月,李之藻因父亲去世,告假回故乡杭州。趁此机会,报请龙华

---

[1] 张铠:《庞迪我与中国》,大象出版社2009年版,第244页。

民同意,邀郭居静、金尼阁和中国籍修士钟鸣仁同往杭州开教。金尼阁一行于5月7日到达杭州。次日,就在灵隐寺附近龙泓洞一带的李之藻寓邸举行了该城历史上首届耶稣会弥撒礼。不久,郭、金等人迁居城外杨廷筠府中。通过李之藻的介绍,杨廷筠经常与金尼阁辨析宗教问题,对基督教由钦佩而信仰。6月,杨廷筠接受洗礼,皈依基督。金尼阁在南京的教务活动,深得龙华民的赏识。

1614年,金尼阁抵达罗马,向耶稣会总会长阿奎维瓦(Claudio Acquaviva,1543—1615)呈上龙华民的《五十条建议》。金尼阁特意征询罗伯托·贝拉米诺(Roberto Bellarmino,1542—1621)枢机主教的意见。贝拉米诺曾是利玛窦的老师。他认为以拉丁文以外的语言举行礼仪是可能的,且有先例可循。但他强调采用高尚文雅的,而不可采用俗鄙的语文举行礼仪。1615年1月15日,圣部会议特准耶稣会士在中国以高雅的中文翻译圣经、举行弥撒、日课祈祷,并可在礼仪中戴冠(祭巾)。3月26日,圣部会议为解决上一次会议中悬疑未决的事项,决定:(1)所有在华的传教士可在礼仪中戴冠(祭巾);

身穿中国士大夫服饰的金尼阁像

(2)准许在华的传教士以中文举行弥撒、日课、所有圣事及圣仪,唯须符合罗马礼规,并须得主教同意。

金尼阁是第一个向教廷请准以中文举行弥撒、行其他圣事及诵念日课的天主教传教士。宗教史家们都认为金尼阁的这次出使是很成功的,"获得教宗从未颁布之教谕,遵从中国习俗神父弥撒时不必脱帽,以中文取代拉丁文举行典礼、日祷和翻译圣经,乃通过宗教仪礼的本土化,肯定与深化利玛窦适应策略"①，保证了适应性策略的延续和发展。

1615年维埃拉到任后，就接触到关于译名之争等问题。1617年，龙华民向维埃拉提交了一篇以此为主题的论文，熊三拔（Sabatino de Ursis，1575—1620）也写了一篇论文支持龙华民的观点。维埃拉得知庞迪我和王丰肃不同意这种看法，就让他们也写文章表述自己的观点。庞迪我和王丰肃写了一篇捍卫利玛窦观点的文章。维埃拉最后不置可否，将这次辩论搁置下来。1621年，新任视察员骆入禄（Jerónimo Rodrigues，1575—1631）在澳门召集了一次传教士会议，讨论术语问题。经过研究，同意利玛窦等人以"天主""上帝""天"来称"天主"，但龙华民仍然坚持自己的意见。

1628年，在华的耶稣会传教士于嘉定召开会议，对敬祖及"Deus"的译名问题进行讨论。"嘉定会议"在中国天主教传教史上是很重要的一次会议。参加会议的，不仅有与争论密切相关的传教士，还有奉教的中国士大夫。据记载："1628年1月教士在嘉定曾经开过一个会议，讨论Deus究当译'上帝'或'天主'，或音译'陡斯'。当时参议者共有11位，即：阳玛诺、高一志（王丰肃）、龙华民、金尼阁、毕方济、郭居静、李玛诺、曾德昭、费奇观、艾儒略、黎宁石，他们的意见并不一致，各有相当的理由。"②这样，除了已在澳门去世的庞迪我、熊三拔外，两派争论的主要人物都到场了。中国奉教的士大夫有徐光启、杨廷筠、孙元化、李之藻4人参加。据说徐光启等4人与会是罗马耶稣会总会的要求，希望听到他们的意见。虽然与会者意见很不一致，但会上充满了调和与折中的气氛。会议的最后结果是废除"上帝"与"天"两译名，保留"天主"这一个没有在儒家经典出现过的新名词，以厘清天主教与儒教之界限。在祀孔祭祖这个问题上，会议决定遵守利玛窦的决定。会议经过罗马总会的批准，强调服从纪律的耶稣会士，纵使个别尚有异议，皆一致推行统一的传教政策。

1633年，耶稣会士再次集会，最后达成协议，"上帝""天"或"天主"的称呼都被接纳。后来，傅汎际（Francisco Furtado，1587—1653）下

---

① 沈定平：《明清之际中西文化交流史——明季：趋同与辨异》上册，商务印书馆2012年版，第113页。
② 徐宗泽：《中国天主教传教史概论》，上海书店1990年版，第327页。

令焚毁所有反对利玛窦传教策略的作品,以求结束这场拖宕20年的争论。但是,龙华民的《论中国人宗教的几个问题》却没有被焚毁,后来流入欧洲,1701年译成法文由外方传教会在巴黎刊印,在欧洲思想界引起强烈反响。

不过,一贯固执己见的龙华民在当时似乎也平静地接受了耶稣会内部的共识。自从1622年卸任传教团团长职务后,龙华民仍以积极进取的精神,与其他传教士一道历经教难的考验,并努力推动教会的再次振兴。晚年在山东传教,直到以95岁高龄去世。他对自己质疑利玛窦的态度也有所检讨,认为这跟未能亲聆利玛窦的教诲有关。因为他只是同利玛窦有过通信联系,从来没有见面交谈过。当年他来到中国时,一直在南方传教,直到利玛窦去世后才匆匆赶到北京,接任会长职务,参加利玛窦的葬礼。

总之,耶稣会士们虽然对这些问题有争执,但尚能相安无事。而第二代来华的耶稣会士如金尼阁、艾儒略、汤若望、卫匡国等人,都继承了这一良好的思想传统,并且在他们奋力维护、宣扬和发展的过程中,使传教局面转危为安,使适应性策略更加深入人心,为以后来华的耶稣会士奉行不悖。但是,后来由于多明我会士和方济各会士的介入,事态遂扩大,最后演变为"礼仪之争"。

三 "礼仪之争"的波澜

在明清之际的来华传教士活动中,发生一个十分重要的政治事件,即"礼仪之争"。而这场持续了近百年的"礼仪之争",完全歪曲了中国的形象,对天主教在中国的传播,对中西文化交流史,都具有重大而深远的影响。

所谓"礼仪之争",实际上是两种文明观点的对峙,但其表现形式却是如何评价中国传统的风俗习惯。"礼仪之争"从17世纪中叶持续到18世纪中叶,是在中国的传教士之间及传教士与罗马教廷之间展开的,有关中国传统祭祀礼仪性质的讨论。它包含两个方面的问题,一是在中文中选用什么词来表达基督教的"神"的概念,二是如何处理中国基督徒的祭祖祀孔礼仪。

《新天主教百科全书》给"中国礼仪之争"的定义有三方面的内容：一是士人祀孔；二是家人祭祖；三是中西文中间有关基督教上帝的语义和语源学的争议，称"译名之争"。"译名之争"最早发生在耶稣会士之间。简单地说，就是在中文中如何正确地选用适当的词来翻译"神"的名。是用"天""上帝"，还是用"天主"，在华的几十个传教士之间有不同的看法，展开了神学讨论。时至17世纪30年代，"礼仪之争"扩大到天主教内部。关键问题仍然是：按天主教教义来看，在中国士大夫和民间流行的祭孔祀天礼仪是否属于异端？教会能否对已经皈依天主教，并参加教堂生活的中国教徒的祭祖习惯加以容忍？这场争论在中国和欧洲逐渐涉及不同态度的四方人员：（1）为中国礼仪抗辩的耶稣会士，以及由他们带领的中国信徒；（2）强烈反对耶稣会的其他修会，包括多明我会、方济各会、奥斯定会、巴黎外方传教会；（3）对在华各派传教士的纠纷难下判断，而又必须做出裁决的罗马教廷；（4）因外国教士和教皇干涉中国事务而终致恼怒的康熙帝。

这样，"礼仪之争"不仅是近代基督教史上一个影响重大的"教案"，而且是人类近代文化史上一个影响深远的事件。

"礼仪之争"不仅是关于礼仪与名称的问题，实质上反映的是中西两种思想、宗教和文化的对立和冲突。归根到底是由耶稣会士的适应性策略引起的。争论的起因是出于对宗教信仰的不同理解。

"礼仪之争"是在福建正式爆发。由于主持当地教会的耶稣会士艾儒略全面继承了利玛窦的传教路线，对中国文化采取了十分开明的做法，包括允许教徒们进祠堂、入孔庙，允许各地的中国信徒仍然保持着利玛窦时期的旧习惯。这种宽容做法引起刚进入中国的方济各会和多明我会的反对。多明我会和方济各会是欧洲的老修会，在欧洲、非洲、南美洲已经有了传教的传统策略，那就是直接传播福音，传教的重点是平民百姓。多明我会在欧洲还是神学权威，长期主持教廷的宗教裁判所，对裁判异端特别有发言权。

1633年，多明我会士黎玉范（Juan Bautista Morales，1597—1664）和方济各会士利安当（Antonio de Santa María Caballero，1602—1669）到达福建传教，他们对耶稣会神父容忍教民奉行"异端"的行为大感震惊。1635年，利安当、黎玉范和另外两位传教士编写了两份《通告》，对耶稣会士们的传教方式提出批评。他们各自向本会的总会长呈上了报告，又请各总会长将报告上呈圣职部和教皇。

1637年"福建教案"时，黎玉范被驱逐。他在离开中国之际，于1639年向耶稣会视察员李玛诺去信，提出自己对耶稣会士适应性策略的反对意见。1640年，黎玉范和利安当被派遣前往罗马教廷申诉。但是，利安当在澳门受阻，黎玉范只得一人前往。1643年回到欧洲后，黎玉范向教皇乌尔班八世（Urbanus PP. VIII, 1568—1644）提出他对中国传教区的一些疑问，并向传信部递交了一份正式报告，提出17个问题，控告耶稣会士。

两年后，罗马传信部经过讨论并报请教皇英诺森十世（Innocentius PP. X, 1574—1655）批准，于1645年9月12日发表一道禁止天主教徒参加祭祖祀孔"礼仪"的通谕。这份被认为是罗马教廷关于"礼仪之争"的一号文件，对耶稣会极为不利，并且可能使由利玛窦开创的在中国的传教工作面临颠覆的危险。1651年，在中国的耶稣会派卫匡国到罗马向教皇申辩。

卫匡国是意大利耶稣会士，他于1643年夏抵达澳门，进入内地后主要在杭州、宁波、上海、南京等地进行传教活动，他通过用中文撰述的《述友篇》《真主灵性理证》等著作，以及对孔子和儒家学说的推崇，进一步确定和发展了利玛窦接近并适应中国传统文化的策略。卫匡国是耶稣会适应性路线的卓越继承人。

1651年卫匡国奉派返回欧洲，1653年8月在挪威登陆后，他并没有直接去罗马，而是绕行经德国、比利时等地巡游讲演，并且联系有关中国著作的出版事宜。在欧洲期间，他出版了几本书，其中有《中国史初编》10卷。与此同时，卫匡国还准备了大量有关中国礼仪问题的资料，搜集了多明我会修士指控有关中国礼仪问题的材料，撰写了《中国耶稣会士纪略》，叙述了传教士的历史活动，又撰写了《卫匡国行实》，作为耶稣会辩护人的发言稿，呈报给传信部枢机主教，并于1654年在罗马公开刊行。

1654年10月，卫匡国抵达罗马，向传信部提交了4个问题，由专职的神学家对问题进行神学评价。这4个问题都是黎玉范曾提出的，但耶稣会"以不同的事实"进行表述。卫匡国提出的第一个问题是关于教会戒律在中国基督徒的强制性，包括礼拜日与节日戒律、复活节戒律、关乎斋戒和戒肉的戒律；

第二个问题是关于为成年女子举行洗礼和临终涂油礼的问题；第三、四两个问题是祀孔和祭祖的问题，他认为祭祖祀孔纯属中国文化制度的问题，要求根据中国的实际，不把祀孔祭祖与民间迷信和偶像崇拜混为一谈。基督教学者可以在孔庙举行领受登科的"仪礼"。

从1655年秋到1656年春，经过5个多月的辩论，通过为此辩难而出版的短篇报告和长篇未公开发表的备忘录，卫匡国申述了他在《中国史初编》中所确认的中国崇孔敬祖为社会礼仪，而不是宗教迷信的理由。卫匡国及当时正在罗马的耶稣会传教士卜弥格的申辩，博得了罗马教廷的同情。先由11位神学家作为"有资格鉴定人"审查和签署意见，继而由红衣主教会复核作出决定，报请教皇批准。1656年3月23日，教皇亚历山大七世（Alexander PP. VII，1599—1667）颁布了"按耶稣会代表卫匡国、卜弥格等所叙实况，教徒在不妨害根本信仰的情况下，可以自由参加中国礼仪"的指令。这是"礼仪之争"的二号文件，完全倾向于耶稣会，但对前教皇英诺森十世的禁令并没有废止。

由于卫匡国在成功地改变罗马教廷的意向方面起到了决定性的作用，濒临颠危的利玛窦的传教路线得以在17世纪后半个世纪里继续以合法的形式在中国推行和发展。虽然自1656年教皇通谕之后，有关"礼仪之争"仍波折不断，但直到1697年在福建传教的巴黎外方传教会的主教阎当（又译颜珰、严嘉乐，Charles Maigrot，1652—1730）再次挑起大争端，罗马教廷于1704年最后决议禁止"中国礼仪"之前，来华的耶稣会士仍能大致沿着利玛窦的路线，进行传教和文化交流活动。

1664年杨光先发动"教难"时，包括耶稣会、多明我会、方济各会会士共23人被拘押在广州，其中以耶稣会人数为最多。他们在广州被羁押近5年时间。1667年底，他们用了40天的时间，充分讨论了各方面的问题，对近百年的中国传教活动进行全面总结，讨论并通过了42项议案。这42项议案涉及适应中国形势的教会纪律的方方面面。关于礼仪问题，他们共同议决"应当遵守1656年法令"。会议在1668年1月26日结束，与会诸教士一一签字画押，而多明我会会士闵明我坚决不同意，直到1669年9月29日才提交表示同意的书面意见。

但是,到了17世纪末,礼仪问题的争论在中国又被挑了起来。1693年3月26日,亦即著名的"康熙保教令"发布的第二年,阎当发布牧函,通令福建教区信徒:不许称"天主"为"天"或"上帝";不允许教友自由祀孔与祭祖,禁止一年两次的祭孔祭祖典礼;废除为亡人所立的牌位,或至少除去牌位上的"神主""灵位"等字样,等等。

阎当的举措打破了在华各修会的妥协,各会传教士反响很大。1694年,阎当将禁令上呈教皇,两年后他升为主教,意见始得教廷的重视。据耶稣会史料,1700年11月30日,在京耶稣会士徐日升、张诚、安多等人听说阎当派人去罗马上书礼仪问题的消息,即联名上疏,一方面表明耶稣会士对中国礼仪的看法,另一方面请求康熙帝颁布上谕,证明中国礼仪与宗教无关,不是宗教崇拜,而是民间世俗活动。耶稣会士将康熙帝的批示送往罗马教廷,但教廷无视康熙帝的看法。1704年11月,教皇克莱门特十一世(Clemens PP. XI,1649—1721)和教廷枢机委员会讨论"中国礼仪"问题。11月20日,教皇发布"禁约",判定"中国礼仪"为异端,正式禁止。

在此之前,教廷派意大利人铎罗(Carlo Tommaso Maillard de Tournon,1668—1710)主教出使中国。铎罗于1703年2月出发,1705年4月2日抵达澳门,4月5日进入广州,9月从广州乘船北上,12月14日抵达北京。铎罗传达了教皇不允许中国教徒敬天、祀孔、祭祖的命令,同时也不允许传教士把"上帝""天主"与中国人称谓的"天""帝"混淆,否则就要严惩。康熙帝多次接见他,向他解释说中国人祀孔是为了尊重圣人;立牌位祭祖是为了悼念父母养育之恩,如同西方人把父母之像挂起来纪念一样;至于敬天事君则"天下之通义",这是中国立国之根本,是绝对不能抛弃的。鉴于与铎罗解释无用,康熙帝便针锋相对地正告铎罗,所有在华的传教士必须恪守中国法律,凡是遵守中国法律,并表示永远不回西方者,可领票留在中国,否则一律驱逐出境。康熙四十五年(1706)五月十二日,康熙帝晓谕铎罗:来华长期定居的西洋人,始准在中国居住,若是今年来明年去的,则不许来华居住。同年五月十八、十九两日,康熙帝又接见铎罗,坚决表示西洋人若反对敬孔祀祖,就很难留居中国。同时,又规定所有在中国的西洋人必须领取永居票,始能长期居住中国。愿意领取永居票的传教士,由本人自动申请,亲自进京谒见,陈述自己永久留居中国的决心,然后呈递履历,经内务府批准给发永居票,凡不愿领取永居票的西洋人,一律押解广州天主堂居住。康熙四十六年(1707)春,康熙帝在南巡时,召见了所有能赶赴行邸的传教士,要求所有愿意在中国传教的传教士,必须具结由他本人亲自发给的"印票",签字保证永远留在中国,不回欧洲。这实际上是要求传教士、中国的天主教会与罗马教廷脱离关系。

这样,中国的"礼仪之争"越出了神学讨论的范围,甚至也不全是文化冲突,而是转化成以罗马教皇和中国皇帝为代表的教会权力和政治利益的冲突。

四 "礼仪之争"在欧洲的影响

"礼仪之争"闹得很大,最后康熙帝做出限制天主教传教活动的决定。天主教史学家普遍认为,"礼仪之争"给天主教的传教工作造成了巨大损失,几乎断送了利玛窦等先驱开辟的在中国的传教成果,是一次在中国传教的大失败。这个"礼仪之争"在中国思想界几乎没有产生什么影响,并没有多少人关注这件事,反而在欧洲引起强烈反响,引发了欧洲宗教界和学术界的大讨论,引起欧洲思想的一次大震荡,甚至间接地影响了以法国为中心的启蒙运动。

广州会议后不久,闵明我就回到欧洲。他于1673年发表了《中华帝国纵览》,竭力攻击耶稣会的传教方针。"这本书一出版,全欧骚然,天下从此多事了。"[1]闵明我将使"礼仪之争"波及欧洲,并且在欧洲的教会和学术界引起强烈反响,出现了持续的争论和讨论。

法国汉学家戴密微指出:"礼仪之争是在近一个世纪期间震撼了法国和欧洲(也包括中国)的一次深刻的大辩论。"[2] "礼仪之争"在欧洲引起的争

---

[1] 罗光著:《教廷与中国使节史》,台湾光启社1967年版,第95页。
[2] [法]戴密微:《中国与欧洲早期的哲学交流》,《国际汉学》第7辑,大象出版社2002年版,第59页。

论持续约100年之久,据说在此期间有关这次争论的书籍共262部,没有出版的日记、文书还有好几百部。①

英国诗人布朗宁(Robert Browning,1812—1889)曾将此事幽默地写入《环与书》第10节:"五年以前,在福建省区,有人知道,那是在中国,就在那里,有个代主教,因心里难受,发布了训令,说不好了,教徒对万物的主宰,不叫'天主',只叫'天'或'上帝',耶稣会士说这是策略,而多明我会士说是招惹祸害,因为'天'是'天','上帝'是在上的君主。只有'天主'才是上天之主,大家说:'当前最关紧要的事无过于选派一个使节,特别是红衣主教多罗,直上北京,并在那里,解决并平息争端。'"②

"礼仪之争"成为欧洲公众感兴趣的事件。耶稣会士们及反对他们的那些修会的传教士,纷纷在欧洲发表文章和著作。出版社源源不断地出版各种支持或反对耶稣会士的著作和小册子,报纸杂志纷纷发表关于"礼仪之争"的文章和评论,大学和学者们举行关于"礼仪之争"的讨论会和辩论会。总之,中国的礼仪问题成为时髦话题,一时间沸沸扬扬,成为舆论的焦点。中国的礼仪问题的重要性对于欧洲社会好像远远超过远在中国的传教士,更超过了它在中国的影响。

在这场争论达到高潮时,"人们忘记了运用理性而被他们的情绪所左右"。他们用一些煽情的口号掩盖了礼仪问题的真正症结,许多人认识到"反耶稣会士的敌对力量和一些怀有偏袒之意的亲耶稣会士作品同时导致了对在华耶稣会士的作为和中国皇帝的言论的这场误解,而这些原本有可能被理解——纵然这种理解仍是个悲惨的错误"③。

当时和以后的许多思想家对"礼仪之争"及其后果发表评论,如法国哲学家培尔(Pierre Bayle,1647—1706)说到当时的情景:"耶稣会士们关于中国礼仪的争论响彻整个欧洲。他们在罗马互相指责,世界红衣主教会议、

---

① 许明龙:《欧洲18世纪中国热》,外语教学研究出版社2007年版,第47页。
② 引自范存忠:《中国文化在启蒙运动时期的英国》,上海外语教育出版社1991年版,第23—24页。
③ 引自张国刚:《从中西初识到礼仪之争——明清传教士与中西文化交流》,人民出版社2003年版,第520—521页。

巴黎大学、国王、作家等，都在这一问题上轰动起来。"①

伏尔泰也指出："这场争论并没有引起很大的动乱。但是，在我国到处占主导地位的那种积极活跃、嗜争好讼、喜欢争吵的特性，却没有一次争论比这次争论把它显示得更加清楚明白。"伏尔泰还指出："耶稣会士那时固然需要同满清官吏和中国百姓斗争，但却更需要与他们的传教士同行斗争。……关于中华帝国的这场官司在罗马教廷打了很久。在此期间，耶稣会士到处受到攻击。"他讽刺外方传教会成员关于中国人是无神论者的意见"正是法国所有严守教规派的意见。这一派曾经大叫大嚷，竭力反对培尔。他们虽然曾经指责培尔说过无神论者的生活能存在；曾经连篇累牍声言这样的社会绝不可能有，但是现在却冷冷地声称，这个社会在最鲜明的政府治理之下，十分繁荣昌盛"。②

法国作家圣西门（Louis de Rovroy, Duc de Saint-Simon, 1675—1755）在《回忆录》中说，在1700年，"有关这个的争论已开始在诸如孔夫子和先祖的礼仪等问题上大肆喧哗了……耶稣会士允许其新教徒这样做，而巴黎外方传教会则禁止他们的人这样做。前者坚持认为这些礼仪纯粹是世俗的，而后者则认为它们是迷信和偶像崇拜。反对耶稣会士们的这场诉讼产生了可怕的后果，人们写了许多范围非常广阔的论著，提出了许多问题，列举了事实，掌握了有关这些问题的许多部完整历史的著作"③。

在这一时期乃至以后近百年的历史中，许多欧洲杰出的思想家，除了上引的伏尔泰、圣西门等人之外，包括孟德斯鸠、莱布尼茨、沃尔夫（Christian Wolff, 1679—1754）以至于稍后的康德（Immanuel Kant, 1724—1804）、黑格尔（Georg Wilhelm Friedrich Hegel, 1770—1831）、谢林（Friedrich Wilhelm Joseph Schelling, 1775—1854），等等，都热心地关注这场争论，发表看法。

"礼仪之争"引起了人们对中国的广泛关注。中国的礼仪问题在欧洲街

---

① 引自李天纲：《中国礼仪之争——历史、文献和意义》，上海古籍出版社1998年版，第2页。
② [法]伏尔泰著，王晓东译：《路易十四时代》，商务印书馆1982年版，第564、597页。
③ 引自[法]安田朴著，耿昇译：《中国文化西传欧洲史》，商务印书馆2000年版，第36页。

谈巷议，与当时弥漫欧洲大陆的"中国风"相契合。由此引发的对中国的关注，不仅仅是物质的层面，不仅仅是瓷器、茶叶、丝绸等奢侈品以及中国式园林和洛可可艺术风格，而且进入深层次的精神文化的层面，深入中国思想的层面。这样，中国文化就作为一个完整的整体形象出现在欧洲人面前。谈论中国的时髦话题，不仅是传奇的东方故事，不仅是充满时尚风情的异国情调，还包括中国人的宗教、中国人的思想、中国人的孔夫子及他们的民间风俗。如果说，物质文化和艺术文化层面的"中国风"引发了人们对中国的向往和热情，那么，正是由于"礼仪之争"，欧洲的思想文化界开始大规模地介入对中国文化的关注和研究。或者说，"礼仪之争"为欧洲人打开了一扇认识中国的窗户。

"礼仪之争"本身是一个神学问题，但是当这个问题传回到欧洲的时候，就远远超出了神学本身和宗教界本身，它所涉及的就不仅仅是一个中国的礼仪或译名问题，而是涉及深层次的基督教信仰的本身，深入中国哲学的无神论性质问题。所以，当时欧洲学术界的许多哲学家和思想家都卷入这场争论中，或者受到这场争论的激励和启发。因争论而引发的思考和结论，延伸成为许多启蒙思想家思想的重要部分。比如孟德斯鸠关于中国是一个只有礼教的专制国家的看法，伏尔泰关于中华文明的看法，都是在参与"礼仪之争"的讨论中形成的。伏尔泰甚至把这场争论与对欧洲文明的反思联系起来，他认为所谓"礼仪之争"，其实是欧洲内部宗教争论的延伸，"我们在本国宗教的若干问题上争论了1700年。但是，这并不足以使我们心神不安。还需要中国的宗教问题掺入我们的争吵，才能达到这个程度"[①]。伏尔泰还认为，"礼仪之争"的产生在于欧洲人对中国文化的偏见。他说："在非难这个帝国的政府为无神论者的同时，我们又轻率地说他们崇拜偶像。这种指责是自相矛盾的。对于中国礼仪的极大误会，产生于我们以我们的习俗为标准来评判他们的习俗。我们要把我们的门户之见带到世界各地。"[②]

"礼仪之争"在欧洲还激发了"中国儒家思想研究风潮"，进而发展成为对中国百家学说的探讨。在"礼仪之争"期间和以后，孔子等人的儒家经

---

① ［法］伏尔泰著，王晓东译：《路易十四时代》，商务印书馆1982年版，第594页。
② ［法］伏尔泰著，梁守锵译：《风俗论》，商务印书馆1995年版，第221页。

典被耶稣会士翻译成欧洲文字出版，同时还发表了一系列专门的研究著作，孔子的思想进入欧洲思想家们的视野，成为他们反复研究思考的对象，并因此成为建构现代哲学的一个思想资源。

第二十二章
孔子：东方智慧的代表

一 利玛窦"发现"了孔子

在来华的传教士中，利玛窦是第一位认真而深入研究中国古典学术思想且有较深刻见解的西方学者。他在中国"发现"了孔子，并把自己的"发现"介绍给欧洲。在《利玛窦中国札记》中，他以崇敬的心情提到中国儒家思想的创始者孔子。利玛窦还提到中国的儒学经典"四书五经"。

利玛窦多次提到孔子在中国的崇高地位。他说，中国有学问的人对孔子都非常尊敬，以至于不敢对他说的任何一句话稍有异议。在这个国家有一条从古传下来并为习俗所肯定的规定：凡希望成为或被认为是学者的人，都必须从孔子的几部书中导引出自己的基本学说。他必须背熟"四书"，以便成为这方面的公认权威。利玛窦还注意到，不仅知识阶层，统治者也给予孔子最高敬意，他们感激地承认他们都受益于他遗留下来的学说。在每座城市中被认为是文化中心的地点都建造一座孔子的庙宇（孔庙）。中国官员和文人到孔庙祭拜，只是表达他们对孔子的崇敬和对他的学说的感激之情。孔庙中置孔子像及封号；每月的月初和月圆之时，及一年的四个节日，文人学子都向他献一种祭祀，向他献香，献大宰，但他们并不认为孔子是神，也不向他求什么恩惠，所以不能说是正式的祭祀。

利玛窦指出，中国的儒家学说，亦即"中国所熟悉的唯一较高深的哲理科学就是道德哲学"。"儒家这一教派的最终目的和总的意图是国内的太平和秩序。他们也期待家庭的经济安全和个人的道德修养。他们所阐述的箴言确实都是指导人们达到这些目的的，完全符合良心的光明和基督教的真理。他们利用五对不同的组合来构成人与人的全部关系，即父子、夫妇、主仆、兄弟以及朋友五种关系。"儒学是一种主张理性的学说，"他们还教导说理性之光来自上天，人的一切活动都须听从理性的命令"。①

利玛窦说："儒教是中国所固有的，并且是国内最古老的一种。中国人以儒教治国，有着大量的文献，远比其他教派更为著名。"他指出，儒教原来敬天，他说："从他们的历史一开始，他们的书面上就记载着他们所承认和崇拜的一位最高的神，他们称之为天帝，或者加以其他尊号表明他既管天也管地。看来似乎古代中国人把大地看成是有生灵的东西，并把它们共同的灵魂当作一位最高神来崇拜。他们还把山河的以及大地四方的各种神都当做这位至高无上的神的臣属而加以崇拜。他们还教导说理性之光来自天上，人的一切活动都须听从理性的命令。我们没有在任何地方读到过中国人曾把这位至高神及其臣属的各种神祇塑造成鬼怪，像罗马人、希腊人和埃及人那样发展为神怪或邪恶的主宰。"

不过，利玛窦不承认儒教是正式的宗教。他认为儒教不过是一个学术团体，其目的是在恰当地治理国家和国家的普遍利益。所以他认为中国人可以同时是儒教成员和天主教教徒。他指出：从一开始我们的信仰就受到儒家的保护，原来儒家的道理没有任何与天主教相冲突的地方。否则，如果神父们必须应付所有的教派，那么四面八方都是敌人，将难以对付。为了进一步揭

---

① ［意］利玛窦、［法］金尼阁著，何高济、王遵仲、李申译，何兆武校：《利玛窦中国札记》，中华书局1983年版，第31、104、99页。

示天、儒相通，利玛窦还从儒家的伦理和政治实践两方面介绍儒家学说，高度评价儒家的伦理观。利玛窦在评论中国儒家思想的时候，注意到它的社会功能和政治功能，认为"中国人以儒教治国"，儒家学说在维持社会稳定和谐方面起了很大作用。

在中西文化交流史上，利玛窦首先向欧洲较为详细地介绍了中国的儒家思想学说。从利玛窦开始，传教士们大都把中国的儒家典籍和学术思想作为向欧洲介绍中华文化的一个主要方面的内容，使儒家学说在欧洲思想界得以传播。在后来的启蒙运动中，儒家学说对启蒙思想的形成和发展发挥了一定的激励和开发功能。

二 儒学：传教士的必修课

在利玛窦之后陆续来华的传教士们，也都和利玛窦一样，努力学习中国传统文化，特别是研读儒家经典，对中国的传统礼俗、儒家思想都有比较深入的了解。儒学是传教士们的必修课。

传教士们研读的中国古典文献重点是"四书五经"。

在中华传统文化中，"四书五经"具有很崇高的地位，是儒家思想的主要经典。直到清代，"四书五经"都是中国传统文人的必备经典，是中华传统文化的内容根源。如果不了解"四书五经"，就不能了解中华传统文化的方方面面，也不能把握中华传统文化的理论基础和核心价值观念。"四书五经"是把握中华传统文化根本精神的必读之书。

最初，耶稣会传教士翻译"四书"，是为了教授新的来华传教士学习中文。这些课本教材是一字一句地翻译的，有中文原文、拉丁文对照，还有中文拼音来告诉西方人怎么发音。1581年9月至10月，罗明坚"和他的同伴哥美斯等三次入广州城，又住在暹罗馆……（闲时仍）继续研究中国文学"，并且把中国儿童所用的《研究道德》（《三字经》）给会长送去。在送这本书的时候，他写了"时间仓促，拉丁文译文也很不通顺"这样一句话。

从利玛窦开始，入华耶稣会士都把刻苦研习中国儒家文化，学习"四书五经"作为重要任务。他们"将孔子的学说看作他们在中国事业的基石"①。利玛窦多次提到"四书"。他说:"('四书')是值得一读的书,是伦理格言集,充满卓越智慧之书。""我认为它对将来的传教士十分有用,毫无疑问它将也会受到欧洲人的重视。""这本书对我们未来的传教工作非常有用,由老师略为指点便可领悟其中奥义,每个人应为自己抄录一份使用……欧洲人会喜欢'四书'的。"②

1593年12月,利玛窦在向耶稣会总会长的报告中说:"今年一年,我们都用功读书,我给我的同伴们讲完了一门功课。这门功课称为'四书',是四位很好的哲学家写的。书中有很多合理的伦理思想,中国的学者,人人都读这部'四书'。"3年之后,利玛窦又向总会长报告说:"在已度过的这几年里,我让一些优秀的先生讲解了'四书'之外的'六经'。我在所有这些书中都做了长段摘录,这是为了支持我们的信仰,如上帝的独一性、灵魂之不死性以及真福者的荣耀性等。"③利玛窦为"四书"所做的拉丁文翻译和注释被用来作为教授刚到中国的耶稣会士学习中文的基础材料。

许多传教士都注意到孔子和儒家思想在中华文化中的重要地位,热心翻译中国典籍和研究介绍儒家思想,这在欧洲思想界产生了深远影响。

葡萄牙耶稣会士曾德昭在《大中国志》中说道,孔子在中国具有很高的地位,"孔夫子这位伟人受到中国人极大的崇敬,他撰写的书,及他身后留下的格言教导,也极受重视,以致人们不仅把他当作圣人,同时也把他当作先师和博士,他的话被视为是神谕圣言,而且在全国所有城镇修建了纪念他的庙宇,定期在那里举行隆重仪式以表示对他的尊崇。"④他还说,儒家的经典"四书五经""在他们当中可说是神圣的。有关的注释需要他们努力学习,背下来,竭力了解困难之处,使他们获得各种辨识力,这样去节制他们

---

① [美]孟德卫著,陈怡译:《奇异的国度:耶稣会适应政策及汉学的起源》,大象出版社2010年版,第301页。
② 引自张西平:《儒学西传欧洲研究导论——16—18世纪中学西传的轨迹与影响》,北京大学出版社2016年版,第66页。
③ 引自计翔翔:《17世纪中期汉学著作研究——以曾德昭〈大中国志〉和安文思〈中国新志〉为中心》,上海古籍出版社2002年版,第22—23页。
④ [葡]曾德昭著,何高济译:《大中国志》,上海古籍出版社1998年版,第59页。

的行为，制定治国之方。这都是根据从其中找到的格言警句进行的"①。

西班牙多明我会传教士闵明我在《中华帝国纵览》中介绍了孔子的学说，其中引用了100多句孔子和其他典籍的格言。安文思的《中国新史》概括了中国的12条优点，其中也谈到孔子，有一章的题目就是"孔子的崇高地位和巨大影响"。

法国耶稣会士李明的《中国近事报道》对孔子和"四书五经"作了详细介绍。他在书中撰写了孔子的小传，还辑录了孔子的一部分箴言。他指出："孔子是中国文学的主要光辉所在……这正是他们理论最清纯的源泉，他们的哲学，他们的立法者，他们的权威人物。尽管孔子从未当过皇帝，却可以说他一生曾经统治了中国大部分疆土，而死后，以他生前宣扬的箴言，以及他所做出的光辉榜样，他在治理国家中所占的位置谁也无法胜过他，他依然是君子中的典范。"②李明介绍了"五经"中每部经典的主要内容，然后指出："这五本书是非常古老的，所有其他在王朝有一定威望的书不过是这五本书的抄本或评注本。在不计其数的曾为这著名的原著付出劳动的作者中，没有任何人比孔子更杰出。人们尤其看重他所收集成'四书'的有关古代法律的书，并视其为完美政治的准则。书中论述了治理政府的伟大艺术、道德和不道德的中庸思想、事物的本性，以及共同的义务。"③

三　儒家经典的西传：传教士的研究与翻译

书面文献是文化的主要载体。明清之际中华文化西传的高潮，一个重要特征就是中国古典经籍在欧洲的流传和研究。方豪指出："西人之研究我国经籍，虽始于16世纪，但研究而稍有眉目，当在17世纪初；翻译初具规模，

---

① ［葡］曾德昭著，何高济译：《大中国志》，上海古籍出版社1998年版，第60页。
② ［法］李明著，郭强、龙云、李伟译：《中国近事报道（1687—1692）》，大象出版社2004年版，第177页。
③ ［法］李明著，郭强、龙云、李伟译：《中国近事报道（1687—1692）》，大象出版社2004年版，第175页。

乃更迟至17世纪末；在欧洲发生影响，则尤为18世纪之盛事。故我国文化之西被，要以17、18两世纪为关键。"①

中国古典经籍尤其是儒家经典译成西文，此亦得力于来华传教士之功。最早将中国典籍翻译成欧洲文字的是西班牙传教士高母羡（Juan Cobo，约1547—1592）。高母羡是西班牙多明我会传教士，1587年被派往墨西哥传教，1588年抵达菲律宾，在当地的华人社区进行传教活动。1590年，他在当地华人的帮助下，将《明心宝鉴》译成西班牙文。这是第一部从中文翻译成欧洲文字的著述。《明心宝鉴》是一本蒙学读物，明洪武二十六年（1393）由范立本辑录而成。《明心宝鉴》分为2卷，收录了中国圣贤和历代名家及民间流传的有利于道德修养的700余条语录。高母羡认为相当多的传教士并不了解中国文化特征，所以看不到儒家学说与基督教教义有近似的地方。他翻译《明心宝鉴》就是为了使欧洲人了解中国，从而确立和平传教的信心。

菲律宾大主教萨拉萨尔（Domingo de Salazar，1512—1594）非常赞赏高母羡的做法，认为《明心宝鉴》西班牙文版的出版对于东方传教有深远的影响。他于1595年将西班牙文版的《明心宝鉴》敬献给西班牙国王菲利普二世，并且强调说，该书表明中国人富有理性，尽管他们现在并不信仰基督教，但他们的悟性表明他们是能够接近基督教的。《明心宝鉴》后来由米格尔·德·贝纳维德斯（Miguel de Benavides y Añoza，约1552—1605）神甫带回西班牙。

在来华传教士中，最早将儒家经

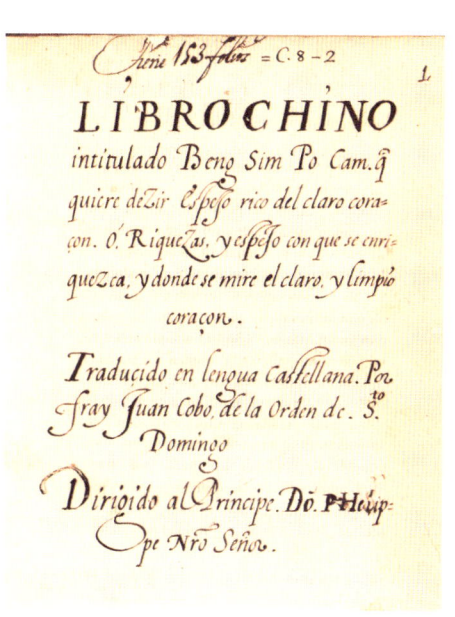

1595年西语版《明心宝鉴》扉页。文字大意：中文书籍，名为Beng Sim Po Cam，意为清澈心灵的丰富之镜；或财富，即以之丰富自己，反照清澈纯净的心灵之镜。由多明我会的Juan Cobo修士翻译成西班牙语并呈献给我们的主与菲利普亲王

---

① 方豪：《17、18世纪来华西人对我国经籍之研究》，《方豪六十自定稿》，台北学生书局1969年版，第7页。

典译为拉丁文的，是最早到中国传教的罗明坚。1588年，他奉命自澳门回欧洲到罗马向教宗汇报期间，将《大学》一书的部分内容翻译为拉丁文，由另一名耶稣会士波西维诺（Antonio Possevino，1533—1611）编入百科全书的《历史、科学、救世研究丛书选编》。罗明坚译文稿本今存罗马意大利国家图书馆。

利玛窦在书信里提到，1593年12月10日，他已经收到了范礼安的命令，要他翻译"四书"来预备一本中文"新天主教教理"。范礼安愿意在"教理"里面引用"四书"，但是必须先对儒家经典有很正确的理解，以避免出现神学错误。这一点反映出耶稣会士对儒家经典的认真态度。1594年，利玛窦经过数年的工作，曾将"四书"译成拉丁文，并略加注释，随后将稿本的抄本寄回意大利，可惜此稿未及印行。根据利玛窦自述，他翻译"四书"是为了给日后的传教士所用，因为在他看来，传教士来华若不精通儒家经典，绝不会有什么收获。同时，他也希望"四书"将受到欧洲人的重视。利玛窦为"四书"的第一个欧洲文字的翻译者。他的这个译本，成为初来华传教士必须研习的读本，也成为后来传教士翻译的蓝本。1626年，金尼阁将"五经"译为拉丁文，在杭州刊印，同样成为初来华传教士的读本。

意大利耶稣会士殷铎泽和葡萄牙耶稣会士郭纳爵（Inácio da Costa，1603—1666）于1662年在江西建昌府刊刻《中国的智慧》一书，内有一篇简短的孔子传记、《大学》的全部译文和《论语》的前面部分译文。1667年，殷铎泽在广州刻印《中庸》译本，书名为《中国政治道德学说》，两年后又在印度果阿翻印此书。殷铎泽离华返欧时，曾将许多中国文献的完整译文带回欧洲。有一则史料说，1669年11月6日，柏应理写信给荷兰马六甲要塞和城市总督巴尔瑟扎·博特，提及殷铎泽将乘一艘可能开往果阿的葡萄牙船经过马六甲，他携带"一本很奇特的中文书……被译成拉丁文，在简述四千余年中国编年史的同时，讲述了这个强大帝国的古代风俗习惯和学说……我们写信给约翰·布鲁（Joan Blaeu，1596—1673）先生……我不怀疑布鲁先生会很乐意接受并很好地完成他的工作"[①]。殷铎泽回到欧洲后，不辞辛苦地寻求出

[①] ［美］约翰·小韦尔斯：《关于1662—1687年耶稣会中国传教团的一些荷兰史料》，中国人民大学清史研究所编：《清史研究集》第7辑，光明日报出版社1990年版，第354页。

版社，以便将中国儒家文献向欧洲介绍，直到1672年，在几经周折之后，以法文在巴黎出版了《中国政治道德学说》。

不过，在欧洲引起巨大反响的是1687年柏应理在巴黎出版的《中国哲学家孔子》一书。

在《中国哲学家孔子》出版的这一年，欧洲还有一本意大利文的《中国杂记》出版，作者是奥地利传教士白乃心。白乃心曾于康熙初年为教会探寻欧亚之陆上的交通路线，自陕西经新疆、西藏，进入尼泊尔、印度、波斯、土耳其而至罗马，然后欲自北欧循陆路再返中国，但于1680年病逝于匈牙利。《中国杂记》是白乃心去世七年后出版的，书末附有孔子传和《中庸》的译文。

"四书"的全译本出自比利时耶稣会士卫方济之手。卫方济在中国生活了25年，于1708年回到欧洲。卫方济以柏应理《中国哲学家孔子》的译文为基础，以拉丁文译《大学》《中庸》《论语》《孟子》，还收录《孝经》和朱熹的《小学》。其特点是逐字翻译，书名亦不例外，如《大学》译为《成年人之学问》，《中庸》译为《不变之中道》，注释也较为详细。卫方济的译文于1711年以《中国六经》为题由布拉格大学图书馆印行。与印制精美的《中国哲学家孔子》相比，《中国六经》朴实无华。除了5页前言、20页目录兼索引及2页刊误外，就是长达608页的译文。1783—1786年，卫方济的这部书又被译为法文，法译本之首有文论中国政治哲学及伦理哲学的起源、性质和意义。卫方济在序文中说道："亲爱的读者，今我以六经的拉丁文本贡献于左右，非独使你们熟悉中国人的著作，而且你们可以把他们正确的思想付之实行。"他还说，中国古代圣贤的道理，可以发明基督教的宗旨。[①]1712年3月德国哲学家沃尔夫在莱比锡的《学者杂志》发表过一篇详细报道。沃尔夫还在其著名的《关于中国人道德学的演讲》中对卫方济的译著给予了高度评价。直到18世纪中期，《中国哲学家孔子》和《中国六经》这两本著作对欧洲知识界还存在一定影响。有一位德国学者写道："这是两本辉煌巨著，所有的真理都建立在这两部书之上"。

---

① 引自［德］利奇温著，朱杰勤译：《18世纪中国与欧洲文化的接触》，商务印书馆1962年版，第78页。

另外，卫方济还著有《中国哲学》一书，是他研究中国古典经籍之心得，于1711年与《中国六经》同时在布拉格大学图书馆出版。有人认为卫方济还曾译《道德经》，并将译稿寄回法国，但已不可考。

至卫方济的《中国六经》止，亦即到18世纪初，中国的"四书"已全部译成西文在欧洲刊行流传。

在后期来华传教士中，孙璋、蒋友仁、钱德明、韩国英等人对汉学有较高造诣，并从事中国古典经籍的翻译工作。孙璋对中国文献涉猎甚广，曾以拉丁文译《诗经》《礼记》。蒋友仁以拉丁文译《书经》和《孟子》，他的译文非常审慎准确，宋君荣初见其《书经》译文初稿时，即大为惊奇，便鼓励蒋友仁将《书经》全译。后来他的译稿寄给圣彼得堡帝国科学院院长拉祖莫夫斯基（Kirill Razumovsky，1728—1803）。

宋君荣也曾把《书经》翻译成法文，于1770年由汉学家德经在巴黎出版。此书除了译文和注释外，还有出版者添加的补注、插图和原文所没有的中国上古三朝的帝王简史。在宋君荣看来，《书经》是中国古代最好的书，在中国人的精神生活中具有无可否认的权威。他认为，《书经》记述的是中国英雄时代的历史，与同时代的古希腊有着明显的不同。古希腊的英雄是一些凶狠、残暴、给人民带来巨大灾难的强盗，而中国的英雄则是一些秉性仁厚、作风民主、敬德保民的圣贤。《书经》所反映的是中国上古时期的英雄治国、安民、修身的圣贤之道。

钱德明精通满汉文，曾著有《华民远古考》，举《易经》《诗经》《书经》《春秋》及《史记》为证。1784年出版《孔子传》，其书除参考各种史籍外，并及《论语》《史记》《孔子家语》诸书，自诩为"孔子传记家之传记家"。他还著有《孔门弟子传略》，书中列颜子、曾子、子思、孟子、仲子，是百余年来西方人研究中国经籍的必读之书。

在传教士中，韩国英是最后一位对中国经籍有深入研究的人。韩国英译有《大学》《中庸》。他还编著有《论中国人之孝道》。这部著作将中国古今关于孝道之说汇于一编，所译介的孝道文本，分为12大项，涵盖古代文献经典与当时各种官方文本的译介，有《礼记》《孝经》和《大清律例》中有关孝道的法律的节译，还有皇帝应有之孝道、社会表示孝道的风俗，古今孝子故事，劝孝之诗文、格言、俗语，等等。这部著作虽非纯粹研究中国经籍，但主要内容采自经书。韩国英认为孝为中国风俗政治之基础；"孝"为"中国人的国家美德"，"孝"在中国，就如同"国王之爱"在法国。因此，任何意图攻击这个伦理道德规范者，将引发全体中国人的反击。韩国英解释了自己翻译这些文献的目的，因为中国孝道多记录在文献中，为了提供欧洲读者正确认识中国孝道之相关教义与实践的路径，他从文本译介入手。①

1593年版《历史、科学、救世研究丛书选编》封面

据统计，在19世纪之前，在华耶稣会士们的译著在欧洲出版的有19部，另有2部在亚洲出版；没有在译成之时出版的有13部，其中包括一些未完成稿。

经过耶稣会士们译介的儒家经典，特别是《中国哲学家孔子》的出版，孔子作为与古希腊哲学家们并列的中国哲学家，走进了欧洲的思想领域，走进了欧洲人的视野。

利玛窦及其他传教士们都注意到孔子和儒家思想在中国的重要地位，除了如前所述将儒家的主要经典翻译成西方文字在欧洲出版之外，还不同程度地对孔子和儒家思想进行研究和介绍。

杜赫德综合耶稣会士们对孔子和儒家思想的介绍和研究，对孔子思想作了概括性的介绍。他指出，孔子的全部学说意图恢复人类天性，使之具有它从天堂所接受的旧日的荣光和最初的美丽，而这一切已经被无知的黑暗和蔓延着的邪恶所排挤。孔子设想中达到这一点的方法是服从上帝，尊敬和畏惧他；爱邻如己，克服不检，决不让我们的情绪控制我们的行为，而要服从理

---

① 参见潘凤娟：《法籍耶稣会士韩国英与孝道文献的西传》，台北《故宫文物月刊》2011年11月号。

性，在所有事情上听从它，不做、不说、不想任何与理性相悖的事。由于他从来都是言行一致，再加上他的慷慨、谦逊、温和、节俭、蔑视纵情享乐，并且一向慎于行，他本人就是他所传导之格言的模范；国王们热衷于邀请他到自己的领地；他在一个国家所做的工作成为他被其他国家所渴望邀请的一个动机。他为中国人所敬重，享有万世师表之尊，"中国人至今仍视其为大师即帝国最具权威之学者"。杜赫德还将孔子与古希腊哲学家泰勒斯、毕达哥拉斯和苏格拉底相比较，称孔子的"声誉随时间之流逝而愈发显赫，达到了人类智慧所能企及之顶峰"。他认为孔子超越了这三位几乎与他同时代的古希腊智者，原因是孔子并不是像他们那样试图解释自然的奥秘，或穷究世界的起因，而只是致力于人类道德经验的宣传。

四　柏应理与《中国哲学家孔子》

在当时由传教士翻译的中国典籍中，柏应理的《中国哲学家孔子》是最重要的和影响最大的。

柏应理在中国生活了20多年，与江南文人交往甚密，对中国古典经籍多有领悟和研究。1682年柏应理回到欧洲，向教皇献上400余卷由传教士们编纂的中国文献。柏应理在欧洲期间，为中华文化的西传做了大量的工作。

1687年，他在巴黎出版了《中国哲学家孔子》的拉丁文本，中文书名为《西文四书直解》。据丹麦学者龙伯格（Knud Lundbaek）考证，从此书序言原稿上的修改痕迹看，耶稣会在华教团早在此前的20年前就已经准备出版这部著作了。

前面提到来华传教士对"四书"的翻译从罗明坚和利玛窦时代就开始了。清初"康熙历狱"期间，23位来华传教士被集中到广州。在此期间，他们召开了"广州会议"。这是来华的各个天主教修会讨论关于中国礼仪的会议。经过激烈的讨论，耶稣会士恩理格（Christian Herdtrich，1625—1684）、鲁日满、柏应理开始在原先"四书"简单直译的基础上，重新校对和注释。尤其针对其中译名的敏感之处及耶稣会士当时所受到的批评，引用中国古籍在译文中提出反驳。这项工作大概在1670—1672年完成。作为书中一部分的《中庸》，即殷铎泽的《中国政治道德学说》是在此之前完成的。殷铎泽在回欧洲时，将译稿带回欧洲，交给了基歇尔。在柏应理回欧洲时，在罗马学院找到了基歇尔去世后留下的《中国哲学家孔子》的部分译稿。法国国王图书馆馆长得知这部书稿的情况后，提出要出版这部书。柏应理又在书稿中加上自己写的序言和他早在中国写好的《中国古代帝王年表》，最后在巴黎出版。

书的全名是《中国哲学家孔子，或者中国知识，用拉丁文表述，通过殷铎泽、恩理格、鲁日满和柏应理的努力》。《中国哲学家孔子》一书首版共522页，分为4部分，即：

（1）柏应理给法王路易十四的献辞，表达了他对法王支持在华传教活动的敬意。

（2）导言，分别由殷铎泽和柏应理撰写。殷铎泽主要介绍了中国的儒家、道教、佛教及宋明理学所重视的《易经》，对他们将翻译的"四书"从思想文化上做了总体性的介绍和铺垫，帮助欧洲学者来理解这部书。柏应理的"导言"开宗明义便说明耶稣会士所以编著此书，并不是为了满足欧洲人对中国的兴趣，而是希望此书能为到中国去传教的教士们提供一种可用的工具。指明哪些是中国的经典著作，这些著作有哪些重要的注疏书籍。他认为"四书五经"是中国最古老的经典著作，其中"经"的地位要高于"书"。"五经"之首是《书经》，《易经》是"五经"中最古老的"经"，但在重要意义方面，《易经》居第三，《诗经》居第二，《春秋》居第四，《礼》居第五。"导言"第44页是六十四卦的卦图，按照乾、坤、屯、蒙、讼、师……次序排列，显然这是《周易》卦图。在每个经卦之上标出拉丁文字，标明每个经卦的象征意义，即八卦中每卦所代表的自然现象。柏应理所介绍的易图，内容系统，方面甚广，不仅包含伏羲八卦次序图和伏羲八卦方位图，还有周文王六十四卦图。引人关注的是柏应理在伏羲八卦次序图、伏羲八卦方位图和周文王六十四卦图中均标有阿拉伯数字1、2、3、4、5、6、7、8直至64。导言还介绍了宋代朱熹的理学、易学及朱注的《五经大全》《四书大全》《性理大全》等书目，以及"太极""理"等新儒学的范畴。柏应理效法他的前辈利玛窦，一方面利用儒家学说来反对佛、道，另一方面又将儒家区别为先儒和后儒，即先秦儒学和宋明理学。他肯定前者，批判后者，认为在中华文化的源头，儒耶是相通的。

（3）殷铎泽所撰写的孔子传记，材料取自中国文献。开卷是孔子的全身像，图中孔子身穿儒服，头戴儒冠，手持象笏的板子，站在一座庙宇式的书馆之前。书馆上端写有"国学"二字，附拉丁注音和解释，书馆柱子上写有"天下先师"字样。孔子身后的两旁是装满经书的大书架，书架上的书籍均标出书名，自上而下，一边是《书经》《春秋》《大学》《中庸》《论语》，另一边是《礼》《易经》《系辞》《诗经》《孟子》，都附以拉丁文注音。书架的下面还有孔子弟子们的牌位，上写颜回、子思、子路等，共18名。这是最早传到欧洲的孔子画像。孟德卫指出："这幅肖像把孔子描绘成在图书馆内的学术贤哲而非在庙宇中的神祇先知。这种描绘显示出了耶稣会

柏应理《中国哲学家孔子》

士是如何强调孔子的理性一面,这正是欧洲人推崇孔子的重要原因。""在1500—1800年期间,西方人对中国人的认识源于孔子的形象。关于这位博学的圣人的最著名的描绘是他身处于一个放满书籍的书屋里。这一形象最初出现在1687年巴黎出版的《中国哲学家孔子》一书中,后来又经局部改动在这一时期欧洲其他发行物上不断再版。"①

(4)《大学》《中庸》《论语》的译文,并附译注疏,总题目为《中国之智慧》。译文的最大特点,是力图证明中国先儒的经典著作中,早就有和天主教义一致的地方了。例如:《大学》第一句原文为"大学之道,在明明德,在亲民,在止于至善",《中国哲学家孔子》译为"伟人们做学问的目的,在于精炼或改进我从上天汲取而来的理性,这就如同一面最明亮的镜子,唯有扫除了蒙于其上的邪欲瑕疵,才必然会恢复它那无比的清澈。(伟人们做学问的目的)还在于使人民得到更新或再生,当然,要依靠他们本身的榜样和规劝。(伟人们做学问的目的)还在于立场坚定,保持最大的德行。"译者以此希望所有伟大的行为都和真理相为一致。

另外,在书后还有一附录,附录的内容包括两个纪年表:从黄帝到基督降生(即汉哀帝元寿二年)的中国王朝纪年表,表前有长达30页的引言;基督降生至1683年(即汉平帝元始元年至清康熙二十二年)的中国王朝纪年表,表前有长达14页的引言。这两个纪年表即前文介绍过的《中国古代帝王年表》。另有中国现状概要,包括行政和军事区划、城镇、户籍、丁男、山川、河流、湖泊的统计数字;学校、藏书楼与秀才、举人、进士的数字;释道两教的寺庙、道观和僧人、道士的数目、天主教教堂和教徒数目;最后还有税收情况。

全书的最后是一幅中国地图,图上标出中国的115座大城市和耶稣会士们建立的近200处教堂的所在地。

《中国哲学家孔子》是耶稣会士提供的第一部论述中国人思想的专著,是欧洲17世纪对孔子形象及其著述介绍得最为完备的书籍。该书的序言强调说:"或许有人会说,这位哲学家的道德体系极其严肃,但同时又简单、明

---

① [美]孟德卫著,江文君等译:《1500—1800中西方的伟大相遇》,新星出版社2007年版,第137、14页。

智、取自于最纯粹的自然理性。被剥夺了神圣启示的理性,不可能显得如此完善,也不可能具有如此大的动力。"①

该书给《论语》所译的拉丁文标题为"*Ratiocinantium Sermones*"(富有理性者的谈话),书中将孔子描绘成了基督教先知式的人物。他们认为《大学》"表现出崇尚理性的精神":"当欧洲和亚洲还处在迷信状态的时候,中国人中间已经形成了完美的道德。他们的居室和国王的宫廷已经成为道德的圣殿。"

该书把孔子比拟为古希腊哲学家爱比克泰德(Epictetus,约50—约135):"在欧洲,当苏格拉底、柏拉图、塞内加和普鲁塔克几乎已经尽人皆知的时候,难道我们不可以希望我们的中国爱比克泰德受到重视,至少听到赞赏声吗?"②

《中国哲学家孔子》是第一部比较完整地向西方介绍中国传统思想文化的书籍,给予欧洲人较大影响,对中国文化的西传具有启蒙意义和先驱作用。它第一次把中国、孔子、政治道德三个不同的名词关联在一起,孔子在欧洲因此被称为"道德与政治哲学上最伟大的学者与预言家"。自由派人士欢呼这位被拉丁化了的孔子是人类最伟大的英雄人物之一,是中国的"苏格拉底"。此后孔子的伦理观风靡欧洲社会。

五 东方哲思的播种:《中国哲学家孔子》在欧洲

《中国哲学家孔子》一经出版,立即在欧洲思想界引起轰动和反响,各种译本纷纷问世,各家杂志纷纷撰写文章加以介绍。《中国哲学家孔子》原文是拉丁文,不能满足公众的需求,但在第二年就有改写本、节译本问世。其中影响比较大的是法国人库赞(Louis Cousin,1627—1707)的《中国哲

---

① 引自[英]约翰·霍布森著,孙建党译:《西方文明的东方起源》,山东画报出版社2009年版,第174页。
② 引自复旦大学历史系、复旦大学国际交流办公室合编:《儒家思想与未来社会》,上海人民出版社1991年版,第397页。

学家孔夫子的道德观》。库赞说自己的这本书,"人们尽可放心,在这部孔子道德观的缩写本中,一点都找不到上述这类东西,人们将看到一些道德漫谈,这是大师的杰作。书中所述的一切都是可靠的,因为我们的哲人毫无偏见,只服从中庸之道。是人人内心皆知的常理指引他说的每一句话。同样,对于他提出的道德规范及人伦准则,谁都不能不表示由衷的赞同。他的论述毫无虚假、绝对之辞,亦无当今大多数道德论中的那类侈谈玄论。而道德论本应是简单明晰、一目了然的,连最鄙俗的思想也该为之动容"①。

1691年,英国出了一个英文节译本《孔子的道德》。这部著作出版的第二年,巴黎《学者杂志》刊载了学者贝尼埃(François Bernier,1620—1688)的文章,说:"中国人在德行、智慧、谨慎、信义、诚笃、忠实、虔敬、慈爱、亲善、正直、礼貌、庄重、谦逊以及顺从天道诸方面,为其他民族所不及,你看了总会感到兴奋,他们所依靠的只是大自然之光,你对他们还能有更多的要求吗?"②

《中国哲学家孔子》一书以及传教士们传播的儒学思想对启蒙时代发生了直接影响。法国思想家培尔最早是通过阅读柏应理的著作而洞悉中国的宗教特别是佛教,进而了解到中国存在唯物主义思想与无神论。法国思想家弗雷莱在阅读柏应理的著作时,也同培尔一样得出了古代中国人存在无神论的看法。弗雷莱在评述孔子时说孔子的教义涉及哲学的4个部分,"伦理、逻辑、政治和雄辩术,但他既不接受玄学,又不接受博物学和神学,所以他本人也讲一名贤士不应该对所有的事感到不安"。因此,其教理主要是伦理性的,风俗学在中国,是所有科学中"最高和最受器重的一门科学"。因此,他从来既不讲天主,又不讲灵魂的不死性,更不讲彼世。"他鼓励道德是为了道德本身以及它由于自然后果而必然会导致的功利。"法国启蒙思想家大都读过《中国哲学家孔子》,如伏尔泰在《风俗论》中介绍孔子学说时,就利用了柏应理的这本书。孟德斯鸠怀着巨大的兴趣,认真阅读了这部用艰涩的拉丁文撰写的书,并做了详细的笔记。在笔记中,他写下了一些自己的观

---

① 引自孟华:《伏尔泰与孔子》,新华出版社1993年版,第91—92页。
② 引自范存忠:《中国文化在启蒙时代的英国》,上海外语教育出版社1991年版,第11页。

点，并将书中的许多段落译成法文。

英国作家坦普尔在《讨论古今的学术》一文中，把孔子的思想与希腊哲学相提并论，他说："希腊人注意个人或家庭的幸福，至于中国人则注重国家的康泰。"

德国思想家托马修（Christian Thomasius，1655—1728）读完全书并写出长篇评论，文中引述了《论语》中的许多段落映照欧洲的现实。莱布尼茨对《中国哲学家孔子》非常重视。他在这部

让-巴蒂斯特·莫泽斯《天智赐法于圣哲与先知》，1827年

书出版之前就得知了有关消息。1687年1月26日，耶稣会士帕伯洛克（Daniel Papebroch，1628—1714）写信告诉莱布尼茨：孔子的著作和其他中文书籍即将出版拉丁文译本。帕伯洛克神父说，作者是中国教团的代表柏应理神父，据说他是奉路易十四之命出版这本书的。帕伯洛克还告诉莱布尼茨，柏应理正忙于寻找书写汉字的窍门。莱布尼茨在一封很可能写于1687年2月的信中回复说，他希望柏应理能出版一本中文、拉丁文双语版的书，这样有助于解释汉字的结构和揭示"中文之钥"。帕伯洛克在4月1日的回信说，柏应理将在4月中旬完成儒家著作译本的出版工作。他指出：这个巴黎的译本研究的是孔子的道德哲学，并将展示中文原文的样本。

1687年12月9日，莱布尼茨在给冯·黑森·莱因菲尔伯爵（Ernst von Hessen-Rheinfels-Rotenburg，1623—1693）的一封信中说，他很久以来一直期望见到一本《中国哲学家孔子》的愿望终于通过法兰克福的书商仲纳尔（Johann David Zunner，1641—1704）实现了。在得到并阅读了这本书之后两年，莱布尼茨在罗马与闵明我会面，对中国有了更多的了解。莱布尼茨对

"导言"中的易卦也进行了相当细微的观察。在给白晋的一封信中,他还提到了《中国哲学家孔子》中的卦图和白晋寄给他的卦图之间的不同之处。

总之,《中国哲学家孔子》这本书给欧洲思想界带来巨大的冲击。"《中国哲学家孔子》是欧洲历史上首次系统地对儒家经典的翻译,它标志着对儒家思想的解释,已经开始在更广阔的范围内展开。"①龙伯格在谈到这本书在欧洲的影响时说:"孔子的形象第一次被传到欧洲。此书把孔子描述成了一位全面的伦理学家,认为他的伦理和自然神学统治着中华帝国,从而支持了耶稣会士们在近期内归化中国人的希望。"②

六 孔子与启蒙思想家相遇

有一位西方学者说:"自中国的经典翻译集出现在欧洲的那一刻起,孔子儒家哲学就变成了一根火把,点燃了欧洲大陆有识之士思索的火焰。"③

传教士在中国"发现"了孔子。他们把他们的发现传播回欧洲,使孔子及其思想进入欧洲思想文化界的视野,为欧洲的思想文化提供了新的资源。这对当时正在兴起的启蒙运动产生了很大的激发作用。启蒙思想家从实际的需要出发,对中国文化的思想材料有选择地加以利用,援引孔子的思想,并将孔子和中国儒家思想文化理性化和理想化,作为他们批判基督教神学和封建专制主义、论证新文化理想的根据和证明。他们自觉地将中国文化与欧洲文化进行比较研究,以中国文化作为他们反省欧洲传统的参照系,中华文明成为他们一个想象的乌托邦。

澳大利亚政治学家帕斯莫尔(John Passmore,1914—2004)把17—18世纪欧洲思想界的变化称为欧洲哲学的"孔子化"。欧洲哲学家或者把孔子

---

① 张西平:《儒学西传欧洲研究导论——16—18世纪中学西传的轨迹与影响》,北京大学出版社2016年版,第131页。
② [法]龙伯格:《理学在欧洲的传播过程》,《中国史动态》1988年第7期。
③ 引自[韩]黄台渊、金钟禄著,卢珍译:《孔夫子与欧洲思想启蒙》,人民日报出版社2020年版,第10页。

的教诲视为一种真正的自然宗教,认为它足以成为市民道德生活的基础,或者把它视为一个可靠的哲学盟友。①美国学者马弗里克(Lewis Adams Maverick,1891—1973)在《中国:欧洲的范本》一书中说到外来思想对启蒙运动的重要意义,而这个时代的外来思想主要就是来自中国的孔子儒家思想。他说:"欧洲启蒙主义几乎可以称为'第二次文艺复兴',它是文化的一种觉醒,击碎了精神的沉重桎梏,扯掉了遮住人们双眼的东西。启蒙的一个方面是人们突然意识到外部世界的伟大之处,同时开始把欧洲以外的信息吸收进欧洲思想。在各种系统的思想与信念中,这种新的信息与评价在从前自给自足或地方主义的封锁的打破、世界观的演变等问题上发挥了极大的作用。"②

韩国学者黄台渊和金钟禄也指出:"孔子儒家哲学传入西方,对欧洲哲学思想的近代化产生了'形成性的影响'。虽然欧洲人对孔子儒家哲学的理解历尽曲折,但它已直接或间接地深入到该时代的思想论战中,超越了'参考性影响'的范围。对于当时自大的欧洲人来说,孔子儒家哲学对他们以基督教为中心的世界观给予了巨大的打击,在各国播下了启蒙主义的种子,并促进了这些种子的萌芽。"③

英国人还把他们理解的孔子思想贯彻到他们的政治实践中。英国人约翰·韦伯的论文《论中华帝国的语言是最初语言的可能性》认为,中国君主政治是"依据正确性的政治原理形成的、世界上唯一的君主政治",并主张"英国君主应该模仿中国古代皇帝"。④韦伯在另一部著作中盛赞孔子为"中国的柏拉图"。他说:"时至今日,存在于公元前500年的孔子仍然深受爱戴,这在除了中国以外的任何国家和任何民族群体中都是闻所未闻的。如果世上的某个君主根据正确、理性的命令与政治原理执政,那一定是中国的君

---

① [韩]黄台渊、金钟禄著,卢珍译:《孔夫子与欧洲思想启蒙》,人民日报出版社2020年版,第20页。
② 引自[韩]黄台渊、金钟禄著,卢珍译:《孔夫子与欧洲思想启蒙》,人民日报出版社2020年版,第36页。
③ [韩]黄台渊、金钟禄著,卢珍译:《孔夫子与欧洲思想启蒙》,人民日报出版社2020年版,第27页。
④ 引自[韩]黄台渊、金钟禄著,卢珍译:《孔夫子与欧洲思想启蒙》,人民日报出版社2020年版,第21页。

主政治。"①

孔子儒家思想对当时蓄势待发的英国"光荣革命"产生了重要影响。17世纪中期以后，英国人十分赞赏中国的卓越制度，特别是教育和科举制度。作家约翰逊曾说过："高贵与知性相宜，掌握的学问越多身份就越高，根据德行和能力的水平晋升，世界上居然有这样一个国家，委实让人感到惊叹。"②他们尤其佩服中国的内阁制君主立宪制。1679年，坦普尔大臣计划以中国内阁为样板，试运营枢密院内阁，英国内阁制由此萌芽。最后于1688年通过"光荣革命"，形成了英国特有的议员内阁制君主立宪制。

1736年法文版《中华帝国全志》中的孔子像

---

① 引自［韩］黄台渊、金钟禄著，卢珍译：《孔夫子与欧洲思想启蒙》，人民日报出版社2020年版，第62页。
② 引自［韩］黄台渊、金钟禄著，卢珍译：《孔夫子与欧洲思想启蒙》，人民日报出版社2020年版，第164页。

第二十三章
东方思想的欧洲观照

一 蒙田、笛卡尔与中华文化的接触

中华文化在欧洲的大规模传播，给欧洲思想界以强烈的刺激和震动，引起了各国思想家对中华文化广泛而热烈的兴趣。他们对中华文化，特别是西传的中国学术思想（主要是儒家学说）进行了不同程度的了解和研究，发表了许多关于中华文化的议论和评论。这些议论和评论，是他们站在自己的文化基线上，对一种过去他们不了解、不熟悉而又属于完全异质性的文化所做的诠释和解读，是对从远方传来的中国精神和中国思想的理解和接受，也是对中华文化的大规模冲击的回应。在世界文化的发展史上，17—18世纪欧洲对中华文化冲击的回应，和19—20世纪中国对西方文化冲击的回应，一样具有典型的意义。

在中西文化交流史上，启蒙时代是一个重要的历史时期。历史提供了一个难得的机遇，使中华文化走进西方文化转型的关键时刻，从而为启蒙思想家们的理智活动,为西方新文化的创造和发展,发挥了重要的影响和功能作用。由于启蒙运动在世界文化史上的重要作用和地位,因此也可以说,中华民族的文化创造也通过启蒙运动而在这一时刻间接地参与了世界文化历史的进程。

中华文化西传的浪潮刚刚拍打欧洲大陆的堤岸的时候,那些探索人的精神世界的哲学家,便以智者的敏锐注意到从遥远帝国传来的文化信息,注意到它们可能具有的文化意义和精神价值,虽然这时呈现在他们视野中的画面

油画《蒙田像》

可能还不是十分清晰,虽然他们还没有像后来的启蒙思想家们那样接触到较多的思想材料,但就是通过有限的接触,他们的评说似乎已经预示了在此后一个历史时代中欧洲人回应中华文化冲击的基本趋向。

第一位是法国思想家蒙田。门多萨的《中华大帝国史》法译本是由蒙田审读的,他在书中加了批语。美国哲学家洛夫乔伊(Arthur Oncken Lovejoy,1873—1962)认为,正是《中华大帝国史》促成了蒙田对中国政治制度的赞赏。蒙田早年在梵蒂冈的时候,阅读过一本关于中国的书,他也知道中国独立地发明了火药和印刷术。但在原来写的散文里,没有提到中国。他的《论经验》一文谈到法国对失职官吏进行处罚。他认为,同时应对恪尽职守的官吏应论功行赏。蒙田在读到门多萨的著作后,得知中国政府早已这样做了,因而感到兴奋,并在《论经验》中加了一段,对中国政治制度表示钦佩。

蒙田在其著作中数次提到中国的例子,以此鼓励读者用更开放的心态和眼光来看待欧洲的事物。蒙田认为,在16世纪末左右,最具有远见卓识的人都看到了中国的重要地位,中国一定有许多可学习的东西。他提醒读者反思"世界的广阔与多种多样,远远超出我们的祖先以及我们自己所知"。有的历史学家指出,蒙田"用东方来支持其论点,即知识的不可靠,世界具有无穷无尽的多样性,以及道德准则的普遍性"。蒙田同时代的法国人文主义者斯卡利哲(Joseph Justus Scaliger,1540—1609)在读到《中华大帝国史》

后，于1587年写信给蒙田说:"和中国这个令人赞赏的王国比较起来,我们法国人太渺小了。我们法国人之间非但不能和睦共处,而且互相厮杀,中国人却安逸地生活,在法律上井井有条。单凭这一点,中国人就会指斥我们,就会使基督羞愧难容。"①

笛卡尔虽然对中华文化还缺少整体的把握和了解,但在他的著作中几次提到中国和中国人,把中国作为信手拈来的例子,来论证他的理性主义哲学。他说中国人和欧洲大陆的法国人、德国人一样聪明,一样具有"理性"和"靠得住的判断"。他还说,他所致力于宣扬的"Reason"和中国文化中的"理"是一致的,这两个都是最高的、超越"上帝"的范畴。当然,这样的议论并不表明笛卡尔对中国已经有了清晰的观念,但中国和中华文化无疑已经进入了他的视界中。

有的研究者注意到,在西方哲学发展的进程中,笛卡尔的学说不是从中世纪哲学发展的线索中传承下来的,而是"突起"的,因为他的思想与当时流传下来的中世纪哲学没有太多的关系,那么,就有可能是受到外来文化的影响。或者说,在外来文化的刺激下,激发起他的新哲学思考。这从他早年的经历中可以找出一些轨迹。他小的时候曾在耶稣会的学校里读书,因此一生都十分关心耶稣会,而在耶稣会学校读书的时候,正是罗明坚、利玛窦在中国传教的时候。

后来,笛卡尔长期居住在荷兰,他的著作差不多都是在荷兰写作的。而荷兰正是远东贸易的前沿,是大批来自中国的商品的集散地。这样,他在荷兰的经历使他获得了一些关于东方特别是中国的知识。所以,有的西方学者认为,笛卡尔"未必不可能接受了东方思潮的影响,尽管这一影响至今尚未被准确地揭示出来"②。

这也就是说,在近代西方哲学的开创阶段,中国和中华文化已经进入哲学家们的思维空间和意识域中,作为一个文化参照物而存在。

---

① 引自严绍璗:《日本中国学史》第1卷,江西人民出版社1991年版,第198页。
② 引自谈敏:《法国重农学派学说的中国渊源》,上海人民出版社1992年版,第56页。

二 勒瓦耶对孔子思想的介绍

法国哲学家拉莫特·勒瓦耶（La Mothe Le Vayer，1588—1672）在1641年出版了《论异教徒的美德》一书。这部著作是受法国宫廷首席大臣黎塞留之托，为捍卫耶稣会的利益，反对其敌手冉森派而写作的。在提到孔子的内容中，充分利用了金尼阁提供的资料，认为金尼阁的著作是有关中国的"最佳记述"。他认为中国人"仅仅对唯一的一尊神表示极其虔诚的崇拜，敬仰人世间所发生的一切的保护主。虽然他们也为某些低级神祇运用某些崇拜仪轨，他们的想象力使他们觉得这些神祇如同天使或神灵一般"①。只有在给予儒教和孔子如同中国人赋予他的那种尊重和崇拜时才能使中国人皈依基督教。勒瓦耶以此来支持耶稣会的适应性传教策略。勒瓦耶的目的虽然起初是为了支持耶稣会在"礼仪之争"中的立场，但实际上要比这走得更远。勒瓦耶虽然主要是利用金尼阁的著作所提供的资料，但得出了比金尼阁更为深远的结论。

勒瓦耶视孔子为"圣人"，大力颂扬孔子及其思想。他说中国人都是"以这样的崇拜方式"来纪念孔子，"他们在庙中建造了孔夫子的像，与其弟子中的某些人的像建在一起"。他介绍了"四书五经"，说孔子"把他以前的哲学家们的所有最漂亮的至理名言共精炼成四部大书"，并"根据他自己的思想

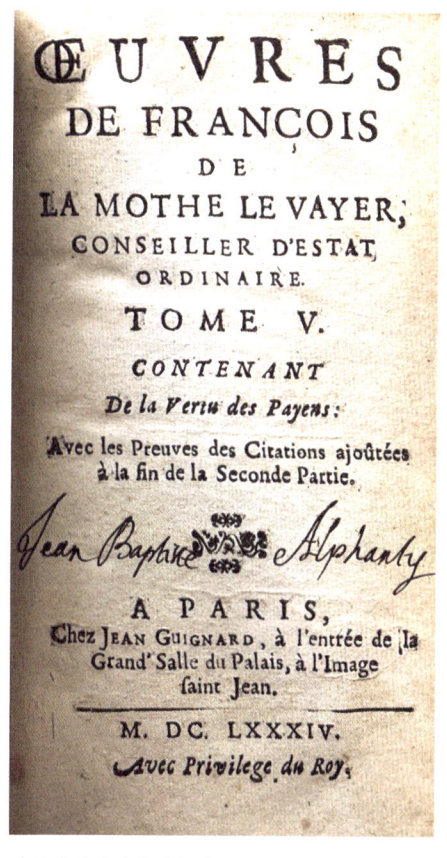

《论异教徒的美德》扉页

---

① 引自［法］安田朴著，耿昇译：《中国文化西传欧洲史》，商务印书馆2000年版，第279页。

而写出了第五部"。他强调中国的文官制度的重要性,指出:"当然,把皇权置于哲学家之手和使武力和平地服从理智,并不是使孔夫子得到一种微不足道的荣耀。当看到国王像哲学家一样行事或由哲学家来执政时,那该是大家希望的一种什么样的荣幸啊!这位举世罕见的思想家懂得把这两种幸福都集中在中国了,他的道德在那里使得君主本人也不强迫去做与他的格言(孔子的道义)不相吻合的任何事,那里的各级官府以及朝廷中的文武百官都必然属于其弟子之列,大家甚至可以说那里仅由哲学家们治理着一个如此庞大的帝国。"①

在这里,勒瓦耶通过孔子和中国表达了一个属于那个时代的政治理想。在西方思想传统中,从柏拉图开始,"理想国"和"哲学王"就一直是哲学家们梦寐以求的理想世界,认为一个国家或者由哲学家当"王",或者国王成为哲学家,将是世界上最好的统治。柏拉图游说叙拉古国王,亚里士多德给亚历山大大帝当老师,近代笛卡尔、狄德罗和伏尔泰等人出入欧洲各国宫廷,与那些"开明"的统治者交朋友,都隐含着实现这个理想的愿望。勒瓦耶本人也曾在路易十四的宫廷里担任过家庭教师。而在启蒙运动中对中国开明专制制度的颂扬,对中国君主特别是康熙皇帝的颂扬,对中国科举制和文官制度的推崇,以及更重要的,对孔子和儒家学说的倾情赞美,都是这种政治理想的一种反映。在启蒙运动中,勒瓦耶所表达的这个意思以各种形式不断地表现出来。

勒瓦耶还著有《对于君主有益的科学》,其中引进了孔子的儒家思想,把治理国家与管理家庭联系起来。他认为道德是有关生活行为的科学,分为3个部分:第一部分成为伦理或纯粹意义上的道德,人们学习的是用理性的规则来管理自己;另两个部分很自然地紧随其后,一个是家政学,另一个是政治。这个秩序是完全自然的,因为一个人在命令和管理其他人之前学会自我管理是绝对必须的,无论是作为家庭里的父亲(也就是说家政学),还是作为国家的统治者、法官或大臣,都与政治相关。在经历道德学习的前两个阶段,也就是说自我管理,并成为好的家政管理者之后,也就是说按照应当的

---

① 引自[法]安田朴著,耿昇译:《中国文化西传欧洲史》,商务印书馆2000年版,第282页。

那样管理家庭，接下来的第三个部分就是政治，或者说良好治理的科学。

勒瓦耶在向欧洲推介孔子时，最重要的一点是他把孔子与苏格拉底相比较。这是他所读的金尼阁的著作中没有表达出来的。勒瓦耶说孔子和苏格拉底几乎是同时代人，他们在世界上的两大古老民族都备受尊重，人们可以把孔子看作是"中国的苏格拉底"。勒瓦耶说：在孔子"一生的多种情节中，有二三种会使我们感到大家完全可以称他为中国的苏格拉底"。"孔夫子也和苏格拉底一样，通过他们二人对伦理产生的权威，使哲学从天上降到了人间。"他确信，孔子和苏格拉底是"所有异教徒中道德最为高尚的人"。所有最伟大的有德之士中的这两个人，完全如同出于偶然一样，都是把伦理和神学简化为几点节制行为的人。他说道："因此，我认为，如果我们不如同纪念我们已经提到的所有伟大哲学家一样崇拜他，如果我们对他的拯救感到失望，认为他未完成如同苏格拉底和毕达哥拉斯（他们似乎还不如孔夫子的道德高尚）那样的拯救事业，那样完全是不公正的和非常冒昧的。由于他在识别非常强大的和非常正确的宇宙最早起源论的统一方面并不比其他那些人逊色多少，所以他只能在对此也表现出了其全部兴趣时，才会这样做。在形成教义第二种组成部分的对邻居的仁慈问题上，利玛窦神父的回忆录向我们断言，在出自这位哲学家的全部中国伦理中，再没有比'己所不欲，勿施于人'的格言更为明确具体的了。"①

勒瓦耶对于孔子和苏格拉底的比较，其重要性在于，正是从他开始，把孔子及其儒家思想作为一种哲学，引进了欧洲的哲学界，使孔子走进了欧洲的哲学思想视野，开展了东西方的哲学对话，使孔子及其儒家思想成为世界哲学发展的一个有意义的环节。安田朴指出："拉莫特·勒瓦耶是从自己的思想中……得到了这种在苏格拉底和孔夫子之间进行比较的想法，这种比较此后就变成了'哲学家们'争相注释的一种共同内容。这条参照苏格拉底的资料会把我们引向蒙田而不是圣·伊纳爵，引向智慧而不是教法。"②

---

① 引自［法］安田朴著，耿昇译：《中国文化西传欧洲史》，商务印书馆2000年版，第281—284页。
② ［法］安田朴著，耿昇译：《中国文化西传欧洲史》，商务印书馆2000年版，第281页。

三　马勒伯朗士与中国哲学

与笛卡尔相比,他的哲学的后继者马勒伯朗士具有更多的关于中国文化和中国哲学的知识。马勒伯朗士是17世纪末18世纪初法国最有影响的哲学家之一,也是著名的数学家、自然科学家,法兰西科学院院士。

和他那个时代的知识分子一样,马勒伯朗士通过传教士们的渠道获得了有关中国的知识。他首先读到了龙华民的《论中国人宗教的几个问题》,这是最早传回欧洲的入华耶稣会士研究中国的著作。龙华民反对利玛窦的传教策略,对中国哲学特别是儒家思想持抵制和批判的态度,认为"中国人不仅毫不了解是由无限存在创造世界,而且也不知道什么叫世界的真正形成",中国人没有西方基督教式的灵魂概念,所以中国人"很少有不陷入无神论"的,"最富有才智的中国人都是无神论者"。马勒伯朗士明显地接受了龙华民的这个观点,认为中国哲学是一种"无神论"。

傅圣泽返回巴黎期间,曾专程拜访过马勒伯朗士。傅圣泽去罗马任职后,他们还保持书信联系。傅圣泽与白晋等人同属于索隐派,他对《易经》和中国哲学都比较熟悉,著有《诸经研究绪论》等。与大多数法国传教士不同的是,傅圣泽研究的领域不在于自然科学,他所感兴趣的在于中国的人文哲学方面。所以,从傅圣泽那里,马勒伯朗士也很可能得到不少有关中国及中国哲学的信息和知识。

马勒伯朗士生活的那个时代,在中国传教问题上引起的"礼仪之争"已经扩展到欧洲宗教思想界,引起人们的广泛关注。巴黎外方传教会派到中国的传教士梁弘仁(Artus de Lionne,1655—1713)在中国多年,直接参与了"礼仪之争",他反对耶稣会士宽容、适应中国教徒"尊孔祀祖"的态度。1702年梁弘仁回到欧洲向教廷陈述他们这一派的意见。在巴黎期间,他拜访了马勒伯朗士,向马勒伯朗士介绍了中国官方哲学,并请求他写一本书驳斥中国人的思想,以打击耶稣会,帮助他们在中国的传教活动。梁弘仁着重指出了中国哲学与斯宾诺莎思想的相似之处。马勒伯朗士接受了这个请求,写了《一个基督教哲学家和一个中国哲学家的对话——论上帝的存在和本性》一书。

马勒伯朗士的这本书出版于1708年，这样他就直接卷入了传教士们的"礼仪之争"。耶稣会士们认为该书是批判他们的，于是，在1708年8月，一位耶稣会士在《特雷武杂志》上撰文批驳了马勒伯朗士，说他不该把无神论算在中国人的账上，说他的书有意反对耶稣会士，并认为他在论上帝的存在和本性中带有斯宾诺莎主义的色彩。马勒伯朗士针对这个批评，于当年发表了一篇文章，对批评逐段予以反击。他认为中国人的"天下未有无理之气，亦未有无气之理"的说法恰恰是斯宾诺莎的无神论。[1]耶稣会士们对马勒伯朗士的文章又进行了反驳。于是，双方在当时的法国哲学界引起了一场沸沸扬扬的大论战。

马勒伯朗士对于中国哲学的判断也许是比较粗糙和不准确的，实际上他对中国哲学的理解是肤浅的和有限的，并不能深入而准确地把握儒学思想的核心概念，特别是"理""气"概念的含义。但他的确是在认真地对中西思想进行比较性的研究和思考。实际上他是最早自觉地进行中西哲学比较的哲学家。他在"对话"中说："那么请你不带成见地把你们的学说和我们的学说比较一下吧。你的永恒的幸福必然取决于这个比较研究。"[2]从方法论上来说，这种比较研究本身就具有十分重要的意义。另一方面，虽然他对中国哲学的关注起因于宗教界的"礼仪之争"，但远远超出了这一范围，而把着眼点转移到对中华文化的定性和判断。这种思考重心和主题的转变，对以后的思想家们的中国文化观念产生了很大的影响。

马勒伯朗士关于中国哲学的论述与当时欧洲哲学界的状况有直接的关系，或者说，马勒伯朗士通过中国哲学的讨论参与哲学界的思想论战。当时，斯宾诺莎哲学出现不久，被看做是无神论，成为宗教界和哲学界批判的对象。中国哲学思想的介入则为这场争论增添了色彩。马勒伯朗士针对中国哲学的批判，实际上更深层的意义是对于斯宾诺莎无神论思想的论战。

---

[1] 庞景仁：《马勒伯朗士》，钟宇人、余丽嫦编：《西方著名哲学家评传》第4卷，山东人民出版社1984年版，第225—226页。
[2] ［法］马勒伯朗士：《一个基督教哲学家和一个中国哲学家的对话——论上帝的存在和本性》，《中国哲学史研究》1982年第4期。

在马勒伯朗士的著作中，多处把中国哲学与斯宾诺莎作为无神论联系起来说，他说道："在斯宾诺莎的无神论和文明的中国哲学家的无神论之间有很多相似之处。"他在1713年写给多尔图斯·德·梅兰的信中明确说出了自己的意图："虽然我从未十分在行地写出批驳作者（斯宾诺莎）的文章，但你们也能够在我于二三年前（实际上已经5年了）写的论述上帝之性质和存在的《一个基督教哲学家和一个中国哲学家的对话》中找到对某些难题的澄清。"同年底，他又给梅兰写信说："先生，我有幸写信告诉您说，他（斯宾诺莎）犯错误的主要原因是他将永久的、不变的和必须的思想与它们作为其表现形态的客体相混淆了，因为你们掌握有一部小著作《一名中国哲学家的对话》，我希望他为你们澄清我的理由。"①关于马勒伯朗士论述中国哲学的著作的目标是批驳斯宾诺莎，安田朴明确地指出："从马勒伯朗士自己承认的情况而言，我们不应该把《对话》主要视为有关'理'的中国思想的论著，而是应看作对斯宾诺莎不信宗教行为的批判。"②

美国学者克拉克指出："蒙田所处的时代之后，西方对于中国的兴趣日趋广泛，法国哲学家马勒伯朗士对东方的兴趣比蒙田更大了，这个例子提示我们，中国哲学已经开始在该时期欧洲的思想生活中担当一定的角色了。……这件事最有意思的倒还不是马勒伯朗士理所当然地认为读者都对儒家学说非常熟悉，自然能体会出这场争辩的中肯之处，而是他与后来许多启蒙思想家一样，都将东方哲学作为有效武器来对纯粹的欧洲目标开火。"③

四 培尔论中国的无神论

与马勒伯朗士生活在同时代的法国哲学家培尔也对中国哲学有所接触。

---

① 引自［法］安田朴著，耿昇译：《中国文化西传欧洲史》，商务印书馆2000年版，第364—365页。
② ［法］安田朴著，耿昇译：《中国文化西传欧洲史》，商务印书馆2000年版，第365页。
③ ［美］J.J.克拉克著，于闽梅、曾祥波译：《东方启蒙：东西方思想的遭遇》，上海人民出版社2011年版，第63页。

培尔是法国启蒙运动的先驱者，在法国哲学史上处在承前启后的位置。一方面，他继承了笛卡尔的基本思想原则，另一方面则继续了18世纪的启蒙运动，马克思说他"对17世纪说来，是最后一个形而上学者，而对18世纪说来，则是第一个哲学家"。马克思还指出："比埃尔·培尔不仅用怀疑论摧毁了形而上学，从而为在法国掌握唯物主义和健全理智的哲学打下了基础，他还证明，由清一色的无神论所组成的社会是可能存在的。"[1]

培尔所接触的由传教士们提供的有关中国的资料，主要涉及"礼仪之争"及相关的讨论。这个时候，闵明我和龙华民等人反对耶稣会的立场的观点在欧洲很有影响，他们的共同点就是认为中国人是无神论者，中国的哲学思想是一种无神论。马勒伯朗士的基督教哲学家和中国哲学家的对话，是把"中国哲学家"放在无神论者的角度来进行"对话"。培尔通过接触传教士提供的材料，和马勒伯朗士一样，明确提出中国思想的无神论倾向。但与马勒伯朗士不同的是，他由此进一步得出肯定无神论的结论。

实际上，正是在欧洲特别是在法国闹得沸沸扬扬的"礼仪之争"，引起培尔对于中国的关注。这种争论"使培尔注意到在远东有一些唯物主义的教义，因而也就是无神论的教义"。他在一封信中说，他已读过《耶稣会士的实用伦理学》第6卷，他觉得这一卷"比前两卷更加引人注目，因为此卷论述了中国对孔夫子的崇拜礼仪，以及多明我会士向耶稣会士挑起的争端。他们敏锐而精明地主张和坚持认为，这种礼仪绝不是宗教，而是非宗教性的。大家可以按某些方式参与这种礼仪而又不会导致偶像崇拜"[2]。培尔指出，"礼仪之争"的出现，说明了在中国人的信仰问题上，教会内部是存在不同意见的。反对耶稣会的人们主张儒家所谓"天""上天"是指物质的天，儒家不相信灵魂；而耶稣会士则坚持古儒与近儒不同，孔子承认神，近儒误解了孔子的教理而坠入无神论。培尔进一步引证龙华民的观点，说明耶稣会内部的意见也是不一致的。他还说，人们对于接二连三地出版有关在华外方传教会会士与耶稣会士争论的大批著作，已经感到厌烦了。他承认自己读过这些著

---

[1]《马克思恩格斯全集》第2卷，人民出版社1957年版，第162页。
[2] 引自〔法〕维吉尔·毕诺著，耿昇译：《中国对法国哲学思想形成的影响》，商务印书馆2000年版，第370页。

作，而且还绝非索然无味地阅读它们，因为他发现"其中迸发了许多激情的烈火"。他说他手中有一套由耶稣会士发表的5大卷12开本的著作集，"其中有一些是文笔非常优美的论著"。

培尔在他的主要著作《历史批判辞典》中进一步展开了他的论述，以中国的例子来说明"一个无神论的社会"也是可能存在的。

培尔在《历史批判辞典》"斯宾若莎"条目中说：古代的中国人承认万物之灵中，以天为最高，天能支配自然，即自然界中其他之灵非顺天不可。然诸灵亦有相当之力，能以自力活动，形成和他灵不同的自相。这种在德谟克利特和伊壁鸠鲁那里出现的思想，在东方却极为普遍。但伊壁鸠鲁否认有统摄一切的天理天则，而肯定神的存在；儒家却肯定有一种天理天则，而否定神的存在。这是中国儒家与伊壁鸠鲁的不同之处。培尔还把中国人的无神论与斯宾诺莎的无神论相比，认为中国人的无神论更为彻底。后来，培尔又进一步指出，中国的无神论不仅是一小批哲学家特有的教义，而且也是一种占支配地位的哲学理论。尽管中国人是无神论者，但他们是一个可敬的民族。他们成功地形成了一种优越和繁荣的文明，这足以清楚地表明不信教对于建设一种榜样性的伦理体系并非阻碍。维系社会良好运转的法则并不必然只是基督教一种。

在当时，欧洲的思想家们非常重视社会道德问题。从前的道德体系是以神学训导和神权统治为基础的，在这个社会大转型时期，在神权遭到了挑战甚至颠覆的情况下，如何建立一个独立于宗教并且有效维系社会秩序的道德体系？人们从培尔的论述中发现中国人原来是在一种非宗教性的道德约束下过着幸福安宁的生活。培尔证明，一个笃信宗教的人可能是一个没有道德的伪君子，而无神论者则可能是具有崇高道德的人。在道德方面，无神论者并不亚于宗教信仰者。他设想，一个由无神论者组成的社会是可能存在的。只要这些人能保障公共福利，鼓励公平往来，那么，这个社会则可能是一个最文明的社会。

培尔认为，不要斥责没有宗教信仰的精神，因为这样的精神并不等于罪恶，罪恶只是信仰者自己想象的产物。"从道德上讲，有些无神论也有善的倾向。容易看到，无神论并不是邪恶生活的必然原因，而只是它的偶然原因。""一个无神论者可以认为，道德的真理是建立在事物的同一本性上的，而并不以人的幻象为基础。"①

虽然培尔本人并不一定就是无神论者，但他以中国的事例来说明，一个不信奉基督教的社会，只要人们相互尊重，共同负责，并由受过良好教育的官员进行管理，就可以拥有良好的秩序和高尚的道德，进而促进社会繁荣，人民幸福。这个观点将进一步引向无神论，并且会得出结论说，基督教对于保障社会运转不是必不可少的因素。对此，英国历史学家史蒂芬（James Fitzjames Stephen，1829—1894）概括说："在基督教徒看来，懂了这教义就可以上天堂，享受永恒的生命；不懂得这教义就得下地狱，

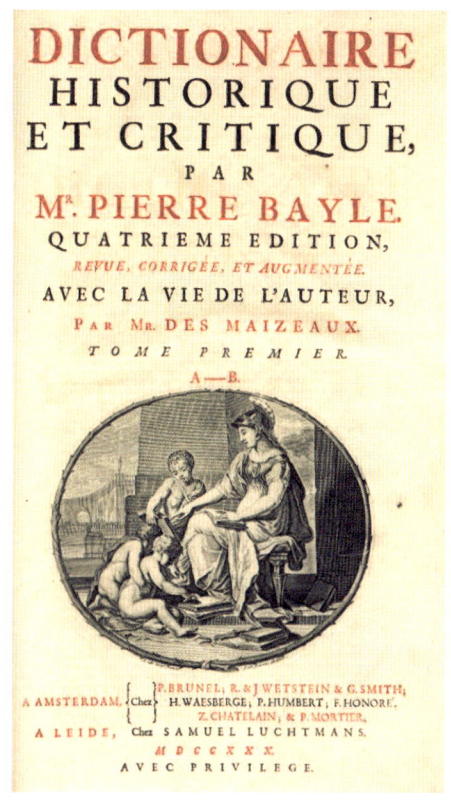

法文版《历史批判辞典》扉页

吃那无穷的痛苦。而成千上万的人根本就不知道这教义，譬如中国人就不知道。所以从中国人的立场讲，这教义在地球上也好，在月球上也好，总是不相干的。那么中国人就得吃那无穷的痛苦吗？实际上，中国人跟基督教徒差不多同样快乐，同样善良。中国人既然没有吃什么苦头，那么基督教教义，不论对于现世还是来生，是必需的吗？中国3亿人的情形，照正统基督教的理论去讲，是讲不通的。这是一个惊人的事实，不断地向正统的基督教进攻了。"②

培尔说，如果要在一个偶像崇拜者与一个无神论者之间做出选择，他

---

① 叶秀山、王树人总主编，尚杰著：《西方哲学史》第5卷，江苏人民出版社、人民出版社2011年版，第114页。

② 引自许明龙：《欧洲18世纪中国热》，外语教学与研究出版社2007年版，第207—208页。

宁愿要后者而不要前者，因为无神论者（如在中国）能容忍不同的信仰，而偶像崇拜者则是狂热分子。因此，培尔以中国的例子说明应该实行宽容，他指出："我不知道基督徒为什么会很少思考在那些异教徒王国中盛行的宽容思想，它们已被我们公开认为是蒙昧和残暴的国度。这就是中国皇帝坚信耶稣会士的宗教为伪宗，与皇帝及其臣民宣扬的那种宗教相对立，他不允许折磨传教士，而是非常人道地对待他们。"①所以，采取宽容态度是可行的，因为这种宽容的态度已经存在。他以中国的例子来指责基督教的不宽容，说天主教从"遥远的时代就是善于从事迫害的派别""不停地在它能这样做的一切地方折磨其他基督徒的身心"。他揭露教会的"不宽容"和"偏执"，主张应该彻底地根除掉。他认为，社会秩序有赖宽容，容许不同的教派就是宽容不同的思想和言论。社会不能只有一种声音，精彩的语言"不是一种语言"，就像精彩的音乐有不同的音符和曲调。

培尔以中国的材料论证他的一个基本思想：无神论者也可以是一个有道德的社会。有的研究者指出，培尔抓住中国作为具有说服力的工具，以此来与现行制度作斗争。他用中国古代来颠覆传统的"圣经年代"，他用中国在宗教问题上显著的文明态度来攻击欧洲的宗教偏狭与迫害。

五　维柯对中华文化的解读与评价

维柯（Giambattista Vico，1668—1744）是意大利历史学家和语言学家，近代社会科学的开创者之一。维柯的主要著作《新科学》，全名是《关于各民族共同性的新科学的原则》。这部书的标题已经表明维柯说的"新科学"，是要建立一种关于人类社会的科学，即使哲学家们从对自然世界的研究上升到对民族世界的研究。《新科学》所要解决的基本问题，是人类如何从原始野蛮时代的野兽般的生活状态逐渐发展成为过着社会生活的文明人？也就是说，法律制度是如何开始和发展的？维柯认为，法的根源来自共同的

---

① 引自［法］维吉尔·毕诺著，耿昇译：《中国对法国哲学思想形成的影响》，商务印书馆2000年版，第363页。

人性。共同的人性产生了共同的习俗,共同的习俗经过条文化就成为共同的法律。他以部落自然法为起点来研究世界各民族的政治制度在起源和发展方面的一致性和规律性。①在这方面他举中国和希腊的例子说:"德拉柯也是一样,希腊史告诉我们,他用血写成了法律,当时雅典是由贵族们占领的,那就是英雄贵族统治的时代。……德拉柯一定就是钉在柏修斯国王盾牌上的那些蛇发女妖,这些蛇就指法律的统治。……明诺娃就披上这种盾牌,博得雅典娜的称号。直到今天还在用象形文字的中国人中间,龙已成了民政权力的旗帜。这一点值得惊讶,中国和雅典这两个民族相隔那么久又那么远,竟用这样的诗性方式去思考和表达自己。"②

维柯认为,古代人类是用"诗性智慧"而不是用"玄学智慧"来表达自己思想的。各民族都有自己的"荷马","凡是最早的民族都是些诗人"。为了论证这种"诗性智慧",维柯又提到中国。他说:古代民族中的波斯人和中国人,"都用诗来写完他们最早的历史"。③

维柯还讨论了中国的语言问题。他说中国土俗语言只有300个可发音的元音词,它们在音高和音长有各种不同的变化,来配上他们的1.2万个象形文字,因此他们是用歌唱来说话的。维柯把人类社会发展的历程依次划分为神的时代、英雄时代和人的时代,他认为中国的象形文字是属于英雄时代的语言文字。

维柯对中国文化的接触和了解,在很大程度上依赖于来华传教士们提供的文献。从下面的一段文字可以知道,维柯对传教士们的许多重要著作是很熟悉的:"诚然,耶稣学会派米歇尔·鲁基里(汉名罗明坚)神父曾声称他亲自读过在耶稣生前就已印刷的(中国)书籍。此外,另一个耶稣学会派马蒂尼(卫匡国)神父在他的《中国史》里也断定孔子甚古老。这导致许多人转向无神论。像马丁·秀克在他的《诺亚时代的大洪水》里所告诉我们的,

---

① 朱光潜:《维柯》,王树人、李凤鸣编:《西方著名哲学家评传》第5卷,山东人民出版社1984年版,第568—569页。
② [意]维柯著,朱光潜译:《新科学》,人民文学出版社1986年版,第188—189、219页。
③ [意]维柯著,朱光潜译:《新科学》,人民文学出版社1986年版,第188—189、219页。

他说伊萨克·德帕越尔,《亚当以前的人们》的作者,也许就因此抛开了天主教信仰,还说洪水只淹了希伯来人的土地。不过尼科接·特里哥尔特(金尼阁)比上述两位神父都较博学,在他的《基督教徒向中国远征》(《利玛窦中国札记》)里写道,印刷在中国的运用不过比在欧洲早200年,孔子的昌盛也不过比基督早500年。"①

维柯不赞成卫匡国等人关于中国有悠久历史的结论,而认为中国的历史并不长久古远。他说,埃及人和中国人"这两个民族都出于虚荣,夸口说他们曾经保存了足足两万八千年的天文观察记录"。"人们已发现中国人和古代埃及人一样,都用象形文字书写。……不知经过多少千年,他们都没有和其他民族来往通商,否则他们就会听到其他民族告诉他们,这个世界究竟有多么古老。"②但是,维柯认为这种把自己民族的历史说成是很古老的,并不只是中国人,他引证第阿多如斯·什库路斯(Diodorus Siculus,活跃于1世纪)的话说,每一个民族,无论是希腊人,还是野蛮人,都有一个同样的虚骄讹见,认为自己比一切其他民族都较古老,早就已创造出人类舒适生活所必需的事物,而他们自己所回忆到的历史要一直追溯到世界本身的起源。所以,"这条公理立刻就可消除迦勒底人、西徐亚人、埃及人和中国人都声称他们自己是古代世界人类最初的祖先那种虚骄讹见"③。不过,在维柯的这段文字中获知这样的信息,即经传教士们的介绍,西方知道了中国历史的悠久性与《圣经》中诺亚方舟的说法有矛盾。

维柯还对中华文化的其他一些方面发表过意见。他说孔子的哲学几乎都是凡俗伦理,即由法律规定人民应遵行的伦理。他把孔子与毕达哥拉斯等人相提并论,说这些"诗性人物性格本来都是些立法者,最后就被认为是些哲学家"。他还提到中国的政治,说"中国皇帝在一种温和的宗教下统治着,崇尚文艺,是最人道的"。④关于中国艺术,维柯的评价不高,他说:"由于天气温和,中国人具有最精妙的才能,创造出许多精细惊人的事物,可是到

---

① [意]维柯著,朱光潜译:《新科学》,人民文学出版社1986年版,第42—43页。
② [意]维柯著,朱光潜译:《新科学》,人民文学出版社1986年版,第42、70页。
③ [意]维柯著,朱光潜译:《新科学》,人民文学出版社1986年版,第83页。
④ [意]维柯著,朱光潜译:《新科学》,人民文学出版社1986年版,第70、560页。

现在在绘画中还不会用阴影。绘画只有用阴影才可以突出高度强光。中国人的绘画就没有明暗深浅之分，所以最粗拙。至于从中国回来的塑像也说明了中国在浇铸（或塑）方面也和埃及人一样不熟练。从此可以推想到当时埃及人对绘画也正如现在中国人一样不熟练。"①

关于维柯对中华文化的评论，意大利汉学家白佐良、马西尼指出："维柯的批评是经过冷静思考后作出的，是一个哲学家独立反思的结果，他对中国文明的了解，可能根据的是少量读物……与随同马国贤到意大利的中国青年中至少一位的交谈，以及对中国艺术品的观察。这些由传教士或船员带到那不勒斯的手工艺品，当然不能代表中国艺术，反而对中国艺术造成了错觉。"②

---

① ［意］维柯著，朱光潜译：《新科学》，人民文学出版社1986年版，第70、560页。
② ［意］白佐良、马西尼著，萧晓玲译：《意大利与中国》，商务印书馆2002年版，第194—195页。

第二十四章
莱布尼茨与中国的启示

一、莱布尼茨与东方文化的精神交流

从17世纪中期开始，经由入华耶稣会士们的媒介，中华文化进入了欧洲思想家们的视野，成为时常谈到的话题。他们以哲人的睿智和敏感，发表了至今看来仍然可能还有启发价值的对中华文化的种种评论。但是，从笛卡尔到马勒伯朗士再到培尔，接触到的资料还不是很充分，他们对中国的知识还是有限的，而且这种有关中国的信息及其影响还没有在欧洲充分展开，因而他们还没有充分认识到中华文化的西传对于欧洲思想和文化发展将会有何种程度的影响，将会有什么样的深远意义。

莱布尼茨是17世纪末18世纪初德国最重要的哲学家，历史上少有的渊博学者和科学巨匠。莱布尼茨在年轻的时候就对中华文化有所接触，在此后的一生中他似乎与中国和中华文化结下了不解之缘。莱布尼茨刚20岁时，他就阅读了施皮策尔（Gottlieb Spitzel，1639—1691）在1660年所编的《中国文学评注》,这是一本谈论中国文字的书,著者认为这些字像是古埃及那样的会意字,书中提到了阴阳、《易经》、五行、算盘和炼丹术。后来又读了基歇尔的《中国图说》。1666年,莱布尼茨发表了《论组合的艺术》一书,这使他成为数理逻辑或符号逻辑的开创者,这一观念的启发公认是来自汉字的会意特征。他在《论组合的艺术》中第一次提到中国。1669年,他起草了《关于奖励艺术及科学》一文,建议把对中国和中华文化的研究,列入学士院之中。这是欧洲学术界提出把"汉学"列为研究学科、进入国家研究院的第一次建议。同年,他倡议创办"德意志艺术和科学促进会"。1670年建议创办"兄弟爱协会",该会以耶稣会为榜样成为一个国际性的科学家团体,并在远东设立科学联络处,与中国交流科学信息。1676年他在汉诺威图书馆任职期间,已经开始研究孔子的学说。1687年柏应理的《中国哲学家孔子》一书出版不久,莱布尼茨便仔细地阅读过。他在给闵明我的信中说道:"你的教友柏应理,这个极杰出的人物已经开始向我们介绍了一些真实的中国历史。不过,他这样做使得我们的求知欲望非但没有得到满足,反而进一步地受到了激发。"①

1689年莱布尼茨访问罗马时,遇见了正从中国回来的闵明我,这对他以后关于中国的兴趣和研究有着决定性的影响。除了与闵明我的往来之外,莱布尼茨终其一生与许多耶稣会士保持经常的接触,其中包括与白晋的著名通信。此外,同他有通信联系的和他提到的传教士还有张诚、苏霖(Joseph Suarez,1656—1736)、安多、南怀仁、汤若望、邓玉函、李明、龙华民等,熟悉他们发自中国的报道和研究、介绍中国的著作。与他通信的还有法国负责耶稣会传教工作的郭弼恩等人。和马勒伯朗士一样,他也在某种程度上卷入了"礼仪之争",不过他是站在耶稣会士们一边,在积极维护耶稣会士们的立场方面起到突出的作用。莱布尼茨非常珍视与耶稣会士们的通信联系,迫切地希望从他们那里获得更多的有关中国的知识和材料。1705年8月7日,他在给巴黎负责东方传教事务的维利乌斯(Antoine Verjus,1632—1706)神父的信中说:"既然是您管理外方传教事务,而且您曾很好地帮助我与您的

---

① [德]莱布尼茨:《致闵明我的两封信》,[德]夏瑞春编,陈爱政等译:《德国思想家论中国》,江苏人民出版社1989年版,第17、23页。

传教士们通信,让我能不时从中获益,我希望欧洲能从这次在中国探索发现的机会中获得更多利益。因为我担心等中国人学会了我们的科学,他们总有一天会将欧洲人驱逐出境。所以我认为一定要抓住这些机会用我们的知识与他们的作交换补偿自己。"①

正是这位维利乌斯神父,帮助莱布尼茨与白晋建立了通信联系。

1990年,德国出版了一部由里达·维德迈(Rita Widmaier, 1942—)编辑的《莱布尼茨中国书简集》,收入了莱布尼茨与耶稣会士等关于中国问题的通信71封,其时间跨度从1689年7月1日到1714年2月5日,前后长达25年。维德迈在后记中指出,莱布尼茨是以哲学家和科学组织者的身份,与入华耶稣会士们建立通信联系的。但从他与闵明我建立联系开始,就希望促成一场前所未有的文化与科学的交流。莱布尼茨在奉中国为他们仰慕的楷模之同时,仍认为中国是一个"奇特的国家",中国人的"语言和文字、生活方式、艺术与手工艺,甚至游戏也与西方格格不入,就像他们来自另一个世界一般"。所以,要真正了解中国,当时欧洲人的思想尚不成熟,他们只是怀着一种好奇、迷恋与同情的特殊混合心情,希望从中国得到"启迪"。在西方太阳王路易十四与东方大清皇帝之间的交流中,直接的媒介正是入华耶稣会士们,间接的媒介便是汉诺威选帝侯宫里的这位莱布尼茨。②

莱布尼茨还对汉学家米勒的研究给予充分的关注。米勒宣称发明了"中文的钥匙",可以让人在一个月学会中文,这样的大话,让莱布尼茨感到特别新奇。1678年,他给他在柏林的朋友埃尔斯霍茨(Johann Sigismund Elsholtz, 1623—1688)写信,询问米勒的研究情况。埃尔斯霍茨于1679年1月底给莱布尼茨回信,介绍了米勒已发表的著作与研究计划。1679年6月24日,莱布尼茨再次给埃尔斯霍茨写信,对米勒的这个"重大发现"表示关心,在信中请他向米勒转达他提出的14个问题。但是,米勒对莱布尼茨提出的问题反应冷淡。埃尔斯霍茨向莱布尼茨转达了米勒的简单答复,但没有回答他的具体问题。

---

① 引自张西平:《欧洲早期汉学史——中西文化交流与西方汉学的兴起》,中华书局2009年版,第643—644页。
② 耿昇:《中法文化交流史》,云南人民出版社2013年版,第275页。

1697年，莱布尼茨编纂出版了《中国近事》一书。这本书的书名很长：《中国近事——现代史的材料，关于中国最近官方特许基督教传道之未知事实的说明，中国与欧洲的关系，中华民族与帝国之欢迎欧洲科学及其风俗，中国与俄国战争及其缔结和约的经过》。这部著作分为7部分，第一部分是莱布尼茨撰写的序言，集中表达了他对中华文化的看法，充分论证了中华文化对于激励和促进欧洲文化发展的重要意义。其余部分是6个附录，收录了在华耶稣会士关于中国及中俄关系的报告和信件，是当时欧洲人了解中国的一个很具参考价值的文献。

后来，莱布尼茨还将白晋所著《康熙皇帝传》一书从法文译成拉丁文，和康熙皇帝像一并收入1699年出版的《中国近事》第二版中。《中国近事》一经出版，就引起广泛注意。在此前一年，李明的《中国近事报道》刚刚出版。《中国近事》和李明的著作都是以第一手材料向欧洲介绍中国的情况。

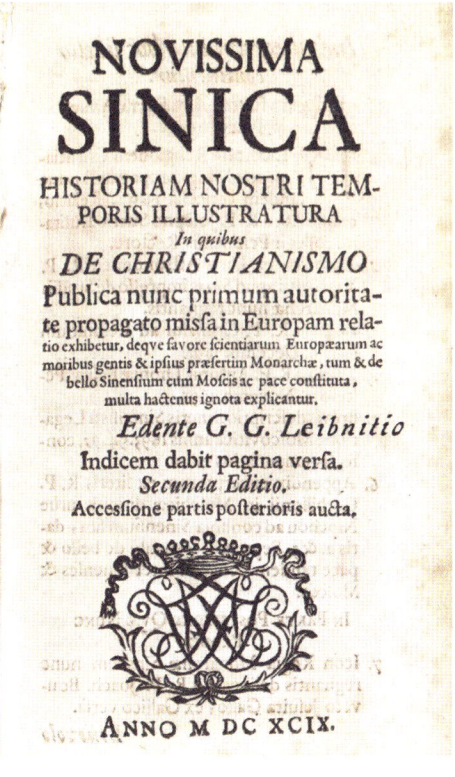

1699年版《中国近事》扉页，左为康熙皇帝画像

但莱布尼茨的著作包含的内容更为广阔,在欧洲学术界受到了更多的重视,产生了很大的影响。德国学者赖因博特(Hermann Reinbothe,1902—1993)在为1979年德文版《中国近事》写的序言中指出:"对于莱布尼茨来说,出版这部书的目的就在于,在西方和中国之间建立真正伟大的文化交流。他认为,在中西文化交流中,西方不仅应该是施教者和给予者,而且也应当是受教者和接受者。他甚至产生了所有伟大的世界文化科学家们在一个共同的世界科学研究院合作的幻想。""如果西方想积极参与塑造未来多元世界文化的和平形象的话,莱布尼茨或许就是第一个在欧洲为此努力奋斗的人。"[1]

1697年12月14日,莱布尼茨写给选帝侯夫人索菲·夏洛特的一封信中表达了《中国近事》出版后的心情。他写道,他准备在自己办公室的门上挂上"中国事务所"的牌子,有关中国的事情大家都可以来找他。"作为回报,我们可以乘着爬犁通过鞑靼直接到达中国,爬犁带有风帆,当然还有狗。无法使用风帆时,狗便拉着;风向顺利时,狗与主人便一起乘着爬犁回来。……如果陛下想了解中国的情况,不管是有关伟大的哲学家孔子的学问,还是有关那些在(《圣经》上所记载的)洪水暴发之前就统治中国的古老帝王们的传说,还是这个国家所特有的,如同我们所寻找的哲人石一般的长生不老之灵丹,陛下只要下个命令就行了。上帝保佑!假如真的有这种妙药,我会马上登上爬犁为陛下效劳,并且发誓一路小心保护宝坛,绝不会擅自打开。"[2]

直到晚年,莱布尼茨还对中国情有独钟。1715年4月1日,即他去世的前一年,他给法国摄政顾问尼古拉·弗朗索瓦·雷蒙(Nicolas-François Rémond de Montmort,1676—1725)写了一封论中国哲学的长信,全面阐述了他对中国哲学的看法。有人做过研究,莱布尼茨第一次提到中国是在写于1666年的《论组合的艺术》一文,最后一次是1716年写给俄国使节阿莱斯金(Robert Erskine,1677—1718)的一封信。可以说,从20岁起直到生命的最后一刻,在长达50年的人生、学术与政治生涯中,莱布尼茨一直关注着中国、欧洲与中国的文化交流以及欧洲人特别是其中的传教士们在中国的活动。

---

[1] 安文涛等编译:《莱布尼茨和中国》,福建人民出版社1993年版,第85、90页。
[2] [德]莱布尼茨著,杨保筠译:《中国近事——为了照亮我们这个时代的历史》,大象出版社2005年版,第143页。

二　莱布尼茨：中西文化交流的"桥梁建筑师"

莱布尼茨是一位百科全书式的伟大科学家，他不仅自己从事多方面的科学研究，而且十分热心于推动科学事业的发展。1700年，在他的大力推动下成立了柏林科学院，并由他担任第一任院长。他明确地说，他想以柏林科学院为"手段"，"打开中国门户，使中国文化同欧洲文化互相交流"。他还曾多方设法说服波兰的国王、俄国的沙皇和奥国的皇帝在德莱斯顿、圣彼得堡、维也纳都建立这样的科学院，作为联系西欧同中国交流的分机构。据说他还曾写信给康熙帝，建议在北京也设立一所科学院。这些设想虽然都未能实现，但他那一心要推动科学事业发展、加强中西文化交流的热情却是难能可贵的。

作为那个时代最博学的人，莱布尼茨对于中国的关注，更多的是从知识的角度，为了扩大有关东方的知识，以这些知识补充或启发欧洲人的知识。莱布尼茨对这个目的是说得很明确的，说得很多的。这与17世纪欧洲的文化气氛有直接的关系。这是一个欧洲人到处扩张的时代，也是一个知识急剧扩张的时代。许多伟大的发现，比如植物学、地理学、人类学、天文学及各项应用技术都处在一个大发现、大发展、大扩张的时代。由于各国的东印度公司把新奇的瓷器、漆器、丝绸和茶叶等中国物产输入欧洲，由于他们的船员、商人、旅行家们对于这遥远而陌生的国度神秘的描写，更由于耶稣会士们深入中国内地发回欧洲的大量的报道，中国首先作为一个知识领域进入欧洲人的视域，引起他们的好奇，引起他们的关注，引起他们进一步了解的愿望。在传教士发回欧洲的大量书信中，有许多关于中国的科学技术、医药卫生、生活习俗、动物植物等的介绍，甚至是十分专业的、不厌其烦的介绍，比如殷宏绪关于制瓷技术和种痘术的介绍，巴多明关于中国草药的介绍，如此等等，都充分说明了欧洲人对于了解中国的各类知识的迫切愿望。路易十四向中国派出的传教士，更多是要通过他们考察中国的科学；法国科学院给柏应理开列的了解中国知识的问题清单，莱布尼茨给闵明我开列的问题清单，杜尔阁给两位中国青年开列的问题清单，都反映了这一"知识"的要求。扩大知识领域，这是"中国"进入欧洲的首要意义。而莱布尼茨就是这一倾向的主要代表。

另一方面，在莱布尼茨的追求中，还有致力于通过沟通中西文化进而建立世界文化的愿望。莱布尼茨在各大国建立科学院的主张就反映了这一愿望。这一点也是德国哲学的传统，后来的歌德也极力主张"世界文学"，马克思也曾提到由于资本主义的扩张而出现"世界文学"，等等。

这一点与以后的法国启蒙学者们是不同的。到了18世纪，欧洲人关于中国的知识已经比较丰富了，对于他们来说，中国的东西并不像莱布尼茨那个时候那么新奇了。另一方面，这时的思想革新、社会改造的问题日益突出。人们从有关中国的各种文化信息中找到了论证自己思想的资料或资源。所以，在他们那里，中国不是作为知识领域而是作为思想资源出现的。他们在中国找到了批判旧制度的思想武器和社会改造的理想模式。莱布尼茨倾心中国，是为了扩展知识领域，因而他所关心的事情无所不包；启蒙思想家们关注中国，是为了社会改造方案，因而攫取所需，并根据自己观念和实用目标任意解释。所以，在莱布尼茨那里，表现出来的是对于各方面知识的极大热情；在伏尔泰等人那里，表现出来的是对于中国思想的热烈赞扬。

孟德卫指出："通过伏尔泰和其他启蒙思想家的努力，中国的道德和政治取代语言和历史，开始对欧洲社会产生重大影响。"[①]"语言和历史"属于"知识"领域，"道德和政治"属于"思想"领域，前者属于莱布尼茨，后者属于伏尔泰。莱布尼茨和伏尔泰都是倾心中国的文化巨匠，但这样的两种不同的态度，就把他们区分开了，他们分属于不同的时代。莱布尼茨是17世纪的，虽然他的巨大影响一直延续到18世纪；伏尔泰是18世纪的，虽然在17世纪里就可以找到他的思想源头。实际上，自从"中国"进入欧洲人的视域之后，这两种倾向就都存在着，并且是平行的双轨，只不过在进入18世纪以后，启蒙思想家们的倾向占据了主导。

莱布尼茨与中华文化的深入接触，使他体悟到中华文化的博大精深和无尽意蕴，并且在其哲学思考的历程中留下中国思想影响的痕迹。他以理性主

---

① [美]孟德卫著，江文君等译：《1500—1800中西方的伟大相遇》，新星出版社2007年版，第171页。

义者的眼光审视世界文化大势，敏锐地洞察到中华文化的冲击和影响，将对欧洲文化的革新和发展起到不可低估的重要作用。因此，他大力促进中国和欧洲的文化交流，希望遥远东方的文化智慧给欧洲大陆注入新鲜的血液、刺激的力量和启发心智的灵气。莱布尼茨在中西文化交流史上起到了"桥梁建筑师"的作用。

三　莱布尼茨的中国观

在莱布尼茨关于中国的评论中，充满了激情的赞誉和仰慕。他在中国发现了一片崭新的文化天地，漫游于其中且常常流连忘返，情不自禁。在《中国近事》中，他写了一篇长篇的序言，系统地表达了他的中国观。他在一开头就说，他的这部著作展示的是耶稣会士在北京的传教活动以及有关中国文化习俗的一些报告。现在，"人类最大的文明与高雅的文化今天终于汇集在了我们大陆的两端，即欧洲和位于地球另一端的——如同'东方欧洲'的'Tschina'（这是'中国'两字的读音）。我认为这是命运之神独一无二的决定。也许天意注定如此安排，其目的就是当这两个文明程度最高和相隔遥远的民族携起手来的时候，也会把它们两者之间的所有民族都带入一种更合乎理性的生活"[①]。

莱布尼茨在欧洲文化和他所了解的中国文化之间进行比较，认为欧洲与中国在许多方面的发展水平是不相上下的。他说，中国这一文明古国在人口数量上早已超过欧洲，在很多方面，他们与欧洲各有千秋，在几乎对等的竞争中，二者各有所长。他在晚年写的关于中国哲学的通信中又这样介绍中国说："中国是一个大国，它在版图上不次于文明的欧洲，并且在人数上和国家的治理上远远胜于文明的欧洲。在中国，在某种意义上，有一个极其令人赞佩的道德，再加上有一个哲学学说，或者有一个自然神论，因其古老而受到尊敬。这种哲学学说或自然神论是从约三千年以来建立的，并且富有权

---

① ［德］莱布尼茨著，杨保筠译：《中国近事——为了照亮我们这个时代的历史》，大象出版社2005年版，第1页。

威,远在希腊人的哲学很久很久以前……"①他在《中国近事》中说,在日常生活以及经验地应付自然的技能方面,我们与他们是不分伯仲的;在思考的缜密和理性的思辨方面,显然我们要略胜一筹,在数学方面亦比他们出色,但中国人的天文学可以和我们的相媲美。然而,在道德修养方面,中国人则远远高于欧洲人。

莱布尼茨分析了中国是如何"完美地致力于谋求社会的和平与建立人与人相处的秩序"的。他指出,相较于其他国家,中国人是一个具有良好规范的民族,他们对公共安全和共同生活的准则考虑得非常周到。他们尊重老人,彼此之间也都互相尊重,礼貌周全,相敬如宾。在中国,不论邻里之间,还是自家人内部,人们都恪守习惯,保持着一种礼貌。莱布尼茨特别提到了康熙皇帝,说他尽管高高地居于万人之上,却极为遵守道德规范,礼贤下士,具有言行公正、对人民仁爱备至、生活节俭自制等美德。"有谁不对这样一个帝国的君主感到惊讶呢?他的伟大几乎超越了人的可能,他被人们视为人间的上帝,人们对他的旨意奉行无违。尽管如此,他却习惯于如此地培养自身的道德与智慧;位居人极,却认为遵纪守法、礼贤下士方面超过臣民才是自己的本职。"②

莱布尼茨对中国人的道德生活极为推崇,认为中国人可以对其他民族起到典范作用。"肯定无疑的是,中华帝国之大,本身决定了它的重要性;作为东方最聪明的民族,中华帝国的声望是卓越的,其影响被其他民族视为表率。"③在他看来,中国的道德和政治,是以儒学为中心的仁政德治模式和以"礼"为调和剂的社会关系原则。在他的理性主义眼光的审视中,中国社会正是一个由"理性"创造的和谐王国,正是他孜孜以求而不可得的"大和谐"理想的体现。他认为欧洲社会道德败坏,灾难深重,向中国学习是摆脱现实苦难、建立和谐社会的一条出路。中国儒学仁政德治模式为欧洲社会的

---

① [德]莱布尼茨:《致德雷蒙先生的信:论中国哲学》,清华大学思想文化研究所编:《世界名人论中国文化》,湖北人民出版社1991年版,第139—140页。
② [德]莱布尼茨著,杨保筠译:《中国近事——为了照亮我们这个时代的历史》,大象出版社2005年版,第3—4页。
③ [德]莱布尼茨著,杨保筠译:《中国近事——为了照亮我们这个时代的历史》,大象出版社2005年版,第13页。

现实带来了理想之光。他说:"我觉得鉴于我们目前面对的空前的道德没落状况,似乎有必要请中国的传教士到欧洲给我们传授如何应用与实践自然神学,就像我们的传教士向他们传授启示神学一样。因此我相信,若不是我们借一个超人的伟大圣德,亦即基督宗教给我们的神圣馈赠而胜过他们,如果推举一位智者来评判哪个民族最杰出,而不是评判哪个女神最美貌,那么他将会把金苹果交给中国人。"①

莱布尼茨充分认识到中华文化的传入对于欧洲文化发展的重大意义。因此,他主张大力加强和中华文化的交流。1692年3月21日莱布尼茨给闵明我的信中说:"相隔遥远的民族,相互之间应建立一种交流认识的新型关系","交流我们各自的才能,共同点燃我们智慧之灯"。②因此,他主张欧洲人对中国文字应该有足够的知识,并且希望来华传教士们多做向欧洲介绍中国的工作。他希望他们把中国的医学、采矿技术、畜牧耕作、园林建筑、天文学方法等都传回欧洲,"再就是各类书籍、植物及其种子、工具仪器的设计图纸和模型以及其他能够运送的东西,依我看也都应运到欧洲来。甚至可以把那些既擅长讲授语言又善于传授事物的人也一块带来。这样,我们便可以像熟悉阿拉伯语那样通晓汉语,并且有可能从我们拥有的,但至今尚未得到利用的那些书籍中汲取有用的东西"③。他在另外一处还写道:"这就是为什么绝对必要在欧洲创设一些中国学校,以从那里请来一些向我们讲授他们的文学的青年学者和进口一批汉文书籍。这就是我向荷兰人和罗马人提出的建议。"④

莱布尼茨认为"东方和西方的关系是具有统一世界的重要性的媒介"⑤。他也许已经意识到,中国和欧洲两大文明的接触、交流和互相吸收、融合,

---

① [德]莱布尼茨著,杨保筠译:《中国近事——为了照亮我们这个时代的历史》,大象出版社2005年版,第6页。
② [德]莱布尼茨:《致闵明我的两封信》,[德]夏瑞春编,陈爱政等译:《德国思想家论中国》,江苏人民出版社1989年版,第21—22页。
③ [德]莱布尼茨:《致闵明我的两封信》,[德]夏瑞春编,陈爱政等译:《德国思想家论中国》,江苏人民出版社1989年版,第22页。
④ 引自[法]安田朴著,耿昇译:《中国文化西传欧洲史》,商务印书馆2000年版,第440页。
⑤ [德]利奇温著,朱杰勤译:《18世纪中国与欧洲文化的接触》,商务印书馆1962年版,第74页。

将对整个世界文化格局的变迁和发展、对全人类文明的历史性进步，产生意义深远的影响。

四　莱布尼茨与白晋的《易经》通信

莱布尼茨与来华传教士白晋的通信中关于《易经》的研究，"是中国和欧洲的学术交流中最引人注目的例子之一"①。

从1697年开始，莱布尼茨开始了与白晋长达6年的通信。这一年，白晋奉康熙帝之命出使欧洲，招募新的传教士。美国学者孟德卫认为："莱布尼茨和白晋的联系出于双方的策略，由双方共生：一方面，白晋需要莱布尼茨的名声和聪明才智；另一方面，莱布尼茨也需要白晋的汉文知识和他与康熙皇帝的接触。白晋需要支持他的传教事业，比如，他需要四五个传教士伙伴为中国经书编写新注释；为欧洲人编一本新汉文辞典。他希望莱布尼茨靠他在欧洲的地位影响路易十四的耶稣会忏悔神父蔡思（Fransois d'Aix de la Chaise，1625—1709）和秘书维利乌斯，以寻求法文资料方面的援助。反之，莱布尼茨需要基督教全球事业中耶稣会士的合作。"②

莱布尼茨与白晋的这些通信现存的有15封，日期是从1697年到1707年或稍后。白晋给莱布尼茨的最后一封信的时间是1702年11月8日，此后莱布尼茨又写了五六封信，但都没有得到回复。③莱布尼茨与白晋通信的主要内容如下：

（1）1697年10月18日，白晋归返巴黎期间，第一次给莱布尼茨写信，说从法国耶稣会士维利乌斯及其他学者处得知莱布尼茨的大名，且拜读过《中国近事》序文，极其钦佩，附赠所著《康熙皇帝传》。白晋写道："我读了

---

① ［英］李约瑟著，何兆武等译：《中国科学技术史》第2卷，科学出版社、上海古籍出版社1990年版，第529页。
② ［美］孟德卫著，张学智译：《莱布尼茨和儒学》，江苏人民出版社1998年版，第39—40页。
③ ［美］孟德卫著，张学智译：《莱布尼茨和儒学》，江苏人民出版社1998年版，第38页。

好几遍，每次都会发现新的乐趣。您热心地了解并宣传在中国传播福音取得的进展，希望在中国皇帝的支持下让整个帝国归信基督教，为答谢您这一片好意，请接受一本我不久前刚出版的有关中国那位伟大君主的小书，我想这本书您应该会喜欢。"① 白晋在信中还述及此次为法国国王图书馆带来了300卷中国书籍的事情。

（2）莱布尼茨收到白晋的信后十分高兴，他给维利乌斯回信，希望与白晋建立联系。1697年12月21日，莱布尼茨在汉诺威复函感谢白晋通信和寄赠著书，尤其希望以后热心关于中国的通信。莱布尼茨除了评论中国的历史、文字、数学及政治外，提出一种普遍的文字说。他希望白晋为他提供有关中国的情况，希望了解中国的语言文字，这是了解中国历史的基础；希望能寄给他中西文对照的字典及邻近东方各语种的字典，他认为东方诸种语言中必有相同之处；他希望得到一本详细的中国编年史，以观察和比较中西方的远古情况；他认为中国的理论数学虽然远不如西方，但是中国的长期历史实践，在数学和科学方面必然会有一些欧洲所需要的东西；他设想，中西哲学应是相容的；他以"力"的理论代替笛卡尔的"实体"的广延，并咨询在中国是否有这样的见解等。莱布尼茨在信中还表示，在《中国近事》再版时会收入白晋的作品。莱布尼茨说："我会非常高兴，如果像您上封信里说的那样，您对书中的某些内容，或是序言，或是增补部分有什么意见或建议，请不吝赐教，我会非常感激。""您说要寄给我您已经出版的有关中国皇帝的作品，能在我的书里增加这样一段中国皇帝的小传，真是太完美了。我也十分期待您关于中国皇帝颁布'容教诏令'并允许自由传教前因后果的新作。我对您给予我的恩惠深表感谢，惟愿自己不辱没您对我的好意。希望您的大作不仅用法语，也用拉丁语出版，让更多的民众都能拜读、受益。"②

（3）1698年2月28日，白晋在即将离开欧洲返回中国之前，从法国给莱布尼茨写信，最初提到《易经》的传说，并扼要地叙述了对中国历史的看

---

① 引自［德］莱布尼茨著，杨保筠译：《中国近事——为了照亮我们这个时代的历史》，大象出版社2005年版，"中文本序"第3页。
② 引自［德］莱布尼茨著，杨保筠译：《中国近事——为了照亮我们这个时代的历史》，大象出版社2005年版，"中文本序"第3—4页。

法。白晋认为，伏羲所制的八卦实际上是中国语言和文化最初的文字符号，即基本的语言单位。他让莱布尼茨到柏应理的《孔子与中国哲学》中去查找这些远古文字符号。

（4）1699年9月11日，白晋从北京发函，并附赠莱布尼茨中国法律书，提及中国近代哲学不如古代哲学的有用。

（5）1700年11月8日，白晋给莱布尼茨的信中比较详细地讨论了《易经》，是他们的通信中重要的一封。白晋说，《易经》是中国一切科学和哲学的源头，它高于欧洲当时的科学与哲学。白晋把中国的起源放在18世纪之前三四千年的那个时代，把伏羲称为第一个立法者。他认为，有六十四卦三百八十四爻的先天图，把中国人的祖先所拥有的算术、音乐、天文学或占星术、医学、物理等科学的完美状态概括进毕达哥拉斯"万物皆数"的模式中。他认为，4000多年前中国古人的知识和西方圣贤的知识之间，有着很多的一致。伏羲所创制的八卦，就像西方赫尔墨斯代表的极端抽象的图案一样，是相同意图的一般符号。但是，他认为，从伏羲的八卦系统被理解之时起，到现在，包括孔子在内为《易经》写的注释，都只是把八卦原来的含义弄得模糊不清。所以，他另辟蹊径，用数字这个工具进行研究。他认为《易经》中的先天卦序图反映了科学的一般方法，把数字序列、几何图形、比例与静力学定律结合在一起。他还认为，六十四卦三百八十四爻体现了天体运行的和谐，体现了解释万物的性质及其产生、消亡原因的所有必然原理。在他看来，所有这些都恢复了被弃置大约1500~2000年的中国音乐和包括全音阶、半音阶、和声音阶这三种音乐体系的希腊音乐。从发现伏羲的"数"和毕达哥拉斯、柏拉图的"数"之间的一致，白晋认为三者源出同一系统。他注意到了伏羲的"数"与希伯来哲学中神秘的"数"更深一层的一致，因此他把中国古代哲学和柏拉图哲学、古代希伯来哲学联系起来，认为都是造物主的启示。

（6）1701年2月15日，莱布尼茨给白晋写信，详细介绍了自己发明的二进制数学，系统列出了二进制数与十进制数对照表。他还对二进制作了宗教上的解释，把"1"视为完美无缺的"上帝"，把"0"视为空无所有的"无"，二者构成宇宙间的一切。他认为这个发现不仅对于基督教十分重要，而且对于重视数的科学的中国科学家乃至康熙帝都十分重要，建议白晋把二进制及其重要意义介绍给康熙帝。

（7）1701年11月4日，白晋给莱布尼茨回信中，对二进制算术表示出极大的兴趣，认为二进制数字与伏羲八卦图中的符号有共同或相似之处，他建议莱布尼茨把来信中已写到31的二进制继续写下去，一直写到64。白晋在信中附上了《易经》六十四卦圆图。圆图内按八卦配列六十四卦方图。按照这份卦图，如果把阴爻（- -）当成二进制中的"0"，把阳爻（—）当成二进制中的"1"，那么这些卦化成二进制的话，从第一卦到第六十四卦，与从0到63的二进制相吻合。而其他任何次序的排列，都得不出这一结果。他认为莱布尼茨二进制所依据的原理就是中国古代数的科学所依据的原理。他声称伏羲的八卦是一切智慧的源泉，莱布尼茨不应将他的二进制视为打开了科学大门的新科学，因为中国的伏羲早已发明了。他还说他对《易经》进行了多年的研究，从中隐约看到了二进制的结构。他对伏羲的卦爻非常推崇，对莱布尼茨的研究成果深表钦佩，认为二者有不谋而合之处。

（8）1702年11月8日，白晋给莱布尼茨的信说，一年来，他继续研究汉文经典，发现其中有许多与宗教相同的东西。他认为中国人可以通过这条道路轻松地、自然地达到对造物主和自然宗教乃至对耶稣基督和基督教真理的理解。

（9）白晋写于1701年11月4日的信，直到1703年4月1日才到达莱布尼茨的手里。莱布尼茨收到白晋的信后，对图中卦的数学排列顺序加以仔细研究，发现此图与他的二进制吻合无间，它们在思维建构的方式上完全相同：两者都采用了两个符号交错使用的方法，来表示不同的事物和数字；两者都引进了"位"的概念，以增大两个简单符号的容量；两者都用"位"数的增加来表示量的增加，而且是呈二倍递增。因此，莱布尼茨自谓是第一个能读懂《易经》的德国人。1703年5月18日，莱布尼茨从柏林给白晋发了一封回信，评述他的二进制算术与伏羲图的配列关系。他详细解释了从0到63的二进制数字与卦图中的64个六爻排列的一一对应关系。他在信中说："人们认为伏羲是世界上所知的最古老的王和哲学家之一。并且还是中国人的帝国和科学的奠基者，因此这张图乃是现今世界上最古老的科学丰碑之一，似乎已有4000年之久，还可能已有几千年不为人们所理解。它与我的二进制算术如

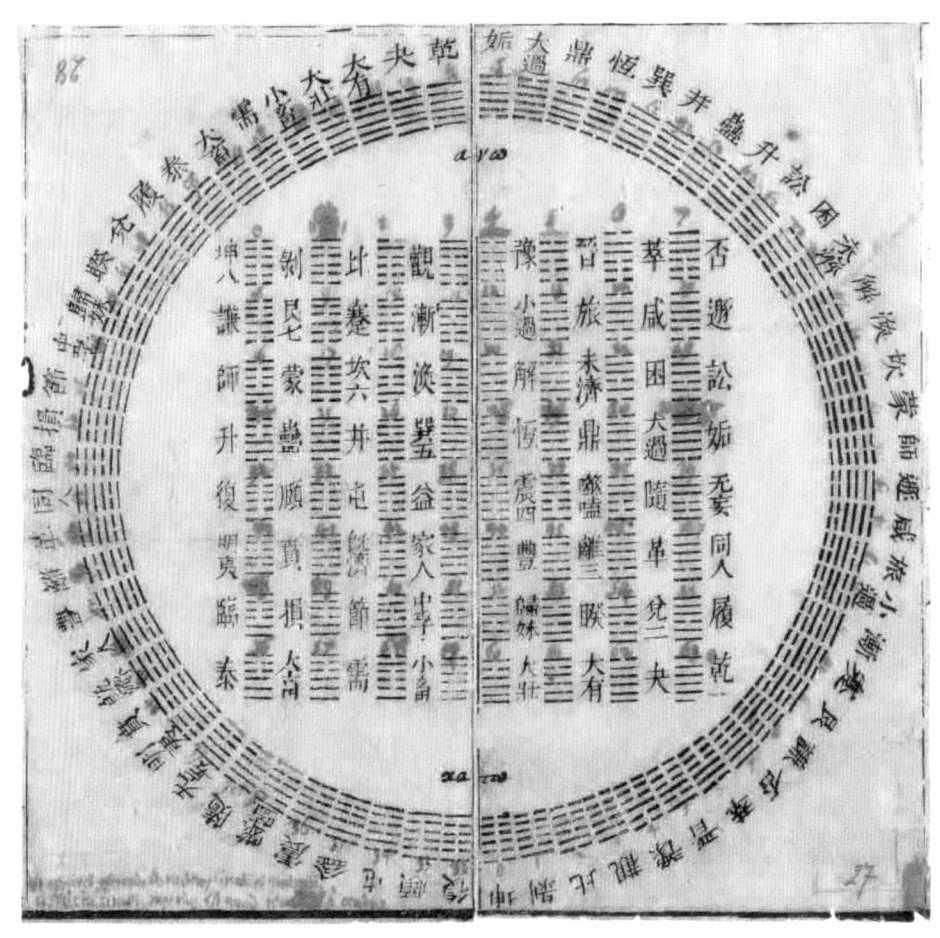

莱布尼茨收藏的《易经》六十四卦圆图

此吻合，并且正当您要解释这些线段时，我恰好向您谈到我的二进制算术，这的确令人吃惊。"他还说道："我向您承认，即使我自己，如果未曾建立我的二元算术的话，对伏羲图哪怕研读良久也未必能够理解。早在20年前我脑中就已有这种0和1的算术的想法，从中我看到了将数的科学推向完善所能得到的最好的结果。这些结果超过了所有前人所拥有的。但我保留着我的发现，除非我能同时证明它的巨大用处。……正是在这个时候，您为它找到了像用于解释这座中国的丰碑的用处，真使我万分高兴。"①

---

① 孙小礼：《莱布尼茨与中国文化》，首都师范大学出版社2006年版，第187页。

莱布尼茨在此之前给普鲁士国王的一份备忘录中就曾说道，两千多年前中国人的一些古老符号现在无人能解读，但其中确实保存着某种"新的数学钥匙"。在白晋的启发下，他终于发现了《易经》的二进制原理。1703年，他发表了《二进制算术的解说》，这篇论文的副标题是"它只用0和1，并论述其用途以及伏羲氏所使用的古代中国数字的意义"。他将这篇论文提交给法国皇家科学院。"这篇文章以简略地介绍他的二进制算术（他称之为'二倍的几何级数'）开始，接着介绍他的二进制与有着4000年历史的伏羲的卦之间的某些共同之处。莱布尼茨的材料几乎全部取自白晋的信，特别是1701年11月4日的信。……除此之外，他准确地介绍了白晋的思想。"①

莱布尼茨对在《易经》六十四卦中发现了他为63至0的数字序列而采用的二进制记数法感到十分兴奋，在以后的学术通信中他仍时常提起。1707年12月15日，他在给布尔凯（Louis Bourguet，1678—1742）的信中说："大家不会使我摆脱那种（这次是一种自由的译法）认为我的二进位数学（当我在尚不知道《易经》八卦的时候便制订了其原则）和这些八卦之间具有特别相似内容的思想，我不由自主地将这些八卦视为一种创世的或万物从虚无中起源的奇妙形象，而这种创造又仅仅是通过大家也称之为上帝的最高神之力量而实现的。"他在1709年8月12日给耶稣会士德·博斯（Barthélemy Des Bosses，1668—1738）的信中又写道："我曾经向白晋神父建议，既然从伏羲的图形中看出其中隐含着二进位算术的发明，那就叫传教士们利用这一绝妙的论据，向中国皇帝和学者指出，古籍经典中就已暗示到万物的起源，真元是从乌有中创造出来的。"他指出，在八卦和二进制数学之间的相似性可以变成一种颇受欢迎的论据，以深入研究中国圣贤和皇帝本人的思想。②

直至晚年，莱布尼茨仍然不时提起他和白晋的共同发现。在1716年致尼古拉·弗朗索瓦·雷蒙的那封论中国哲学的长信的第四部分，标题即为"论中华帝国创始者伏羲氏在其著作中使用的字与二进制算术"。莱布尼茨在信

---

① ［美］孟德卫著，张学智译：《莱布尼茨和儒学》，江苏人民出版社1998年版，第56—57页。
② 引自［法］安田朴著，耿昇译：《中国文化西传欧洲史》，商务印书馆2000年版，第417页。

中回忆了他和白晋发现《易经》与二进制关系的过程,他说:"有很多迹象表明,我们欧洲人如果对于中国文字有足够的知识,那么加上逻辑、评论、数学,以及我们的比他们更准确的表达方式,会使我们在如此古老的中国记载中发现比近代中国人甚至以及他们后来的注释家们(人们认为他们的注释也都是经典)知道得更多的东西。就是这样,我和尊敬的白晋神父发现了这个帝国的奠基人伏羲的符号的显然是最正确的意义,这些符号是由一些整线和断线组合而成的……是最简单的,一共有64个图形,包含在名为《易经》的书中。《易经》,也就是变异之书。在伏羲的许多世纪以后,文王和他的儿子周公以及在文王和周公五个世纪以后的著名的孔子,都曾在这64个图形中寻找过哲学的秘密……这恰恰是二进制算术。这种算术是这位伟大的创造者所掌握而在几千年之后由我发现的。在这个算术中,只有两个符号:0和1。用这两个符号可以写出一切数字。当我把这个算术告诉尊敬的白晋神父时,他一下子就认出来伏羲的符号,因为二者恰恰相符:阴爻'- -'就是0,阳爻'—'就是1。这个算术提供了计算千变万化数目的最简便的方式,因为只有两个……"①

莱布尼茨非常重视这一发现,因为在他看来,由此可以证明古代中国人的学说的价值,证明古代中国人不仅在道德方面,而且在科学方面也大大超过了近代人。不仅如此,正如有的学者指出的,莱布尼茨的发现实际上蕴含着中国人在远古时代就对零和位置有了某些理解。关于莱布尼茨的发现对于东西方文化交流的深远影响,日本学者五来欣造指出:莱布尼茨以0和1表示一切数,《易经》以阴和阳显示天地万有,都是天才的发现。东西方的两大天才,借着数学的普遍的直觉的方法,互相接触,互相认识,互相理解,以至于互相携手。在这一点上莱布尼茨把东西方两大文明拉近了。二进制算术和《易经》就是象征东西两大文明相契合的两只手掌。②

在科学史上,莱布尼茨的二进制算术具有特别重要的意义。正如控制论创始人维纳(Norbert Wiener,1894—1964)所说,在莱布尼茨心目中,他的

---

① [德]莱布尼茨:《致德雷蒙先生的信:论中国哲学》,清华大学思想文化研究所编:《世界名人论中国文化》,湖北人民出版社1991年版,第151—152页。
② 引自孙小礼:《莱布尼茨与中国文化》,首都师范大学出版社2006年版,第135页。

二进制"只不过是他的全部人造语言这一思想的推广"①。而这种算术已被人发现是对今天的计算机最适用的系统。另外，布尔（George Boole，1815—1864）的类代数实际上也与二进制算术有关。"因此，莱布尼茨除发展了二位进制算术而外，也是现代数理逻辑的创始人和计算机制造的先驱。"然而，李约瑟指出："中国的影响对他形成代数语言或数学语言的概念至少起了部分作用，正如《易经》中的顺序系统预示了二进制的算术一样。"②

五　莱布尼茨眼中的中国哲学

莱布尼茨与中国文化的接触、对中国哲学的较为深入的了解，对他的哲学思想的形成和发展产生了一定的影响。利奇温在《18世纪中国与欧洲文化的接触》中具体阐述了莱布尼茨哲学与中国古代儒家哲学的关系。利奇温指出："他的单子学说，在许多方面和代表中国生活的三大派——老子、孔子及中国佛学所表示的'道'的概念，有很可惊异的一致的地方。所谓'先定的和谐'（pre-established harmony），在中国则有所谓天道。莱布尼茨亦如中国圣人一样，相信实体的世界是一个整体，是精神实体的不断继续充实提高。两者对于先定的和谐的信仰和对于天道的信仰，产生了无限的乐观精神（可能的最好的世界——天邦）。莱布尼茨与孔子都认为宗教的精义（包括基督教），在于实际生活中。宗教的主要服务在于创造知识；宗教的目的，在于教育群众，使他们的举动符合社会的利益。这也就是启蒙时代的明白而单纯的宗旨。它与孔子所谓'道也者，入德之门'，意思十分相近。两者都是认为品德就表示快乐，为善最乐，亦即一切思想的崇高目的。"③

莱布尼茨的哲学思想体系通常叫做"单子论"，他自己有时也称之为

---

① ［美］维纳著，陈步译：《人有人的用处——控制论和社会》，商务印书馆1978年版，第10页。
② ［英］李约瑟著，何兆武等译：《中国科学技术史》第2卷，科学出版社、上海古籍出版社1990年版，第371页。
③ ［德］利奇温著，朱杰勤译：《18世纪中国与欧洲文化的接触》，商务印书馆1962年版，第69—70页。

"前定和谐系统"。莱布尼茨的"单子",是根本不具有广延性而只有一定的质的精神实体。宇宙间单子的数目是无限的,这无数的单子都因知觉的清楚程度不同而有高低等级之分,而每两个等级的单子之间都可以插进无数等级的单子。在相邻的两个单子之间,一方面仍有差别,一方面其差别又是无限小而且是紧紧相连的。这样,每一单子都是一个"不可分的点",而全部单子又构成了一个连续的整体。莱布尼茨还认为,上帝在创造每一单子时,就已预见到了一切单子的全部发展情况,并安排好每一单子都独立地变化发展,其余的单子也都各自作相应地变化发展,全部单子的变化发展自然地和谐一致而仍保持着整体的连续性。就好比一个庞大的乐队,每一乐器都按照上帝预先谱就的乐曲演奏各自的旋律,而整个乐队所奏出的就自然是一首完整的和谐乐曲一样。[1]莱布尼茨的这种学说是针对笛卡尔和其他机械唯物主义的世界观提出来的。莱布尼茨把世界看成一个庞大的活的有机体,它的每一部分也是一个有机体。这种有机主义世界观的出现在西方哲学史上具有重大的意义。从莱布尼茨开始,西方哲学打破了机械唯物主义解释世界的观念框架,开始进入辩证的、有机的、综合的思考。莱布尼茨思想中的辩证法因素,是德国古典哲学的直接思想来源之一。

如果要讨论莱布尼茨的"单子论"或"前定和谐"哲学与中国哲学的关系,肯定不能认为这种有机主义哲学完全起源于中国哲学,但正如许多研究者所指出的,他的思想确实受到"具有中国特色的有机论世界观的激发"[2]。李约瑟在解释他的这一看法时说,当莱布尼茨讲到机器和有机体之间的区别在于,组成有机体的每个单子总是有生命的并且在意志和谐之中相合作的时候,我们不禁联想到中国"通体相关的思维"体系所特有的"意志和谐",其中全宇宙的各个组成部分都自发地协调合作而没有指导或机械的强制。一个单子是很理想地影响着别的单子,这不是外来的,而是通过内在预定的一致或和谐。"这样的话可以最完美地运用于中国的通体相关的思想体系所构

---

[1] 陈修斋:《莱布尼茨》,钟宇人、余丽嫦:《西方著名哲学家评传》第4卷,山东人民出版社1984年版,第413—417页。
[2] [英]李约瑟著,何兆武等译:《中国科学技术史》第2卷,科学出版社、上海古籍出版社1990年版,第531、530页。

想的事物关系类型，在那里一切都按计划而发生，任何事物都不是任何别的事物的机械原因。莱布尼茨的前定和谐是一种致力于以17世纪的不完善术语来解决身心问题的学说，它本身并没有维持多久，但是人们可以了解它在当时的有机主义中所占的位置，而且它与中国传统思想的一致是非常显著的，不容忽视。"①

如前所说，莱布尼茨对中国哲学有较多的了解，而他的单子论哲学的最后形成则是在他的晚年，自然不能否认他关于中国哲学的知识对形成单子论哲学的影响。不仅如此，在他按照自己的理解方式对中国哲学所作的评论中，实际上已经论及了这种相关性。莱布尼茨指出："我看不见有什么能阻止我们来赞成中国人的经典学说"，因为"中国人的理就是我们在上帝的名称之下所崇拜的至上实体"。"要判断中国人（是否）承认精神实体，就特别应该考虑他们的理或规范，它是其他事物的第一推动者和理由，我认为它和我们的神的概念是一致的。不可能把这一点理解为一种纯粹是被动的、生硬的、对任何东西都是无所谓的，因而是无规律的，和物质一样。"②在分析朱熹关于"理"与"气"的论述时，莱布尼茨提出，朱熹说的"理"是万物的精华、精力、力量和主体，在这里好像一般地意味着精神实体。他还说，"理"被称为天的自然规律，因为正是由于理的运作，万物才按照它们各自的地位受着重量和度量的支配，这个"天的规律"就叫"天道"。莱布尼茨似乎已经意识到他的有机主义世界观与中国理学的思想有许多吻合之处。

无论如何，莱布尼茨哲学世界观的形成和发展，部分地受到中国哲学思想的影响是显而易见的。由于莱布尼茨哲学在西方哲学史上的特殊地位，中国哲学的这种影响就更具有历史的意义。

关于莱布尼茨所受中国文化，特别是儒学的影响，我们更需要注意的是质，而不是量。在文化的传播和影响上，一般都是这样，其意义主要表现在质上。莱布尼茨冲破机械唯物论思想樊笼的有机自然主义，自然是来自欧

---

① ［英］李约瑟著，何兆武等译：《中国科学技术史》第2卷，科学出版社、上海古籍出版社1990年版，第531页。
② ［德］莱布尼茨：《致德雷蒙先生的信：论中国哲学》，清华大学思想文化研究所编：《世界名人论中国文化》，湖北人民出版社1991年版，第147、143、138—139页。

洲哲学的历史渊源、他所生活的时代和他自己的思想，儒学不会是他的思想源泉。从他对儒学的基本精神的阐述中可以看到，他从儒学的理、道学说中接受了思想资料，儒学的论证帮助了他的论证，而莱布尼茨从他所看重、信赖的遥远的中国，得到了一种实证，即人类文化中，有这样一种哲学思想，有这样一种自然—社会—人的观念图景，这就给了他以自信，以有力的"外证"。东方的智慧刺激他循着自己的思路思索下去，并得出相应的结论。刺激之外，那些东方式的命题、东方式的论证方式及"论证说词"启发了他。这些影响，自然也是具有量的内涵的，但是更主要的是质——思想的质、文化的质。这自然表现了中华文化对欧洲文化的重大影响。

1716年冬天，莱布尼茨给尼古拉·弗朗索瓦·雷蒙写了一封长信。这封信没有写完，也没有发出去，莱布尼茨就去世了。莱布尼茨给这封长信的手稿标上了《论中国人的自然神学》的题目。雷蒙是法国政坛的要人，1713年，他读了莱布尼茨的《神正论》一书后，写信给莱布尼茨，从此开始了两人的通信联系。在1714—1715年，雷蒙把马勒伯朗士的《一个基督教哲学家和一个中国哲学家的对话——论上帝的存在和本性》、龙华民的《论中国人宗教的几个问题》、方济会士利安当的《论中国传教会的若干重要问题》3本书寄给莱布尼茨。龙华民和利安当的著作是在"礼仪之争"中站在反对耶稣会士们的立场上，抨击中国哲学中的无神论倾向，指责中国人是偶像崇拜者。雷蒙说：马勒伯朗士认为中国哲学是无神论，龙华民和利安当的两篇著作对于传教士和中国学者之间的各种学术讨论有很翔实的记述，都反对利玛窦在中国传教的"适应性"策略。莱布尼茨认真读了这两本书，并在书上作了许多批判性的批注。他在给雷蒙的信中根据这两本书中所载的材料得出了与之相反的结论，并对龙华民和利安当的观点提出系统的批评。莱布尼茨针对当时"礼仪之争"中的不同意见，特别是针对龙华民、利安当和马勒伯朗士等反对耶稣会士们的观点，回答了"中国人信不信神"的问题，他逐一批驳了龙华民、利安当认为中国人是无神论的各项理由，指出他们把中国哲学中的"理"视为"原始物质"是错误的。他多方面探讨"理"的含义，"理"和"气""太极""天""上帝"的关系，并与西方哲学、基督教教义相比较，认为中国人承认精神实体的存在，朱熹所论说的"理"就是至高之"神","理"生生不息地产生"气",而"理"与"太极""天""上帝"的意义是相同的。

在宗教问题上,莱布尼茨在较早时候写作的《神正论》中强调调和信仰与理性的关系,他的这种态度很可能受到中国哲学的启发。莱布尼茨认为中国人信仰的自然宗教,并以这样的形式理解神、精神、灵魂,所以与理性的或真正的宗教是一致的。他主张,基督教不能陷入无休止的争吵,要获得统一,首要的任务在于建立真正的宗教。通达的唯一道路是理性的神学,因为只有普遍的理性才是所有人思想统一的基础。神学与理性应该和睦相处,不能把神学放在理性上面,因为那样宗教就成了按照个人经验和情感可随意解释的东西,宗教不属于狂热,而属于理性。莱布尼茨主张普遍的理性,理性之外再没有别的基础。他认为人类理性与上帝是同样的东西(表现为理性的神学),理性是上帝的恩赐。同时,理性的神学也是自然的神学,因为理性之光也是自然之光。"寄居在上帝知识中的自然哲学、心灵和精神哲学,而这一切都来自自然之光。然后,自然之光不仅在开启了的神学中传播,而且充当着法学大厦不可动摇的基础,即自然法、人权、公法、行政执法的基础。总之是所有社会法的基础。"[①]莱布尼茨认为,自然的神学与理性的神学唯一的区别在于:上帝的知识在前者还是浑浊的,比如孔子的学说;而在后者那里则得到了澄清,比如启示。但是自然而然的真理只有一个。莱布尼茨注意到中国人有自然宗教和自然历史,它的道德不是建立在启示或神迹基础上,而是以自然理性为基础,由此有了中国人的普遍信念。在莱布尼茨看来,中国的自然神论蕴含着理性神学的认识,但它不需要神的启示这个过渡阶段。

莱布尼茨是一位百科全书式的人物,在世界文化史上所占有的重要地位,所以他接受中华文化的影响,其意义就不仅仅在于他个人的学术生涯和思想发展,而是经过他的媒介,经过他的理解和解读,把这种影响延伸到历史之中。例如上面已经提到过的,莱布尼茨对中国社会礼治秩序和道德生活的充满激情的赞誉,直接影响到法国启蒙思想家对中华文化的理解,并引申

---

① 引自叶秀山、王树人总主编,周晓亮主编:《西方哲学史》第4卷,江苏人民出版社、人民出版社2011年版,第205页。

为对欧洲封建专制主义和宗教神学的批判；莱布尼茨对机械论世界观的批判和所提出的有机主义哲学思想，成为德国古典哲学辩证法思想的起源，并且开创了现代哲学中有机自然主义的传统；他发明的二进制算术则启发了现代的计算机和数理逻辑。而在后两个方面，如前面说明的，他都受到中国哲学思想的刺激或启发。

六　莱布尼茨学生们的东方探寻

在莱布尼茨的同时代人中，有两位也很有名的人物直接受到了莱布尼兹的影响。这两位都是莱布尼茨的学生：一位叫佛朗克（August Hermann Francke，1663—1727），他在1697年7月9日给莱布尼茨写信说："您刊行的《中国近事》及其中的导论，言词优美，体例完善，我不能不为这部伟大的著作而向您致谢。"①从此佛朗克与莱布尼茨开始通信，一直持续了十几年，其中主要是讨论与中华文化有关的问题。然而，佛朗克主要是从政治思想和宗教方面继承莱布尼茨，对中国问题的关注也主要是从传教方面来考虑，他缺乏莱布尼茨所具有的世界文化的自觉意识。不过，佛朗克在教育方面做了许多工作，对于汉学进入西方正规教育系统具有开创性的贡献。1692年，佛朗克曾在哈雷大学讲授东方语言，1707年又在那里建立了东方神学院，把汉语列入正式课程，同时开设中国哲学研究一科，目的在于培养赴东方的传教士或东方学研究者。佛朗克还写过一篇有关中华文化的论文，题目是《普鲁士腓特烈大帝统治时代基督教会的中国道德观》，不过没有公开发表。②

另一位叫沃尔夫，他在西方哲学史上的影响更大一些。沃尔夫是莱布尼茨理性主义哲学的继承者。1707年，在莱布尼茨的介绍下，沃尔夫得到哈雷大学的教授职位，讲授哲学、数学和物理学课程。沃尔夫是第一个用德文

---

① 引自［德］利奇温著，朱杰勤译：《十八世纪中国与欧洲文化的接触》，商务印书馆1962年版，第74页；
② ［德］利奇温著，朱杰勤译：《十八世纪中国与欧洲文化的接触》，商务印书馆1962年版，第74—75页；忻剑飞：《世界的中国观》，学林出版社1991年版，第180—181页。

写作哲学著作的哲学家。莱布尼茨用拉丁文和法文写作，而沃尔夫用德文写作。黑格尔指出："沃尔夫为德国人的理智教育做出了伟大的贡献，不朽的贡献。他不仅第一个在德国使哲学成为公共财产，而且第一个使思想的形式成为公共财产。"所以，"我们首先应当把他称作德国人的教师"，因为他"第一个使哲学成了德国本土的东西"。①海涅（Heinrich Heine，1797—1856）也评价沃尔夫说："沃尔夫是个杰出人物，他不仅是把莱布尼茨的思想加以系统化，并且是用德语讲述了他的思想的杰出人物。沃尔夫的功绩不在于把莱布尼茨的思想总结成为一个牢固的系统，也不在于用德语介绍他的思想，而在于激励我们用本国语言进行哲学思维。"②沃尔夫把莱布尼茨的理论系统化，建立起一种彻底的形而上学体系。这个被称为"莱布尼茨-沃尔夫哲学"的体系曾一度统治了德国乃至欧洲大学的哲学讲坛。康德前期也是这种哲学体系的信奉者。后来康德说休谟（David Hume，1711—1776）的怀疑主义打破了他的"独断主义"的"迷梦"，即指摆脱了"莱布尼茨—沃尔夫哲学"的影响。

沃尔夫也继承了莱布尼茨对中华文化和中国哲学的浓厚兴趣，且对中国哲学有较多的了解。他没有像莱布尼茨那样与耶稣会士们有广泛的交往，他对中国的了解主要是阅读耶稣会士们的著作，特别是卫方济和柏应理的著作，他还曾为卫方济的著作写过书评。1721年4月，即在那个著名的关于中国的演讲之前的几个月，他在《关于人类社会生活的理性观念》的序言中就说过："从最古远的时代开始，中国人就对统治的艺术倾注巨大精力；然而，我通过偶尔审验他们的作品而设法确定的是，他们的学说与我自己的和谐一致……也许我某天应该找个机会把中国人的道德和政治学说组织成一个科学的形式，这将清楚地展现他们的与我的学说间的一致。"③

1721年7月12日，沃尔夫在哈雷大学发表了《关于中国人道德学的演

---

① ［德］黑格尔著，贺麟、王太庆译：《哲学史讲演录》第4卷，商务印书馆1985年版，第185页。
② ［德］海涅著，海安译：《论德国》，商务印书馆1980年版，第268页。
③ 张国刚、吴莉苇：《启蒙时代欧洲的中国观——一个历史的巡礼与反思》，上海古籍出版社2006年版，第260页。

讲》，盛赞孔子的道德学说，认为孔子的学说与基督教的道德并无冲突。这种看法说不上是独创，因为当时有不少耶稣会士都持有相同或相似的看法。不过，沃尔夫所在的哈雷大学是新教的势力范围，还不能接受和容忍他的这种观点。在沃尔夫发表演讲之后，哈雷大学神学部的教授们立即开会，他们的带头人是约阿希姆·朗格（Joachim Lange，1670—1744）。他们对沃尔夫的演讲指出27条谬误之处，并当面进行质询。学校当局还报告给普鲁士国王腓特烈·威廉一世。1723年11月8日，国王下令解除沃尔夫哈雷大学教授的职务，并勒令他在48小时之内离开哈雷大学和普鲁士。这个处罚决定超出了沃尔夫和他的反对者们的设想，他们只是想阻止沃尔夫的教学活动，不准许他教数学以外的课程。哈雷大学的校董会立即表示不服，但已经没有能力更改国王的决定，从而演出了18世纪西方哲学史上颇不光彩的一幕。伏尔泰曾记述了这个事件的经过。他在《哲学辞典》的"论中国"条目中写道："哈雷大学数学教授，知名的沃尔夫有一天发表了一篇很好的演说推崇中国哲学；他称赞这个眼耳鼻须和推理都跟我们不同的古老的民族；他称赞中国人敬奉一位至高无上的神并且好德；他把这归功于中国皇帝、国老、法官、学士。对于和尚的看法就完全两样了。要知道这位沃尔夫教授在哈雷吸引了一千多名各国的学生。……朗格的这一论据由一群喽啰和一位保护人来支持，就获得国王的决定，给数学家下了一道两刀论法式的命令，叫他选择或是在24小时内离开哈雷市，或是被判绞刑。因为沃尔夫很会推理，当然不免一走了事。……这个例子可以让君王们觉悟，不应常常听信谗言，由于一个愚夫的恼恨而牺牲一位伟大人物。"①

马克思在一篇文章中也提到这个事件："不学无术也没看到它是在充当告发沃尔夫的约阿希姆·朗格的角色。朗格认为沃尔夫的先定学说似乎会使士兵临阵脱逃，削弱军纪，以致瓦解整个国家。"②

然而，迫害和放逐反而使沃尔夫声誉鹊起，沃尔夫一跃成为"启蒙的宠儿"。引起轩然大波的演讲稿甚至被印成盗版而广为流行。1726年，这篇演

---

① ［法］伏尔泰著，王燕生译：《哲学辞典》上册，商务印书馆1991年版，第328—329页。
② 《马克思恩格斯全集》第1卷，人民出版社1956年版，第128页。

讲稿正式印刷出版，到1750年还出现了英译本。欧洲学术界一时沸沸扬扬，出版了200多种著作讨论沃尔夫的学说，争论竟然持续了20年之久。1727年，德国学者海曼（Jacob Friedrich Reimmann，1668—1743）编纂了一本《中国哲学史新法》，列举了沃尔夫及其论敌辩论的各种小册子和相关评论，还列举了他所知道的30种最重要的谈论中国思想的作品。

瑞典国王、俄国沙皇等纷纷向沃尔夫发来邀请，法国的启蒙思想家们则把他作为孔子及基督同列的殉道者。沃尔夫离开哈雷大学之后，被聘为马堡大学教授，在这里工作了17年。这个时期，被认为是马堡大学的"最光荣的时代"。1739年，腓特烈·威廉一世国王已有反悔之意，曾令普鲁士各大学讲授沃尔夫哲学。1740年，腓特烈大帝即位后，立即把沃尔夫召回普鲁士，恢复了他在哈雷大学的教授职务，并另委以宫中顾问和柏林学士院的职务。腓特烈大帝称沃尔夫为"国中真理持有者""当代一位新型的哲学家"。

回过头再来介绍一下那篇给沃尔夫带来是非的著名演讲。从这篇演讲的题目就可以看出，沃尔夫主要是讨论中国的道德学说。在沃尔夫的哲学体系中，道德问题是主要部分之一。他从理性主义的立场出发，提出一种所谓"完全论"，主张人生的目的在于奋勉精进，成为完人。他也正是以这样的理论出发点来讨论中国的道德学说的。从这篇演讲我们得知，沃尔夫曾经仔细研读过卫方济于1711年在布拉格印行的《中国六经》一书。前面已经说过，卫方济的这本书全译"四书"《孝经》和《幼学》，他在以前传教士译本的基础上开始自己的翻译，其特点是逐字直译，注释也较为详细。沃尔夫说："在这本书里，我们可以发现中国哲学的真正基础。"①因此，沃尔夫的这篇著名演讲，是以这样两个方面为基础展开的：他主要是通过卫方济的中国经书译本而了解中国儒家学说的；他本人的哲学，为他理解儒家的学说做了准备。利奇温指出：沃尔夫的演讲词，"除了作为宗教史上的一种文献外，有一个特殊的功绩，即根据卫方济的中国经书译本，对于中国儒家哲学第一次给予了充分的评价。沃尔夫采取真正的'启蒙'原则的立场，也是古

---

① ［德］沃尔夫：《关于中国道德学的演讲》，［德］夏瑞春编，陈爱政等译：《德国思想家论中国》，江苏人民出版社1989年版，第38页。

代中国所根据的立场,认为品德的知识本身就导致道德的行为"①。

沃尔夫论述了中国的政治道德,认为中国人具有令人钦佩的智慧和治国才智,柏拉图《理想国》中所设想的"哲学王"在中国上古社会已经出现过。中国古代帝王本身就都是智者,而智者当道的国家,世道必盛。孔子的学说即发端于古代的君主。沃尔夫盛赞孔子说:"即使不能把孔子看作是中国智慧的创始者,那么也应当把他视为中国智慧的复兴者。孔子的所作所为并非为了

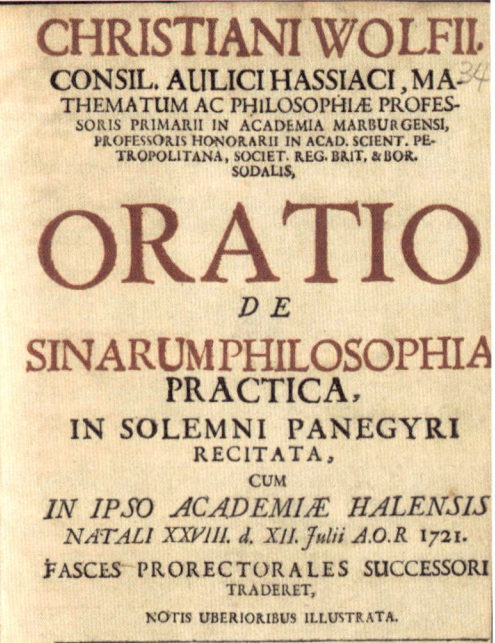

《关于中国道德学的演讲》扉页

沽名钓誉,而是出于希望百姓幸福安康的爱。……他以其深邃的哲理自古至今都享有崇高的威望。……如果我们把他看作是上帝派给我们的一位先知和先生的话,那么中国人崇尚他的程度不亚于犹太人之于摩西,土耳其人之于穆罕默德,我们之于耶稣基督。"②

沃尔夫进一步探讨了中国道德学说的基础。他认为,哲学的真正基础就是与人类理性的自然性相一致的东西。那么,从这种观点来看,中国哲学便具有真实的基础,因为中国人认为,对于培养道德风尚,至关重要的因素是与人的理性相吻合,他们所做的每一件事情,其根据都在人的自然性中。中国人总是注意理性的完善的一面,这样他们就可以认识自身自然的力量,从而达到自然力量所能让他们达到的高度。他们效法以理智为本的大彻大悟的

---

① [德] 利奇温著, 朱杰勤译:《18世纪中国与欧洲文化的接触》, 商务印书馆1962年版, 第76页。
② [德] 沃尔夫:《关于中国道德学的演讲》, [德] 夏瑞春编, 陈爱政等译:《德国思想家论中国》, 江苏人民出版社1989年版, 第31页。

前师，前师们很少过问如何避免偏见，而是崇尚理性的力量，研究如何将这种力量运用到对真理的探求上。"圣人的主要任务在于使理性日趋完善"，而一个人"出于他个人的自由意志，乐意致力于道德，那么他首先必须从改善自己的理性入手"。①

沃尔夫认为，中国人是一个永远追求道德完善的民族。中国人时刻铭记着，在改造自身和他人的过程中，不达到至高的完善决不停步，可是最高的完善却又是一个永远不可抵达的目标。因此，人永远不应当停下脚步。要坚持不懈地努力奋进，只有这样，才能达到较高程度的完善。"中国人所有的行为都以自身的和他人的最高的完善为最终目的。"

沃尔夫还注意到，中国人有一种激励人、促进人以日益高涨的热情不懈地追求崇高目标的方法，这就是做好事能带来荣誉。强烈的荣誉感激励人们不断地努力进取。

沃尔夫认为，在中国人那里，品德的知识本身造就道德的行为，道德的学习和道德的实践是一致的。学习道德的人可以通过努力学习道德来克服恶习，因为恶习是不道德的东西，二者不可能同生共存。"中国人还有一个值得称赞的地方是：他们不仅仅是制定道德规范，他们还培养学生养成道德习惯，使他们的品德合乎规范。"②因此，沃尔夫赞扬中国的教育制度。他说，中国实行一种分级教育，小学收8岁到15岁的儿童，因为他们还不能运用自己的理性，还必须由感性的观念引导和管理；大学只收经过挑选的天资优异的学子，教以治国治民的方法。在沃尔夫看来，这是理想的教育制度，因为它本于人类精神的自然规律，也因为按照这种制度，理性的一切活动，都可以有一确定的目标。凡所研求的，无一不是以智慧，即快乐幸福为目标。

沃尔夫还在演讲中比较了中国人的道德和基督教的道德，认为基督教的道德得自神灵的启示，归于上帝恩惠的力量，而中国人的道德只是出于自然理性的力量。但他认为这二者并不相冲突，而是可以互相调和。沃尔夫认为

---

① ［德］沃尔夫：《关于中国道德学的演讲》，［德］夏瑞春编，陈爱政等译：《德国思想家论中国》，江苏人民出版社1989年版，第39、40页。
② ［德］沃尔夫：《关于中国道德学的演讲》，［德］夏瑞春编，陈爱政等译：《德国思想家论中国》，江苏人民出版社1989年版。第42—43、39页。

中国道德学说中的理性主义与他的哲学主张是一致的。

1730年，沃尔夫在马堡大学作了有关中国哲学的第二个演讲，题目是《论哲学王与治国哲人》，把中国表现为一个开明专制的杰出实例。这篇演讲当年就被译成英文在伦敦出版。沃尔夫在这篇演讲中，将中国古圣王们当做历史人物，认为他们创造出来的教育制度酷似柏拉图《理想国》中的内容，并进一步分析了君主应有的资格与哲学思考对于行政管理的价值。沃尔夫像柏拉图那样断言，当一个团体"或者被哲学家所统治，或者所统治的是哲学家"，那么这个团体将幸福快乐。

沃尔夫在讲演中表示了对中国的道德学和政治学的钦佩，他认为，中国是关于哲学化政府的最有说服力的例子，中国最接近于他的理想。德国学者路德维希（Carl Günther Ludovici，1707—1778）著有《评论莱布尼茨哲学之全部发展史》一书，在其序言中说道："研究莱布尼茨与沃尔夫之世界观，必须研究柏拉图与中国哲学。"①

沃尔夫对中国儒家的道德学说充满了激昂的赞誉之情。这也是当时欧洲知识界比较普遍的一种激情。在与沃尔夫同时的德国人中，他的学生布尔芬加（Georg Bernhard Bilfinger，1693—1750）在沃尔夫发表这篇著名的演讲之前，就已经在进行介绍中国哲学的工作。布尔芬加在读到《中国哲学家孔子》时，就对孔子产生了狂热的崇拜，1721年沃尔夫在哈雷大学的演讲及其引起的激烈争论进一步刺激他去研究中国哲学。他曾著《由儒家典籍所见政治与道德的学说及实例》一书，于1724年出版，表达了对中国德治主义的向往。他在这部著作中论及中国政治、道德、哲学和文学，并将中国的儒家学说与欧洲基督教神学和道德进行比较，尤其推崇中国政治与道德结合的传统，把中国皇帝看作是一个哲人，把中国看成理想之邦，因而是一个值得羡慕的国家。布尔芬加在他的著作中征引了20多种文献，可见他对中国是十分关注的且拥有比较多的中国方面的知识。

---

① 引自方豪：《中西交通史》下卷，上海人民出版社2008年版，第735页。

第二十五章
伏尔泰与他的中国情缘

一 伏尔泰对中国的关注与热情

在18世纪,法国是欧洲启蒙运动的中心。在法国启蒙思想家的阵营中,伏尔泰始终是一位居于核心位置的领袖人物。

伏尔泰和他那个时代的许多知识分子一样,具有较多的关于中国的知识,且对于远方的中国抱有很大的热情。伏尔泰早年在耶稣会学校受教育,耶稣会士们所介绍的中国给他以深刻的印象。"伏尔泰及其他百科全书派曾接受他们的启发,日后就把这种武器反转来攻击耶稣会士,这也是历史上的讽刺。伏尔泰在耶稣会办的学校受教育,并在那里得到关于中国的最初的知识。当时教士们以钦慕的态度大谈儒家学说,而鄙视佛教徒的迷信。伏尔泰即在此搜集材料,用来日后攻击当时对他推心置腹、畅所欲言的神父们。"[1]

---

[1] [德]利奇温著,朱杰勤译:《18世纪中国与欧洲文化的接触》,商务印书馆1962年版,第78页。

此后，伏尔泰一直关注来自中国的文化信息，研读有关中国的著作，与许多耶稣会士保持着接触和联系。

1722年来华传教士傅圣泽回到巴黎以后，伏尔泰曾多次与傅圣泽见面交谈，听他介绍在中国的见闻和中国的文化制度与学术思想。伏尔泰说："耶稣会士傅圣泽神父曾在中国度过25年……他曾多次对我说，中国很少有无神论的哲学家。"①伏尔泰和许多入华传教士以及其他与中国有关的人保持联系，他自称曾会见过"20多名从事过这种旅行的人"。他在英国居住期间曾和那些与东方有联系的商人朋友们进行过交谈，通过他们了解有关中国的情况。他还自认为"阅读过所有讲述过该国的作者们的著作"，他非常仔细地阅读，并做了详细的笔记。伏尔泰曾阅读过金尼阁、基歇尔和李明的著作，特别是杜赫德4卷本《中华帝国全志》，这部著作对他影响很大。1747年，有一位作家写道："伏尔泰追随杜赫德，这几乎是他唯一可以追随的人，而且是没有比之更好的向导了。"《耶稣会士书简集》也是伏尔泰很熟悉的著作，他也熟悉在"礼仪之争"中反对耶稣会士们观点的著作，比如闵明我的论著等。此外，他还读过《中国哲学家孔子》。伏尔泰去世不久，他的私人藏书被其侄女全部卖给了俄国女皇叶卡捷琳娜二世。据苏联科学院1961年出版的《伏尔泰私人藏书目录》记载，在他的这些藏书中，几乎包括了他那个时代出版的所有关于中国儒学的书籍，其中包括所有耶稣会士的作品和他们翻译、介绍的作品。

在伏尔泰的一生中，有近80部作品、200余封书信论及中国，其中有史学著作《路易十四时代》《风俗论》，哲学著作《哲学辞典》《关于百科全书的问题》，杂文《论光荣》《历史的哲学》《我叔叔的辩护词》《中国对话录》《A、B、C对话集》《中国、印度、鞑靼信札》，小说《查第格》等。这些作品涉及中国的政治、历史、宗教、哲学、科技、文艺、习俗等各个方面。《风俗论》尤为重要，被形容为"那一时代关于远东所有（积极）情感的一种完美概述"。利奇温指出："随着伏尔泰1760年《风俗论》的发表，推崇中国达于登峰造极之境。这本书是人们对于远东的全部观感的最完备的

---

① ［法］伏尔泰著，梁守锵译：《风俗论》上册，商务印书馆1997年版，第223页。

总集。"①事实上，自从1734年出版《哲学通信》以来，伏尔泰就把中国视为"世界上最明智和最开化的文明民族"。

与此同时，伏尔泰还激烈地抨击和驳斥对中国及其文化传统攻击和歪曲的一切偏见。他出身于耶稣会的学校，虽然与许多耶稣会士有学术联系，但他终其一生都是耶稣会的敌人，毫不留情地讽刺和批判耶稣会，揭露耶稣会在欧洲宗教和政治领域的反动作用。但是在中国问题上，他却全面地接受了耶稣会士们观点，在"礼仪之争"上坚定地站在耶稣会一边。

1718年，法国修道士雷诺多（Eusèbe Renaudot，1646—1720）翻译发表了《9世纪两位阿拉伯旅行家印度及中国游记》（即苏莱曼的《中国印度见闻录》），借助阿拉伯人的观察说明中国的哲学和科学在9世纪还处于低级水平，进而认为中国不可能如耶稣会士所说的那么古老，中国根本没有科学，不可能早于欧洲人发明和使用指南针，他们的宗教和法律都借自印度，他们的医学和草药学不强于古希腊人和美洲原住民。他认为，没必要认为中国古代编年史是对《旧约》的挑战。雷诺多以此贬低中国及耶稣会士在中国开展的工作。雷诺多的这个材料和观点在当时影响了不少人对中国的看法，也激起耶稣会士们的批驳。

针对雷诺多的言论，伏尔泰在《风俗论》中则明确指出：雷诺多翻译的《中国印度见闻录》"不是一本不加审查便可以相信的书，需要严加审查。但是也不可以把这两位旅行家所说的一概加以否定，特别是在他们的报告里有的地方也为其他值得信任的作者所印证无误"。

前文提到18世纪英国航海家安森在环海游记中对中国有许多指责和批评。这个游记在当时传播很广，对欧洲人的中国形象起到了负面的影响。伏尔泰对这部游记的某些观点提出了反驳。

伏尔泰也曾提出，中国也不是十全十美的，也存在着这样那样的弊端和陋习，过分将中国美化也是一种偏见。但直到晚年，他仍多次向普鲁士国王腓特烈大帝介绍中国，热情地建议："只要学习中国人的善行和像他们那样提倡农业，你将能看到你们的波尔多的荒地与你们的香槟，将由你双手的劳

---

① ［德］利奇温著，朱杰勤译：《十八世纪中国与欧洲文化的接触》，商务印书馆1962年版，第69页。

动而成为沃土和得到丰饶的收益。鉴于在中国帝国的整个广大境土内只通行一种法律，你，我的国人，你不想在你的小王国里仿效他们吗？"①

伏尔泰有一段著名的话："欧洲王公及商人们发现东方，追求的只是财富，而哲学家在东方发现了一个新的精神和物质的世界。"②

伏尔泰在中国发现了一个"新世界"，这个"新世界"具有新的精神和新的文明。伏尔泰对中华文化的推崇和宣扬，对孔子的敬仰与赞扬，对中华文化在法国乃至欧洲的传播起到了很大的推动作用。与此同时，人们也把他看做那个时代体现中华文化精神的一个符号性人物。

在那个时代，被称为"欧洲的孔子"，是人们给予一位思想家的最高的赞扬。我们看到，除了伏尔泰，魁奈、休谟也被称为"欧洲的孔子"，他们都是那个时代领先思想潮流的学者的典范，也都是与中华文化有着亲近的思想渊源关系的思想家。

二 伏尔泰对中国历史的评述

伏尔泰对中国悠久的历史给予充满激情的赞誉。在他看来，中国人是开化最早的民族。古老而优秀的中华文明之被欧洲发现，正是对欧洲基督教世界的妄自尊大最有力的对比。伏尔泰的著作中多次提到中国的历史悠久，并表示出由衷的赞叹。他写道："中国这个民族，以它真实可靠的历史，以它所经历的、根据推算相继出现过三十六次日蚀这样漫长的岁月，其根源可以上溯到我们通常认为发生过普世洪水的时代以前。……以下这一点是确切无疑的：当高卢、日耳曼、英吉利以及整个北欧沉沦于最野蛮的偶像崇拜之中时，庞大的中华帝国的政府各部正培养良俗美德，制定法律"③，"跟一个例

---

① 引自［德］利奇温著，朱杰勤译：《十八世纪中国与欧洲文化的接触》，商务印书馆1962年版，第84页。
② 引自［德］利奇温著，朱杰勤译：《十八世纪中国与欧洲文化的接触》，商务印书馆1962年版，第79页。
③ ［法］伏尔泰著，王晓东译：《路易十四时代》，商务印书馆1982年版，第597—598页。

如中国这样的民族争夺它那些名副其实的名望是何等鲁莽笨拙。我们以欧洲而论没有哪一家名门贵族的古老程度能比得上中国的那些世家"①。

在耶稣会士对中国的研究和介绍中,关于中华文明的悠久历史是一个主要的话题。从利玛窦开始,后来的曾德昭、安文思、李明等人的著作,卫匡国等人对中国古代史和上古纪年的研究,都在欧洲学术界引起很大的

伏尔泰像

反响。因为按照他们的研究和记述,中国这个国家和民族,已经有了几千年的有记载的历史。但如果是这样,就解释不通欧洲人一贯坚持的《圣经》的纪年问题,或者说这个情况对于《圣经》的纪年学的准确性和权威性提出了挑战。所以有不少人对中国具有悠久历史的说法不肯相信。伏尔泰对于当时有的欧洲人怀疑中国历史悠久的观点提出批评。他说道:"我不知道在我们国土上有什么文人对于中国民族的上古时代表示惊奇,但是这里根本不是什么烦琐哲学问题。任凭中国所有的文人、官吏和皇帝都去相信伏羲氏是大约在我们俗历纪元前二千五六百年在中国制定法律的最早的人之一吧。您应该同意必须先有人民然后有国家。您也应该同意在一个人口众多而又发明了那些生活必需的技艺的人民集合起来选择一位主宰之前,必须先有一个惊人的非凡时代。"②

当时在欧洲有人认为中国人是埃及人或腓尼基人的殖民地,埃及一位传说中的国王就是大禹,以此来否定中国的上古时代。伏尔泰说:"那些声称埃及人移民到中国的人,充分发挥了他们自己的和别人的想象力,我们赞赏他们的博学和做出的努力。然而中国人无论在外貌、风俗上,还是在语言、

---

① [法] 伏尔泰著,王燕生译:《哲学辞典》上册,商务印书馆1991年版,第319页。
② [法] 伏尔泰著,王燕生译:《哲学辞典》上册,商务印书馆1991年版,第320页。

文字、习惯上，却与古埃及毫无关系。"①他还引证传教士巴多明的论证，指出其在中国生活过25年，精通中国语言和艺术，对这种想象之谈提出了驳斥。"所有到过中国的传教士和中国人，凡是听到有人对他们说西方人们改变了中国这个帝国，尽都付之一笑。"巴多明"回答的还较认真一点。他说，你们说的那些埃及人到中国去势必要路经印度。当时印度是否有人？要是有的话，又怎么能让一支外国军队过境呢？要是印度当时还没有人的话，埃及人岂不就会留在印度了吗？那么他们本来也就可以在印度河和恒河肥沃的两岸开辟殖民地，还会穿越荒无人烟的沙漠和难以通行的山岳到中国去拓殖吗？"②

伏尔泰认为，中国古老历史的真实可信首先在于中国悠久的编年史记载。伏尔泰赞扬中国的历史记载说："世界上最古老的编年史是中国的编年史。中国的这些编年史连贯不断，撰述严谨，没有掺杂任何神奇的成分，而且全都以4152年的天文观察为依据。中国的编年史还上溯到在此之前的若干世纪，虽无确切年代，但接近于翔实可靠。"③他还说："中国各朝皇帝的治政史都由当代人撰写，其编写方法毫无差别，编年史没有互相矛盾之处。"所以，中国的历史记载是真实可信的。通过这些历史著作的记载，可以了解中华民族的历史悠久是确凿无疑的、可靠的和可信的，而且中国人的历史实际上要比有记载的更早得多。

伏尔泰由此得出结论说："这里有一个对我们来说尤其重要的原则，即：如果一个民族最早的编年史证明确实存在过一个强大而文明的帝国，那么这个民族一定在多少世纪以前早就集合成为一个实体。中国人就是这样一个民族，4000多年来，每天都在写它的编年史。而要掌握人类社会所要求的各种技艺，要做到不仅会写而且写得好，那么所需要的时间势必比中华帝国仅从伏羲氏算起存在的时间更长。"④

---

① 引自许明龙主编：《中西文化交流先驱——从利玛窦到郎世宁》，东方出版社1993年版，第308页。
② [法]伏尔泰著，王燕生译：《哲学辞典》上册，商务印书馆1991年版，第321页。
③ [法]伏尔泰著，梁守锵译：《风俗论》上册，商务印书馆1997年版，第191页。
④ [法]伏尔泰著，梁守锵译：《风俗论》上册，商务印书馆1997年版，第75页。

伏尔泰还提到中国的天文记载，他说："中国的历史，就其总的方面来说是无可争议的，是唯一建立在天象观察的基础上的。根据最确凿的年表，远在公元前2155年，中国就已有观测日食的记载。"① "中国人把天上的历史同地上的历史结合起来了。"在世界各民族中，唯有中国人的史籍持续不断地记下了日月食和行星的会合期。我们的天文学家验证他们的计算后惊奇地发现，它们基本上是准确的。"其他民族虚构寓意神话，而中国人则手中拿着毛笔和测天仪撰写他们的历史，其朴实无华，在亚洲其他地方尚无先例。"②

对中国历史的发现，是耶稣会士们的功绩。但是，"是伏尔泰使当时的文化大众相信了中国古老历史以及中国在世界史上的地位"③。伏尔泰对中国历史和中国历史记载的重视，是和他的研究领域之广博分不开的。他对历史科学的一个重要功绩在于，他加深和扩大了他的同代人关于过去的和现代的文化的观念。他坚决否定了当时占统治地位的神学观念，即认为只有居住在巴勒斯坦的游牧民族才是文明的奠基者。他把那些为当时的历史学家所忽略的民族——印度人、阿拉伯人和中国人等列入了世界历史的进程。因此，他特别注意仔细研究东方古老的民族。④

伏尔泰在《风俗论》中概括了他的这种历史观，他说：凡本质上属于人性的一切在全世界都是一样的，凡依赖于习俗的一切原则互不相同，如果它们始终如一，那也纯系偶然。习俗王国比人性王国远为巨大……因此基础到处相同，而文化产生多种多样的结果。所以，伏尔泰开拓了历史研究的新视野，在他撰写的《风俗论》等历史著作中，也不再仅仅是欧洲的历史，而是包括了中国在内的真正的"世界的"历史。

---

① ［法］伏尔泰著，梁守锵译：《风俗论》上册，商务印书馆1997年版，第207页。
② ［法］伏尔泰著，梁守锵译：《风俗论》上册，商务印书馆1997年版，第74页。
③ ［法］安田朴著，耿昇译：《中国文化西传欧洲史》，商务印书馆2000年版，第679—680页。
④ ［苏］阿尔塔莫诺夫著，张锦霞、苏南译：《伏尔泰传》，商务印书馆1987年版，第63页。

三 伏尔泰眼中的中国：道德与政治的典范

伏尔泰从这样的文化观和历史观来看待中国的历史和文化，称赞中国古代文化取得的优秀成果，说中国是世界上最优美、最古老、最广大、人口最多和治理最好的国家。在伏尔泰对中国的"发现"中，他最为注重的是儒家礼治秩序，是中国人的道德和法律。伏尔泰和启蒙思想家们认为他们从中发现了一个全新的道德世界。

伏尔泰曾认真研读过各种儒家经典和孔子思想论著的译本，对孔子称赞备至。他说："我钻研过他的著作；我还做了摘要；我在书中只发现他最纯朴的道德思想，丝毫不染江湖色彩。"[①]他还在一封信中称："孔子为天地之灵气所钟，他分别真理与迷信，再站在真理一边；他不媚帝王，不好淫色，实为天下唯一的师表。"他对孔子极为推崇和赞颂，指出："这个庞大的帝国的法律和安宁建筑在既最合乎自然而又最神圣的法则即后辈对长辈的尊敬之上。后辈还把这种尊敬同他们对最早的伦理大师应有的尊敬，特别是对孔夫子应有的尊敬，合为一体。这位孔夫子，我们称为Confucius，是一位在基督教创立之前约六百年教导后辈谨守美德的先贤古哲。"[②]

伏尔泰把中国皇帝与孔子相提并论，一个是只关心人民幸福的国王，一个是布道者。"我钦佩他们两人，我简直对他们着迷了。"他还说，孔子"根本不做先知；他从不说他有什么灵感；他也绝不宣扬一种新宗教；他更不借助于什么威望，他根本不奉承他那时代的当朝皇帝，甚至都不谈论他。总之，他是举世唯一的一位不让妇女追随他的教师"。伏尔泰还指出："他们的孔子不创新说，不立新礼；他不做受神启者，也不做先知。他是传授古代法律的贤明官吏。我们有时不恰当地把他的学说称为'儒教'，其实他并没有宗教，他的宗教就是所有皇帝和大臣的宗教，就是先贤的宗教。孔子只是以道德谆谆告诫人，而不是宣扬什么奥义。在他的第一部书中，他说为政

[①] ［法］伏尔泰著，王燕生译：《哲学辞典》上册，商务印书馆1991年版，第322页。
[②] ［法］伏尔泰著，王晓东译：《路易十四时代》，商务印书馆1982年版，第594页。

之道，在日日新。在第二部书中，他证明上帝亲自把道德铭刻在人的心中；他说人非生而性恶，恶乃由过错所致。第三部书是纯粹的格言集，其中找不到任何鄙俗的言辞，可笑的譬喻。"①伏尔泰在这里说的孔子的书，应该是柏应理的《中国哲学家孔子》，其中所说的3部书，分别是《大学》《中庸》和《论语》。伏尔泰还说道："我认识一位哲学家，在他的书房里间悬挂了一幅孔子画像；他在这幅画像下边题了4句诗：唯理才能益智能，但凭诚信照人心；圣人言论非先觉，彼土人皆奉大成。"②

伏尔泰认为，孔子的哲学乃是一整套完整的伦理学说，教人以德，使普遍的理性抑制人们利己的欲望，从而建立起和平与幸福的社会。伏尔泰从中国的历史发展中看到孔子儒家伦理精神的力量：孔子一整套的伦理道德规范指导着中国人修身治国，使中国两千余年来得以国泰民安。伏尔泰极为推崇孔子，并且从孔子的思想中吸取了许多思想的养料。所以，传记作家雷蒙·纳弗（Raymond Naves，1902—1944）在《伏尔泰其人其文》中把孔子列在伏尔泰的"精神教父"之中，与贺拉斯、拉辛（Jean Racine，1639—1699）、蒙田、培尔、洛克、牛顿等人并列，称孔子"以特有的魅力引起了伏尔泰的关注"。纳弗还说，孔子和"人类道德的伟大导师们"，"以他们的仁慈，他们的善良和正义感，激励"伏尔泰，使他"心甘情愿地从他们那儿接收了启蒙宣传的主要内容"。③

伏尔泰非常推崇中国的道德和法律制度。在他看来，中国在伦理道德和治国理政方面，堪称首屈一指。伏尔泰说中国人具有完备的道德哲学，它居于各科学问的首位。中国人的道德源于中华文化的理性原则。他赞赏中国人的道德与人心、人生相结合的主张，认为中国儒学的"性善"说与基督教的"性恶"说有本质的区别。人类的"性善"，才使他们在"爱神"之外，能够"以深厚的感情，去爱其祖国及其父母妻子"。他说，西方民族的任何格言和教理都无法与此"纯粹道德"相比拟，孔子常说仁义，若使人们实行此种道德，世上就不会有互相攻伐了。伏尔泰还称赞孔子的"己所不欲，勿施于

---

① ［法］伏尔泰著，梁守锵译：《风俗论》上册，商务印书馆1997年版，第77页。
② ［法］伏尔泰著，王燕生译：《哲学辞典》上册，商务印书馆1991年版，第322页。
③ 引自孟华：《伏尔泰与孔子》，新华出版社1993年版，第131页。

人"的说教，认为这就像爱比克泰德的道德观一样纯正、严肃和人道。他还认为，所有中华文化的优越和美好，都可以活生生地实体化，这就是孔子的思想和言行，孔子是中华文化的理性原则衍化为"纯粹道德"的最好体现者。①

伏尔泰指出："中国人最深刻了解、最精心培育、最致力完善的东西是道德法律。儿女孝敬父亲是国家的基础。""一省一县的文官被称为父母官，而帝王则是一国的君父。这种思想在人们心中根深蒂固，把这个幅员广大的国家组成一个大家庭。"中国人很讲究礼节，"然而这些礼节可以在整个民族树立克制和正直的品行，使民风既庄重又文雅"。②

伏尔泰推崇中国人的道德，目的是论证一种独立于宗教启示的普遍道德的存在。他在《自然法赋》中论证了他的道德观，认为存在着这样一种理性的道德，它是从宗教的一切启示中独立出来的；一切教育的目的在于使人顺从理性的实践行为，即以尊重道德上的羞耻为道德的端绪；理性与道德羞耻心都是以自然法则为基础的，而自然法则的普遍性是与生俱来的悠久的存在，每个人在内心深处，都有自然法则亦即道德的存在。有的研究者注意到，伏尔泰在《自然法赋》中对道德问题的论证，实际上是采用中国理学观念来表述的。

伏尔泰在政治上主张开明君主制度或君主立宪制度，认为这是最好的政府形式。他从这种观点来看待中国的政治和法律制度，认为中国的政治制度不是专制政体，而是在法律限制下的君主政体。因为中国自古以来，君主一向受御史谏诤的限制，地方不能任意处死罪犯，必须经上级法庭受审直至都城的裁决。他认为中国人民对于政府的顺从，恰是一种美德，因为这种顺从出自对皇帝或官员关心民意、体恤下情的敬意。伏尔泰认为，中国道德与政治、法律的结合，即为中国式的德治主义，成了公正与仁爱的典范。他主张法国乃至欧洲应该引进中国的优良法律和道德。他说："我们曾把我们的神圣宗教带到中国去，然而没有成功。我们应该把他们的法律拿过来作为交换，但我们也许不懂得做这笔交易。"伏尔泰推崇中华文化，有着直接的现实意义。他以中国为榜样，针砭时弊，要为法国的社会改造提供一条可行的

---

① ［法］伏尔泰著，王晓东译：《路易十四时代》，商务印书馆1982年版，第595页。
② ［法］伏尔泰著，梁守锵译：《风俗论》上册，商务印书馆1997年版，第216、217页。

道路。何兆武指出，伏尔泰"在中国的思想文化里找到了他进行论战所需要的理论。中国在他的心目里乃是政治和哲学的一个典范，是反对旧制度贵族特权的一面崇高的旗帜，是投向耶稣会和一切宗教迷信的一把利剑，因为那就成为他猛烈地、不知疲倦地抨击旧制度和专制主义的重要武器。他怀着极大的热情讴歌和赞美中国的体制、文官制度、伦理道德，甚至于那被耶稣会士称之为'天'的'理性'"①。

四　伏尔泰的中国宗教观与信仰宽容

伏尔泰讨论了中国的宗教问题，并以此来攻击教会的愚昧和不宽容政策。他针对当时欧洲宗教界和学术界关于中国儒家学说是否无神论的争论，特别是在"礼仪之争"中反对耶稣会士的那些人坚持认为中国人是无神论，发表了自己的看法。他说到中国人祭祖祀孔的习俗，在中国礼仪问题上赞同耶稣会士们的立场，并且反问道："这些礼仪是否偶像崇拜？是否属于文明礼节？祖先和孔夫子在中国是否被奉为神祇？他们是否像我们的圣徒那样仅仅被人祈求？最后，这是否一种某些迷信的中国人滥用的公众习惯？这些问题，过去外国人在中国好不容易才得以弄清，在欧洲则根本无法断定。"②他认为，对于中国礼仪上的种种议论，来源于欧洲人的文化偏见。伏尔泰指出："对中国的礼仪的极大误会，产生于我们以我们的习俗为标准来评判他们的习俗，我们要把我们偏执的门户之见带到世界各地。跪拜在他们国家只不过是个普通的敬礼，而在我们看来，就是一种顶礼膜拜的行为。我们误把桌子当祭台，我们就是这样地评骘一切的。"③

在中国人是否是无神论者这点上，他借鉴了耶稣会士们的看法，认为"在中国儒家各派里实实在在并没有人宣传无神论，但是却有不少的无神论者，因为他们都不过是些并不怎么高明的哲学家"。他还说："那些主张一

---

① 何兆武：《中西文化交流史论》，湖北人民出版社2007年版，第115页。
② ［法］伏尔泰著，王晓东译：《路易十四时代》，商务印书馆1982年版，第595页。
③ ［法］伏尔泰著，梁守锵译：《风俗论》上册，商务印书馆1997年版，第221页。

个无神论者的社会可以存在的人倒不是无理由的,因为社会是由法律组成,而这些无神论者又都是哲学家,在法律保护下,可以过一种贤明而幸福的生活。他们在一方共处的确也比那些狂热的信徒们在一地聚居容易得多了。"他赞同培尔的观点,无神论者也可以"过一种贤明而幸福的生活"。

但是,伏尔泰并不认为中国人是无神论者,他指出:"要知道一种无神论者的社会能否存在下去的问题,我们首先注意到,关于这一问题人们在争论中矛盾有多大:凡是用最恶毒的话否认无神论者的社会的可能性的人,一直都在勇气十足地坚持说中国政府规定信奉无神论的学说。""他们对于中国政府确乎是认识错了;他们只要看一看幅员广大的中国皇帝们的历代诏书,就可以看出这类诏书都是些训词,而且满篇所谈的不外是神明,赏罚严明的主宰。"①伏尔泰认为中国人的道德、守法精神就是中国人的宗教。这是帝王和士人的宗教。"皇帝自古以来便是首席大祭司,由他来祭天,祭祀天上的神和地上的神。他可能是全国首屈一指的哲学家,最高权威的预言者;皇帝的御旨几乎从来都是关于道德的指示和圣训。"②他在《关于中国的对话》中安排了一场一个中国士大夫和一个耶稣会士关于宗教的对话。两人所信奉的分别是地上的和天上的宗教。中国的风俗专注世俗的事物,就像中国士大夫所说的:"我公正,我诚实,我是人。"那个耶稣会士本打算劝说中国士大夫改信耶稣,没有成功,因为在谈话过程中他总是不得不承认中国士大夫说的有道理。而皈依基督的规劝则显得软弱无力。在中国士大夫看来,未知生,焉知死?重要的是知道此生,而不是来世。

伏尔泰从自己的自然神论立场出发,把儒家学说看作是一种自然神论,是和欧洲盛行的那种基于迷信的"神启宗教"完全不同的"理性宗教"的楷模,这种具有崇高理性、合乎自然和道德的新的"理性宗教",便是他所追求的信仰。"中国的读书人,除了崇拜某一至高无上的上帝以外,从来别无其他宗教信仰。他们尊崇正义公道。"③他说,中国人的宗教简单、明了、庄

---

① [法]伏尔泰著,王燕生译:《哲学辞典》上册,商务印书馆1991年版,第165、187页。
② [法]伏尔泰著,梁守锵译:《风俗论》上册,商务印书馆1997年版,第217页。
③ [法]伏尔泰著,王晓东译:《路易十四时代》,商务印书馆1982年版,第597页。

严、不迷信、不野蛮，"中国的儒教是令人钦佩的。毫无迷信，毫无荒诞不经的传说，更没有那种蔑视理性和自然的教条"。在中国没有出现过宗教狂热和教派争端，而欧洲的基督教却一再分裂，无法统一。针对伏尔泰以自然神论对中国哲学的解释，赫德逊指出："18世纪的法国'哲学家'，不论在政治上是自由主义者或是新君主主义者，几乎都是自然神论者，他们相信没有奇迹、启示或圣事的常识的'自然宗教'，这种宗教能够为道德提供基础而不给教权主义和教士权术以可乘之机。……法国的自然神论者相信他们在中国看到了这种作为全国崇拜的'哲学家的宗教'。"①

伏尔泰主张宽容精神，反对任何形式的宗教迫害。他列举欧洲以外的地方特别是中国的例子来说明宗教宽容不仅是必需的，而且是可行的。他说，如果到印度、波斯、鞑靼去，就会看到那里洋溢着同样宽容宁静的气氛。彼得大帝在他的辽阔帝国里对各种宗教信仰都给予方便，那里的商业和农业得到发展，国家从未因此受到损害。他指出，"四千多年来，中国政府从来只礼拜挪亚的子孙"②，但是它却容许信佛，而且有许多和尚。伏尔泰还说到由于"礼仪之争"入华传教士被中国驱逐的事例。他写道："雍正帝可能是中国最贤明睿智、最宽容大度的皇帝，他确实曾驱逐过耶稣会士。不过，那并不是因为他不宽容，相反倒是由于耶稣会士气量褊狭引起的。……从天涯海角派到中华大地来的耶稣会士、多明我会修士、遣使会修士、教区神父，他们彼此争吵不休，雍正帝当然早有所闻：他们是来传播真理的，可是彼此之间却互相诅咒。因此，雍正帝只不过是打发走一些外国骚乱分子，而且是多么仁至义尽地把他们送走的！为了他们启程上路，并且防止路上有人辱骂他们，他又多么关怀备至啊！把他们驱逐这件事本身就是宽容仁慈的例证。"③

伏尔泰还在一篇文章中借中国官员之口说到宽容的原则："如果现在你们要别人容忍你们的看法，首先你们自己就不能是不能容忍异己的人，也不能是让人无法容忍的人。"④

---

① [英]赫德逊著，王遵仲等译：《欧洲与中国》，中华书局1995年版，第293页。
② [法]伏尔泰著，蔡洪滨译：《论宽容》，花城出版社2007年版，第27页。
③ [法]伏尔泰著，蔡洪滨译：《论宽容》，花城出版社2007年版，第28—29页。
④ [法]伏尔泰著，蔡洪滨译：《论宽容》，花城出版社2007年版，第141页。

五 师从东方:"我们应该做他们的学生"

除了论述中国人的法律、道德和宗教而外,伏尔泰还对中华文化的许多方面进行了广泛的评论。他认为人类文明、科学和技术的发展史都是从中国开始的,而且长期遥遥领先。伏尔泰在他的著作中,多次论及中国古代文化,系统地阐述了中国的历史、法律、宗教、道德、科学、哲学和风俗等问题。在谈到中国古代的科技文明时,对于中国的造纸术、印刷术和火药等发明,对陶瓷、玻璃、丝绸等物产,都指出其悠久的历史,且给予很高的评价。他说万里长城是为人类智慧带来最大声誉的建筑,与万里长城相比,埃及的金字塔不过是一些小石堆。他还说到中国的城市、运河、货币及财政情况,说到中国的军队和武器装备,说到中国的天文学与算学。他说中国人发明了周期历法,比西方的历法早2602年。中国人深入研究了天文学,孜孜不倦地观天,注意一切天象,并将观察的结果传之后代。伏尔泰甚至提到中国的古代算书《周髀算经》,肯定这部书在毕达哥拉斯之前就提出了勾股定理。他认为中国古代科技文明向世界证明,中国人不是像欧洲人那样装饰着艺术的殿堂,而是在建筑着这一辉煌的艺术殿堂。他们"几乎拥有我们所有的一切,以及我们所缺少的一切"①。他在哲理小说《巴比伦公主》中描绘了中国的首都,"这是一个比巴比伦还大的城市,辉煌无比!"在他看来,中国是"一切可能世界中最美好的世界"。

伏尔泰也注意到中华文化的一些弊病,他嘲笑中国社会的一些陋习,如迷信、溺婴、太监制等。但是,与孟德斯鸠、孔多塞等人不同,伏尔泰的嘲笑和批评充满了朋友般的善意。他在《中国、印度、鞑靼信札》中指出:"更加令人惊讶的是,他们如此长期地致力于科学发展,却仍然停留在欧洲10、11和12世纪的水平上……他们过去的先进和当今的无知恰成鲜明对比,使人难以对此作出解释。我总认为中国人的崇古类似某种宗教,阻碍了他们

---

① [法]伏尔泰著,梁守锵译:《风俗论》下册,商务印书馆1997年版,第15页。

在科学之路上前进。"[1]他还指出:"由于道德和治国比科学容易理解,而且这两种东西在中国已经臻于完善,其他百工技艺还远未达到这个程度,于是产生这样的情况:中国人因为两千多年来固步自封、停滞不前,所以在科学方面碌碌无为,由于它是世界上最古老的民族,它在伦理道德和治国理政方面,堪称首屈一指。"[2]他认为中国只注重伦理道德而不重视自然科学的教育制度,难以掌握的语言文字,与世隔绝的闭关自守政策,盲目自大的民族性格,轻视商业的传统等,都是造成中国科技停滞不前的原因。但是他认为这些弊病和落后都是能克服的,如果

铜版画《中国孤儿》。配文大意:来吧,跟我一起自由;奋斗吧,救我们脱离牢笼

中国人解决了这些问题,必将会有光辉灿烂的前途。解决的途径就是加强东西方两大文化的对话与交流。

所以,伏尔泰主张大力加强中国与欧洲的文化交流,两大文明互相学习,取长补短。他说:"我们相当了解中国人现在还跟我们大约300年前那时候一样,都是一些推理的外行。最有学问的中国人也就好像我们这里15世纪

---

[1] 引自许明龙主编:《中西文化交流先驱——从利玛窦到郎世宁》,东方出版社1993年版,第309页。
[2] [法]伏尔泰著,王晓东译:《路易十四时代》,商务印书馆1982年版,第595页。

的一位熟读亚里士多德的学者。但是人们可以是一位很糟糕的物理学家而同时又是一位杰出的道德学家。所以，中国人在道德和政治经济学、农业、生活必需的技艺等等方面已臻完美境地，其余方面的知识，倒是我们传授给他们的；但是在道德、政治、经济、农业、技艺这方面，我们却应该做他们的学生了。"[1]伏尔泰主张欧洲向中国学习。他说："我们不需要深入研究，也不需要花太大力气承认，中国人以及印度人对所有实用技术的掌握，早就走在欧洲的前面。"因此，"我们应当尊敬我们的老师"。[2]

---

[1]［法］伏尔泰著，王燕生译：《哲学辞典》上册，商务印书馆1991年版，第323页。
[2]引自许明龙主编：《中西文化交流先驱——从利玛窦到郎世宁》，东方出版社1993年版，第234—235页。

第二十六章
孟德斯鸠对中华帝制的观察与评述

一 孟德斯鸠的中国探寻与对专制主义的批判

自清末西学东渐，以《论法的精神》为代表的一批西方经典学术名著陆续传入中国。一百多年来，中国学人乃至普通民众，对启蒙思想家孟德斯鸠可谓耳熟能详。孟德斯鸠是法国启蒙运动中最重要的思想家之一，资产阶级国家和法学理论的奠基人。他的最重要的理论成果，是提出政治体制的"三权分立说"。基于这样的政治思想的立场，孟德斯鸠一生都对专制政体怀有极大的恶感，对封建专制主义进行了无情的抨击和批判，其中也包括对中国封建专制主义的批判。

这位18世纪的启蒙思想家对中国这样一个东方的文明古国亦充满了兴趣，在孟氏的著作中，多处可见关于中国的论述。他从青年时代就孜孜不倦地致力于研究法律、历史、文学和哲学等人文科学，培养了浓厚的学术素养。他十分关注世界范围的现实生活，大量阅读外国著作，对东方各国尤其是中国的历史和现实，都有广泛的了解。他很早就开始研究中国，了解有关中国的信息。孟德斯鸠虽然没有机会亲眼见到中国，但在当时，他接触到的有关中国的资料是比较丰富的。这为他研究和论述中国，并将对中国的研究和认识作为建立自己学说的原材料和基础之一，提供了十分有利的条件，使他与伏尔泰、魁奈一样，被公认为18世纪对中国了解最多的法国人。他尽可能收集和阅读了许多当时能见到的有关中国的书籍，从他的著作所引材料来看，包括《中华帝国全志》《耶稣会士书简集》、柏应理编的《中国哲学家孔子》、基歇尔的《中国图说》，以及商人和旅行家的报道或游记。"孟德斯鸠也如同当时的大部分哲学家和猎奇者一样，是从这部《中华帝国全志》中搜罗其最为清楚的资料。"[1]在他的私人藏书中还藏有门多萨的《中华大帝国史》、曾德昭的《大中国志》、卫匡国的《中国史初编》、西鲁哀（Étienne de Silhouette，1709—1767）的《中国政制和道德概述》、纽霍夫的《荷兰东印度公司出使中国记》等书籍。

孟德斯鸠了解中国的另一个途径是与中国人及到过中国或熟悉中国的法国人交往。值得一提的是他结识了侨居法国的中国人黄嘉略。孟德斯鸠认识黄嘉略后，曾与他长谈。这次谈话内容丰富，涉及中国的哲学、宗教、刑罚、礼仪、语言、科举、政治、历史等方面。与黄嘉略的交往，对于孟德斯鸠了解中国的知识，包括他对中国专制制度的看法，起到了很大的作用。

1729年，孟德斯鸠在罗马结识了来华传教士傅圣泽，二人进行过多次晤谈，讨论中国人的习俗、宗教、人口和政府等方面的问题。在孟德斯鸠的意大利游记中，傅圣泽被他列为在罗马期间晤谈次数最多的人之一。事后，孟德斯鸠在《随笔》中记下了傅圣泽关于中国谈话的内容："中国人口众多，妇女生育力极强，每当发生自然灾害时，便发生饥荒。灾民自动聚集起来，逐渐形成一支庞大的队伍，最终将皇帝推翻。""中国的皇廷就像一个大蜘蛛网，皇帝便是网中央的蜘蛛，网动蜘蛛动，蜘蛛动网也动。""每当事关

---

[1]［法］安田朴著，耿昇译：《中国文化西传欧洲史》，商务印书馆2000年版，第496—497页。

皇帝的尊严和威望时，皇帝杀人如同捏死一只苍蝇。但在其他场合，皇帝则喜欢显示自己的宽容和仁慈。所有的中国皇帝都竭力让老百姓相信这样一句中国格言：帝国是个大家庭，皇帝是父亲。""中国以保护居民为由不准开发矿业，其实是皇帝不愿意让许多百姓聚集在一起，以防发生暴乱。"①

孟德斯鸠像

傅圣泽在来华的耶稣会士中是比较特殊的一位。他在返回欧洲的途中和到欧洲以后，背离了耶稣会的立场，在"礼仪之争"中站到了反对耶稣会的一方。因此，他得到教皇的赏识，留在教廷传信部任职。安田朴指出："在礼仪之争时代，虽然傅圣泽属于耶稣会，但却采取了反对耶稣会的立场并帮助了教皇大使多罗。他是世界上最虚伪的思想家，再没有像他那样完全凭空虚构有关中国的无稽之谈的人了。"安田朴还指出，孟德斯鸠受到傅圣泽影响而对中国怀有偏见，"他与傅圣泽的交谈导致他从此拒绝相信耶稣会士们了"②。"孟德斯鸠可能认为《耶稣会士书简集》中的传教士强调了中国人的道德，以便更好地承认他们的礼仪也是可以保留的。"③因此，傅圣泽的这些谈话，有助于加深孟德斯鸠关于中国的专制主义的印象，成为孟德斯鸠批评中国的专制主义的根据之一。傅圣泽的有关谈话内容，就被孟德斯鸠直接用到《论法的精神》的相关章节里。

孟德斯鸠还与来华传教士马国贤有过交往，马国贤曾在中国住过多年，对中国和中国人十分熟悉。孟德斯鸠在意大利游历期间，曾于1729年4月到那

---

① 引自许明龙主编：《中西文化交流先驱——从利玛窦到郎世宁》，东方出版社1993年版，第234—235页。
② ［法］安田朴著，耿昇译：《中国文化西传欧洲史》，商务印书馆2000年版，第496、498页。
③ ［法］安田朴著，耿昇译：《中国文化西传欧洲史》，商务印书馆2000年版，第495页。

不勒斯会见了马国贤。

孟德斯鸠还与一些中国问题研究专家有过交往,与他们交流有关中国的问题。直到他去世前两个月,还在一封信中与朋友讨论中国问题。正如法国汉学家伊莎贝尔·微席叶和约翰·路易·微席叶所指出的:"孟德斯鸠始终都对中国怀着强烈的兴趣,中国是他的三权鼎立理论的主要组成部分,因为中国向他提供了专制政府的模式。因此,他也同所有人一样从耶稣会士中吸取资料。他的《论法的精神》中的注释经常参阅《耶稣会士书简集》。他在开始时也同伏尔泰一样为一种理想化的中国形象所倾倒。他在该书的数章中都怀着好感而追述了这种宗法制度,其中一人的独裁因受法律、风俗和传统的约束而有所缓和。他对中国皇帝们英明的经济政策顶礼膜拜,因为他们首先注重农业并抑制了豪华奢侈。"[①] 但是,安田朴指出:他不能"被列在那些自耶稣会士们入华以后都盲目迷信中国的人之列。他形成的中国形象是不连贯的和互相矛盾的。无论如何,对于法国税制的批评和对完全是实用伦理的中国礼仪的赞扬使他属于了'哲学家'的阵营"[②]。

二 黄嘉略的影响与孟德斯鸠的学术转变

前面提到孟德斯鸠与黄嘉略的结识及所进行的多次交谈。黄嘉略是福建人,本名黄日升,西方典籍一般以他的教名Arcadius或Arcadio相称。中国早年只以Huang、Hoang、Hoamg、Hoangh、Hoange、Ouang等,把他叫作"黄氏"或"黄某"。1986年,中国学者许明龙在发表一篇黄氏生平研究论文中,因未知他的本名叫黄日升,只按照其教名译作"黄嘉略"。

黄嘉略出身于教徒家庭,曾随法国外方传道会教士李斐理(Philibert Le Blanc,1644—1720)学习基督教教义和拉丁文,同时亦接受中国文化教育。

---

① [法]伊莎贝尔·微席叶、约翰·路易·微席叶:《入华耶稣会士与中西文化交流》,[法]安田朴、谢和耐等著,耿昇译:《明清间入华耶稣会士和中西文化交流》,巴蜀书社1993年版,第22页。
② [法]安田朴著,耿昇译:《中国文化西传欧洲史》,商务印书馆2000年版,第511页。

1701年，与耶稣会立场对立的外方传教会派梁弘仁神父回欧洲，向罗马教廷陈述"礼仪之争"的立场，希望获得教廷支持。他邀请黄嘉略同行，于1702年2月17日在厦门登上一艘英国商船，远赴欧洲。随行的中国人，除了黄嘉略外，还有一人名叫李若望（Jean Ly），但有关他的记载更少。1703年3月9日，他们到达罗马，教皇在3月26日接见梁弘仁及黄嘉略等人，并为两名中国随行人员会说拉丁语而感到高兴。黄嘉略在罗马停留了3年。1706年3月，梁弘仁完成使命后与黄嘉略从罗马返抵巴黎，准备回归中国。不巧梁弘仁健康状况不佳，迟迟不能够启程，黄嘉略因此也只得滞留在巴黎。法国皇家学术总监比尼昂教士获此消息后，向皇室总管蓬夏特兰（Jérôme Phélypeaux de Pontchartrain，1674—1747）推荐，建议聘请黄嘉略帮助法国人学习汉语。蓬夏特兰非常重视，不仅为黄嘉略申请到了一份年金，还向路易十四专门作了报告，聘请黄嘉略担任中文翻译。黄嘉略主要在国王图书馆内整理中文书籍，当中不少是由传教士带回法国的。

黄嘉略作为中国第一个定居巴黎的中国人引起诸多法国学者的莫大兴趣，身边围着一群法国学者，他们在一定程度上都受到他的影响。在巴黎与黄嘉略交往的学者中，有汉学家傅尔蒙和费雷莱，还有启蒙思想家孟德斯鸠、植物学家徐西欧（Antoine Laurent de Jussieu，1748—1836）、汉学家加朗（Antoine Galland，1646—1715）、奥拉托利修会院长戴穆莱（Pierre Nicolas Desmolets，1678—1760）、地理和天文学家德里尔（Joseph-Nicolas Delisle，1688—1768）等人。

1713年10月至12月，年轻的孟德斯鸠经友人介绍，与黄嘉略相识，并进行了几次内容广泛的谈话。这些谈话对孟德斯鸠产生了很大的影响，成为他研究中国的起点。孟德斯鸠与黄嘉略相识的时候年仅24岁。他在巴黎盖内戈街黄嘉略寓所，与黄嘉略相识，并进行了7次谈话，平均每周一次。在此之前，孟德斯鸠对中国只闻其名，而不知其实，更谈不上有多大的兴趣。黄嘉略与孟德斯鸠谈到了中国人的性格和信仰，介绍了中国历史、宗教、哲学、文学、司法和科举制度，分析了汉语的特点。孟德斯鸠对这几次谈话甚感兴趣，也非常重视，曾先后整理了3次记录，最长的那份记录多达20余页，题为《关于中国问题与黄先生的对话》。这份笔记内容广泛，涉及中国的历史、政治、法律、宗教、语文、民俗等。

黄嘉略从小受到的是基督教传教士的教育，他是随反对耶稣会的外方传教会的教士来到法国的，这种教育背景说明他并不是一个传统的中国知识分子。这就决定了他在谈话中绝不讳言中国的种种弊端，对清政府的统治流露出一定的反感。这种看法和情绪对孟德斯鸠肯定有一定的影响，所以他对中国的态度相当严峻，而不像伏尔泰那样一味赞美中国的一切事物。"黄嘉略与孟德斯鸠之间也有共同的志趣。没想到黄嘉略1702年以前在中国内地的那些游历，现在有了用武之地，广闻博见使他能够向孟德斯鸠提供有关中国的独特信息，而这些信息恰恰是孟德斯鸠所需要的。"①

据孟德斯鸠记载，他们之间的谈话是从中国的宗教信仰开始的。黄嘉略解释说：中国主要有三大宗教，即儒、道和佛。儒家不相信灵魂永生，却相信焚烧祭祀供品时所冒出的烟，也可能会以某种方式与它已经逝去的亡灵结合，这样，在祭祀的时候，这些亡灵"就会欢喜地再一次拥有生命"。孟德斯鸠觉得，儒家学说就如同斯宾诺莎派学说一样，从其"天"的思想中引导出一种所谓的"世界精神"。黄嘉略还谈到中国两种可怕的死刑——火刑和凌迟，还谈到中国人的穿着、墓地及家庭财产的观念。黄嘉略还谈到他对中国语言及语法的看法。为了说明汉语的结构特点，黄嘉略当场为孟德斯鸠唱了一首中国民歌，并用中文背诵《我们的父》。

在后来的谈话中，黄嘉略与孟德斯鸠不断探讨新的话题。例如，他们讨论小说在中国文学艺术中的地位，讨论生活在中国的西方传教士所面临的各种各样的问题，讨论中国科举制度的性质与形式，讨论中国政府的特点。孟德斯鸠为历史上的中国经常处于四分五裂的状态而吃惊不已。孟德斯鸠对中国的连坐法也大为震惊，这种连坐法使得很多无辜的人如同罪犯一样受到惩罚。黄嘉略还向孟德斯鸠介绍了中国社会生活的一些独特现象，例如：在互致问候时所使用的婉转的表达方式，在谈到自己和自己的家庭时要谦逊，等等。两人谈话的最后就中国历史进行了广泛的交流，还谈到中国确定洪水及日月食日期的方法。

---

① [美]史景迁著，夏俊霞等译：《中国纵横——一个汉学家的学术探索之旅》，上海远东出版社2005年版，第13页。

通过这些谈话，孟德斯鸠对中国的许多方面的知识都有了一定的了解。但是，在笔记中，他却写了这么一句话："我相信，我们永远都不可能真正了解中国人。"

这几次谈话后不久，孟德斯鸠因父亲去世回家乡奔丧，待料理完丧事及家务后再来巴黎时，黄嘉略则已经病逝。但与黄嘉

傅尔蒙在黄嘉略遗稿基础上整理出版的《中国官话》扉页

略短暂的会面和晤谈，对孟德斯鸠学术思想的形成有很大影响。后来孟德斯鸠创作撰写《波斯人信札》时，书中主人公于斯贝克便是以黄嘉略为原型塑造的。据《孟德斯鸠全集》编辑之一马松（André Masson，1900—1986）的研究，孟德斯鸠在酝酿《波斯人信札》时，黄嘉略的谈话给他很大启示。汉学家史景迁指出："孟德斯鸠与黄嘉略聊天时，仍只是个青年，多年后他才完全消化了当时谈话的内容。"① "当时，孟德斯鸠正在打算写一本书，拟从亚洲人的视角来看法国社会，借以嘲讽法国人的自我优越感，并对欧洲人的道德说教进行批评。虽然孟德斯鸠给这本书起名为《波斯人信札》，但中国人黄嘉略却是该书的原型之一。"② 1748年，孟德斯鸠撰写出版的另一巨著《论法的精神》中，直接引用黄嘉略的谈话内容多达6次。不仅如此，孟德斯鸠成为与伏尔泰齐名的"中国通"，亦与黄嘉略分不开。

---

① ［美］史景迁著，阮舒梅译：《大汗之国——西方眼中的中国》，广西师范大学出版社2013年版，第118页。
② ［美］史景迁著，夏俊霞等译：《中国纵横——一个汉学家的学术探索之旅》，上海远东出版社2005年版，第12页。

三 孟德斯鸠笔下的中国

早在1713年，孟德斯鸠就开始接触有关中国的材料，他对中国的怀疑和否定就有所流露。他在阅读《中国哲学家孔子》一书时，常常不同意作者柏应理对孔子思想所作的分析。他之后阅读传教士著作时，常常对他们所描述的中国表示怀疑。例如，他读《中华帝国全志》时写道："在杜赫德神甫介绍的八个省中，我所看到的一切都令人赞叹，美丽、佼好……大自然果真只有美而无一点丑吗？"他对于谈到和听到的中国的种种弊端和丑恶现象，诸如饥荒、弃婴、酷刑等都深信不疑，甚至对中国人间或以人肉为食这类无稽之谈也信以为真。尽管他与伏尔泰等人所接触的有关中国的材料大体相同，但他对中国的看法却与伏尔泰等人大相径庭。他认为，中国是暴戾的专制国家。

孟德斯鸠最重要的著作是《论法的精神》。正是在这部著作中，孟德斯鸠提出了"三权分立"的政治主张。孟德斯鸠在这部著作中考察了中国的历史和文化，涉及中国的地理环境、政治制度、法律、经济、宗教、人口、礼仪、风俗等方面，并且集中批评了中国的封建专制主义。中国是专制国家这个结论在他的笔下始终不曾动摇。

孟德斯鸠首先明确指出中国政体的专制主义本质特征。他说："中国是一个专制的国家，它的原则是恐怖。"①"在专制政体之下，君主把大权全部交给他所委任的人们。那些有强烈自尊心的人们，就有可能在那里进行革命，所以就要用恐怖去压制人们的一切勇气，去窒息一切野心。""对于专制政体，品德是绝不需要的，而荣誉则是危险的东西。"②在说到恐怖的专制主义的残酷性时，他指出："人们曾经想使法律和专制主义并行，但是任何

---

① ［法］孟德斯鸠著，张雁深译：《论法的精神》上册，商务印书馆1961年版，第129页。
② ［法］孟德斯鸠著，张雁深译：《论法的精神》上册，商务印书馆1961年版，第26页。

东西和专制主义联系起来，便失掉了自己的力量。中国的专制主义，在祸患无穷的压力之下，虽然曾经愿意给自己戴上锁链，但都徒劳无益；它用自己的锁链武装了自己，而变得更为凶暴。"①

据此，孟德斯鸠批驳了传教士们关于中国的说法。他们说那个幅员广漠的中华帝国的政体是可称赞的，它的政体的原则是畏惧、荣誉和品德兼而有之。但是，"一个国家只有使用棍棒才能让人民做些事情，还能有什么荣誉可说呢？"②孟德斯鸠认为，耶稣会士们之所以会大力赞扬中国的政治制度和专制体制，是因为他们对这种体制"情有独钟"。

孟德斯鸠十分强调地理环境因素对社会历史发展的作用，认为气候、土壤和地域这些自然条件，对一个民族的性格、感情、道德、宗教、风俗和法律以至国家政体都有直接巨大的影响。孟德斯鸠指出："中国的古代帝王并不是征服者。他们为着增强自己的权势就首先做一件事情，这件事情最有力地证明他们的智慧。他们平治了洪水，帝国版图上便出现了这两个最美丽的省份。这两个省份土地肥沃异常，因此给欧洲人一个印象，仿佛这个大国到处都是幸福的。但是要使帝国这样大的一块土地不致受到毁坏，就要不断地用人力加以必要的防护与保持。这种防护与保持所需要的是一个智慧的民族的风俗，而不是一个淫逸的民族的风俗，是一个君主的合法权力，而不是一个暴君的专制统治。政权就必须是宽和的，像过去的埃及一样。……虽然由于帝国幅员辽阔而会发生各种恐怖，但是中国最初的立法者们不能不制定极良好的法律，而政府往往不能不遵守这些法律。"③

孟德斯鸠考察了中国历史上王朝的更迭变迁，认为中国的专制主义造成了一批又一批恣睢荒淫的统治者，中国朝代的变更是中国帝王奢侈、腐化的结果。他指出："中国在历史上有过22个相连续的朝代，也就是说，经历了22次一般性的革命——不算无数次特别的革命。……大体上我们可以说，

---

① ［法］孟德斯鸠著，张雁深译：《论法的精神》上册，商务印书馆1961年版，第194、129页。
② ［法］孟德斯鸠著，张雁深译：《论法的精神》上册，商务印书馆1961年版，第127页。
③ ［法］孟德斯鸠著，张雁深译：《论法的精神》上册，商务印书馆1961年版，第283页。

所有的朝代开始时都是相当好的。品德、谨慎、警惕,在中国是必要的;这些东西在朝代之初还能保持,到朝代之末便都没有了。实际上,开国的皇帝是在战争的艰苦中成长起来的,他们推翻了耽于逸乐的皇室,当然是尊崇品德,害怕淫逸;因为他们曾体会到品德的有益,也看到了淫逸的有害。但是在开国初的三四个君主之后,后继的君主便成为腐化、奢侈、懒惰、逸乐的俘虏。"①这样,皇室衰微下去,直到这一朝代被推翻,而新兴起的朝代又走进同一循环之中。孟德斯鸠认为,对于中国来说,奢侈之风是危险的事。中国"妇女生育力强,人口蕃衍迅速,所以土地无论怎样垦殖,只可勉强维持居民的生活。因此在中国,奢侈是有害的,并且和任何共和国一样,必须有勤劳和俭约的精神。人民需要从事必需的工艺,而避免那些供人享乐的工艺"②。

孟德斯鸠指出,中国的专制主义是以"礼教"进行统治的,"礼教"构成了国家的一般精神。他说,中国的立法者们认为政府的主要目的是帝国的太平。在他们看来,服从是维持太平最适宜的方法。他们的主要目标,是要使他们的人民能够平静地过生活。他们要人人互相尊重,要每个人时时刻刻都感到对他人负有许多义务;要每个公民在某个方面都依赖其他公民。因此,他们制定了最广泛的"礼"的规则,用"礼"来约束人的行为和人与人之间的关系。"风俗和礼仪有一个区别,就是风俗主要是关系内心的动作,礼仪主要是关系外表的动作。""在这方面,'礼'的价值是高于礼貌的。粉饰他人的邪恶,而'礼'则防止把我们的邪恶暴露出来。'礼'是人们放在彼此之间的一道墙,借以防止互相腐化。"③

不仅如此,中国还把礼仪、宗教、法律和风俗结合在一起,而在这其中具有主导性和代表性的是道德:"中国的立法者们……把宗教、法律、风俗、礼仪都混在一起。所有这些东西都是道德。所有这些东西都是品德。这四者的箴规,就是所谓礼教。……文人用之以施教,官吏用之以宣传;生活

---

① [法]孟德斯鸠著,张雁深译:《论法的精神》上册,商务印书馆1961年版,第103页。
② [法]孟德斯鸠著,张雁深译:《论法的精神》上册,商务印书馆1961年版,第102页。
③ [法]孟德斯鸠著,张雁深译:《论法的精神》上册,商务印书馆1961年版,第312、313页。

上的一切细微的行动都包罗在这些礼教之内,所以当人们找到使他们获得严格遵守的方法的时候,中国便治理得很好了。"①

孟德斯鸠认为,中国的"礼教"把法律、风俗、宗教和礼仪结合在一起,隐饰了人的邪恶的一面,强化了人与人之间的依赖关系,造成了社会生活的平静和对统治者的服从,而且可以抵御外来征服者的同化。安田朴指出:"孟德斯鸠非常透彻地理解到礼仪在中国文化和政府中的重要地位……他非常精辟地分析了能够'轻而易举地'使之铭刻在中国人思想和心灵中的两种原因:一方面是表意文字的性质以及因懂得这种文字而受到的崇拜,另一方面是这些礼丝毫没有宗教的性质,仅限于提出'一种共同行为的准则'。如果这里是指'一种文明行为',那就很容易向众人灌输这一切了。"②

孟德斯鸠还特别分析了中国礼教中的孝道。他说,中国的统治者制定了无数的礼节和仪式,集中一切力量,使人恪守孝道。他指出,这种表面上似乎无关紧要的东西却与中国的基本政制有关,因为这个帝国的构成,是以"治家"的思想为基础的。所以,"中国人的礼仪是不能毁灭的"。而当中国政体的原则被抛弃,道德沦丧了的时候,国家便将陷入无政府状态,革命便将到来。

从这种对中国专制主义政体的判断出发,孟德斯鸠还对中国人的性格进行了分析。他认为某一民族的天性,就是它的精神性格和风俗。不过,由于他采用了《中国印度见闻录》、安森等以及一些商人提供的对中国人的描述,所以更强调中国人性格中消极的东西,或者将一些人的个别行为作为全民族的性格来判断。

孟德斯鸠说:"中国人是温和的、谦虚的、明智的、迷惑人的、贪婪的。"但是,他也强调中国人性格中光明的方面。他说,在中国那样的地方,需要人类的勤劳才可以居住,并且需要同样的勤劳才得以生存。因此,中国是"由人的勤劳建立的国家"。他推崇中国的农耕思想,认为中国历代

---

① [法]孟德斯鸠著,张雁深译:《论法的精神》上册,商务印书馆1961年版,第313页。
② [法]安田朴著,耿昇译:《中国文化西传欧洲史》,商务印书馆2000年版,第508页。

"禾食为民天","劝农教稼",倡导"一夫不耕,或为之饥;一女不织,或为之寒"的思想及灾年时的救荒措施,认为这些都是西方君主应当效仿的"仁政"。他称述道:"中国皇帝每年有一次亲耕的仪式。这种公开而隆重的仪式的目的是要鼓励人民从事耕耘。""不但如此,中国皇帝每年都要知道谁是耕种上最优秀的农民,并且给他八品官做。"他还指出:"中国的立法者是比较明智的;他们不是从人类将来可能享受的和平状态去考虑人类,而是从适宜于履行生活义务的行动去考虑人类,所以他们使他们的宗教、哲学和法律全都合乎实际。"①

在18世纪法国学术界、思想界关于中国的认识和研究中,在弥漫于全欧洲社会的"中国热"的气氛中,孟德斯鸠第一个系统地研究了中国的政体及其相关的诸方面问题,并且对中国的专制主义提出了十分尖锐的批评。这是孟德斯鸠与同时代的耶稣会士学者、其他启蒙思想家都不同的地方。他没有随波逐流,没有和大家一样对中国大唱赞歌,也没有毫无保留地接受经过耶稣会士传播和解释的有关中国的一切信息,而是始终保持着一个旁观者的冷峻和理性的态度。也正因为如此,他的研究和评论就更具有突出的意义。但是,他的批评和评论也有片面的、不深入的甚至是带有偏见的方面。这些片面性,既来自资料来源的影响,比如黄嘉略、傅圣泽的看法的影响,也有来自自己理论观点的因素。为了迎合自己设定的理论框架、论证自己的理论,孟德斯鸠在很大程度上对这些材料进行剪裁甚至歪曲地利用。当年在华传教士韩国英就曾指出:"《论法的精神》的作者无论是希望使中国法典服从于他的思想体系,还是未经深入研究便讲到这一切,他都是根据罗马政治,根据这个庞大帝国的一切而陈述的。中国皇帝并不比法国和西班牙更为专制(在他所理解的那种专制主义的意义上)。他可以违反法律和滥用法律赋予他的权力,但他那样就越出了其职权范围。"②

另一方面,虽然孟德斯鸠对专制制度和一些文化弊端多有批评,但是我

---

① [法]孟德斯鸠著,张雁深译:《论法的精神》上册,商务印书馆1961年版,第233、232页。
② 引自[法]安田朴著,耿昇译:《中国文化西传欧洲史》,商务印书馆2000年版,第495页。

们却不能把孟德斯鸠看作是对于中国的一味的反对者。作为一位严肃的学者和正直的思想家,孟德斯鸠的批评态度不是出于片面的激情和偏见,他对中华文化有比较中肯的分析和赞扬。指出其弊端,肯定其长处,正是一个学者的态度,思想者的态度,虽然他的"肯定"或"否定"未必都正确。

在启蒙思想家们接受和回应中华文化冲击中,孟德斯鸠对中国专制主义的尖锐批评具有重要意义。同样是谈论中国的专制制度,魁奈给予了热烈的推崇和赞誉,而孟德斯鸠却进行了激烈抨击和否定,他们之间的区别,不仅在于对西传欧洲的中华文化的两种价值判断,更在于他们不同的理论立场和政治理想,中国的事例都是他们论证自己学说的有用的材料。利奇温比较了孟德斯鸠、伏尔泰等人对待中国的不同态度,他认为,孟德斯鸠、卢梭等人"用中国来迎合他自己的主张",由于这种立场,他们"不能深知东方的精神"。相反地,"伏尔泰是一个历史学家;他的视野很广阔,不为一种武断的成见所限。他并不是因为具有一种要求才去考求事实,而是把他的心渗透于事实之内"。[①]但是,不论对于谁来说,中华文化、中华帝国的存在,都是他们理论建构和现实思考的一个巨大的参照系。

[①] [德]利奇温著,朱杰勤译:《十八世纪中国与欧洲文化的接触》,商务印书馆1962年版,第85页。

第二十七章
魁奈：与孔子的对话

一 魁奈对中国的兴趣与了解

在18世纪50年代法国启蒙运动的高潮中，出现了一个重要的经济学派别，即重农学派。这个学派的成员企图以经济改革的理论和实践，来挽救当时危机深重的法国社会，谋求向资本主义社会的过渡和发展。重农学派和启蒙运动有着密切的联系，或者可以说是启蒙运动的思想形式和思想内容在政治经济方面的表现。魁奈是重农学派的创始人和主要代表，杜尔阁也是这一学派的重要人物。

魁奈因创立重农学派而在西方经济学说史上占有重要地位。有研究者指出，魁奈提出的重农主义思想受到中国学术思想的深刻影响，至少可以认为，中国学术思想是魁奈重农主义的思想渊源之一。魁奈可能很早就对中华文化发生了兴趣。他是一名医生，曾担任过路易十五的宠妇蓬巴杜夫人的私人医生。这位蓬巴杜夫人是当时"中国热"的推崇者。1749年魁奈以御医身份住进凡尔赛宫时，便已置身于当时法国流行的以追求中国趣味为时尚的漩涡中心。在这种风尚的熏陶下，他曾于1756年通过蓬巴杜夫人劝说路易十五模仿中国古代举行籍田典礼，十余年后，他又用中国皇帝亲耕这种形象劝说太子也就是后来的路易十六，促成太子在1768年举行的一次宫廷典礼上，亲手拿着用丝带装饰的耕犁模型在众人面前炫示，这个举动是想用来

魁奈像

证明他对法国农民的同情和对农民为国家做出的贡献的重视。这个举动在当时得到了画家和诗人们的赞颂，被称为"对'重农主义'的流行性疯狂的一个贡献"。

魁奈在移住凡尔赛宫后，有大量机会结识法国重要的哲学家和思想家，像狄德罗、达兰贝尔、爱尔维修、孔狄亚克（Étienne Bonnot de Condillac，1714—1780）等，也因此更加熟悉法国的政治经济情况。当时路易十五推行重商主义政策，致使农民大量破产。社会舆论开始关心经济问题，尤其是谷物价格和赋税问题。正是在这样的背景下，魁奈开始研究经济学。在宫廷里，魁奈同许多经济学家经常见面，如米拉波（Victor Riquetti de Mirabeau，1715—1789）、迈尔西埃（Louis-Sébastien Mercier，1740—1814）、博多（Nicolas Baudeau，1730—1792）、杜尔阁等，他们后来结成了经济学说史上有名的重农学派。重农学派成员宣称，国民财富的增长不是靠破坏某个邻国的贸易，而是靠劳动分工及国家间的合作。他们与重商主义者意见相反，认为国内市场优于国外市场，日常消费品优于奢侈品。就国内事务而言，他们认为首先应增加农产品，必须扩大农业生产的规模。重农主义坚持土地是

财富之源,提倡解除农民的不合理税赋,只保留土地税,并认为农业就业人口的增长和农业繁荣必将刺激贸易和工业的发展。

魁奈一生研究过多种学科,除了哲学和经济学,还包括化学、植物学和数学等。他为狄德罗主编的《百科全书》撰写了《农民论》《谷物论》《人口论》《租税论》和《利息论》等。他在《人口论》一文中,提到中国"地大物博","中国人是管理得很好的,没有战争,也不侵犯别的国家",土地"耕种得很好"等,并依据唯一的中国实例来论证他的人口理论。在1765年写的《自然法则》一文中,提出按照自然秩序的法则建立公私教育制度的设想。他在文章中一再申述这种根据自然法则的教育的重要性,并以中国为例,对中国的学校备极赞扬。此外,经魁奈指导米拉波著的《农业哲学》一书的卷首插图中,设计了一幅中国皇帝参加春季籍田大礼的图画,显示出中国皇帝在耕种一小块土地,表明他与臣民们息息相通。

魁奈读过许多有关中国的文献。他在《中华帝国的专制制度》的第一章中简略地介绍了西方对中国的认识,从中可见他对马可·波罗以来的有关文献都非常熟悉。他读过许多耶稣会士的著作和报告,他说:在他的研究中,"除了传教士的报告以外,我们几乎没有什么可资依据的东西"。他提到杜赫德的《中华帝国全志》,称"他的这部著作所具有的一般长处为人们所公认。我们研究中华帝国,即以这位作者编辑的史料作为依据"[1]。此外,他还提到许多旅行家的著作,包括平托的《游记》、纽霍夫的出访报告等。从中可以看出,魁奈对中国有着丰富的知识和了解。

魁奈和整个重农学派都把中国作为他们心目中的理想王国,认为中国政府对于农业的态度为他们提供了强有力的论据。实际上,"在18世纪,遥远的中华帝国成为许多法国改革家心目中的典范,使他们更愿意去赞扬中国的经济制度和政治制度"[2]。魁奈推崇古代中国的统治方式,同时也把孔子作为他心目中的偶像。他称述道:"中国人把孔子看作是所有学者中最伟大的人物,是他们国家从其光辉的古代所留传下来的各种法律、道德和宗教的最伟

---

[1] [法]魁奈著,谈敏译:《中华帝国的专制制度》,商务印书馆1992年版,第26页。
[2] [美]马弗里克:《〈中华帝国的专制制度〉英译本绪论》,[法]魁奈著,谈敏译:《中华帝国的专制制度》,商务印书馆1992年版,第11页。

大的革新者";孔子是一位"坚贞不渝,忍受着各种非难和压制的著名哲学家",是一位具有崇高声望,立法明智,要求在人民中树立起公正、坦诚和文明风尚的"贤明大师";中国人对这位哲学家表达了"最崇高的敬意",他被尊为帝国的"第一位教育家和学者",他的著述"超凡拔俗",具有极大的权威性;连蒙古皇帝亦"对孔子表达了犹如对国君一般的敬意"。魁奈还将孔子学说与古希腊圣贤加以对比,认为一部《论语》"充满了格言和道德原理,胜过希腊七贤之语"①。对孔子的推崇景仰之情,溢于言表。

魁奈不仅热情地赞扬中国,而且和伏尔泰等人一样,对于批评和诋毁中国形象的论说都进行了坚决的批驳。针对安森等旅行者、商人对于中国人的负面描述,魁奈指出:"旅行者们曾在欧洲传播这样的观念,使人相信中国人在他们的贸易活动中确实具有掠夺行为;他们甚至举出在那里弄虚作假的各种例证。根据这些例证来看,情况是相当严重的,应该受到指摘……可是,在那里,公众对最微不足道的罪过都要实行最严厉的惩罚,这种惩罚甚至被扩大到用于监督民间的庆典活动,唯恐庆典活动毫无节制。散布这类传闻的那些人依我看来,他们肯定是把中国人在广州口岸同欧洲人所进行的买卖交易,也就是将这种交易双方都在企图从中欺骗对方的新兴生意活动,与这个帝国国民之间的贸易活动混淆起来。"②在这里,魁奈和伏尔泰一样,都是指责那些作者把在广州口岸遇到的个别现象,以偏概全,说成是整个中华民族的性格特点。不过,魁奈进一步指出,这种相互欺诈的行为是当时国际贸易中的普遍现象。

对于孟德斯鸠在《论法的精神》中批评中国专制制度的观点,魁奈更是非常重视,他在《中华帝国的专制制度》中用了一章的篇幅来逐条批驳。他指出:"孟德斯鸠先生在谈到中国政府这个世界上迄今所存在的最古老、最广袤、最仁慈和最繁荣的国家时,竟把这些自相矛盾的说法凑合在一起!为什么在这位著者的心绪里,中国的停止就会引起那么大的困扰?这是因为中

---

① [法]魁奈著,谈敏译:《中华帝国的专制制度》,商务印书馆1992年版,第37—38、56页。
② [法]魁奈著,谈敏译:《中华帝国的专制制度》,商务印书馆1992年版,第69—70页。

国是由专制君主统治，而在他看来，专制主义总是专横和残暴的统治。"①孟德斯鸠把中国政府看作是以棍棒形式的暴力恐吓来维持统治的专制系统。魁奈指出，孟德斯鸠的这种指控由于生动的描写而得到加强。"但是，在中国实行杖刑就像鞭挞、做苦工等等一样，是对犯人的惩罚，这同其他国家的做法所要达到的目的没有什么两样。哪一个国家的统治没有刑法呢？但在这个世界上还有哪一个国家采用那么多的办法来鼓励人们学习榜样和唤起人们的荣誉感呢？对此孟德斯鸠先生只字不提，这正是他夸大其辞，以及他极力想把中国人描绘成是一群处于专横统治之下的唯命是从之徒和奴隶的一个十分明显的证据。"②

魁奈对孔子的学说和中国的文化制度极为推崇，而魁奈则被他的弟子们视为孔子事业的直接承继人，被称为"欧洲的孔子"。重农学派的成员博多在谈到魁奈的《经济表》时指出，这位"欧洲的孔子"已经发现了法国的基本秩序。他的忠实信徒米拉波在给卢梭的信中说：纯产品的发现，即我们应该归功于"可敬的欧洲孔子"的这一发现，将有一天会改变世界的面貌。米拉波在他去世时发表的葬礼演说中，把魁奈与孔子直接联系起来："孔子的整个教义，在于恢复人受之于天而为无知和私欲所掩蔽的本性的光辉和美丽。因此他劝国人信事上帝，存敬奉戒惧之心，爱邻如己，克己复礼……对这种宗教道德的伟大教言，似乎不可能再有所增补；但最主要的部分还未做到，即行之于大地；这就是我们老师的工作，他以特别聪睿的耳朵，亲从我们共同的大自然母亲的口中，听到了'纯产品'的秘理。"③

米拉波在魁奈葬礼演说中提到，以信奉孔子学说作为魁奈的盖棺之论，反映了魁奈理论与中国古代学术思想之间的密切关系。而这一点正是魁奈及整个重农学派的重要理论特征。在魁奈的影响下，重农学派的其他成员也都推崇孔子和中华文化。在宣扬重农学派思想观念的刊物《农业、商业、财政杂志》和《公民日志》的文章中，大量引用的不是欧洲的文献而是中国的典

---

① ［法］魁奈著，谈敏译：《中华帝国的专制制度》，商务印书馆1992年版，第99页。
② ［法］魁奈著，谈敏译：《中华帝国的专制制度》，商务印书馆1992年版，第93—94页。
③ 引自［德］利奇温著，朱杰勤译：《十八世纪中国与欧洲文化的接触》，商务印书馆1962年版，第92—93页。

籍。在他的弟子杜邦（Pierre Samuel du Pont de Nemours，1739—1817）编辑的魁奈及其门徒的论文专集《重农主义，或最有利于人类的管理的自然体系》中，为了显示其神圣和权威，居然将出版地点标明为"北京"。有一位法国学者分析说，重农学派毫无疑义受到中华文化的影响，并且把孔子视为学者的理想化身。

二 开明君主制度的理想化：《中华帝国的专制制度》

最能体现魁奈对中华文化浓厚兴趣的是他晚年出版的关于中国的专论《中华帝国的专制制度》。这部著作被称为当时欧洲"崇尚中国运动的顶峰之作"，"是这场运动达于高潮的标志"。[①]魁奈在这部著作中详细考察了中国的经济、政治和法律制度，并给予了高度的赞扬。他以"专制"来总结中国的政治体制，并不是要批评中国。相反，他以西方法律传统中的自然法思想为出发点，认为中国的专制是合于法律的，中国的法律是自古便逐步完善的，它以法律、道德、宗教、政权相结合为特点。中国的皇帝是按照自然秩序治国的典范，只有在中国才把自然规律作为立法的基础和人们行为的最高准则，因而中国"由于遵守自然规律而得以年代绵长"，是"一个稳定而持久不变的政府的范例"。传教士在介绍中国的时候就对中国的君主制度大加赞扬。因为，"现代欧洲的政治理念也并不是从开始就倾向于自由民主的，现代化早期他们更倾向于开明的君主制度，他们羡慕像中国、暹罗这样的中央集权的国家，集权国家的社会秩序与管理效率更有益于他们的贸易与传教"[②]。

不仅魁奈接受了传教士们的这种观念，而且许多启蒙思想家也理解中国的开明君主专制制度的。他们普遍认为，中华帝国是这个世界上治理最好的国家。他们把这种开明的君主制度作为他们追求的政治理想。美国学者克拉

---

① ［美］马弗里克：《〈中华帝国的专制制度〉英译本绪论》，［法］魁奈著，谈敏译：《中华帝国的专制制度》，商务印书馆1992年版，第2、4页。
② ［美］唐纳德·F.拉赫著，周宁总校译：《欧洲形成中的亚洲》第1卷，人民出版社2013年版，"总译序"。

克指出:"启蒙思想家口中的'专制'绝非批评之词,在这里中国乃是被视为受开明统治者治理的国家典范。……魁奈自己和他的同时代人一样,把中国视为理想社会,它为欧洲提供了一个可供模仿的范本。"①

"魁奈在他的《中华帝国的专制制度》中浸透着中国文明,使人产生这样一种印象,重农学派的全部理论均是中国哲学的产物。"②魁奈在这部著作中的许多地方承认他的理论观点是参考了中国的范例,揭示出他的学说所受影响的文化来源。据利奇温分析,"魁奈的热烈自承信仰中国,有一个明确的政治目标。他企图把分崩离析的法国帝制置于一个新而健全的(即自然的)基础之上;并且希望这样的自承,在一个崇拜中国时代里得到更大的重视"③。

重农学派对发表魁奈的这部著作表现出高度的热情。这部著作从1767年春季起,以连载形式分4期发表在重农学派的刊物《公民日志》上。编辑博多在1766年出版的一期《公民日志》上发表文章评论时人对中国的宣传不够时说:"很高兴,我们手中已经有了弥补这一缺陷的作品,这是出自宗师的一个值得珍视的贡献,它题名为《中华帝国的专制制度》,我们将把它奉献给我们的读者。"博多在发表魁奈这部著作的同时还为它写了一篇序言,其中说道:"我们让这部有价值的作品尽快地与读者见面,正像我们对他们所许诺的那样。作者将这部作品分成八章,每一章都是同样地令人感兴趣,因为以最大的用心来从事著述是这位作者的习惯。第一章涉及中国的起源、疆域和繁荣;第二章详细考察那个帝国的基本法;第三章分析它的实在法;第四章论述租税制度;第五章论述皇帝的权力;第六章论述行政管理、刑法和中国官吏;第七章论述受到指摘的中国统治的各种缺点;第八章也就是全文最重要的一章,是对前面各章的一个总结,实际上是将国家的良好统治的自然基础,与中国所教导和所实行的作为科学的统治原理,作了一个比较。"④

---

① [美]克拉克著,于闽梅、曾祥波译:《东方启蒙:东西方思想的遭遇》,上海人民出版社2011年版,第71页。
② 引自谈敏:《法国重农学派学说的中国渊源》,上海人民出版社1992年版,第77页。
③ [德]利奇温著,朱杰勤译:《十八世纪中国与欧洲文化的接触》,商务印书馆1962年版,第97页。
④ 引自[法]魁奈著,谈敏译:《中华帝国的专制制度》,商务印书馆1992年版,第22—23页。

后来，当有人批评魁奈的著作主张效法中国时，博多解释说，魁奈的本意仅仅认为中国与任何其他政府相比，更接近于理想模式。

魁奈的政治理想，是主张建立一种"开明君主制"，要求君主受"自然规律"的约束，遵循"自然秩序"，以保证君主利益和人民利益一致。他提供给法国社会的改良药方，就是依靠"开明君主"，实行自上而下的经济改革，把封建君主专制政体同资本主义生产方式的经济秩序结合为一体。魁奈的这种政治理想和政治主张，是建立在"自然秩序论"基础上的。如前所述，重农学派和许多启蒙思想家一样，都把"自然秩序"作为立论的基础和出发点。日本学者小林太市郎认为，魁奈重农主义的中心是"自然之秩序"的思想。如魁奈在《农业国经济统治之自然秩序的一般法则（附准则的注释）》中说："国民应教之以自明的设立最完全统治之自然秩序的一般法则，若只研究人为法律是不够养成政治家的。有志行政职务的人，必须从事于联结社会人人所认为最有利之自然秩序的研究。"在这里，魁奈认为社会的秩序和自然的秩序应该统一，社会道德应该依照自然的法则建立，人类的经济生活和自然本身的法则应该一致。

在魁奈看来，中国"完全可以作为一切国家的范例"，因为中国的法律制度是建立在自然法基础上的，而自然法的存在使君主不敢违法作恶，能够保证他合法地行使职权，保证最高权力人物积德行善。如果君主迈错了步，偏离了正确的道路，忠实的大臣们会立即指出来，结果是他得以纠正自己的行为。这就是魁奈理解的中国的"开明的"专制统治。他指出，"用专制一词来称呼中国政府，是因为中国的君主独掌国家大权"。但是，"中国的制度系建立于明智和确定不移的法律之上，皇帝执行这些法律，而他自己也审慎地遵守这些法律"①。这样的统治形式，在魁奈看来，对于统治者来说是一个福音，对于臣民来说也是一个受到崇拜的力量。他指出，由于中国实行的是这样的开明专制制度，所以，在那个帝国的统治中，一切都像它赖以建立的普遍和基本的法则之不可改变一样，是永远稳定和永远开明的。②

魁奈还认为，中国特别重视依据自然法则的教育。魁奈对中国的教育制

---

① ［法］魁奈著，谈敏译：《中华帝国的专制制度》，商务印书馆1992年版，第24、72页。
② ［法］魁奈著，谈敏译：《中华帝国的专制制度》，商务印书馆1992年版，第24、72页。

度备极赞扬,称述中国的官吏,甚至远在穷乡僻壤,都是每月两次,召集人民讲学。中国的学校教育,不仅是教学生读书写字,而且同时给予学生获取知识的教育。他认为,如果没有自然法则的知识,便不能明辨是非。而良好的教育使中国成为一个完全符合于自然法则的模范国家。然而,除中国外,其他的国家都没有重视教育作为统治基础的必要性。因此,他指出:"一个繁荣和持久的政府应当按照中华帝国的榜样,把深刻研究和长期普遍地宣传在很大程度上构成了社会框架的自然法则,当作自己的统治工作的主要目的。"①

不仅如此,魁奈还详细研究了中国政治法律制度和行政管理的一些具体方面的问题,如中国的科举制度、谏议制度、文官(学者)内阁、司法程序及法律法规(实在法)等,并且主张在这些方面也效法中国。他试图通过总结中国的经验,来着手解决法国社会各种迫在眉睫的问题。因为在他的心目中,中国的"开明的"君主专制制度,正是欧洲应该致力达到的理想目标。

因此,对于魁奈和重农学派来说,似乎只有从中国古代哲学家那里,才能学到一切社会生活的基本原理。

三 东方的共鸣者:重农学派与中国经济思想

考察魁奈和重农学派与中华文化的关系,不仅在于陈述他们对中华文化的仰慕和称颂,更为重要的是考察中华文化对于魁奈和重农学派的经济思想和政治思想产生了哪些影响,或者说,魁奈在创立重农主义理论体系的过程中,从中华文化中吸取了哪些思想要素,中国学术思想文化特别是儒家学说何以成为重农学派的思想来源之一。

在启蒙运动时期,中国的经济思想被介绍到欧洲。早先,莱布尼茨、耶稣会士李明等人就赞美过中国农业,后来杜赫德、孟德斯鸠、伏尔泰、卢梭、马勒伯朗士等人也不同程度涉及了中国的农业政策。而重农学派学者波

---

① [法]魁奈著,谈敏译:《中华帝国的专制制度》,商务印书馆1992年版,第122页。

维尔，更是直接提供了关于中国农业的情况。他1740—1756年曾旅行印度，到过中国广东。在《一个哲学家的旅行》一书中，他介绍了中国的农业政策，说中国政府首重农业，把农业发达看作人民幸福的保证。该书受到魁奈和杜尔阁的注意。魁奈在《中华帝国的专制制度》中谈到中国的"农业"和"附属于农业的商业"。美国学者孟德卫认为，重农主义者在经济学文献中发明的术语"自由放任"，受中国制度的启发。"他赞赏中国政府极少介入经济领域，认为那是自由放任政策——重农主义者经济学文献中发明的术语——的基础。"英国学者赫德逊在《欧洲与中国》一书中说："按照魁奈说，'自然秩序'是'人类一切立法、一切政治、经济和社会活动的最高准则'。他主要是就经济生活去设想它，在很大程度上既借鉴了欧洲社会契约学说，也有古典中国的理论而设计了一个体系。"[1]利奇温认为："魁奈在他早年的著作中，虽故意把他的材料隐藏起来，但他晚年所著的关于政治经济的理论，我们一望而知其来自中国。"安田朴问道："蓬巴杜夫人的这名医生最终若不是从孔夫子的书中又是从哪里得到这种'自然状态'的思想呢？自然状态成了任何立法以及任何政治、经济和社会活动的准则。如果不是从中国，他又是在哪里发现了一个完全依赖其农业和季风流向规律的民族呢？"

重农学派是作为一个经济学派别出现于18世纪中期法国思想文化的舞台上的。在当时的社会舆论中，经济问题已经成了一个普遍关注的焦点和热门话题。在路易十四和路易十五时代，法国奉行重商主义经济政策，把法国经济推入严重的困境。至18世纪50年代中期，法国财政经济进一步恶化，使得社会各界人士都十分关心、热烈讨论过去少有问津的经济问题。伏尔泰当时以嘲讽的口气说："把诗文、喜剧、悲剧、小说、道德观念、神道学说等问题谈厌了的民族，到头来讨论面包问题了。"[2]正是在这样的背景下，重农学派提出了他们的理论主张。

"自然秩序"是重农学派的核心概念、核心思想。魁奈提出，自然秩序是"所有人类立法，所有政治、经济和社会的行为准则"。而他主要是从

---

[1]［英］赫德逊著，王遵仲等译：《欧洲与中国》，中华书局1995年版，第296页。
[2] 引自李凤鸣、姚介厚：《18世纪法国启蒙运动》，北京出版社1982年版，第271页。

经济生活方面来考虑自然秩序问题。重农主义是"自然法的科学"。在重农思想中,自然法代替了上帝,成为一切社会秩序和社会现象所应遵循的永久的法则,也是人类幸福的根本归依。魁奈认为自然法就是中国的"天理天则",或者是他所理解的中华文化中的"道"。《中华帝国的专制制度》对"自然法"的注释说:"自然法则确立对人类最有利的自然秩序,确切地规定适合于一切人的自然法,这是永恒存在的、不可改变的、显而易见是最好的法则。"

魁奈的重农主义是针对重商主义提出来的。魁奈主张依照自然法,摈弃重商主义,重视农业,反对政府过多干预,实现经济和贸易自由。而这种经济和贸易自由,其实是资产阶级标榜和向往的自由放任主义。魁奈摒弃了重商主义中财富增值来自流通交换过程的基本思想,而把创造财富和可能用作积累的剩余转移到生产领域。他认为,经济学研究的最主要对象是农业生产,因为只有在农业生产中,有各种自然力参与作用,进行创造性活动,能增加自然物质本身,能增加财富,"土地是财富的惟一源泉"[1]。因此,农业是唯一的生产部门,农业生产是唯一的生产性劳动。在他看来,商业不增加财富,不是生产活动;工业也不是生产性部门,因为工业所用的原料几乎都是由农业供应的,工业的作用只不过是改变农业所提供的原料的形式,使之适合于人们的需要。据此,魁奈提出农业是国民经济的基础,强调国家要重视农业,要求国家经济政策的重心转移到农业方面来。

魁奈的这种重视农业、以农为本的思想,显然和中国传统经济思想有着密切的联系。魁奈在论述农业问题的重要性时指出:欧洲有的国家尚未认识到农业或财富的重要性,农民在社会上的地位很低。与此相反,"在中国,农业总是受到尊重,而以农为业者总是获得皇帝的特别关注";中国皇帝制定了各种法规,"全都有助于树立起尊重农民的观念"。因此,"在中国,租地农民的地位高于商人和手工业工人"。由于国家以农为本,所以中国的农业十分繁荣,"在这个帝国内没有一寸可以耕作的土地未被利用"。[2]

---

[1] 吴斐丹、张草纫选译:《魁奈经济著作选集》,商务印书馆1981年版,第333页。
[2] [法]魁奈著,谈敏译:《中华帝国的专制制度》,商务印书馆1992年版,第122—123、66—67、43页。

由于国家收入的主要形式是税收，那么，"赋税的确不可能是别的什么东西，只不过是从属于土地所有者的土地收益中所分得的一个部分"。魁奈进一步指出："对于满足国家需要的经费来说所必需的赋税，在一个农业国家里，除了向能生产满足人们需要所必须的财富的领域征收以外，不可能有任何别的来源或任何别的起源，而这个来源就是通过劳动和预付使之肥沃的土地本身。"魁奈主张改革繁复、腐败和苛刻的法国赋税制度，坚持只有农业的"纯产品"被征税，并认为"这就是许多世纪以来一直由中国政府如此杰出地遵循着的学说的基本原则"。但是中国人从这个学说中所得出的结论，欧洲人却难以接受。他赞成不向日用物品或商品征税，也说是"根据中国人的意见"。魁奈认为，应该遵循中国人在赋税方面的思想和规则，"以保证国家具有尽可能最广泛的赋税收入，这些规则完全对国家有利，并且能够避免由于征收其他各种赋税所造成的损失"①。

依照魁奈的理论，土地所有者必须负担全部的租税，而一切加在普通人身上的苛捐杂税都应该免去。这就是重农学派土地单一税的主张。这是魁奈直接借鉴中国的农业经济思想和税收制度所得出的结论。有的研究者指出，中国农业思想和农业政策对重农学派的直接影响在于租税法。

重农学派在政治经济学史上占有重要的地位，对法国的社会生活有重大影响，特别是与在不久后发生的法国大革命，有着一定程度的关联。或者说给予法国大革命思想上的重大影响。托克维尔（Alexis de Tocqueville，1805—1859）在《旧制度与大革命》一书中认为，法国大革命的完成纯粹是重农学派的事业。他指出："大革命后来废除的一切制度都是他们攻击的特定目标"，而"可以作为大革命本身创造的所有制度，都是他们预先宣布并热心鼓吹的"。托克维尔还指出了"平等主义"这一法国大革命的核心特征与重农学派之间的渊源："在他们的著作中已经能够看出我们如此熟悉的那种革命民主气质；他们不仅憎恨某些特权，分等级也令他们厌恶；他们热爱

---

① ［法］魁奈著，谈敏译：《中华帝国的专制制度》，商务印书馆1992年版，第127—130页。

平等，哪怕是奴役中的平等。"①托克维尔还指出重农学派这种"奴役中的平等"的思想来自中国。"他们在四周找不到任何与这种理想相符的东西，便到亚洲的深处去寻找。……他们心目中的中国政府好比是后来全体法国人心目中的英国和美国。在中国，专制君主不持偏见，一年一度举行亲耕礼，以奖掖有用之术；一切官职均经科举获得；只把哲学当宗教，只奉文人为贵族。看到这样的国家，他们叹为观止，心驰神往。"②托克维尔为《魁奈全集》作序时还指出："真正法国大革命的特点，可从重农学派的经济学者著述中发现出来。"托克维尔并不赞成重农学派的"奴役中的平等"，也对中国的专制主义持批评态度，但在这里他恰当地指出了重农学派与中国的思想渊源，以及重农学派对于法国大革命的重要影响。

四 《经济表》：东方启迪下的数学化革命

魁奈创制的《经济表》是政治经济学史上的一个杰出贡献。他在《经济表》中，根据资本的运动规律，规划了怎样建立一个平衡的国民经济体制。他从简单再生产的角度，阐明了一个国家每年财富的生产、分配和流通的循环过程，每年折合成一定数量货币的社会产品怎样合理地经过流通分配于社会中的三大阶级③之间，以保证每年的资本主义再生产能持续进行，使国民经济总体达到平衡状态。《经济表》以简化了的表格形式说明纯产品的整个流通过程。《经济表》的诞生，也表明了严谨的科学方法进入了经济现象的研究。

---

① ［法］托克维尔著，钟书峰译：《旧制度与大革命》，商务印书馆1992年版，第193—194页。
② ［法］托克维尔著，钟书峰译：《旧制度与大革命》，商务印书馆1992年版，第198页。
③ 魁奈依据他的"纯产品"学说，把社会全体成员划分为三个阶级：第一是生产阶级，即从事农业的租地资本家和农业工人，他们创造纯产品，是社会的基础和国家全部经济活动的主导力量；第二是土地所有者阶级，包括国王、贵族、僧侣、地主、各级官吏及他们的从属人员，他们以收地租和赋税的方式，从生产阶级那里取得并消费纯产品；第三是不生产阶级，或称"不结果实的阶级"，包括工商业中的资本家和工人，他们不能创造纯产品，只能在劳动中把自身所需的生活资料的价值附加到农产品原料上去。

重农学派对《经济表》十分重视和推崇，米拉波将《经济表》与文字和货币相并列，看作是有史以来为政治社会带来稳定性的世界上的"三个伟大发明"之一，并认为《经济表》"是其他二种发明的结果，把这二者的目标弄得齐全，使它们完善了；这是我们这个时代的大发现，而我们的子孙将从此获得利益"[①]。米拉波还说，《经济表》为"经济科学，亦即为我们的生存、道德以及一切能真正称作国家管理之根本科学的永久基础"提供了准则；或者说，这个表是"作为经济科学的基础与概要，以及国家统治的指针"。[②]后世对魁奈的《经济表》也给予了高度评价。马克思指出，重农学派的《经济表》就是要通过图解来清楚地说明，一个国家，实际上就是法国，每年的总产品，怎样在三个阶级之间流通，怎样为每年的再生产服务；就是要揭示社会总资本的再生产和流通。"魁奈医生使政治经济学成为一门科学，他在自己的名著《经济表》中概括地叙述了这门科学。"[③]

许多研究者注意到，魁奈的《经济表》与中国思想有一定的关系。克雷尔（Hervé Clérel de Tocqueville，1772—1856）说："自然秩序的原则在十年前已为欧洲所发现，法国已经发生了应用此原则的天才（指魁奈），今后社会制度均可以《经济表》之试金石试验一下，只要将此著作加以细心的研究，便使蒙蔽政治的云雾自然一扫而空了……"这里所说的"自然秩序的原则在十年前已为欧洲所发现"，就是指中国的文化思想被介绍到欧洲，让欧洲人了解中国的自然哲学。

中国学者谈敏概括了有关这方面的几种说法，他指出："自魁奈创制了《经济表》图式之后，那时无论称颂者还是诋毁者，都不约而同地从流行的中国知识中去探索它的起源。其中以三种说法最有代表性。第一种说法认为《经济表》是对中国自然秩序原则的具体化和系统化。我们知道，自然秩序是魁奈《经济表》的理论基石，而他的自然秩序学说，又在许多重要涵义

---

① 引自［英］亚当·斯密著，郭大力译：《国民财富的性质和原因的研究》下卷，商务印书馆1979年版，第245—246页。
② 引自谈敏：《法国重农学派学说的中国渊源》，上海人民出版社1992年版，第168—169页。
③ 《马克思恩格斯全集》第4卷，人民出版社1958年版，第138页。

上借鉴甚至完全得自中国古代思想。这样，当魁奈在《经济表》中将全部社会经济生活看作一个有机联系的整体，并试图探索其中存在的客观经济规律时，正是具体而系统地体现了含有不少中国思想要素的自然秩序原则的要求。因此，上述说法确实有其真实依据，绝非向壁虚构。第二种说法将《经济表》比作伏羲或《易经》六十四卦，这里不仅确凿地说明了魁奈首创以图表形式来描述人类经济活动，系承受到《易经》卦图的线条式说明的启发；而且深入地研究，还可以发现《经济表》所体现的执简驭繁原则，宏观或总体分析方法，系统概念、均衡理论、对整个经济生活的有机体系的说明等，均为西方传统的经济观点所罕见，而在以《易经》为代表的中国古代文化中，却不乏其思想萌芽或先行资料。第三种说法把《经济表》与中国的象形文字或表意文字联系起来。其特点在于认定中国文字是具有数学素质的多功能文字，这种独特的数学功能启示魁奈在《经济表》中运用精密的数学公式来进行论证，实则成为它的数理分析方法之滥觞。对于这种说法，如果考虑到现代学者仍将象形文字与其读音无关的特质，称作'语言中的数学特质'；而且能从当时被认作中国文字起源的《易经》卦爻中，概括出相当繁复而严密的数学逻辑结构，那就没有什么值得奇怪的了。"[1]

利奇温在论述魁奈与中国思想的关系时更为明确地断言，《经济表》"实在是把一种中国的学说，巧妙地译成为数学的公式"。他进一步分析说："魁奈的思想有二重性质。一方面反映当时的客观的重视数学的心理，一方面又企图表现事物的全体。他的企图把天道和人道合而为一，把作为正道的，或如中国人称为世道的自然秩序，和实际的秩序合而为一（这一方面，中国人也许提供了最宏伟的实现这个目的的实例），都是出于想得出一个可说明世界的综合一切的数学公式，同时对宇宙现实求得一个综合一切的看法。在这点上，他的心理是和中国人相通的，从这种心理上的相通，遂对中国人的国家概念和中国人发生深切的敬慕。"[2]

---

[1] 谈敏：《法国重农学派学说的中国渊源》，上海人民出版社1992年版，第367—268页。
[2] ［德］利奇温著，朱杰勤译：《十八世纪中国与欧洲文化的接触》，商务印书馆1962年版，第97、92页。

第二十八章
西方大师与中华文化的交锋

一 狄德罗与霍尔巴赫对中国的评价

在法国启蒙运动中,狄德罗是一位具有渊博学识和真知灼见的思想家。他最突出的成就,是他奋战25年编纂出版的人类文化史的辉煌巨著《百科全书》。和伏尔泰、孟德斯鸠等人一样,狄德罗也具有比较多的关于中国的知识。狄德罗早年曾在耶稣会学校学习,"狄德罗对于中国知识的来源,和他早年所受耶稣会的教育不无关系"[①]。此外,他很可能也读过耶稣会士们关于中国的书信、著作和报告。在他为《百科全书》撰写的"中国"和"中国人的哲学"等条目中,表达了他对中华文化的看法。他说:"举世公认,中国人历史悠久,智力发达,艺术上卓有成就,而且讲道理,善政治,酷爱哲

---

① 朱谦之:《中国哲学对欧洲的影响》,上海人民出版社2006年版,第298页。

学；因而，他们比亚洲其他各民族都优秀。依某些著作家的看法，他们甚至可以同欧洲那些最文明的国家争辉。"①

狄德罗对中国的古老表示敬意，认为这是一个举世公认的优点；他毫不怀疑中国人的智慧，一再说到中国人"智力发达""富有才智"，创造出很多相当精美的织品和瓷器。

狄德罗还对中国哲学的发展历史进行了研究。他认为中国君主的哲学就是道德哲学、政治哲学，古代君主可以认为是哲人帝王，"五经"是中国最初的并且是最神圣的读物，"四书"则是"五经"的注释。他对孔子也给予较高的评价，认为孔子更为潜心研究的是人和风俗，而不是自然及起因，孔子哲学是承上启下的正统的中国哲学。他说："孔子是否为中国的苏格拉底或阿那克萨戈拉（Anaxagoras，约前500—约前428）是很难决定的。这个问题和中国语言的造诣有关，依据前章对于孔子作品一部分的介绍，孔子谓自然及其原因之研究者，不如谓其努力于人世及其习俗的研究。"②狄德罗还专门介绍了35条孔子的"道德警句"。他还对《易经》作了较多的介绍，谈到了《易经》中包含的探求人类思维奥秘的努力和莱布尼茨发明二进制的关系。

虽然狄德罗对中华文化有很多欣赏和赞颂的言论，但他不主张无条件地赞美中国。他对于耶稣会士们热烈赞扬中国的言论并不认同，他说："有人还向我谈到另外一些为中国人增光添彩的事情，可是我并不相信。我觉得，人到处都是一样的，都有同样的毛病和同样的美德。"③他不赞成有些耶稣会士所说的中国历史起源的说法，认为中国的历史并不像耶稣会士所说的那样久远，与此相关的种种推测都不足为信。他对中国的家长式专制制度提出尖锐的批评，认为家庭专制主义的后果是对父辈表面的尊敬和内心的仇恨，国家专制主义的后果则是泯灭一切美德。狄德罗对中国人口过剩的后果、对中国商人的狡猾等方面都提出了批评。他说，社会需要美德，但是美德的培育需要安宁、舒适的生活为条件，中国因为过多的人口而缺乏这些条件，所以

---

① 引自《读书》1992年第6期，第128页。
② 引自朱谦之：《中国哲学对欧洲的影响》，上海人民出版社2006年版，第299页。
③ 引自许明龙：《欧洲18世纪中国热》，外语教学与研究出版社2007年版，第186页。

难以蔚然成风。唯其如此,中国人特别重视道德,但是效果并不美妙。狄德罗认为中国科学艺术是落后的。他分析了中国科学和艺术落后的原因,认为中国人的智慧未能结出应有的丰硕之果,主要是由于"东方精神"的束缚,"东方精神"趋于安宁、怠惰,只囿于最切身的利益,认定成俗之后不敢逾越,对于事物缺乏热烈的渴求。而这一切恰恰都与科学和艺术发展所需要的创新、求索和永不满足的精神格格不入。"一句话,他们不具有当今在欧洲熠熠生辉的那种发明和发现的才能。"他指出:"在中国,科学研究由于停滞不前而不再有用,并开始令人觉得怪异。微不足道的实用技艺的发明比体现才华的卓越发现,更加有利可图。能巧妙地剪裁衣料的人,比能解决物体的三种状态问题的人更受青睐。"①

狄德罗像

霍尔巴赫(Paul Henri Thiry d'Holbach,1723—1789)是启蒙运动的中心人物之一,他的沙龙是当时巴黎最活跃的沙龙之一,是百科全书派的重要活动中心。

霍尔巴赫也对中华文化进行了比较多的研究,他在《社会的体系》一书中提出了一份研究中国的阅读书目,其中包括《耶稣会士书简集》、杜赫德的《中华帝国全志》、李明的《中国近事报道》等。

霍尔巴赫非常推崇孔子以德治国的主张。他自造了一个法文的"德治"新词,并写了《德治或以道德为基础的政府》一书,认为建立于真理之永久基础上的圣人孔子的道德,具有不可思议的力量,能使中国的征服者为其所征服。霍尔巴赫认为,国家的繁荣,必须依靠道德,而中国正是政治与伦理道德结合的典范。所以,"欧洲政府必须以中国为榜样"。他指出:人们感

---

① 引自许明龙:《欧洲18世纪中国热》,外语教学与研究出版社2007年版,第190页。

到，在这个幅员辽阔的国家，伦理道德是一切具有理性的人的唯一宗教。"因之道德科学之进一步的研究，遂成为获得职位或立身致仕的唯一法门。"这个帝国的悠久历史使一切统治者都明了，要使国家繁荣，必须仰赖道德。

霍尔巴赫认为中国人都具有信仰自由，因而享受着幸福和安宁。他在《健全的思想》一书中写道："亚洲东部有一个幅员辽阔、经济繁荣、物产丰富的国家，这里的人口十分稠密，这里行使的法律是如此英明，连最野蛮的侵略者也恭恭敬敬地效法他们。这个国家就是中国。除了被当做极其危险的宗教教理而从中国驱逐出

霍尔巴赫像

去的基督教外，住在这个国家里的所有民族都可以信奉他们所选择的任何一种宗教；早已不再相信民间宗教教理的'满大人'及其吏佐只是注意不让佛教和尚或神甫们利用宗教来破坏社会安宁。在这种情况下我们不能说，上帝没有把自己的恩典给予其统治者不大关心于崇拜这上帝的人民；恰恰相反，中国人享受的是值得其他许多四分五裂、备受精神痛苦，并且常常为宗教问题而诉诸武力的民族羡慕的。"①

虽然霍尔巴赫对中国的安宁和社会繁荣多有赞誉，特别是赞赏中国儒家主张的"德治"，但是在另一方面，他对中国政治体制的专制主义持严厉的批评态度，这一点与狄德罗、孟德斯鸠比较接近。实际上，在他们那里，不论是赞扬中国的开明君主制，还是批评中国的专制主义，根本目的是用来影射批评法国的专制统治。赞扬"中国的"，实际上是以此为镜鉴反衬法国专制制度的弊端；批评"中国的"，实际上是"指桑骂槐"，影射和讥讽法国的专制制度。因此，霍尔巴赫认为，国家的安定长久并非政府高度贤明的

---

① ［法］霍尔巴赫著，王荫庭译：《健全的思想》，商务印书馆1966年版，第140页。

标志,"亚洲几个幅员辽阔的国家几千年来一直在无理性的专制压迫下呻吟着,尽管政权频繁易手,但这种专制制度始终同样地统治着不幸的奴隶"①。他还指出:"在亚洲,专制主义在血海中建立起自己的钢铁般的统治已经有许多世纪了,正是亚洲的专制主义最具有典型性。专制制度利用宗教迷信,所以能够在那里实行赤裸裸的残暴统治。"②这些批评和他的政治主张是一致的,并且与孟德斯鸠等人对中国的专制主义批评有相通之处。

二 波维尔等人对中华文化的颂赞

法国启蒙哲学家比埃尔·波维尔,也是百科全书派的成员,他曾经到东方旅行,到过中国广东。1763—1764年两次写文章寄给里昂学院,在那里做了演说,后来以《一个哲学家的旅行》为题出版,讲述了亚洲和非洲一些民族的地理、历史、物产、人口、风情、习俗等,其中介绍了中国的一些情况。由于资料翔实,叙述简练,所以受到读者的欢迎。他在中国的所见所闻给他留下了极佳的印象,对中国的一切都给予了极高的评价。由于他对农业和植物多有研究,每到一地总要察访当地特有的植物品种,所以有关中国农业的评述在他的著述中占有大量的篇幅。他说中国政府的职责首先在于保护农业,而他认为农业发达是衡量人民幸福、政治合理甚至是合乎人性的标志。波维尔十分推崇中国的政治法律制度,他热情洋溢地说:"如果中国的法律变为各国的法律,中国就可以为世界提供一个作为归向的美妙境界。到北京去!瞻仰着人生中最伟大的人,他是上天的真正而完全的楷模。"③杜尔阁曾经对波维尔的演说中有关经济的内容做了摘录,其中有这样一些观点:"在任何气候条件下农业都是人类的普遍艺术——尽管并不是在每个地方都同样繁荣","在一个对农业有足够的尊重和鼓励的明智国家,农业发

---

① [法]霍尔巴赫著,陈太先等译:《自然政治论》,商务印书馆1999年版,第63页。
② [法]霍尔巴赫著,陈太先等译:《自然政治论》,商务印书馆1999年版,第219页。
③ 引自[德]利奇温著,朱杰勤译:《18世纪中国与欧洲文化的接触》,商务印书馆1962年版,第82—83页。

展良好,但在一个半开化的民族中农业发现薄弱,这样的民族或喜好琐屑的艺术,或者尽可能开明到足够设想农业的用途,却仍然太多受制于古代粗野趣味的偏见而不能给予从事农业的人以荣誉","中国的农业比世界上其他任何国家的农业都发达;然而这种快乐的状态和它带来的许多结果并不归因

法文版《一个哲学家的旅行》扉页

于他们的耕作程序有什么特别,也不是他们的犁铧的形制或他们的播种的方法特别;这一定主要是得自他们的政府模式,它具有由理性之手所深植的不可动摇的基础,几乎始于国家建立之初,也得自他们的法律……镌刻在一个伟大民族的团结一体的心上,而不是写在由诡计和欺诈所发明的模糊的法典上","大体上,中国政府的全部注意力都直接倾注于农业"。①波维尔的这些看法对重农学派思想的形成具有一定的影响。

法国启蒙运动中的重要人物爱尔维修也曾对中华文化做出过热情的评论。他在《精神论》中曾对中国的历史文化表示热烈的赞美。

启蒙时代法国自由思想家阿尔让侯爵曾仿孟德斯鸠《波斯人信札》的模式,撰写了一部《中国人信札》。阿尔让侯爵是与伏尔泰、孟德斯鸠等人齐名的作家,青年时期就具有思辨精神,发表了许多批评宗教的文章。阿尔让侯爵出身贵族之家,在权贵圈中游刃有余,后来他被喜爱法国文化的普鲁士国王腓特烈二世召入宫廷,结成深厚友谊,长达数十年。在作品中,他对查理二世进行了直言不讳的批评,对一代雄主路易十四也颇有挖苦,阿尔让侯爵的创作体现了清教徒对法国文化反省的成果。《中国人信札》出版于1735年,是他隐居在荷兰时写作的,他的成名作《犹太人信札》也是在这期间完

---

① 引自张国刚、吴莉苇:《启蒙时代欧洲的中国观——一个历史的巡礼与反思》,上海古籍出版社2006年版,第247—248页。

成的。《中国人信札》中虚拟的几位中国文人，由于不同的际遇在全球游历，他们在旅行期间的书信往来，构成了这部作品的内容。书中的中国人不仅仅是传统意义上的中国文人，也掌握了西方的古典语言和现代科学，对各地的风俗、信仰、精神和人民性格都作了介绍、分析，更重要的是他们类似人类学家的精神探险，其中包括对儒、释、道思想的反思及与欧洲思想的比较。他使用中国人的观点，来揭露作为18世纪欧洲君主国之通病的政治与宗教的不宽容性。他极力向欧洲推荐具有尧舜道德的中国君主之楷模，认为欧洲尚缺少这样的君主。他将中国的儒释道三教与法国诸教派进行比较，批判了欧洲各国的有害教义、不公正的司法机构和行为劣迹的君主。与此形成鲜明对照的，则是中国的儒教智慧、中国人的道德、中国哲学等好的东西。

三 费奈隆等人对中华文化的批评

在启蒙运动对中华文化的一片赞扬声中，也有不同的意见，对中华文化提出某些批评。早在18世纪初期，法国作家、启蒙运动的先驱费奈隆（François de Salignac de La Mothe-Fénelon，1651—1715）就曾针对人们无限相信人性本善和普遍推崇中国而提出了不同的意见，认为中国人并不是像人们想象的那样一个快乐满足的人民的模范。费奈隆早年当过路易十四的孙子德·布高涅公爵的教师和冈布雷教区的大主教。从1690年起，费奈隆开始写散文寓言。他秘密出版《忒勒马科历险记》，批评路易十四的统治，提出限制君权的主张，因而触怒朝廷，被撤了教师的职务，回到冈布雷教区，不得外出，一直到死都不得志。

费奈隆在精神上认同于古希腊时代的文化，古希腊是他精神的故乡。他著有《死者会谈录》，其中第七章采用孔子与苏格拉底辩论的对话形式，副标题为《论世称中国的优点》。他在这里表达了关于中国、中国古代史、中华民族的起源、中国的伦理和政治问题的思想。

费奈隆指责当时的耶稣会士们对于中国其实是一知半解，盲目地赞扬和崇拜。他指出："除非是'精通汉文'、阅读所有的中国经典著作并考证性地研究其原文，特别是欧洲仅由'某些不大具有批判精神的叙述者们节录和介绍'的史学家们的著作原文，否则我们就很难将真伪区别开来，也很难知道大家会对中国人的道德给予多大的信任。"①在对话中，苏格拉底甚至对中国的文化创造持否定或怀疑态度，说印刷术的发明并不是一件值得自豪的事，而火药的发明足以毁灭人类，更不足道；中国数学缺乏方法，建筑不重比例，绘画不讲结构；中国人发明漆器，是受自然环境的影响；至于瓷器的制造，"必须归功于你们的土地，不是出于你们人民的力量"。孔子问，中国极其悠远的历史，是不是一种可以受赞美的理由。苏格拉底认为汉族的策源地不在远东，而出于西亚文化地域之一，中国史家欲掩盖真实的来源，曾经把真实和神话混而为一。

费奈隆像

费奈隆在这篇对话结束时比较了中国人与希腊人的基本区别：孔子说他首先必须上引帝尧；苏格拉底答称，欲知希腊的古事，他不必依赖单眼魔王或荷马史诗中的英雄们，而只有依赖他自己。费奈隆对于中国及其文化的批评，主要是针对耶稣会士们的观点而提出的。他认为耶稣会士们关于中国的论述含糊不清，一味地赞扬中国，实际上是不谨慎的。但是，在他的论述中，却也对中国充满了偏见，甚至是强词夺理。

不过，从费奈隆对中华文化的态度可以看到启蒙时代欧洲思想的多元性与多样性。正是这种百家争鸣的活跃气氛，孕育了那个时代特有的精神风貌。在启蒙运动中，一直存在对中国赞扬与批评的两种声音、两种倾向。但是到启蒙运动后期，批评的声音调子更高了，原来对中华文化采取赞扬态度的，比如狄德罗、霍尔巴赫等人，在后期也都有所转变，在他们关于中华文

---

① 引自［法］安田朴著，耿昇译：《中国文化西传欧洲史》，商务印书馆2000年版，第292页。

化的谈论中，比较更多地集中在对专制主义的批评上面，并且注意揭示中华文化消极的方面来论证专制主义的弊端。

这个时期的法国作家格利姆也对中华文化持批评态度。格利姆是德国人，二十几岁就在巴黎定居，后来成为百科全书派的成员，与狄德罗、霍尔巴赫、爱尔维修、卢梭等人都是密友，并且经常出入霍尔巴赫在乡村别墅的沙龙。他从1755年起担任《文学通信》的编辑。他认为不应对中国官僚政府恭维过当，断定中国实行着"最恐怖的专制统治"，中国人的道德学说正好适合于"心怀震恐的群奴"。格利姆的批评主要是针对当时流行的对中国的盲目崇拜，指出在这种中国崇拜中有些过甚其词和庸俗的东西。他不相信耶稣会士和某些思想家对中国的颂扬，他曾这样写道："在我们的时代里，中华帝国已经成为特殊注意和特殊研究的对象。传教士的报告，以一味推美的文笔，描写远方的中国，首先使公众为之神往；远道迢迢，人们也无从反证这些报告的虚谬。接着，哲学家从中利用所有对他们有用的材料，用来攻击和改造他们看到的本国的各种弊害。因此，在短期内，这个国家就成为智慧、道德及纯正宗教的产生地，它的政体是最悠久而最可能完善的；它的道德是世界上最高尚而完美的；它的法律、政治，它的艺术实业，都同样可以作为世界各国的模范。"[①]

格利姆还指出："一个善于思考的人，一个有阅历的人，不会轻易地被这诱人的图像所迷惑，他应该知道事实与夸夸其谈的距离有多大。他不会断然在颂华派的对立面，但是他会理智地对中国产生怀疑。"他认为，为了证明这些怀疑是否有理，应该到中国去住20年，然后依据自己的耳闻目睹再来评论中国，这才是一个聪明人。但是，格利姆本人对中国却多有贬低的评论，他说："人们大吹大擂的某些中国著作的译本……最终摧毁了……关于这个民族如何开明如何智慧的说法。"[②]

活跃在18世纪后半期的法国启蒙思想家马布里（Gabriel Bonnot de

---

① 引自［德］利奇温著，朱杰勤译：《十八世纪中国与欧洲的接触》，商务印书馆1962年版，第86页。
② 引自许明龙著：《欧洲18世纪中国热》，外语教学与研究出版社2007年版，第197、199页。

Mably，1709—1785）也对中华文化持批评态度。不过，马布里对中国的批评，主要不是针对中国，而是为了批驳重农学派的观点，特别是针对魁奈对中国专制主义的赞扬。马布里是一位空想社会主义者，主张消灭私有制，消除贫富对立。他承认耶稣会士对中国既有赞颂也有揭露，对于他们揭露的阴暗面，马布里往往没有异议，但对于他们所颂扬的事物则不予置信。对于重农学派所赞扬的中国的繁荣和富庶，马布里认为是言过其实。他指出："《中华帝国的专制制度》的作者告诉我们，在这个帝国里，无论男女老少，包括那些失明失聪的残疾者，也都过着舒适的生活。可是，他在另一处却又说，那里有成群结队的无业游民，他们因衣食无着而乞讨，而抛弃自己的孩子，出卖自己的自由。这位作者甚至还说，各省盗贼成群，百姓深受其害。"

马布里对重农学派的批评，不在于中国是否是专制制度，而在于如何评价专制主义。魁奈认为，中国是一个专制主义国家，君主拥有至高无上的权力，但这不是坏事，而是好事。因为最高权力如果掌握在许多人手里，那些人就会因各自的利益而彼此矛盾，以致影响权力的有效行使。如果最高权力仅由君主一人独领，他的个人利益与国家利益融为一体，他必然会兢兢业业地治理自己的国家。马布里对此进行了强烈的批驳。他写道："《中华帝国的专制制度》的作者本人也承认，在230个（中国）皇帝中，才干突出、品德优秀、开明睿智的君主为数不少，但是，凶残、无知、荒淫的也很多。……所以我认为，中国与世界历史上的其他国家一样，登上皇帝宝座的人有好也有坏。……难道我没有理由怀疑，这位作者故意把这个国家吹捧成典范吗？"马布里认为，中国的专制主义被说得天花乱坠，其实只是由于自然条件优越和人口众多而显得略有节制而已。

意大利作家巴雷蒂（Giuseppe Baretti，1719—1789）也是一位"不喜欢中国"的人。但是，他不喜欢中国，不是因为中国本身，而是因为伏尔泰。巴雷蒂对同时代的许多作家学者都持激烈的批评态度。他特别攻击伏尔泰，不能容忍伏尔泰对于中国和孔子的过分赞扬。为了批评伏尔泰，也就批评中国的一切，对中国、中华文明、中国智慧、中国哲学、中国艺术等都信口开河地攻击和诋毁。他说："我对伏尔泰先生，还有孟德斯鸠先生以及其他许多法国作家，实在失去了耐心，他们言必称那位伟大的孔子，他们不仅没有读过他的任何著作，要是追问得紧的话，他们也不能证实他的存在。那位孔子可能只是因为耶稣会士的恶作剧而虚构出来的。可是，许多法国人，尤其是伏尔泰先生把他说成是个非凡的人，集科学、智慧和各种善事于一身。"对于巴雷蒂对中华文化的全面否定的态度，汉学家白佐良、马西尼指出："关于中国，巴雷蒂的激烈攻击很多，他对那个国家文明的了解不足以支持他的论辩，他的一些评论，如对孔子的历史真实性的评断是轻率的，并且显得肤浅。对伏尔泰的批评，巴雷蒂似乎没有明白这位法国作家的'中国热'是他借用的一种手段，而不是一个幼稚和缺乏批评精神的人对中国所怀有的爱，是渴望用这种狂热来批评他那个时代的社会。"①

四 英国自然神论者的中国知识

在17—18世纪"中国风"流行的热潮中，英国在许多方面都很突出。这是因为英国的海上力量比较强大，特别是进入18世纪以后，它逐渐取代了葡萄牙、西班牙和荷兰的海上霸主地位，大力发展对远东的贸易。这一时期来中国的英国人以商人和船员、航海家为多。他们关于中国的报道和游记，成为英国人关于中国知识的直接来源。在这一点上我们看到了英国与欧洲大陆国家的不同之处。在16—18世纪，在来中国的欧洲人当中，传教士都是来自欧洲大陆国家如葡萄牙、西班牙、意大利、法国等，英国人获得他们介绍中国的文献资料，包括传教士们的著作及相关的研究性著作，都是从法国等国引进和翻译的。所以，我们没看到有英国人卷入"礼仪之争"，也没看到他们对于中国哲学的是否有无神论进行激烈的争论，当然也没看到他们像莱布尼茨那样沉湎于对中国问题研究的孜孜以求。对于英国人来说，传过来的有关中国的信息，更多的是作为一种文化背景、知识背景而存在的。方豪指出："英国对中国之认识，小部分乃辗转从法国贩来，大部分则赖商人输

---

① ［意］白佐良、马西尼著，萧晓玲等译：《意大利与中国》，商务印书馆2002年版，第197页。

入,此外,尚有若干来自更无知识之水手。法国接触中国较早,且最先研究中国者皆为学识丰富之耶稣会士,尤以法王路易十四所派遣之第一批传教士,更属一时之选。即意、西、葡等国教士之著述,亦以同属罗马教会,易于流传翻译;英国已改宗新教,而尤反对耶稣会,故一切皆与欧洲大陆不协调。亦有人以为英国文化,偏于科学,即哲学亦为科学之哲学,故不能如德、法之易于接受中国哲学。"①

但是,在启蒙运动中,整个欧洲的思想界、学术界是连成一体的,各个学科的学问都是在欧洲各国同时流传的,学者和思想家们的来往交流也是十分密切的。比如伏尔泰、卢梭等曾在英国居住过;英国的休谟、亚当·斯密也曾在巴黎居住过几年的时间,并与法国启蒙学者们建立起亲密的友谊。莱布尼茨曾在德国以外的巴黎、罗马等多地访学,孟德斯鸠也曾在罗马逗留交游。在那个时代,贵族青年在欧洲大陆游学是他们必不可少的历练。所以,英国的思想家、学者们在接受来自中国的文化信息方面并没有什么障碍,甚至可以说与法国等地的人基本上是同步的,因而这些文化信息对他们也会产生不同程度的影响。约翰·霍布森恰当地指出:"中国的思想同样对英国的文化也产生了极其重要的影响。英国人十分喜爱中国的文化风格,从茶艺、壁画装饰、中英结合的园艺到政治经济思想。"②

关于中国的文化和思想在启蒙运动时期英国的影响,史蒂芬爵士(Leslie Stephen,1832—1904)在《18世纪英国思想史》中说:"在过去,一般英国人所注意的,只是基督教的国家;至于别的国家,乃至基督教圈子以外的国家,也同他们的生活发生了紧密的联系。于是对于人类的历史有了正确的认识。这个认识,不仅是知识而已,它也牵涉到人生的基本问题——信仰。到了17、18世纪,问题就没那么简单了。"他接着说:"他们知道,信奉基督教的国家,只占世界上的一小部分;世上有成千成万的人,从来没有听说过基督教的国家。从基督教看来,懂了基督教的教义,就可以享受永恒的生命;不懂这个教的教义,就得吃无穷的痛苦。而那成千成万的人,根本就没

---

① 方豪著:《中西交通史》下卷,上海人民出版社2008年版,第734页。
② [英]约翰·霍布森著,孙建党译:《西方文明的东方起源》,山东画报出版社2009年版,第175页。

有知道这个教义。譬如中国人，就没有知道。"①

较早接受中华文化影响的英国思想家是自然神论的学者们。自然神论是17世纪产生于英国的一种宗教思潮，它在17、18世纪具有理性精神和自由思想的英国科学家和哲学家中影响甚巨，并且从英国传播到整个欧洲大陆，成为启蒙运动的重要思想根源。自然神论者针对宗教神学的思想束缚，主张思想自由，被称为"自由思想家"。而在当时，包括伏尔泰等人在内都把中国的儒家思想和宗教意识看作是"自然神论"。②

许多英国自然神论者都对中国有一定的了解，具备同时代人的中国知识。18世纪早期自然神论代表人物安东尼·柯林斯（Anthony Collins，1676—1729）读过不少有关中国的书籍，在他的个人藏书中就包括曾德昭、柏应理、李明等人的著作和莱布尼茨的《中国近事》等。柯林斯强调"自由思想"，主张运用理性进行独立思考的自由。他证明自由思想是人人具有的权利，对宗教的自由思想是完全必要的。他在著作中经常谈到中国人的信仰和东方的佛教，以此作为对基督教和《圣经》权威性提出质疑的依据。他说，基督教是以犹太教为依托的，对它的验证要看《旧约》中的预言是否实现，但是从本质上看那些预言都是寓言式的表述，根本无法为事件的真实性提供可靠的证明。东方人信仰佛教，有自己的佛经，世界上不同民族都有不同的宗教和不同的经典。

另一位自然神论者马修·廷德尔（Matthew Tindal，1657—1733）读过许多介绍中国的书籍，对中国进行了比较深入的研究。他于1731年出版了《创世纪以来的基督教》，又名《圣经原是自然法则的翻版》，被认为代表了英国自然神论的最高成就，被称作"自然神论的《圣经》"。他在这部著作中反对神启宗教，以理性主义作为准则，主张用理性主义解释《圣经》，并且将孔子学说与基督教进行对比研究。他说："我并不认为孔子和基督教的格言没有什么差别，我甚至认为简单朴素的孔子语录可以帮助人们阐明比较晦涩的基督教指示。"

---

① 引自范存忠著：《中国文化在启蒙时期的英国》，上海外语教育出版社1991年版，第27页。
② 范存忠著：《中国的人文主义与英国的启蒙运动》，《文学遗产》1981年第4期。

自然神论者博林布鲁克子爵（Henry St John Bolingbroke，1678—1751）是安妮女王时期的政治家，曾先后出任国防大臣和外交大臣。后来因为参与宫廷斗争，被迫流亡国外，其间他与伏尔泰结识，开始从事历史和哲学研究。他博学多才，回国后成为英国文学圈内的中心人物。博林布鲁克子爵在政治上主张民族主义，在哲学上则反对启示神学，主张自然神论。他对当时流行的许多有关中国的文献都比较了解，并借助中国的孔子思想论证他的自然神论主张。最早谈论中国的文字是1714年写给斯威夫特的信，其中提到孔子与孟子，说他们把自己的学说分为3个部分：一是个人对自己的责任，二是个人对家庭的责任，三是个人对国家的责任。博林布鲁克子爵从《中国哲学家孔子》《中国近事报道》和《耶稣会士书简集》等著作中找到资料，证明中国古代存在一种敬奉"天"的原始宗教，他说中国古代帝王种田、后妃养蚕，用自己的劳动所得奉祀上帝，他们的信仰不是无神论，也不是偶像主义，他们知晓宇宙的真正主宰并不比古代近东民族要晚。他说中国人信奉的是"自然的道理"，后来一切私人道德和公共政策都是从这个道理推导出来的，所以孔子所说的"天"就是"自然"，"天道"就是"自然的道理"。"顺天而行"就是顺着自然的道理来工作。他的这些思想对后来的自然神论者包括伏尔泰等人都有一定的启发。

另一位有影响的宗教人物拉姆齐（Andrew Michael Ramsay，1686—1743）也对中华文化很有兴趣。拉姆齐是苏格兰人，后来移居法国，担任法国王子的老师。他去世后出版的《自然和启迪宗教的原理》一书表明了他的超自然立场。他熟读《礼记》《老子》《易经》和《淮南子》等中国典籍，曾多次引用其中的概念来说明"天""上帝""三位一体"的普遍性原则。他说："中国古代的宇宙起源说教导我们，太极之初，纯乐清澈，无役、无痛、无忧，心为真、善、喜，不知欺诈为何物。忽一日，天柱折，地维绝，天倾西北，故日月星辰移焉，地不满东南，故水潦尘埃归焉。共和世界，复归混沌。《礼记》曰：此等邪恶皆因世人不敬天主而生，真伪莫辨，则永失理性。"他认为，中国文化比任何文化都凝聚更多的宗教真谛，他坚信《易经》《老子》和《论语》都预示了弥赛亚的降临，看到了圣父、圣子和圣灵之光。他把《淮南子》和《老子》的一些观念作为古代神秘哲学来传播。

五　休谟与斯密对中华文化的看法

大卫·休谟是18世纪英国最重要的哲学家和思想家之一。和那个时代的启蒙学者们一样，休谟是一个非常博学的人，也具有比较丰富的中国知识。在他的许多著述中，有关中国的知识信手拈来，用来作为他的理论的论证资料或例子。因此，当时人们也把他称为"欧洲的孔子"或"孔子的弟子"。他自己则说："孔子的门徒是天地间最纯正的自然神论的信徒。"美国学者雅克布逊（Anne Jaap Jacobson）说："断定休谟的思想来源包括大量的中国、印度教和佛教思想，这并非故作惊人之语。"因为"在休谟到法国着手撰写《人性论》以前，欧洲受东方的影响已经有两个世纪，欧洲正经历着一种被称为'中国热'的潮流，人们对中国的任何一样事物都着迷"。

休谟在他的文章中多处提到中国。他与许多启蒙时代的思想家一样，主张反对专制制度。他认为，从科学和艺术发展的角度讲，许多由商业和政策联系在一起的、相邻而又独立的小国更有利于文明和学术的发展。而大国往往都是专制政府，而专制是阻碍科学和艺术发展的障碍。他承认中国的文明具有悠久的历史，但是现在却停滞不前了。

休谟承认中国是一个富裕、文明和人民幸福的国家。他写道："假若有人提出：我们怎么能使上述原理与中国人的幸福、富裕以及良好的政策相一致呢？中国人一直受君主的治理，几乎没有自由政府这个概念。我会回答说：中国政府虽然是纯粹的君主制，但确切地说，并不是专制的。这产生于该国所处的特殊环境。中国人除了鞑靼人没有别的邻国。由于著名的万里长城，由于他们在人口数量上占绝对优势，他们在某种程度上没有受到，至少似乎没有受到鞑靼人的威胁。由于这个原因，他们一直忽视军事训练。他们的常备军不过是最差劲的国民军，不适于镇压这个人口众多的国家内的大叛乱。因此，可以说利剑是始终掌握在人民手中，这对国君可起充分的约束作用。迫使他将大官或各省总督置于普遍推行的法律约束之下，以免发生叛乱。从历史上看这种叛乱经常发生，危及政府的生存。他们这种纯粹的君主制,假若用于抵御外侮,也许是最好的政府了。既有皇权的安定,民众集会又有自由,并较节制。"①

休谟把中国看作是"文明化的君主国"。"在文明化的君主国中,唯有国君实施其权威不受约束,唯独他拥有不受任何限制的权力,除了风俗、先例和自我利益意识之外,不受任何别的限制。而每个大臣和地方官吏,不论地位如何显赫,都须遵循治理整个社会的一般法律,按照规定方式实施委托给他代行的职权。人民仅依靠君主保障自己财产而不依靠别人。君主离人民甚远,对他们没有什么个人嫉妒或利益冲突,因而这种依赖几乎不为人所察觉。于是产生了一种政府,用政治高调来说,仍可以称之为专制政府,但它在公正谨慎的治理之下,却可向人民提供基本的安全,实现政治社会的多数目标。"②在休谟看来,中国这样的"文明化的君主国",有利于优雅艺术的成长,而不利于科学的发展,唯有民主的共和国才有利于科学的成长。

亚当·斯密是18世纪英国杰出的经济学家和哲学家,资产阶级古典经济学的代表。他的主要著作《国民财富的性质和原因的研究》又名《国富论》把资产阶级政治经济学发展为一个完整的体系,在西方经济学说史上占有重要地位。

亚当·斯密和法国启蒙思想家们有着密切的联系。1764年7月5日,斯密在图卢兹给休谟的信中写道:"为了消磨时光,我已开始写一本书(就是《国富论》)。"1765年10—12月,斯密访问了日内瓦,并多次会见伏尔泰。1765年12月—1766年10月,他在巴黎逗留期间会见了许多著名的思想家和政治家,如重农主义者魁奈、杜尔阁、杜邦、老米拉波等。在巴黎期间,斯密还将他正在创作的《国富论》一书的观点,征求过魁奈、杜尔阁等人的意见。回国后,斯密即开始《国富论》创作。1773年春他携带初稿前往伦敦,准备出版时,收到了杜尔阁特地寄给他的"稀世珍本"材料。为此,他又用了3年时间修改和补充初稿。到1776年3月9日,《国富论》这部经济学巨著终于问世。值得一提的是,斯密会见杜尔阁的那段时间内,两位来自中国的青年学者正在杜尔阁那里工作。据此,华裔新西兰籍经济学家杨瑞辉

---

① [英]休谟著,张若衡译:《休谟政治论文选》,商务印书馆1993年版,第71—72页。
② [英]休谟著,张若衡译:《休谟政治论文选》,商务印书馆1993年版,第74页。

（Leslie Young，1949—2022）推测，斯密可能直接从这两位中国学者或者经杜尔阁了解了司马迁的思想，司马迁在《货殖列传》中极力倡导自由市场，并用"低流之水"来比喻市场机制。

有研究者认为杜尔阁写了《关于财富的形成和分配的考察》，亚当·斯密则著《国富论》，两者研究课题十分相近，足以说明斯密曾受到重农学派的影响。孔多塞曾在《杜尔阁传》中提到，《关于财富的形成和分配的考察》一书"可以看作是斯密那著名的《国富论》的胚芽"。马克思也说过"亚当·斯密深受重农主义的影响"。前面提到，重农学派的成员们对中华文化极为推崇，他们的思想与中国有密切的渊源关系。也可能正是通过重农学派，斯密获得了许多关于中国社会的材料，丰富了他关于中国的知识。英国经济学家马克·布劳格（Mark Blaug，1927—2011）在《经济理论的回溯》一书中指出："亚当·斯密关于中国经济发展的新奇见解，显而易见是得自于魁奈，而魁奈认为中国实行官僚专制主义，尊重农业并听任自然秩序的支配。"[①]英国经济家克拉克（Colin Clark，1905—1989）指出："魁奈的革命性的观点将（经济思想）从正统的重商主义中解放出来……他对亚当·斯密的自由市场经济理论的影响是深远的。"

和同时代的许多学者一样，亚当·斯密接触过不少有关中国的文献资料。到他生活的那个时代，耶稣会士们的书信、报告和著作大量出版，也有许多关于中国的研究和论述，比如英国的自然神论者们的论述，英国作家坦普尔、约翰逊、哥德尔斯密等人的著作等，都可能成为亚当·斯密获得中国的文化信息的渠道。可以断定，亚当·斯密对中国是比较了解的，并且具有一定的中国历史文化知识。他在论著中也常把中国的资料信手拈来，作为说明他的理论观点的证据。在《国富论》中，直接论及中国经济问题的段落，就有30多处，包括中国的财富、消费、人口、土地、所有权、农业、制造业、国内商业、对外贸易、水陆交通、工资、利润、利息、货币、政治法律等许多问题，其中有的问题论述得相当精细。此外，还在多处着眼于整个亚洲或东方世界间接论及中国。有学者注意到，亚当·斯密在1759年出版的

---

① 引自谈敏：《法国重农学派学说的中国渊源》，上海人民出版社1992年版，第9页。

《道德情操论》一书，可能受到中国古代道德伦理思想的影响。

也许是受到重农学派的影响，亚当·斯密注意到中国特别重视农业的政策。他充分估计了中国在农业方面的有利因素，由于中国土地的耕种和劳动的年产物是其他国家难以匹敌的，所以中国不仅比墨西哥和秘鲁等新大陆国家更为富裕，比欧洲也有明显优越之处。但是他指出，中国是一个特别注重而且只是特别重视农业的国家，中国政府十分重视公路、通航水道等公共设施的建设，即为重视农业的一个例证。因为土地税或地租几乎是中国君主收入的唯一源泉，为了使土地生产物又丰盈又有价值，"必须使国内各地方的交通既极自由，又极方便，极便宜"。

不过，亚当·斯密并不像重农学派那样认为土地是国家财富的唯一来源。在他看来，农业的发达并不标志着社会的发展。他认为一个国家的产业是按照农业—工业—国外贸易的顺序发展的，所以，他针对重农学派的主张指出，任何一种学说，如果特别鼓励特定产业，违反自然趋势，把社会上过火的一部分资本拉入这种产业，或要特别限制特定产业，强迫一部分原来要投在这种产业上的资本撤离，那实际却和它所要达到的目的背道而驰。那只能阻碍而不能促进社会走向富强的发展，只能减少而不能增加其土地和劳动年产物的价值。从这种观点出发，斯密认为中国社会虽然是富裕的，但同时也是停滞的。

亚当·斯密进一步指出，中国对农业的特别鼓励，"却归根到底实际上妨害了它们所爱护的农业"。因为中国实行的是一种可变额土地税，"这种地税或地租，像欧洲的什一税一样，包含一定比例的土地生产物（据说是1/5）……随各年收获丰歉的不同，租税也一年不同于一年"[①]。这种税制使君主和政府能够坐享地主和农民改良和精心耕作土地的利益，却抑制和挫伤了土地经营者和耕作者的积极性，所以，这种税制具有破坏性，是一种"恶税"。

亚当·斯密还批评了中国对工业和商业的轻视。他指出，中国东部的几个省，在很早的时候就有了农业和制造业的改良，直到近代，中国的工艺和

---

① ［英］亚当·斯密著，郭大力译：《国民财富的性质和原因的研究》下卷，商务印书馆1974年版，第249页。

制造业也远较南美洲国家进步，与欧洲相比也相差不远。但是，由于中国历来实行重农政策，不重视制造业的发展，"在欧洲，大部分地方的工匠的境遇优于农业劳动者，而在中国，据说农业劳动者的境遇却优于技工"。不仅如此，中国对商业尤其是对国外贸易也没有给予应有的重视，"不给予国外贸易以法律的正当保护"。

亚当·斯密认为，由于中国缺乏对外贸易，没有机会学习其他国家的先进技术和产业改良。他认为，重视农业而不重视制造业和国外贸易，实则是有意识地妨碍后一类职业的发展。他认为，中国这样一个重农轻商的国度里充满富者的垄断，中国是"一个忽视或鄙视国外贸易、只允许外国船舶驶入一二港口的国家，不能经营在不同法制下所可经营的那么多贸易。此外，富者或大资本家在很大程度上享有安全，而贫者或小资本家不但不能安全，而且随时都可能被下级官吏借口执行法律而强加掠夺的国家，国内所经营的各种行业，都不能按照各种行业的性质和范围所能容纳的程度，投下足够多的资本。在各行业上，压迫贫者，必然使富者的垄断成为制度。富者垄断行业，就能获得极大利润。所以，中国的普通利息率，据说是百分之十二，而资本的普通利润，必须足够担负这样高的利息"①。

亚当·斯密从他的经济学理论出发，从分析中国社会的产业结构和经济政策入手，得出中国社会发展陷于停滞的结论。因为中国的历史进程还停留在那种把农业看作"原始目标"和"原始职业"的状态，后来的政治和法律只不过是强化了这种原始状态，使之畸变，更无法向其他产业作重点转移，因而中国与欧洲和北美的历史过程有巨大的差异。斯密的这种观点，不同于许多启蒙思想家对中国充满激情的赞颂，也不同于卢梭、孟德斯鸠等人略带文化偏见的批评和排斥态度，而是采用近代社会科学的比较方法，深入中国经济生活层面进行分析。他的这种研究方法和结论，对于我们今天回顾近代以来中国与世界文化发展的大势，仍有启发价值。

在大卫·休谟的中国观中，基本上反映了法国启蒙运动的两种倾向，既有对中华文化的热烈向往，也有对中华文化的批评。在这点上，英国学者

---

① ［英］亚当·斯密著，郭大力、王亚南译：《国民财富的性质和原因的研究》下卷，商务印书馆1974年版，第87—88页。

的某些看法可以看做是法国启蒙运动的反馈和回响。特别是亚当·斯密对中国停滞论的分析,直接影响了以后黑格尔、马克思等人对于中国古代社会的看法。

在英国思想家和作家中,也有一些人对中华文化持批评态度。威廉·沃顿(William Wotton,1666—1722)在1695年出版的《关于古今学术的感想》中对中华文化进行全面的否定。在他看来,孔子的学说并没有什么了不得,说来说去就是一些普通的道德问题。他对中华文化的批判并不是征引事实或通过实际考察,而是运用一种简单的推理。譬如,既然欧洲传教士可以靠粗浅的医理和算学在中国朝廷身居要职,被称为"渊博之人","那么外间所传的中国人何等博学的那些说法,就永远不可相信了"。

4年之后,威廉·尼科尔斯(William Nichols,1664—1712)写了《与有神论者的谈话》一书。为了攻击中国的宗教与文化,他虚构了一个神话故事来证明中国开天辟地的神话是多么荒诞不经,那些宣称中国历史悠久、民智开启很早的说法何等不符事实。作者的结论是:"在所有立法家和哲学家之间,只有摩西一人才给我们一个明智而又合理的开天辟地故事。"

在这股否定中华文化和道德文明的批评声浪中,声誉最大、影响最大的是哲学家贝克莱(George Berkeley,1685—1753)和作家笛福。关于笛福,在前面章节中有过介绍。贝克莱是红衣大主教,也是"存在就是被感知"这个典型的主观唯心主义命题的提出者。他在1732年出版的《阿尔希佛朗,或渺小的哲学家》中,通过一个虚构人物奥佛拉诺对阿尔希佛朗的批判来批评中华文化。奥佛拉诺认为中国人"对于许多无聊琐事的好奇心很强,易轻信,热衷于寻求点金术和长生不老药,热衷于占星术、占卜和各种预感。他们对于自然界和数学的无知,从耶稣会士利用这些知识在他们中间取得巨大成功这一点上可以看出"。

六 歌德与孔子思想的接触

歌德生活在18世纪后半期和19世纪前期。他生活的这个时代,洛可可风格的文化意义已经开始减退,"中国趣味"和"中国风格"渗透到欧洲大地社会生活的各个角落,成为欧洲人日常生活方式的组成部分。歌德时代的欧洲仍然处于中国强大的文化影响之下。

歌德的父辈显然也受过"中国热"的影响。在法兰克福的歌德故居,二楼的主厅名字叫"北京厅",厅中陈设着中国式的描金红漆家具,蓄着八字长须的彩色小瓷人,墙上挂的也是印有中国图案的蜡染壁被。在同一层楼的音乐室里,摆着一架仿照中国家具风格制作的古老风琴,琴盖上绘有一幅典型的中国风景画:山水、杨柳、宝塔、垂钓,一派中国乡村的静谧气氛。可以说,歌德在少年时代,就已经开始不自觉地受到中华文化的濡染。他在斯特拉斯堡求学时,又通过卢梭接触到了中国的哲学,可能读过《大学》《中庸》《论语》《孟子》《孝经》等中国经典的拉丁文译本。

但是,年轻时的歌德并不喜欢他周围的这些"中国式"或洛可可式的东西。他多次以讽刺和批评的口吻谈到传到欧洲的中国艺术风格,他批评有人仿作的中国诗,认为这"是以中国杂碎材料镶砌而成的,适于放在镜奁之间"。他还在一首诗中讽刺当时流行的中国式的造园艺术,结果引起父亲的不快。不过,不管是否喜欢,这种"中国风"的家居环境及整个社会弥漫的"中国风",成为他成长的一个潜移默化的背景。

1775年,歌德到了魏玛,接触和了解中华文化的机会增多了,对中华文化的看法也逐渐发生了变化。1776年,他搬进伊尔姆河畔的别墅时在园子里建了一所中国式的用苔藓盖的小屋,作为他体验安静与孤寂的"隐居处"。1786—1788年他在意大利旅行时,对在那不勒斯等地的博物馆中见到的中国工艺品大加赞赏。他评论中国的艺术作品"出乎其类的美"。他对中国整个的造型艺术并不熟悉,但对中国工艺品的巧夺天工评价极高。

歌德在魏玛时接触和研读了大量有关中国的文献。《中华帝国全志》在魏玛宫廷颇为流行,歌德在1781年已经读过此书。在这年1月10日的日记中,歌德写下"读关于神学之通信。啊,文王!"这是他在读《中华帝国全志》第二卷关于文王的论述时的感叹,表露了他对于"以德化民"的"理想君主"的羡慕惊叹。

在歌德的一生中,曾有两个时期对中国进行了比较集中和认真的研究。

第一个时期开始于1813年，此时歌德已经64岁。在欧洲历史上，1813年是一个重要的转折点，拿破仑在莱比锡大会战中的失败，带来了封建复辟的黑暗时期。歌德对欧洲大陆上出现的动乱和历史倒退感到非常失望和厌倦，遂把目光转向东方。卫礼贤（Richard Wilhelm，1873—1930）曾经指出，歌德思想范围的推广是和他的年岁同时增进的，"人类在他心中渐成一个整体，东方也随着得到他的注意。最堪注意的，就是他留心研究东方情形底开始，正是拿破仑战争底时候，大多数的德国民族正在受着最大的政治底刺激"[1]。歌德在1813年11月10日给友人克内伯尔（Karl Ludwig von Knebel，1744—1834）的一封信中谈到研究中国的动机："最近一段时间，与其说是真想干点什么，不如说是为了散散心，我着实做了不少事情，特别是努力地读完了能找到的与中国有关所有书籍。我差不多是把这个重要的国家保留了下来，搁在了一边，以便在危难之际——像眼下正是这样——能逃到它那里去。即使仅仅在思想上能处于一个全新的环境中，也是大有益处的。"[2]据魏玛公爵图书馆借书登记的统计，歌德在此期间涉猎的有关中国的图书不下44种，内容包括历史、地理、文学、哲学等。

歌德集中研究中华文化的第二个时期是从1827年开始的。1827年是歌德一生创作中最后一个兴旺时期的开端，也是他接触中国文学作品最多的一年。歌德不仅再次阅读《好逑传》，并且在与艾克曼的谈话中对中国文学的特点作了认真的分析，指出"诗是人类的共同财富"，预言"世界文学的时代已快到来"。他还接连花了好几天时间研究和阅读中国诗体小说《花笺记》，并将附在后面的英译《百美新咏》中的《薛瑶英》和《梅妃》等四首诗转译成德文，发表在他自己出版的《艺术与古代》杂志上。他称《花笺记》为"一部伟大的诗篇"。他还读了中国另一部小说《玉娇梨》的法译本，并在书上写了很多评注。另外，他还在这年读了约翰·弗朗西斯·达维斯选译的《中国短篇小说集》，这个集子计收《今古奇观》里的小说10篇，其中4篇原已包括在《中华帝国全志》之内。歌德在晚年大量认真研读中国文学作品，从中获得了许多启示和灵感。在歌德最后几年的创作中，可能在许

---

[1] 引自宗白华等：《歌德研究》，中华书局1936年版，第259页。
[2] 引自杨武能：《歌德与中国》，生活·读书·新知三联书店1991年版，第36页。

多方面受到中华文化的影响。

歌德在当时就被人称为"魏玛的孔夫子""魏玛的中国人"。

孔子的儒家伦理学说在17、18世纪广泛传播于欧洲文化思想界，并且产生了深刻的影响。中国儒家典籍的西译本在欧洲许多知识分子中传阅。歌德曾阅读过卫方济的拉丁文译本《六经》，并通过大量接触中国文学作品和其他有关中国的文献，对儒家的伦理学说和思想有比较多的了解。这些都在歌德的思想和作品中留下影响的印记。卫礼贤曾把歌德在《威廉·迈斯特的漫游时代》中的话和《孝经》具体对照，认为它们十分相似，只是"他有没有见过《孝经》，则吾人现尚不能断定"①。

《威廉·迈斯特的漫游时代》是歌德晚年的一部重要作品，表达了一种改良社会现状的乌托邦理想。书中有一部分对"教育省"的描写。在"教育省"这一理想的人类社会制度下，自觉人格修养的因素得到发展，这种人格修养以集体主义为方向，目的则在于进行共同的有益活动。歌德特别强调教育优先地位，其最主要之点在于三种敬畏的学说。一种是对于处于人之上的事物的敬畏，第二种是对于人之下的事物的敬畏，第三种敬畏涉及与它相等的一切，而崇敬的这三种要素当然象征性地表示人在自然界和社会中的地位。②有研究者指出，歌德的这种"三敬畏"学说很可能是受到孔子教育思想的启发。在强调实践和"因材施教"方面，歌德与孔子也多有相似之处。③

歌德对儒家伦理说持积极赞赏的态度。他特别推崇儒家提倡孝道。1817年，他读了元杂剧《散家财天赐老生儿》。这部杂剧讲的是财主刘禹年老夫子，为了不绝香烟后代，先是向穷人散钱，以求上天给以子嗣；待到侍妾小梅为他生了儿子后，又将财产分为三份，女儿、侄儿和儿子各得一份，以息财产继承权利之争，所谓"疏财留子"。歌德在读后写给友人的一封信中说："我们一谈到远东，就不能不联想到最近新介绍来的中国戏剧。这里描

---

① ［德］卫礼贤：《歌德与中国文化》，宗白华等：《歌德研究》，中华书局1936年版，第283页。
② ［德］汉斯-尤尔根·格尔茨著，伊德译：《歌德传》，商务印书馆1982年版，第180页。
③ 杨武能：《歌德与中国》，生活·读书·新知三联书店1991年版，第49—51页。

写一位没有香火后代不久就要死去的老人的感情,最深刻动人。"①

1827年1月31日,歌德在与爱克曼的谈话中提到他正在读一部中国传奇即《好逑传》。艾克曼说:"中国传奇!那一定显得很奇怪呀。"歌德说:"并不像人们所猜想的那样奇怪。中国人在思想、行为和情感方面几乎和我们一样,使我们很快就感到他们是我们的同类人,只是在他们那里一切都比我们这里更明朗更纯洁,也更合乎道德。在他们那里,一切都是可以理解的,平易近人的,没有强烈的情欲和飞腾动荡的诗兴,因此和我写的《赫尔曼与窦绿台》以及英国理查生(S. Richardson)写的小说有很多类似的地方。他们还有一个特点,人和大自然是生活在一起的。你经常听到金鱼在池子里跳跃,鸟儿在枝头歌唱不停,白天总是阳光灿烂,夜晚也总是月白风清。"②

歌德具体分析了中国小说留给他的印象,赞赏中华文化中人与自然的和谐一致。他特别注重中华文化的道德价值,认为"中国的礼节可为其文明的代表"。他把《好逑传》与法国诗人贝朗瑞(Pierre-Jean de Béranger,1780—1857)的作品相比较,认为贝朗瑞的诗歌几乎每一首都根据一种不道德的题材,而中国诗人却彻底坚持道德,有许多典故都涉及道德和礼仪。在另一处,歌德还将读到的中国剧本与一部德国作品比较,认为两者很相近,"所不同的,在德国人,家庭及社会环境的空气和新异事物已尽够剧中的需要,而在中国人的作品里,除具有这种本事外,还加有宗教的和社会礼仪的点缀"③。在中国的文学作品中,歌德看到了如他所描绘的那么一幅明朗、和谐、合乎道德的社会图画,在那儿没有他厌恶的矛盾、斗争和动乱,只有阳光灿烂、花香鸟语、月白风清。歌德认为,在这样"纯洁的东方",道德发挥了重要的功能,他说:"正是这种在一切方面保持严格的节制,使得中国维持到几千年之久,而且还会长存下去。"④

歌德这位伟大的文学家和思想家,拥有广阔的世界文化的胸怀。他在

---

① 杨武能:《歌德与中国》,生活·读书·新知三联书店1991年版,第33页。
② [德]爱克曼著,朱光潜译:《歌德谈话录》,人民文学出版社1978年版,第112页。
③ 引自忻剑飞:《世界的中国观》,学林出版社1991年版,第250页。
④ [德]爱克曼著,朱光潜译:《歌德谈话录》,人民文学出版社1978年版,第112、113页。

世界文化的视野中注视着中国，他在远方的中华文化那里看到了世界文化时代的到来。在歌德晚年的时候，欧洲中心主义正在崛起，欧洲人的"中国图像"也正在发生变化，偏见、歪曲和歧视将代替对中华文化的热烈赞颂。而正是在这样的情况下，歌德却仍关注着东方，关注着世界文化时代的来临。也许这正是这位文化巨人的最可贵之处。

七　美国思想家关于中国的知识与想象

在美国独立战争前后，美国的思想家们与欧洲学术界有着密切的联系，特别是与法国的启蒙运动思想家保持着密切的接触，许多人都曾在巴黎居住过，比如富兰克林就曾与许多法国学者建立了亲密的友谊。因此，法国启蒙思想家们关于中国的知识和了解，以及他们对于中国的乌托邦式的憧憬，对于孔子儒家思想的推崇，也极大地影响了美国思想家们对于中国的认识。另一方面，许多在伦敦和巴黎出版的有关中国的书籍，也都很快传到北美殖民地，如1735年法国杜赫德编纂的《中华帝国全志》，很快就传到了美洲。富兰克林在1738年就曾引证过这部书。在18世纪，美国的一些政治与知识精英接收了欧洲耶稣会士和启蒙思想家们的看法，把中国看作是一个理性、自由和美德的榜样，"中国"因此也成为寄托美国理想的"乌托邦"。和在欧洲的情况一样，中国也成为美国启蒙运动的思想来源之一。

在美国人心目中，美国作为一个新国家，在道德上应该是高尚的，在政治上应该是开明的，在宗教上应该是宽容和理性的，在经济上应该是繁荣的，成为自由农场主组成的农业理想国。而美国人想象中的中国正好与此相吻合。欧洲人的著作中所描述的中国，众多的人口、广袤的国土、贤明的政治、繁荣的农业、多元宽容的宗教政策，都是美国人所羡慕的。在他们看来，美国就应该成为中国那样的国家。

本杰明·富兰克林向来被认为是把西欧文明传到美国的使者。作为美国文化创始人之一，他已经成为美国梦、美国理想的象征。但是，富兰克林不仅积极地向美国介绍欧洲的启蒙运动思想，同时也从中华文明中汲取了不少文化元素，用中华文明的因素来回答和解决他在北美建立一个新社会过程中所遇到的问题。

富兰克林很早就接触到孔子的学说。1724年，富兰克林借钱前往伦敦，目的是去购买一台印刷设备。他利用在伦敦的时间拼命研读各种书籍，其中一本便是1691年伦敦出版的《孔子的道德》。书中有关君子如何修养自己的身心，然后向子民传播，以及"修身、齐家、养性"等理念给年轻的富兰克林留下了深刻的印象。22岁那年，富兰克林列出了他所认为的最重要的13条做人的"美德"，来完善自己的人格，这些准则同孔子的学说有很多相似之处。他称这些养成美德的方法为"道德的艺术"。1738年，富兰克林在他主办的《宾夕法尼亚公报》上发表了一些摘自《孔子的道德》的节选，文章节录了《大学》中的许多内容，特别是《大学》中如何"正心""诚意""修身"等内容。富兰克林把孔子看做是一位道德思想家。在他看来，孔子作为一位哲人关注和讨论的主要是三个方面的事情：（1）为了培育我们的思想和规范我们的行为方式，我们应该做什么？（2）指导和教育他人的方法；（3）每个人都应该追求至善，通过坚持至善达到安详宁静。

富兰克林1767年到达法国，与许多启蒙思想家包括魁奈过从甚密，魁奈《中华帝国的专制制度》正是在这一年出版，富兰克林即进行过深入研究。在魁奈的家里，"富兰克林找到了他最感兴趣的东西：一个快乐的、亲密的、有学问的和哲学的社交场所。他还与其他几位重农学派的学者成为朋友。"富兰克林"把这个著名学派的巨大影响为美国所用，这是走向掌握法国舆论的一大步骤"。"他把它们化约为他们的最简明的因素，明白了如何在英裔美国人的讨论中利用它们，以及在支持美国农民反对英国商人的声明中起什么作用……这是他的心灵中的一场真正的革命。"富兰克林接受了启蒙思想家们的看法，把中国看做一个实行开明专制的国家。这个国家是由熟知儒家经典的官吏统治的和谐社会，艺术和哲学发达，依靠德行进行治理。无论是统治者还是普通民众都崇尚美德。富兰克林从这种社会中发现了革新殖民地社会和建设新国家的灵感。他认为，新的共和国需要具有共和美德的公民，而中国似乎是德行政治的典范，而且儒家伦理和中国人的道德实践可以为美国人养成共和美德提供借鉴。

富兰克林在巴黎担任大陆会议派往法国的代表时，曾与美国政治家阿瑟·李（Arthur Lee，1740—1792）谈到，未来美国政府可以派一个特使去中国，告诉中国皇帝，"美国作为一个年轻的民族希望应用他的政府的智慧，并因此希望获得他的法典"。他们还相信，"中国皇帝会愿意给他们"。[①]他打算派人去中国学习，以使美国的年轻人能够有机会研究中国古老的法律。

除了富兰克林之外，托马斯·杰斐逊、约翰·亚当斯（John Adams，1735—1826）和托马斯·潘恩（Thomas Paine，1737—1809）等人，都对中国抱有浓厚的兴趣，他们把中国想象为自由、理性和繁荣的国家。杰斐逊受法国重农学派的影响，推崇中国的农业立国政策，把中国作为他在美国建立农业理想国的楷模。杰斐逊一直在思考中国人的"自然贵族政治"。他的治国思想也受到了中国科举制度的影响。1787年6月21日，《纽黑文公报和康涅狄格杂志》上刊载一篇文章，对中国给予高度评价和赞扬。文章说："把你们的目光转向中国人生活的亚洲大陆的东端，在那里你会看到一种令人着迷的关于幸福的思想，这一思想全世界都可以分享，这个帝国的法律可以成为其他国家仿效的典范。这个伟大的国家是在农业的佑护下凝聚在一起的，是建立在自由和理性基础之上的，无论文明国家和野蛮国家拥有的优势它都拥有，上帝创世那一刻宣称给予人类的赐福，似乎还没有彻底实现，但却非常关照这的（中国）人民，他们就像岸边的沙地一样，人口不断地增加。""统治各国的君主们！他们的命运的主宰者们！好好观察这一景象，它值得你们注意。你希望在你的领地内财富获得增加吗？你想施恩于你的人民使他们幸福快乐吗？请关注在中国土地上生活的无数的人们，他们让每一块土地都获得耕种。是自由，是他们拥有的不受干扰的财产权使他们的农业如此繁荣，正是在这种繁荣的农业的保护下，这一国家的人民才像他们土地上的粮食一样不断地繁殖。""那里的君主是最强大的，他统治着世界上人口最多的社会的心灵。他是富有的君主，在600平方里格的土地上不断开垦，甚至在山顶上耕种，其农业收成的十分之一来自山坡地。他把开垦的土地作

---

① 引自王立新：《在龙的映衬下：对中国的想象与美国国家身份的建构》，《中国社会科学》2008年第3期。

为留给子孙的财富,并小心地保存这一财富。"①

这篇文章基本上重复了法国启蒙思想家们,特别是伏尔泰等人及耶稣会士们的看法,我们可以看做是欧洲"中国热"在美国的影响和余绪。同时这也正代表了这一时期美国人对中国看法和评价。

中国学者王立新指出:"美国人根据道听途说获得的关于中国的知识,再加上他们一厢情愿的比附和想象,建构了一个乌托邦式的中国形象。他们在中国的形象中寻找批判欧洲君主暴政、教会蒙昧和等级压迫的武器,从而为构建自己不同于欧洲的国家身份寻找佐证和思想资源,成为合法化美国国家身份不可缺少的手段。对中国的想象和赞美,实际上寄托着他们对自己国家的理想。'幸福''理性''正义'和'智慧',与其说是对中国的赞美,不如说是美国自己的建国理想,代表着他们自己对未来美国国家特性的规划与向往。"②

八 中国:乌托邦的巨大库藏

以上介绍了欧洲启蒙思想家对中华文化的了解和解读。在欧洲启蒙运动时期,中华传统文化特别是儒家思想学说,已经在相当大的范围内进入了启蒙思想家们的思考和知识视野,成为他们时常援引的例证和思想材料,并以哲人的睿智对中华文化做出种种评说。

那么,进一步的问题是,中华文化特别是儒家思想在18世纪欧洲启蒙运动中发挥了什么样的影响和作用?中华文化特别是儒家思想何以能够在启蒙运动中发挥影响和作用?启蒙思想家回应、接受、理解和融合中华文化的过程具有什么样的文化特征?对这些问题需要进行深一层次的分析和讨论。

启蒙思想家们作为社会批判家和改革者,他们把斗争的矛头指向基督

---

① 引自王立新:《在龙的映衬下:对中国的想象与美国国家身份的建构》,《中国社会科学》2008年第3期。
② 王立新:《在龙的映衬下:对中国的想象与美国国家身份的建构》,《中国社会科学》2008年第3期。

教神学世界观，因为这种世界观是封建专制制度的意识形态和精神支柱，它为封建专制制度罩上了一种神圣的灵光。批判基督教神学的权威，也就是对封建专制制度的批判，就是从思想观念上、从意识形态上否定封建专制制度存在的合理性和合法性。不仅如此，许多启蒙思想家还把批判的矛头直接指向封建专制制度本身，揭露这种制度的腐朽、黑暗、残暴和反动，揭露封建统治者的腐败、愚昧、无知和堕落，揭露社会生活中的种种弊端，揭示社会生活中种种日益尖锐和激化的矛盾与危机。他们反映了资产阶级和第三等级（市民等级）广大群众反对封建秩序的要求，抱着"对真理和正义的热诚"，追求正义、向往光明，"本身都是非常革命的"人物。这些启蒙思想家在批判旧制度的同时，也都在探索建立新制度的模式和途径，提出了种种社会改造的方案，憧憬"建立理性和永恒正义的王国"。启蒙思想家们相信"一种更宽广的视野和一种对欧洲之外的社会的更多和更彻底了解将有助于他们了解自身及其生存的这个世界"，而"中国正好给启蒙时期的哲学家以他们需要的'更宽广的视野'"。①

李约瑟说："在18世纪时，欧洲人对于中国文明虽然了解得很不全面，但却常常把它当作典范。"②"耶稣会教士眼中的中国，是一个学问的共和国，在那里，教育是秩序与安定的基础，也是维持它们的手段。这个国家由于年代久远而不知其源，人民由于政府而受惠，国家的基础是民族精神而不是宗教，维持国家的是一个学者帝国以及一个开明的、总是很有节制的、'真正的'贵族阶层。"③在传教士们的著作中，中国的最高统治者皇帝也受到高度的赞扬，特别是康熙皇帝被描绘成一位睿智、大度和开明的伟大君主。总而言之，在当时关于中国的报道中，中国几乎成为一个"天堂般的地方"，与破败凋零、危机四伏的欧洲形成了鲜明的对照。安田朴指出："中国思想的发现为欧洲，尤其是为法国的任何梦寐以求地想使其国摆脱暴政和

---

① ［美］J.J.克拉克著，于闽梅、曾祥波译：《东方启蒙：东西方思想的遭遇》，上海人民出版社2011年版，第39页。
② ［英］李约瑟著，袁翰青译：《中国科学技术史》第1卷，科学出版社、上海古籍出版社1990年版，第2页。
③ ［法］伊莎白尔·拉瑟拉：《欧洲人眼中的儒学教育》，［加］许美德、［法］巴斯蒂等著，朱维铮等译：《中外比较教育史》，上海人民出版社1990年版，第43页。

修道院生活的人都提供了一些论据。因为,中国确实存在着一种丰富多彩的、最为兴旺发达和最为精美雅致的文明。"①

于是,中国成了启蒙思想家们心目中的"理想王国"。对当时的欧洲人来说,中国就是一个他们所向往的理想之乡、乌托邦,是"欧洲乌托邦理想的投射的目标和参照物"②。法国哲学家福柯(Michel Foucault,1926—1984)也曾说到中国作为欧洲人眼中的"乌托邦"所具有的价值意义,他写道:"对于西方人来说,一个界限分明的地区,仅仅其名字,便可构成一个乌托邦的巨大库藏。……按照我们的想法,中国的文化是最为讲究、最为等级森严、最不受过去影响的。"③

《谟区查抄本》中的中国王子和公主,1590年

西方文化具有创设乌托邦的传统。从柏拉图的"理想国",到培根的"新大西岛"、莫尔(Thomas More,1478—1535)的"乌托邦"、康帕内拉(Tommaso Campanella,1568—1639)的"太阳城"、19世纪三大空想社会主义思想家提出的理想社会模型,这种传统一直延绵不断。人们一直在尝试描绘一种超越现实生活的、尽善尽美的社会画面。这种乌托邦理想一方面反映了人类理智活动的超越性特征和对理想社会的不倦追求,另一方面也反映了对现实社会状况的不满和批判意识。因此,乌托邦既是对现实社会的一

---

① [法]安田朴著,耿昇译:《中国文化西传欧洲史》,商务印书馆2000年版,第470页。
② [美]J.J.克拉克著,于闽梅、曾祥波译:《东方启蒙:东西方思想的遭遇》,上海人民出版社2011年版,第9页。
③ [法]福柯:《词与物》,引自[加]许美德、[法]巴斯蒂等著,朱维铮等译:《中外比较教育史》,上海人民出版社1990年版,第42页。

种批判性的观照，又是对社会改造前景的一种主观设计。不论这样的乌托邦理想设计得是粗朴或精致，有多大可能具有现实的合理性，它都是人类进步精神的一种表征，而且在实际上成为推动人类文明进步的一种精神动力。

皮特罗·安东尼奥·诺维利《欧洲与中国的婚礼》，1770—1780年

为什么中国会成为那个时代欧洲所憧憬的乌托邦呢？法国学者让·马克·莫哈（Jean-Marc Moura，1956—）指出了跨文化交流中经常出现的一种现象，即一国人民基于对现实生活的不满，向往一个根本不同的"他者"社会，在这一基础上形成对于异国的表述，这就是一种乌托邦。在18世纪，对于欧洲人来说，特别是对于法国人来说，中国就是这样的一个"他者"。从16世纪开始，欧洲人致力于去想象、描述、赞扬、憧憬这个"他者"，形成了无数关于中国的文字和图像的形象。中国成了启蒙思想家们政治理想和社会理想的化身，成了他们的"希望之乡"。但是，中国人自己并不是生活在这个乌托邦里，中国人自己体验的封建经济和政治制度远非启蒙思想家们描绘得那么完美、那么理想，中国人也不知道自己的社会被远方的人们描绘、想象得如此至善至美。实际上，关于中国的乌托邦是欧洲人制造出来的，其中包含了他们大量想象的成分，就像他们曾经制造出"理想国""太阳城"一样。他们把自己的政治理想和社会理想加诸一个想象的"中国"上，并大加仰慕和推崇，实际上亦即是对自己的政治和社会理想的仰慕和推崇。

然而，他们所设想的这个乌托邦也并不是与中华文化毫无联系。从中国传来的文化信息，介绍中国社会制度和政治制度的材料，译介到欧洲的中国儒家典籍，都是他们思考和探索社会改造方案的思想材料，是他们想象和设计理想社会的范型和摹本。因而，他们创设的这个乌托邦是在中华文化信息的刺激下出现的，中华文化是激发他们想象和智慧的源泉。

无论如何，在18世纪启蒙运动中，中国成了人们向往和追求"理想王国"的一个典范。这种典范或乌托邦发挥了巨大的参照系的功能。戴密微指出："斯宾诺莎、莱布尼茨和马勒伯朗士这些17世纪欧洲哲学的最大明星，都介入了中国的问题。在18世纪时，由于孟德斯鸠、伏尔泰和那些被称为'哲学家'者们的活动，使欧洲感兴趣的已经不再是真正的中国哲学了，而是中国的政治和经济理论及其宗教、艺术和风俗了。但欧洲的思想阵地中最终还是以最为激烈的形式感到了中国的影响。中国是为法国大革命作了思想准备的'启蒙哲学'的主要源泉之一。"①

启蒙思想家们以中国这个参照系来反观欧洲的社会现实状况，对封建专制制度的腐败没落、暴虐黑暗，对社会生活的种种弊端，对基督教会和神学教条的荒谬，都有了更为深刻、更为具体的认识，从而增强了与之斗争的坚定信念。许多启蒙思想家也都拿有关中国的材料来比照批评欧洲社会。另一方面，中国这个典范或乌托邦还对启蒙思想家的社会改革方案起到示范作用。例如伏尔泰和魁奈都大力赞赏中国的专制制度，认为这是一种"开明君主"制度，主张以中国为榜样，在法国也实行这样的开明君主制。中国的重农主义经济政策，单一农业税制，教育和科举制度，设置谏官，兴修水利，德治主义等，都受到启蒙思想家们的赞扬和推崇，并希望从中国的政治文化中吸取实际的经验和智慧。

与伏尔泰、魁奈等人不同，孟德斯鸠对中国的专制主义持批评的态度，但他们都持有纠正法国专制制度的目标。他认为中国虽无基本法律，但有与法律效力相似的道德、礼仪和风俗，都具有法律的作用。简而言之，无论对中华文化的价值作怎样的估计，启蒙思想家们在批评社会现状、构想社会改造方案的时候，都充分利用了中国的材料。

当时的欧洲人都在寻找社会改革的方案，为了论证自己的改革方案，需要寻找合适的、有用的思想资源。古希腊罗马传统是一种思想资源，中国

---

① ［法］戴密微：《中国与欧洲早期的哲学交流》，《国际汉学》第7辑，大象出版社2002年版，第60页。

的儒家思想也是一种思想资源。改革需要批判旧制度，为了这种批判，需要寻找理想的镜鉴、进行批判的依据。中国的"乌托邦"就是这样的镜鉴和依据。英国学者克拉克指出："中、印、日注重文化向西方输出的信息不仅为西方提供了娱乐和消遣，即通常所认为的一种异域情调，而且不论从好的或坏的方面而言，还提供了一种重要的自我质问与自我更新的手段，提供了一种外部的、客观的参照点，质疑之光遂得以由此进入西方传统与信仰体制，并因此激发出新的可能性。"克拉克还指出："（18世纪的法国启蒙思想家们）对东方的哲学、国家行为、教育体系都十分着迷，他们以各种方式将东方作为自身的纠谬之镜，以此审视欧洲的哲学、制度的不足。东方被视为一个典范，以激励西方的道德、政治改革；东方被用做一种工具，以祛除基督教自诩的惟一性。"[1]

德国印度学家威廉·哈布法斯（Wilhelm Halbfass，1940—2000）认为，与那些并未自发地向欧洲伸出手的其他亚洲文明相比，东方已经成为"欧洲乌托邦理想投射的目标和参照物，欧洲在东方寻求自我身份确认，甚至寻求自身起源，寻求欧洲人自我质疑与自我批判的源头"[2]。

意大利学者史华罗（Paolo Santangelo）概括了"中国乌托邦"在近代欧洲思想史上的方法论意义。他指出："中国的乌托邦，或者用更好的说法，作为乌托邦的中国，在意大利和欧洲的观念史上发挥了重要的作用。正如克罗齐（Benedetto Croce，1866—1952）所指出的那样：'它履行了对时代情形来说所必需的实践和道德职责。'它几乎从来都不是一种纯粹的异国情调，它是一种对现实的逃避或者说只是一个幻想的庇护所，但它成了那个时代为攻击欧洲传统和教会特权及势力而对地方上的精神和政治实体进行批判再思索的核心；它是天真地设计新世界所要求并渴望'它种文明'的一种理想化，或是反对欧洲习俗中一些落后思想的论据。中国成了一些启蒙支持者描绘新的政府和社会的生动譬喻，在那里，效率与自由相辅相成，公民之间

---

[1] ［美］克拉克著，于闽梅等译：《东方启蒙：东西方思想的遭遇》，上海人民出版社2011年版，第9、60—61页。
[2] 引自［美］克拉克著，于闽梅等译：《东方启蒙：东西方思想的遭遇》，上海人民出版社2011年版，第9页。

相互尊重和忍让，没有外来势力的干预，没有人把自己的信仰强加到别人头上。显而易见，这个中国在极大程度上强迫欧洲面对另一种古老且同样重要的文明，在重新思考自己，发现价值观的相对性和世界大同的价值。另一方面，关于中国的形象是一面镜子，通过这面镜子，几种意识形态潮流鉴别了各自的理想，或根据自己的愿望，用各自的价值和观念，精心制作了一个模型。"①

美国学者顾立雅在其《孔子与中国之道》一书中提及，正是儒学强势传入法国思想界的缘故，法国大革命时期思想观念才有了明显的变化。例如，"良心是自主的，信条是独立的"，"善良和快乐是一致的"，"不向权威和偏见让步"，"每一种最终达到的地步，是与《论语》中的和真正早期的儒学之间具有不同寻常的相似性"。因此，"中国哲学是法国革命的原动力之一"。顾立雅还考察了西方的"平等""民主"与"理性"，认为均与儒学有联系。

中国的典范或乌托邦还在启蒙运动中起到了激励作用，激励人们坚定对"理想王国"的向往和追求，激励人们为争取"理想王国"的实现而奋斗。因为制造了这么一个关于中国的乌托邦，就是宣称在遥远的地方已经存在一个新的世界，就意味着建立新的世界并不是不可能的，就意味着启蒙思想家们所设想的理想王国具有现实的可能性和合理性，就意味着他们为之奋斗的事业是可能成功的。中华文化对启蒙思想家的这种激励功能可能是潜在的，但作用却是明显的。在启蒙思想家们批判旧制度、旧文化，追求新社会、新文化的伟大斗争中，从遥远东方传来的中华文化，是他们拥有的一个巨大的乌托邦库藏，成为激发、刺激欧洲文明走向进步的一个精神动力。

总之，"来自东方的中国古代文明，是启蒙思想家们汲取精神力量和思想资料的重要源泉"②。对启蒙思想家而言，"孔夫子是18世纪启蒙运动的守护神，他的教导是整个启蒙运动朴实无华的福音，把东方时尚带到西方"③。

---

① ［意］史华罗：《17至18世纪意大利人对中国的印象和想象》，复旦大学文史研究院编：《从周边看中国》，中华书局2009年版，第118页。
② 沈定平：《明清之际中西文化交流史——明代：调试与会通》，商务印书馆2001年版，第6页。
③ Th. H. 康：《西方儒学研究文献的回顾与展望》，《国外社会科学》1990年第10期，第55页。